BECK'SCHE TEXTAUSGABEN
HOAI

HOAI

Verordnung über die Honorare der Architekten
und Ingenieure
(Honorarordnung für Architekten und Ingenieure – HOAI)

Textausgabe mit Einführung

Herausgegeben von

Erik Budiner
Geschäftsführer Recht und Verwaltung
Bayerische Architektenkammer München

und

Joachim Hoffmüller
Geschäftsführer Architektenkammer
Nordrhein-Westfalen

2. Auflage
Stand: 1. 9. 2013

Verlag C. H. Beck München 2014

www. beck.de

ISBN 978 3 406 65527 2

© 2014 Verlag C. H. Beck oHG
Wilhelmstraße 9, 80801 München

Druck: Nomos Verlagsgesellschaft
In den Lissen 12, 76547 Sinzheim
Satz: Druckerei C. H. Beck Nördlingen
(Adresse wie Verlag)

Gedruckt auf säurefreiem, alterungsbeständigem Papier
(hergestellt aus chlorfrei gebleichtem Zellstoff)

Inhaltsverzeichnis

Abkürzungsverzeichnis VII
Einführung von Erik Budiner und Joachim Hoffmüller IX

1. Verordnung über die Honorare für Architekten und
   Ingenieurleistungen
   (Honorarordnung für Architekten und Ingenieure – HOAI)
   vom 10. Juli 2013 1

2. Synopse HOAI 2009 – HOAI/2013
   a) Text 113
   b) Anlagen 163

3. Synopse HOAI 2009 – HOAI/2013
   Honorartafeln 309

Stichwortverzeichnis 349

Abkürzungsverzeichnis

a. a. O.	am angegebenen Ort
Abs.	Absatz
AGB	Allgemeine Geschäftsbedingungen
BAnz.	Bundesanzeiger
BB	Betriebs-Berater
BGB	Bürgerliches Gesetzbuch
BGBl.	Bundesgesetzblatt
BGH	Bundesgerichtshof
BVerwG	Bundesverwaltungsgericht
DB	Der Betrieb
DNotZ	Deutsche Notar-Zeitschrift
EWG	Europäische Wirtschaftsgemeinschaft
EVertr.	Einigungsvertrag zwischen der Bundesrepublik Deutschland und der Deutschen Demokratischen Republik über die Herstellung der Einheit Deutschlands vom 31. August 1990 (BGBl. II S. 889)
ff.	folgende
gem.	gemäß
GOA	Gebührenordnung für Architekten
GOI	Gebührenordnung für Ingenieure
GWB	Gesetz gegen Wettbewerbsbeschränkungen
HOAI	Honorarordnung für Architekten und Ingenieure
LHO	Leistungs- und Honorarordnung der Ingenieure
NJW	Neue Juristische Wochenschrift
NJW-RR	NJW-Rechtsprechungs-Report
OLG	Oberlandesgericht
S.	Seite
SkR	EG-Sektorenrichtlinie
VersR	Versicherungsrecht
ZPO	Zivilprozessordnung

Einführung

I. Historie der 7. Novelle

Wie in der Koalitionsvereinbarung von 2009 festgehalten, hat die Bundesregierung die 7. Novelle zur HOAI auf den Weg und zum Abschluss gebracht. Mit dem Beschluss des Bundesrates vom 7.6.2013 mit der Veröffentlichung im Bundesanzeiger am 16.7.2013 stellen nun die modernisierten Vorschriften geltendes Preisrecht für die in den Leistungsbildern der Verordnung erfassten Leistungen dar.

Mit dieser Novelle wurden seitens des Gesetzgebers – wie sich nun erwiesen hat – erfolgreich neue Wege beschritten.

Der Prozess, der zur Neufassung führte, war permanent so transparent gestaltet worden, dass sich schwerfällige Anhörungsverfahren erübrigt haben. Möglich wurde dies durch eine besondere Form der Kooperation zwischen den Ministerien und einer frühzeitigen Beteiligung der betroffenen Kreise.

Das für das Preisrecht zuständige Bundeswirtschaftsministerium vereinbarte mit dem fachlich betroffenen Bauministerium eine zeitlich und inhaltlich gestaffelte Arbeitsteilung. Zunächst beauftragte das BMVBS einen Fachgutachter, dem fünf Experten – Arbeitsgruppen zugeordnet wurden. Die wesentliche Aufgabe des Gutachters bestand zunächst darin, die berufenen Arbeitsgruppen, besetzt mit Vertretern der Behörden, Auftraggeber und Auftragnehmer zu organisieren und wissenschaftlich zu begleiten. Die Ergebnisse der fünf Arbeitsgruppen, die für jedes Fachgebiet eingerichtet wurden, wurden von den Gutachtern aufbereitet und sind im sog. „Lechner-Gutachten des BMVBS" formuliert, erläutert und dargelegt.

Gegenstand dieser Arbeiten waren in erster Linie die Neugestaltung und Ausformulierung der Leistungsbilder. Da das Bundesministerium alle betroffenen Kreise in die Diskussionen und Bearbeitungen eingebunden hatte, kann das Ergebnis des Gutachtens als weitgehende Übereinstimmung gewertet werden.

Auf Basis dieser Feststellungen hat das BMWi ein weiteres Gutachten (Aktualisierungsbedarf zur Honorarstruktur der Honorarordnung für Architekten und Ingenieure [HOAI]) in Auftrag gegeben. Die vom BMWi beauftragte Gutachtergruppe nahm die preisrechtliche Bewertung der Leistungsbilder unter Berücksichtigung der Entwicklung der Baupreise und der Personal- und Sachkosten vor. Ebenfalls erfasst wurden Rationalisierungseffekte und die Mehr- und Minderleistungen, die sich aus den modernisierten Leistungsbildern des Lechner – Gutachtens ergeben haben.

Aus den Erkenntnissen und Ergebnissen der beiden Gutachten wurde der Referentenentwurf erstellt, der nach dem Durchlauf in den ebenfalls betroffenen Ministerien (u. a. Justiz, Finanz) von der Bundesregierung dem Bundesrat zur Zustimmung vorgelegt wurde. Die Zustimmung erfolgte am 7.6.2013.

Auch wenn bei den sogenannten Beratungsleistungen in der Anlage unter 1.3.2 und 1.4.6 die Formulierung, dass das Honorar ergänzend frei vereinbart werden kann, suggeriert, dass im übrigen Preisrecht gilt, so regelt § 3 Abs. 1 Satz 2 eindeutig, das die Beratungsleistungen der Anlage 1 nicht verbindlich geregelt sind.

Die intensiven Bemühungen der Ingenieurverbände, diese aus dem Anhang wieder in den verpreisten Teil der HOAI zurückzuführen, waren nicht erfolgreich. Begründet wurde dies seitens des Verordnungsgebers mit europapolitischen und europarechtlichen Erwägungen. Ebenso wie in 2009 hat der Bundesrat seine Zustimmung mit deutlichen Forderungen in Richtung Bundesregierung versehen. Diese beinhalten eine Überprüfung der Angemessenheit der Honorarsätze sowie eine erneute Aufforderung, die Rückholmöglichkeiten der Beratungsleistungen zu prüfen.

Der Bundesrat hat diese Zustimmung mit der denkbar knappsten Mehrheit von 1 Stimme beschlossen.

Die wesentlichen Änderungen der HOAI 2013 betreffen:
Modernisierte Leistungsbilder
Neubewertung der Leistungsphasen

Einführung

Angepasste Honorartabellen
Komplett überarbeitete Leistungen der Flächenplanung
Planen im Bestand
Fälligkeitsregeln.

II. Geltung HOAI 2013

1. Grundsätzliches

Ebenso wie bei der HOAI 2009 (§ 55) ist die Vorschrift über den zeitlichen Anwendungsbereich der HOAI 2013 (§ 57) eindeutig:
Für alle Verträge, die vor der Veröffentlichung der HOAI 2013 im Bundesgesetzblatt abgeschlossen worden sind, bleibt es hinsichtlich der Honorarvorschriften bei der Fassung der HOAI 2009, für Verträge, die nach der Veröffentlichung am 16.7.2013 geschlossen worden sind, sind zwingend die Vorschriften der HOAI 2013 anzuwenden.

Es kommt also nicht auf den Zeitpunkt oder Zeitraum an, in dem die Leistungen tatsächlich erbracht werden, sondern ausschließlich auf den wirksamen Vertragsabschluss.

Dies gilt nicht nur für schriftlich abgeschlossene Verträge sondern auch für jene, die mündlich oder durch konkludentes Verhalten gültig zustande gekommen sind. Wird ein – nachgewiesenermaßen – gültiger, mündlich geschlossener Vertrag nach dem oben genannten Stichtag schriftlich bestätigt, gilt die HOAI 2009, da der Vertrag bereits vor Inkrafttreten der HOAI 2013 zustande gekommen ist. Anderes gilt nur, wenn ausnahmsweise für den Vertragsabschluss ein Schriftformerfordernis besteht. Solche Vorschriften finden sich in den Landkreis- und Gemeindeordnungen oder bei kirchlichen Bauvorhaben. Bis die Verträge tatsächlich den Anforderungen der Schriftform (§ 126 BGB) genügen, sind sie als schwebend unwirksam einzustufen. Also ist hier der Zeitpunkt der Unterschriftsleistungen entscheidend.

2. Sonderfall: Vorplanungsvertrag

Wurde ab 2009 ein Vorplanungsvertrag mit den Leistungsphasen Grundlagenermittlung und Vorplanung vor Inkrafttreten der HOAI 2013 geschlossen, so gilt für diesen Vertrag weiterhin das Recht der HOAI 2009. Wird die Erbringung nachfolgender weiterer Leistungsphasen erst nach dem Inkrafttreten der HOAI 2013 vertraglich geregelt, gilt für diesen Vertrag über die nachfolgenden Leistungen die HOAI 2013.

3. Sonderfall: Stufenverträge

Schwieriger kann sich die Rechtslage bei Verträgen darstellen, in denen nicht alle erforderlichen Leistungen als Gesamtpaket einheitlich bei Vertragsabschluss sondern in unterschiedlichem Leistungspaketen zeitversetzt beauftragt werden (stufenweise Beauftragung).

Es handelt sich dabei um eine Praxis, die in erster Linie bei Verträgen der öffentlichen Hand und sonstigen professionellen Auftraggebern feststellbar ist.

Beauftragt werden in der Regel zunächst nur die Leistungen bis zur Vorplanung. Die Beauftragung der weiteren Leistungen folgt – in der Regel nochmals aufgeteilt – in bis zu 3 weiteren Leistungspaketen.

Regelmäßig behalten sich die Auftraggeber die Beauftragung weiterer Leistungen ausdrücklich vor. Ebenso regelmäßig wird dem Auftragnehmer aber kein Rechtsanspruch auf die Beauftragung mit den weiteren Leistungen eingeräumt, selbst dann nicht, wenn das Bauvorhaben durchgeführt wird. Allerdings wird dem Auftragnehmer die Verpflichtung auferlegt, sich für weitere Leistungen bereit zu halten und diese auch bei Abruf durch den Auftraggeber zu übernehmen und zu erbringen.

Bei diesem Konstrukt erfolgt die Auftragserteilung, also die vertraglich relevante Handlung, erst mit der einseitigen Willensäußerung des Auftraggebers. Gibt er diese Erklärung nach Veröffentlichung der HOAI 2013 im Bundesgesetzblatt ab, sind die damit beauftragten Leistungen nach den Vorschriften der HOAI 2013 zu honorieren.

Diese Auffassung wird durch ein Urteil des LG Koblenz (4 U 103/12) vom 28.2.2013 bestätigt. Das Landgericht hat sich dabei auch mit der Entscheidung des BGH vom 27.11.2008 auseinandergesetzt (vgl. hierzu auch Plankemann im DAB 5/2013 S. 43).

Besteht demgegenüber bereits mit dem ursprünglichen Vertragsabschluss bei den Parteien Einigkeit, dass der gesamte Leistungsumfang vom Auftragnehmer erbracht werden wird und sind dabei auch alle Fragen der Honorierung einvernehmlich festgelegt und besteht die „stufenweise Beauftragung" tatsächlich nur in einer zeitlichen Steuerung der Leistungserbringung, so ist der Zeitpunkt des (ursprünglichen) Vertragsabschlusses für die Anwendung der HOAI – Fassung maßgeblich.

III. Auswirkungen auf dem allgemeinen Teil

§ 1. Die Vorschrift bleibt unverändert. Die HOAI stellt sich daher weiterhin als Inländerverordnung dar, weshalb europäisches Recht nicht verletzt wird.

§ 2. Aus den in dieser Vorschrift enthaltenen Begriffsbestimmungen wurden die Begriffe „fachlich anerkannte Regeln der Technik", „Honorarzonen" und „Gebäude" gestrichen. Der Begriff „Raumbildende Ausbauten" wurde durch „Innenräume" ersetzt. Neu definiert wird der Begriff „Mitzuverarbeitende Bausubstanz". Präziser beschrieben wurden die Begriffe Kostenschätzung und Kostenberechnung.

§ 3. Die 2009 eingefügten Leistungsbegriffe wurden korrigiert und wieder auf den Stand von 1996 zurückversetzt. Eingeführt wurde also wieder der für alle mit der HOAI befassten Personen und Institutionen eindeutige Begriff der (verpreisten) **Grund**leistung. Damit besteht wieder eine zweifelsfreie Abgrenzung zu den (nicht verpreisten) Besonderen Leistungen. Für die so genannten Beratungsleistungen gilt ebenfalls weiterhin die freie Honorarvereinbarung. Ersatzlos gestrichen wurde die Bestimmung über die „anderen Leistungen" (§ 3 Abs. 2 Satz 2 HOAI 2009). Der Streit über deren inhaltliche und honorarmäßige Bedeutung und Behandlung, der vor allem in der Kommentarliteratur geführt worden ist, wird damit beendet.

§ 4. Die Vorschrift über die Bestimmung der anrechenbaren Kosten wurde erweitert durch die wieder eingeführte Regelung zur Anrechenbarkeit der mitzuverarbeitenden Bausubstanz. Die neue Regelung entspricht weitgehend der Vorschrift, wie sie in Form des § 10 Abs. 3a in der HOAI 1996 enthalten war. Da die Bestimmung des anzusetzenden Wertes ähnlich weit gefasst ist wie in der damaligen Regelung, werden die hier zu treffenden Vereinbarungen mit insoweit bekannten Schwierigkeiten belastet werden.

Sprachlich missglückt ist die Formulierung im Abs. 3, wonach der Umfang und Wert der mitzuverarbeitenden Bausubstanz, sofern keine Kostenberechnung vorliegt, zum Zeitpunkt der Kostenschätzung zu ermitteln und schriftlich zu vereinbaren ist.

Da die Kostenberechnung stets vor der Kostenberechnung zu erbringen ist, ist die Regelung unsinnig. Gemeint wird sein, dass der Zeitpunkt der Kostenberechnung maßgebend ist und nur dann, wenn nur die Leistungsphasen 1 und 2 in Auftrag gegeben werden, hilfsweise der Zeitpunkt der Kostenschätzung maßgeblich sein soll.

§ 5. Der Schwierigkeitsgrad einer Planungsaufgabe ist weiterhin als „Honorarzone" ein wesentlicher Honorarberechnungsparameter. Die allgemeinen Grundlagen für die Einordnung in die objektiv zutreffende Honorarzone bleiben unverändert. Völlig neu gefasst wurden jedoch die auf dieser Vorschrift aufbauenden Objektlisten, die nun in Form einer Matrix gestaltet wurden (vgl. Anlage 10.2). Berechtigterweise werden in der Matrix einzelne Gebäudearten nicht wie bisher nur einer Honorarzone, sondern zwei oder auch drei Honorarzonen zugeordnet. In diesen Fällen bedarf es einer punktmäßigen Bewertung

§ 6. Festgehalten hat der Verordnungsgeber an den in 2009 neu geschaffenen grundsätzlichen Berechnungsmethoden. Das Kostenberechnungsmodell (§ 6 Abs. 1) und das Kostenvereinbarungsmodell (§ 6 Abs. 2) bestehen unverändert fort.

Eingefügt wurden neue Honorarberechnungsregelungen für den so genannten Umbauzuschlag (§ 6 Abs. 2). Diese folgen im Wesentlichen der Systematik der Honorarberechnung bei Neubauten, greifen also auf die gleichen Parameter zurück. Der in der Regel schriftlich zu vereinbarende Zuschlag muss sich am Schwierigkeitsgrad der Planungsaufgabe orientieren.

Einführung

Fehlt eine schriftliche Vereinbarung, so wird nun „unwiderleglich vermutet", dass ein Zuschlag von 20% ab durchschnittlicher Schwierigkeit vereinbart ist.

§ 7. Ebenfalls „ unwiderleglich vermutet" wird in Zukunft die Vereinbarung einer Honorierung nach den jeweiligen Mindestsätzen, wenn bei Auftragserteilung nicht etwas anderes schriftlich vereinbart worden ist. Diese überraschend eingeführte Beweislastregel steht nicht in Einklang mit der Ermächtigungsgrundlage des so genannten Artikelgesetzes (§ 2 GIA). Hier kann möglicherweise ein neuer Streitpunkt über Grundsätzliches entstehen.

Die Änderung erscheint vor allem deshalb völlig unnötig, da die bisherige Regelung problemfrei anzuwenden war.

Die Vorschriften über Honorarvereinbarung, Honorarrahmen, gebildet aus Höchst- und Mindestsatz, sind unverändert. Die honorarrechtliche Vereinbarung bei einer Veränderung der anrechenbaren Kosten, bisher in § 7 Abs. 5 HOAI 2009 enthalten, ist nunmehr in § 10 Abs. 1 HOAI 2013 geregelt.

§ 8. Inhaltlich unverändert blieben die Honorarregelungen für Fälle, bei denen nicht alle Leistungsphasen oder Grundleistungen beauftragt wurden. Allerdings wurde die Anwendung dieser Vorschrift nun unter ein Schriftformerfordernis gestellt, was in der Praxis durchaus zu Problemen führen kann. Nicht geklärt ist nämlich, wie zu verfahren ist, wenn es nicht zu der geforderten schriftlichen Vereinbarung kommt.

§ 9. Der umformulierte Absatz 1 dieser Vorschrift, betreffend die isolierte Beauftragung von einzelnen Leistungsphasen ist im Grunde genommen ohne tatsächlichen Regelungsinhalt geblieben. Er beinhaltet lediglich einen Verweis auf die in den Fachbereichen enthaltenen Honorierungsvorschriften.

Neu eingefügt sind Regelungen für die Flächenplanung.

Eine schwer nachvollziehbare Regelung findet sich in Abs. 3, der sich mit der Honorierung der Objektüberwachungsleistungen, beauftragt als Einzelleistung, bei Gebäuden und der technischen Ausrüstung befasst. Positiv ist allerdings, dass damit die bisherige Regelung, die in bestimmten Bereichen zu nicht vertretbaren Honorarminderungen geführt hatte, abgelöst worden ist.

§ 10. Die Folgen für das Honorar bei Änderungen des ursprünglich beauftragten Leistungsumfanges und der anrechenbaren Kosten sind nunmehr in § 10 Abs. 1 HOAI 2013 geregelt. Bemerkenswert ist der erhebliche schuldrechtliche Regelungsinhalt dieser Vorschrift. Ihre Anwendung steht nämlich unter einen schuldrechtlichen Einigungsvorbehalt der Vertragsparteien. Zudem unterliegt die verändernde Honorarvereinbarung der Schriftform.

Abgesehen davon, dass in einer Preisrechtsverordnung schuldrechtliche Elemente Fremdkörper darstellen, wird diese Regelung mit der Praxis nicht in Einklang zu bringen sein. Kostenrelevante Änderungen im Planungs- und Bauablauf sind die Regel. Die hier eingebaute Erschwernis wird sich als schwierige Hürde für die notwendigen Honorarvereinbarungen darstellen und birgt in sich außerdem ein erhebliches Streitpotential.

Gleiches gilt für die Honorierung von Wiederholungsleistungen, die in § 10 Abs. 2 geregelt sind.

Entfallen sind die Honorarvorschriften für mehrere Vor- und Entwurfsplanung (in § 10 HOAI 2009). Damit sind diese Leistungen künftig uneingeschränkt wie Wiederholungsleistungen zu behandeln.

§ 11. Erhebliche Honorarminderungen können sich ergeben, wenn der Auftragnehmer gleichzeitig mit der Planung für mehrere Objekte beauftragt wird. Als besonders konfliktträchtig könnten sich die Voraussetzungen des Absatzes 2 erweisen, der anstelle der getrennten Berechnung eine Addition der anrechenbaren Kosten der jeweiligen Objekte vorsieht, wenn diese „vergleichbar" gleich sind. Aufgrund der degressiven Ausgestaltung der Honorartabellen kann dieses Aufsummieren zu deutlichen Einbußen führen. Angesichts der unklaren, weil zu weit gefassten Voraussetzungen, wird im Streitfall nur ein Sachverständiger feststellen können, ob die Objekte tatsächlich „vergleichbar" sind und die Honorarminderung damit auch gerechtfertigt ist.

IV. Modernisierte Leistungsbilder **Einführung**

§ 12. Entfallen ist die Honorarregelung für Planungsausschnitte, eine Vorschrift, die in der Praxis ohne Bedeutung war.

Nunmehr enthält § 12 die Regelung über die Zuschläge zum Grundleistungshonorar bei Instandsetzungen und Instandhaltungen (Zuschlag bis 50%).

§§ 13, 14. Die Vorschriften zur Interpolation und zur Nebenkostenerstattung blieben im Kern unverändert.

§ 15. Die Vorschriften über Fälligkeit von Schlussrechnungen und Anspruch auf Abschlagszahlungen wurden ebenfalls durch schuldrechtliche Einflüsse verschärft. Fälligkeitsvoraussetzung für die Schlussrechnung ist nunmehr zusätzlich eine vorangegangene zivilrechtliche Abnahme der Leistungen des Planers. Erfolgt diese Abnahme nicht in Schriftform, also belegbar, wird diese Fälligkeitsvoraussetzung zu erheblichen Streitigkeiten Anlass geben.

Um diese absehbaren Probleme zuverlässig ausschalten zu können, sollte in jedem Fall von der Möglichkeit Gebrauch gemacht werden „etwas anderes" schriftlich zu vereinbaren.

Die Zeitpunkte für Abschlagszahlungen müssen künftig schriftlich vereinbart werden. Dem Wortlaut nach soll diese Bestimmung nur für Grundleistungen gelten. Um hier Irritationen zu vermeiden, sollte stets von der in Absatz 4 eröffneten Möglichkeit Gebrauch gemacht werden, die Abschlagszahlungen nach einem individuellen Zahlungsplan zu gestalten.

IV. Modernisierte Leistungsbilder

Die Besonderheit der HOAI 2013 stellen zweifelsfrei die Überarbeitung und Modernisierung der Leistungsbilder dar. Damit ist der Verordnungsgeber den Vorgaben des Bundesrates aus 2009 gerecht geworden, der eine fachliche Modernisierung der Leistungsbilder und ihre Anpassung an moderne Arbeitsmethoden und Abläufe eingefordert hatte.

Auch wenn die prozentuale Gewichtung einzelner Leistungsphasen geändert wurde, so ist es doch im Wesentlichen bei der bisherigen Aufteilung geblieben, wonach 27% des Honorars bis zur Leistungsphase 4, also bis zur Genehmigung verdient werden. Bedauerlicherweise wurde bei der Novelle nicht berücksichtigt, dass moderne Planungsverfahren wie zum Beispiel entstehende Systeme wie „BIM" (Building Information Modeling) zumindest die Leistungen die derzeit noch in der Phase 5 enthalten sind, deutlich nach vorne z.B. in Leistungsphase 3 ziehen. Die Erwähnung unter Besonderen Leistungen reicht nicht aus. Hier wird in der nächsten Novelle eine Regelung zu treffen sein.

Die beim BMVBS eingerichteten Arbeitsgruppe, geführt vom externen Gutachterteam um Professor Lechner (Wien, Graz), haben unter Berücksichtigung der rechtlichen und fachlichen Entwicklung die Grundleistungen an Darstellungs- und Dokumentationsqualitäten, wie sie von Auftraggeberseite erwartet werden, neu ausgerichtet. Die ebenfalls von den Auftragnehmern erwartete Kosten- und Terminsicherheit spielte dabei eine hervorgehobene Rolle.

Die seit dem Inkrafttreten der HOAI im Jahre 1977 unverändert gebliebenen Grundleistungen konnten diesem Anspruch nicht mehr gerecht werden. Das von den Bauherren erwartete Handeln, die eingeführten neuen technischen Möglichkeiten und die damit veränderten Planungsprozesse waren mit den bisherigen Grundleistungen nicht mehr ausreichend zu erfassen.

Folgerichtig finden sich die Schwerpunkte der Veränderungen im Bereich der Termin- und Kostenplanung. Vom Auftragnehmer werden nun konsequent diese Leistungen bereits mit dem Planungsbeginn abgefordert. Dies bedeutet aber auch, dass der Bauherr in weiten Bereichen eine nicht unerhebliche Entlastung erfährt.

Am Beispiel des Leistungsbildes für Gebäude werden nachfolgend die nun eingefügten Grundleistungen dargestellt:

Grundlagenermittlung

a) Klären der Aufgabenstellung *auf Grundlage der Vorgaben oder der Bedarfsplanung des Auftraggebers*
b) *Ortsbesichtigung*
c) Zusammenfassen, *Erläutern und Dokumentieren* der Ergebnisse.

Einführung

Vorplanung

a) Analyse der Grundlagen, *Abstimmen der Leistungen mit den fachlich an der Planung Beteiligten*
e) *Bereitstellen der Arbeitsergebnisse als Grundlage für die anderen an der Planung fachlich Beteiligten sowie Koordination und* Integration von deren Leistungen
g) Kostenschätzung nach DIN 276, *Vergleich mit den finanziellen Rahmenbedingungen*
h) *Erstellen eines Terminplans mit den wesentlichen Vorgängen des Planungs- und Bauablaufs*
g) *Zusammenfassen, Erläutern und Dokumentieren der Ergebnisse.*

Entwurfsplanung

b) *Bereitstellen der Arbeitsergebnisse als Grundlage für die anderen an der Planung fachlich Beteiligten sowie Koordination und* Integration von deren Leistungen
f) *Fortschreiben des Terminplans*
g) *Zusammenfassen, Erläutern und Dokumentieren der Ergebnisse*

Genehmigungsplanung

Ausführungsplanung

c) *Bereitstellen der Arbeitsergebnisse als Grundlage für die anderen an der Planung fachlich Beteiligten sowie Koordination und* Integration von deren Leistungen
d) *Fortschreiben des Terminplans*
e) Fortschreiben der Ausführungsplanung *aufgrund der gewerkeorientierten Bearbeitung während der Objektausführung*
f) *Überprüfen erforderlicher Montagepläne der vom Objektplaner geplanten Baukonstruktionen und baukonstruktiven Einbauten auf Übereinstimmung mit der Ausführungsplanung*

Vorbereitung der Vergabe

a) *Aufstellen eines Vergabeterminplans*
c) Abstimmen und Koordinieren *der Schnittstellen zu den* Leistungsbeschreibungen der an der Planung fachlich Beteiligten
d) *Ermitteln der Kosten auf der Grundlage vom Planer bepreisten Leistungsverzeichnisse*
e) *Kostenkontrolle durch Vergleich der vom Planer bepreisten Leistungsverzeichnisse mit der Kostenberechnung*
f) *Zusammenstellung der Vergabeunterlagen für alle Leistungsbereiche*

Mitwirkung bei der Vergabe

a) *Koordinieren der Vergaben der Fachplaner*
c) *Prüfen und Werten der Angebote einschließlich Aufstellen eines Preisspiegels nach Teilleistungen, Prüfen und Werten der Angebote zusätzlicher und geänderter Leistungen der ausführenden Unternehmen und der Angemessenheit der Preise*
d) *Führen von Bietergesprächen*
e) *Erstellen der Vergabevorschläge, Dokumentation des Vergabeverfahrens*
Zusammenstellung der Vertragsunterlagen für alle Leistungsbereiche
g) *Vergleichen der Ausschreibungsergebnisse mit den vom Planer bepreisten Leistungsverzeichnissen oder der Kostenberechnung.*

Objektüberwachung (Bauüberwachung)

d) Aufstellen, *Fortschreiben* und Überwachen eines Terminplanes (Balkendiagramm
e) *Dokumentation des Bauablaufs (zum Beispiel* Bautagebuch)
h) *Vergleich der Ergebnisse der Rechnungsprüfungen mit den Auftragssummen einschließlich Nachträgen*
k) Organisation *der* Abnahme der Bauleistungen unter Mitwirkung anderer an der Planung und Objektüberwachung fachlich Beteiligter, Feststellung von Mängeln, *Abnahmeempfehlung für den Auftraggeber*
Systematische Zusammenstellung der zeichnerische Darstellungen und rechnerischen Ergebnisse des Objekts.

V. Anwendungshilfen — **Einführung**

Objektbetreuung

a) Fachliche Bewertung der innerhalb der Verjährungsfristen für Gewährleistungsansprüche festgestellten Mängel, längstens jedoch bis zum Ablauf von fünf Jahren seit Abnahme der Leistung, einschließlich notwendiger Begehungen.

Nicht durchsetzen konnten sich die Vertreter der Auftragnehmerseite, die angesichts des durch die Rechtsprechung ständig verschärften Haftungsrisikos bei unauskömmlichen Honoraransprüchen einen vollständigen Entfall der Leistungsphase 9 gefordert hatten. Die zugestandene Modifikation erleichtert zwar die Situation, die grundsätzlichen Probleme für den Fall, dass keine Zwischenabnahme nach Leistungsphase 8 stattfindet, bleiben jedoch.

Zu begrüßen ist die wiederhergestellte Gegenüberstellung von Grundleistungen und Besonderen Leistungen. Die Spaltendarstellung dient eindeutig der Transparenz und erleichtert die Abgrenzung zwischen verpreisten und nicht verpreisten Leistungen. Insbesondere die Aufnahme der Planungsleistungen für bauordnungsrechtlich geforderte Brandschutznachweise in die Besonderen Leistungen bei Anlagen besonderer Art und Nutzung beendet einen jahrelangen Streit.

V. Anwendungshilfen

1. Honorarzonen

Auch die novellierte Fassung der HOAI 2013 hält am „dualen System" zur Einordnung eines Objekts in die zutreffende Honorarzone fest. Weiterhin stehen als Bewertungsmaßstäbe die sog. Punktebewertung und die Objektlisten zur Verfügung. Es gilt ebenfalls weiterhin, dass die Zuordnung nach objektiven, also z. B. durch ein Gericht nachprüfbare Kriterien und Bewertungen vorzunehmen ist. Die Zuordnung unterliegt nicht (wie z. B. die Vereinbarung über den Honorarsatz) dem individuellen Parteiwillen.

Obwohl von der Rechtsprechung anerkannt und in der Literatur nachdrücklich gefordert, fehlt weiterhin die Klarstellung im Verordnungstext, dass in Zweifelsfällen die Punktebewertung Vorrang vor der Objektliste haben muss.

Die Vorschriften über die Durchführung einer Punktebewertung, geregelt bei den jeweiligen Leistungsbildern (z. B. § 35 Abs. 2 HOAI), bleiben unverändert. Aufgenommen wurde ein Verweis auf die Objektlisten, die sich im Anhang, z. B. in der Anlage 10 befinden. Die Objektliste ist inhaltlich komplett neu in Form einer Matrix zusammengestellt. Wesentliche Neuerung ist, dass Objekte auch zwei bzw. drei Honorarzonen zugeordnet sein können.

Damit wird praxisgerecht dem Umstand Rechnung getragen, dass es sich bei einem Vorhaben (z. B. Büro- oder Verwaltungsbau) sowohl um ein durchschnittliches Gebäude (HZ III) oder ein, gemessen an den planerischen Anforderungen, überdurchschnittliches Bauwerk (HZ IV) handeln kann.

Auch hier wird zur letztendlichen Entscheidung über die Festlegung der Honorarzone in Zweifelsfällen die jeweilige Punktebewertung entscheiden müssen, wenn nicht zweifelsfrei feststeht, dass die Anforderungen an die Planungen eindeutig einem vordefinierten Schwierigkeitsgrad nach § 5 HOAI 2013 zugewiesen sind.

Aufgrund dieses unveränderten Systems zur Bestimmung der objektiv zutreffenden Honorarzone bleibt es daher weiterhin empfehlenswert, beim Vertragsabschluss, also am Beginn der Leistungen, die Honorarzone nur „vorläufig" zu benennen. Zum Zeitpunkt des Vertragsabschlusses werden regelmäßig umfassende Erkenntnisse zur Bestimmungen des Schwierigkeitsgrades nicht vorhanden sein. Erst mit fortgeschrittenem Planungsablauf und entsprechend gesicherten Kenntnisstand über die tatsächlichen Schwierigkeiten und planerischen Anforderungen kann die endgültige, für die Schlussrechnung maßgebliche Einordnung vorgenommen werden.

Versäumt wurde leider erneut, spezifische Regeln für die Einordnung von Umbauten und das damit verbundene Planen im Bestand aufzustellen. Weiterhin Anlass für Missverständnisse und Probleme wird daher das Einordnungskriterium „Einbindung in die Umgebung" geben.

2. Schriftformerfordernis

Schriftformerfordernisse im Bereich des Honorarrechts sind vom Grundsatz her nichts Neues. Bereits das Gesetz zur Regelung von Ingenieur- und Architektenleistungen als Rechtsgrundlage

Einführung

der HOAI sieht ausdrücklich die Schriftform für bestimmte Vereinbarungen vor. Insbesondere gelten danach Mindestsätze als vereinbart, sofern nicht bei Erteilung des Architektenauftrages etwas anderes schriftlich vereinbart wurde. Auch die HOAI-Fassung 2009 enthielt bereits eine Vielzahl von Schriftform-Vorgaben.

Gelegentlich ist den Anwendern der HOAI bereits nicht klar, was genau unter Schriftform zu verstehen ist. Im Rahmen von Verträgen gilt dazu § 126 Abs. 2 BGB: Bei einem Vertrag muss die Unterzeichnung beider Parteien auf derselben Urkunde erfolgen. Werden über den Vertrag mehrere gleichlautende Urkunden aufgenommen, so genügt es, wenn jede Partei die für die andere Partei bestimmte Urkunde unterzeichnet.

Mit der HOAI 2013 erhält das Thema zusätzliche Brisanz. Über die bisherigen Fälle notwendiger Schriftform hinaus hat der Verordnungsgeber eine Vielzahl neuer Anwendungsfälle formuliert, welche im Falle der Nichtbeachtung sich insbesondere auf den Architekten als Vertragspartner negativ auswirken können. Die nachfolgende Übersicht enthält die aktuellen Schriftformerfordernisse der HOAI 2013 aus dem Allgemeinen Teil und für die Objektplanung (Gebäude, Innenräume und Freianlagen).

Schriftformerfordernisse befinden sich in der Paragrafenfolge der HOAI an diesen Stellen:

§ 4 Abs. 3 Satz 2:

„Umfang und Wert der mitzuverarbeitenden Bausubstanz sind zum Zeitpunkt der Kostenberechnung oder, sofern keine Kostenberechnung vorliegt, zum Zeitpunkt der Kostenschätzung objektbezogen zu ermitteln und schriftlich zu vereinbaren."

§ 6 Abs. 2 Satz 2:

„Der Umbau- oder Modernisierungszuschlag ist unter Berücksichtigung des Schwierigkeitsgrads der Leistungen schriftlich zu vereinbaren … . Sofern keine schriftliche Vereinbarung getroffen wurde, wird unwiderleglich vermutet, dass ein Zuschlag von 20% ab einem durchschnittlichen Schwierigkeitsgrad vereinbart ist."

§ 6 Abs. 3 Satz 2

„Wenn zum Zeitpunkt der Beauftragung noch keine Planungen als Voraussetzung für eine Kostenschätzung oder Kostenberechnung vorliegen, können die Vertragsparteien abweichend von Abs. 1 schriftlich vereinbaren, dass das Honorar auf der Grundlage der anrechenbaren Kosten eine Baukostenvereinbarung nach den Vorschriften dieser Verordnung berechnet wird."

§ 7 Abs. 1

„Das Honorar richtet sich nach der **schriftlichen** Vereinbarung, die die Vertragsparteien bei Auftragserteilung im Rahmen der durch diese Verordnung festgelegten Mindest- und Höchstsätze treffen."

§ 7 Abs. 3

„Die in dieser Verordnung festgesetzten Mindestsätze können durch **schriftliche** Vereinbarung in Ausnahmefällen unterschritten werden."

§ 7 Abs. 4

„Die in dieser Verordnung festgesetzten Höchstsätze dürfen nur bei außergewöhnlichen oder ungewöhnlich lange dauernden Grundleistungen durch **schriftliche** Vereinbarung überschritten werden. Dabei bleiben Umstände, soweit sie bereits für die Einordnung in die Honorarzonen oder für die Einordnung in den Rahmen der Mindest- und Höchstsätze mitbestimmend gewesen sind, außer Betracht."

§ 7 Abs. 5

„Sofern nicht bei Auftragserteilung etwas anderes schriftlich vereinbart worden ist, wird unwiderleglich vermutet, dass die jeweiligen Mindestsätze gemäß Abs. 1 vereinbart sind.

§ 7 Abs. 6

„Für Planungsleistungen, die technisch-wirtschaftliche oder umweltverträgliche Lösungsmöglichkeiten nutzen uns an den wesentlichen Kostensenkung ohne Verminderung des vertraglich festgelegten Standards führen, kann ein Erfolgshonorar schriftlich vereinbart werden. Das Er-

V. Anwendungshilfen **Einführung**

folgshonorar kann bis zu 20% des vereinbarten Honorars betragen. Für den Fall, dass schriftlich festgelegte anrechenbare Kosten überschritten werden, kann ein Malus-Honorar in Höhe von bis zu 5% des Honorars schriftlich vereinbart werden.

§ 8 Abs. 1
„Werden dem Auftraggeber nicht alle Leistungsphasen eines Leistungsbildes übertragen, so dürfen nur die für die übertragenen Phasen vorgesehenen Prozentsätze berechnet und schriftlich vereinbart werden. Die Vereinbarung hat schriftlich zu erfolgen."

§ 8 Abs. 2
„Werden dem Auftragnehmer nicht alle Grundleistungen einer Leistungsphase übertragen, so darf für die übertragenen Grundleistung nur ein Honorar berechnet und vereinbart werden, dass dem Anteil der übertragenen Grundleistungen an der gesamten Leistungsphase entspricht. Die Vereinbarung hat schriftlich zu erfolgen. Entsprechend ist zu verfahren, wenn dem Auftragnehmer wesentliche Teile von Grundleistungen nicht übertragen werden."

§ 8 Abs. 3
„Die gesonderte Vergütung eines zusätzlichen Koordinierungs- oder Einarbeitungsaufwands ist schriftlich zu vereinbaren."

§ 9 Abs. 1–3
(Berechnung des Honorars bei Beauftragung von Einzelleistung: Jede der drei Vereinbarungen zur Berechnung des Honorars bei Beauftragung von Einzelleistungen hat schriftlich zu erfolgen).

§ 10 Abs. 1
„Einigen sich Auftraggeber und Auftragnehmer während der Laufzeit des Vertrags darauf, dass der Umfang der beauftragten Leistung geändert wird, und ändern sich dadurch die anrechenbaren Kosten oder Flächen, so ist die Honorarberechnungsgrundlage für die Grundleistungen, die infolge des veränderten Leistungsumfangs zu erbringen sind, durch schriftliche Vereinbarung anzupassen."

§ 10 Abs. 2
„Einigen sich Auftraggeber und Auftragnehmer über die Wiederholung von Grundleistungen, ohne dass sich dadurch die anrechenbaren Kosten oder Flächen ändern, ist das Honorar für diese Grundleistungen entsprechend ihrem Anteil an der jeweiligen Leistungsphase schriftlich zu vereinbaren".

§ 12 Abs. 2
„Für Grundleistungen bei Instandsetzungen und Instandhaltungen von Objekten kann schriftlich vereinbart werden, dass der Prozentsatz für die Objektüberwachung oder Bauoberleitung bis zu 50% der Bewertung dieser Leistungsphase erhöht wird."

§ 14 Abs. 1 Satz 2
„Die Vertragsparteien können bei Auftragserteilung schriftlich vereinbaren, dass abweichend von Satz 1 eine Erstattung (von Nebenkosten) ganz oder teilweise ausgeschlossen ist."

§ 14 Abs. 2 Nr. 6
„Entschädigungen für den sonstigen Aufwand bei längeren Reisen nach Nr. 4, sofern die Entschädigung vor Geschäftsreise schriftlich vereinbart worden sind" (gehören zu den Nebenkosten).

§ 14 Abs. 3
„Nebenkosten können pauschal oder nach Einzelnachweis abgerechnet werden. Sie sind nach Einzelnachweis abzurechnen, sofern bei Auftragserteilung keine pauschale Abrechnung schriftlich vereinbart worden ist."

§ 15 Abs. 1
„Das Honorar wird fällig, wenn die Leistung abgenommen und eine prüffähige Honorarschlussrechnung überreicht worden ist, es sei denn, es wurde etwas anderes schriftlich vereinbart."

Einführung

§ 15 Abs. 2

„Abschlagszahlungen können zu den schriftlich vereinbarten Zeitpunkten oder in angemessenen zeitlichen Abständen für nachgewiesene Grundleistungen gefordert werden."

§ 15 Abs. 4

„Andere Zahlungsweisen können schriftlich vereinbart werden."

§ 36 Abs. 1, § 40 Abs. 6

„Für Umbauten und Modernisierungen ... kann bei einem durchschnittlichen Schwierigkeitsgrad ein Zuschlag gemäß § 6 Abs. 2 Satz 3 bis 33% auf das ermittelte Honorar schriftlich vereinbart werden."

§ 36 Abs. 2

„Für Umbauten und Modernisierungen von Innenräumen in Gebäuden kann beim durchschnittlichen Schwierigkeitsgrad ein Zuschlag gemäß § 6 Abs. 2 Satz 3 bis 50% auf das ermittelte Honorar schriftlich vereinbart werden.

Diese Zusammenstellung beschränkt sich auf Schriftformerfordernisse im Allgemeinen Teil und bei der Objektplanung Gebäude, Innenräume und Freianlagen. Weitere Schriftformerfordernisse finden sich in anderen Leistungsbildern.

Die Folgen fehlender Schriftform sind unterschiedlicher Art. Sie reichen von einer Mindestsatzfiktion (vgl. § 7 Abs. 5) über fingierte Zuschlagshöhen (vgl. § 6 Abs. 2) bis zum Anspruchsverlust (vgl. § 8 Abs. 3).

Schwierig wird es, wenn Berechnungsmodalitäten verbindlich vorgegeben werden, gleichwohl dann aber im Einzelfall keine schriftliche vertragliche Regelung erfolgt. So legt § 4 Abs. 3 Satz 2 zwingend fest, dass mitzuverarbeitende Bausubstanz für die Honorarermittlung zu berücksichtigen ist oder, wie in § 10 Abs. 1, dass bei einer vertraglichen Änderung des Umfangs beauftragter Leistungen das Honorar entsprechend anzupassen ist (ähnlich wie bei der Wiederholung von Grundleistungen nach § 10 Abs. 2), bei Wahrung der Schriftform. Gleichwohl kann in diesen Fällen der Auftraggeber durch Verweigerung einer schriftlichen Vereinbarung den grundsätzlich bestehenden Honoraranspruch nicht zu Fall bringen: Der Architekt als Auftragnehmer hat einen Anspruch auf eine entsprechende schriftliche Regelung.

Honorare oberhalb der Tabellenendwerte § 34 HOAI 2013

Berechnungsbeispiel:

Obwohl die Honorare für Leistungen, deren anrechenbare Kosten außerhalb der Tabellenwerte liegen, frei zu vereinbaren sind, wurde für die Honorarberechnung häufig auf fortgeschriebene Tabellen öffentlicher Auftraggeber zurückgegriffen und die so ermittelten Werte vertraglich als geschuldetes Honorar festgeschrieben.

Mit der Novelle der HOAI 2013 wurden die Tabellenwerte nicht linear und auch nicht einheitlich angehoben. Dies hat zwangsweise zur Folge, dass die existenten Tabellen (z.B. RIFT oder OBB Bayern) nicht mehr als Berechnungsbasis dienen können. Derzeit ist nicht bekannt, ob und ggf. nach welchem Modus solche Tabellen erarbeitet werden.

Aus diesem Grund wurde nachfolgendes Beispiel als mögliche Problemlösung entwickelt:

Aufgabe:

Honorarermittlung für ein Gebäude mit überdurchschnittlichem Schwierigkeitsgrad und anrechenbaren Kosten von 50 Mio.

Lösung:

1. Schritt

Honorarermittlung bei 25 Mio. nach HOAI 2009:
25 Mio.; HZ IV; Mindestsatz = 2 117 513 (Tabelle 2009)   =   8,47 %

2. Schritt

Honorarermittlung bei 25 Mio. nach HOAI 2013:
25 Mio.; HZ IV; Mindestsatz = 2 492 079 (Tabelle 2013)   =   9,96 %

V. Anwendungshilfen **Einführung**

3. Schritt
Differenz Honorar 2009 zu 2013
Mehrhonorar absolut: 374.566,–
Mehrhonorar prozentual: = 17,68 %

4. Schritt
Honorarberechnung bei 50 Mio. mit Wert aus der Tabelle 2009
der Obersten Baubehörde Bayern bei 50 Mio.: 3 601 475,– = 3 961 225,–
plus 10 % Zuschlag 2009

5. Schritt
Zuschlag Honorarerhöhung 2013
3 961 225,– zuzüglich 17,68 %

Ergebnis:
Das Nettohonorar beträgt: 4 635 098,–

Alternative:
Der beim Tabellenendwert 25 Mio. (HOAI 2009) ermittelte
Honorarprozentsatz wird der weiteren Honorarberechnung
zugrunde gelegt:
9,96 % aus 50 Mio. = 4 980 000,–

Einführung

Anhang
Grundinformationen zur Anwendung der HOAI 2013

1. Inkrafttreten und Übergangsvorschrift

Die Novelle der HOAI vom 10. Juli ist am 16. Juli 2013 im Bundesgesetzblatt veröffentlicht worden und ist am 17. Juli 2013 in Kraft getreten. Sie gilt für Verträge, die ab Inkrafttreten geschlossen worden sind. Für schriftliche und mündliche Verträge, die noch bis zum Inkrafttreten der HOAI geschlossen wurden, gilt altes Preisrecht weiter (§ 57 HOAI 2013).

2. Nichtanwendbarkeit der HOAI 2013

Wenn die anrechenbaren Kosten bei Gebäuden und Innenräumen weniger als 25 000 EUR oder mehr als 25 000 000 EUR und bei Freianlagen weniger als 20 000 EUR und mehr als 1 500 000 EUR anrechenbare Kosten betragen, gilt kein Preisrecht. Jede Honorarvereinbarung ist zulässig.

Für die Flächenplanung gilt dies sinngemäß bei der Fläche des Plangebiets in Hektar.

3. Grundlagen des Honorars

Das Honorar der HOAI 2013 richtet sich nach der **Kostenberechnung** nach DIN 276-1: 2008-12.

Für die Praxis bedeutet dies, dass die Kostenberechnung sehr sorgfältig, sehr vorhersehend und sehr genau angefertigt werden muss, da eine nachträgliche Anpassung des Honorars in der Regel nicht möglich ist. Die Nutzung des Baukosteninformationszentrums Deutscher Architektenkammern (BKI) ist dringend anzuraten.

Als alternative Honorarvereinbarung sieht die HOAI 2013 vor, dass das Honorar auch auf Basis einer „Baukostenvereinbarung" geregelt werden kann. Dies gilt nach § 6 Abs. 3 HOAI aber nur für den Fall, dass zum Zeitpunkt des Vertragsschlusses noch keine Planungen als Voraussetzungen für eine Kostenschätzung oder Kostenberechnung vorliegen. Dieser Fall dürfte extrem selten sein und eigentlich nur Bauherren betreffen, die bereits ein fertiges Konzept haben.

Problematisch wird es, wenn die Zivilgerichte eine solche „Baukostenvereinbarung" gleichzeitig als „Beschaffenheitsvereinbarung" hinsichtlich der Baukosten ansehen. Das hätte die Folge, dass das Werk des Architekten mangelhaft ist, wenn nicht exakt die vereinbarte Bausumme eingehalten wird.

4. Mindest-/Höchstsatz

Der Mindestsatz gilt als vereinbart, wenn nicht bei Auftragserteilung ein anderer Honorarsatz schriftlich, d. h. mit den Unterschriften des Architekten und des Bauherrn, vereinbart wurde.

5. Anrechenbare Kosten für Leistungen bei Gebäuden und Innenräumen

Nach § 33 Abs. 1 sind anrechenbar die **Kosten der Baukonstruktion.** Gemeint ist offensichtlich DIN 276-1:2008-12 Kostengruppe 300, weshalb es eigentlich „Baukonstruktionen" heißen müsste.

Anrechenbar sind gemäß § 33 Abs. 2 ferner die **Kosten für Technische Anlagen** (Kostengruppe 400), die der Auftragnehmer nicht fachlich plant oder deren Ausführung er nicht fachlich überwacht, bis 25% der sonstigen anrechenbaren Kosten und zur Hälfte mit dem 25% der sonstigen anrechenbaren Kosten übersteigenden Betrag. Die unnötig komplizierte Regelung der bisherigen Honorarordnung ist mithin bedauerlicherweise beibehalten worden.

Nach § 33 Abs. 3 sind folgende Kosten **nur dann** nicht anrechenbar, soweit der Auftragnehmer sie weder plant, noch bei der Beschaffung mitwirkt, noch ihre Ausführung oder ihren Einbau fachlich überwacht:
– **Herrichten** (Kostengruppe 210)
– **Nichtöffentliche Erschließung** (Kostengruppe 230)
– **Ausstattung und Kunstwerke** (Kostengruppe 600).

V. Anwendungshilfen   **Einführung**

Mitzuverarbeitende **Bausubstanz** muss gemäß § 4 Abs. 3 bei den anrechenbaren Kosten angemessen berücksichtigt werden. Umfang und Wert sind schriftlich zu vereinbaren.

Der Umbauzuschlag beträgt nach § 6 Abs. 2 HOAI ab einem durchschnittlichen Schwierigkeitsgrad 20%, wenn keine andere schriftliche Vereinbarung getroffen wurde. Gemäß § 36 kann bei Umbauten und Modernisierungen bei Gebäuden bei einem durchschnittlichen Schwierigkeitsgrad ein Zuschlag bis 33%, bei Innenräumen bis 50% schriftlich vereinbart werden.

Die **Mehrwertsteuer** ist weiterhin **nicht** Bestandteil der anrechenbaren Kosten. Bei der DIN 276-1: 2008-12 ist zu berücksichtigen, dass die DIN-Berechnung die Mehrwertsteuer beinhalten kann oder auch nicht. Es ist auch möglich, dass nur für Teile die Mehrwertsteuer ausgewiesen wird.

6. Grundlagen des Honorars bei Flächenplanungen

Das Honorar richtet sich nach der Fläche des Plangebietes in Hektar.

7. Honorarzonen

Die Honorarzone richtet sich bei Gebäuden und Innenräumen nach den in der Anlage 10 aufgeführten Regelbeispielen, bei Flächenplanungen nach einer Punktebewertung der jeweiligen Fläche.

Im Zweifelsfall oder bei mehrfacher Bewertung ist eine punktemäßige Bewertung nach § 35 HOAI bzw. § 40 HOAI erforderlich.

8. Honorartafeln

Die Honorartafeln wurden völlig neu berechnet und berücksichtigen nun sowohl die gestiegenen Baupreise und Lebenshaltungskosten als auch die erweiterten Grundleistungen.

9. Honorarvereinbarung, Unterschreiten der Höchstsätze, Überschreiten der Höchstsätze

Das Honorar richtet sich nach der schriftlichen Vereinbarung, die die Vertragsparteien **bei Auftragserteilung** im Rahmen der durch diese Verordnung festgesetzten Mindest- und Höchstsätze treffen (§ 7 Abs. 1). Die Mindestsätze können durch schriftliche Vereinbarung in „Ausnahmefällen" unterschritten werden. Die Höchstsätze dürfen bei außergewöhnlichen oder ungewöhnlich lange dauernden Leistungen durch schriftliche Vereinbarung überschritten werden, wenn dies schriftlich vereinbart war.

10. Leistungsbild Gebäude und Innenräume

Das Leistungsbild ist in § 34 sowie in der Anlage 10 geregelt und ist erheblich ausgeweitet worden. Es wurden diverse neue Grundleistungen aufgenommen. Hinzuweisen ist insbesondere auf folgende **neue** Grundleistungen:

Leistungsphase 1, Grundlagenermittlung:

„Ortsbesichtigung" und „Dokumentieren der Ergebnisse"

Leistungsphase 2, Vorplanung:

„Erstellen eines Terminplans mit den wesentlichen Vorgängen des Planungs- und Bauablaufs", „Vergleich (der Kostenschätzung) mit den finanziellen Rahmenbedingungen", „Dokumentieren der Ergebnisse".

Leistungsphase 3, Entwurfsplanung:

„Fortschreiben des Terminplans", „Dokumentieren der Ergebnisse".

In Leistungsphase 4, Genehmigungsplanung, sind keine neuen Leistungen aufgeführt.

Leistungsphase 5, Ausführungsplanung:

„Fortschreiben des Terminplanes", „Überprüfen erforderlicher Montagepläne der vom Objektplaner geplanten Baukonstruktion und baukonstruktiven Einbauten auf Übereinstimmung mit der Ausführungsplanung".

Einführung

Leistungsphase 6, Vorbereiten der Vergabe:

„Aufstellen eines **Vergabeterminplans**", „Ermitteln der Kosten auf der Grundlage **vom Planer bepreister Leistungsverzeichnisse**", „**Kostenkontrolle durch Vergleich der vom Planer bepreisten Leistungsverzeichnisse** mit der Kostenberechnung", „Zusammenstellen der Vergabeunterlagen für alle Leistungsbereiche" (bisher Phase 7).

Leistungsphase 7, Mitwirkung bei der Vergabe:

„Koordinieren der Vergaben der Fachplaner", „Dokumentation des Vergabeverfahrens", „Zusammenstellen der Vertragsunterlagen für alle Leistungsbereiche", **Vergleichen der Ausschreibungsergebnisse mit den vom Planer bepreisten Leistungsverzeichnissen** oder der Kostenberechnung".

Leistungsphase 8, Objektüberwachung(Bauüberwachung) und Dokumentation:

„Organisation der Abnahme der Bauleistungen unter Mitwirkung anderer an der Planung und Objektüberwachung fachlich Beteiligter, Feststellen von Mängeln, Abnahmeempfehlung für den Auftraggeber", „Systematische Zusammenstellung der Dokumentation, zeichnerischen Darstellungen und rechnerischen Ergebnissen der Objektes"(bisher Phase 9), „Übergabe des Objekts".

Leistungsphase 9, Objektbetreuung

„Fachliche Bewertung der innerhalb der Verjährungsfristen für Gewährleistungsansprüche festgestellten Mängel, längstens jedoch bis zum Ablauf von fünf Jahren seit Abnahme der Leistung, einschließlich notwendiger Begehungen".

Die prozentuale Bewertung einiger Leistungsphasen wurde geändert. Sie sieht nun wie folgt aus:

Leistungsphasen	Gebäude	Innenräume
Grundlagenermittlung	2	2
Vorplanung	7	7
Entwurfsplanung	15	15
Genehmigungsplanung	3	2
Ausführungsplanung	25	30
Vorbereitung der Vergabe	10	7
Mitwirkung bei der Vergabe	4	3
Objektüberwachung – Bauüberwachung und Dokumentation	32	32
Objektbetreuung	2	2

11. Leistungsbilder der Flächenplanung und der Freianlagen

Die Leistungsbilder der Flächenplanungen richten sich nach Teil 2 der HOAI.
Das Leistungsbild der Freianlagen nach Teil 3, Abschnitt 2.

11.1 Die prozentuale Bewertung bei der Bauleitplanung

Sie sieht wie folgt aus:

Leistungsphasen	
Vorentwurf	60
Entwurf	30
Plan zur Beschlussfassung	10

V. Anwendungshilfen **Einführung**

11.2 Die prozentuale Bewertung bei der Landschaftsplanung

Diese gliedert sich in folgende Leistungsphasen:

Leistungsphasen	
Klären der Aufgabenstellung und Ermitteln des Leistungsumfanges	3
Ermitteln der Planungsgrundlagen	37
Vorläufige Fassung	50
Abgestimmte Fassung	10

11.3. Die prozentuale Bewertung bei Freianlagen

Diese sieht wie folgt aus:

Leistungsphasen	
Grundlagenermittlung	3
Vorplanung	10
Entwurfsplanung	16
Genehmigungsplanung	4
Ausführungsplanung	25
Vorbereitung der Vergabe	7
Mitwirkung bei der Vergabe	3
Objektüberwachung – Bauüberwachung und Dokumentation	30
Objektbetreuung	2

12. Bonus-/Malus-Regelung

Nach § 7 HOAI kann bei Planungsleistungen, die technische, wirtschaftliche oder umweltverträgliche Lösungsmöglichkeiten nutzen und zu einer wesentlichen Kostensenkung ohne Verminderung des vertraglich festgelegten Standards führen, ein Erfolgshonorar schriftlich vereinbart werden, das bis zu 20% des vereinbarten Honorars betragen kann. Die ähnliche Bestimmung in der HOAI 2009 wurde nur extrem selten genutzt und hatte keine praktische Bedeutung. Bedenklich ist eine solche Regelung, weil sie suggeriert, dass nach Vereinbarung eines Erfolgshonorars eine bessere Leistung erbracht werden könne, als sie ohnehin zu erbringen ist.

Das Malus-Honorar in Höhe von 5%, was für den Fall des Überschreitens der „einvernehmlich festgelegten" anrechenbaren Kosten vereinbart werden kann, stößt weiterhin noch auf massive Kritik. Verwunderlich bleibt einerseits, dass das Malus-Honorar nur in dem Ausnahmefall der einvernehmlich vereinbarten anrechenbaren Kosten möglich ist und andererseits auch dann greift, wenn die Kostenüberschreitung vom Architekten gar nicht zu vertreten ist. Es ist anzuraten, derartige Vertragsgestaltungen abzulehnen und im Notfall mit dem Berufshaftpflichtversicherer abzuklären.

13. Zeithonorar

Es gibt weiterhin keine preisrechtliche Festlegung von Stundensätzen. Damit ist eine betriebswirtschaftliche Feststellung des Bürostundensatzes unausweichlich.

Sollte ein Zeithonorar ohne einen konkreten Stundensatz vereinbart werden, gilt aufgrund des Bürgerlichen Gesetzbuches das „übliche" Zeithonorar als vereinbart. Zeithonorare der Rechtsanwälte liegen in der Regel zwischen 200 und 300 EUR. Löffelmann/Fleischmann halten in ihrem Werk „Architektenrecht" 5. Auflage unter Rdn. 1280 für Architekten einen Stundensatz von 100 bis 220 EUR für berechtigt.

Einführung

14. Einzelleistungen

§ 9 HOAI bleibt problematisch. Eine Honorarerhöhung beim Vorentwurf und Entwurf ist nicht zu erkennen, wenn man davon ausgeht, dass diese Leistungen die vorhergehenden Leistungen zwangsläufig beinhalten.

Das Honorar der Objektüberwachung eines Objektes als Einzelleistungen ist nun korrigiert. Während § 9 in der HOAI 2009 – wenn er vereinbart wurde – in der Regel zu Honorareinbußen führte, können nun zusätzlich zu dem Prozentsatz der Objektüberwachung von 32% die Prozentsätze der Phasen 1 und 2 (2% + 7% = 9%) schriftlich vereinbart werden.

15. Besondere Leistungen

Diese sind weiterhin nicht preisrechtlich geregelt. Daher ist für diese Leistungen eine freie Vereinbarung zulässig.

Daher kommt es nicht darauf an, ob eine schriftliche Honorarvereinbarung über die Besonderen Leistungen getroffen worden ist. Auch ohne Honorarvereinbarung besteht ein Anspruch auf Honorar. Allerdings ist weiterhin die Schriftlichkeit naturgemäß aus Beweisgründen dringend zu empfehlen.

16. Nebenkosten (§ 14)

Zur Wirksamkeit einer Nebenkostenpauschale muss (weiterhin) eine schriftliche Vereinbarung bei Auftragserteilung erfolgen, sonst muss nach Einzelnachweis abgerechnet werden.

17. Fälligkeit (§ 15)

§ 15 regelt nun, dass das Honorar fällig wird, wenn die **Leistung abgenommen** ist und eine prüffähige Rechnung erstellt ist. Da § 15 Abs. 1, 2. Halbsatz ausdrücklich regelt, dass schriftlich etwas anderes vereinbart werden darf, wird es sinnvoll sein, eine abweichende schriftliche Vereinbarung zur Fälligkeit zu treffen.

18. Aufträge für Gebäude und Freianlagen oder für Gebäude und Innenräume

Nach § 37 Abs. 1 ist keine getrennte Honorarberechnung bei Leistungen für Gebäude und Freianlagen vorzunehmen, wenn die getrennte Berechnung der Honorare für Freianlagen bis 7 499,99 EUR anrechenbare Kosten zum Gegenstand hätte. Mangels einer entsprechenden Regelung, wie noch in der HOAI 2009, gilt dies jedoch nicht entsprechend für Gebäude.

Nach § 37 Abs. 2 HOAI sind Grundleistungen für Innenräume in Gebäuden, die neu gebaut, wieder aufgebaut, erweitert oder umgebaut werden und von einem Auftragnehmer erbracht werden, einheitlich und nicht getrennt zu berechnen, die erhöhten Leistungen müssen aber im Rahmen der Mindest- und Höchstsätze berücksichtigt werden, d. h. eine schriftliche Vereinbarung ist vorgeschrieben.

1. Verordnung über die Honorare für Architekten- und Ingenieurleistungen (Honorarordnung für Architekten und Ingenieure – HOAI)

Vom 10. Juli 2013 (BGBl. I S. 2276)

FNA 402-24-8-2-3

Auf Grund der §§ 1 und 2 des Gesetzes zur Regelung von Ingenieur- und Architektenleistungen vom 4. November 1971 (BGBl. I S. 1745, 1749), die durch Artikel 1 des Gesetzes vom 12. November 1984 (BGBl. I S. 1337) geändert worden sind, verordnet die Bundesregierung:

Inhaltsübersicht

Teil 1. Allgemeine Vorschriften

- § 1 Anwendungsbereich
- § 2 Begriffsbestimmungen
- § 3 Leistungen und Leistungsbilder
- § 4 Anrechenbare Kosten
- § 5 Honorarzonen
- § 6 Grundlagen des Honorars
- § 7 Honorarvereinbarung
- § 8 Berechnung des Honorars in besonderen Fällen
- § 9 Berechnung des Honorars bei Beauftragung von Einzelleistungen
- § 10 Berechnung des Honorars bei vertraglichen Änderungen des Leistungsumfangs
- § 11 Auftrag für mehrere Objekte
- § 12 Instandsetzungen und Instandhaltungen
- § 13 Interpolation
- § 14 Nebenkosten
- § 15 Zahlungen
- § 16 Umsatzsteuer

Teil 2. Flächenplanung

Abschnitt 1. Bauleitplanung

- § 17 Anwendungsbereich
- § 18 Leistungsbild Flächennutzungsplan
- § 19 Leistungsbild Bebauungsplan
- § 20 Honorare für Grundleistungen bei Flächennutzungsplänen
- § 21 Honorare für Grundleistungen bei Bebauungsplänen

Abschnitt 2. Landschaftsplanung

- § 22 Anwendungsbereich
- § 23 Leistungsbild Landschaftsplan
- § 24 Leistungsbild Grünordnungsplan
- § 25 Leistungsbild Landschaftsrahmenplan
- § 26 Leistungsbild Landschaftspflegerischer Begleitplan
- § 27 Leistungsbild Pflege- und Entwicklungsplan
- § 28 Honorare für Grundleistungen bei Landschaftsplänen
- § 29 Honorare für Grundleistungen bei Grünordnungsplänen
- § 30 Honorare für Grundleistungen bei Landschaftsrahmenplänen
- § 31 Honorare für Grundleistungen bei Landschaftspflegerischen Begleitplänen
- § 32 Honorare für Grundleistungen bei Pflege- und Entwicklungsplänen

Teil 3. Objektplanung

Abschnitt 1. Gebäude und Innenräume

- § 33 Besondere Grundlagen des Honorars
- § 34 Leistungsbild Gebäude und Innenräume

1 HOAI 2013

Honorarordnung für Architekten und Ingenieure

§ 35 Honorare für Grundleistungen bei Gebäuden und Innenräumen
§ 36 Umbauten und Modernisierungen von Gebäuden und Innenräumen
§ 37 Aufträge für Gebäude und Freianlagen oder für Gebäude und Innenräume

Abschnitt 2. Freianlagen

§ 38 Besondere Grundlagen des Honorars
§ 39 Leistungsbild Freianlagen
§ 40 Honorare für Grundleistungen bei Freianlagen

Abschnitt 3. Ingenieurbauwerke

§ 41 Anwendungsbereich
§ 42 Besondere Grundlagen des Honorars
§ 43 Leistungsbild Ingenieurbauwerke
§ 44 Honorare für Grundleistungen bei Ingenieurbauwerken

Abschnitt 4. Verkehrsanlagen

§ 45 Anwendungsbereich
§ 46 Besondere Grundlagen des Honorars
§ 47 Leistungsbild Verkehrsanlagen
§ 48 Honorare für Grundleistungen bei Verkehrsanlagen

Teil 4. Fachplanung

Abschnitt 1. Tragwerksplanung

§ 49 Anwendungsbereich
§ 50 Besondere Grundlagen des Honorars
§ 51 Leistungsbild Tragwerksplanung
§ 52 Honorare für Grundleistungen bei Tragwerksplanungen

Abschnitt 2. Technische Ausrüstung

§ 53 Anwendungsbereich
§ 54 Besondere Grundlagen des Honorars
§ 55 Leistungsbild Technische Ausrüstung
§ 56 Honorare für Grundleistungen der Technischen Ausrüstung

Teil 5. Übergangs- und Schlussvorschriften

§ 57 Übergangsvorschrift
§ 58 Inkrafttreten, Außerkrafttreten

Anlage 1 Beratungsleistungen
Anlage 2 Grundleistungen im Leistungsbild Flächennutzungsplan
Anlage 3 Grundleistungen im Leistungsbild Bebauungsplan
Anlage 4 Grundleistungen im Leistungsbild Landschaftsplan
Anlage 5 Grundleistungen im Leistungsbild Grünordnungsplan
Anlage 6 Grundleistungen im Leistungsbild Landschaftsrahmenplan
Anlage 7 Grundleistungen im Leistungsbild Landschaftspflegerischer Begleitplan
Anlage 8 Grundleistungen im Leistungsbild Pflege- und Entwicklungsplan
Anlage 9 Besondere Leistungen zur Flächenplanung
Anlage 10 Grundleistungen im Leistungsbild Gebäude und Innenräume, Besondere Leistungen, Objektlisten
Anlage 11 Grundleistungen im Leistungsbild Freianlagen, Besondere Leistungen, Objektliste
Anlage 12 Grundleistungen im Leistungsbild Ingenieurbauwerke, Besondere Leistungen, Objektliste
Anlage 13 Grundleistungen im Leistungsbild Verkehrsanlagen, Besondere Leistungen, Objektliste
Anlage 14 Grundleistungen im Leistungsbild Tragwerksplanung, Besondere Leistungen, Objektliste
Anlage 15 Grundleistungen im Leistungsbild Technische Ausrüstung, Besondere Leistungen, Objektliste

Honorarordnung für Architekten und Ingenieure   HOAI 2013

Teil 1. Allgemeine Vorschriften

§ 1 Anwendungsbereich

Diese Verordnung regelt die Berechnung der Entgelte für die Grundleistungen der Architekten und Architektinnen und der Ingenieure und Ingenieurinnen (Auftragnehmer oder Auftragnehmerinnen) mit Sitz im Inland, soweit die Grundleistungen durch diese Verordnung erfasst und vom Inland aus erbracht werden.

§ 2 Begriffsbestimmungen

(1) [1] Objekte sind Gebäude, Innenräume, Freianlagen, Ingenieurbauwerke, Verkehrsanlagen. [2] Objekte sind auch Tragwerke und Anlagen der Technischen Ausrüstung.

(2) Neubauten und Neuanlagen sind Objekte, die neu errichtet oder neu hergestellt werden.

(3) [1] Wiederaufbauten sind Objekte, bei denen die zerstörten Teile auf noch vorhandenen Bau- oder Anlagenteilen wiederhergestellt werden. [2] Wiederaufbauten gelten als Neubauten, sofern eine neue Planung erforderlich ist.

(4) Erweiterungsbauten sind Ergänzungen eines vorhandenen Objekts.

(5) Umbauten sind Umgestaltungen eines vorhandenen Objekts mit wesentlichen Eingriffen in Konstruktion oder Bestand.

(6) Modernisierungen sind bauliche Maßnahmen zur nachhaltigen Erhöhung des Gebrauchswertes eines Objekts, soweit diese Maßnahmen nicht unter Absatz 4, 5 oder 8 fallen.

(7) Mitzuverarbeitende Bausubstanz ist der Teil des zu planenden Objekts, der bereits durch Bauleistungen hergestellt ist und durch Planungs- oder Überwachungsleistungen technisch oder gestalterisch mitverarbeitet wird.

(8) Instandsetzungen sind Maßnahmen zur Wiederherstellung des zum bestimmungsgemäßen Gebrauch geeigneten Zustandes (Soll-Zustandes) eines Objekts, soweit diese Maßnahmen nicht unter Absatz 3 fallen.

(9) Instandhaltungen sind Maßnahmen zur Erhaltung des Soll-Zustandes eines Objekts.

(10) [1] Kostenschätzung ist die überschlägige Ermittlung der Kosten auf der Grundlage der Vorplanung. [2] Die Kostenschätzung ist die vorläufige Grundlage für Finanzierungsüberlegungen. [3] Der Kostenschätzung liegen zugrunde:

1. Vorplanungsergebnisse,
2. Mengenschätzungen,
3. erläuternde Angaben zu den planerischen Zusammenhängen, Vorgängen sowie Bedingungen und
4. Angaben zum Baugrundstück und zu dessen Erschließung.

[4] Wird die Kostenschätzung nach § 4 Absatz 1 Satz 3 auf der Grundlage der DIN 276 in der Fassung vom Dezember 2008 (DIN 276-1: 2008-12) erstellt, müssen die Gesamtkosten nach Kostengruppen mindestens bis zur ersten Ebene der Kostengliederung ermittelt werden.

(11) [1] Kostenberechnung ist die Ermittlung der Kosten auf der Grundlage der Entwurfsplanung. [2] Der Kostenberechnung liegen zugrunde:

1. durchgearbeitete Entwurfszeichnungen oder Detailzeichnungen wiederkehrender Raumgruppen,
2. Mengenberechnungen und
3. für die Berechnung und Beurteilung der Kosten relevante Erläuterungen.

[3] Wird die Kostenberechnung nach § 4 Absatz 1 Satz 3 auf der Grundlage der DIN 276 erstellt, müssen die Gesamtkosten nach Kostengruppen mindestens bis zur zweiten Ebene der Kostengliederung ermittelt werden.

§ 3 Leistungen und Leistungsbilder

(1) [1] Die Honorare für Grundleistungen der Flächen-, Objekt- und Fachplanung sind in den Teilen 2 bis 4 dieser Verordnung verbindlich geregelt. [2] Die Honorare für Beratungsleistungen der Anlage 1 sind nicht verbindlich geregelt.

1 HOAI 2013

(2) ¹Grundleistungen, die zur ordnungsgemäßen Erfüllung eines Auftrags im Allgemeinen erforderlich sind, sind in Leistungsbildern erfasst. ²Die Leistungsbilder gliedern sich in Leistungsphasen gemäß den Regelungen in den Teilen 2 bis 4.

(3) ¹Die Aufzählung der Besonderen Leistungen in dieser Verordnung und in den Leistungsbildern ihrer Anlagen ist nicht abschließend. ²Die Besonderen Leistungen können auch für Leistungsbilder und Leistungsphasen, denen sie nicht zugeordnet sind, vereinbart werden, soweit sie dort keine Grundleistungen darstellen. ³Die Honorare für Besondere Leistungen können frei vereinbart werden.

(4) Die Wirtschaftlichkeit der Leistung ist stets zu beachten.

§ 4 Anrechenbare Kosten

(1) ¹Anrechenbare Kosten sind Teil der Kosten für die Herstellung, den Umbau, die Modernisierung, Instandhaltung oder Instandsetzung von Objekten sowie für die damit zusammenhängenden Aufwendungen. ²Sie sind nach allgemein anerkannten Regeln der Technik oder nach Verwaltungsvorschriften (Kostenvorschriften) auf der Grundlage ortsüblicher Preise zu ermitteln. ³Wird in dieser Verordnung im Zusammenhang mit der Kostenermittlung die DIN 276 in Bezug genommen, so ist die Fassung vom Dezember 2008 (DIN 276-1: 2008-12) bei der Ermittlung der anrechenbaren Kosten zugrunde zu legen. ⁴Umsatzsteuer, die auf die Kosten von Objekten entfällt, ist nicht Bestandteil der anrechenbaren Kosten.

(2) Die anrechenbaren Kosten richten sich nach den ortsüblichen Preisen, wenn der Auftraggeber
1. selbst Lieferungen oder Leistungen übernimmt,
2. von bauausführenden Unternehmen oder von Lieferanten sonst nicht übliche Vergünstigungen erhält,
3. Lieferungen oder Leistungen in Gegenrechnung ausführt oder
4. vorhandene oder vorbeschaffte Baustoffe oder Bauteile einbauen lässt.

(3) ¹Der Umfang der mitzuverarbeitenden Bausubstanz im Sinne des § 2 Absatz 7 ist bei den anrechenbaren Kosten angemessen zu berücksichtigen. ²Umfang und Wert der mitzuverarbeitenden Bausubstanz sind zum Zeitpunkt der Kostenberechnung oder, sofern keine Kostenberechnung vorliegt, zum Zeitpunkt der Kostenschätzung objektbezogen zu ermitteln und schriftlich zu vereinbaren.

§ 5 Honorarzonen

(1) Die Objekt- und Tragwerksplanung wird den folgenden Honorarzonen zugeordnet:
1. Honorarzone I: sehr geringe Planungsanforderungen,
2. Honorarzone II: geringe Planungsanforderungen,
3. Honorarzone III: durchschnittliche Planungsanforderungen,
4. Honorarzone IV: hohe Planungsanforderungen,
5. Honorarzone V: sehr hohe Planungsanforderungen.

(2) Flächenplanungen und die Planung der Technischen Ausrüstung werden den folgenden Honorarzonen zugeordnet:
1. Honorarzone I: geringe Planungsanforderungen,
2. Honorarzone II: durchschnittliche Planungsanforderungen,
3. Honorarzone III: hohe Planungsanforderungen.

(3) ¹Die Honorarzonen sind anhand der Bewertungsmerkmale in den Honorarregelungen der jeweiligen Leistungsbilder der Teile 2 bis 4 zu ermitteln. ²Die Zurechnung zu den einzelnen Honorarzonen ist nach Maßgabe der Bewertungsmerkmale und gegebenenfalls der Bewertungspunkte sowie unter Berücksichtigung der Regelbeispiele in den Objektlisten der Anlagen dieser Verordnung vorzunehmen.

§ 6 Grundlagen des Honorars

(1) Das Honorar für Grundleistungen nach dieser Verordnung richtet sich
1. für die Leistungsbilder des Teils 2 nach der Größe der Fläche und für die Leistungsbilder der Teile 3 und 4 nach den anrechenbaren Kosten des Objekts auf der Grundlage der Kostenbe-

Honorarordnung für Architekten und Ingenieure   HOAI 2013

rechnung oder, sofern keine Kostenberechnung vorliegt, auf der Grundlage der Kostenschätzung,
2. nach dem Leistungsbild,
3. nach der Honorarzone,
4. nach der dazugehörigen Honorartafel.

(2) ¹Honorare für Leistungen bei Umbauten und Modernisierungen gemäß § 2 Absatz 5 und Absatz 6 sind zu ermitteln nach
1. den anrechenbaren Kosten,
2. der Honorarzone, welcher der Umbau oder die Modernisierung in sinngemäßer Anwendung der Bewertungsmerkmale zuzuordnen ist,
3. den Leistungsphasen,
4. der Honorartafel und
5. dem Umbau- oder Modernisierungszuschlag auf das Honorar.
²Der Umbau- oder Modernisierungszuschlag ist unter Berücksichtigung des Schwierigkeitsgrads der Leistungen schriftlich zu vereinbaren. ³Die Höhe des Zuschlags auf das Honorar ist in den jeweiligen Honorarregelungen der Leistungsbilder der Teile 3 und 4 geregelt. ⁴Sofern keine schriftliche Vereinbarung getroffen wurde, wird unwiderleglich vermutet, dass ein Zuschlag von 20 Prozent ab einem durchschnittlichen Schwierigkeitsgrad vereinbart ist.

(3) ¹Wenn zum Zeitpunkt der Beauftragung noch keine Planungen als Voraussetzung für eine Kostenschätzung oder Kostenberechnung vorliegen, können die Vertragsparteien abweichend von Absatz 1 schriftlich vereinbaren, dass das Honorar auf der Grundlage der anrechenbaren Kosten einer Baukostenvereinbarung nach den Vorschriften dieser Verordnung berechnet wird. ²Dabei werden nachprüfbare Baukosten einvernehmlich festgelegt.

§ 7 Honorarvereinbarung

(1) Das Honorar richtet sich nach der schriftlichen Vereinbarung, die die Vertragsparteien bei Auftragserteilung im Rahmen der durch diese Verordnung festgesetzten Mindest- und Höchstsätze treffen.

(2) Liegen die ermittelten anrechenbaren Kosten oder Flächen außerhalb der in den Honorartafeln dieser Verordnung festgelegten Honorarsätze, sind die Honorare frei vereinbar.

(3) Die in dieser Verordnung festgesetzten Mindestsätze können durch schriftliche Vereinbarung in Ausnahmefällen unterschritten werden.

(4) ¹Die in dieser Verordnung festgesetzten Höchstsätze dürfen nur bei außergewöhnlichen oder ungewöhnlich lange dauernden Grundleistungen durch schriftliche Vereinbarung überschritten werden. ²Dabei bleiben Umstände, soweit sie bereits für die Einordnung in die Honorarzonen oder für die Einordnung in den Rahmen der Mindest- und Höchstsätze mitbestimmend gewesen sind, außer Betracht.

(5) Sofern nicht bei Auftragserteilung etwas anderes schriftlich vereinbart worden ist, wird unwiderleglich vermutet, dass die jeweiligen Mindestsätze gemäß Absatz 1 vereinbart sind.

(6) ¹Für Planungsleistungen, die technischwirtschaftliche oder umweltverträgliche Lösungsmöglichkeiten nutzen und zu einer wesentlichen Kostensenkung ohne Verminderung des vertraglich festgelegten Standards führen, kann ein Erfolgshonorar schriftlich vereinbart werden. ²Das Erfolgshonorar kann bis zu 20 Prozent des vereinbarten Honorars betragen. ³Für den Fall, dass schriftlich festgelegte anrechenbare Kosten überschritten werden, kann ein Malus-Honorar in Höhe von bis zu 5 Prozent des Honorars schriftlich vereinbart werden.

§ 8 Berechnung des Honorars in besonderen Fällen

(1) ¹Werden dem Auftragnehmer nicht alle Leistungsphasen eines Leistungsbildes übertragen, so dürfen nur die für die übertragenen Phasen vorgesehenen Prozentsätze berechnet und vereinbart werden. ²Die Vereinbarung hat schriftlich zu erfolgen.

(2) ¹Werden dem Auftragnehmer nicht alle Grundleistungen einer Leistungsphase übertragen, so darf für die übertragenen Grundleistungen nur ein Honorar berechnet und vereinbart werden, das dem Anteil der übertragenen Grundleistungen an der gesamten Leistungsphase entspricht.

²Die Vereinbarung hat schriftlich zu erfolgen. ³Entsprechend ist zu verfahren, wenn dem Auftragnehmer wesentliche Teile von Grundleistungen nicht übertragen werden.

(3) Die gesonderte Vergütung eines zusätzlichen Koordinierungs- oder Einarbeitungsaufwands ist schriftlich zu vereinbaren.

§ 9 Berechnung des Honorars bei Beauftragung von Einzelleistungen

(1) ¹Wird die Vorplanung oder Entwurfsplanung bei Gebäuden und Innenräumen, Freianlagen, Ingenieurbauwerken, Verkehrsanlagen, der Tragwerksplanung und der Technischen Ausrüstung als Einzelleistung in Auftrag gegeben, können für die Leistungsbewertung der jeweiligen Leistungsphase

1. für die Vorplanung höchstens der Prozentsatz der Vorplanung und der Prozentsatz der Grundlagenermittlung und
2. für die Entwurfsplanung höchstens der Prozentsatz der Entwurfsplanung und der Prozentsatz der Vorplanung

herangezogen werden. ²Die Vereinbarung hat schriftlich zu erfolgen.

(2) ¹Zur Bauleitplanung ist Absatz 1 Nummer 2 für den Entwurf der öffentlichen Auslegung entsprechend anzuwenden. ²Bei der Landschaftsplanung ist Absatz 1 Satz 1 Nummer 1 für die vorläufige Fassung sowie Absatz 1 Satz 1 Nummer 2 für die abgestimmte Fassung entsprechend anzuwenden. ³Die Vereinbarung hat schriftlich zu erfolgen.

(3) ¹Wird die Objektüberwachung bei der Technischen Ausrüstung oder bei Gebäuden als Einzelleistung in Auftrag gegeben, können für die Leistungsbewertung der Objektüberwachung höchstens der Prozentsatz der Objektüberwachung und die Prozentsätze der Grundlagenermittlung und Vorplanung herangezogen werden. ²Die Vereinbarung hat schriftlich zu erfolgen.

§ 10 Berechnung des Honorars bei vertraglichen Änderungen des Leistungsumfangs

(1) Einigen sich Auftraggeber und Auftragnehmer während der Laufzeit des Vertrags darauf, dass der Umfang der beauftragten Leistung geändert wird, und ändern sich dadurch die anrechenbaren Kosten oder Flächen, so ist die Honorarberechnungsgrundlage für die Grundleistungen, die infolge des veränderten Leistungsumfangs zu erbringen sind, durch schriftliche Vereinbarung anzupassen.

(2) Einigen sich Auftraggeber und Auftragnehmer über die Wiederholung von Grundleistungen, ohne dass sich dadurch die anrechenbaren Kosten oder Flächen ändern, ist das Honorar für diese Grundleistungen entsprechend ihrem Anteil an der jeweiligen Leistungsphase schriftlich zu vereinbaren.

§ 11 Auftrag für mehrere Objekte

(1) Umfasst ein Auftrag mehrere Objekte, so sind die Honorare vorbehaltlich der folgenden Absätze für jedes Objekt getrennt zu berechnen.

(2) Umfasst ein Auftrag mehrere vergleichbare Gebäude, Ingenieurbauwerke, Verkehrsanlagen oder Tragwerke mit weitgehend gleichartigen Planungsbedingungen, die derselben Honorarzone zuzuordnen sind und die im zeitlichen und örtlichen Zusammenhang als Teil einer Gesamtmaßnahme geplant und errichtet werden sollen, ist das Honorar nach der Summe der anrechenbaren Kosten zu berechnen.

(3) Umfasst ein Auftrag mehrere im Wesentlichen gleiche Gebäude, Ingenieurbauwerke, Verkehrsanlagen oder Tragwerke, die im zeitlichen oder örtlichen Zusammenhang unter gleichen baulichen Verhältnissen geplant und errichtet werden sollen, oder mehrere Objekte nach Typenplanung oder Serienbauten, so sind die Prozentsätze der Leistungsphasen 1 bis 6 für die erste bis vierte Wiederholung um 50 Prozent, für die fünfte bis siebte Wiederholung um 60 Prozent und ab der achten Wiederholung um 90 Prozent zu mindern.

(4) Umfasst ein Auftrag Grundleistungen, die bereits Gegenstand eines anderen Auftrages über ein gleiches Gebäude, Ingenieurbauwerk oder Tragwerk zwischen den Vertragsparteien waren, so ist Absatz 3 für die Prozentsätze der beauftragten Leistungsphasen in Bezug auf den neuen Auftrag auch dann anzuwenden, wenn die Grundleistungen nicht im zeitlichen oder örtlichen Zusammenhang erbracht werden sollen.

§ 12 Instandsetzungen und Instandhaltungen

(1) Honorare für Grundleistungen bei Instandsetzungen und Instandhaltungen von Objekten sind nach den anrechenbaren Kosten, der Honorarzone, den Leistungsphasen und der Honorartafel, der die Instandhaltungs- und Instandsetzungsmaßnahme zuzuordnen sind, zu ermitteln.

(2) Für Grundleistungen bei Instandsetzungen und Instandhaltungen von Objekten kann schriftlich vereinbart werden, dass der Prozentsatz für die Objektüberwachung oder Bauoberleitung um bis zu 50 Prozent der Bewertung dieser Leistungsphase erhöht wird.

§ 13 Interpolation

Die Mindest- und Höchstsätze für Zwischenstufen der in den Honorartafeln angegebenen anrechenbaren Kosten und Flächen sind durch lineare Interpolation zu ermitteln.

§ 14 Nebenkosten

(1) [1] Der Auftragnehmer kann neben den Honoraren dieser Verordnung auch die für die Ausführung des Auftrags erforderlichen Nebenkosten in Rechnung stellen; ausgenommen sind die abziehbaren Vorsteuern gemäß § 15 Absatz 1 des Umsatzsteuergesetzes in der Fassung der Bekanntmachung vom 21. Februar 2005 (BGBl. I S. 386), das zuletzt durch Artikel 2 des Gesetzes vom 8. Mai 2012 (BGBl. I S. 1030) geändert worden ist. [2] Die Vertragsparteien können bei Auftragserteilung schriftlich vereinbaren, dass abweichend von Satz 1 eine Erstattung ganz oder teilweise ausgeschlossen ist.

(2) Zu den Nebenkosten gehören insbesondere:
1. Versandkosten, Kosten für Datenübertragungen,
2. Kosten für Vervielfältigungen von Zeichnungen und schriftlichen Unterlagen sowie für die Anfertigung von Filmen und Fotos,
3. Kosten für ein Baustellenbüro einschließlich der Einrichtung, Beleuchtung und Beheizung,
4. Fahrtkosten für Reisen, die über einen Umkreis von 15 Kilometern um den Geschäftssitz des Auftragnehmers hinausgehen, in Höhe der steuerlich zulässigen Pauschalsätze, sofern nicht höhere Aufwendungen nachgewiesen werden,
5. Trennungsentschädigungen und Kosten für Familienheimfahrten in Höhe der steuerlich zulässigen Pauschalsätze, sofern nicht höhere Aufwendungen an Mitarbeiter oder Mitarbeiterinnen des Auftragnehmers auf Grund von tariflichen Vereinbarungen bezahlt werden,
6. Entschädigungen für den sonstigen Aufwand bei längeren Reisen nach Nummer 4, sofern die Entschädigungen vor der Geschäftsreise schriftlich vereinbart worden sind.
7. Entgelte für nicht dem Auftragnehmer obliegende Leistungen, die von ihm im Einvernehmen mit dem Auftraggeber Dritten übertragen worden sind.

(3) [1] Nebenkosten können pauschal oder nach Einzelnachweis abgerechnet werden. [2] Sie sind nach Einzelnachweis abzurechnen, sofern bei Auftragserteilung keine pauschale Abrechnung schriftlich vereinbart worden ist.

§ 15 Zahlungen

(1) Das Honorar wird fällig, wenn die Leistung abgenommen und eine prüffähige Honorarschlussrechnung überreicht worden ist, es sei denn, es wurde etwas anderes schriftlich vereinbart.

(2) Abschlagszahlungen können zu den schriftlich vereinbarten Zeitpunkten oder in angemessenen zeitlichen Abständen für nachgewiesene Grundleistungen gefordert werden.

(3) Die Nebenkosten sind auf Einzelnachweis oder bei pauschaler Abrechnung mit der Honorarrechnung fällig.

(4) Andere Zahlungsweisen können schriftlich vereinbart werden.

§ 16 Umsatzsteuer

(1) [1] Der Auftragnehmer hat Anspruch auf Ersatz der gesetzlich geschuldeten Umsatzsteuer für nach dieser Verordnung abrechenbare Leistungen, sofern nicht die Kleinunternehmerregelung nach § 19 des Umsatzsteuergesetzes angewendet wird. [2] Satz 1 ist auch hinsichtlich der um die nach § 15 des Umsatzsteuergesetzes abziehbaren Vorsteuer gekürzten Nebenkosten anzuwenden, die nach § 14 dieser Verordnung weiterberechenbar sind.

(2) ¹Auslagen gehören nicht zum Entgelt für die Leistung des Auftragnehmers. ²Sie sind als durchlaufende Posten im umsatzsteuerrechtlichen Sinn einschließlich einer gegebenenfalls enthaltenen Umsatzsteuer weiter zu berechnen.

Teil 2. Flächenplanung

Abschnitt 1. Bauleitplanung

§ 17 Anwendungsbereich

(1) Leistungen der Bauleitplanung umfassen die Vorbereitung der Aufstellung von Flächennutzungs- und Bebauungsplänen im Sinne des § 1 Absatz 2 des Baugesetzbuches in der Fassung der Bekanntmachung vom 23. September 2004 (BGBl. I S. 2414), das zuletzt durch Artikel 1 des Gesetzes vom 22. Juli 2011 (BGBl. I S. 1509) geändert worden ist, die erforderlichen Ausarbeitungen und Planfassungen sowie die Mitwirkung beim Verfahren.

(2) Honorare für Leistungen beim Städtebaulichen Entwurf können als Besondere Leistungen frei vereinbart werden.

§ 18 Leistungsbild Flächennutzungsplan

(1) ¹Die Grundleistungen bei Flächennutzungsplänen sind in drei Leistungsphasen unterteilt und werden wie folgt in Prozentsätzen der Honorare des § 20 bewertet:
1. für die Leistungsphase 1 (Vorentwurf für die frühzeitigen Beteiligungen)
   Vorentwurf für die frühzeitigen Beteiligungen nach den Bestimmungen des Baugesetzbuches mit 60 Prozent,
2. für die Leistungsphase 2 (Entwurf zur öffentlichen Auslegung)
   Entwurf in der vorgeschriebenen Fassung mit Begründung für die öffentliche Auslegung nach den Bestimmungen des Baugesetzbuches mit 30 Prozent,
3. für die Leistungsphase 3 (Plan zur Beschlussfassung)
   Plan für den Beschluss durch die Gemeinde mit 10 Prozent.

²Der Vorentwurf, Entwurf oder Plan ist jeweils in der vorgeschriebenen Fassung mit Begründung anzufertigen.

(2) ¹Anlage 2 regelt, welche Grundleistungen jede Leistungsphase umfasst. ²Anlage 9 enthält Beispiele für Besondere Leistungen.

§ 19 Leistungsbild Bebauungsplan

(1) ¹Die Grundleistungen bei Bebauungsplänen sind in drei Leistungsphasen unterteilt und werden wie folgt in Prozentsätzen der Honorare des § 21 bewertet:
1. für die Leistungsphase 1 (Vorentwurf für die frühzeitigen Beteiligungen)
   Vorentwurf für die frühzeitigen Beteiligungen nach den Bestimmungen des Baugesetzbuches mit 60 Prozent,
2. für die Leistungsphase 2 (Entwurf zur öffentlichen Auslegung)
   Entwurf für die öffentliche Auslegung nach den Bestimmungen des Baugesetzbuches mit 30 Prozent,
3. für die Leistungsphase 3 (Plan zur Beschlussfassung)
   Plan für den Beschluss durch die Gemeinde mit 10 Prozent.

²Der Vorentwurf, Entwurf oder Plan ist jeweils in der vorgeschriebenen Fassung mit Begründung anzufertigen.

(2) ¹Anlage 3 regelt, welche Grundleistungen jede Leistungsphase umfasst. ²Anlage 9 enthält Beispiele für Besondere Leistungen.

§ 20 Honorare für Grundleistungen bei Flächennutzungsplänen

(1) Die Mindest- und Höchstsätze der Honorare für die in § 18 und Anlage 2 aufgeführten Grundleistungen bei Flächennutzungsplänen sind in der folgenden Honorartafel festgesetzt:

Honorarordnung für Architekten und Ingenieure   HOAI 2013 **1**

Fläche in Hektar	Honorarzone I geringe Anforderungen		Honorarzone II durchschnittliche Anforderungen		Honorarzone III hohe Anforderungen	
	von Euro	bis	von Euro	bis	von Euro	bis
1 000	70 439	85 269	85 269	100 098	100 098	114 927
1 250	78 957	95 579	95 579	112 202	112 202	128 824
1 500	86 492	104 700	104 700	122 909	122 909	141 118
1 750	93 260	112 894	112 894	132 527	132 527	152 161
2 000	99 407	120 334	120 334	141 262	141 262	162 190
2 500	111 311	134 745	134 745	158 178	158 178	181 612
3 000	121 868	147 525	147 525	173 181	173 181	198 838
3 500	131 387	159 047	159 047	186 707	186 707	214 367
4 000	140 069	169 557	169 557	199 045	199 045	228 533
5 000	155 461	188 190	188 190	220 918	220 918	253 647
6 000	168 813	204 352	204 352	239 892	239 892	275 431
7 000	180 589	218 607	218 607	256 626	256 626	294 645
8 000	191 097	231 328	231 328	271 559	271 559	311 790
9 000	200 556	242 779	242 779	285 001	285 001	327 224
10 000	209 126	253 153	253 153	297 179	297 179	341 206
11 000	216 893	262 555	262 555	308 217	308 217	353 878
12 000	223 912	271 052	271 052	318 191	318 191	365 331
13 000	230 331	278 822	278 822	327 313	327 313	375 804
14 000	236 214	285 944	285 944	335 673	335 673	385 402
15 000	241 614	292 480	292 480	343 346	343 346	394 213

(2) Das Honorar für die Aufstellung von Flächennutzungsplänen ist nach der Fläche des Plangebiets in Hektar und nach der Honorarzone zu berechnen.

(3) Welchen Honorarzonen die Grundleistungen zugeordnet werden, richtet sich nach folgenden Bewertungsmerkmalen:

1. zentralörtliche Bedeutung und Gemeindestruktur,
2. Nutzungsvielfalt und Nutzungsdichte,
3. Einwohnerstruktur, Einwohnerentwicklung und Gemeindebedarfsstandorte,
4. Verkehr und Infrastruktur,
5. Topografie, Geologie und Kulturlandschaft,
6. Klima-, Natur- und Umweltschutz.

(4) [1]Sind auf einen Flächennutzungsplan Bewertungsmerkmale aus mehreren Honorarzonen anwendbar und bestehen deswegen Zweifel, welcher Honorarzone der Flächennutzungsplan zugeordnet werden kann, so ist zunächst die Anzahl der Bewertungspunkte zu ermitteln. [2]Zur Ermittlung der Bewertungspunkte werden die Bewertungsmerkmale wie folgt gewichtet:

1. geringe Anforderungen: 1 Punkt,
2. durchschnittliche Anforderungen: 2 Punkte,
3. hohe Anforderungen: 3 Punkte.

(5) Der Flächennutzungsplan ist anhand der nach Absatz 4 ermittelten Bewertungspunkte einer der Honorarzonen zuzuordnen:

1. Honorarzone I: bis zu 9 Punkte,
2. Honorarzone II: 10 bis 14 Punkte,
3. Honorarzone III: 15 bis 18 Punkte.

(6) Werden Teilflächen bereits aufgestellter Flächennutzungspläne (Planausschnitte) geändert oder überarbeitet, so ist das Honorar frei zu vereinbaren.

§ 21 Honorare für Grundleistungen bei Bebauungsplänen

(1) Die Mindest- und Höchstsätze der Honorare für die in § 19 und Anlage 3 aufgeführten Grundleistungen bei Bebauungsplänen sind in der folgenden Honorartafel festgesetzt:

Fläche in Hektar	Honorarzone I geringe Anforderungen		Honorarzone II durchschnittliche Anforderungen		Honorarzone III hohe Anforderungen	
	von	bis	von	bis	von	bis
	Euro		Euro		Euro	
0,5	5 000	5 335	5 335	7 838	7 838	10 341
1	5 000	8 799	8 799	12 926	12 926	17 054
2	7 699	14 502	14 502	21 305	21 305	28 109
3	10 306	19 413	19 413	28 521	28 521	37 628
4	12 669	23 866	23 866	35 062	35 062	46 258
5	14 864	28 000	28 000	41 135	41 135	54 271
6	16 931	31 893	31 893	46 856	46 856	61 818
7	18 896	35 595	35 595	52 294	52 294	68 992
8	20 776	39 137	39 137	57 497	57 497	75 857
9	22 584	42 542	42 542	62 501	62 501	82 459
10	24 330	45 830	45 830	67 331	67 331	88 831
15	32 325	60 892	60 892	89 458	89 458	118 025
20	39 427	74 270	74 270	109 113	109 113	143 956
25	46 385	87 376	87 376	128 366	128 366	169 357
30	52 975	99 791	99 791	146 606	146 606	193 422
40	65 342	123 086	123 086	180 830	180 830	238 574
50	76 901	144 860	144 860	212 819	212 819	280 778
60	87 599	165 012	165 012	242 425	242 425	319 838
80	107 471	202 445	202 445	297 419	297 419	392 393
100	125 791	236 955	236 955	348 119	348 119	459 282

(2) Das Honorar für die Aufstellung von Bebauungsplänen ist nach der Fläche des Plangebiets in Hektar und nach der Honorarzone zu berechnen.

(3) Welchen Honorarzonen die Grundleistungen zugeordnet werden, richtet sich nach folgenden Bewertungsmerkmalen:
1. Nutzungsvielfalt und Nutzungsdichte,
2. Baustruktur und Baudichte,
3. Gestaltung und Denkmalschutz,
4. Verkehr und Infrastruktur,
5. Topografie und Landschaft,
6. Klima-, Natur- und Umweltschutz.

(4) Für die Ermittlung der Honorarzone bei Bebauungsplänen ist § 20 Absatz 4 und 5 entsprechend anzuwenden.

(5) Wird die Größe des Plangebiets im förmlichen Verfahren während der Leistungserbringung geändert, so ist das Honorar für die Leistungsphasen, die bis zur Änderung noch nicht erbracht sind, nach der geänderten Größe des Plangebiets zu berechnen.

Abschnitt 2. Landschaftsplanung

§ 22 Anwendungsbereich

(1) Landschaftsplanerische Leistungen umfassen das Vorbereiten und das Erstellen der für die Pläne nach Absatz 2 erforderlichen Ausarbeitungen.

(2) Die Bestimmungen dieses Abschnitts sind für folgende Pläne anzuwenden:
1. Landschaftspläne,
2. Grünordnungspläne und landschaftsplanerische Fachbeiträge,
3. Landschaftsrahmenpläne,
4. Landschaftspflegerische Begleitpläne,
5. Pflege- und Entwicklungspläne.

§ 23 Leistungsbild Landschaftsplan

(1) Die Grundleistungen bei Landschaftsplänen sind in vier Leistungsphasen unterteilt und werden wie folgt in Prozentsätzen der Honorare des § 28 bewertet:
1. für die Leistungsphase 1 (Klären der Aufgabenstellung und Ermitteln des Leistungsumfangs) mit 3 Prozent,
2. für die Leistungsphase 2 (Ermittlung der Planungsgrundlagen) mit 37 Prozent,
3. für die Leistungsphase 3 (Vorläufige Fassung) mit 50 Prozent,
4. für die Leistungsphase 4 (Abgestimmte Fassung) mit 10 Prozent.

(2) ^{1}Anlage 4 regelt die Grundleistungen jeder Leistungsphase. ^{2}Anlage 9 enthält Beispiele für Besondere Leistungen.

§ 24 Leistungsbild Grünordnungsplan

(1) Die Grundleistungen bei Grünordnungsplänen und Landschaftsplanerischen Fachbeiträgen sind in vier Leistungsphasen zusammengefasst und werden wie folgt in Prozentsätzen der Honorare des § 29 bewertet:
1. für die Leistungsphase 1 (Klären der Aufgabenstellung und Ermitteln des Leistungsumfangs) mit 3 Prozent,
2. für die Leistungsphase 2 (Ermittlung der Planungsgrundlagen) mit 37 Prozent,
3. für die Leistungsphase 3 (Vorläufige Fassung) mit 50 Prozent,
4. für die Leistungsphase 4 (Abgestimmte Fassung) mit 10 Prozent.

(2) ^{1}Anlage 5 regelt die Grundleistungen jeder Leistungsphase. ^{2}Anlage 9 enthält Beispiele für Besondere Leistungen.

§ 25 Leistungsbild Landschaftsrahmenplan

(1) Die Grundleistungen bei Landschaftsrahmenplänen sind in vier Leistungsphasen unterteilt und werden wie folgt in Prozentsätzen der Honorare des § 30 bewertet:
1. für die Leistungsphase 1 (Klären der Aufgabenstellung und Ermitteln des Leistungsumfangs) mit 3 Prozent,
2. für die Leistungsphase 2 (Ermitteln der Planungsgrundlagen) mit 37 Prozent,
3. für die Leistungsphase 3 (Vorläufige Fassung) mit 50 Prozent,
4. für die Leistungsphase 4 (Abgestimmte Fassung) mit 10 Prozent.

(2) ^{1}Anlage 6 regelt die Grundleistungen jeder Leistungsphase. ^{2}Anlage 9 enthält Beispiele für Besondere Leistungen.

§ 26 Leistungsbild Landschaftspflegerischer Begleitplan

(1) Die Grundleistungen bei Landschaftspflegerischen Begleitplänen sind in vier Leistungsphasen unterteilt und werden wie folgt in Prozentsätzen der Honorare des § 31 bewertet:
1. für die Leistungsphase 1 (Klären der Aufgabenstellung und Ermitteln des Leistungsumfangs) mit 3 Prozent,
2. für die Leistungsphase 2 (Ermitteln und Bewerten der Planungsgrundlagen) mit 37 Prozent,
3. die Leistungsphase 3 (Vorläufige Fassung) mit 50 Prozent,
4. für die Leistungsphase 4 (Abgestimmte Fassung) mit 10 Prozent.

(2) ^{1}Anlage 7 regelt die Grundleistungen jeder Leistungsphase. ^{2}Anlage 9 enthält Beispiele für Besondere Leistungen.

1 HOAI 2013

Honorarordnung für Architekten und Ingenieure

§ 27 Leistungsbild Pflege- und Entwicklungsplan

(1) Die Grundleistungen bei Pflege- und Entwicklungsplänen sind in vier Leistungsphasen zusammengefasst und werden wie folgt in Prozentsätzen der Honorare des § 32 bewertet:
1. für die Leistungsphase 1 (Zusammenstellen der Ausgangsbedingungen) mit 3 Prozent,
2. für die Leistungsphase 2 (Ermitteln der Planungsgrundlagen) mit 37 Prozent,
3. für die Leistungsphase 3 (Vorläufige Fassung) mit 50 Prozent und
4. für die Leistungsphase 4 (Abgestimmte Fassung) mit 10 Prozent.

(2) [1] Anlage 8 regelt die Grundleistungen jeder Leistungsphase. [2] Anlage 9 enthält Beispiele für Besondere Leistungen.

§ 28 Honorare für Grundleistungen bei Landschaftsplänen

(1) Die Mindest- und Höchstsätze der Honorare für die in § 23 und Anlage 4 aufgeführten Grundleistungen bei Landschaftsplänen sind in der folgenden Honorartafel festgesetzt:

Fläche in Hektar	Honorarzone I geringe Anforderungen		Honorarzone II durchschnittliche Anforderungen		Honorarzone III hohe Anforderungen	
	von Euro	bis Euro	von Euro	bis Euro	von Euro	bis Euro
1 000	23 403	27 963	27 963	32 826	32 826	37 385
1 250	26 560	31 735	31 735	37 254	37 254	42 428
1 500	29 445	35 182	35 182	41 300	41 300	47 036
1 750	32 119	38 375	38 375	45 049	45 049	51 306
2 000	34 620	41 364	41 364	48 558	48 558	55 302
2 500	39 212	46 851	46 851	54 999	54 999	62 638
3 000	43 374	51 824	51 824	60 837	60 837	69 286
3 500	47 199	56 393	56 393	66 201	66 201	75 396
4 000	50 747	60 633	60 633	71 178	71 178	81 064
5 000	57 180	68 319	68 319	80 200	80 200	91 339
6 000	63 562	75 944	75 944	89 151	89 151	101 533
7 000	69 505	83 045	83 045	97 487	97 487	111 027
8 000	75 095	89 724	89 724	105 329	105 329	119 958
9 000	80 394	96 055	96 055	112 761	112 761	128 422
10 000	85 445	102 090	102 090	119 845	119 845	136 490
11 000	89 986	107 516	107 516	126 214	126 214	143 744
12 000	94 309	112 681	112 681	132 278	132 278	150 650
13 000	98 438	117 615	117 615	138 069	138 069	157 246
14 000	102 392	122 339	122 339	143 615	143 615	163 562
15 000	106 187	126 873	126 873	148 938	148 938	169 623

(2) Das Honorar für die Aufstellung von Landschaftsplänen ist nach der Fläche des Planungsgebiets in Hektar und nach der Honorarzone zu berechnen.

(3) Welchen Honorarzonen die Grundleistungen zugeordnet werden, richtet sich nach folgenden Bewertungsmerkmalen:
1. topographische Verhältnisse,
2. Flächennutzung,
3. Landschaftsbild,
4. Anforderungen an Umweltsicherung und Umweltschutz,
5. ökologische Verhältnisse,
6. Bevölkerungsdichte.

Honorarordnung für Architekten und Ingenieure   HOAI 2013

(4) ¹Sind auf einen Landschaftsplan Bewertungsmerkmale aus mehreren Honorarzonen anwendbar und bestehen deswegen Zweifel, welcher Honorarzone der Landschaftsplan zugeordnet werden kann, so ist zunächst die Anzahl der Bewertungspunkte zu ermitteln. ²Zur Ermittlung der Bewertungspunkte werden die Bewertungsmerkmale wie folgt gewichtet:
1. die Bewertungsmerkmale gemäß Absatz 3 Nummern 1, 2, 3 und 6 mit je bis zu 6 Punkten und
2. die Bewertungsmerkmale gemäß Absatz 3 Nummern 4 und 5 mit je bis zu 9 Punkten.

(5) Der Landschaftsplan ist anhand der nach Absatz 4 ermittelten Bewertungspunkte einer der Honorarzonen zuzuordnen:
1. Honorarzone I: bis zu 16 Punkte,
2. Honorarzone II: 17 bis 30 Punkte,
3. Honorarzone III: 31 bis 42 Punkte.

(6) Werden Teilflächen bereits aufgestellter Landschaftspläne (Planausschnitte) geändert oder überarbeitet, so ist das Honorar frei zu vereinbaren.

§ 29 Honorare für Grundleistungen bei Grünordnungsplänen

(1) Die Mindest- und Höchstsätze der Honorare für die in § 24 und Anlage 5 aufgeführten Grundleistungen bei Grünordnungsplänen sind in der folgenden Honorartafel festgesetzt:

Fläche in Hektar	Honorarzone I geringe Anforderungen		Honorarzone II durchschnittliche Anforderungen		Honorarzone III hohe Anforderungen	
	von	bis	von	bis	von	bis
	Euro		Euro		Euro	
1,5	5 219	6 067	6 067	6 980	6 980	7 828
2	6 008	6 985	6 985	8 036	8 036	9 013
3	7 450	8 661	8 661	9 965	9 965	11 175
4	8 770	10 195	10 195	11 730	11 730	13 155
5	10 006	11 632	11 632	13 383	13 383	15 009
10	15 445	17 955	17 955	20 658	20 658	23 167
15	20 183	23 462	23 462	26 994	26 994	30 274
20	24 513	28 496	28 496	32 785	32 785	36 769
25	28 560	33 201	33 201	38 199	38 199	42 840
30	32 394	37 658	37 658	43 326	43 326	48 590
40	39 580	46 011	46 011	52 938	52 938	59 370
50	46 282	53 803	53 803	61 902	61 902	69 423
75	61 579	71 586	71 586	82 362	82 362	92 369
100	75 430	87 687	87 687	100 887	100 887	113 145
125	88 255	102 597	102 597	118 042	118 042	132 383
150	100 288	116 585	116 58	134 136	134 136	150 433
175	111 675	129 822	129 822	149 366	149 366	167 513
200	122 516	142 425	142 425	163 866	163 866	183 774
225	133 555	155 258	155 258	178 630	178 630	200 333
250	144 284	167 730	167 730	192 980	192 980	216 426

(2) Das Honorar für Grundleistungen bei Grünordnungsplänen ist nach der Fläche des Planungsgebiets in Hektar und nach der Honorarzone zu berechnen.

(3) Welchen Honorarzonen die Grundleistungen zugeordnet werden, richtet sich nach folgenden Bewertungsmerkmalen:
1. Topographie,
2. ökologische Verhältnisse,
3. Flächennutzungen und Schutzgebiete,
4. Umwelt-, Klima-, Denkmal- und Naturschutz,

1 HOAI 2013 Honorarordnung für Architekten und Ingenieure

5. Erholungsvorsorge,
6. Anforderung an die Freiraumgestaltung.

(4) ¹Sind auf einen Grünordnungsplan Bewertungsmerkmale aus mehreren Honorarzonen anwendbar und bestehen deswegen Zweifel, welcher Honorarzone der Grünordnungsplan zugeordnet werden kann, so ist zunächst die Anzahl der Bewertungspunkte zu ermitteln. ²Zur Ermittlung der Bewertungspunkte werden die Bewertungsmerkmale wie folgt gewichtet:
1. die Bewertungsmerkmale gemäß Absatz 3 Nummer 1, 2, 3 und 5 mit je bis zu 6 Punkten und
2. die Bewertungsmerkmale gemäß Absatz 3 Nummer 4 und 6 mit je bis zu 9 Punkten.

(5) Der Grünordnungsplan ist anhand der nach Absatz 4 ermittelten Bewertungspunkte einer der Honorarzonen zuzuordnen:
1. Honorarzone I: bis zu 16 Punkte,
2. Honorarzone II: 17 bis 30 Punkte,
3. Honorarzone III: 31 bis 42 Punkte.

(6) Wird die Größe des Planungsgebiets während der Leistungserbringung geändert, so ist das Honorar für die Leistungsphasen, die bis zur Änderung noch nicht erbracht sind, nach der geänderten Größe des Planungsgebiets zu berechnen.

§ 30 Honorare für Grundleistungen bei Landschaftsrahmenplänen

(1) Die Mindest- und Höchstsätze der Honorare für die in § 25 und Anlage 6 aufgeführten Grundleistungen bei Landschaftsrahmenplänen sind in der folgenden Honorartafel festgesetzt:

Fläche in Hektar	Honorarzone I geringe Anforderungen		Honorarzone II durchschnittliche Anforderungen		Honorarzone III hohe Anforderungen	
	von Euro	bis Euro	von Euro	bis Euro	von Euro	bis Euro
5 000	61 880	71 935	71 935	82 764	82 764	92 820
6 000	67 933	78 973	78 973	90 861	90 861	101 900
7 000	73 473	85 413	85 413	98 270	98 270	110 210
8 000	78 600	91 373	91 373	105 128	105 128	117 901
9 000	83 385	96 936	96 936	111 528	111 528	125 078
10 000	87 880	102 161	102 161	117 540	117 540	131 820
12 000	96 149	111 773	111 773	128 599	128 599	144 223
14 000	103 631	120 471	120 471	138 607	138 607	155 447
16 000	110 477	128 430	128 430	147 763	147 763	165 716
18 000	116 791	135 769	135 769	156 208	156 208	175 186
20 000	122 649	142 580	142 580	164 043	164 043	183 974
25 000	138 047	160 480	160 480	184 638	184 638	207 070
30 000	152 052	176 761	176 761	203 370	203 370	228 078
40 000	177 097	205 875	205 875	236 867	236 867	265 645
50 000	199 330	231 721	231 721	266 604	266 604	298 995
60 000	219 553	255 230	255 230	293 652	293 652	329 329
70 000	238 243	276 958	276 958	318 650	318 650	357 365
80 000	253 946	295 212	295 212	339 652	339 652	380 918
90 000	268 420	312 038	312 038	359 011	359 011	402 630
100 000	281 843	327 643	327 643	376 965	376 965	422 765

(2) Das Honorar für Grundleistungen bei Landschaftsrahmenplänen ist nach der Fläche des Planungsgebiets in Hektar und nach der Honorarzone zu berechnen.

(3) Welchen Honorarzonen die Grundleistungen zugeordnet werden, richtet sich nach folgenden Bewertungsmerkmalen:
1. topographische Verhältnisse,
2. Raumnutzung und Bevölkerungsdichte,

3. Landschaftsbild,
4. Anforderungen an Umweltsicherung, Klima- und Naturschutz,
5. ökologische Verhältnisse,
6. Freiraumsicherung und Erholung.

(4) ¹Sind für einen Landschaftsrahmenplan Bewertungsmerkmale aus mehreren Honorarzonen anwendbar und bestehen deswegen Zweifel, welcher Honorarzone der Landschaftsrahmenplan zugeordnet werden kann, so ist zunächst die Anzahl der Bewertungspunkte zu ermitteln. ²Zur Ermittlung der Bewertungspunkte werden die Bewertungsmerkmale wie folgt gewichtet:
1. die Bewertungsmerkmale gemäß Absatz 3 Nummer 1, 2, 3 und 6 mit je bis zu 6 Punkten und
2. die Bewertungsmerkmale gemäß Absatz 3 Nummer 4 und 5 mit je bis zu 9 Punkten.

(5) Der Landschaftsrahmenplan ist anhand der nach Absatz 4 ermittelten Bewertungspunkte einer der Honorarzonen zuzuordnen:
1. Honorarzone I: bis zu 16 Punkte,
2. Honorarzone II: 17 bis 30 Punkte,
3. Honorarzone III: 31 bis 42 Punkte.

(6) Wird die Größe des Planungsgebiets während der Leistungserbringung geändert, so ist das Honorar für die Leistungsphasen, die bis zur Änderung noch nicht erbracht sind, nach der geänderten Größe des Planungsgebiets zu berechnen.

§ 31 Honorare für Grundleistungen bei Landschaftspflegerischen Begleitplänen

(1) Die Mindest- und Höchstsätze der Honorare für die in § 26 und Anlage 7 aufgeführten Grundleistungen bei Landschaftspflegerischen Begleitplänen sind in der folgenden Honorartafel festgesetzt:

Fläche in Hektar	Honorarzone I geringe Anforderungen		Honorarzone II durchschnittliche Anforderungen		Honorarzone III hohe Anforderungen	
	von Euro	bis Euro	von Euro	bis Euro	von Euro	bis Euro
6	5 324	6 189	6 189	7 121	7 121	7 986
8	6 130	7 126	7 126	8 199	8 199	9 195
12	7 600	8 836	8 836	10 166	10 166	11 401
16	8 947	10 401	10 401	11 966	11 966	13 420
20	10 207	11 866	11 866	13 652	13 652	15 311
40	15 755	18 315	18 315	21 072	21 072	23 632
100	29 126	33 859	33 859	38 956	38 956	43 689
200	47 180	54 846	54 846	63 103	63 103	70 769
300	62 748	72 944	72 944	83 925	83 925	94 121
400	76 829	89 314	89 314	102 759	102 759	115 244
500	89 855	104 456	104 456	120 181	120 181	134 782
600	102 062	118 647	118 647	136 508	136 508	153 093
700	113 602	132 062	132 062	151 942	151 942	170 402
800	124 575	144 819	144 819	166 620	166 620	186 863
1 200	167 729	194 985	194 985	224 338	224 338	251 594
1 600	207 279	240 961	240 961	277 235	277 235	310 918
2 000	244 349	284 056	284 056	326 817	326 817	366 524
2 400	279 559	324 987	324 987	373 910	373 910	419 338
3 200	343 814	399 683	399 683	459 851	459 851	515 720
4 000	400 847	465 985	465 985	536 133	536 133	601 270

(2) Das Honorar für Grundleistungen bei Landschaftspflegerischen Begleitplänen ist nach der Fläche des Planungsgebiets in Hektar und nach der Honorarzone zu berechnen.

1 HOAI 2013

(3) Welchen Honorarzonen die Grundleistungen zugeordnet werden, richtet sich nach folgenden Bewertungsmerkmalen:
1. ökologisch bedeutsame Strukturen und Schutzgebiete,
2. Landschaftsbild und Erholungsnutzung,
3. Nutzungsansprüche,
4. Anforderungen an die Gestaltung von Landschaft und Freiraum,
5. Empfindlichkeit gegenüber Umweltbelastungen und Beeinträchtigungen von Natur und Landschaft,
6. potenzielle Beeinträchtigungsintensität der Maßnahme.

(4) ¹Sind für einen Landschaftspflegerischen Begleitplan Bewertungsmerkmale aus mehreren Honorarzonen anwendbar und bestehen deswegen Zweifel, welcher Honorarzone der Landschaftspflegerische Begleitplan zugeordnet werden kann, so ist zunächst die Anzahl der Bewertungspunkte zu ermitteln. ²Zur Ermittlung der Bewertungspunkte werden die Bewertungsmerkmale wie folgt gewichtet:
1. die Bewertungsmerkmale gemäß Absatz 3 Nummer 1, 2, 3 und 4 mit je bis zu 6 Punkten und
2. die Bewertungsmerkmale gemäß Absatz 3 Nummer 5 und 6 mit je bis zu 9 Punkten.

(5) Der Landschaftspflegerische Begleitplan ist anhand der nach Absatz 4 ermittelten Bewertungspunkte einer der Honorarzonen zuzuordnen:
1. Honorarzone I: bis zu 16 Punkte,
2. Honorarzone II: 17 bis 30 Punkte,
3. Honorarzone III: 31 bis 42 Punkte.

(6) Wird die Größe des Planungsgebiets während der Leistungserbringung geändert, so ist das Honorar für die Leistungsphasen, die bis zur Änderung noch nicht erbracht sind, nach der geänderten Größe des Planungsgebiets zu berechnen.

§ 32 Honorare für Grundleistungen bei Pflege- und Entwicklungsplänen

(1) Die Mindest- und Höchstsätze der Honorare für die in § 27 und Anlage 8 aufgeführten Grundleistungen bei Pflege- und Entwicklungsplänen sind in der folgenden Honorartafel festgesetzt:

Fläche in Hektar	Honorarzone I geringe Anforderungen		Honorarzone II durchschnittliche Anforderungen		Honorarzone III hohe Anforderungen	
	von Euro	bis Euro	von Euro	bis Euro	von Euro	bis Euro
5	3 852	7 704	7 704	11 556	11 556	15 408
10	4 802	9 603	9 603	14 405	14 405	19 207
15	5 481	10 963	10 963	16 444	16 444	21 925
20	6 029	12 058	12 058	18 087	18 087	24 116
30	6 906	13 813	13 813	20 719	20 719	27 626
40	7 612	15 225	15 225	22 837	22 837	30 450
50	8 213	16 425	16 425	24 638	24 638	32 851
75	9 433	18 866	18 866	28 298	28 298	37 731
100	10 408	20 816	20 816	31 224	31 224	41 633
150	11 949	23 899	23 899	35 848	35 848	47 798
200	13 165	26 330	26 330	39 495	39 495	52 660
300	15 318	30 636	30 636	45 954	45 954	61 272
400	17 087	34 174	34 174	51 262	51 262	68 349
500	18 621	37 242	37 242	55 863	55 863	74 484
750	21 833	43 666	43 666	65 500	65 500	87 333
1 000	24 507	49 014	49 014	73 522	73 522	98 029
1 500	28 966	57 932	57 932	86 898	86 898	115 864
2 500	36 065	72 131	72 131	108 196	108 196	144 261
5 000	49 288	98 575	98 575	147 863	147 863	197 150
10 000	69 015	138 029	138 029	207 044	207 044	276 058

Honorarordnung für Architekten und Ingenieure   HOAI 2013 1

(2) Das Honorar für Grundleistungen bei Pflege- und Entwicklungsplänen ist nach der Fläche des Planungsgebiets in Hektar und nach der Honorarzone zu berechnen.

(3) Welchen Honorarzonen die Grundleistungen zugeordnet werden, richtet sich nach folgenden Bewertungsmerkmalen:
1. fachliche Vorgaben,
2. Differenziertheit des floristischen Inventars oder der Pflanzengesellschaften,
3. Differenziertheit des faunistischen Inventars,
4. Beeinträchtigungen oder Schädigungen von Naturhaushalt und Landschaftsbild,
5. Aufwand für die Festlegung von Zielaussagen sowie für Pflege- und Entwicklungsmaßnahmen.

(4) ¹Sind für einen Pflege- und Entwicklungsplan Bewertungsmerkmale aus mehreren Honorarzonen anwendbar und bestehen deswegen Zweifel, welcher Honorarzone der Pflege- und Entwicklungsplan zugeordnet werden kann, so ist zunächst die Anzahl der Bewertungspunkte zu ermitteln. ²Zur Ermittlung der Bewertungspunkte werden die Bewertungsmerkmale wie folgt gewichtet:
1. das Bewertungsmerkmal gemäß Absatz 3 Nummer 1 mit bis zu 4 Punkten,
2. die Bewertungsmerkmale gemäß Absatz 3 Nummer 4 und 5 mit je bis zu 6 Punkten und
3. die Bewertungsmerkmale gemäß Absatz 3 Nummer 2 und 3 mit je bis zu 9 Punkten.

(5) Der Pflege- und Entwicklungsplan ist anhand der nach Absatz 4 ermittelten Bewertungspunkte einer der Honorarzonen zuzuordnen:
1. Honorarzone I: bis zu 13 Punkte,
2. Honorarzone II: 14 bis 24 Punkte,
3. Honorarzone III: 25 bis 34 Punkte.

(6) Wird die Größe des Planungsgebiets während der Leistungserbringung geändert, so ist das Honorar für die Leistungsphasen, die bis zur Änderung noch nicht erbracht sind, nach der geänderten Größe des Planungsgebiets zu berechnen.

Teil 3. Objektplanung

Abschnitt 1. Gebäude und Innenräume

§ 33 Besondere Grundlagen des Honorars

(1) Für Grundleistungen bei Gebäuden und Innenräumen sind die Kosten der Baukonstruktion anrechenbar.

(2) Für Grundleistungen bei Gebäuden und Innenräumen sind auch die Kosten für Technische Anlagen, die der Auftragnehmer nicht fachlich plant oder deren Ausführung er nicht fachlich überwacht,
1. vollständig anrechenbar bis zu einem Betrag von 25 Prozent der sonstigen anrechenbaren Kosten und
2. zur Hälfte anrechenbar mit dem Betrag, der 25 Prozent der sonstigen anrechenbaren Kosten übersteigt.

(3) Nicht anrechenbar sind insbesondere die Kosten für das Herrichten, für die nichtöffentliche Erschließung sowie für Leistungen zur Ausstattung und zu Kunstwerken, soweit der Auftragnehmer die Leistungen weder plant noch bei der Beschaffung mitwirkt oder ihre Ausführung oder ihren Einbau fachlich überwacht.

§ 34 Leistungsbild Gebäude und Innenräume

(1) Das Leistungsbild Gebäude und Innenräume umfasst Leistungen für Neubauten, Neuanlagen, Wiederaufbauten, Erweiterungsbauten, Umbauten, Modernisierungen, Instandsetzungen und Instandhaltungen.

(2) Leistungen für Innenräume sind die Gestaltung oder Erstellung von Innenräumen ohne wesentliche Eingriffe in Bestand oder Konstruktion.

1 HOAI 2013 — Honorarordnung für Architekten und Ingenieure

(3) Die Grundleistungen sind in neun Leistungsphasen unterteilt und werden wie folgt in Prozentsätzen der Honorare des § 35 bewertet:

1. für die Leistungsphase 1 (Grundlagenermittlung) mit je 2 Prozent für Gebäude und Innenräume,
2. für die Leistungsphase 2 (Vorplanung) mit je 7 Prozent für Gebäude und Innenräume,
3. für die Leistungsphase 3 (Entwurfsplanung) mit 15 Prozent für Gebäude und Innenräume,
4. für die Leistungsphase 4 (Genehmigungsplanung) mit 3 Prozent für Gebäude und 2 Prozent für Innenräume,
5. für die Leistungsphase 5 (Ausführungsplanung) mit 25 Prozent für Gebäude und 30 Prozent für Innenräume,
6. für die Leistungsphase 6 (Vorbereitung der Vergabe) mit 10 Prozent für Gebäude und 7 Prozent für Innenräume,
7. für die Leistungsphase 7 (Mitwirkung bei der Vergabe) mit 4 Prozent für Gebäude und 3 Prozent für Innenräume,
8. für die Leistungsphase 8 (Objektüberwachung – Bauüberwachung und Dokumentation) mit 32 Prozent für Gebäude und Innenräume,
9. für die Leistungsphase 9 (Objektbetreuung) mit je 2 Prozent für Gebäude und Innenräume.

(4) Anlage 10 Nummer 10.1 regelt die Grundleistungen jeder Leistungsphase und enthält Beispiele für Besondere Leistungen.

§ 35 Honorare für Grundleistungen bei Gebäuden und Innenräumen

(1) Die Mindest- und Höchstsätze der Honorare für die in § 34 und der Anlage 10 Nummer 10.1 aufgeführten Grundleistungen für Gebäude und Innenräume sind in der folgenden Honorartafel festgesetzt:

Anrechenbare Kosten in Euro	Honorarzone I sehr geringe Anforderungen von bis Euro		Honorarzone II geringe Anforderungen von bis Euro		Honorarzone III durchschnittliche Anforderungen von bis Euro		Honorarzone IV hohe Anforderungen von bis Euro		Honorarzone V sehr hohe Anforderungen von bis Euro	
25 000	3 120	3 657	3 657	4 339	4 339	5 412	5 412	6 094	6 094	6 631
35 000	4 217	4 942	4 942	5 865	5 865	7 315	7 315	8 237	8 237	8 962
50 000	5 804	6 801	6 801	8 071	8 071	10 066	10 066	11 336	11 336	12 333
75 000	8 342	9 776	9 776	11 601	11 601	14 469	14 469	16 293	16 293	17 727
100 000	10 790	12 644	12 644	15 005	15 005	18 713	18 713	21 074	21 074	22 928
150 000	15 500	18 164	18 164	21 555	21 555	26 883	26 883	30 274	30 274	32 938
200 000	20 037	23 480	23 480	27 863	27 863	34 751	34 751	39 134	39 134	42 578
300 000	28 750	33 692	33 692	39 981	39 981	49 864	49 864	56 153	56 153	61 095
500 000	45 232	53 006	53 006	62 900	62 900	78 449	78 449	88 343	88 343	96 118
750 000	64 666	75 781	75 781	89 927	89 927	112 156	112 156	126 301	126 301	137 416
1 000 000	83 182	97 479	97 479	115 675	115 675	144 268	144 268	162 464	162 464	176 761
1 500 000	119 307	139 813	139 813	165 911	165 911	206 923	206 923	233 022	233 022	253 527
2 000 000	153 965	180 428	180 428	214 108	214 108	267 034	267 034	300 714	300 714	327 177
3 000 000	220 161	258 002	258 002	306 162	306 162	381 843	381 843	430 003	430 003	467 843
5 000 000	343 879	402 984	402 984	478 207	478 207	596 416	596 416	671 640	671 640	730 744
7 500 000	493 923	578 816	578 816	686 862	686 862	856 648	856 648	964 694	964 694	1 049 587
10 000 000	638 277	747 981	747 981	887 604	887 604	1 107 012	1 107 012	1 246 635	1 246 635	1 356 339
15 000 000	915 129	1 072 416	1 072 416	1 272 601	1 272 601	1 587 176	1 587 176	1 787 360	1 787 360	1 944 648
20 000 000	1 180 414	1 383 298	1 383 298	1 641 513	1 641 513	2 047 281	2 047 281	2 305 496	2 305 496	2 508 380
25 000 000	1 436 874	1 683 837	1 683 837	1 998 153	1 998 153	2 492 079	2 492 079	2 806 395	2 806 395	3 053 358

(2) Welchen Honorarzonen die Grundleistungen für Gebäude zugeordnet werden, richtet sich nach folgenden Bewertungsmerkmalen:
1. Anforderungen an die Einbindung in die Umgebung,
2. Anzahl der Funktionsbereiche,
3. gestalterische Anforderungen,

4. konstruktive Anforderungen,
5. technische Ausrüstung,
6. Ausbau.

(3) Welchen Honorarzonen die Grundleistungen für Innenräume zugeordnet werden, richtet sich nach folgenden Bewertungsmerkmalen:
1. Anzahl der Funktionsbereiche,
2. Anforderungen an die Lichtgestaltung,
3. Anforderungen an die Raumzuordnung und Raumproportion,
4. technische Ausrüstung,
5. Farb- und Materialgestaltung,
6. konstruktive Detailgestaltung.

(4) ¹Sind für ein Gebäude Bewertungsmerkmale aus mehreren Honorarzonen anwendbar und bestehen deswegen Zweifel, welcher Honorarzone das Gebäude oder der Innenraum zugeordnet werden kann, so ist zunächst die Anzahl der Bewertungspunkte zu ermitteln. ²Zur Ermittlung der Bewertungspunkte werden die Bewertungsmerkmale wie folgt gewichtet:
1. die Bewertungsmerkmale gemäß Absatz 2 Nummer 1, 4 bis 6 mit je bis zu 6 Punkten und
2. die Bewertungsmerkmale gemäß Absatz 2 Nummer 2 und 3 mit je bis zu 9 Punkten.

(5) ¹Sind für Innenräume Bewertungsmerkmale aus mehreren Honorarzonen anwendbar und bestehen deswegen Zweifel, welcher Honorarzone das Gebäude oder der Innenraum zugeordnet werden kann, so ist zunächst die Anzahl der Bewertungspunkte zu ermitteln. ²Zur Ermittlung der Bewertungspunkte werden die Bewertungsmerkmale wie folgt gewichtet:
1. die Bewertungsmerkmale gemäß Absatz 3 Nummer 1 bis 4 mit je bis zu 6 Punkten und
2. die Bewertungsmerkmale gemäß Absatz 3 Nummer 5 und 6 mit je bis zu 9 Punkten.

(6) Das Gebäude oder der Innenraum ist anhand der nach Absatz 5 ermittelten Bewertungspunkte einer der Honorarzonen zuzuordnen:

1. Honorarzone I: bis zu 10 Punkte,
2. Honorarzone II: 11 bis 18 Punkte,
3. Honorarzone III: 19 bis 26 Punkte,
4. Honorarzone IV: 27 bis 34 Punkte,
5. Honorarzone V: 35 bis 42 Punkte.

(7) Für die Zuordnung zu den Honorarzonen ist die Objektliste der Anlage 10 Nummer 10.2 und Nummer 10.3 zu berücksichtigen.

§ 36 Umbauten und Modernisierungen von Gebäuden und Innenräumen

(1) Für Umbauten und Modernisierungen von Gebäuden kann bei einem durchschnittlichen Schwierigkeitsgrad ein Zuschlag gemäß § 6 Absatz 2 Satz 3 bis 33 Prozent auf das ermittelte Honorar schriftlich vereinbart werden.

(2) Für Umbauten und Modernisierungen von Innenräumen in Gebäuden kann bei einem durchschnittlichen Schwierigkeitsgrad ein Zuschlag gemäß § 6 Absatz 2 Satz 3 bis 50 Prozent auf das ermittelte Honorar schriftlich vereinbart werden.

§ 37 Aufträge für Gebäude und Freianlagen oder für Gebäude und Innenräume

(1) § 11 Absatz 1 ist nicht anzuwenden, wenn die getrennte Berechnung der Honorare für Freianlagen weniger als 7 500 Euro anrechenbare Kosten ergeben würde.

(2) ¹Werden Grundleistungen für Innenräume in Gebäuden, die neu gebaut, wiederaufgebaut, erweitert oder umgebaut werden, einem Auftragnehmer übertragen, dem auch Grundleistungen für dieses Gebäude nach § 34 übertragen werden, so sind die Grundleistungen für Innenräume im Rahmen der festgesetzten Mindest- und Höchstsätze bei der Vereinbarung des Honorars für die Grundleistungen am Gebäude zu berücksichtigen. ²Ein gesondertes Honorar nach § 11 Absatz 1 darf für die Grundleistungen für Innenräume nicht berechnet werden.

1 HOAI 2013

Honorarordnung für Architekten und Ingenieure

Abschnitt 2. Freianlagen

§ 38 Besondere Grundlagen des Honorars

(1) Für Grundleistungen bei Freianlagen sind die Kosten für Außenanlagen anrechenbar, insbesondere für folgende Bauwerke und Anlagen, soweit diese durch den Auftragnehmer geplant oder überwacht werden:

1. Einzelgewässer mit überwiegend ökologischen und landschaftsgestalterischen Elementen,
2. Teiche ohne Dämme,
3. flächenhafter Erdbau zur Geländegestaltung,
4. einfache Durchlässe und Uferbefestigungen als Mittel zur Geländegestaltung, soweit keine Grundleistungen nach Teil 4 Abschnitt 1 erforderlich sind,
5. Lärmschutzwälle als Mittel zur Geländegestaltung,
6. Stützbauwerke und Geländeabstützungen ohne Verkehrsbelastung als Mittel zur Geländegestaltung, soweit keine Tragwerke mit durchschnittlichem Schwierigkeitsgrad erforderlich sind,
7. Stege und Brücken, soweit keine Grundleistungen nach Teil 4 Abschnitt 1 erforderlich sind,
8. Wege ohne Eignung für den regelmäßigen Fahrverkehr mit einfachen Entwässerungsverhältnissen sowie andere Wege und befestigte Flächen, die als Gestaltungselement der Freianlagen geplant werden und für die keine Grundleistungen nach Teil 3 Abschnitt 3 und 4 erforderlich sind.

(2) Nicht anrechenbar sind für Grundleistungen bei Freianlagen die Kosten für
1. das Gebäude sowie die in § 33 Absatz 3 genannten Kosten und
2. den Unter- und Oberbau von Fußgängerbereichen, ausgenommen die Kosten für die Oberflächenbefestigung.

§ 39 Leistungsbild Freianlagen

(1) Freianlagen sind planerisch gestaltete Freiflächen und Freiräume sowie entsprechend gestaltete Anlagen in Verbindung mit Bauwerken oder in Bauwerken und landschaftspflegerische Freianlagenplanungen in Verbindung mit Objekten.

(2) § 34 Absatz 1 gilt entsprechend.

(3) Die Grundleistungen bei Freianlagen sind in neun Leistungsphasen unterteilt und werden wie folgt in Prozentsätzen der Honorare des § 40 bewertet:

1. für die Leistungsphase 1 (Grundlagenermittlung) mit 3 Prozent,
2. für die Leistungsphase 2 (Vorplanung) mit 10 Prozent,
3. für die Leistungsphase 3 (Entwurfsplanung) mit 16 Prozent,
4. für die Leistungsphase 4 (Genehmigungsplanung) mit 4 Prozent,
5. für die Leistungsphase 5 (Ausführungsplanung) mit 25 Prozent,
6. für die Leistungsphase 6 (Vorbereitung der Vergabe) mit 7 Prozent,
7. für die Leistungsphase 7 (Mitwirkung bei der Vergabe) mit 3 Prozent,
8. für die Leistungsphase 8 (Objektüberwachung – Bauüberwachung und Dokumentation) mit 30 Prozent und
9. für die Leistungsphase 9 (Objektbetreuung) mit 2 Prozent.

(4) Anlage 11 Nummer 11.1 regelt die Grundleistungen jeder Leistungsphase und enthält Beispiele für Besondere Leistungen.

§ 40 Honorare für Grundleistungen bei Freianlagen

(1) Die Mindest- und Höchstsätze der Honorare für die in § 39 und der Anlage 11 Nummer 11.1 aufgeführten Grundleistungen für Freianlagen sind in der folgenden Honorartafel festgesetzt:

Honorarordnung für Architekten und Ingenieure   HOAI 2013 **1**

Anrechen-bare Kosten in Euro	Honorarzone I sehr geringe Anforderungen von bis Euro		Honorarzone II geringe Anforderungen von bis Euro		Honorarzone III durchschnittliche Anforderungen von bis Euro		Honorarzone IV hohe Anforderungen von bis Euro		Honorarzone V sehr hohe Anforderungen von bis Euro	
20 000	3 643	4 348	4 348	5 229	5 229	6 521	6 521	7 403	7 403	8 108
25 000	4 406	5 259	5 259	6 325	6 325	7 888	7 888	8 954	8 954	9 807
30 000	5 147	6 143	6 143	7 388	7 388	9 215	9 215	10 460	10 460	11 456
35 000	5 870	7 006	7 006	8 426	8 426	10 508	10 508	11 928	11 928	13 064
40 000	6 577	7 850	7 850	9 441	9 441	11 774	11 774	13 365	13 365	14 638
50 000	7 953	9 492	9 492	11 416	11 416	14 238	14 238	16 162	16 162	17 701
60 000	9 287	11 085	11 085	13 332	13 332	16 627	16 627	18 874	18 874	20 672
75 000	11 227	13 400	13 400	16 116	16 116	20 100	20 100	22 816	22 816	24 989
100 000	14 332	17 106	17 106	20 574	20 574	25 659	25 659	29 127	29 127	31 901
125 000	17 315	20 666	20 666	24 855	24 855	30 999	30 999	35 188	35 188	38 539
150 000	20 201	24 111	24 111	28 998	28 998	36 166	36 166	41 053	41 053	44 963
200 000	25 746	30 729	30 729	36 958	36 958	46 094	46 094	52 323	52 323	57 306
250 000	31 053	37 063	37 063	44 576	44 576	55 594	55 594	63 107	63 107	69 117
350 000	41 147	49 111	49 111	59 066	59 066	73 667	73 667	83 622	83 622	91 586
500 000	55 300	66 004	66 004	79 383	79 383	99 006	99 006	112 385	112 385	123 088
650 000	69 114	82 491	82 491	99 212	99 212	123 736	123 736	140 457	140 457	153 834
800 000	82 430	98 384	98 384	118 326	118 326	147 576	147 576	167 518	167 518	183 472
1 000 000	99 578	118 851	118 851	142 942	142 942	178 276	178 276	202 368	202 368	221 641
1 250 000	120 238	143 510	143 510	172 600	172 600	215 265	215 265	244 355	244 355	267 627
1 500 000	140 204	167 340	167 340	201 261	201 261	251 011	251 011	284 931	284 931	312 067

(2) Welchen Honorarzonen die Grundleistungen zugeordnet werden, richtet sich nach folgenden Bewertungsmerkmalen:
1. Anforderungen an die Einbindung in die Umgebung,
2. Anforderungen an Schutz, Pflege und Entwicklung von Natur und Landschaft,
3. Anzahl der Funktionsbereiche,
4. gestalterische Anforderungen,
5. Ver- und Entsorgungseinrichtungen.

(3) ¹Sind für eine Freianlage Bewertungsmerkmale aus mehreren Honorarzonen anwendbar und bestehen deswegen Zweifel, welcher Honorarzone die Freianlage zugeordnet werden kann, so ist zunächst die Anzahl der Bewertungspunkte zu ermitteln. ²Zur Ermittlung der Bewertungspunkte werden die Bewertungsmerkmale wie folgt gewichtet:
1. die Bewertungsmerkmale gemäß Absatz 2 Nummer 1, 2 und 4 mit je bis zu 8 Punkten,
2. die Bewertungsmerkmale gemäß Absatz 2 Nummer 3 und 5 mit je bis zu 6 Punkten.

(4) Die Freianlage ist anhand der nach Absatz 3 ermittelten Bewertungspunkte einer der Honorarzonen zuzuordnen:
1. Honorarzone I: bis zu 8 Punkte,
2. Honorarzone II: 9 bis 15 Punkte,
3. Honorarzone III: 16 bis 22 Punkte,
4. Honorarzone IV: 30 bis 36 Punkte,
5. Honorarzone V: 35 bis 42 Punkte.

(5) Für die Zuordnung zu den Honorarzonen ist die Objektliste der Anlage 11 Nummer 11.2 zu berücksichtigen.

(6) § 36 Absatz 1 ist für Freianlagen entsprechend anzuwenden.

Abschnitt 3. Ingenieurbauwerke

§ 41 Anwendungsbereich

Ingenieurbauwerke umfassen:
1. Bauwerke und Anlagen der Wasserversorgung,
2. Bauwerke und Anlagen der Abwasserentsorgung,
3. Bauwerke und Anlagen des Wasserbaus ausgenommen Freianlagen nach § 39 Absatz 1,
4. Bauwerke und Anlagen für Ver- und Entsorgung mit Gasen, Feststoffen und wassergefährdenden Flüssigkeiten, ausgenommen Anlagen der Technischen Ausrüstung nach § 53 Absatz 2,
5. Bauwerke und Anlagen der Abfallentsorgung,
6. konstruktive Ingenieurbauwerke für Verkehrsanlagen,
7. sonstige Einzelbauwerke, ausgenommen Gebäude und Freileitungsmaste.

§ 42 Besondere Grundlagen des Honorars

(1) ^{1}Für Grundleistungen bei Ingenieurbauwerken sind die Kosten der Baukonstruktion anrechenbar. ^{2}Die Kosten für die Anlagen der Maschinentechnik, die der Zweckbestimmung des Ingenieurbauwerks dienen, sind anrechenbar, soweit der Auftragnehmer diese plant oder deren Ausführung überwacht.

(2) Für Grundleistungen bei Ingenieurbauwerken sind auch die Kosten für Technische Anlagen, die der Auftragnehmer nicht fachlich plant oder deren Ausführung der Auftragnehmer nicht fachlich überwacht,
1. vollständig anrechenbar bis zum Betrag von 25 Prozent der sonstigen anrechenbaren Kosten und
2. zur Hälfte anrechenbar mit dem Betrag, der 25 Prozent der sonstigen anrechenbaren Kosten übersteigt.

(3) Nicht anrechenbar sind, soweit der Auftragnehmer die Anlagen weder plant noch ihre Ausführung überwacht, die Kosten für:
1. das Herrichten des Grundstücks,
2. die öffentliche und die nichtöffentliche Erschließung, die Außenanlagen, das Umlegen und Verlegen von Leitungen,
3. verkehrsregelnde Maßnahmen während der Bauzeit,
4. die Ausstattung und Nebenanlagen von Ingenieurbauwerken.

§ 43 Leistungsbild Ingenieurbauwerke

(1) ^{1}§ 34 Absatz 1 gilt entsprechend. ^{2}Die Grundleistungen für Ingenieurbauwerke sind in neun Leistungsphasen unterteilt und werden wie folgt in Prozentsätzen der Honorare des § 44 bewertet:
1. für die Leistungsphase 1 (Grundlagenermittlung) mit 2 Prozent,
2. für die Leistungsphase 2 (Vorplanung) mit 20 Prozent,
3. für die Leistungsphase 3 (Entwurfsplanung) mit 25 Prozent,
4. für die Leistungsphase 4 (Genehmigungsplanung) mit 5 Prozent,
5. für die Leistungsphase 5 (Ausführungsplanung) mit 15 Prozent,
6. für die Leistungsphase 6 (Vorbereitung der Vergabe) mit 13 Prozent,
7. für die Leistungsphase 7 (Mitwirkung bei der Vergabe) mit 4 Prozent,
8. für die Leistungsphase 8 (Bauoberleitung) mit 15 Prozent,
9. für die Leistungsphase 9 (Objektbetreuung) mit 1 Prozent.

(2) Abweichend von Absatz 1 Nummer 2 wird die Leistungsphase 2 bei Objekten nach § 41 Nummer 6 und 7, die eine Tragwerksplanung erfordern, mit 10 Prozent bewertet.

(3) Die Vertragsparteien können abweichend von Absatz 1 schriftlich vereinbaren, dass
1. die Leistungsphase 4 mit 5 bis 8 Prozent bewertet wird, wenn dafür ein eigenständiges Planfeststellungsverfahren erforderlich ist.

Honorarordnung für Architekten und Ingenieure　　　　　　　　　HOAI 2013　1

2. die Leistungsphase 5 mit 15 bis 35 Prozent bewertet wird, wenn ein überdurchschnittlicher Aufwand an Ausführungszeichnungen erforderlich wird.

(4) Anlage 12 Nummer 12.1 regelt die Grundleistungen jeder Leistungsphase und enthält Beispiele für Besondere Leistungen.

§ 44 Honorare für Grundleistungen bei Ingenieurbauwerken

(1) Die Mindest- und Höchstsätze der Honorare für die in § 43 und der Anlage 12 Nummer 12.1 aufgeführten Grundleistungen bei Ingenieurbauwerken sind in der folgenden Honorartafel für den Anwendungsbereich des § 41 festgesetzt:

Anrechenbare Kosten in Euro	Honorarzone I sehr geringe Anforderungen		Honorarzone II geringe Anforderungen		Honorarzone III durchschnittliche Anforderungen		Honorarzone IV hohe Anforderungen		Honorarzone V sehr hohe Anforderungen	
	von Euro	bis Euro	von Euro	bis Euro	von Euro	bis Euro	von Euro	bis Euro	von Euro	bis Euro
25 000	3 449	4 109	4 109	4 768	4 768	5 428	5 428	6 036	6 036	6 696
35 000	4 475	5 331	5 331	6 186	6 186	7 042	7 042	7 831	7 831	8 687
50 000	5 897	7 024	7 024	8 152	8 152	9 279	9 279	10 320	10 320	11 447
75 000	8 069	9 611	9 611	11 154	11 154	12 697	12 697	14 121	14 121	15 663
100 000	10 079	12 005	12 005	13 932	13 932	15 859	15 859	17 637	17 637	19 564
150 000	13 786	16 422	16 422	19 058	19 058	21 693	21 693	24 126	24 126	26 762
200 000	17 215	20 506	20 506	23 797	23 797	27 088	27 088	30 126	30 126	33 417
300 000	23 534	28 033	28 033	32 532	32 532	37 031	37 031	41 185	41 185	45 684
500 000	34 865	41 530	41 530	48 195	48 195	54 861	54 861	61 013	61 013	67 679
750 000	47 576	56 672	56 672	65 767	65 767	74 863	74 863	83 258	83 258	92 354
1 000 000	59 264	70 594	70 594	81 924	81 924	93 254	93 254	103 712	103 712	115 042
1 500 000	80 998	96 482	96 482	111 967	111 967	127 452	127 452	141 746	141 746	157 230
2 000 000	101 054	120 373	120 373	139 692	139 692	159 011	159 011	176 844	176 844	196 163
3 000 000	137 907	164 272	164 272	190 636	190 636	217 001	217 001	241 338	241 338	267 702
5 000 000	203 584	242 504	242 504	281 425	281 425	320 345	320 345	356 272	356 272	395 192
7 500 000	278 415	331 642	331 642	384 868	384 868	438 095	438 095	487 227	487 227	540 453
10 000 000	347 568	414 014	414 014	480 461	480 461	546 908	546 908	608 244	608 244	674 690
15 000 000	474 901	565 691	565 691	656 480	656 480	747 270	747 270	831 076	831 076	921 866
20 000 000	592 324	705 563	705 563	818 801	818 801	932 040	932 040	1 036 568	1 036 568	1 149 806
25 000 000	702 770	837 123	837 123	971 476	971 476	1 105 829	1 105 829	1 229 848	1 229 848	1 364 201

(2) Welchen Honorarzonen die Grundleistungen zugeordnet werden, richtet sich nach folgenden Bewertungsmerkmalen:
1. geologische und baugrundtechnische Gegebenheiten,
2. technische Ausrüstung und Ausstattung,
3. Einbindung in die Umgebung oder in das Objektumfeld,
4. Umfang der Funktionsbereiche oder der konstruktiven oder technischen Anforderungen,
5. fachspezifische Bedingungen.

(3) ¹Sind für Ingenieurbauwerke Bewertungsmerkmale aus mehreren Honorarzonen anwendbar und bestehen deswegen Zweifel, welcher Honorarzone das Objekt zugeordnet werden kann, so ist zunächst die Anzahl der Bewertungspunkte zu ermitteln. ²Zur Ermittlung der Bewertungspunkte werden die Bewertungsmerkmale wie folgt gewichtet:
1. die Bewertungsmerkmale gemäß Absatz 2 Nummer 1, 2 und 3 mit bis zu 5 Punkten,
2. das Bewertungsmerkmal gemäß Absatz 2 Nummer 4 mit bis zu 10 Punkten,
3. das Bewertungsmerkmal gemäß Absatz 2 Nummer 5 mit bis zu 15 Punkten.

(4) Das Ingenieurbauwerk ist anhand der nach Absatz 3 ermittelten Bewertungspunkte einer der Honorarzonen zuzuordnen:
1. Honorarzone I:　　　　　　　　　　　　bis zu 10 Punkte,
2. Honorarzone II:　　　　　　　　　　　　11 bis 17 Punkte,
3. Honorarzone III:　　　　　　　　　　　18 bis 25 Punkte,

23

4. Honorarzone IV: 26 bis 33 Punkte,
5. Honorarzone V: 34 bis 40 Punkte.

(5) Für die Zuordnung zu den Honorarzonen ist die Objektliste der Anlage 12 Nummer 12.2 zu berücksichtigen.

(6) Für Umbauten und Modernisierungen von Ingenieurbauwerken kann bei einem durchschnittlichen Schwierigkeitsgrad ein Zuschlag gemäß § 6 Absatz 2 Satz 3 bis 33 Prozent schriftlich vereinbart werden.

(7) Steht der Planungsaufwand für Ingenieurbauwerke mit großer Längenausdehnung, die unter gleichen baulichen Bedingungen errichtet werden, in einem Missverhältnis zum ermittelten Honorar, ist § 7 Absatz 3 anzuwenden.

Abschnitt 4. Verkehrsanlagen

§ 45 Anwendungsbereich

Verkehrsanlagen sind:
1. Anlagen des Straßenverkehrs, ausgenommen selbstständige Rad-, Geh- und Wirtschaftswege und Freianlagen nach § 39 Absatz 1,
2. Anlagen des Schienenverkehrs,
3. Anlagen des Flugverkehrs.

§ 46 Besondere Grundlagen des Honorars

(1) ¹Für Grundleistungen bei Verkehrsanlagen sind die Kosten der Baukonstruktion anrechenbar. ²Soweit der Auftragnehmer die Ausstattung von Anlagen des Straßen-, Schienen- und Flugverkehrs einschließlich der darin enthaltenen Entwässerungsanlagen, die der Zweckbestimmung der Verkehrsanlagen dienen, plant oder deren Ausführung überwacht, sind die dadurch entstehenden Kosten anrechenbar.

(2) Für Grundleistungen bei Verkehrsanlagen sind auch die Kosten für Technische Anlagen, die der Auftragnehmer nicht fachlich plant oder deren Ausführung der Auftragnehmer nicht fachlich überwacht,
1. vollständig anrechenbar bis zu einem Betrag von 25 Prozent der sonstigen anrechenbaren Kosten und
2. zur Hälfte anrechenbar mit dem Betrag, der 25 Prozent der sonstigen anrechenbaren Kosten übersteigt.

(3) Nicht anrechenbar sind, soweit der Auftragnehmer die Anlagen weder plant noch ihre Ausführung überwacht, die Kosten für:
1. das Herrichten des Grundstücks,
2. die öffentliche und die nichtöffentliche Erschließung, die Außenanlagen, das Umlegen und Verlegen von Leitungen,
3. die Nebenanlagen von Anlagen des Straßen-, Schienen- und Flugverkehrs,
4. verkehrsregelnde Maßnahmen während der Bauzeit.

(4) Für Grundleistungen der Leistungsphasen 1 bis 7 und 9 bei Verkehrsanlagen sind:
1. die Kosten für Erdarbeiten einschließlich Felsarbeiten anrechenbar bis zu einem Betrag von 40 Prozent der sonstigen anrechenbaren Kosten nach Absatz 1 und
2. 10 Prozent der Kosten für Ingenieurbauwerke anrechenbar, wenn dem Auftragnehmer für diese Ingenieurbauwerke nicht gleichzeitig Grundleistungen nach § 43 übertragen werden.

(5) Die nach den Absätzen 1 bis 4 ermittelten Kosten sind für Grundleistungen des § 47 Absatz 1 Satz 2 Nummer 1 bis 7 und 9
1. bei Straßen, die mehrere durchgehende Fahrspuren mit einer gemeinsamen Entwurfsachse und einer gemeinsamen Entwurfsgradiente haben, wie folgt anteilig anrechenbar:
    a) bei dreistreifigen Straßen zu 85 Prozent,
    b) bei vierstreifigen Straßen zu 70 Prozent und
    c) bei mehr als vierstreifigen Straßen zu 60 Prozent,

Honorarordnung für Architekten und Ingenieure　　　　　　　　　　　HOAI 2013　**1**

2. bei Gleis- und Bahnsteiganlagen, die zwei Gleise mit einem gemeinsamen Planum haben, zu 90 Prozent anrechenbar. Das Honorar für Gleis- und Bahnsteiganlagen mit mehr als zwei Gleisen oder Bahnsteigen kann frei vereinbart werden.

§ 47 Leistungsbild Verkehrsanlagen

(1) ¹§ 34 Absatz 1 gilt entsprechend. ²Die Grundleistungen für Verkehrsanlagen sind in neun Leistungsphasen unterteilt und werden wie folgt in Prozentsätzen der Honorare des § 49 bewertet:
1. für die Leistungsphase 1 (Grundlagenermittlung) mit 2 Prozent,
2. für die Leistungsphase 2 (Vorplanung) mit 20 Prozent,
3. für die Leistungsphase 3 (Entwurfsplanung) mit 25 Prozent,
4. für die Leistungsphase 4 (Genehmigungsplanung) mit 8 Prozent,
5. für die Leistungsphase 5 (Ausführungsplanung) mit 15 Prozent,
6. für die Leistungsphase 6 (Vorbereitung der Vergabe) mit 10 Prozent,
7. für die Leistungsphase 7 (Mitwirkung bei der Vergabe) mit 4 Prozent,
8. für die Leistungsphase 8 (Bauoberleitung) mit 15 Prozent,
9. für die Leistungsphase 9 (Objektbetreuung) mit 1 Prozent.

(2) Anlage 13 Nummer 13.1 regelt die Grundleistungen jeder Leistungsphase und enthält Beispiele für Besondere Leistungen.

§ 48 Honorare für Grundleistungen bei Verkehrsanlagen

(1) Die Mindest- und Höchstsätze der Honorare für die in § 47 und der Anlage 13 Nummer 13.1 aufgeführten Grundleistungen bei Verkehrsanlagen sind in der folgenden Honorartafel für den Anwendungsbereich des § 45 festgesetzt:

Anrechen-bare Kosten in Euro	Honorarzone I sehr geringe Anforderungen von bis Euro		Honorarzone II geringe Anforderungen von bis Euro		Honorarzone III durchschnittliche Anforderungen von bis Euro		Honorarzone IV hohe Anforderungen von bis Euro		Honorarzone V sehr hohe Anforderungen von bis Euro	
25 000	3 882	4 624	4 624	5 366	5 366	6 108	6 108	6 793	6 793	7 535
35 000	4 981	5 933	5 933	6 885	6 885	7 837	7 837	8 716	8 716	9 668
50 000	6 487	7 727	7 727	8 967	8 967	10 207	10 207	11 352	11 352	12 592
75 000	8 759	10 434	10 434	12 108	12 108	13 783	13 783	15 328	15 328	17 003
100 000	10 839	12 911	12 911	14 983	14 983	17 056	17 056	18 968	18 968	21 041
150 000	14 634	17 432	17 432	20 229	20 229	23 027	23 027	25 610	25 610	28 407
200 000	18 106	21 567	21 567	25 029	25 029	28 490	28 490	31 685	31 685	35 147
300 000	24 435	29 106	29 106	33 778	33 778	38 449	38 449	42 761	42 761	47 433
500 000	35 622	42 433	42 433	49 243	49 243	56 053	56 053	62 339	62 339	69 149
750 000	48 001	57 178	57 178	66 355	66 355	75 532	75 532	84 002	84 002	93 179
1 000 000	59 267	70 597	70 597	81 928	81 928	93 258	93 258	103 717	103 717	115 047
1 500 000	80 009	95 305	95 305	110 600	110 600	125 896	125 896	140 015	140 015	155 311
2 000 000	98 962	117 881	117 881	136 800	136 800	155 719	155 719	173 183	173 183	192 102
3 000 000	133 441	158 951	158 951	184 462	184 462	209 973	209 973	233 521	233 521	259 032
5 000 000	194 094	231 200	231 200	268 306	268 306	305 412	305 412	339 664	339 664	376 770
7 500 000	262 407	312 573	312 573	362 739	362 739	412 905	412 905	459 212	459 212	509 378
10 000 000	324 978	387 107	387 107	449 235	449 235	511 363	511 363	568 712	568 712	630 840
15 000 000	439 179	523 140	523 140	607 101	607 101	691 062	691 062	768 564	768 564	852 525
20 000 000	543 619	647 546	647 546	751 473	751 473	855 401	855 401	951 333	951 333	1 055 260
25 000 000	641 265	763 860	763 860	886 454	886 454	1 009 049	1 009 049	1 122 213	1 122 213	1 244 808

(2) Welchen Honorarzonen die Grundleistungen zugeordnet werden, richtet sich nach folgenden Bewertungsmerkmalen:
1. geologische und baugrundtechnische Gegebenheiten,
2. technische Ausrüstung und Ausstattung,
3. Einbindung in die Umgebung oder das Objektumfeld,

1 HOAI 2013

4. Umfang der Funktionsbereiche oder der konstruktiven oder technischen Anforderungen,
5. fachspezifische Bedingungen.

(3) ¹Sind für Verkehrsanlagen Bewertungsmerkmale aus mehreren Honorarzonen anwendbar und bestehen deswegen Zweifel, welcher Honorarzone das Objekt zugeordnet werden kann, so ist zunächst die Anzahl der Bewertungspunkte zu ermitteln. ²Zur Ermittlung der Bewertungspunkte werden die Bewertungsmerkmale wie folgt gewichtet:
1. die Bewertungsmerkmale gemäß Absatz 2 Nummer 1, 2 mit bis zu 5 Punkten,
2. das Bewertungsmerkmal gemäß Absatz 2 Nummer 3 mit bis zu 15 Punkten,
3. das Bewertungsmerkmal gemäß Absatz 2 Nummer 4 mit bis zu 10 Punkten,
4. das Bewertungsmerkmal gemäß Absatz 2 Nummer 5 mit bis zu 5 Punkten.

(4) Die Verkehrsanlage ist anhand der nach Absatz 3 ermittelten Bewertungspunkte einer der Honorarzonen zuzuordnen:

1. Honorarzone I: bis zu 10 Punkte,
2. Honorarzone II: 11 bis 17 Punkte,
3. Honorarzone III: 18 bis 25 Punkte,
4. Honorarzone IV: 26 bis 33 Punkte,
5. Honorarzone V: 34 bis 40 Punkte.

(5) Für die Zuordnung zu den Honorarzonen ist die Objektliste der Anlage 13 Nummer 13.2 zu berücksichtigen.

(6) Für Umbauten und Modernisierungen von Verkehrsanlagen kann bei einem durchschnittlichen Schwierigkeitsgrad ein Zuschlag gemäß § 6 Absatz 2 Satz 3 bis 33 Prozent schriftlich vereinbart werden.

Teil 4. Fachplanung

Abschnitt 1. Tragwerksplanung

§ 49 Anwendungsbereich

(1) Leistungen der Tragwerksplanung sind die statische Fachplanung für die Objektplanung Gebäude und Ingenieurbauwerke.

(2) Das Tragwerk bezeichnet das statische Gesamtsystem der miteinander verbundenen, lastabtragenden Konstruktionen, die für die Standsicherheit von Gebäuden, Ingenieurbauwerken, und Traggerüsten bei Ingenieurbauwerken maßgeblich sind.

§ 50 Besondere Grundlagen des Honorars

(1) Bei Gebäuden und zugehörigen baulichen Anlagen sind 55 Prozent der Baukonstruktionskosten und 10 Prozent der Kosten der Technischen Anlagen anrechenbar.

(2) Die Vertragsparteien können bei Gebäuden mit einem hohen Anteil an Kosten der Gründung und der Tragkonstruktionen schriftlich vereinbaren, dass die anrechenbaren Kosten abweichend von Absatz 1 nach Absatz 3 ermittelt werden.

(3) Bei Ingenieurbauwerken sind 90 Prozent der Baukonstruktionskosten und 15 Prozent der Kosten der Technischen Anlagen anrechenbar.

(4) ¹Für Traggerüste bei Ingenieurbauwerken sind die Herstellkosten einschließlich der zugehörigen Kosten für Baustelleneinrichtungen anrechenbar. ²Bei mehrfach verwendeten Bauteilen ist der Neuwert anrechenbar.

(5) Die Vertragsparteien können vereinbaren, dass Kosten von Arbeiten, die nicht in den Absätzen 1 bis 3 erfasst sind, ganz oder teilweise anrechenbar sind, wenn der Auftragnehmer wegen dieser Arbeiten Mehrleistungen für das Tragwerk nach § 51 erbringt.

Honorarordnung für Architekten und Ingenieure   HOAI 2013

§ 51 Leistungsbild Tragwerksplanung

(1) Die Grundleistungen der Tragwerksplanung sind für Gebäude und zugehörige bauliche Anlagen sowie für Ingenieurbauwerke nach § 41 Nummer 1 bis 5 in den Leistungsphasen 1 bis 6 sowie für Ingenieurbauwerke nach § 41 Nummer 6 und 7 in den Leistungsphasen 2 bis 6 zusammengefasst und werden wie folgt in Prozentsätzen der Honorare des § 52 bewertet:
1. für die Leistungsphase 1 (Grundlagenermittlung) mit 3 Prozent,
2. für die Leistungsphase 2 (Vorplanung) mit 10 Prozent,
3. für die Leistungsphase 3 (Entwurfsplanung) mit 15 Prozent,
4. für die Leistungsphase 4 (Genehmigungsplanung) mit 30 Prozent,
5. für die Leistungsphase 5 (Ausführungsplanung) mit 40 Prozent,
6. für die Leistungsphase 6 (Vorbereitung der Vergabe) mit 2 Prozent.

(2) Die Leistungsphase 5 ist abweichend von Absatz 1 mit 30 Prozent der Honorare des § 52 zu bewerten:
1. im Stahlbetonbau, sofern keine Schalpläne in Auftrag gegeben werden,
2. im Holzbau mit unterdurchschnittlichem Schwierigkeitsgrad.

(3) Die Leistungsphase 5 ist abweichend von Absatz 1 mit 20 Prozent der Honorare des § 52 zu bewerten, sofern nur Schalpläne in Auftrag gegeben werden.

(4) Bei sehr enger Bewehrung kann die Bewertung der Leistungsphase 5 um bis zu 4 Prozent erhöht werden.

(5) ¹Anlage 14 Nummer 14.1 regelt die Grundleistungen jeder Leistungsphase und enthält Beispiele für Besondere Leistungen. ²Für Ingenieurbauwerke nach § 41 Nummer 6 und 7 sind die Grundleistungen der Tragwerksplanung zur Leistungsphase 1 im Leistungsbild der Ingenieurbauwerke gemäß § 43 enthalten.

§ 52 Honorare für Grundleistungen bei Tragwerksplanungen

(1) Die Mindest- und Höchstsätze der Honorare für die in § 51 und der Anlage 14 Nummer 14.1 aufgeführten Grundleistungen der Tragwerksplanungen sind in der folgenden Honorartafel festgesetzt:

Anrechenbare Kosten in Euro	Honorarzone I sehr geringe Anforderungen von bis Euro		Honorarzone II geringe Anforderungen von bis Euro		Honorarzone III durchschnittliche Anforderungen von bis Euro		Honorarzone IV hohe Anforderungen von bis Euro		Honorarzone V sehr hohe Anforderungen von bis Euro	
10 000	1 461	1 624	1 624	2 064	2 064	2 575	2 575	3 015	3 015	3 178
15 000	2 011	2 234	2 234	2 841	2 841	3 543	3 543	4 149	4 149	4 373
25 000	3 006	3 340	3 340	4 247	4 247	5 296	5 296	6 203	6 203	6 537
50 000	5 187	5 763	5 763	7 327	7 327	9 139	9 139	10 703	10 703	11 279
75 000	7 135	7 928	7 928	10 080	10 080	12 572	12 572	14 724	14 724	15 517
100 000	8 946	9 940	9 940	12 639	12 639	15 763	15 763	18 461	18 461	19 455
150 000	12 303	13 670	13 670	17 380	17 380	21 677	21 677	25 387	25 387	26 754
250 000	18 370	20 411	20 411	25 951	25 951	32 365	32 365	37 906	37 906	39 947
350 000	23 909	26 565	26 565	33 776	33 776	42 125	42 125	49 335	49 335	51 992
500 000	31 594	35 105	35 105	44 633	44 633	55 666	55 666	65 194	65 194	68 705
750 000	43 463	48 293	48 293	61 401	61 401	76 578	76 578	89 686	89 686	94 515
1 000 000	54 495	60 550	60 550	76 984	76 984	96 014	96 014	112 449	112 449	118 504
1 250 000	64 940	72 155	72 155	91 740	91 740	114 418	114 418	134 003	134 003	141 218
1 500 000	74 938	83 265	83 265	105 865	105 865	132 034	132 034	154 635	154 635	162 961
2 000 000	93 923	104 358	104 358	132 684	132 684	165 483	165 483	193 808	193 808	204 244
3 000 000	129 059	143 398	143 398	182 321	182 321	227 389	227 389	266 311	266 311	280 651
5 000 000	192 384	213 760	213 760	271 781	271 781	338 962	338 962	396 983	396 983	418 359
7 500 000	264 487	293 874	293 874	373 640	373 640	466 001	466 001	545 767	545 767	575 154
10 000 000	331 398	368 220	368 220	468 166	468 166	583 892	583 892	683 838	683 838	720 660
15 000 000	455 117	505 686	505 686	642 943	642 943	801 873	801 873	939 131	939 131	989 699

(2) Die Honorarzone wird nach dem statisch-konstruktiven Schwierigkeitsgrad anhand der in Anlage 14 Nummer 14.2 dargestellten Bewertungsmerkmale ermittelt.

(3) Sind für ein Tragwerk Bewertungsmerkmale aus mehreren Honorarzonen anwendbar und bestehen deswegen Zweifel, welcher Honorarzone das Tragwerk zugeordnet werden kann, so ist für die Zuordnung die Mehrzahl der in den jeweiligen Honorarzonen nach Absatz 2 aufgeführten Bewertungsmerkmale und ihre Bedeutung im Einzelfall maßgebend.

(4) Für Umbauten und Modernisierungen kann bei einem durchschnittlichen Schwierigkeitsgrad ein Zuschlag gemäß § 6 Absatz 2 Satz 3 bis 50 Prozent schriftlich vereinbart werden.

(5) Steht der Planungsaufwand für Tragwerke bei Ingenieurbauwerken mit großer Längenausdehnung, die unter gleichen baulichen Bedingungen errichtet werden, in einem Missverhältnis zum ermittelten Honorar, ist § 7 Absatz 3 anzuwenden.

Abschnitt 2. Technische Ausrüstung

§ 53 Anwendungsbereich

(1) Die Leistungen der Technischen Ausrüstung umfassen die Fachplanungen für Objekte.

(2) Zur Technischen Ausrüstung gehören folgende Anlagengruppen:
1. Abwasser-, Wasser- und Gasanlagen,
2. Wärmeversorgungsanlagen,
3. Lufttechnische Anlagen,
4. Starkstromanlagen,
5. Fernmelde- und informationstechnische Anlagen,
6. Förderanlagen,
7. nutzungsspezifische Anlagen und verfahrenstechnische Anlagen,
8. Gebäudeautomation und Automation von Ingenieurbauwerken.

§ 54 Besondere Grundlagen des Honorars

(1) [1]Das Honorar für Grundleistungen bei der Technischen Ausrüstung richtet sich für das jeweilige Objekt im Sinne des § 2 Absatz 1 Satz 1 nach der Summe der anrechenbaren Kosten der Anlagen jeder Anlagengruppe. [2]Dies gilt für nutzungsspezifische Anlagen nur, wenn die Anlagen funktional gleichartig sind. [3]Anrechenbar sind auch sonstige Maßnahmen für technische Anlagen.

(2) [1]Umfasst ein Auftrag für unterschiedliche Objekte im Sinne des § 2 Absatz 1 Satz 1 mehrere Anlagen, die unter funktionalen und technischen Kriterien eine Einheit bilden, werden die anrechenbaren Kosten der Anlagen jeder Anlagengruppe zusammengefasst. [2]Dies gilt für nutzungsspezifische Anlagen nur, wenn diese Anlagen funktional gleichartig sind. [3]§ 11 Absatz 1 ist nicht anzuwenden.

(3) [1]Umfasst ein Auftrag im Wesentlichen gleiche Anlagen, die unter weitgehend vergleichbaren Bedingungen für im Wesentlichen gleiche Objekte geplant werden, ist die Rechtsfolge des § 11 Absatz 3 anzuwenden. [2]Umfasst ein Auftrag im Wesentlichen gleiche Anlagen, die bereits Gegenstand eines anderen Vertrags zwischen den Vertragsparteien waren, ist die Rechtsfolge des § 11 Absatz 4 anzuwenden.

(4) Nicht anrechenbar sind die Kosten für die nichtöffentliche Erschließung und die Technischen Anlagen in Außenanlagen, soweit der Auftragnehmer diese nicht plant oder ihre Ausführung nicht überwacht.

(5) [1]Werden Teile der Technischen Ausrüstung in Baukonstruktionen ausgeführt, so können die Vertragsparteien schriftlich vereinbaren, dass die Kosten hierfür ganz oder teilweise zu den anrechenbaren Kosten gehören. [2]Satz 1 ist entsprechend für Bauteile der Kostengruppe Baukonstruktionen anzuwenden, deren Abmessung oder Konstruktion durch die Leistung der Technischen Ausrüstung wesentlich beeinflusst wird.

Honorarordnung für Architekten und Ingenieure   HOAI 2013 1

§ 55 Leistungsbild Technische Ausrüstung

(1) ¹Das Leistungsbild „Technische Ausrüstung" umfasst Grundleistungen für Neuanlagen, Wiederaufbauten, Erweiterungsbauten, Umbauten, Modernisierungen, Instandhaltungen und Instandsetzungen. ²Die Grundleistungen bei der Technischen Ausrüstung sind in neun Leistungsphasen zusammengefasst und werden wie folgt in Prozentsätzen der Honorare des § 56 bewertet:

1. für die Leistungsphase 1 (Grundlagenermittlung) mit 2 Prozent,
2. für die Leistungsphase 2 (Vorplanung) mit 9 Prozent,
3. für die Leistungsphase 3 (Entwurfsplanung) mit 17 Prozent,
4. für die Leistungsphase 4 (Genehmigungsplanung) mit 2 Prozent,
5. für die Leistungsphase 5 (Ausführungsplanung) mit 22 Prozent,
6. für die Leistungsphase 6 (Vorbereitung der Vergabe) mit 7 Prozent,
7. für die Leistungsphase 7 (Mitwirkung bei der Vergabe) mit 5 Prozent,
8. für die Leistungsphase 8 (Objektüberwachung – Bauüberwachung) mit 35 Prozent,
9. für die Leistungsphase 9 (Objektbetreuung und Dokumentation) mit 1 Prozent.

(2) Die Leistungsphase 5 ist abweichend von Absatz 1 mit einem Abschlag von jeweils 4 Prozent zu bewerten, sofern das Anfertigen von Schlitz- und Durchbruchsplänen oder das Prüfen der Montage- und Werkstattpläne der ausführenden Firmen nicht in Auftrag gegeben wird.

(3) Anlage 15 Nummer 15.1 regelt die Grundleistungen jeder Leistungsphase und enthält Beispiele für Besondere Leistungen.

§ 56 Honorare für Grundleistungen der Technischen Ausrüstung

(1) Die Mindest- und Höchstsätze der Honorare für die in § 55 und der Anlage 15.1 aufgeführten Grundleistungen bei einzelnen Anlagen sind in der folgenden Honorartafel festgesetzt:

Anrechenbare Kosten in Euro	Honorarzone I geringe Anforderungen von bis Euro		Honorarzone II durchschnittliche Anforderungen von bis Euro		Honorarzone III hohe Anforderungen von bis Euro	
5 000	2 132	2 547	2 547	2 990	2 990	3 405
10 000	3 689	4 408	4 408	5 174	5 174	5 893
15 000	5 084	6 075	6 075	7 131	7 131	8 122
25 000	7 615	9 098	9 098	10 681	10 681	12 164
35 000	9 934	11 869	11 869	13 934	13 934	15 869
50 000	13 165	15 729	15 729	18 465	18 465	21 029
75 000	18 122	21 652	21 652	25 418	25 418	28 948
100 000	22 723	27 150	27 150	31 872	31 872	36 299
150 000	31 228	37 311	37 311	43 800	43 800	49 883
250 000	46 640	55 726	55 726	65 418	65 418	74 504
500 000	80 684	96 402	96 402	113 168	113 168	128 886
750 000	111 105	132 749	132 749	155 836	155 836	177 480
1 000 000	139 347	166 493	166 493	195 448	195 448	222 594
1 250 000	166 043	198 389	198 389	232 891	232 891	265 237
1 500 000	191 545	228 859	228 859	268 660	268 660	305 974
2 000 000	239 792	286 504	286 504	336 331	336 331	383 044
2 500 000	285 649	341 295	341 295	400 650	400 650	456 296
3 000 000	329 420	393 593	393 593	462 044	462 044	526 217
3 500 000	371 491	443 859	443 859	521 052	521 052	593 420
4 000 000	412 126	492 410	492 410	578 046	578 046	658 331

(2) Welchen Honorarzonen die Grundleistungen zugeordnet werden, richtet sich nach folgenden Bewertungsmerkmalen:
1. Anzahl der Funktionsbereiche,
2. Integrationsansprüche,
3. technische Ausgestaltung,
4. Anforderungen an die Technik,
5. konstruktive Anforderungen.

(3) Für die Zuordnung zu den Honorarzonen ist die Objektliste der Anlage 15 Nummer 15.2 zu berücksichtigen.

(4) [1]Werden Anlagen einer Gruppe verschiedenen Honorarzonen zugeordnet, so ergibt sich das Honorar nach Absatz 1 aus der Summe der Einzelhonorare. [2]Ein Einzelhonorar wird dabei für alle Anlagen ermittelt, die einer Honorarzone zugeordnet werden. [3]Für die Ermittlung des Einzelhonorars ist zunächst das Honorar für die Anlagen jeder Honorarzone zu berechnen, das sich ergeben würde, wenn die gesamten anrechenbaren Kosten der Anlagengruppe nur der Honorarzone zugeordnet würden, für die das Einzelhonorar berechnet wird. [4]Das Einzelhonorar ist dann nach dem Verhältnis der Summe der anrechenbaren Kosten der Anlagen einer Honorarzone zu den gesamten anrechenbaren Kosten der Anlagengruppe zu ermitteln.

(5) Für Umbauten und Modernisierungen kann bei einem durchschnittlichen Schwierigkeitsgrad ein Zuschlag gemäß § 6 Absatz 2 Satz 3 bis 50 Prozent schriftlich vereinbart werden.

(6) Steht der Planungsaufwand für die Technische Ausrüstung von Ingenieurbauwerken mit großer Längenausdehnung, die unter gleichen baulichen Bedingungen errichtet werden, in einem Missverhältnis zum ermittelten Honorar, ist § 7 Absatz 3 anzuwenden.

Teil 5. Übergangs- und Schlussvorschriften

§ 57 Übergangsvorschrift

Diese Verordnung ist nicht auf Grundleistungen anzuwenden, die vor ihrem Inkrafttreten vertraglich vereinbart wurden; insoweit bleiben die bisherigen Vorschriften anwendbar.

§ 58 Inkrafttreten, Außerkrafttreten

[1]Diese Verordnung tritt am Tag nach der Verkündung in Kraft. [2]Gleichzeitig tritt die Honorarordnung für Architekten und Ingenieure vom 11. August 2009 (BGBl. I S. 2732) außer Kraft.
Der Bundesrat hat zugestimmt.

Honorarordnung für Architekten und Ingenieure   HOAI 2013 **1**

Anlage 1
(zu § 3 Absatz 1)

Beratungsleistungen

1.1 Umweltverträglichkeitsstudie

1.1.1 Leistungsbild Umweltverträglichkeitsstudie

(1) Die Grundleistungen bei Umweltverträglichkeitsstudien können in vier Leistungsphasen unterteilt und wie folgt in Prozentsätzen der Honorare in Nummer 1.1.2 bewertet werden. Die Bewertung der Leistungsphasen der Honorare erfolgt
1. für die Leistungsphase 1 (Klären der Aufgabenstellung und Ermitteln des Leistungsumfangs) mit 3 Prozent,
2. für die Leistungsphase 2 (Grundlagenermittlung) mit 37 Prozent,
3. für die Leistungsphase 3 (Vorläufige Fassung) mit 50 Prozent,
4. für die Leistungsphase 4 (Abgestimmte Fassung) mit 10 Prozent.

(2) Das Leistungsbild kann sich wie folgt zusammensetzen:

Leistungsphase 1: Klären der Aufgabenstellung und Ermitteln des Leistungsumfangs
– Zusammenstellen und Prüfen der vom Auftraggeber zur Verfügung gestellten untersuchungsrelevanten Unterlagen,
– Ortsbesichtigungen,
– Abgrenzen der Untersuchungsräume,
– Ermitteln der Untersuchungsinhalte,
– Konkretisieren weiteren Bedarfs an Daten und Unterlagen,
– Beraten zum Leistungsumfang für ergänzende Untersuchungen und Fachleistungen,
– Aufstellen eines verbindlichen Arbeitsplans unter Berücksichtigung der sonstigen Fachbeiträge.

Leistungsphase 2: Grundlagenermittlung
– Ermitteln und Beschreiben der untersuchungsrelevanten Sachverhalte auf Grund vorhandener Unterlagen,
– Beschreiben der Umwelt einschließlich des rechtlichen Schutzstatus, der fachplanerischen Vorgaben und Ziele sowie der für die Bewertung relevanten Funktionselemente für jedes Schutzgut einschließlich der Wechselwirkungen,
– Beschreiben der vorhandenen Beeinträchtigungen der Umwelt,
– Bewerten der Funktionselemente und der Leistungsfähigkeit der einzelnen Schutzgüter hinsichtlich ihrer Bedeutung und Empfindlichkeit,
– Raumwiderstandsanalyse, soweit nach Art des Vorhabens erforderlich, einschließlich des Ermittelns konfliktarmer Bereiche,
– Darstellen von Entwicklungstendenzen des Untersuchungsraums für den Prognose-Null-Fall,
– Überprüfen der Abgrenzung des Untersuchungsraums und der Untersuchungsinhalte,
– Zusammenfassendes Darstellen der Erfassung und Bewertung als Grundlage für die Erörterung mit0 dem Auftraggeber.

Leistungsphase 3: Vorläufige Fassung
– Ermitteln und Beschreiben der Umweltauswirkungen und Erstellen der vorläufigen Fassung,
– Mitwirken bei der Entwicklung und der Auswahl vertieft zu untersuchender planerischer Lösungen,
– Mitwirken bei der Optimierung von bis zu drei planerischen Lösungen (Hauptvarianten) zur Vermeidung von Beeinträchtigungen,
– Ermitteln, Beschreiben und Bewerten der unmittelbaren und mittelbaren Auswirkungen von bis zu drei planerischen Lösungen (Hauptvarianten) auf die Schutzgüter im Sinne des Gesetzes über die Umweltverträglichkeitsprüfung vom 24. Februar 2010 (BGBl. I S. 94) einschließlich der Wechselwirkungen,

1 HOAI 2013 — Honorarordnung für Architekten und Ingeniöre

- Einarbeiten der Ergebnisse vorhandener Untersuchungen zum Gebiets- und Artenschutz sowie zum Boden- und Wasserschutz,
- Vergleichendes Darstellen und Bewerten der Auswirkungen von bis zu drei planerischen Lösungen,
- Zusammenfassendes vergleichendes Bewerten des Projekts mit dem Prognose-Null-Fall,
- Erstellen von Hinweisen auf Maßnahmen zur Vermeidung und Verminderung von Beeinträchtigungen sowie zur Ausgleichbarkeit der unvermeidbaren Beeinträchtigungen,
- Erstellen von Hinweisen auf Schwierigkeiten bei der Zusammenstellung der Angaben,
- Zusammenführen und Darstellen der Ergebnisse als vorläufige Fassung in Text und Karten einschließlich des Herausarbeitens der grundsätzlichen Lösung der wesentlichen Teile der Aufgabe,
- Abstimmen der Vorläufigen Fassung mit dem Auftraggeber.

Leistungsphase 4: Abgestimmte Fassung

Darstellen der mit dem Auftraggeber abgestimmten Fassung der Umweltverträglichkeitsstudie in Text und Karte einschließlich einer Zusammenfassung.

(3) Im Leistungsbild Umweltverträglichkeitsstudie können insbesondere die Besonderen Leistungen der Anlage 9 Anwendung finden.

1.1.2 Honorare für Grundleistungen bei Umweltverträglichkeitsstudien

(1) Die Mindest- und Höchstsätze der Honorare für die in Nummer 1.1.1 aufgeführten Grundleistungen bei Umweltverträglichkeitsstudien können anhand der folgenden Honorartafel bestimmt werden:

Fläche in Hektar	Honorarzone I geringe Anforderungen von Euro	bis	Honorarzone II durchschnittliche Anforderungen von Euro	bis	Honorarzone III hohe Anforderungen von Euro	bis
50	10 176	12 862	12 862	15 406	15 406	18 091
100	14 972	18 923	18 923	22 666	22 666	26 617
150	18 942	23 940	23 940	28 676	28 676	33 674
200	22 454	28 380	28 380	33 994	33 994	39 919
300	28 644	36 203	36 203	43 364	43 364	50 923
400	34 117	43 120	43 120	51 649	51 649	60 653
500	39 110	49 431	49 431	59 209	59 209	69 530
750	50 211	63 461	63 461	76 014	76 014	89 264
1 000	60 004	75 838	75 838	90 839	90 839	106 674
1 500	77 182	97 550	97 550	116 846	116 846	137 213
2 000	92 278	116 629	116 629	139 698	139 698	164 049
2 500	105 963	133 925	133 925	160 416	160 416	188 378
3 000	118 598	149 895	149 895	179 544	179 544	210 841
4 000	141 533	178 883	178 883	214 266	214 266	251 615
5 000	162 148	204 937	204 937	245 474	245 474	288 263
6 000	182 186	230 263	230 263	275 810	275 810	323 887
7 000	201 072	254 133	254 133	304 401	304 401	357 461
8 000	218 466	276 117	276 117	330 734	330 734	388 384
9 000	234 394	296 247	296 247	354 846	354 846	416 700
10 000	249 492	315 330	315 330	377 704	377 704	443 542

(2) Das Honorar für die Erstellung von Umweltverträglichkeitsstudien kann nach der Gesamtfläche des Untersuchungsraums in Hektar und nach der Honorarzone berechnet werden.

(3) Umweltverträglichkeitsstudien können folgenden Honorarzonen zugeordnet werden:
1. Honorarzone I (Geringe Anforderungen),
2. Honorarzone II (Durchschnittliche Anforderungen),
3. Honorarzone III (Hohe Anforderungen).

(4) Die Zuordnung zu den Honorarzonen kann anhand folgender Bewertungsmerkmale für zu erwartende nachteilige Auswirkungen auf die Umwelt ermittelt werden:
1. Bedeutung des Untersuchungsraums für die Schutzgüter im Sinne des Gesetzes über die Umweltverträglichkeitsprüfung (UVPG),
2. Ausstattung des Untersuchungsraums mit Schutzgebieten,
3. Landschaftsbild und -struktur,
4. Nutzungsansprüche,
5. Empfindlichkeit des Untersuchungsraums gegenüber Umweltbelastungen und -beeinträchtigungen,
6. Intensität und Komplexität potenzieller nachteiliger Wirkfaktoren auf die Umwelt.

(5) Sind für eine Umweltverträglichkeitsstudie Bewertungsmerkmale aus mehreren Honorarzonen anwendbar und bestehen deswegen Zweifel, welcher Honorarzone die Umweltverträglichkeitsstudie zugeordnet werden kann, kann die Anzahl der Bewertungspunkte nach Absatz 4 ermittelt werden; die Umweltverträglichkeitsstudie kann nach der Summe der Bewertungspunkte folgenden Honorarzonen zugeordnet werden:
1. Honorarzone I: Umweltverträglichkeitsstudien mit bis zu 16 Punkten,
2. Honorarzone II: Umweltverträglichkeitsstudien mit 17 bis 30 Punkten,
3. Honorarzone III: Umweltverträglichkeitsstudien mit 31 bis 42 Punkten.

(6) Bei der Zuordnung einer Umweltverträglichkeitsstudie zu den Honorarzonen können nach dem Schwierigkeitsgrad der Anforderungen die Bewertungsmerkmale wie folgt gewichtet werden:
1. die Bewertungsmerkmale gemäß Absatz 4 Nummern 1 bis 4
   mit je bis zu 6 Punkten und
2. die Bewertungsmerkmale gemäß Absatz 4 Nummern 5 und 6
   mit je bis zu 9 Punkten.

(7) Wird die Größe des Untersuchungsraums während der Leistungserbringung geändert, so kann das Honorar für die Leistungsphasen, die bis zur Änderung noch nicht erbracht sind, nach der geänderten Größe des Untersuchungsraums berechnet werden.

1.2 Bauphysik

1.2.1 Anwendungsbereich

(1) Zu den Grundleistungen für Bauphysik können gehören:
- Wärmeschutz und Energiebilanzierung,
- Bauakustik (Schallschutz),
- Raumakustik.

(2) Wärmeschutz und Energiebilanzierung kann den Wärmeschutz von Gebäuden und Ingenieurbauwerken und die fachübergreifende Energiebilanzierung umfassen.

(3) Die Bauakustik kann den Schallschutz von Objekten zur Erreichung eines regelgerechten Luft- und Trittschallschutzes und zur Begrenzung der von außen einwirkenden Geräusche sowie der Geräusche von Anlagen der Technischen Ausrüstung umfassen. Dazu kann auch der Schutz der Umgebung vor schädlichen Umwelteinwirkungen durch Lärm (Schallimmissionsschutz) gehören.

(4) Die Raumakustik kann die Beratung zu Räumen mit besonderen raumakustischen Anforderungen umfassen.

(5) Die Besonderen Grundlagen der Honorare werden gesondert in den Teilgebieten Wärmeschutz und Energiebilanzierung, Bauakustik, Raumakustik aufgeführt.

1 HOAI 2013

1.2.2 Leistungsbild Bauphysik

(1) Die Grundleistungen für Bauphysik können in sieben Leistungsphasen unterteilt und wie folgt in Prozentsätzen der Honorare in Nummer 1.2.3 bewertet werden:
1. für die Leistungsphase 1 (Grundlagenermittlung) mit 3 Prozent,
2. für die Leistungsphase 2 (Mitwirken bei der Vorplanung) mit 20 Prozent,
3. für die Leistungsphase 3 (Mitwirken bei der Entwurfsplanung) mit 40 Prozent,
4. für die Leistungsphase 4 (Mitwirken bei der Genehmigungsplanung) mit 6 Prozent,
5. für die Leistungsphase 5 (Mitwirken bei der Ausführungsplanung) mit 27 Prozent,
6. für die Leistungsphase 6 (Mitwirkung bei der Vorbereitung der Vergabe) mit 2 Prozent,
7. für die Leistungsphase 7 (Mitwirkung bei der Vergabe) mit 2 Prozent.

(2) Das Leistungsbild kann sich wie folgt zusammensetzen:

Grundleistungen	Besondere Leistungen
LPH 1 Grundlagenermittlung	
a) Klären der Aufgabenstellung b) Festlegen der Grundlagen, Vorgaben und Ziele	– Mitwirken bei der Ausarbeitung von Auslobungen und bei Vorprüfungen für Wettbewerbe – Bestandsaufnahme bestehender Gebäude, Ermitteln und Bewerten von Kennwerten – Schadensanalyse bestehender Gebäude – Mitwirken bei Vorgaben für Zertifizierungen
LPH 2 Mitwirkung bei der Vorplanung	
a) Analyse der Grundlagen b) Klären der wesentlichen Zusammenhänge von Gebäude und technischen Anlagen einschließlich Betrachtung von Alternativen c) Vordimensionieren der relevanten Bauteile des Gebäudes d) Mitwirken beim Abstimmen der fachspezifischen Planungskonzepte der Objektplanung und der Fachplanungen e) Erstellen eines Gesamtkonzeptes in Abstimmung mit der Objektplanung und den Fachplanungen f) Erstellen von Rechenmodellen, Auflisten der wesentlichen Kennwerte als Arbeitsgrundlage für Objektplanung und Fachplanungen	– Mitwirken beim Klären von Vorgaben für Fördermaßnahmen und bei deren Umsetzung – Mitwirken an Projekt-, Käufer- oder Mieterbaubeschreibungen – Erstellen eines fachübergreifenden Bauteilkatalogs
LPH 3 Mitwirkung bei der Entwurfsplanung	
a) Fortschreiben der Rechenmodelle und der wesentlichen Kennwerte für das Gebäude b) Mitwirken beim Fortschreiben der Planungskonzepte der Objektplanung und Fachplanung bis zum vollständigen Entwurf	– Simulationen zur Prognose des Verhaltens von Bauteilen, Räumen, Gebäuden und Freiräumen

Grundleistungen	Besondere Leistungen
c) Bemessen der Bauteile des Gebäudes d) Erarbeiten von Übersichtsplänen und des Erläuterungsberichtes mit Vorgaben, Grundlagen und Auslegungsdaten	
LPH 4 Mitwirkung bei der Genehmigungsplanung	
a) Mitwirken beim Aufstellen der Genehmigungsplanung und bei Vorgesprächen mit Behörden b) Aufstellen der förmlichen Nachweise c) Vervollständigen und Anpassen der Unterlagen	– Mitwirken bei Vorkontrollen in Zertifizierungsprozessen – Mitwirken beim Einholen von Zustimmungen im Einzelfall
LPH 5 Mitwirkung bei der Ausführungsplanung	
a) Durcharbeiten der Ergebnisse der Leistungsphasen 3 und 4 unter Beachtung der durch die Objektplanung integrierten Fachplanungen b) Mitwirken bei der Ausführungsplanung durch ergänzende Angaben für die Objektplanung und Fachplanungen	– Mitwirken beim Prüfen und Anerkennen der Montage- und Werkstattplanung der ausführenden Unternehmen auf Übereinstimmung mit der Ausführungsplanung
LPH 6 Mitwirkung bei der Vorbereitung der Vergabe	
Beiträge zu Ausschreibungsunterlagen	
LPH 7 Mitwirkung bei der Vergabe	
Mitwirken beim Prüfen und Bewerten der Angebote auf Erfüllung der Anforderungen	– Prüfen von Nebenangeboten
LPH 8 Objektüberwachung und Dokumentation	
	– Mitwirken bei der Baustellenkontrolle Messtechnisches Überprüfen der Qualität der Bauausführung und von Bauteil- oder Raumeigenschaften
LPH 9 Objektbetreuung	
	– Mitwirken bei Audits in Zertifizierungsprozessen

1.2.3 Honorare für Grundleistungen für Wärmeschutz und Energiebilanzierung

(1) Das Honorar für die Grundleistungen nach Nummer 1.2.2 Absatz 2 kann sich nach den anrechenbaren Kosten des Gebäudes gemäß § 33 nach der Honorarzone nach § 35, der das Gebäude zuzuordnen ist, und nach der Honorartafel in Absatz 2 richten.

(2) Die Mindest- und Höchstsätze der Honorare für die in Nummer 1.2.2 Absatz 2 aufgeführten Grundleistungen für Wärmeschutz und Energiebilanzierung können anhand der folgenden Honorartafel bestimmt werden:

1 HOAI 2013

Honorarordnung für Architekten und Ingenieure

Anrechenbare Kosten in Euro	Honorarzone I sehr geringe Anforderungen von bis Euro		Honorarzone II geringe Anforderungen von bis Euro		Honorarzone III durchschnittliche Anforderungen von bis Euro		Honorarzone IV hohe Anforderungen von bis Euro		Honorarzone V sehr hohe Anforderungen von bis Euro	
250 000	1 757	2 023	2 023	2 395	2 395	2 928	2 928	3 300	3 300	3 566
275 000	1 789	2 061	2 061	2 440	2 440	2 982	2 982	3 362	3 362	3 633
300 000	1 821	2 097	2 097	2 484	2 484	3 036	3 036	3 422	3 422	3 698
350 000	1 883	2 168	2 168	2 567	2 567	3 138	3 138	3 537	3 537	3 822
400 000	1 941	2 235	2 235	2 647	2 647	3 235	3 235	3 646	3 646	3 941
500 000	2 049	2 359	2 359	2 793	2 793	3 414	3 414	3 849	3 849	4 159
600 000	2 146	2 471	2 471	2 926	2 926	3 576	3 576	4 031	4 031	4 356
750 000	2 273	2 617	2 617	3 099	3 099	3 788	3 788	4 270	4 270	4 614
1 000 000	2 440	2 809	2 809	3 327	3 327	4 066	4 066	4 583	4 583	4 953
1 250 000	2 748	3 164	3 164	3 747	3 747	4 579	4 579	5 162	5 162	5 579
1 500 000	3 050	3 512	3 512	4 159	4 159	5 083	5 083	5 730	5 730	6 192
2 000 000	3 639	4 190	4 190	4 962	4 962	6 065	6 065	6 837	6 837	7 388
2 500 000	4 213	4 851	4 851	5 745	5 745	7 022	7 022	7 916	7 916	8 554
3 500 000	5 329	6 136	6 136	7 266	7 266	8 881	8 881	10 012	10 012	10 819
5 000 000	6 944	7 996	7 996	9 469	9 469	11 573	11 573	13 046	13 046	14 098
7 500 000	9 532	10 977	10 977	12 999	12 999	15 887	15 887	17 909	17 909	19 354
10 000 000	12 033	13 856	13 856	16 408	16 408	20 055	20 055	22 607	22 607	24 430
15 000 000	16 856	19 410	19 410	22 986	22 986	28 094	28 094	31 670	31 670	34 224
20 000 000	21 516	24 776	24 776	29 339	29 339	35 859	35 859	40 423	40 423	43 683
25 000 000	26 056	30 004	30 004	35 531	35 531	43 427	43 427	48 954	48 954	52 902

(3) Für Umbauten und Modernisierungen kann bei einem durchschnittlichen Schwierigkeitsgrad ein Zuschlag bis 33 Prozent auf das Honorar schriftlich vereinbart werden.

1.2.4 Honorare für Grundleistungen der Bauakustik

(1) Die Kosten für Baukonstruktionen und Anlagen der Technischen Ausrüstung können zu den anrechenbaren Kosten gehören. Der Umfang der mitzuverarbeitenden Bausubstanz kann angemessen berücksichtigt werden.

(2) Die Vertragsparteien können vereinbaren, dass die Kosten für besondere Bauausführungen ganz oder teilweise zu den anrechenbaren Kosten gehören, wenn hierdurch dem Auftragnehmer ein erhöhter Arbeitsaufwand entsteht.

(3) Die Mindest- und Höchstsätze der Honorare für die in Nummer 1.2.2 Absatz 2 aufgeführten Grundleistungen der Bauakustik können anhand der folgenden Honorartafel bestimmt werden:

Anrechenbare Kosten in Euro	Honorarzone I geringe Anforderungen von bis Euro		Honorarzone II durchschnittliche Anforderungen von bis Euro		Honorarzone III hohe Anforderungen von bis Euro	
250 000	1 729	1 985	1 985	2 284	2 284	2 625
275 000	1 840	2 113	2 113	2 431	2 431	2 794
300 000	1 948	2 237	2 237	2 574	2 574	2 959
350 000	2 156	2 475	2 475	2 847	2 847	3 273
400 000	2 353	2 701	2 701	3 108	3 108	3 573
500 000	2 724	3 127	3 127	3 598	3 598	4 136
600 000	3 069	3 524	3 524	4 055	4 055	4 661
750 000	3 553	4 080	4 080	4 694	4 694	5 396
1 000 000	4 291	4 927	4 927	5 669	5 669	6 516
1 250 000	4 968	5 704	5 704	6 563	6 563	7 544

Honorarordnung für Architekten und Ingenieure   HOAI 2013 **1**

Anrechenbare Kosten in Euro	Honorarzone I geringe Anforderungen von bis Euro		Honorarzone II durchschnittliche Anforderungen von bis Euro		Honorarzone III hohe Anforderungen von bis Euro	
1 500 000	5 599	6 429	6 429	7 397	7 397	8 503
2 000 000	6 763	7 765	7 765	8 934	8 934	10 270
2 500 000	7 830	8 990	8 990	10 343	10 343	11 890
3 500 000	9 766	11 213	11 213	12 901	12 901	14 830
5 000 000	12 345	14 174	14 174	16 307	16 307	18 746
7 500 000	16 114	18 502	18 502	21 287	21 287	24 470
10 000 000	19 470	22 354	22 354	25 719	25 719	29 565
15 000 000	25 422	29 188	29 188	33 582	33 582	38 604
20 000 000	30 722	35 273	35 273	40 583	40 583	46 652
25 000 000	35 585	40 857	40 857	47 008	47 008	54 037

(4) Für Umbauten und Modernisierungen kann bei einem durchschnittlichen Schwierigkeitsgrad ein Zuschlag bis 33 Prozent auf das Honorar schriftlich vereinbart werden.

(5) Die Leistungen der Bauakustik können den Honorarzonen anhand folgender Bewertungsmerkmale zugeordnet werden:
1. Art der Nutzung,
2. Anforderungen des Immissionsschutzes,
3. Anforderungen des Emissionsschutzes,
4. Art der Hüllkonstruktion, Anzahl der Konstruktionstypen,
5. Art und Intensität der Außenlärmbelastung,
6. Art und Umfang der Technischen Ausrüstung.

(6) § 52 Absatz 3 kann sinngemäß angewendet werden.

(7) Objektliste für die Bauakustik

Die nachstehend aufgeführten Innenräume können in der Regel den Honorarzonen wie folgt zugeordnet werden:

Objektliste – Bauakustik	Honorarzone		
	I	II	III
Wohnhäuser, Heime, Schulen, Verwaltungsgebäude oder Banken mit jeweils durchschnittlicher Technischer Ausrüstung oder entsprechendem Ausbau	X		
Heime, Schulen, Verwaltungsgebäude mit jeweils überdurchschnittlicher Technischer Ausrüstung oder entsprechendem Ausbau		X	
Wohnhäuser mit versetzten Grundrissen		X	
Wohnhäuser mit Außenlärmbelastungen		X	
Hotels, soweit nicht in Honorarzone III erwähnt		X	
Universitäten oder Hochschulen		X	
Krankenhäuser, soweit nicht in Honorarzone III erwähnt		X	
Gebäude für Erholung, Kur oder Genesung		X	
Versammlungsstätten, soweit nicht in Honorarzone III erwähnt		X	
Werkstätten mit schutzbedürftigen Räumen		X	
Hotels mit umfangreichen gastronomischen Einrichtungen			X

1 HOAI 2013

Honorarordnung für Architekten und Ingenieure

Objektliste – Bauakustik	Honorarzone		
	I	II	III
Gebäude mit gewerblicher Nutzung oder Wohnnutzung			X
Krankenhäuser in bauakustisch besonders ungünstigen Lagen oder mit ungünstiger Anordnung der Versorgungseinrichtungen			X
Theater-, Konzert- oder Kongressgebäude			X
Tonstudios oder akustische Messräume			X

1.2.5 Honorare für Grundleistungen der Raumakustik

(1) Das Honorar für jeden Innenraum, für den Grundleistungen zur Raumakustik erbracht werden, kann sich nach den anrechenbaren Kosten nach Absatz 2, nach der Honorarzone, der der Innenraum zuzuordnen ist, sowie nach der Honorartafel in Absatz 3 richten.

(2) Die Kosten für Baukonstruktionen und Technische Ausrüstung sowie die Kosten für die Ausstattung (DIN 276-1: 2008-12, Kostengruppe 610) des Innenraums können zu den anrechenbaren Kosten gehören. Die Kosten für die Baukonstruktionen und Technische Ausrüstung werden für die Anrechnung durch den Bruttorauminhalt des Gebäudes geteilt und mit dem Rauminhalt des Innenraums multipliziert. Der Umfang der mitzuverarbeitenden Bausubstanz kann angemessen berücksichtigt werden.

(3) Die Mindest- und Höchstsätze der Honorare für die in Nummer 1.2.2 Absatz 2 aufgeführten Grundleistungen der Raumakustik können anhand der folgenden Honorartafel bestimmt werden.

Anrechenbare Kosten in Euro	Honorarzone I sehr geringe Anforderungen von bis Euro		Honorarzone II geringe Anforderungen von bis Euro		Honorarzone III durchschnittliche Anforderungen von bis Euro		Honorarzone IV hohe Anforderungen von bis Euro		Honorarzone V sehr hohe Anforderungen von bis Euro	
50 000	1 714	2 226	2 226	2 737	2 737	3 279	3 279	3 790	3 790	4 301
75 000	1 805	2 343	2 343	2 882	2 882	3 452	3 452	3 990	3 990	4 528
100 000	1 892	2 457	2 457	3 021	3 021	3 619	3 619	4 183	4 183	4 748
150 000	2 061	2 676	2 676	3 291	3 291	3 942	3 942	4 557	4 557	5 171
200 000	2 225	2 888	2 888	3 551	3 551	4 254	4 254	4 917	4 917	5 581
250 000	2 384	3 095	3 095	3 806	3 806	4 558	4 558	5 269	5 269	5 980
300 000	2 540	3 297	3 297	4 055	4 055	4 857	4 857	5 614	5 614	6 371
400 000	2 844	3 693	3 693	4 541	4 541	5 439	5 439	6 287	6 287	7 136
500 000	3 141	4 078	4 078	5 015	5 015	6 007	6 007	6 944	6 944	7 881
750 000	3 860	5 011	5 011	6 163	6 163	7 382	7 382	8 533	8 533	9 684
1 000 000	4 555	5 913	5 913	7 272	7 272	8 710	8 710	10 069	10 069	11 427
1 500 000	5 896	7 655	7 655	9 413	9 413	11 275	11 275	13 034	13 034	14 792
2 000 000	7 193	9 338	9 338	11 483	11 483	13 755	13 755	15 900	15 900	18 045
2 500 000	8 457	10 979	10 979	13 501	13 501	16 172	16 172	18 694	18 694	21 217
3 000 000	9 696	12 588	12 588	15 479	15 479	18 541	18 541	21 433	21 433	24 325
4 000 000	12 115	15 729	15 729	19 342	19 342	23 168	23 168	26 781	26 781	30 395
5 000 000	14 474	18 791	18 791	23 108	23 108	27 679	27 679	31 996	31 996	36 313
6 000 000	16 786	21 793	21 793	26 799	26 799	32 100	32 100	37 107	37 107	42 113
7 000 000	19 060	24 744	24 744	30 429	30 429	36 448	36 448	42 133	42 133	47 817
7 500 000	20 184	26 204	26 204	32 224	32 224	38 598	38 598	44 618	44 618	50 638

(4) Für Umbauten und Modernisierungen kann bei einem durchschnittlichen Schwierigkeitsgrad ein Zuschlag bis 33 Prozent auf das Honorar vereinbart werden.

(5) Innenräume können nach den im Absatz 6 genannten Bewertungsmerkmalen folgenden Honorarzonen zugeordnet werden:

1. Honorarzone I: Innenräume mit sehr geringen Anforderungen,
2. Honorarzone II: Innenräume mit geringen Anforderungen,
3. Honorarzone III: Innenräume mit durchschnittlichen Anforderungen,
4. Honorarzone IV: Innenräume mit hohen Anforderungen,
5. Honorarzone V: Innenräume mit sehr hohen Anforderungen.

(6) Für die Zuordnung zu den Honorarzonen können folgende Bewertungsmerkmale herangezogen werden:
1. Anforderungen an die Einhaltung der Nachhallzeit,
2. Einhalten eines bestimmten Frequenzganges der Nachhallzeit,
3. Anforderungen an die räumliche und zeitliche Schallverteilung,
4. akustische Nutzungsart des Innenraums,
5. Veränderbarkeit der akustischen Eigenschaften des Innenraums.

(7) Objektliste für die Raumakustik
Die nachstehend aufgeführten Innenräume können in der Regel den Honorarzonen wie folgt zugeordnet werden:

Objektliste – Raumakustik	Honorarzone				
	I	II	III	IV	V
Pausenhallen, Spielhallen, Liege- und Wandelhallen	X				
Großraumbüros			X		
Unterrichts-, Vortrags- und Sitzungsräume – bis 500 m³ – 500 bis 1 500 m³ – über 1 500 m³		X	X	X	
Filmtheater – bis 1 000 m³ – 1 000 bis 3 000 m³ – über 3 000 m³		X	X	X	
Kirchen – bis 1 000 m³ – 1 000 bis 3 000 m³ – über 3 000 m³		X	X	X	
Sporthallen, Turnhallen – nicht teilbar, bis 1 000 m³ – teilbar, bis 3 000 m³		X		X	
Mehrzweckhallen – bis 3 000 m³ – über 3 000 m³				X	X
Konzertsäle, Theater, Opernhäuser					X
Tonaufnahmeräume, akustische Messräume					X
Innenräume mit veränderlichen akustischen Eigenschaften					X

(8) § 52 Absatz 3 kann sinngemäß angewendet werden.

1.3 Geotechnik

1.3.1 Anwendungsbereich

(1) Die Leistungen für Geotechnik können die Beschreibung und Beurteilung der Baugrund- und Grundwasserverhältnisse für Gebäude und Ingenieurbauwerke im Hinblick auf das Objekt und die Erarbeitung einer Gründungsempfehlung umfassen. Dazu gehört auch die Beschreibung der Wechselwirkung zwischen Baugrund und Bauwerk sowie die Wechselwirkung mit der Umgebung.

1 HOAI 2013 — Honorarordnung für Architekten und Ingenieure

(2) Die Leistungen können insbesondere das Festlegen von Baugrundkennwerten und von Kennwerten für rechnerische Nachweise zur Standsicherheit und Gebrauchstauglichkeit des Objektes, die Abschätzung zum Schwankungsbereich des Grundwassers sowie die Einordnung des Baugrunds nach bautechnischen Klassifikationsmerkmalen umfassen.

1.3.2 Besondere Grundlagen des Honorars

(1) Das Honorar der Grundleistungen kann sich nach den anrechenbaren Kosten der Tragwerksplanung nach § 50 Absatz 1 bis Absatz 3 für das gesamte Objekt aus Bauwerk und Baugrube richten.

(2) Das Honorar für Ingenieurbauwerke mit großer Längenausdehnung (Linienbauwerke) kann ergänzend frei vereinbart werden.

1.3.3 Leistungsbild Geotechnik

(1) Grundleistungen können die Beschreibung und Beurteilung der Baugrund- und Grundwasserverhältnisse sowie die daraus abzuleitenden Empfehlungen für die Gründung einschließlich der Angabe der Bemessungsgrößen für eine Flächen- oder Pfahlgründung, Hinweise zur Herstellung und Trockenhaltung der Baugrube und des Bauwerks, Angaben zur Auswirkung des Bauwerks auf die Umgebung und auf Nachbarbauwerke sowie Hinweise zur Bauausführung umfassen. Die Darstellung der Inhalte kann im Geotechnischen Bericht erfolgen.

(2) Die Grundleistungen können in folgenden Teilleistungen zusammengefasst und wie folgt in Prozentsätzen der Honorare der Nummer 1.3.4 bewertet werden:

1. für die Teilleistung a (Grundlagenermittlung und Erkundungskonzept) mit 15 Prozent,
2. für die Teilleistung b (Beschreiben der Baugrund- und Grundwasserverhältnisse) mit 35 Prozent,
3. für die Teilleistung c (Beurteilung der Baugrund- und Grundwasserverhältnisse, Empfehlungen, Hinweise, Angaben zur Bemessung der Gründung) mit 50 Prozent.

(3) Das Leistungsbild kann sich wie folgt zusammensetzen:

Grundleistungen	Besondere Leistungen
Geotechnischer Bericht	
a) Grundlagenermittlung und Erkundungskonzept – Klären der Aufgabenstellung, Ermitteln der Baugrund- und Grundwasserverhältnisse auf Basis vorhandener Unterlagen – Festlegen und Darstellen der erforderlichen Baugrunderkundungen b) Beschreiben der Baugrund- und Grundwasserverhältnisse – Auswerten und Darstellen der Baugrunderkundungen sowie der Labor- und Felduntersuchungen – Abschätzen des Schwankungsbereichs von Wasserständen und/oder Druckhöhen im Boden – Klassifizieren des Baugrunds und Festlegen der Baugrundkennwerte	– Beschaffen von Bestandsunterlagen – Vorbereiten und Mitwirken bei der Vergabe von Aufschlussarbeiten und deren Überwachung – Veranlassen von Labor- und Felduntersuchungen – Aufstellen von geotechnischen Berechnungen zur Standsicherheit oder Gebrauchstauglichkeit, wie zum Beispiel Setzungs-, Grundbruch- und Geländebruchberechnungen – Aufstellen von hydrogeologischen, geohydraulischen und besonderen numerischen Berechnungen – Beratung zu Dränanlagen, Anlagen zur Grundwasserabsenkung oder sonstigen ständigen oder bauzeitlichen Eingriffen in das Grundwasser

Honorarordnung für Architekten und Ingenieure **HOAI 2013 1**

Grundleistungen	Besondere Leistungen
Geotechnischer Bericht	
c) Beurteilung der Baugrund- und Grundwasserverhältnisse, Empfehlungen, Hinweise, Angaben zur Bemessung der Gründung – Beurteilung des Baugrunds – Empfehlung für die Gründung mit Angabe der geotechnischen Bemessungsparameter (zum Beispiel Angaben zur Bemessung einer Flächen- oder Pfahlgründung) – Angabe der zu erwartenden Setzungen für die vom Tragwerksplaner im Rahmen der Entwurfsplanung nach § 49 zu erbringenden Grundleistungen – Hinweise zur Herstellung und Trockenhaltung der Baugrube und des Bauwerks sowie Angaben zur Auswirkung der Baumaßnahme auf Nachbarbauwerke – Allgemeine Angaben zum Erdbau – Angaben zur geotechnischen Eignung von Aushubmaterial zur Wiederverwendung bei der betreffenden Baumaßnahme sowie Hinweise zur Bauausführung	– Beratung zu Probebelastungen sowie fachtechnisches Betreuen und Auswerten – geotechnische Beratung zu Gründungselementen, Baugruben- oder Hangsicherungen und Erdbauwerken, Mitwirkung bei der Beratung zur Sicherung von Nachbarbauwerken – Untersuchungen zur Berücksichtigung dynamischer Beanspruchungen bei der Bemessung des Objekts oder seiner Gründung sowie Beratungsleistungen zur Vermeidung oder Beherrschung von dynamischen Einflüssen – Mitwirken bei der Bewertung von Nebenangeboten aus geotechnischer Sicht – Mitwirken während der Planung oder Ausführung des Objekts sowie Besprechungs- und Ortstermine – geotechnische Freigaben

1.3.4 Honorare Geotechnik

(1) Honorare für die in Nummer 1.3.3 Absatz 3 aufgeführten Grundleistungen können nach der folgenden Honorartafel bestimmt werden:

Anrechenbare Kosten in Euro	Honorarzone I sehr geringe Anforderungen von bis Euro		Honorarzone II geringe Anforderungen von bis Euro		Honorarzone III durchschnittliche Anforderungen von bis Euro		Honorarzone IV hohe Anforderungen von bis Euro		Honorarzone V sehr hohe Anforderungen von bis Euro	
50 000	789	1 222	1 222	1 654	1 654	2 105	2 105	2 537	2 537	2 970
75 000	951	1 472	1 472	1 993	1 993	2 537	2 537	3 058	3 058	3 579
100 000	1 086	1 681	1 681	2 276	2 276	2 896	2 896	3 491	3 491	4 086
125 000	1 204	1 863	1 863	2 522	2 522	3 210	3 210	3 869	3 869	4 528
150 000	1 309	2 026	2 026	2 742	2 742	3 490	3 490	4 207	4 207	4 924
200 000	1 494	2 312	2 312	3 130	3 130	3 984	3 984	4 802	4 802	5 621
300 000	1 800	2 786	2 786	3 772	3 772	4 800	4 800	5 786	5 786	6 772
400 000	2 054	3 179	3 179	4 304	4 304	5 478	5 478	6 603	6 603	7 728
500 000	2 276	3 522	3 522	4 768	4 768	6 069	6 069	7 315	7 315	8 561
750 000	2 740	4 241	4 241	5 741	5 741	7 307	7 307	8 808	8 808	10 308
1 000 000	3 125	4 836	4 836	6 548	6 548	8 334	8 334	10 045	10 045	11 776
1 500 000	3 765	5 827	5 827	7 889	7 889	10 041	10 041	12 103	12 103	14 165
2 000 000	4 297	6 650	6 650	9 003	9 003	11 459	11 459	13 812	13 812	16 165
3 000 000	5 175	8 009	8 009	10 842	10 842	13 799	13 799	16 633	16 633	19 467
5 000 000	6 535	10 114	10 114	13 693	13 693	17 428	17 428	21 007	21 007	24 586
7 500 000	7 878	12 192	12 192	16 506	16 506	21 007	21 007	25 321	25 321	29 635
10 000 000	8 994	13 919	13 919	18 844	18 844	23 983	23 983	28 909	28 909	33 834
15 000 000	10 839	16 775	16 775	22 711	22 711	28 905	28 905	34 840	34 840	40 776
20 000 000	12 373	19 148	19 148	25 923	25 923	32 993	32 993	39 769	39 769	46 544
25 000 000	13 708	21 215	21 215	28 722	28 722	36 556	36 556	44 063	44 063	51 570

(2) Die Honorarzone kann bei den geotechnischen Grundleistungen auf Grund folgender Bewertungsmerkmale ermittelt werden:
1. Honorarzone I: Gründungen mit sehr geringem Schwierigkeitsgrad, insbesondere gering setzungsempfindliche Objekte mit einheitlicher Gründungsart bei annähernd regelmäßigem Schichtenaufbau des Untergrunds mit einheitlicher Tragfähigkeit und Setzungsfähigkeit innerhalb der Baufläche;
2. Honorarzone II: Gründungen mit geringem Schwierigkeitsgrad, insbesondere
   – setzungsempfindliche Objekte sowie gering setzungsempfindliche Objekte mit bereichsweise unterschiedlicher Gründungsart oder bereichsweise stark unterschiedlichen Lasten bei annähernd regelmäßigem Schichtenaufbau des Untergrunds mit einheitlicher Tragfähigkeit und Setzungsfähigkeit innerhalb der Baufläche,
   – gering setzungsempfindliche Objekte mit einheitlicher Gründungsart bei unregelmäßigem Schichtenaufbau des Untergrunds mit unterschiedlicher Tragfähigkeit und Setzungsfähigkeit innerhalb der Baufläche;
3. Honorarzone III: Gründungen mit durchschnittlichem Schwierigkeitsgrad, insbesondere
   – stark setzungsempfindliche Objekte bei annähernd regelmäßigem Schichtenaufbau des Untergrunds mit einheitlicher Tragfähigkeit und Setzungsfähigkeit innerhalb der Baufläche,
   – setzungsempfindliche Objekte sowie gering setzungsempfindliche Bauwerke mit bereichsweise unterschiedlicher Gründungsart oder bereichsweise stark unterschiedlichen Lasten bei unregelmäßigem Schichtenaufbau des Untergrunds mit unterschiedlicher Tragfähigkeit und Setzungsfähigkeit innerhalb der Baufläche,
   – gering setzungsempfindliche Objekte mit einheitlicher Gründungsart bei unregelmäßigem Schichtenaufbau des Untergrunds mit stark unterschiedlicher Tragfähigkeit und Setzungsfähigkeit innerhalb der Baufläche;
4. Honorarzone IV: Gründungen mit hohem Schwierigkeitsgrad, insbesondere
   – stark setzungsempfindliche Objekte bei unregelmäßigem Schichtenaufbau des Untergrunds mit unterschiedlicher Tragfähigkeit und Setzungsfähigkeit innerhalb der Baufläche,
   – setzungsempfindliche Objekte sowie gering setzungsempfindliche Objekte mit bereichsweise unterschiedlicher Gründungsart oder bereichsweise stark unterschiedlichen Lasten bei unregelmäßigem Schichtenaufbau des Untergrunds mit stark unterschiedlicher Tragfähigkeit und Setzungsfähigkeit innerhalb der Baufläche;
5. Honorarzone V: Gründungen mit sehr hohem Schwierigkeitsgrad, insbesondere stark setzungsempfindliche Objekte bei unregelmäßigem Schichtenaufbau des Untergrunds mit stark unterschiedlicher Tragfähigkeit und Setzungsfähigkeit innerhalb der Baufläche.

(3) § 52 Absatz 3 kann sinngemäß angewendet werden.
(4) Die Aspekte des Grundwassereinflusses auf das Objekt und die Nachbarbebauung können bei der Festlegung der Honorarzone zusätzlich berücksichtigt werden.

1.4 Ingenieurvermessung

1.4.1 Anwendungsbereich

(1) Leistungen der Ingenieurvermessung können das Erfassen raumbezogener Daten über Bauwerke und Anlagen, Grundstücke und Topographie, das Erstellen von Plänen, das Übertragen von Planungen in die Örtlichkeit, sowie das vermessungstechnische Überwachen der Bauausführung einbeziehen, soweit die Leistungen mit besonderen instrumentellen und vermessungstechnischen Verfahrensanforderungen erbracht werden müssen. Ausgenommen von Satz 1 sind Leistungen, die nach landesrechtlichen Vorschriften für Zwecke der Landesvermessung und des Liegenschaftskatasters durchgeführt werden.

Honorarordnung für Architekten und Ingenieure   HOAI 2013 **1**

(2) Zur Ingenieurvermessung können gehören:
1. Planungsbegleitende Vermessungen für die Planung und den Entwurf von Gebäuden, Ingenieurbauwerken, Verkehrsanlagen sowie für Flächenplanungen,
2. Bauvermessung vor und während der Bauausführung und die abschließende Bestandsdokumentation von Gebäuden, Ingenieurbauwerken und Verkehrsanlagen,
3. sonstige vermessungstechnische Leistungen:
   – Vermessung an Objekten außerhalb der Planungs- und Bauphase,
   – Vermessung bei Wasserstraßen,
   – Fernerkundungen, die das Aufnehmen, Auswerten und Interpretieren von Luftbildern und anderer raumbezogener Daten umfassen, die durch Aufzeichnung über eine große Distanz erfasst sind, als Grundlage insbesondere für Zwecke der Raumordnung und des Umweltschutzes,
   – vermessungstechnische Leistungen zum Aufbau von geographisch-geometrischen Datenbasen für raumbezogene Informationssysteme sowie
   – vermessungstechnische Leistungen, soweit sie nicht in Absatz 1 und Absatz 2 erfasst sind.

1.4.2 Grundlagen des Honorars bei der Planungsbegleitenden Vermessung

(1) Das Honorar für Grundleistungen der Planungsbegleitenden Vermessung kann sich nach der Summe der Verrechnungseinheiten, der Honorarzone in Nummer 1.4.3 und der Honorartafel in Nummer 1.4.8 richten.

(2) Die Verrechnungseinheiten können sich aus der Größe der aufzunehmenden Flächen und deren Punktdichte berechnen. Die Punktdichte beschreibt die durchschnittliche Anzahl der für die Erfassung der planungsrelevanten Daten je Hektar zu messenden Punkte.

(3) Abhängig von der Punktdichte können die Flächen den nachstehenden Verrechnungseinheiten (VE) je Hektar (ha) zugeordnet werden.

sehr geringe Punktdichte	(ca. 70 Punkte/ha)	50 VE
geringe Punktdichte	(ca. 150 Punkte/ha)	70 VE
durchschnittliche Punktdichte	(ca. 250 Punkte/ha)	100 VE
hohe Punktdichte	(ca. 350 Punkte/ha)	130 VE
sehr hohe Punktdichte	(ca. 500 Punkte/ha)	150 VE.

(4) Umfasst ein Auftrag Vermessungen für mehrere Objekte, so können die Honorare für die Vermessung jedes Objekts getrennt berechnet werden.

1.4.3 Honorarzonen für Grundleistungen bei der Planungsbegleitenden Vermessung

(1) Die Honorarzone kann bei der Planungsbegleitenden Vermessung auf Grund folgender Bewertungsmerkmale ermittelt werden:

a) Qualität der vorhandenen Daten und Kartenunterlagen
sehr hoch	1 Punkt
hoch	2 Punkte
befriedigend	3 Punkte
kaum ausreichend	4 Punkte
mangelhaft	5 Punkte

b) Qualität des vorhandenen geodätischen Raumbezugs
sehr hoch	1 Punkt
hoch	2 Punkte
befriedigend	3 Punkte
kaum ausreichend	4 Punkte
mangelhaft	5 Punkte

c) Anforderungen an die Genauigkeit
sehr gering	1 Punkt
gering	2 Punkte
durchschnittlich	3 Punkte
hoch	4 Punkte
sehr hoch	5 Punkte

1 HOAI 2013 — Honorarordnung für Architekten und Ingenieure

    d) Beeinträchtigungen durch die Geländebeschaffenheit und bei der Begehbarkeit
        sehr gering .... 1 bis 2 Punkte
        gering .... 3 bis 4 Punkte
        durchschnittlich .... 5 bis 6 Punkte
        hoch .... 7 bis 8 Punkte
        sehr hoch .... 9 bis 10 Punkte

    e) Behinderung durch Bebauung und Bewuchs
        sehr gering .... 1 bis 3 Punkte
        gering .... 4 bis 6 Punkte
        durchschnittlich .... 7 bis 9 Punkte
        hoch .... 10 bis 12 Punkte
        sehr hoch .... 13 bis 15 Punkte

    f) Behinderung durch Verkehr
        sehr gering .... 1 bis 3 Punkte
        gering .... 4 bis 6 Punkte
        durchschnittlich .... 7 bis 9 Punkte
        hoch .... 10 bis 12 Punkte
        sehr hoch .... 13 bis 15 Punkte.

(2) Die Honorarzone kann sich aus der Summe der Bewertungspunkte wie folgt ergeben:
    Honorarzone I .... bis 13 Punkte
    Honorarzone II .... 14 bis 23 Punkte
    Honorarzone III .... 24 bis 34 Punkte
    Honorarzone IV .... 35 bis 44 Punkte
    Honorarzone V .... 45 bis 55 Punkte.

1.4.4 Leistungsbild Planungsbegleitende Vermessung

(1) Das Leistungsbild Planungsbegleitende Vermessung kann die Aufnahme planungsrelevanter Daten und die Darstellung in analoger und digitaler Form für die Planung und den Entwurf von Gebäuden, Ingenieurbauwerken, Verkehrsanlagen sowie für Flächenplanungen umfassen.

(2) Die Grundleistungen können in vier Leistungsphasen zusammengefasst und wie folgt in Prozentsätzen der Honorare der Nummer 1.4.8 Absatz 1 bewertet werden:
1. für die Leistungsphase 1 (Grundlagenermittlung) mit 5 Prozent,
2. für die Leistungsphase 2 (Geodätischer Raumbezug) mit 20 Prozent,
3. für die Leistungsphase 3 (Vermessungstechnische Grundlagen) mit 65 Prozent,
4. für die Leistungsphase 4 (Digitales Geländemodel) mit 10 Prozent.

(3) Das Leistungsbild kann sich wie folgt zusammensetzen:

Grundleistungen	Besondere Leistungen
1. Grundlagenermittlung	
a) Einholen von Informationen und Beschaffen von Unterlagen über die Örtlichkeit und das geplante Objekt b) Beschaffen vermessungstechnischer Unterlagen und Daten c) Ortsbesichtigung d) Ermitteln des Leistungsumfangs in Abhängigkeit von den Genauigkeitsanforderungen und dem Schwierigkeitsgrad	– Schriftliches Einholen von Genehmigungen zum Betreten von Grundstücken, von Bauwerken, zum Befahren von Gewässern und für anordnungsbedürftige Verkehrssicherungsmaßnahmen

Grundleistungen	Besondere Leistungen
2. Geodätischer Raumbezug	
a) Erkunden und Vermarken von Lage- und Höhenfestpunkten b) Fertigen von Punktbeschreibungen und Einmessungsskizzen c) Messungen zum Bestimmen der Fest- und Passpunkte d) Auswerten der Messungen und Erstellen des Koordinaten- und Höhenverzeichnisses	– Entwurf, Messung und Auswertung von Sondernetzen hoher Genauigkeit – Vermarken auf Grund besonderer Anforderungen – Aufstellung von Rahmenmessprogrammen
3. Vermessungstechnische Grundlagen	
a) Topographische/morphologische Geländeaufnahme einschließlich Erfassen von Zwangspunkten und planungsrelevanter Objekte b) Aufbereiten und Auswerten der erfassten Daten c) Erstellen eines digitalen Lagemodells mit ausgewählten planungsrelevanten Höhenpunkten d) Übernehmen von Kanälen, Leitungen, Kabeln und unterirdischen Bauwerken aus vorhandenen Unterlagen e) Übernehmen des Liegenschaftskatasters f) Übernehmen der bestehenden öffentlich-rechtlichen Festsetzungen g) Erstellen von Plänen mit Darstellen der Situation im Planungsbereich mit ausgewählten planungsrelevanten Höhenpunkten h) Liefern der Pläne und Daten in analoger und digitaler Form	– Maßnahmen für anordnungsbedürftige Verkehrssicherung – Orten und Aufmessen des unterirdischen Bestandes – Vermessungsarbeiten unter Tage, unter Wasser oder bei Nacht – Detailliertes Aufnehmen bestehender Objekte und Anlagen neben der normalen topographischen Aufnahme wie zum Beispiel Fassaden und Innenräume von Gebäuden – Ermitteln von Gebäudeschnitten – Aufnahmen über den festgelegten Planungsbereich hinaus – Erfassen zusätzlicher Merkmale wie zum Beispiel Baumkronen – Eintragen von Eigentümerangaben – Darstellen in verschiedenen Maßstäben – Ausarbeiten der Lagepläne entsprechend der rechtlichen Bedingungen für behördliche Genehmigungsverfahren – Übernahme der Objektplanung in ein digitales Lagemodell
4. Digitales Geländemodell	
a) Selektion der die Geländeoberfläche beschreibenden Höhenpunkte und Bruchkanten aus der Geländeaufnahme b) Berechnung eines digitalen Geländemodells c) Ableitung von Geländeschnitten d) Darstellen der Höhen in Punkt-, Raster- oder Schichtlinienform e) Liefern der Pläne und Daten in analoger und digitaler Form	

1.4.5 Grundlagen des Honorars bei der Bauvermessung

(1) Das Honorar für Grundleistungen bei der Bauvermessung kann sich nach den anrechenbaren Kosten des Objekts, der Honorarzone in Nummer 1.4.6 und der Honorartafel in Nummer 1.4.8 Absatz 2 richten.

1 HOAI 2013 — Honorarordnung für Architekten und Ingenieure

(2) Anrechenbare Kosten können die Herstellungskosten des Objekts darstellen. Diese können entsprechend § 4 Absatz 1 und

1. bei Gebäuden entsprechend § 33,
2. bei Ingenieurbauwerken entsprechend § 42,
3. bei Verkehrsanlagen entsprechend § 46

ermittelt werden.

Anrechenbar können bei Ingenieurbauwerken 100 Prozent, bei Gebäuden und Verkehrsanlagen 80 Prozent der ermittelten Kosten sein.

(3) Die Absätze 1 und 2 sowie die Nummer 1.4.6 und Nummer 1.4.7 finden keine Anwendung für vermessungstechnische Grundleistungen bei ober- und unterirdischen Leitungen, Tunnel-, Stollen- und Kavernenbauwerken, innerörtlichen Verkehrsanlagen mit überwiegend innerörtlichem Verkehr, bei Geh- und Radwegen sowie Gleis- und Bahnsteiganlagen. Das Honorar für die in Satz 1 genannten Objekte kann ergänzend frei vereinbart werden.

1.4.6 Honorarzonen für Grundleistungen bei der Bauvermessung

(1) Die Honorarzone kann bei der Bauvermessung auf Grund folgender Bewertungsmerkmale ermittelt werden:

a) Beeinträchtigungen durch die Geländebeschaffenheit und bei der Begehbarkeit

sehr gering	1 Punkt
gering	2 Punkte
durchschnittlich	3 Punkte
hoch	4 Punkte
sehr hoch	5 Punkte

b) Behinderungen durch Bebauung und Bewuchs

sehr gering	1 bis 2 Punkte
gering	3 bis 4 Punkte
durchschnittlich	5 bis 6 Punkte
hoch	7 bis 8 Punkte
sehr hoch	9 bis 10 Punkte

c) Behinderung durch den Verkehr

sehr gering	1 bis 2 Punkte
gering	3 bis 4 Punkte
durchschnittlich	5 bis 6 Punkte
hoch	7 bis 8 Punkte
sehr hoch	9 bis 10 Punkte

d) Anforderungen an die Genauigkeit

sehr gering	1 bis 2 Punkte
gering	3 bis 4 Punkte
durchschnittlich	5 bis 6 Punkte
hoch	7 bis 8 Punkte
sehr hoch	9 bis 10 Punkte

e) Anforderungen durch die Geometrie des Objekts

sehr gering	1 bis 2 Punkte
gering	3 bis 4 Punkte
durchschnittlich	5 bis 6 Punkte
hoch	7 bis 8 Punkte
sehr hoch	9 bis 10 Punkte

f) Behinderung durch den Baubetrieb

sehr gering	1 bis 3 Punkte
gering	4 bis 6 Punkte
durchschnittlich	7 bis 9 Punkte
hoch	10 bis 12 Punkte
sehr hoch	13 bis 15 Punkte

(2) Die Honorarzone kann sich aus der Summe der Bewertungspunkte wie folgt ergeben:

Honorarzone .... 1 bis 14 Punkte
Honorarzone II .... 15 bis 25 Punkte
Honorarzone III .... 26 bis 37 Punkte
Honorarzone IV .... 38 bis 48 Punkte
Honorarzone V .... 49 bis 60 Punkte.

1.4.7 Leistungsbild Bauvermessung

(1) Das Leistungsbild Bauvermessung kann die Vermessungsleistungen für den Bau und die abschließende Bestandsdokumentation von Gebäuden, Ingenieurbauwerken und Verkehrsanlagen umfassen.

(2) Die Grundleistungen können in fünf Leistungsphasen zusammengefasst und wie folgt in Prozentsätzen der Honorare der Nummer 1.4.8 Absatz 2 bewertet werden:
1. für die Leistungsphase 1 (Baugeometrische Beratung) mit 2 Prozent
2. für die Leistungsphase 2 (Absteckungsunterlagen) mit 5 Prozent,
3. für die Leistungsphase 3 (Bauvorbereitende Vermessung) mit 16 Prozent,
4. für die Leistungsphase 4 (Bauausführungsvermessung) mit 62 Prozent,
5. für die Leistungsphase 5 (Vermessungstechnische Überwachung der Bauausführung) mit 15 Prozent.

(3) Das Leistungsbild kann sich wie folgt zusammensetzen:

Grundleistungen	Besondere Leistungen
1. Baugeometrische Beratung	
a) Ermitteln des Leistungsumfanges in Abhängigkeit vom Projekt b) Beraten, insbesondere im Hinblick auf die erforderlichen Genauigkeiten und zur Konzeption eines Messprogramms c) Festlegen eines für alle Beteiligten verbindlichen Maß-, Bezugs- und Benennungssystems	– Erstellen von vermessungstechnischen Leistungsbeschreibungen – Erarbeiten von Organisationsvorschlägen über Zuständigkeiten, Verantwortlichkeit und Schnittstellen der Objektvermessung – Erstellen von Messprogrammen für Bewegungs- und Deformationsmessungen einschließlich Vorgaben für die Baustelleneinrichtung
2. Absteckungsunterlagen	
a) Berechnen der Detailgeometrie anhand der Ausführungsplanung, Erstellen eines Absteckungsplanes und Berechnen von Absteckungsdaten einschließlich Aufzeigen von Widersprüchen (Absteckungsunterlagen)	– Durchführen von zusätzlichen Aufnahmen und ergänzende Berechnungen, falls keine qualifizierten Unterlagen aus der Leistungsphase vermessungstechnische Grundlagen vorliegen – Durchführen von Optimierungsberechnungen im Rahmen der Baugeometrie (zum Beispiel Flächennutzung, Abstandsflächen) – Erarbeitung von Vorschlägen zur Beseitigung von Widersprüchen bei der Verwendung von Zwangspunkten (zum Beispiel bauordnungsrechtliche Vorgaben)

1 HOAI 2013

Honorarordnung für Architekten und Ingenieure

Grundleistungen	Besondere Leistungen
3. Bauvorbereitende Vermessung	
a) Prüfen und Ergänzen des bestehenden Festpunktfelds b) Zusammenstellung und Aufbereitung der Absteckungsdaten c) Absteckung: Übertragen der Projektgeometrie (Hauptpunkte) und des Baufelds in die Örtlichkeit d) Übergabe der Lage- und Höhenfestpunkte, der Hauptpunkte und der Absteckungsunterlagen an das bauausführende Unternehmen	– Absteckung auf besondere Anforderungen (zum Beispiel Archäologie, Ausholzung, Grobabsteckung, Kampfmittelräumung)
4. Bauausführungsvermessung	
a) Messungen zur Verdichtung des Lage- und Höhenfestpunktfeldes b) Messungen zur Überprüfung und Sicherung von Fest- und Achspunkten c) Baubegleitende Absteckungen der geometriebestimmenden Bauwerkspunkte nach Lage und Höhe d) Messungen zur Erfassung von Bewegungen und Deformationen des zu erstellenden Objekts an konstruktiv bedeutsamen Punkten e) Baubegleitende Eigenüberwachungsmessungen und deren Dokumentation f) Fortlaufende Bestandserfassung während der Bauausführung als Grundlage für den Bestandplan	– Erstellen und Konkretisieren des Messprogramms – Absteckungen unter Berücksichtigung von belastungs- und fertigungstechnischen Verformungen – Prüfen der Maßgenauigkeit von Fertigteilen – Aufmaß von Bauleistungen, soweit besondere vermessungstechnische Leistungen gegeben sind – Ausgabe von Baustellenbestandsplänen während der Bauausführung – Fortführen der vermessungstechnischen Bestandspläne nach Abschluss der Grundleistungen – Herstellen von Bestandsplänen
5. Vermessungstechnische Überwachung der Bauausführung	
a) Kontrollieren der Bauausführung durch stichprobenartige Messungen an Schalungen und entstehenden Bauteilen (Kontrollmessungen) b) Fertigen von Messprotokollen c) Stichprobenartige Bewegungs- und Deformationsmessungen an konstruktiv bedeutsamen Punkten des zu erstellenden Objekts	– Prüfen der Mengenermittlungen – Beratung zu langfristigen vermessungstechnischen Objektüberwachungen im Rahmen der Ausführungskontrolle baulicher Maßnahmen und deren Durchführung – Vermessungen für die Abnahme von Bauleistungen, soweit besondere vermessungstechnische Anforderungen gegeben sind

(4) Die Leistungsphase 4 ist abweichend von Absatz 2 bei Gebäuden mit 45 bis 62 Prozent zu bewerten.

1.4.8 Honorare für Grundleistungen bei der Ingenieurvermessung

(1) Die Honorare für die in Nummer 1.4.4 Absatz 3 aufgeführten Grundleistungen der Planungsbegleitenden Vermessung können sich nach der folgenden Honorartafel richten:

Honorarordnung für Architekten und Ingenieure HOAI 2013 1

Verrech-nungs-einheiten	Honorarzone I sehr geringe Anforderungen von bis Euro		Honorarzone II geringe Anforderungen von bis Euro		Honorarzone III durchschnittliche Anforderungen von bis Euro		Honorarzone IV hohe Anforderungen von bis Euro		Honorarzone V sehr hohe Anforderungen von bis Euro	
6	658	777	777	914	914	1 051	1 051	1 170	1 170	1 289
20	953	1 123	1 123	1 306	1 306	1 489	1 489	1 659	1 659	1 828
50	1 480	1 740	1 740	2 000	2 000	2 260	2 260	2 520	2 520	2 780
103	2 225	2 616	2 616	3 007	3 007	3 399	3 399	3 790	3 790	4 182
188	3 325	3 826	3 826	4 327	4 327	4 829	4 829	5 330	5 330	5 831
278	4 320	4 931	4 931	5 542	5 542	6 153	6 153	6 765	6 765	7 376
359	5 156	5 826	5 826	6 547	6 547	7 217	7 217	7 939	7 939	8 609
435	5 881	6 656	6 656	7 437	7 437	8 212	8 212	8 994	8 994	9 768
506	6 547	7 383	7 383	8 219	8 219	9 055	9 055	9 892	9 892	10 728
659	7 867	8 859	8 859	9 815	9 815	10 809	10 809	11 765	11 765	12 757
822	9 187	10 299	10 299	11 413	11 413	12 513	12 513	13 625	13 625	14 737
1 105	11 332	12 667	12 667	14 002	14 002	15 336	15 336	16 672	16 672	18 006
1 400	13 525	14 977	14 977	16 532	16 532	18 086	18 086	19 642	19 642	21 196
2 033	17 714	19 597	19 597	21 592	21 592	23 586	23 586	25 582	25 582	27 576
2 713	21 894	24 217	24 217	26 652	26 652	29 086	29 086	31 522	31 522	33 956
3 430	26 074	28 837	28 837	31 712	31 712	34 586	34 586	37 462	37 462	40 336
4 949	34 434	38 077	38 077	41 832	41 832	45 586	45 586	49 342	49 342	53 096
7 385	46 974	51 937	51 937	57 012	57 012	62 086	62 086	67 162	67 162	72 236
11 726	67 874	75 037	75 037	82 312	82 312	89 586	89 586	96 862	96 862	104 136

(2) Die Honorare für die in Nummer 1.4.7 Absatz 3 Grundleistungen der Bauvermessung können sich nach der folgenden Honorartafel richten:

Anrechen-bare Kosten in Euro	Honorarzone I sehr geringe Anforderungen von bis Euro		Honorarzone II geringe Anforderungen von bis Euro		Honorarzone III durchschnittliche Anforderungen von bis Euro		Honorarzone IV hohe Anforderungen von bis Euro		Honorarzone V sehr hohe Anforderungen von bis Euro	
50 000	4 282	4 782	4 782	5 283	5 283	5 839	5 839	6 339	6 339	6 840
75 000	4 648	5 191	5 191	5 734	5 734	6 338	6 338	6 881	6 881	7 424
100 000	5 002	5 586	5 586	6 171	6 171	6 820	6 820	7 405	7 405	7 989
150 000	5 684	6 349	6 349	7 013	7 013	7 751	7 751	8 416	8 416	9 080
200 000	6 344	7 086	7 086	7 827	7 827	8 651	8 651	9 393	9 393	10 134
250 000	6 987	7 804	7 804	8 621	8 621	9 528	9 528	10 345	10 345	11 162
300 000	7 618	8 508	8 508	9 399	9 399	10 388	10 388	11 278	11 278	12 169
400 000	8 848	9 883	9 883	10 917	10 917	12 066	12 066	13 100	13 100	14 134
500 000	10 048	11 222	11 222	12 397	12 397	13 702	13 702	14 876	14 876	16 051
600 000	11 223	12 535	12 535	13 847	13 847	15 304	15 304	16 616	16 616	17 928
750 000	12 950	14 464	14 464	15 978	15 978	17 659	17 659	19 173	19 173	20 687
1 000 000	15 754	17 596	17 596	19 437	19 437	21 483	21 483	23 325	23 325	25 166
1 500 000	21 165	23 639	23 639	26 113	26 113	28 862	28 862	31 336	31 336	33 810
2 000 000	26 393	29 478	29 478	32 563	32 563	35 990	35 990	39 075	39 075	42 160
2 500 000	31 488	35 168	35 168	38 849	38 849	42 938	42 938	46 619	46 619	50 299
3 000 000	36 480	40 744	40 744	45 008	45 008	49 745	49 745	54 009	54 009	58 273
4 000 000	46 224	51 626	51 626	57 029	57 029	63 032	63 032	68 435	68 435	73 838
5 000 000	55 720	62 232	62 232	68 745	68 745	75 981	75 981	82 494	82 494	89 007
7 500 000	78 690	87 888	87 888	97 085	97 085	107 305	107 305	116 502	116 502	125 700
10 000 000	100 876	112 667	112 667	124 458	124 458	137 559	137 559	149 350	149 350	161 140

1.4.9 Sonstige vermessungstechnische Leistungen

Für sonstige vermessungstechnische Leistungen nach Nummer 1.4.1 kann ein Honorar ergänzend frei vereinbart werden.

1 HOAI 2013   Honorarordnung für Architekten und Ingenieure

Anlage 2
(zu § 18 Absatz 2)

Grundleistungen im Leistungsbild Flächennutzungsplan

Das Leistungsbild Flächennutzungsplan setzt sich aus folgenden Grundleistungen je Leistungsphase zusammen:

1. **Leistungsphase 1:** Vorentwurf für die frühzeitigen Beteiligungen
   a) Zusammenstellen und Werten des vorhandenen Grundlagenmaterials
   b) Erfassen der abwägungsrelevanten Sachverhalte
   c) Ortsbesichtigungen
   d) Festlegen ergänzender Fachleistungen und Formulieren von Entscheidungshilfen für die Auswahl anderer fachlich Beteiligter, soweit notwendig
   e) Analysieren und Darstellen des Zustandes des Plangebiets, soweit für die Planung von Bedeutung und abwägungsrelevant, unter Verwendung hierzu vorliegender Fachbeiträge
   f) Mitwirken beim Festlegen von Zielen und Zwecken der Planung
   g) Erarbeiten des Vorentwurfes in der vorgeschriebenen Fassung mit Begründung für die frühzeitigen Beteiligungen nach den Bestimmungen des Baugesetzbuchs
   h) Darlegen der wesentlichen Auswirkungen der Planung
   i) Berücksichtigen von Fachplanungen
   j) Mitwirken an der frühzeitigen Öffentlichkeitsbeteiligung einschließlich Erörterung der Planung
   k) Mitwirken an der frühzeitigen Beteiligung der Behörden und Stellen, die Träger öffentlicher Belange sind
   l) Mitwirken an der frühzeitigen Abstimmung mit den Nachbargemeinden
   m) Abstimmen des Vorentwurfes für die frühzeitigen Beteiligungen in der vorgeschriebenen Fassung mit der Gemeinde

2. **Leistungsphase 2:** Entwurf zur öffentlichen Auslegung
   a) Erarbeiten des Entwurfes in der vorgeschriebenen Fassung mit Begründung für die Öffentlichkeits- und Behördenbeteiligung nach den Bestimmungen des Baugesetzbuchs
   b) Mitwirken an der Öffentlichkeitsbeteiligung
   c) Mitwirken an der Beteiligung der Behörden und Stellen, die Träger öffentlicher Belange sind
   d) Mitwirken an der Abstimmung mit den Nachbargemeinden
   e) Mitwirken bei der Abwägung der Gemeinde zu Stellungnahmen aus frühzeitigen Beteiligungen
   f) Abstimmen des Entwurfs mit der Gemeinde

3. **Leistungsphase 3:** Plan zur Beschlussfassung
   a) Erarbeiten des Planes in der vorgeschriebenen Fassung mit Begründung für den Beschluss durch die Gemeinde
   b) Mitwirken bei der Abwägung der Gemeinde zu Stellungnahmen
   c) Erstellen des Planes in der durch Beschluss der Gemeinde aufgestellten Fassung.

Anlage 3
(zu § 19 Absatz 2)

Grundleistungen im Leistungsbild Bebauungsplan

Das Leistungsbild Bebauungsplan setzt sich aus folgenden Grundleistungen je Leistungsphase zusammen:

1. **Leistungsphase 1:** Vorentwurf für die frühzeitigen Beteiligungen
   a) Zusammenstellen und Werten des vorhandenen Grundlagenmaterials
   b) Erfassen der abwägungsrelevanten Sachverhalte
   c) Ortsbesichtigungen
   d) Festlegen ergänzender Fachleistungen und Formulieren von Entscheidungshilfen für die Auswahl anderer fachlich Beteiligter, soweit notwendig
   e) Analysieren und Darstellen des Zustandes des Plangebiets, soweit für die Planung von Bedeutung und abwägungsrelevant, unter Verwendung hierzu vorliegender Fachbeiträge
   f) Mitwirken beim Festlegen von Zielen und Zwecken der Planung
   g) Erarbeiten des Vorentwurfes in der vorgeschriebenen Fassung mit Begründung für die frühzeitigen Beteiligungen nach den Bestimmungen des Baugesetzbuchs
   h) Darlegen der wesentlichen Auswirkungen der Planung
   i) Berücksichtigen von Fachplanungen
   j) Mitwirken an der frühzeitigen Öffentlichkeitsbeteiligung einschließlich Erörterung der Planung
   k) Mitwirken an der frühzeitigen Beteiligung der Behörden und Stellen, die Träger öffentlicher Belange sind
   l) Mitwirken an der frühzeitigen Abstimmung mit den Nachbargemeinden
   m) Abstimmen des Vorentwurfes für die frühzeitigen Beteiligungen in der vorgeschriebenen Fassung mit der Gemeinde

2. **Leistungsphase 2:** Entwurf zur öffentlichen Auslegung
   a) Erarbeiten des Entwurfes in der vorgeschriebenen Fassung mit Begründung für die Öffentlichkeits- und Behördenbeteiligung nach den Bestimmungen des Baugesetzbuchs
   b) Mitwirken an der Öffentlichkeitsbeteiligung
   c) Mitwirken an der Beteiligung der Behörden und Stellen, die Träger öffentlicher Belange sind
   d) Mitwirken an der Abstimmung mit den Nachbargemeinden
   e) Mitwirken bei der Abwägung der Gemeinde zu Stellungnahmen aus frühzeitigen Beteiligungen
   f) Abstimmen des Entwurfs mit der Gemeinde

3. **Leistungsphase 3:** Plan zur Beschlussfassung
   a) Erarbeiten des Planes in der vorgeschriebenen Fassung mit Begründung für den Beschluss durch die Gemeinde
   b) Mitwirken bei der Abwägung der Gemeinde zu Stellungnahmen
   c) Erstellen des Planes in der durch Beschluss der Gemeinde aufgestellten Fassung.

1 HOAI 2013 Honorarordnung für Architekten und Ingenieure

Anlage 4
(zu § 23 Absatz 2)

Grundleistungen im Leistungsbild Landschaftsplan

Das Leistungsbild Landschaftsplan setzt sich aus folgenden Grundleistungen je Leistungsphase zusammen:

1. **Leistungsphase 1:** Klären der Aufgabenstellung und Ermitteln des Leistungsumfangs
   a) Zusammenstellen und Prüfen der vom Auftraggeber zur Verfügung gestellten planungsrelevanten Unterlagen
   b) Ortsbesichtigungen
   c) Abgrenzen des Planungsgebiets
   d) Konkretisieren weiteren Bedarfs an Daten und Unterlagen
   e) Beraten zum Leistungsumfang für ergänzende Untersuchungen und Fachleistungen
   f) Aufstellen eines verbindlichen Arbeitsplans unter Berücksichtigung der sonstigen Fachbeiträge

2. **Leistungsphase 2:** Ermitteln der Planungsgrundlagen
   a) Ermitteln und Beschreiben der planungsrelevanten Sachverhalte auf Grundlage vorhandener Unterlagen und Daten
   b) Landschaftsbewertung nach den Zielen und Grundsätzen des Naturschutzes und der Landschaftspflege
   c) Bewerten von Flächen und Funktionen des Naturhaushalts und des Landschaftsbildes hinsichtlich ihrer Eignung, Leistungsfähigkeit, Empfindlichkeit und Vorbelastung
   d) Bewerten geplanter Eingriffe in Natur und Landschaft
   e) Feststellen von Nutzungs- und Zielkonflikten
   f) Zusammenfassendes Darstellen der Erfassung und Bewertung

3. **Leistungsphase 3:** Vorläufige Fassung
   a) Formulieren von örtlichen Zielen und Grundsätzen zum Schutz, zur Pflege und Entwicklung von Natur und Landschaft einschließlich Erholungsvorsorge
   b) Darlegen der angestrebten Flächenfunktionen und Flächennutzungen sowie der örtlichen Erfordernisse und Maßnahmen zur Umsetzung der konkretisierten Ziele des Naturschutzes und der Landschaftspflege
   c) Erarbeiten von Vorschlägen zur Übernahme in andere Planungen, insbesondere in die Bauleitpläne
   d) Hinweise auf Folgeplanungen und -maßnahmen
   e) Mitwirken bei der Beteiligung der nach den Bestimmungen des Bundesnaturschutzgesetzes anerkannten Verbände
   f) Mitwirken bei der Abstimmung der Vorläufigen Fassung mit der für Naturschutz und Landschaftspflege zuständigen Behörde
   g) Abstimmen der Vorläufigen Fassung mit dem Auftraggeber

4. **Leistungsphase 4:** Abgestimmte Fassung
   Darstellen des Landschaftsplans in der mit dem Auftraggeber abgestimmten Fassung in Text und Karte.

Honorarordnung für Architekten und Ingenieure

Anlage 5
(zu § 24 Absatz 2)

Grundleistungen im Leistungsbild Grünordnungsplan

Das Leistungsbild Grünordnungsplan setzt sich aus folgenden Grundleistungen je Leistungsphase zusammen:

1. **Leistungsphase 1:** Klären der Aufgabenstellung und Ermitteln des Leistungsumfangs
   a) Zusammenstellen und Prüfen der vom Auftraggeber zur Verfügung gestellten planungsrelevanten Unterlagen
   b) Ortsbesichtigungen
   c) Abgrenzen des Planungsgebiets
   d) Konkretisieren weiteren Bedarfs an Daten und Unterlagen
   e) Beraten zum Leistungsumfang für ergänzende Untersuchungen und Fachleistungen
   f) Aufstellen eines verbindlichen Arbeitsplans unter Berücksichtigung der sonstigen Fachbeiträge

2. **Leistungsphase 2:** Ermitteln der Planungsgrundlagen
   a) Ermitteln und Beschreiben der planungsrelevanten Sachverhalte auf Grundlage vorhandener Unterlagen und Daten
   b) Bewerten der Landschaft nach den Zielen des Naturschutzes und der Landschaftspflege einschließlich der Erholungsvorsorge
   c) Zusammenfassendes Darstellen der Bestandsaufnahme und Bewertung in Text und Karte

3. **Leistungsphase 3:** Vorläufige Fassung
   a) Lösen der Planungsaufgabe und Erläutern der Ziele, Erfordernisse und Maßnahmen in Text und Karte
   b) Darlegen der angestrebten Flächenfunktionen und Flächennutzungen
   c) Darlegen von Gestaltungs-, Schutz-, Pflege- und Entwicklungsmaßnahmen
   d) Vorschläge zur Übernahme in andere Planungen, insbesondere in die Bauleitplanung
   e) Mitwirken bei der Abstimmung der vorläufigen Fassung mit der für den Naturschutz zuständigen Behörde
   f) Bearbeiten der naturschutzrechtlichen Eingriffsregelung
      aa) Ermitteln und Bewerten der durch die Planung zu erwartenden Beeinträchtigungen des Naturhaushalts und des Landschaftsbildes nach Art, Umfang, Ort und zeitlichem Ablauf
      bb) Erarbeiten von Lösungen zur Vermeidung oder Verminderung erheblicher Beeinträchtigungen des Naturhaushalts und des Landschaftsbildes in Abstimmung mit den an der Planung fachlich Beteiligten
      cc) Ermitteln der unvermeidbaren Beeinträchtigungen
      dd) Vergleichendes Gegenüberstellen von unvermeidbaren Beeinträchtigungen und Ausgleich und Ersatz einschließlich Darstellen verbleibender, nicht ausgleichbarer oder ersetzbarer Beeinträchtigungen
      ee) Darstellen und Begründen von Maßnahmen des Naturschutzes und der Landschaftspflege, insbesondere Ausgleichs-, Ersatz-, Gestaltungs- und Schutzmaßnahmen sowie Maßnahmen zur Unterhaltung und rechtlichen Sicherung von Ausgleichs- und Ersatzmaßnahmen
      ff) Integrieren ergänzender, zulassungsrelevanter Regelungen und Maßnahmen auf Grund des Natura 2000-Gebietsschutzes und der Vorschriften zum besonderen Artenschutz auf Grundlage vorhandener Unterlagen

4. **Leistungsphase 4:** Abgestimmte Fassung
   Darstellen des Grünordnungsplans oder Landschaftsplanerischen Fachbeitrags in der mit dem Auftraggeber abgestimmten Fassung in Text und Karte.

1 HOAI 2013   Honorarordnung für Architekten und Ingenieure

Anlage 6
(zu § 25 Absatz 2)

Grundleistungen im Leistungsbild Landschaftsrahmenplan

Das Leistungsbild Landschaftsrahmenplan setzt sich aus folgenden Grundleistungen je Leistungsphase zusammen:

1. **Leistungsphase 1:** Klären der Aufgabenstellung und Ermitteln des Leistungsumfangs
   a) Zusammenstellen und Prüfen der vom Auftraggeber zur Verfügung gestellten planungsrelevanten Unterlagen
   b) Ortsbesichtigungen
   c) Abgrenzen des Planungsgebiets
   d) Konkretisieren weiteren Bedarfs an Daten und Unterlagen
   e) Beraten zum Leistungsumfang für ergänzende Untersuchungen und Fachleistungen
   f) Aufstellen eines verbindlichen Arbeitsplans unter Berücksichtigung der sonstigen Fachbeiträge

2. **Leistungsphase 2:** Ermitteln der Planungsgrundlagen
   a) Ermitteln und Beschreiben der planungsrelevanten Sachverhalte auf Grundlage vorhandener Unterlagen und Daten
   b) Landschaftsbewertung nach den Zielen und Grundsätzen des Naturschutzes und der Landschaftspflege
   c) Bewerten von Flächen und Funktionen des Naturhaushalts und des Landschaftsbildes hinsichtlich ihrer Eignung, Leistungsfähigkeit, Empfindlichkeit und Vorbelastung
   d) Bewerten geplanter Eingriffe in Natur und Landschaft
   e) Feststellen von Nutzungs- und Zielkonflikten
   f) Zusammenfassendes Darstellen der Erfassung und Bewertung

3. **Leistungsphase 3:** Vorläufige Fassung
   a) Lösen der Planungsaufgabe und
   b) Erläutern der Ziele, Erfordernisse und Maßnahmen in Text und Karte
   Zu Buchstabe a) und b) gehören:
      aa) Erstellen des Zielkonzepts
      bb) Umsetzen des Zielkonzepts durch Schutz, Pflege und Entwicklung bestimmter Teile von Natur und Landschaft und durch Artenhilfsmaßnahmen für ausgewählte Tier- und Pflanzenarten
      cc) Vorschläge zur Übernahme in andere Planungen, insbesondere in Regionalplanung, Raumordnung und Bauleitplanung
      dd) Mitwirken bei der Abstimmung der vorläufigen Fassung mit der für den Naturschutz zuständigen Behörde
      ee) Abstimmen der Vorläufigen Fassung mit dem Auftraggeber

4. **Leistungsphase 4:** Abgestimmte Fassung
   Darstellen des Landschaftsrahmenplans in der mit dem Auftraggeber abgestimmten Fassung in Text und Karte.

Honorarordnung für Architekten und Ingenieure

Anlage 7
(zu § 26 Absatz 2)

Grundleistungen im Leistungsbild Landschaftspflegerischer Begleitplan

Das Leistungsbild Landschaftspflegerischer Begleitplan setzt sich aus folgenden Grundleistungen je Leistungsphase zusammen:

1. **Leistungsphase 1:** Klären der Aufgabenstellung und Ermitteln des Leistungsumfangs
   a) Zusammenstellen und Prüfen der vom Auftraggeber zur Verfügung gestellten planungsrelevanten Unterlagen
   b) Ortsbesichtigungen
   c) Abgrenzen des Planungsgebiets anhand der planungsrelevanten Funktionen
   d) Konkretisieren weiteren Bedarfs an Daten und Unterlagen
   e) Beraten zum Leistungsumfang für ergänzende Untersuchungen und Fachleistungen
   f) Aufstellen eines verbindlichen Arbeitsplans unter Berücksichtigung der sonstigen Fachbeiträge

2. **Leistungsphase 2:** Ermitteln und Bewerten der Planungsgrundlagen
   a) Bestandsaufnahme:
   Erfassen von Natur und Landschaft jeweils einschließlich des rechtlichen Schutzstatus und fachplanerischer Festsetzungen und Ziele für die Naturgüter auf Grundlage vorhandener Unterlagen und örtlicher Erhebungen
   b) Bestandsbewertung:
   aa) Bewerten der Leistungsfähigkeit und Empfindlichkeit des Naturhaushalts und des Landschaftsbildes nach den Zielen und Grundsätzen des Naturschutzes und der Landschaftspflege
   bb) Bewerten der vorhandenen Beeinträchtigungen von Natur und Landschaft (Vorbelastung)
   cc) Zusammenfassendes Darstellen der Ergebnisse als Grundlage für die Erörterung mit dem Auftraggeber

3. **Leistungsphase 3:** Vorläufige Fassung
   a) Konfliktanalyse
   b) Ermitteln und Bewerten der durch das Vorhaben zu erwartenden Beeinträchtigungen des Naturhaushalts und des Landschaftsbildes nach Art, Umfang, Ort und zeitlichem Ablauf
   c) Konfliktminderung
   d) Erarbeiten von Lösungen zur Vermeidung oder Verminderung erheblicher Beeinträchtigungen des Naturhaushalts und des Landschaftsbildes in Abstimmung mit den an der Planung fachlich Beteiligten
   e) Ermitteln der unvermeidbaren Beeinträchtigungen
   f) Erarbeiten und Begründen von Maßnahmen des Naturschutzes und der Landschaftspflege, insbesondere Ausgleichs-, Ersatz- und Gestaltungsmaßnahmen sowie von Angaben zur Unterhaltung dem Grunde nach und Vorschläge zur rechtlichen Sicherung von Ausgleichs- und Ersatzmaßnahmen
   g) Integrieren von Maßnahmen auf Grund des Natura 2000-Gebietsschutzes sowie auf Grund der Vorschriften zum besonderen Artenschutz und anderer Umweltfachgesetze auf Grundlage vorhandener Unterlagen und Erarbeiten eines Gesamtkonzepts
   h) Vergleichendes Gegenüberstellen von unvermeidbaren Beeinträchtigungen und Ausgleich und Ersatz einschließlich Darstellen verbleibender, nicht ausgleichbarer oder ersetzbarer Beeinträchtigungen
   i) Kostenermittlung nach Vorgaben des Auftraggebers
   j) Zusammenfassendes Darstellen der Ergebnisse in Text und Karte
   k) Mitwirken bei der Abstimmung mit der für Naturschutz und Landschaftspflege zuständigen Behörde
   l) Abstimmen der Vorläufigen Fassung mit dem Auftraggeber

4. **Leistungsphase 4:** Abgestimmte Fassung
   Darstellen des Landschaftspflegerischen Begleitplans in der mit dem Auftraggeber abgestimmten Fassung in Text und Karte.

1 HOAI 2013   Honorarordnung für Architekten und Ingenieure

Anlage 8
(zu § 27 Absatz 2)

Grundleistungen im Leistungsbild Pflege- und Entwicklungsplan

Das Leistungsbild Pflege- und Entwicklungsplan setzt sich aus folgenden Grundleistungen je Leistungsphase zusammen:

1. **Leistungsphase 1:** Klären der Aufgabenstellung und Ermitteln des Leistungsumfangs
   a) Zusammenstellen und Prüfen der vom Auftraggeber zur Verfügung gestellten planungsrelevanten Unterlagen
   b) Ortsbesichtigungen
   c) Abgrenzen des Planungsgebiets anhand der planungsrelevanten Funktionen
   d) Konkretisieren weiteren Bedarfs an Daten und Unterlagen
   e) Beraten zum Leistungsumfang für ergänzende Untersuchungen und Fachleistungen
   f) Aufstellen eines verbindlichen Arbeitsplans unter Berücksichtigung der sonstigen Fachbeiträge

2. **Leistungsphase 2:** Ermitteln der Planungsgrundlagen
   a) Ermitteln und Beschreiben der planungsrelevanten Sachverhalte auf Grund vorhandener Unterlagen
   b) Auswerten und Einarbeiten von Fachbeiträgen
   c) Bewerten der Bestandsaufnahmen einschließlich vorhandener Beeinträchtigungen sowie der abiotischen Faktoren hinsichtlich ihrer Standort- und Lebensraumbedeutung nach den Zielen und Grundsätzen des Naturschutzes
   d) Beschreiben der Zielkonflikte mit bestehenden Nutzungen
   e) Beschreiben der zu erwartenden Zustands von Arten und ihren Lebensräumen (Zielkonflikte mit geplanten Nutzungen)
   f) Überprüfen der festgelegten Untersuchungsinhalte
   g) Zusammenfassendes Darstellen von Erfassung und Bewertung in Text und Karte

3. **Leistungsphase 3:** Vorläufige Fassung
   a) Lösen der Planungsaufgabe und Erläutern der Ziele, Erfordernisse und Maßnahmen in Text und Karte
   b) Formulieren von Zielen zum Schutz, zur Pflege, zur Erhaltung und Entwicklung von Arten, Biotoptypen und naturnahen Lebensräumen bzw. Standortbedingungen
   c) Erfassen und Darstellen von Flächen, auf denen eine Nutzung weiter betrieben werden soll und von Flächen, auf denen regelmäßig Pflegemaßnahmen durchzuführen sind sowie von Maßnahmen zur Verbesserung der ökologischen Standortverhältnisse und zur Änderung der Biotopstruktur
   d) Erarbeiten von Vorschlägen für Maßnahmen zur Förderung bestimmter Tier- und Pflanzenarten, zur Lenkung des Besucherverkehrs, für die Durchführung der Pflege- und Entwicklungsmaßnahmen und für Änderungen von Schutzzweck und -zielen sowie Grenzen von Schutzgebieten
   e) Erarbeiten von Hinweisen für weitere wissenschaftliche Untersuchungen (Monitoring), Folgeplanungen und Maßnahmen
   f) Kostenermittlung
   g) Abstimmen der Vorläufigen Fassung mit dem Auftraggeber

4. **Leistungsphase 4:** Abgestimmte Fassung
   Darstellen des Pflege- und Entwicklungsplans in der mit dem Auftraggeber abgestimmten Fassung in Text und Karte.

Honorarordnung für Architekten und Ingenieure HOAI 2013

Anlage 9
(zu § 18 Absatz 2, § 19 Absatz 2, § 23 Absatz 2, § 24 Absatz 2, § 25 Absatz 2, § 26 Absatz 2, § 27 Absatz 2)

Besondere Leistungen zur Flächenplanung

Für die Leistungsbilder der Flächenplanung können insbesondere folgende Besondere Leistungen vereinbart werden:

1. **Rahmensetzende Pläne und Konzepte:**
   a) Leitbilder
   b) Entwicklungskonzepte
   c) Masterpläne
   d) Rahmenpläne

2. **Städtebaulicher Entwurf:**
   a) Grundlagenermittlung
   b) Vorentwurf
   c) Entwurf
   Der Städtebauliche Entwurf kann als Grundlage für Leistungen nach § 19 der HOAI dienen und Ergebnis eines städtebaulichen Wettbewerbes sein.

3. **Leistungen zur Verfahrens- und Projektsteuerung sowie zur Qualitätssicherung:**
   a) Durchführen von Planungsaudits
   b) Vorabstimmungen mit Planungsbeteiligten und Fachbehörden
   c) Aufstellen und Überwachen von integrierten Terminplänen
   d) Vor- und Nachbereiten von planungsbezogenen Sitzungen
   e) Koordinieren von Planungsbeteiligten
   f) Moderation von Planungsverfahren
   g) Ausarbeiten von Leistungskatalogen für Leistungen Dritter
   h) Mitwirken bei Vergabeverfahren für Leistungen Dritter (Einholung von Angeboten, Vergabevorschläge)
   i) Prüfen und Bewerten von Leistungen Dritter
   j) Mitwirken beim Ermitteln von Fördermöglichkeiten
   k) Stellungnahmen zu Einzelvorhaben während der Planaufstellung

4. **Leistungen zur Vorbereitung und inhaltlichen Ergänzung:**
   a) Erstellen digitaler Geländemodelle
   b) Digitalisieren von Unterlagen
   c) Anpassen von Datenformaten
   d) Erarbeiten einer einheitlichen Planungsgrundlage aus unterschiedlichen Unterlagen
   e) Strukturanalysen
   f) Stadtbildanalysen, Landschaftsbildanalysen
   g) Statistische und örtliche Erhebungen sowie Bedarfsermittlungen, zum Beispiel zur Versorgung, zur Wirtschafts-, Sozial- und Baustruktur sowie zur soziokulturellen Struktur
   h) Befragungen und Interviews
   i) Differenziertes Erheben, Kartieren, Analysieren und Darstellen von spezifischen Merkmalen und Nutzungen
   j) Erstellen von Beiplänen, zum Beispiel für Verkehr, Infrastruktureinrichtungen, Flurbereinigungen, Grundbesitzkarten und Gütekarten unter Berücksichtigung der Pläne anderer an der Planung fachlich Beteiligter
   k) Modelle
   l) Erstellen zusätzlicher Hilfsmittel der Darstellung zum Beispiel Fotomontagen, 3D-Darstellungen, Videopräsentationen

5. **Verfahrensbegleitende Leistungen:**
   a) Vorbereiten und Durchführen des Scopings
   b) Vorbereiten, Durchführen, Auswerten und Dokumentieren der formellen Beteiligungsverfahren

1 HOAI 2013   Honorarordnung für Architekten und Ingenieure

c) Ermitteln der voraussichtlich erheblichen Umweltauswirkungen für die Umweltprüfung
d) Erarbeiten des Umweltberichtes
e) Berechnen und Darstellen der Umweltschutzmaßnahmen
f) Bearbeiten der Anforderungen aus der naturschutzrechtlichen Eingriffsregelung in Bauleitplanungsverfahren
g) Erstellen von Sitzungsvorlagen, Arbeitsheften und anderen Unterlagen
h) Wesentliche Änderungen oder Neubearbeitung des Entwurfs nach Offenlage oder Beteiligungen, insbesondere nach Stellungnahmen
i) Ausarbeiten der Beratungsunterlagen der Gemeinde zu Stellungnahmen im Rahmen der formellen Beteiligungsverfahren
j) Leistungen für die Drucklegung, Erstellen von Mehrausfertigungen
k) Überarbeiten von Planzeichnungen und von Begründungen nach der Beschlussfassung (zum Beispiel Satzungsbeschluss)
l) Verfassen von Bekanntmachungstexten und Organisation der öffentlichen Bekanntmachungen
m) Mitteilen des Ergebnisses der Prüfung der Stellungnahmen an die Beteiligten
n) Benachrichtigen von Bürgern und Behörden, die Stellungnahmen abgegeben haben, über das Abwägungsergebnis
o) Erstellen der Verfahrensdokumentation
p) Erstellen und Fortschreiben eines digitalen Planungsordners
q) Mitwirken an der Öffentlichkeitsarbeit des Auftraggebers einschließlich Mitwirken an Informationsschriften und öffentlichen Diskussionen sowie Erstellen der dazu notwendigen Planungsunterlagen und Schriftsätze
r) Teilnehmen an Sitzungen von politischen Gremien des Auftraggebers oder an Sitzungen im Rahmen der Öffentlichkeitsbeteiligung
s) Mitwirken an Anhörungs- oder Erörterungsterminen
t) Leiten bzw. Begleiten von Arbeitsgruppen
u) Erstellen der zusammenfassenden Erklärung nach dem Baugesetzbuch
v) Anwenden komplexer Bilanzierungsverfahren im Rahmen der naturschutzrechtlichen Eingriffsregelung
w) Erstellen von Bilanzen nach fachrechtlichen Vorgaben
x) Entwickeln von Monitoringkonzepten und -maßnahmen
y) Ermitteln von Eigentumsverhältnissen, insbesondere Klären der Verfügbarkeit von geeigneten Flächen für Maßnahmen

6. Weitere besondere Leistungen bei landschaftsplanerischen Leistungen:
a) Erarbeiten einer Planungsraumanalyse im Rahmen einer Umweltverträglichkeitsstudie
b) Mitwirken an der Prüfung der Verpflichtung, zu einem Vorhaben oder eine Planung eine Umweltverträglichkeitsprüfung durchzuführen (Screening)
c) Erstellen einer allgemein verständlichen nichttechnischen Zusammenfassung nach dem Gesetz über die Umweltverträglichkeitsprüfung
d) Daten aus vorhandenen Unterlagen im Einzelnen ermitteln und aufbereiten
e) Örtliche Erhebungen, die nicht überwiegend der Kontrolle der aus Unterlagen erhobenen Daten dienen
f) Erstellen eines eigenständigen allgemein verständlichen Erläuterungsberichtes für Genehmigungsverfahren oder qualifizierende Zuarbeiten hierzu
g) Erstellen von Unterlagen im Rahmen von artenschutzrechtlichen Prüfungen oder Prüfungen zur Vereinbarkeit mit der Fauna-Flora-Habitat-Richtlinie
h) Kartieren von Biotoptypen, floristischen oder faunistischen Arten oder Artengruppen
i) Vertiefendes Untersuchen des Naturhaushalts, wie z.B. der Geologie, Hydrogeologie, Gewässergüte und -morphologie, Bodenanalysen
j) Mitwirken an Beteiligungsverfahren in der Bauleitplanung
k) Mitwirken an Genehmigungsverfahren nach fachrechtlichen Vorschriften
l) Fortführen der mit dem Auftraggeber abgestimmten Fassung im Rahmen eines Genehmigungsverfahrens, Erstellen einer genehmigungsfähigen Fassung auf der Grundlage von Anregungen Dritter.

Honorarordnung für Architekten und Ingenieure HOAI 2013 **1**

Anlage 10
(zu § 34 Absatz 4, § 35 Absatz 7)

Grundleistungen im Leistungsbild Gebäude und Innenräume, Besondere Leistungen, Objektlisten

10.1 Leistungsbild Gebäude und Innenräume

Grundleistungen	Besondere Leistungen
LPH 1 Grundlagenermittlung	
a) Klären der Aufgabenstellung auf Grundlage der Vorgaben oder der Bedarfsplanung des Auftraggebers b) Ortsbesichtigung c) Beraten zum gesamten Leistungs- und Untersuchungsbedarf d) Formulieren der Entscheidungshilfen für die Auswahl anderer an der Planung fachlich Beteiligter e) Zusammenfassen, Erläutern und Dokumentieren der Ergebnisse	– Bedarfsplanung – Bedarfsermittlung – Aufstellen eines Funktionsprogramms – Aufstellen eines Raumprogramms – Standortanalyse – Mitwirken bei Grundstücks- und Objektauswahl, -beschaffung und -übertragung – Beschaffen von Unterlagen, die für das Vorhaben erheblich sind – Bestandsaufnahme – technische Substanzerkundung – Betriebsplanung – Prüfen der Umwelterheblichkeit – Prüfen der Umweltverträglichkeit – Machbarkeitsstudie – Wirtschaftlichkeitsuntersuchung – Projektstrukturplanung – Zusammenstellen der Anforderungen aus Zertifizierungssystemen – Verfahrensbetreuung, Mitwirken bei der Vergabe von Planungs- und Gutachterleistungen
LPH 2 Vorplanung (Projekt- und Planungsvorbereitung)	
a) Analysieren der Grundlagen, Abstimmen der Leistungen mit den fachlich an der Planung Beteiligten b) Abstimmen der Zielvorstellungen, Hinweisen auf Zielkonflikte c) Erarbeiten der Vorplanung, Untersuchen, Darstellen und Bewerten von Varianten nach gleichen Anforderungen, Zeichnungen im Maßstab nach Art und Größe des Objekts d) Klären und Erläutern der wesentlichen Zusammenhänge, Vorgaben und Bedingungen (zum Beispiel städtebauliche, gestalterische, funktionale, technische, wirtschaftliche, ökologische, bauphysikalische, energiewirtschaftliche, soziale, öffentlich-rechtliche)	– Aufstellen eines Katalogs für die Planung und Abwicklung der Programmziele – Untersuchen alternativer Lösungsansätze nach verschiedenen Anforderungen, einschließlich Kostenbewertung – Beachten der Anforderungen des vereinbarten Zertifizierungssystems – Durchführen des Zertifizierungssystems – Ergänzen der Vorplanungsunterlagen auf Grund besonderer Anforderungen – Aufstellen eines Finanzierungsplanes – Mitwirken bei der Kredit- und Fördermittelbeschaffung – Durchführen von Wirtschaftlichkeitsuntersuchungen – Durchführen der Voranfrage (Bauanfrage)

1 HOAI 2013

Honorarordnung für Architekten und Ingenieure

Grundleistungen	Besondere Leistungen
e) Bereitstellen der Arbeitsergebnisse als Grundlage für die anderen an der Planung fachlich Beteiligten sowie Koordination und Integration von deren Leistungen f) Vorverhandlungen über die Genehmigungsfähigkeit g) Kostenschätzung nach DIN 276, Vergleich mit den finanziellen Rahmenbedingungen h) Erstellen eines Terminplans mit den wesentlichen Vorgängen des Planungs- und Bauablaufs i) Zusammenfassen, Erläutern und Dokumentieren der Ergebnisse	– Anfertigen von besonderen Präsentationshilfen, die für die Klärung im Vorentwurfsprozess nicht notwendig sind, zum Beispiel – Präsentationsmodelle – Perspektivische Darstellungen – Bewegte Darstellung/Animation – Farb- und Materialcollagen – digitales Geländemodell – 3-D oder 4-D Gebäudemodellbearbeitung (Building Information Modelling BIM) – Aufstellen einer vertieften Kostenschätzung nach Positionen einzelner Gewerke – Fortschreiben des Projektstrukturplanes – Aufstellen von Raumbüchern – Erarbeiten und Erstellen von besonderen bauordnungsrechtlichen Nachweisen für den vorbeugenden und organisatorischen Brandschutz bei baulichen Anlagen besonderer Art und Nutzung, Bestandsbauten oder im Falle von Abweichungen von der Bauordnung
LPH 3 Entwurfsplanung (System- und Integrationsplanung)	
a) Erarbeiten der Entwurfsplanung, unter weiterer Berücksichtigung der wesentlichen Zusammenhänge, Vorgaben und Bedingungen (zum Beispiel städtebauliche, gestalterische, funktionale, technische, wirtschaftliche, ökologische, soziale, öffentlich-rechtliche) auf der Grundlage der Vorplanung und als Grundlage für die weiteren Leistungsphasen und die erforderlichen öffentlich-rechtlichen Genehmigungen unter Verwendung der Beiträge anderer an der Planung fachlich Beteiligter. Zeichnungen nach Art und Größe des Objekts im erforderlichen Umfang und Detaillierungsgrad unter Berücksichtigung aller fachspezifischen Anforderungen, zum Beispiel bei Gebäuden im Maßstab 1:100, zum Beispiel bei Innenräumen im Maßstab 1:50 bis 1:20 b) Bereitstellen der Arbeitsergebnisse als Grundlage für die anderen an der Planung fachlich Beteiligten sowie Koordination und Integration von deren Leistungen	– Analyse der Alternativen/Varianten und deren Wertung mit Kostenuntersuchung (Optimierung) – Wirtschaftlichkeitsberechnung – Aufstellen und Fortschreiben einer vertieften Kostenberechnung – Fortschreiben von Raumbücher

Grundleistungen	Besondere Leistungen
c) Objektbeschreibung d) Verhandlungen über die Genehmigungsfähigkeit e) Kostenberechnung nach DIN 276 und Vergleich mit der Kostenschätzung f) Fortschreiben des Terminplans g) Zusammenfassen, Erläutern und Dokumentieren der Ergebnisse	

LPH 4 Genehmigungsplanung

Grundleistungen	Besondere Leistungen
a) Erarbeiten und Zusammenstellen der Vorlagen und Nachweise für öffentlich-rechtliche Genehmigungen oder Zustimmungen einschließlich der Anträge auf Ausnahmen und Befreiungen, sowie notwendiger Verhandlungen mit Behörden unter Verwendung der Beiträge anderer an der Planung fachlich Beteiligter b) Einreichen der Vorlagen c) Ergänzen und Anpassen der Planungsunterlagen, Beschreibungen und Berechnungen	– Mitwirken bei der Beschaffung der nachbarlichen Zustimmung – Nachweise, insbesondere technischer, konstruktiver und bauphysikalischer Art für die Erlangung behördlicher Zustimmungen im Einzelfall – Fachliche und organisatorische Unterstützung des Bauherrn im Widerspruchsverfahren, Klageverfahren oder ähnlichen Verfahren

LPH 5 Ausführungsplanung

Grundleistungen	Besondere Leistungen
a) Erarbeiten der Ausführungsplanung mit allen für die Ausführung notwendigen Einzelangaben (zeichnerisch und textlich) auf der Grundlage der Entwurfs- und Genehmigungsplanung bis zur ausführungsreifen Lösung, als Grundlage für die weiteren Leistungsphasen b) Ausführungs-, Detail- und Konstruktionszeichnungen nach Art und Größe des Objekts im erforderlichen Umfang und Detaillierungsgrad unter Berücksichtigung aller fachspezifischen Anforderungen, zum Beispiel bei Gebäuden im Maßstab 1:50 bis 1:1, zum Beispiel bei Innenräumen im Maßstab 1:20 bis 1:1 c) Bereitstellen der Arbeitsergebnisse als Grundlage für die anderen an der Planung fachlich Beteiligten, sowie Koordination und Integration von deren Leistungen	– Aufstellen einer detaillierten Objektbeschreibung als Grundlage der Leistungsbeschreibung mit Leistungsprogramm*) – Prüfen der vom bauausführenden Unternehmen auf Grund der Leistungsbeschreibung mit Leistungsprogramm ausgearbeiteten Ausführungspläne auf Übereinstimmung mit der Entwurfsplanung*) – Fortschreiben von Raumbüchern in detaillierter Form – Mitwirken beim Anlagenkennzeichnungssystem (AKS) – Prüfen und Anerkennen von Plänen Dritter, nicht an der Planung fachlich Beteiligter auf Übereinstimmung mit den Ausführungsplänen (zum Beispiel Werkstattzeichnungen von Unternehmen, Aufstellungs- und Fundamentpläne nutzungsspezifischer oder betriebstechnischer Anlagen), soweit die

---

*) **Amtl. Anm.:** Diese Besondere Leistung wird bei Leistungsbeschreibung mit Leistungsprogramm ganz oder teilweise Grundleistung. In diesem Fall entfallen die entsprechenden Grundleistungen dieser Leistungsphase.

1 HOAI 2013

Honorarordnung für Architekten und Ingenieure

Grundleistungen	Besondere Leistungen
d) Fortschreiben des Terminplans e) Fortschreiben der Ausführungsplanung auf Grund der gewerkeorientierten Bearbeitung während der Objektausführung f) Überprüfen erforderlicher Montagepläne der vom Objektplaner geplanten Baukonstruktionen und baukonstruktiven Einbauten auf Übereinstimmung mit der Ausführungsplanung	Leistungen Anlagen betreffen, die in den anrechenbaren Kosten nicht erfasst sind
LPH 6 Vorbereitung der Vergabe	
a) Aufstellen eines Vergabeterminplans b) Aufstellen von Leistungsbeschreibungen mit Leistungsverzeichnissen nach Leistungsbereichen, Ermitteln und Zusammenstellen von Mengen auf der Grundlage der Ausführungsplanung unter Verwendung der Beiträge anderer an der Planung fachlich Beteiligter c) Abstimmen und Koordinieren der Schnittstellen zu den Leistungsbeschreibungen der an der Planung fachlich Beteiligten d) Ermitteln der Kosten auf der Grundlage vom Planer bepreister Leistungsverzeichnisse e) Kostenkontrolle durch Vergleich der vom Planer bepreisten Leistungsverzeichnisse mit der Kostenberechnung f) Zusammenstellen der Vergabeunterlagen für alle Leistungsbereiche	– Aufstellen der Leistungsbeschreibungen mit Leistungsprogramm auf der Grundlage der detaillierten Objektbeschreibung*⁾ – Aufstellen von alternativen Leistungsbeschreibungen für geschlossene Leistungsbereiche – Aufstellen von vergleichenden Kostenübersichten unter Auswertung der Beiträge anderer an der Planung fachlich Beteiligter
LPH 7 Mitwirkung bei der Vergabe	
a) Koordinieren der Vergaben der Fachplaner b) Einholen von Angeboten c) Prüfen und Werten der Angebote einschließlich Aufstellen eines Preisspiegels nach Einzelpositionen oder Teilleistungen, Prüfen und Werten der Angebote zusätzlicher und geänderter Leistungen der ausführenden Unternehmen und der Angemessenheit der Preise d) Führen von Bietergesprächen e) Erstellen der Vergabevorschläge, Dokumentation des Vergabeverfahrens	– Prüfen und Werten von Nebenangeboten mit Auswirkungen auf die abgestimmte Planung – Mitwirken bei der Mittelabflussplanung – Fachliche Vorbereitung und Mitwirken bei Nachprüfungsverfahren – Mitwirken bei der Prüfung von bauwirtschaftlich begründeten Nachtragsangeboten – Prüfen und Werten der Angebote aus Leistungsbeschreibung mit Leistungsprogramm einschließlich Preisspiegel*⁾

---

*⁾ **Amtl. Anm.:** Diese Besondere Leistung wird bei Leistungsbeschreibung mit Leistungsprogramm ganz oder teilweise Grundleistung. In diesem Fall entfallen die entsprechenden Grundleistungen dieser Leistungsphase.

Grundleistungen	Besondere Leistungen
f) Zusammenstellen der Vertragsunterlagen für alle Leistungsbereiche g) Vergleichen der Ausschreibungsergebnisse mit den vom Planer bepreisten Leistungsverzeichnissen oder der Kostenberechnung h) Mitwirken bei der Auftragserteilung	– Aufstellen, Prüfen und Werten von Preisspiegeln nach besonderen Anforderungen
LPH 8 Objektüberwachung (Bauüberwachung) und Dokumentation	
a) Überwachen der Ausführung des Objektes auf Übereinstimmung mit der öffentlich-rechtlichen Genehmigung oder Zustimmung, den Verträgen mit ausführenden Unternehmen, den Ausführungsunterlagen, den einschlägigen Vorschriften sowie mit den allgemein anerkannten Regeln der Technik b) Überwachen der Ausführung von Tragwerken mit sehr geringen und geringen Planungsanforderungen auf Übereinstimmung mit dem Standsicherheitsnachweis c) Koordinieren der an der Objektüberwachung fachlich Beteiligten d) Aufstellen, Fortschreiben und Überwachen eines Terminplans (Balkendiagramm) e) Dokumentation des Bauablaufs (zum Beispiel Bautagebuch) f) Gemeinsames Aufmaß mit den ausführenden Unternehmen g) Rechnungsprüfung einschließlich Prüfen der Aufmaße der bauausführenden Unternehmen h) Vergleich der Ergebnisse der Rechnungsprüfungen mit den Auftragssummen einschließlich Nachträgen i) Kostenkontrolle durch Überprüfen der Leistungsabrechnung der bauausführenden Unternehmen im Vergleich zu den Vertragspreisen j) Kostenfeststellung, zum Beispiel nach DIN 276 k) Organisation der Abnahme der Bauleistungen unter Mitwirkung anderer an der Planung und Objektüberwachung fachlich Beteiligter, Feststellung von Mängeln, Abnahmeempfehlung für den Auftraggeber l) Antrag auf öffentlich-rechtliche Abnahmen und Teilnahme daran m) Systematische Zusammenstellung der Dokumentation, zeichnerischen Darstellungen und rechnerischen Ergebnisse des Objekts	– Aufstellen, Überwachen und Fortschreiben eines Zahlungsplanes – Aufstellen, Überwachen und Fortschreiben von differenzierten Zeit-, Kosten- oder Kapazitätsplänen – Tätigkeit als verantwortlicher Bauleiter, soweit diese Tätigkeit nach jeweiligem Landesrecht über die Grundleistungen der LPH 8 hinausgeht

1 HOAI 2013

Honorarordnung für Architekten und Ingenieure

Grundleistungen	Besondere Leistungen
n) Übergabe des Objekts o) Auflisten der Verjährungsfristen für Mängelansprüche p) Überwachen der Beseitigung der bei der Abnahme festgestellten Mängel	
LPH 9 Objektbetreuung	
a) Fachliche Bewertung der innerhalb der Verjährungsfristen für Gewährleistungsansprüche festgestellten Mängel, längstens jedoch bis zum Ablauf von fünf Jahren seit Abnahme der Leistung, einschließlich notwendiger Begehungen b) Objektbegehung zur Mängelfeststellung vor Ablauf der Verjährungsfristen für Mängelansprüche gegenüber den ausführenden Unternehmen c) Mitwirken bei der Freigabe von Sicherheitsleistungen	– Überwachen der Mängelbeseitigung innerhalb der Verjährungsfrist – Erstellen einer Gebäudebestandsdokumentation – Aufstellen von Ausrüstungs- und Inventarverzeichnissen – Erstellen von Wartungs- und Pflegeanweisungen – Erstellen eines Instandhaltungskonzepts – Objektbeobachtung – Objektverwaltung – Baubegehungen nach Übergabe – Aufbereiten der Planungs- und Kostendaten für eine Objektdatei oder Kostenrichtwerte – Evaluieren von Wirtschaftlichkeitsberechnungen

10.2 Objektliste Gebäude

Nachstehende Gebäude werden in der Regel folgenden Honorarzonen zugerechnet:

Objektliste Gebäude	Honorarzone				
	I	II	III	IV	V
Wohnen					
– Einfache Behelfsbauten für vorübergehende Nutzung	X				
– Einfache Wohnbauten mit gemeinschaftlichen Sanitär- und Kücheneinrichtungen		X			
– Einfamilienhäuser, Wohnhäuser oder Hausgruppen in verdichteter Bauweise				X	X
– Wohnheime, Gemeinschaftsunterkünfte, Jugendherbergen, -freizeitzentren, -stätten				X	X
Ausbildung/Wissenschaft/Forschung					
– Offene Pausen-, Spielhallen	X				
– Studentenhäuser				X	X
– Schulen mit durchschnittlichen Planungsanforderungen, zum Beispiel Grundschulen, weiterführende Schulen und Berufsschulen				X	X
– Schulen mit hohen Planungsanforderungen, Bildungszentren, Hochschulen, Universitäten, Akademien				X	
– Hörsaal-, Kongresszentren				X	
– Labor- oder Institutsgebäude				X	X

Honorarordnung für Architekten und Ingenieure — HOAI 2013

Objektliste Gebäude	Honorarzone				
	I	II	III	IV	V
Büro/Verwaltung/Staat/Kommune					
– Büro-, Verwaltungsgebäude				X	X
– Wirtschaftsgebäude, Bauhöfe				X	X
– Parlaments-, Gerichtsgebäude					X
– Bauten für den Strafvollzug				X	X
– Feuerwachen, Rettungsstationen				X	X
– Sparkassen- oder Bankfilialen				X	X
– Büchereien, Bibliotheken, Archive				X	X
Gesundheit/Betreuung					
– Liege- oder Wandelhallen	X				
– Kindergärten, Kinderhorte			X		
– Jugendzentren, Jugendfreizeitstätten			X		
– Betreuungseinrichtungen, Altentagesstätten			X		
– Pflegeheime oder Bettenhäuser, ohne oder mit medizinisch-technischer Einrichtungen				X	X
– Unfall-, Sanitätswachen, Ambulatorien			X	X	
– Therapie- oder Rehabilitations-Einrichtungen, Gebäude für Erholung, Kur oder Genesung				X	X
– Hilfskrankenhäuser				X	
– Krankenhäuser der Versorgungsstufe I oder II, Krankenhäuser besonderer Zweckbestimmung				X	
– Krankenhäuser der Versorgungsstufe III, Universitätskliniken					X
Handel und Verkauf/Gastgewerbe					
– Einfache Verkaufslager, Verkaufsstände, Kioske			X		
– Ladenbauten, Discounter, Einkaufszentren, Märkte, Messehallen				X	X
– Gebäude für Gastronomie, Kantinen oder Mensen				X	X
– Großküchen, mit oder ohne Speiseräume				X	
– Pensionen, Hotels				X	X
Freizeit/Sport					
– Einfache Tribünenbauten			X		
– Bootshäuser			X		
– Turn- oder Sportgebäude				X	X
– Mehrzweckhallen, Hallenschwimmbäder, Großsportstätten				X	X
Gewerbe/Industrie/Landwirtschaft					
– Einfache Landwirtschaftliche Gebäude, zum Beispiel Feldscheunen, Einstellhallen	X				
– Landwirtschaftliche Betriebsgebäude, Stallanlagen		X	X	X	

1 HOAI 2013 — Honorarordnung für Architekten und Ingenieure

Objektliste Gebäude	Honorarzone				
	I	II	III	IV	V
– Gewächshäuser für die Produktion		X			
– Einfache geschlossene, eingeschossige Hallen, Werkstätten		X			
– Spezielle Lagergebäude, zum Beispiel Kühlhäuser			X		
– Werkstätten, Fertigungsgebäude des Handwerks oder der Industrie		X	X	X	
– Produktionsgebäude der Industrie			X	X	X
Infrastruktur					
– Offene Verbindungsgänge, Überdachungen, zum Beispiel Wetterschutzhäuser, Carports	X				
– Einfache Garagenbauten		X			
– Parkhäuser, -garagen, Tiefgaragen, jeweils mit integrierten weiteren Nutzungsarten			X	X	
– Bahnhöfe oder Stationen verschiedener öffentlicher Verkehrsmittel				X	
– Flughäfen				X	X
– Energieversorgungszentralen, Kraftwerksgebäude, Großkraftwerke				X	X
Kultur-/Sakralbauten					
– Pavillons für kulturelle Zwecke		X	X		
– Bürger-, Gemeindezentren, Kultur-/Sakralbauten, Kirchen				X	
– Mehrzweckhallen für religiöse oder kulturelle Zwecke				X	
– Ausstellungsgebäude, Lichtspielhäuser			X	X	
– Museen				X	X
– Theater-, Opern-, Konzertgebäude				X	X
– Studiogebäude für Rundfunk oder Fernsehen				X	X

10.3 Objektliste Innenräume

Nachstehende Innenräume werden in der Regel folgenden Honorarzonen zugerechnet:

Objektliste Innenräume	Honorarzone				
	I	II	III	IV	V
– Einfachste Innenräume für vorübergehende Nutzung ohne oder mit einfachsten seriellen Einrichtungsgegenständen	X				
– Innenräume mit geringer Planungsanforderung, unter Verwendung von serienmäßig hergestellten Möbeln und Ausstattungsgegenständen einfacher Qualität, ohne technische Ausstattung		X			
– Innenräume mit durchschnittlicher Planungsanforderung, zum überwiegenden Teil unter Verwendung von serienmäßig hergestellten Möbeln und Ausstattungsgegenständen oder mit durchschnittlicher technischer Ausstattung			X		

Honorarordnung für Architekten und Ingenieure — HOAI 2013

Objektliste Innenräume	Honorarzone				
	I	II	III	IV	V
– Innenräume mit hohen Planungsanforderungen, unter Mitverwendung von serienmäßig hergestellten Möbeln und Ausstattungsgegenständen gehobener Qualität oder gehobener technischer Ausstattung				X	
– Innenräume mit sehr hohen Planungsanforderungen, unter Verwendung von aufwendiger Einrichtung oder Ausstattung oder umfangreicher technischer Ausstattung					X
Wohnen					
– Einfachste Räume ohne Einrichtung oder für vorübergehende Nutzung	X				
– Einfache Wohnräume mit geringen Anforderungen an Gestaltung oder Ausstattung		X			
– Wohnräume mit durchschnittlichen Anforderungen, serielle Einbauküchen			X		
– Wohnräume in Gemeinschaftsunterkünften oder Heimen			X		
– Wohnräume gehobener Anforderungen, individuell geplante Küchen und Bäder				X	
– Dachgeschossausbauten, Wintergärten				X	
– Individuelle Wohnräume in anspruchsvoller Gestaltung mit aufwendiger Einrichtung, Ausstattung und technischer Ausrüstung					X
Ausbildung/Wissenschaft/Forschung					
– Einfache offene Hallen	X				
– Lager- oder Nebenräume mit einfacher Einrichtung oder Ausstattung		X			
– Gruppenräume zum Beispiel in Kindergärten, Kinderhorten, Jugendzentren, Jugendherbergen, Jugendheimen			X	X	
– Klassenzimmer, Hörsäle, Seminarräume, Büchereien, Mensen			X	X	
– Aulen, Bildungszentren, Bibliotheken, Labore, Lehrküchen mit oder ohne Speise- oder Aufenthaltsräume, Fachunterrichtsräume mit technischer Ausstattung				X	
– Kongress-, Konferenz-, Seminar-, Tagungsbereiche mit individuellem Ausbau und Einrichtung und umfangreicher technischer Ausstattung				X	
– Räume wissenschaftlicher Forschung mit hohen Ansprüchen und technischer Ausrüstung					X
Büro/Verwaltung/Staat/Kommune					
– innere Verkehrsflächen	X				
– Post-, Kopier-, Putz- oder sonstige Nebenräume ohne baukonstruktive Einbauten		X			
– Büro-, Verwaltungs-, Aufenthaltsräume mit durchschnittlichen Anforderungen, Treppenhäuser, Wartehallen, Teeküchen				X	

1 HOAI 2013 — Honorarordnung für Architekten und Ingenieure

Objektliste Innenräume	Honorarzone				
	I	II	III	IV	V
– Räume für sanitäre Anlagen, Werkräume, Wirtschaftsräume, Technikräume			X		
– Eingangshallen, Sitzungs- oder Besprechungsräume, Kantinen, Sozialräume				X	X
– Kundenzentren, -ausstellungen, -präsentationen				X	X
– Versammlungs-, Konferenzbereiche, Gerichtssäle, Arbeitsbereiche von Führungskräften mit individueller Gestaltung oder Einrichtung oder gehobener technischer Ausstattung				X	
– Geschäfts-, Versammlungs- oder Konferenzräume mit anspruchsvollem Ausbau oder anspruchsvoller Einrichtung, aufwendiger Ausstattung oder sehr hohen technischen Anforderungen					X
Gesundheit/Betreuung					
– offene Spiel- oder Wandelhallen	X				
– einfache Ruhe- oder Nebenräume		X			
– Sprech-, Betreuungs-, Patienten-, Heimzimmer oder Sozialräume mit durchschnittlichen Anforderungen ohne medizintechnische Ausrüstung			X		
– Behandlungs- oder Betreuungsbereiche mit medizintechnischer Ausrüstung oder Einrichtung in Kranken-, Therapie-, Rehabilitations- oder Pflegeeinrichtungen, Arztpraxen				X	
– Operations-, Kreißsäle, Röntgenräume				X	X
Handel/Gastgewerbe					
– Verkaufsstände für vorübergehende Nutzung	X				
– Kioske, Verkaufslager, Nebenräume mit einfacher Einrichtung und Ausstattung		X			
– Durchschnittliche Laden- oder Garäume, Einkaufsbereiche, Schnellgaststätten				X	
– Fachgeschäfte, Boutiquen, Showrooms, Lichtspieltheater, Großküchen				X	
– Messestände, bei Verwendung von System- oder Modulbauteilen			X		
– Individuelle Messestände				X	
– Garäume, Sanitärbereiche gehobener Gestaltung, zum Beispiel in Restaurants, Bars, Weinstuben, Cafes, Clubräumen				X	
– Gast- oder Sanitärbereiche zum Beispiel in Pensionen oder Hotels mit durchschnittlichen Anforderungen oder Einrichtungen oder Ausstattungen			X		
– Gast-, Informations- oder Unterhaltungsbereiche in Hotels mit individueller Gestaltung oder Möblierung oder gehobener Einrichtung oder technischer Ausstattung				X	

Honorarordnung für Architekten und Ingenieure HOAI 2013 **1**

Objektliste Innenräume	Honorarzone				
	I	II	III	IV	V
Freizeit/Sport					
– Neben- oder Wirtschafträume in Sportanlagen oder Schwimmbädern			X		
– Schwimmbäder, Fitness-, Wellness- oder Saunaanlagen, Großsportstätten				X	X
– Sport-, Mehrzweck- oder Stadthallen, Gymnastikräume, Tanzschulen				X	X
Gewerbe/Industrie/Landwirtschaft/Verkehr					
– Einfache Hallen oder Werkstätten ohne fachspezifische Einrichtung, Pavillons		X			
– Landwirtschaftliche Betriebsbereiche		X	X		
– Gewerbebereiche, Werkstätten mit technischer oder maschineller Einrichtung				X	X
– Umfassende Fabrikations- oder Produktionsanlagen				X	
– Räume in Tiefgaragen, Unterführungen			X		
– Gast- oder Betriebsbereiche in Flughäfen, Bahnhöfen				X	X
Kultur /Sakralbauten					
– Kultur- oder Sakralbereiche, Kirchenräume				X	X
– Individuell gestaltete Ausstellungs-, Museums- oder Theaterbereiche				X	X
– Konzert- oder Theatersäle, Studioräume für Rundfunk, Fernsehen oder Theater					X

1 HOAI 2013   Honorarordnung für Architekten und Ingenieure

Anlage 11
(zu § 39 Absatz 4, § 40 Absatz 5)

Grundleistungen im Leistungsbild Freianlagen, Besondere Leistungen, Objektliste

11.1 Leistungsbild Freianlagen

Grundleistungen	Besondere Leistungen
LPH 1 Grundlagenermittlung	
a) Klären der Aufgabenstellung auf Grund der Vorgaben oder der Bedarfsplanung des Auftraggebers oder vorliegender Planungs- und Genehmigungsunterlagen b) Ortsbesichtigung c) Beraten zum gesamten Leistungs- und Untersuchungsbedarf d) Formulieren von Entscheidungshilfen für die Auswahl anderer an der Planung fachlich Beteiligter e) Zusammenfassen, Erläutern und Dokumentieren der Ergebnisse	– Mitwirken bei der öffentlichen Erschließung – Kartieren und Untersuchen des Bestandes, Floristische oder faunistische Kartierungen – Begutachtung des Standortes mit besonderen Methoden, zum Beispiel Bodenanalysen – Beschaffen bzw. Aktualisieren bestehender Planunterlagen, Erstellen von Bestandskarten
LPH 2 Vorplanung (Projekt- und Planungsvorbereitung)	
a) Analysieren der Grundlagen, Abstimmen der Leistungen mit den fachlich an der Planung Beteiligten b) Abstimmen der Zielvorstellungen c) Erfassen, Bewerten und Erläutern der Wechselwirkungen im Ökosystem d) Erarbeiten eines Planungskonzepts einschließlich Untersuchen und Bewerten von Varianten nach gleichen Anforderungen unter Berücksichtigung zum Beispiel – der Topographie und der weiteren standörtlichen und ökologischen Rahmenbedingungen – der Umweltbelange einschließlich der natur- und artenschutzrechtlichen Anforderungen und der vegetationstechnischen Bedingungen – der gestalterischen und funktionalen Anforderungen – Klären der wesentlichen Zusammenhänge, Vorgänge und Bedingungen – Abstimmen oder Koordinieren unter Integration der Beiträge anderer an der Planung fachlich Beteiligter e) Darstellen des Vorentwurfs mit Erläuterungen und Angaben zum terminlichen Ablauf	– Umweltfolgenabschätzung – Bestandsaufnahme, Vermessung – Fotodokumentationen – Mitwirken bei der Beantragung von Fördermitteln und Beschäftigungsmaßnahmen – Erarbeiten von Unterlagen für besondere technische Prüfverfahren – Beurteilen und Bewerten der vorhandenen Bausubstanz, Bauteile, Materialien, Einbauten oder der zu schützenden oder zu erhaltenden Gehölze oder Vegetationsbestände

Grundleistungen	Besondere Leistungen
f) Kostenschätzung, zum Beispiel nach DIN 276, Vergleich mit den finanziellen Rahmenbedingungen g) Zusammenfassen, Erläutern und Dokumentieren der Vorplanungsergebnisse	
LPH 3 Entwurfsplanung (System- und Integrationsplanung)	
a) Erarbeiten der Entwurfsplanung auf Grundlage der Vorplanung unter Vertiefung zum Beispiel der gestalterischen, funktionalen, wirtschaftlichen, standörtlichen, ökologischen, natur- und artenschutzrechtlichen Anforderungen Abstimmen oder Koordinieren unter Integration der Beiträge anderer an der Planung fachlich Beteiligter b) Abstimmen der Planung mit zu beteiligenden Stellen und Behörden c) Darstellen des Entwurfs zum Beispiel im Maßstab 1:500 bis 1:100, mit erforderlichen Angaben insbesondere – zur Bepflanzung, – zu Materialien und Ausstattungen, – zu Maßnahmen auf Grund rechtlicher Vorgaben, – zum terminlichen Ablauf d) Objektbeschreibung mit Erläuterung von Ausgleichs- und Ersatzmaßnahmen nach Maßgabe der naturschutzrechtlichen Eingriffsregelung e) Kostenberechnung, zum Beispiel nach DIN 276 einschließlich zugehöriger Mengenermittlung f) Vergleich der Kostenberechnung mit der Kostenschätzung g) Zusammenfassen, Erläutern und Dokumentieren der Entwurfsplanungsergebnisse	– Mitwirken beim Beschaffen nachbarlicher Zustimmungen – Erarbeiten besonderer Darstellungen, zum Beispiel Modelle, Perspektiven, Animationen – Beteiligung von externen Initiativ- und Betroffenengruppen bei Planung und Ausführung – Mitwirken bei Beteiligungsverfahren oder Workshops – Mieter- oder Nutzerbefragungen – Erarbeiten von Ausarbeitungen nach den Anforderungen der naturschutzrechtlichen Eingriffsregelung sowie des besonderen Arten- und Biotopschutzrechtes, Eingriffsgutachten, Eingriffs- oder Ausgleichsbilanz nach landesrechtlichen Regelungen – Mitwirken beim Erstellen von Kostenaufstellungen und Planunterlagen für Vermarktung und Vertrieb – Erstellen und Zusammenstellen von Unterlagen für die Beauftragung von Dritten (Sachverständigenbeauftragung) – Mitwirken bei der Beantragung und Abrechnung von Fördermitteln und Beschäftigungsmaßnahmen – Abrufen von Fördermitteln nach Vergleich mit den Ist-Kosten (Baufinanzierungsleistung) – Mitwirken bei der Finanzierungsplanung – Erstellen einer Kosten-Nutzen-Analyse – Aufstellen und Berechnen von Lebenszykluskosten
LPH 4 Genehmigungsplanung	
a) Erarbeiten und Zusammenstellen der Vorlagen und Nachweise für öffentlich-rechtliche Genehmigungen oder Zustimmungen einschließlich der Anträge auf Ausnahmen und Befreiungen, sowie notwendiger Verhandlungen mit Behörden unter Verwendung der Beiträge anderer an der Planung fachlich Beteiligter	– Teilnahme an Sitzungen in politischen Gremien oder im Rahmen der Öffentlichkeitsbeteiligung – Erstellen von landschaftspflegerischen Fachbeiträgen oder natur- und artenschutzrechtlichen Beiträgen – Mitwirken beim Einholen von Genehmigungen und Erlaubnissen nach Naturschutz-, Fach- und Satzungsrecht

1 HOAI 2013

Grundleistungen	Besondere Leistungen
b) Einreichen der Vorlagen c) Ergänzen und Anpassen der Planungsunterlagen, Beschreibungen und Berechnungen	– Erfassen, Bewerten und Darstellen des Bestandes gemäß Ortssatzung – Erstellen von Rodungs- und Baumfallanträgen – Erstellen von Genehmigungsunterlagen und Anträgen nach besonderen Anforderungen – Erstellen eines Überflutungsnachweises für Grundstücke – Prüfen von Unterlagen der Planfeststellung auf Übereinstimmung mit der Planung
LPH 5 Ausführungsplanung	
a) Erarbeiten der Ausführungsplanung auf Grundlage der Entwurfs- und Genehmigungsplanung bis zur ausführungsreifen Lösung als Grundlage für die weiteren Leistungsphasen b) Erstellen von Plänen oder Beschreibungen, je nach Art des Bauvorhabens zum Beispiel im Maßstab 1:200 bis 1:50 c) Abstimmen oder Koordinieren unter Integration der Beiträge anderer an der Planung fachlich Beteiligter d) Darstellen der Freianlagen mit den für die Ausführung notwendigen Angaben, Detail- oder Konstruktionszeichnungen, insbesondere – zu Oberflächenmaterial, -befestigungen und -relief, – zu ober- und unterirdischen Einbauten und Ausstattungen, – zur Vegetation mit Angaben zu Arten, Sorten und Qualitäten, – zu landschaftspflegerischen, naturschutzfachlichen oder artenschutzrechtlichen Maßnahmen e) Fortschreiben der Angaben zum terminlichen Ablauf f) Fortschreiben der Ausführungsplanung während der Objektausführung	– Erarbeitung von Unterlagen für besondere technische Prüfverfahren (zum Beispiel Lastplattendruckversuche) – Auswahl von Pflanzen beim Lieferanten (Erzeuger)
LPH 6 Vorbereitung der Vergabe	
a) Aufstellen von Leistungsbeschreibungen mit Leistungsverzeichnissen b) Ermitteln und Zusammenstellen von Mengen auf Grundlage der Ausführungsplanung c) Abstimmen oder Koordinieren der Leistungsbeschreibungen mit den an der Planung fachlich Beteiligten	– Alternative Leistungsbeschreibung für geschlossene Leistungsbereiche – Besondere Ausarbeitungen zum Beispiel für Selbsthilfearbeiten

Grundleistungen	Besondere Leistungen
d) Aufstellen eines Terminplans unter Berücksichtigung jahreszeitlicher, bauablaufbedingter und witterungsbedingter Erfordernisse e) Ermitteln der Kosten auf Grundlage der vom Planer bepreisten Leistungsverzeichnisse f) Kostenkontrolle durch Vergleich der vom Planer bepreisten Leistungsverzeichnisse mit der Kostenberechnung g) Zusammenstellen der Vergabeunterlagen	
LPH 7 Mitwirkung bei der Vergabe	
a) Einholen von Angeboten b) Prüfen und Werten der Angebote einschließlich Aufstellen eines Preisspiegels nach Einzelpositionen oder Teilleistungen, Prüfen und Werten der Angebote zusätzlicher und geänderter Leistungen der ausführenden Unternehmen und der Angemessenheit der Preise c) Führen von Bietergesprächen d) Erstellen der Vergabevorschläge, Dokumentation des Vergabeverfahrens e) Zusammenstellen der Vertragsunterlagen f) Kostenkontrolle durch Vergleichen der Ausschreibungsergebnisse mit den vom Planer bepreisten Leistungsverzeichnissen und der Kostenberechnung g) Mitwirken bei der Auftragserteilung	
LPH 8 Objektüberwachung (Bauüberwachung) und Dokumentation	
a) Überwachen der Ausführung des Objekts auf Übereinstimmung mit der Genehmigung oder Zustimmung, den Verträgen mit ausführenden Unternehmen, den Ausführungsunterlagen, den einschlägigen Vorschriften sowie mit den allgemein anerkannten Regeln der Technik b) Überprüfen von Pflanzen- und Materiallieferungen c) Abstimmen mit den oder Koordinieren der an der Objektüberwachung fachlich Beteiligten d) Fortschreiben und Überwachen des Terminplans unter Berücksichtigung jahreszeitlicher, bauablaufbedingter und witterungsbedingter Erfordernisse e) Dokumentation des Bauablaufes (zum Beispiel Bautagebuch), Feststellen des Anwuchsergebnisses	– Dokumentation des Bauablaufs nach besonderen Anforderungen des Auftraggebers – fachliches Mitwirken bei Gerichtsverfahren – Bauoberleitung, künstlerische Oberleitung – Erstellen einer Freianlagenbestandsdokumentation

Grundleistungen	Besondere Leistungen
f) Mitwirken beim Aufmaß mit den bauausführenden Unternehmen g) Rechnungsprüfung einschließlich Prüfen der Aufmaße der ausführenden Unternehmen h) Vergleich der Ergebnisse der Rechnungsprüfungen mit den Auftragssummen einschließlich Nachträgen i) Organisation der Abnahme der Bauleistungen unter Mitwirkung anderer an der Planung und Objektüberwachung fachlich Beteiligter, Feststellung von Mängeln, Abnahmeempfehlung für den Auftraggeber j) Antrag auf öffentlich-rechtliche Abnahmen und Teilnahme daran k) Übergabe des Objekts l) Überwachen der Beseitigung der bei der Abnahme festgestellten Mängel m) Auflisten der Verjährungsfristen für Mängelansprüche n) Überwachen der Fertigstellungspflege bei vegetationstechnischen Maßnahmen o) Kostenkontrolle durch Überprüfen der Leistungsabrechnung der bauausführenden Unternehmen im Vergleich zu den Vertragspreisen p) Kostenfeststellung, zum Beispiel nach DIN 276 q) Systematische Zusammenstellung der Dokumentation, zeichnerischen Darstellungen und rechnerischen Ergebnisse des Objekts	
LPH 9 Objektbetreuung	
a) Fachliche Bewertung der innerhalb der Verjährungsfristen für Gewährleistungsansprüche festgestellten Mängel, längstens jedoch bis zum Ablauf von 5 Jahren seit Abnahme der Leistung, einschließlich notwendiger Begehungen b) Objektbegehung zur Mängelfeststellung vor Ablauf der Verjährungsfristen für Mängelansprüche gegenüber den ausführenden Unternehmen c) Mitwirken bei der Freigabe von Sicherheitsleistungen	– Überwachung der Entwicklungs- und Unterhaltungspflege – Überwachen von Wartungsleistungen – Überwachen der Mängelbeseitigung innerhalb der Verjährungsfrist

11.2 Objektliste Freianlagen

Nachstehende Freianlagen werden in der Regel folgenden Honorarzonen zugeordnet:

Objekte	Honorarzone				
	I	II	III	IV	V
In der freien Landschaft					
– einfache Geländegestaltung	X				
– Einsaaten in der freien Landschaft	X				
– Pflanzungen in der freien Landschaft oder Windschutzpflanzungen, mit sehr geringen oder geringen Anforderungen	X	X			
– Pflanzungen in der freien Landschaft mit natur- und artenschutzrechtlichen Anforderungen (Kompensationserfordernissen)			X		
– Flächen für den Arten- und Biotopschutz mit differenzierten Gestaltungsansprüchen oder mit Biotopverbundfunktion				X	
– Naturnahe Gewässer- und Ufergestaltung			X		
– Geländegestaltungen und Pflanzungen für Deponien, Halden und Entnahmestellen mit geringen oder durchschnittlichen Anforderungen		X	X		
– Freiflächen mit einfachem Ausbau bei kleineren Siedlungen, bei Einzelbauwerken und bei landwirtschaftlichen Aussiedlungen			X		
– Begleitgrün zu Objekten, Bauwerken und Anlagen mit geringen oder durchschnittlichen Anforderungen		X	X		
In Stadt- und Ortslagen					
– Grünverbindungen ohne besondere Ausstattung			X		
– Innerörtliche Grünzüge, Grünverbindungen mit besonderer Ausstattung				X	
– Freizeitparks und Parkanlagen				X	
– Geländegestaltung ohne oder mit Abstützungen				X	X
– Begleitgrün zu Objekten, Bauwerken und Anlagen sowie an Ortsrändern			X	X	
– Schulgärten und naturkundliche Lehrpfade und -gebiete				X	
– Hausgärten und Gartenhöfe mit Repräsentationsansprüchen				X	X
Gebäudebegrünung					
– Terrassen und Dachgärten					X
– Bauwerksbegrünung vertikal und horizontal mit hohen oder sehr hohen Anforderungen				X	X
– Innenbegrünung mit hohen oder sehr hohen Anforderungen				X	X
– Innenhöfe mit hohen oder sehr hohen Anforderungen				X	X

1 HOAI 2013

Honorarordnung für Architekten und Ingenieure

Objekte	Honorarzone				
	I	II	III	IV	V
Spiel- und Sportanlagen					
– Ski- und Rodelhänge ohne oder mit technischer Ausstattung	X	X			
– Spielwiesen		X			
– Ballspielplätze, Bolzplätze, mit geringen oder durchschnittlichen Anforderungen		X	X		
– Sportanlagen in der Landschaft, Parcours, Wettkampfstrecken			X		
– Kombinationsspielfelder, Sport-, Tennisplätze und Sportanlagen mit Tennenbelag oder Kunststoff- oder Kunstrasenbelag			X	X	
– Spielplätze				X	
– Sportanlagen Typ A bis C oder Sportstadien				X	X
– Golfplätze mit besonderen natur- und artenschutzrechtlichen Anforderungen oder in stark reliefiertem Geländeumfeld				X	X
– Freibäder mit besonderen Anforderungen, Schwimmteiche				X	X
– Schul- und Pausenhöfe mit Spiel- und Bewegungsangebot				X	
Sonderanlagen					
– Freilichtbühnen				X	
– Zelt- oder Camping- oder Badeplätze, mit durchschnittlicher oder hoher Ausstattung oder Kleingartenanlagen			X	X	
Objekte					
– Friedhöfe, Ehrenmale, Gedenkstätten, mit hoher oder sehr hoher Ausstattung				X	X
– Zoologische und botanische Gärten					X
– Lärmschutzeinrichtungen				X	
– Garten- und Hallenschauen					X
– Freiflächen im Zusammenhang mit historischen Anlagen, historische Park- und Gartenanlagen, Gartendenkmale					X
Sonstige Freianlagen					
– Freiflächen mit Bauwerksbezug, mit durchschnittlichen topographischen Verhältnissen oder durchschnittlicher Ausstattung			X		
– Freiflächen mit Bauwerksbezug, mit schwierigen oder besonders schwierigen topographischen Verhältnissen oder hoher oder sehr hoher Ausstattung				X	X
– Fußgängerbereiche und Stadtplätze mit hoher oder sehr hoher Ausstattungsintensität				X	X

Honorarordnung für Architekten und Ingenieure　　　　　　　　　HOAI 2013 **1**

Anlage 12
(zu § 43 Absatz 4, § 48 Absatz 5)

Grundleistungen im Leistungsbild Ingenieurbauwerke, Besondere Leistungen, Objektliste

12.1 Leistungsbild Ingenieurbauwerke

Grundleistungen	Besondere Leistungen
LPH 1 Grundlagenermittlung	
a) Klären der Aufgabenstellung auf Grund der Vorgaben oder der Bedarfsplanung des Auftraggebers b) Ermitteln der Planungsrandbedingungen sowie Beraten zum gesamten Leistungsbedarf c) Formulieren von Entscheidungshilfen für die Auswahl anderer an der Planung fachlich Beteiligter d) Bei Objekten nach §41 Nummer 6 und 7, die eine Tragwerksplanung erfordern: Klären der Aufgabenstellung auch auf dem Gebiet der Tragwerksplanung e) Ortsbesichtigung f) Zusammenfassen, Erläutern und Dokumentieren der Ergebnisse	– Auswahl und Besichtigung ähnlicher Objekte
LPH 2 Vorplanung	
a) Analysieren der Grundlagen b) Abstimmen der Zielvorstellungen auf die öffentlich-rechtlichen Randbedingungen sowie Planungen Dritter c) Untersuchen von Lösungsmöglichkeiten mit ihren Einflüssen auf bauliche und konstruktive Gestaltung, Zweckmäßigkeit, Wirtschaftlichkeit unter Beachtung der Umweltverträglichkeit d) Beschaffen und Auswerten amtlicher Karten e) Erarbeiten eines Planungskonzepts einschließlich Untersuchung der alternativen Lösungsmöglichkeiten nach gleichen Anforderungen mit zeichnerischer Darstellung und Bewertung unter Einarbeitung der Beiträge anderer an der Planung fachlich Beteiligter f) Klären und Erläutern der wesentlichen fachspezifischen Zusammenhänge, Vorgänge und Bedingungen g) Vorabstimmen mit Behörden und anderen an der Planung fachlich Beteiligten über die Genehmigungsfähigkeit, gegebenenfalls Mitwirken bei Verhandlungen über die Bezuschussung und Kostenbeteiligung	– Erstellen von Leitungsbestandsplänen – vertiefte Untersuchungen zum Nachweis von Nachhaltigkeitsaspekten – Anfertigen von Nutzen-Kosten-Untersuchungen – Wirtschaftlichkeitsprüfung – Beschaffen von Auszügen aus Grundbuch, Kataster und anderen amtlichen Unterlagen

Grundleistungen	Besondere Leistungen
h) Mitwirken beim Erläutern des Planungskonzepts gegenüber Dritten an bis zu zwei Terminen i) Überarbeiten des Planungskonzepts nach Bedenken und Anregungen j) Kostenschätzung, Vergleich mit den finanziellen Rahmenbedingungen k) Zusammenfassen, Erläutern und Dokumentieren der Ergebnisse	
LPH 3 Entwurfsplanung	
a) Erarbeiten des Entwurfs auf Grundlage der Vorplanung durch zeichnerische Darstellung im erforderlichen Umfang und Detaillierungsgrad unter Berücksichtigung aller fachspezifischen Anforderungen, Bereitstellen der Arbeitsergebnisse als Grundlage für die anderen an der Planung fachlich Beteiligten, sowie Integration und Koordination der Fachplanungen b) Erläuterungsbericht unter Verwendung der Beiträge anderer an der Planung fachlich Beteiligter c) fachspezifische Berechnungen ausgenommen Berechnungen aus anderen Leistungsbildern d) Ermitteln und Begründen der zuwendungsfähigen Kosten, Mitwirken beim Aufstellen des Finanzierungsplans sowie Vorbereiten der Anträge auf Finanzierung e) Mitwirken beim Erläutern des vorläufigen Entwurfs gegenüber Dritten an bis zu drei Terminen, Überarbeiten des vorläufigen Entwurfs auf Grund von Bedenken und Anregungen f) Vorabstimmen der Genehmigungsfähigkeit mit Behörden und anderen an der Planung fachlich Beteiligten g) Kostenberechnung einschließlich zugehöriger Mengenermittlung, Vergleich der Kostenberechnung mit der Kostenschätzung h) Ermitteln der wesentlichen Bauphasen unter Berücksichtigung der Verkehrslenkung und der Aufrechterhaltung des Betriebes während der Bauzeit i) Bauzeiten- und Kostenplan j) Zusammenfassen, Erläutern und Dokumentieren der Ergebnisse	– Fortschreiben von Nutzen-Kosten-Untersuchungen – Mitwirken bei Verwaltungsvereinbarungen – Nachweis der zwingenden Gründe des überwiegenden öffentlichen Interesses der Notwendigkeit der Maßnahme (zum Beispiel Gebiets- und Artenschutz gemäß der Richtlinie 92/43/EWG des Rates vom 21. Mai 1992 zur Erhaltung der natürlichen Lebensräume sowie der wildlebenden Tiere und Pflanzen (ABl. L 206 vom 22. 7. 1992, S. 7)) – Fiktivkostenberechnungen (Kostenteilung)

Grundleistungen	Besondere Leistungen
LPH 4 Genehmigungsplanung	
a) Erarbeiten und Zusammenstellen der Unterlagen für die erforderlichen öffentlich-rechtlichen Verfahren oder Genehmigungsverfahren einschließlich der Anträge auf Ausnahmen und Befreiungen, Aufstellen des Bauwerksverzeichnisses unter Verwendung der Beiträge anderer an der Planung fachlich Beteiligter b) Erstellen des Grunderwerbsplanes und des Grunderwerbsverzeichnisses unter Verwendung der Beiträge anderer an der Planung fachlich Beteiligter c) Vervollständigen und Anpassen der Planungsunterlagen, Beschreibungen und Berechnungen unter Verwendung der Beiträge anderer an der Planung fachlich Beteiligter d) Abstimmen mit Behörden e) Mitwirken in Genehmigungsverfahren einschließlich der Teilnahme an bis zu vier Erläuterungs-, Erörterungsterminen f) Mitwirken beim Abfassen von Stellungnahmen zu Bedenken und Anregungen in bis zu zehn Kategorien	– Mitwirken bei der Beschaffung der Zustimmung von Betroffenen
LPH 5 Ausführungsplanung	
a) Erarbeiten der Ausführungsplanung auf Grundlage der Ergebnisse der Leistungsphasen 3 und 4 unter Berücksichtigung aller fachspezifischen Anforderungen und Verwendung der Beiträge anderer an der Planung fachlich Beteiligter bis zur ausführungsreifen Lösung b) Zeichnerische Darstellung, Erläuterungen und zur Objektplanung gehörige Berechnungen mit allen für die Ausführung notwendigen Einzelangaben einschließlich Detailzeichnungen in den erforderlichen Maßstäben c) Bereitstellen der Arbeitsergebnisse als Grundlage für die anderen an der Planung fachlich Beteiligten und Integrieren ihrer Beiträge bis zur ausführungsreifen Lösung d) Vervollständigen der Ausführungsplanung während der Objektausführung	– Objektübergreifende, integrierte Bauablaufplanung – Koordination des Gesamtprojekts – Aufstellen von Ablauf- und Netzplänen – Planen von Anlagen der Verfahrens- und Prozesstechnik für Ingenieurbauwerke gemäß §41 Nummer 1 bis 3 und 5, die dem Auftragnehmer übertragen werden, der auch die Grundleistungen für die jeweiligen Ingenieurbauwerke erbringt

1 HOAI 2013

Grundleistungen	Besondere Leistungen
LPH 6 Vorbereiten der Vergabe	
a) Ermitteln von Mengen nach Einzelpositionen unter Verwendung der Beiträge anderer an der Planung fachlich Beteiligter b) Aufstellen der Vergabeunterlagen, insbesondere Anfertigen der Leistungsbeschreibungen mit Leistungsverzeichnissen sowie der Besonderen Vertragsbedingungen c) Abstimmen und Koordinieren der Schnittstellen zu den Leistungsbeschreibungen der anderen an der Planung fachlich Beteiligten d) Festlegen der wesentlichen Ausführungsphasen e) Ermitteln der Kosten auf Grundlage der vom Planer (Entwurfsverfasser) bepreisten Leistungsverzeichnisse f) Kostenkontrolle durch Vergleich der vom Planer (Entwurfsverfasser) bepreisten Leistungsverzeichnisse mit der Kostenberechnung g) Zusammenstellen der Vergabeunterlagen	– detaillierte Planung von Bauphasen bei besonderen Anforderungen
LPH 7 Mitwirken bei der Vergabe	
a) Einholen von Angeboten b) Prüfen und Werten der Angebote, Aufstellen des Preisspiegels c) Abstimmen und Zusammenstellen der Leistungen der fachlich Beteiligten, die an der Vergabe mitwirken d) Führen von Bietergesprächen e) Erstellen der Vergabevorschläge, Dokumentation des Vergabeverfahrens f) Zusammenstellen der Vertragsunterlagen g) Vergleichen der Ausschreibungsergebnisse mit den vom Planer bepreisten Leistungsverzeichnissen und der Kostenberechnung h) Mitwirken bei der Auftragserteilung	– Prüfen und Werten von Nebenangeboten
LPH 8 Bauoberleitung	
a) Aufsicht über die örtliche Bauüberwachung, Koordinierung der an der Objektüberwachung fachlich Beteiligten, einmaliges Prüfen von Plänen auf Übereinstimmung mit dem auszuführenden Objekt und Mitwirken bei deren Freigabe	– Kostenkontrolle – Prüfen von Nachträgen – Erstellen eines Bauwerksbuchs – Erstellen von Bestandsplänen – Örtliche Bauüberwachung: – Plausibilitätsprüfung der Absteckung

Grundleistungen	Besondere Leistungen
b) Aufstellen, Fortschreiben und Überwachen eines Terminplans (Balkendiagramm) c) Veranlassen und Mitwirken beim Inverzugsetzen der ausführenden Unternehmen d) Kostenfeststellung, Vergleich der Kostenfeststellung mit der Auftragssumme e) Abnahme von Bauleistungen, Leistungen und Lieferungen unter Mitwirkung der örtlichen Bauüberwachung und anderer an der Planung und Objektüberwachung fachlich Beteiligter, Feststellen von Mängeln, Fertigung einer Niederschrift über das Ergebnis der Abnahme f) Überwachen der Prüfungen der Funktionsfähigkeit der Anlagenteile und der Gesamtanlage g) Antrag auf behördliche Abnahmen und Teilnahme daran h) Übergabe des Objekts i) Auflisten der Verjährungsfristen der Mängelansprüche j) Zusammenstellen und Übergeben der Dokumentation des Bauablaufs, der Bestandsunterlagen und der Wartungsvorschriften	– Überwachen der Ausführung der Bauleistungen – Mitwirken beim Einweisen des Auftragnehmers in die Baumaßnahme (Bauanlaufbesprechung) – Überwachen der Ausführung des Objektes auf Übereinstimmung mit den zur Ausführung freigegebenen Unterlagen, dem Bauvertrag und den Vorgaben des Auftraggebers – Prüfen und Bewerten der Berechtigung von Nachträgen – Durchführen oder Veranlassen von Kontrollprüfungen – Überwachen der Beseitigung der bei der Abnahme der Leistungen festgestellten Mängel – Dokumentation des Bauablaufs – Mitwirken beim Aufmaß mit den ausführenden Unternehmen und Prüfen der Aufmaße – Mitwirken bei behördlichen Abnahmen – Mitwirken bei der Abnahme von Leistungen und Lieferungen – Rechnungsprüfung, Vergleich der Ergebnisse der Rechnungsprüfungen mit der Auftragssumme – Mitwirken beim Überwachen der Prüfung der Funktionsfähigkeit der Anlagenteile und der Gesamtanlage – Überwachen der Ausführung von Tragwerken nach Anlage 14.2 Honorarzone I und II mit sehr geringen und geringen Planungsanforderungen auf Übereinstimmung mit dem Standsicherheitsnachweis
LPH 9 Objektbetreuung	
a) Fachliche Bewertung der innerhalb der Verjährungsfristen für Gewährleistungsansprüche festgestellten Mängel, längstens jedoch bis zum Ablauf von fünf Jahren seit Abnahme der Leistung, einschließlich notwendiger Begehungen b) Objektbegehung zur Mängelfeststellung vor Ablauf der Verjährungsfristen für Mängelansprüche gegenüber den ausführenden Unternehmen c) Mitwirken bei der Freigabe von Sicherheitsleistungen	– Überwachen der Mängelbeseitigung innerhalb der Verjährungsfrist

1 HOAI 2013 — Honorarordnung für Architekten und Ingenieure

12.2 Objektliste Ingenieurbaubauwerke

Nachstehende Objekte werden in der Regel folgenden Honorarzonen zugerechnet:

Gruppe 1 – Bauwerke und Anlagen der Wasserversorgung	Honorarzone				
	I	II	III	IV	V
– Zisternen	X				
– Einfache Anlagen zur Gewinnung und Förderung von Wasser, zum Beispiel Quellfassungen, Schachtbrunnen		X			
– Tiefbrunnen			X		
– Brunnengalerien und Horizontalbrunnen				X	
– Leitungen für Wasser ohne Zwangspunkte	X				
– Leitungen für Wasser mit geringen Verknüpfungen und wenigen Zwangspunkten		X			
– Leitungen für Wasser mit zahlreichen Verknüpfungen und mehreren Zwangspunkten			X		
– Einfache Leitungsnetze für Wasser		X			
– Leitungsnetze mit mehreren Verknüpfungen und zahlreichen Zwangspunkten und mit einer Druckzone			X		
– Leitungsnetze für Wasser mit zahlreichen Verknüpfungen und zahlreichen Zwangspunkten				X	
– Einfache Anlagen zur Speicherung von Wasser, zum Beispiel Behälter in Fertigbauweise, Feuerlöschbecken		X			
– Speicherbehälter			X		
– Speicherbehälter in Turmbauweise				X	
– Einfache Wasseraufbereitungsanlagen und Anlagen mit mechanischen Verfahren, Pumpwerke und Druckerhöhungsanlagen			X		
– Wasseraufbereitungsanlagen mit physikalischen und chemischen Verfahren, schwierige Pumpwerke und Druckerhöhungsanlagen				X	
– Bauwerke und Anlagen mehrstufiger oder kombinierter Verfahren der Wasseraufbereitung					X

Gruppe 2 – Bauwerke und Anlagen der Abwasserentsorgung mit Ausnahme Entwässerungsanlagen, die der Zweckbestimmung der Verkehrsanlagen dienen, und Regenwasserversickerung (Abgrenzung zu Freianlagen)	Honorarzone				
	I	II	III	IV	V
– Leitungen für Abwasser ohne Zwangspunkte	X				
– Leitungen für Abwasser mit geringen Verknüpfungen und wenigen Zwangspunkten		X			
– Leitungen für Abwasser mit zahlreichen Verknüpfungen und zahlreichen Zwangspunkten			X		
– Einfache Leitungsnetze für Abwasser		X			
– Leitungsnetze für Abwasser mit mehreren Verknüpfungen und mehreren Zwangspunkten			X		
– Leitungsnetze für Abwasser mit zahlreichen Zwangspunkten				X	
– Erdbecken als Regenrückhaltebecken		X			
– Regenbecken und Kanalstauräume mit geringen Verknüpfungen und wenigen Zwangspunkten				X	

Honorarordnung für Architekten und Ingenieure	HOAI 2013 1

Gruppe 2 – **Bauwerke und Anlagen der Abwasserentsorgung** mit Ausnahme Entwässerungsanlagen, die der Zweckbestimmung der Verkehrsanlagen dienen, und Regenwasserversickerung (Abgrenzung zu Freianlagen)	Honorarzone				
	I	II	III	IV	V
– Regenbecken und Kanalstauräume mit zahlreichen Verknüpfungen und zahlreichen Zwangspunkten, kombinierte Regenwasserbewirtschaftungsanlagen				X	
– Schlammabsetzanlagen, Schlammpolder		X			
– Schlammabsetzanlagen mit mechanischen Einrichtungen			X		
– Schlammbehandlungsanlagen				X	
– Bauwerke und Anlagen für mehrstufige oder kombinierte Verfahren der Schlammbehandlung					X
– Industriell systematisierte Abwasserbehandlungsanlagen, einfache Pumpwerke und Hebeanlagen		X			
– Abwasserbehandlungsanlagen mit gemeinsamer aerober Stabilisierung, Pumpwerke und Hebeanlagen			X		
– Abwasserbehandlungsanlagen, schwierige Pumpwerke und Hebeanlagen				X	
– Schwierige Abwasserbehandlungsanlagen					X

Gruppe 3 – **Bauwerke und Anlagen des Wasserbaus** ausgenommen Freianlagen nach § 39 Absatz 1	Honorarzone				
	I	II	III	IV	V
– Berieselung und rohrlose Dränung, flächenhafter Erdbau mit unterschiedlichen Schütthöhen oder Materialien	X				
– Beregnung und Rohrdränung			X		
– Beregnung und Rohrdränung bei ungleichmäßigen Boden- und schwierigen Geländeverhältnissen				X	
– Einzelgewässer mit gleichförmigem ungegliedertem Querschnitt ohne Zwangspunkte, ausgenommen Einzelgewässer mit überwiegend ökologischen und landschaftsgestalterischen Elementen	X				
– Einzelgewässer mit gleichförmigem gegliedertem Querschnitt und einigen Zwangspunkten		X			
– Einzelgewässer mit ungleichförmigem ungegliedertem Querschnitt und einigen Zwangspunkten, Gewässersysteme mit einigen Zwangspunkten				X	
– Einzelgewässer mit ungleichförmigem gegliedertem Querschnitt und vielen Zwangspunkten, Gewässersysteme mit vielen Zwangspunkten, besonders schwieriger Gewässerausbau mit sehr hohen technischen Anforderungen und ökologischen Ausgleichsmaßnahmen					X
– Teiche bis 3 m Dammhöhe über Sohle ohne Hochwasserentlastung, ausgenommen Teiche ohne Dämme	X				
– Teiche mit mehr als 3 m Dammhöhe über Sohle ohne Hochwasserentlastung, Teiche bis 3 m Dammhöhe über Sohle mit Hochwasserentlastung			X		
– Hochwasserrückhaltebecken und Talsperren bis 5 m Dammhöhe über Sohle oder bis 100 000 m³ Speicherraum				X	
– Hochwasserrückhaltebecken und Talsperren mit mehr als 100 000 m³ und weniger als 5 000 000 m³ Speicherraum					X

1 HOAI 2013

Gruppe 3 – Bauwerke und Anlagen des Wasserbaus ausgenommen Freianlagen nach § 39 Absatz 1	Honorarzone				
	I	II	III	IV	V
– Hochwasserrückhaltebecken und Talsperren mit mehr als 5 000 000 m³ Speicherraum					X
– Deich- und Dammbauten		X			
– Schwierige Deich- und Dammbauten			X		
– Besonders schwierige Deich- und Dammbauten				X	
– Einfache Pumpanlagen, Pumpwerke und Schöpfwerke		X			
– Pump- und Schöpfwerke, Siele			X		
– Schwierige Pump- und Schöpfwerke				X	
– Einfache Durchlässe	X				
– Durchlässe und Düker		X			
– Schwierige Durchlässe und Düker			X		
– Besonders schwierige Durchlässe und Düker				X	
– Einfache feste Wehre		X			
– Feste Wehre			X		
– Einfache bewegliche Wehre			X		
– Bewegliche Wehre				X	
– Einfache Sperrwerke und Sperrtore			X		
– Sperrwerke				X	
– Kleinwasserkraftanlagen			X		
– Wasserkraftanlagen				X	
– Schwierige Wasserkraftanlagen, zum Beispiel Pumpspeicherwerke oder Kavernenkraftwerke					X
– Fangedämme, Hochwasserwände			X		
– Fangedämme, Hochwasserschutzwände in schwieriger Bauweise				X	
– eingeschwommene Senkkästen, schwierige Fangedämme, Wellenbrecher					X
– Bootsanlegestellen mit Dalben, Leitwänden, Festmacher- und Fenderanlagen an stehenden Gewässern	X				
– Bootsanlegestellen mit Dalben, Leitwänden, Festmacher- und Fenderanlagen an fließenden Gewässern, einfache Schiffslösch- und -ladestellen, einfache Kaimauern und Piers			X		
– Schiffslösch- und -ladestellen, Häfen, jeweils mit Dalben, Leitwänden, Festmacher- und Fenderanlagen mit hohen Belastungen, Kaimauern und Piers				X	
– Schiffsanlege-, -lösch- und -ladestellen bei Tide oder Hochwasserbeeinflussung, Häfen bei Tide- und Hochwasserbeeinflussung, schwierige Kaimauern und Piers				X	
– Schwierige schwimmende Schiffsanleger, bewegliche Verladebrücken					X
– Einfache Uferbefestigungen	X				
– Uferwände und -mauern		X			
– Schwierige Uferwände und -mauern, Ufer- und Sohlensicherung an Wasserstraßen			X		
– Schifffahrtskanäle, mit Dalben, Leitwänden, bei einfachen Bedingungen			X		
– Schifffahrtskanäle, mit Dalben, Leitwänden, bei schwierigen Bedingungen in Dammstrecken, mit Kreuzungsbauwerken				X	
– Kanalbrücken					X

Honorarordnung für Architekten und Ingenieure — HOAI 2013

Gruppe 3 – Bauwerke und Anlagen des Wasserbaus ausgenommen Freianlagen nach § 39 Absatz 1	Honorarzone				
	I	II	III	IV	V
– Einfache Schiffsschleusen, Bootsschleusen		X			
– Schiffsschleusen bei geringen Hubhöhen			X		
– Schiffsschleusen bei großen Hubhöhen und Sparschleusen				X	
– Schiffshebewerke					X
– Werftanlagen, einfache Docks			X		
– Schwierige Docks				X	
– Schwimmdocks					X

Gruppe 4 – Bauwerke und Anlagen für Ver- und Entsorgung mit Gasen, Energieträgern, Feststoffen einschließlich wassergefährdenden Flüssigkeiten, ausgenommen Anlagen nach § 53 Absatz 2	Honorarzone				
	I	II	III	IV	V
– Transportleitungen für Fernwärme, wassergefährdende Flüssigkeiten und Gase ohne Zwangspunkte	X				
– Transportleitungen für Fernwärme, wassergefährdende Flüssigkeiten und Gase mit geringen Verknüpfungen und wenigen Zwangspunkten		X			
– Transportleitungen für Fernwärme, wassergefährdende Flüssigkeiten und Gase mit zahlreichen Verknüpfungen oder zahlreichen Zwangspunkten			X		
– Transportleitungen für Fernwärme, wassergefährdende Flüssigkeiten und Gase mit zahlreichen Verknüpfungen und zahlreichen Zwangspunkten				X	
– Industriell vorgefertigte einstufige Leichtflüssigkeitsabscheider		X			
– Einstufige Leichtflüssigkeitsabscheider			X		
– mehrstufige Leichtflüssigkeitsabscheider				X	
– Leerrohrnetze mit wenigen Verknüpfungen			X		
– Leerrohrnetze mit zahlreichen Verknüpfungen				X	
– Handelsübliche Fertigbehälter für Tankanlagen	X				
– Pumpzentralen für Tankanlagen in Ortbetonbauweise				X	
– Anlagen zur Lagerung wassergefährdender Flüssigkeiten in einfachen Fällen				X	

Gruppe 5 – Bauwerke und Anlagen der Abfallentsorgung	Honorarzone				
	I	II	III	IV	V
– Zwischenlager, Sammelstellen und Umladestationen offener Bauart für Abfälle oder Wertstoffe ohne Zusatzeinrichtungen		X			
– Zwischenlager, Sammelstellen und Umladestationen offener Bauart für Abfälle oder Wertstoffe mit einfachen Zusatzeinrichtungen			X		
– Zwischenlager, Sammelstellen und Umladestationen offener Bauart für Abfälle oder Wertstoffe, mit schwierigen Zusatzeinrichtungen				X	
– Einfache, einstufige Aufbereitungsanlagen für Wertstoffe			X		
– Aufbereitungsanlagen für Wertstoffe				X	
– Mehrstufige Aufbereitungsanlagen für Wertstoffe					X

Gruppe 5 – Bauwerke und Anlagen der Abfallentsorgung	Honorarzone				
	I	II	III	IV	V
– Einfache Bauschuttaufbereitungsanlagen		X			
– Bauschuttaufbereitungsanlagen			X		
– Bauschuttdeponien ohne besondere Einrichtungen		X			
– Bauschuttdeponien			X		
– Pflanzenabfall-Kompostierungsanlagen ohne besondere Einrichtungen		X			
– Biomüll-Kompostierungsanlagen, Pflanzenabfall-Kompostierungsanlagen			X		
– Kompostwerke				X	
– Hausmüll- und Monodeponien			X		
– Hausmülldeponien und Monodeponien mit schwierigen technischen Anforderungen				X	
– Anlagen zur Konditionierung von Sonderabfällen			X		
– Verbrennungsanlagen, Pyrolyseanlagen					X
– Sonderabfalldeponien				X	
– Anlagen für Untertagedeponien				X	
– Behälterdeponien				X	
– Abdichtung von Altablagerungen und kontaminierten Standorten			X		
– Abdichtung von Altablagerungen und kontaminierten Standorten mit schwierigen technischen Anforderungen				X	
– Anlagen zur Behandlung kontaminierter Böden einschließlich Bodenluft				X	
– Einfache Grundwasserdekontaminierungsanlagen				X	
– Komplexe Grundwasserdekontaminierungsanlage					X

Gruppe 6 – konstruktive Ingenieurbauwerke für Verkehrsanlagen	Honorarzone				
	I	II	III	IV	V
– Lärmschutzwälle ausgenommen Lärmschutzwälle als Mittel der Geländegestaltung	X				
– Einfache Lärmschutzanlagen		X			
– Lärmschutzanlagen			X		
– Lärmschutzanlagen in schwieriger städtebaulicher Situation				X	
– Gerade Einfeldbrücken einfacher Bauart		X			
– Einfeldbrücken			X		
– Einfache Mehrfeld- und Bogenbrücken			X		
– Schwierige Einfeld-, Mehrfeld- und Bogenbrücken				X	
– Schwierige, längs vorgespannte Stahlverbundkonstruktionen					X
– Besonders schwierige Brücken					X
– Tunnel- und Trogbauwerke				X	
– Schwierige Tunnel- und Trogbauwerke				X	
– Besonders schwierige Tunnel- und Trogbauwerke					X
– Untergrundbahnhöfe			X		
– Schwierige Untergrundbahnhöfe				X	
– Besonders schwierige Untergrundbahnhöfe und Kreuzungsbahnhöfe					X

Honorarordnung für Architekten und Ingenieure   HOAI 2013 **1**

Gruppe 7 – sonstige Einzelbauwerke ausgenommen Gebäude und Freileitungs- und Oberleitungsmaste	Honorarzone				
	I	II	III	IV	V
– Einfache Schornsteine		X			
– Schornsteine			X		
– Schwierige Schornsteine				X	
– Besonders schwierige Schornsteine					X
– Einfache Masten und Türme ohne Aufbauten	X				
– Masten und Türme ohne Aufbauten		X			
– Masten und Türme mit Aufbauten			X		
– Masten und Türme mit Aufbauten und Betriebsgeschoss				X	
– Masten und Türme mit Aufbauten, Betriebsgeschoss und Publikumseinrichtungen					X
– Einfache Kühltürme			X		
– Kühltürme				X	
– Schwierige Kühltürme					X
– Versorgungsbauwerke und Schutzrohre in sehr einfachen Fällen ohne Zwangspunkte	X				
– Versorgungsbauwerke und Schutzrohre mit zugehörigen Schächten für Versorgungssysteme mit wenigen Zwangspunkten		X			
– Versorgungsbauwerke mit zugehörigen Schächten für Versorgungssysteme unter beengten Verhältnissen			X		
– Versorgungsbauwerke mit zugehörigen Schächten in schwierigen Fällen für mehrere Medien				X	
– Flach gegründete, einzeln stehende Silos ohne Anbauten	X				
– Einzeln stehende Silos mit einfachen Anbauten, auch in Gruppenbauweise			X		
– Silos mit zusammengefügten Zellenblöcken und Anbauten				X	
– Schwierige Windkraftanlagen				X	
– Unverankerte Stützbauwerke bei geringen Geländesprüngen ohne Verkehrsbelastung als Mittel zur Geländegestaltung und zur konstruktiven Böschungssicherung	X				
– Unverankerte Stützbauwerke bei hohen Geländesprüngen mit Verkehrsbelastungen mit einfachen Baugrund-, Belastungs- und Geländeverhältnissen			X		
– Stützbauwerke mit Verankerung oder unverankerte Stützbauwerke bei schwierigen Baugrund-, Belastungs- oder Geländeverhältnissen				X	
– Stützbauwerke mit Verankerung und schwierigen Baugrund-, Belastungs- oder Geländeverhältnissen				X	
– Stützbauwerke mit Verankerung und ungewöhnlich schwierigen Randbedingungen					X
– Schlitz- und Bohrpfahlwände, Trägerbohlwände			X		
– Einfache Traggerüste und andere einfache Gerüste			X		
– Traggerüste und andere Gerüste				X	
– Sehr schwierige Gerüste und sehr hohe oder weitgespannte Traggerüste, verschiebliche (Trag-)Gerüste					X
– Eigenständige Tiefgaragen, einfache Schacht- und Kavernenbauwerke, einfache Stollenbauten			X		
– Schwierige eigenständige Tiefgaragen, schwierige Schacht- und Kavernenbauwerke, schwierige Stollenbauwerke				X	
– Besonders schwierige Schacht- und Kavernenbauwerke					X

1 HOAI 2013

Honorarordnung für Architekten und Ingenieure

Anlage 13
(zu § 47 Absatz 2, § 48 Absatz 5)

Grundleistungen im Leistungsbild Verkehrsanlagen, Besondere Leistungen, Objektliste

13.1 Leistungsbild Verkehrsanlagen

Grundleistungen	Besondere Leistungen
LPH 1 Grundlagenermittlung	
a) Klären der Aufgabenstellung auf Grund der Vorgaben oder der Bedarfsplanung des Auftraggebers b) Ermitteln der Planungsrandbedingungen sowie Beraten zum gesamten Leistungsbedarf c) Formulieren von Entscheidungshilfen für die Auswahl anderer an der Planung fachlich Beteiligter d) Ortsbesichtigung e) Zusammenfassen, Erläutern und Dokumentieren der Ergebnisse	– Ermitteln besonderer, in den Normen nicht festgelegter Einwirkungen – Auswahl und Besichtigen ähnlicher Objekte
LPH 2 Vorplanung	
a) Beschaffen und Auswerten amtlicher Karten b) Analysieren der Grundlagen c) Abstimmen der Zielvorstellungen auf die öffentlich-rechtlichen Randbedingungen sowie Planungen Dritter d) Untersuchen von Lösungsmöglichkeiten mit ihren Einflüssen auf bauliche und konstruktive Gestaltung, Zweckmäßigkeit, Wirtschaftlichkeit unter Beachtung der Umweltverträglichkeit e) Erarbeiten eines Planungskonzepts einschließlich Untersuchung von bis zu drei Varianten nach gleichen Anforderungen mit zeichnerischer Darstellung und Bewertung unter Einarbeitung der Beiträge anderer an der Planung fachlich Beteiligter Überschlägige verkehrstechnische Bemessung der Verkehrsanlage, Ermitteln der Schallimmissionen von der Verkehrsanlage an kritischen Stellen nach Tabellenwerten Untersuchen der möglichen Schallschutzmaßnahmen, ausgenommen detaillierte schalltechnische Untersuchungen f) Klären und Erläutern der wesentlichen fachspezifischen Zusammenhänge, Vorgänge und Bedingungen	– Erstellen von Leitungsbestandsplänen – Untersuchungen zur Nachhaltigkeit – Anfertigen von Nutzen-Kosten-Untersuchungen – Wirtschaftlichkeitsprüfung – Beschaffen von Auszügen aus Grundbuch, Kataster und anderen amtlichen Unterlagen

Grundleistungen	Besondere Leistungen
g) Vorabstimmen mit Behörden und anderen an der Planung fachlich Beteiligten über die Genehmigungsfähigkeit, gegebenenfalls Mitwirken bei Verhandlungen über die Bezuschussung und Kostenbeteiligung h) Mitwirken bei Erläutern des Planungskonzepts gegenüber Dritten an bis zu 2 Terminen i) Überarbeiten des Planungskonzepts nach Bedenken und Anregungen j) Bereitstellen von Unterlagen als Auszüge aus der Voruntersuchung zur Verwendung für ein Raumordnungsverfahren k) Kostenschätzung, Vergleich mit den finanziellen Rahmenbedingungen l) Zusammenfassen, Erläutern und Dokumentieren	
LPH 3 Entwurfsplanung	
a) Erarbeiten des Entwurfs auf Grundlage der Vorplanung durch zeichnerische Darstellung im erforderlichen Umfang und Detaillierungsgrad unter Berücksichtigung aller fachspezifischen Anforderungen Bereitstellen der Arbeitsergebnisse als Grundlage für die anderen an der Planung fachlich Beteiligten sowie Integration und Koordination der Fachplanungen b) Erläuterungsbericht unter Verwendung der Beiträge anderer an der Planung fachlich Beteiligter c) Fachspezifische Berechnungen, ausgenommen Berechnungen aus anderen Leistungsbildern d) Ermitteln der zuwendungsfähigen Kosten, Mitwirken beim Aufstellen des Finanzierungsplans sowie Vorbereiten der Anträge auf Finanzierung e) Mitwirken beim Erläutern des vorläufigen Entwurfs gegenüber Dritten an bis zu 3 Terminen, Überarbeiten des vorläufigen Entwurfs auf Grund von Bedenken und Anregungen f) Vorabstimmen der Genehmigungsfähigkeit mit Behörden und anderen an der Planung fachlich Beteiligten g) Kostenberechnung einschließlich zugehöriger Mengenermittlung, Vergleich der Kostenberechnung mit der Kostenschätzung h) Überschlägige Festlegung der Abmessungen von Ingenieurbauwerken	– Fortschreiben von Nutzen-Kosten-Untersuchungen – Detaillierte signaltechnische Berechnung – Mitwirken bei Verwaltungsvereinbarungen – Nachweis der zwingenden Gründe des überwiegenden öffentlichen Interesses der Notwendigkeit der Maßnahme (zum Beispiel Gebiets- und Artenschutz gemäß der Richtlinie 92/43/EWG des Rates vom 21. Mai 1992 zur Erhaltung der natürlichen Lebensräume sowie der wildlebenden Tiere und Pflanzen (ABl. L 206 vom 22. 7. 1992, S. 7)) – Fiktivkostenberechnungen (Kostenteilung)

1 HOAI 2013

Grundleistungen	Besondere Leistungen
i) Ermitteln der Schallimmissionen von der Verkehrsanlage nach Tabellenwerten; Festlegen der erforderlichen Schallschutzmaßnahmen an der Verkehrsanlage, gegebenenfalls unter Einarbeitung der Ergebnisse detaillierter schalltechnischer Untersuchungen und Feststellen der Notwendigkeit von Schallschutzmaßnahmen an betroffenen Gebäuden j) Rechnerische Festlegung des Objekts k) Darlegen der Auswirkungen auf Zwangspunkte l) Nachweis der Lichtraumprofile m) Ermitteln der wesentlichen Bauphasen unter Berücksichtigung der Verkehrslenkung und der Aufrechterhaltung des Betriebs während der Bauzeit n) Bauzeiten- und Kostenplan o) Zusammenfassen, Erläutern und Dokumentieren der Ergebnisse	
LPH 4 Genehmigungsplanung	
a) Erarbeiten und Zusammenstellen der Unterlagen für die erforderlichen öffentlich-rechtlichen Verfahren oder Genehmigungsverfahren einschließlich der Anträge auf Ausnahmen und Befreiungen, Aufstellen des Bauwerksverzeichnisses unter Verwendung der Beiträge anderer an der Planung fachlich Beteiligter b) Erstellen des Grunderwerbsplans und des Grunderwerbsverzeichnisses unter Verwendung der Beiträge anderer an der Planung fachlich Beteiligter c) Vervollständigen und Anpassen der Planungsunterlagen, Beschreibungen und Berechnungen unter Verwendung der Beiträge anderer an der Planung fachlich Beteiligter d) Abstimmen mit Behörden e) Mitwirken in Genehmigungsverfahren einschließlich der Teilnahme an bis zu vier Erläuterungs-, Erörterungsterminen f) Mitwirken beim Abfassen von Stellungnahmen zu Bedenken und Anregungen in bis zu zehn Kategorien	– Mitwirken bei der Beschaffung der Zustimmung von Betroffenen

Grundleistungen	Besondere Leistungen
LPH 5 Ausführungsplanung	
a) Erarbeiten der Ausführungsplanung auf Grundlage der Ergebnisse der Leistungsphasen 3 und 4 unter Berücksichtigung aller fachspezifischen Anforderungen und Verwendung der Beiträge anderer an der Planung fachlich Beteiligter bis zur ausführungsreifen Lösung b) Zeichnerische Darstellung, Erläuterungen und zur Objektplanung gehörige Berechnungen mit allen für die Ausführung notwendigen Einzelangaben einschließlich Detailzeichnungen in den erforderlichen Maßstäben c) Bereitstellen der Arbeitsergebnisse als Grundlage für die anderen an der Planung fachlich Beteiligten und Integrieren ihrer Beiträge bis zur ausführungsreifen Lösung d) Vervollständigen der Ausführungsplanung während der Objektausführung	– Objektübergreifende, integrierte Bauablaufplanung – Koordination des Gesamtprojekts – Aufstellen von Ablauf- und Netzplänen
LPH 6 Vorbereiten der Vergabe	
a) Ermitteln von Mengen nach Einzelpositionen unter Verwendung der Beiträge anderer an der Planung fachlich Beteiligter b) Aufstellen der Vergabeunterlagen, insbesondere Anfertigen der Leistungsbeschreibungen mit Leistungsverzeichnissen sowie der Besonderen Vertragsbedingungen c) Abstimmen und Koordinieren der Schnittstellen zu den Leistungsbeschreibungen der anderen an der Planung fachlich Beteiligten d) Festlegen der wesentlichen Ausführungsphasen e) Ermitteln der Kosten auf Grundlage der vom Planer (Entwurfsverfasser) bepreisten Leistungsverzeichnisse f) Kostenkontrolle durch Vergleich der vom Planer (Entwurfsverfasser) bepreisten Leistungsverzeichnisse mit der Kostenberechnung g) Zusammenstellen der Vergabeunterlagen	– detaillierte Planung von Bauphasen bei besonderen Anforderungen
LPH 7 Mitwirken bei der Vergabe	
a) Einholen von Angeboten b) Prüfen und Werten der Angebote, Aufstellen der Preisspiegel	– Prüfen und Werten von Nebenangeboten

Grundleistungen	Besondere Leistungen
c) Abstimmen und Zusammenstellen der Leistungen der fachlich Beteiligten, die an der Vergabe mitwirken d) Führen von Bietergesprächen e) Erstellen der Vergabevorschläge, Dokumentation des Vergabeverfahrens f) Zusammenstellen der Vertragsunterlagen g) Vergleichen der Ausschreibungsergebnisse mit den vom Planer bepreisten Leistungsverzeichnissen und der Kostenberechnung h) Mitwirken bei der Auftragserteilung	
LPH 8 Bauoberleitung	
a) Aufsicht über die örtliche Bauüberwachung, Koordinierung der an der Objektüberwachung fachlich Beteiligten, einmaliges Prüfen von Plänen auf Übereinstimmung mit dem auszuführenden Objekt und Mitwirken bei deren Freigabe b) Aufstellen, Fortschreiben und Überwachen eines Terminplans (Balkendiagramm) c) Veranlassen und Mitwirken daran, die ausführenden Unternehmen in Verzug zu setzen d) Kostenfeststellung, Vergleich der Kostenfeststellung mit der Auftragssumme e) Abnahme von Bauleistungen, Leistungen und Lieferungen unter Mitwirkung der örtlichen Bauüberwachung und anderer an der Planung und Objektüberwachung fachlich Beteiligter, Feststellen von Mängeln, Fertigen einer Niederschrift über das Ergebnis der Abnahme f) Antrag auf behördliche Abnahmen und Teilnahme daran g) Überwachen der Prüfungen der Funktionsfähigkeit der Anlagenteile und der Gesamtanlage h) Übergabe des Objekts i) Auflisten der Verjährungsfristen der Mängelansprüche j) Zusammenstellen und Übergeben der Dokumentation des Bauablaufs, der Bestandsunterlagen und der Wartungsvorschriften	– Kostenkontrolle – Prüfen von Nachträgen – Erstellen eines Bauwerksbuchs – Erstellen von Bestandsplänen – Örtliche Bauüberwachung: – Plausibilitätsprüfung der Absteckung – Überwachen der Ausführung der Bauleistungen – Mitwirken beim Einweisen des Auftragnehmers in die Baumaßnahme (Bauanlaufbesprechung) – Überwachen der Ausführung des Objekts auf Übereinstimmung mit den zur Ausführung freigegebenen Unterlagen, dem Bauvertrag und den Vorgaben des Auftraggebers – Prüfen und Bewerten der Berechtigung von Nachträgen – Durchführen oder Veranlassen von Kontrollprüfungen – Überwachen der Beseitigung der bei der Abnahme der Leistungen festgestellten Mängel – Dokumentation des Bauablaufs – Mitwirken beim Aufmaß mit den ausführenden Unternehmen und Prüfen der Aufmaße – Mitwirken bei behördlichen Abnahmen – Mitwirken bei der Abnahme von Leistungen und Lieferungen – Rechnungsprüfung, Vergleich der Ergebnisse der Rechnungsprüfungen mit der Auftragssumme – Mitwirken beim Überwachen der Prüfung der Funktionsfähigkeit der Anlagenteile und der Gesamtanlage

Grundleistungen	Besondere Leistungen
	– Überwachen der Ausführung von Tragwerken nach Anlage 14.2 Honorarzone I und II mit sehr geringen und geringen Planungsanforderungen auf Übereinstimmung mit dem Standsicherheitsnachweis
LPH 9 Objektbetreuung	
a) Fachliche Bewertung der innerhalb der Verjährungsfristen für Gewährleistungsansprüche festgestellten Mängel, längstens jedoch bis zum Ablauf von fünf Jahren seit Abnahme der Leistung, einschließlich notwendiger Begehungen b) Objektbegehung zur Mängelfeststellung vor Ablauf der Verjährungsfristen für Mängelansprüche gegenüber den ausführenden Unternehmen c) Mitwirken bei der Freigabe von Sicherheitsleistungen	– Überwachen der Mängelbeseitigung innerhalb der Verjährungsfrist

13.2 Objektliste Verkehrsanlagen

Nachstehende Verkehrsanlagen werden in der Regel folgenden Honorarzonen zugeordnet:

Objekte	Honorarzone				
	I	II	III	IV	V
a) Anlagen des Straßenverkehrs					
Außerörtliche Straßen					
– ohne besondere Zwangspunkte oder im wenig bewegten Gelände		X			
– mit besonderen Zwangspunkten oder in bewegtem Gelände			X		
– mit vielen besonderen Zwangspunkten oder in stark bewegtem Gelände				X	
– im Gebirge					X
Innerörtliche Straßen und Plätze					
– Anlieger- und Sammelstrassen		X			
– sonstige innerörtliche Straßen mit normalen verkehrstechnischen Anforderungen oder normaler städtebaulicher Situation (durchschnittliche Anzahl Verknüpfungen mit der Umgebung)				X	
– sonstige innerörtliche Straßen mit hohen verkehrstechnischen Anforderungen oder schwieriger städtebaulicher Situation (hohe Anzahl Verknüpfungen mit der Umgebung)				X	
– sonstige innerörtliche Straßen mit sehr hohen verkehrstechnischen Anforderungen oder sehr schwieriger städtebaulicher Situation (sehr hohe Anzahl Verknüpfungen mit der Umgebung)					X

1 HOAI 2013

Honorarordnung für Architekten und Ingenieure

Objekte	Honorarzone				
	I	II	III	IV	V
Wege					
– im ebenen Gelände mit einfachen Entwässerungsverhältnissen	X				
– im bewegten Gelände mit einfachen Baugrund- und Entwässerungsverhältnissen		X			
– im bewegtem Gelände mit schwierigen Baugrund- und Entwässerungsverhältnissen				X	
Plätze, Verkehrsflächen					
– einfache Verkehrsflächen, Plätze außerorts	X				
– innerörtliche Parkplätze		X			
– verkehrsberuhigte Bereiche mit normalen städtebaulichen Anforderungen			X		
– verkehrsberuhigte Bereiche mit hohen städtebaulichen Anforderungen				X	
– Flächen für Güterumschlag Straße zu Straße			X		
– Flächen für Güterumschlag in kombiniertem Ladeverkehr				X	
Tankstellen, Rastanlagen					
– mit normalen verkehrstechnischen Anforderungen	X				
– mit hohen verkehrstechnischen Anforderungen			X		
Knotenpunkte					
– einfach höhengleich			X		
– schwierig höhengleich			X		
– sehr schwierig höhengleich				X	
– einfach höhenungleich				X	
– schwierig höhenungleich				X	
– sehr schwierig höhenungleich					X
b) Anlagen des Schienenverkehrs					
Gleis- und Bahnsteiganlagen der freien Strecke					
– ohne Weichen und Kreuzungen	X				
– ohne besondere Zwangspunkte oder in wenig bewegtem Gelände		X			
– mit besonderen Zwangspunkten oder in bewegtem Gelände			X		
– mit vielen Zwangspunkten oder in stark bewegtem Gelände				X	
Gleis- und Bahnsteiganlagen der Bahnhöfe					
– mit einfachen Spurplänen			X		
– mit schwierigen Spurplänen				X	
– mit sehr schwierigen Spurplänen				X	

Objekte	Honorarzone				
	I	II	III	IV	V
c) Anlagen des Flugverkehrs					
– einfache Verkehrsflächen für Landeplätze, Segelfluggelände		X			
– schwierige Verkehrsflächen für Landeplätze, einfache Verkehrsflächen für Flughäfen			X		
– schwierige Verkehrsflächen für Flughäfen				X	

1 HOAI 2013 Honorarordnung für Architekten und Ingenieure

Anlage 14
(zu § 51 Absatz 5, § 52 Absatz 2)

Grundleistungen im Leistungsbild Tragwerksplanung, Besondere Leistungen, Objektliste

14.1 Leistungsbild Tragwerksplanung

Grundleistungen	Besondere Leistungen
LPH 1 Grundlagenermittlung	
a) Klären der Aufgabenstellung auf Grund der Vorgaben oder der Bedarfsplanung des Auftraggebers im Benehmen mit dem Objektplaner b) Zusammenstellen der die Aufgabe beeinflussenden Planungsabsichten c) Zusammenfassen, Erläutern und Dokumentieren der Ergebnisse	
LPH 2 Vorplanung (Projekt- und Planungsvorbereitung)	
a) Analysieren der Grundlagen b) Beraten in statisch-konstruktiver Hinsicht unter Berücksichtigung der Belange der Standsicherheit, der Gebrauchsfähigkeit und der Wirtschaftlichkeit c) Mitwirken bei dem Erarbeiten eines Planungskonzepts einschließlich Untersuchung der Lösungsmöglichkeiten des Tragwerks unter gleichen Objektbedingungen mit skizzenhafter Darstellung, Klärung und Angabe der für das Tragwerk wesentlichen konstruktiven Festlegungen für zum Beispiel Baustoffe, Bauarten und Herstellungsverfahren, Konstruktionsraster und Gründungsart d) Mitwirken bei Vorverhandlungen mit Behörden und anderen an der Planung fachlich Beteiligten über die Genehmigungsfähigkeit e) Mitwirken bei der Kostenschätzung und bei der Terminplanung f) Zusammenfassen, Erläutern und Dokumentieren der Ergebnisse	– Aufstellen von Vergleichsberechnungen für mehrere Lösungsmöglichkeiten unter verschiedenen Objektbedingungen – Aufstellen eines Lastenplans, zum Beispiel als Grundlage für die Baugrundbeurteilung und Gründungsberatung – Vorläufige nachprüfbare Berechnung wesentlicher tragender Teile – Vorläufige nachprüfbare Berechnung der Gründung
LPH 3 Entwurfsplanung (System- und Integrationsplanung)	
a) Erarbeiten der Tragwerkslösung, unter Beachtung der durch die Objektplanung integrierten Fachplanungen, bis zum konstruktiven Entwurf mit zeichnerischer Darstellung b) Überschlägige statische Berechnung und Bemessung	– Vorgezogene, prüfbare und für die Ausführung geeignete Berechnung wesentlich tragender Teile – Vorgezogene, prüfbare und für die Ausführung geeignete Berechnung der Gründung

Grundleistungen	Besondere Leistungen
c) Grundlegende Festlegungen der konstruktiven Details und Hauptabmessungen des Tragwerks für zum Beispiel Gestaltung der tragenden Querschnitte, Aussparungen und Fugen; Ausbildung der Auflager- und Knotenpunkte sowie der Verbindungsmittel d) Überschlägiges Ermitteln der Betonstahlmengen im Stahlbetonbau, der Stahlmengen im Stahlbau und der Holzmengen im Ingenieurholzbau e) Mitwirken bei der Objektbeschreibung bzw. beim Erläuterungsbericht f) Mitwirken bei Verhandlungen mit Behörden und anderen an der Planung fachlich Beteiligten über die Genehmigungsfähigkeit g) Mitwirken bei der Kostenberechnung und bei der Terminplanung h) Mitwirken beim Vergleich der Kostenberechnung mit der Kostenschätzung i) Zusammenfassen, Erläutern und Dokumentieren der Ergebnisse	– Mehraufwand bei Sonderbauweisen oder Sonderkonstruktionen, zum Beispiel Klären von Konstruktionsdetails – Vorgezogene Stahl- oder Holzmengenermittlung des Tragwerks und der kraftübertragenden Verbindungsteile für eine Ausschreibung, die ohne Vorliegen von Ausführungsunterlagen durchgeführt wird – Nachweise der Erdbebensicherung

LPH 4 Genehmigungsplanung

a) Aufstellen der prüffähigen statischen Berechnungen für das Tragwerk unter Berücksichtigung der vorgegebenen bauphysikalischen Anforderungen b) Bei Ingenieurbauwerken: Erfassen von normalen Bauzuständen c) Anfertigen der Positionspläne für das Tragwerk oder Eintragen der statischen Positionen, der Tragwerksabmessungen, der Verkehrslasten, der Art und Güte der Baustoffe und der Besonderheiten der Konstruktionen in die Entwurfszeichnungen des Objektplaners d) Zusammenstellen der Unterlagen der Tragwerksplanung zur Genehmigung e) Abstimmen mit Prüfämtern und Prüfingenieuren oder Eigenkontrolle f) Vervollständigen und Berichtigen der Berechnungen und Pläne	– Nachweise zum konstruktiven Brandschutz, soweit erforderlich unter Berücksichtigung der Temperatur (Heißbemessung) – Statische Berechnung und zeichnerische Darstellung für Bergschadensicherungen und Bauzustände bei Ingenieurbauwerken, soweit diese Leistungen über das Erfassen von normalen Bauzuständen hinausgehen – Zeichnungen mit statischen Positionen und den Tragwerksabmessungen, den Bewehrungsquerschnitten, den Verkehrslasten und der Art und Güte der Baustoffe sowie Besonderheiten der Konstruktionen zur Vorlage bei der bauaufsichtlichen Prüfung anstelle von Positionsplänen – Aufstellen der Berechnungen nach militärischen Lastenklassen (MLC) – Erfassen von Bauzuständen bei Ingenieurbauwerken, in denen das statische System von dem des Endzustands abweicht – Statische Nachweise an nicht zum Tragwerk gehörende Konstruktionen (zum Beispiel Fassaden)

Grundleistungen	Besondere Leistungen
LPH 5 Ausführungsplanung	
a) Durcharbeiten der Ergebnisse der Leistungsphasen 3 und 4 unter Beachtung der durch die Objektplanung integrierten Fachplanungen b) Anfertigen der Schalpläne in Ergänzung der fertig gestellten Ausführungspläne des Objektplaners c) Zeichnerische Darstellung der Konstruktionen mit Einbau- und Verlegeanweisungen, zum Beispiel Bewehrungspläne, Stahlbau- oder Holzkonstruktionspläne mit Leitdetails (keine Werkstattzeichnungen) d) Aufstellen von Stahl- oder Stücklisten als Ergänzung zur zeichnerischen Darstellung der Konstruktionen mit Stahlmengenermittlung e) Fortführen der Abstimmung mit Prüfämtern und Prüfingenieuren oder Eigenkontrolle	– Konstruktion und Nachweise der Anschlüsse im Stahl- und Holzbau – Werkstattzeichnungen im Stahl- und Holzbau einschließlich Stücklisten, Elementpläne für Stahlbetonfertigteile einschließlich Stahl- und Stücklisten – Berechnen der Dehnwege, Festlegen des Spannvorganges und Erstellen der Spannprotokolle im Spannbetonbau – Rohbauzeichnungen im Stahlbetonbau, die auf der Baustelle nicht der Ergänzung durch die Pläne des Objektplaners bedürfen
LPH 6 Vorbereitung der Vergabe	
a) Ermitteln der Betonstahlmengen im Stahlbetonbau, der Stahlmengen im Stahlbau und der Holzmengen im Ingenieurholzbau als Ergebnis der Ausführungsplanung und als Beitrag zur Mengenermittlung des Objektplaners b) Überschlägiges Ermitteln der Mengen der konstruktiven Stahlteile und statisch erforderlichen Verbindungs- und Befestigungsmittel im Ingenieurholzbau c) Mitwirken beim Erstellen der Leistungsbeschreibung als Ergänzung zu den Mengenermittlungen als Grundlage für das Leistungsverzeichnis des Tragwerks	– Beitrag zur Leistungsbeschreibung mit Leistungsprogramm des Objektplaners*⁾ – Beitrag zum Aufstellen von vergleichenden Kostenübersichten des Objektplaners – Beitrag zum Aufstellen des Leistungsverzeichnisses des Tragwerks
LPH 7 Mitwirkung bei der Vergabe	
	– Mitwirken bei der Prüfung und Wertung der Angebote Leistungsbeschreibung mit Leistungsprogramm des Objektplaners – Mitwirken bei der Prüfung und Wertung von Nebenangeboten – Mitwirken beim Kostenanschlag nach DIN 276 oder anderer Vorgaben des Auftraggebers aus Einheitspreisen oder Pauschalangeboten

*⁾ **Amtl. Anm.:** Diese Besondere Leistung wird bei Leistungsbeschreibung mit Leistungsprogramm Grundleistung. In diesem Fall entfallen die Grundleistungen dieser Leistungsphase.

Grundleistungen	Besondere Leistungen
LPH 8 Objektüberwachung	
	– Ingenieurtechnische Kontrolle der Ausführung des Tragwerks auf Übereinstimmung mit den geprüften statischen Unterlagen – Ingenieurtechnische Kontrolle der Baubehelfe, zum Beispiel Arbeits- und Lehrgerüste, Kranbahnen, Baugrubensicherungen – Kontrolle der Betonherstellung und -verarbeitung auf der Baustelle in besonderen Fällen sowie Auswertung der Güteprüfungen – Betontechnologische Beratung – Mitwirken bei der Überwachung der Ausführung der Tragwerkseingriffe bei Umbauten und Modernisierungen
LPH 9 Dokumentation und Objektbetreuung	
	– Baubegehung zur Feststellung und Überwachung von die Standsicherheit betreffenden Einflüssen

14.2 Objektliste Tragwerksplanung

Nachstehende Tragwerke können in der Regel folgenden Honorarzonen zugeordnet werden:

	Honorarzone				
	I	II	III	IV	V
Bewertungsmerkmale zur Ermittlung der Honorarzone bei der Tragwerksplanung					
– Tragwerke mit sehr geringem Schwierigkeitsgrad, insbesondere einfache statisch bestimmte ebene Tragwerke aus Holz, Stahl, Stein oder unbewehrtem Beton mit ruhenden Lasten, ohne Nachweis horizontaler Aussteifung	X				
– Tragwerke mit geringem Schwierigkeitsgrad, insbesondere statisch bestimmte ebene Tragwerke in gebräuchlichen Bauarten ohne Vorspann- und Verbundkonstruktionen, mit vorwiegend ruhenden Lasten		X			
– Tragwerke mit durchschnittlichem Schwierigkeitsgrad, insbesondere schwierige statisch bestimmte und statisch unbestimmte ebene Tragwerke in gebräuchlichen Bauarten und ohne Gesamtstabilitätsuntersuchungen			X		
– Tragwerke mit hohem Schwierigkeitsgrad, insbesondere statisch und konstruktiv schwierige Tragwerke in gebräuchlichen Bauarten und Tragwerke, für deren Standsicherheit- und Festigkeitsnachweis schwierig zu ermittelnde Einflüsse zu berücksichtigen sind				X	
– Tragwerke mit sehr hohem Schwierigkeitsgrad, insbesondere statisch und konstruktiv ungewöhnlich schwierige Tragwerke					X

1 HOAI 2013 — Honorarordnung für Architekten und Ingenieure

	Honorarzone				
	I	II	III	IV	V
Stützwände, Verbau					
– unverankerte Stützwände zur Abfangung von Geländesprüngen bis 2 m Höhe und konstruktive Böschungssicherungen bei einfachen Baugrund-, Belastungs- und Geländeverhältnissen	X				
– Sicherung von Geländesprüngen bis 4 m Höhe ohne Rückverankerungen bei einfachen Baugrund-, Belastungs- und Geländeverhältnissen wie z.B. Stützwände, Uferwände, Baugrubenverbauten		X			
– Sicherung von Geländesprüngen ohne Rückverankerungen bei schwierigen Baugrund-, Belastungs- oder Geländeverhältnissen oder mit einfacher Rückverankerung bei einfachen Baugrund-, Belastungs- oder Geländeverhältnissen wie z.B. Stützwände, Uferwände, Baugrubenverbauten			X		
– Schwierige, verankerte Stützwände, Baugrubenverbauten oder Uferwände				X	
– Baugrubenverbauten mit ungewöhnlich schwierigen Randbedingungen					X
Gründung					
– Flachgründungen einfacher Art		X			
– Flachgründungen mit durchschnittlichem Schwierigkeitsgrad, ebene und räumliche Pfahlgründungen mit durchschnittlichem Schwierigkeitsgrad				X	
– schwierige Flachgründungen, schwierige ebene und räumliche Pfahlgründungen, besondere Gründungsverfahren, Unterfahrungen					X
Mauerwerk					
– Mauerwerksbauten mit bis zur Gründung durchgehenden tragenden Wänden ohne Nachweis horizontaler Aussteifung		X			
– Tragwerke mit Abfangung der tragenden beziehungsweise aussteifenden Wände				X	
– Konstruktionen mit Mauerwerk nach Eignungsprüfung (Ingenieurmauerwerk)					X
Gewölbe					
– einfache Gewölbe			X		
– schwierige Gewölbe und Gewölbereihen				X	
Deckenkonstruktionen, Flächentragwerke					
– Deckenkonstruktionen mit einfachem Schwierigkeitsgrad, bei vorwiegend ruhenden Flächenlasten		X			
– Deckenkonstruktionen mit durchschnittlichem Schwierigkeitsgrad			X		
– schiefwinklige Einfeldplatten				X	

Honorarordnung für Architekten und Ingenieure — HOAI 2013

	Honorarzone				
	I	II	III	IV	V
– schiefwinklige Mehrfeldplatten					X
– schiefwinklig gelagerte oder gekrümmte Träger				X	
– schiefwinklig gelagerte, gekrümmte Träger					X
– Trägerroste und orthotrope Platten mit durchschnittlichem Schwierigkeitsgrad				X	
– schwierige Trägerroste und schwierige orthotrope Platten					X
– Flächentragwerke (Platten, Scheiben) mit durchschnittlichem Schwierigkeitsgrad				X	
– schwierige Flächentragwerke (Platten, Scheiben, Faltwerke, Schalen)					X
– einfache Faltwerke ohne Vorspannung				X	
Verbund-Konstruktionen					
– einfache Verbundkonstruktionen ohne Berücksichtigung des Einflusses von Kriechen und Schwinden			X		
– Verbundkonstruktionen mittlerer Schwierigkeit				X	
– Verbundkonstruktionen mit Vorspannung durch Spannglieder oder andere Maßnahmen					X
Rahmen- und Skelettbauten					
– ausgesteifte Skelettbauten			X		
– Tragwerke für schwierige Rahmen- und Skelettbauten sowie turmartige Bauten, bei denen der Nachweis der Stabilität und Aussteifung die Anwendung besonderer Berechnungsverfahren erfordert					X
– einfache Rahmentragwerke ohne Vorspannkonstruktionen und ohne Gesamtstabilitätsuntersuchungen				X	
– Rahmentragwerke mit durchschnittlichem Schwierigkeitsgrad				X	
– schwierige Rahmentragwerke mit Vorspannkonstruktionen und Stabilitätsuntersuchungen					X
Räumliche Stabwerke					
– räumliche Stabwerke mit durchschnittlichem Schwierigkeitsgrad				X	
– schwierige räumliche Stabwerke					X
Seilverspannte Konstruktionen					
– einfache seilverspannte Konstruktionen				X	
– seilverspannte Konstruktionen mit durchschnittlichem bis sehr hohem Schwierigkeitsgrad					X
Konstruktionen mit Schwingungsbeanspruchung					
– Tragwerke mit einfachen Schwingungsuntersuchungen				X	
– Tragwerke mit Schwingungsuntersuchungen mit durchschnittlichem bis sehr hohem Schwierigkeitsgrad					X

1 HOAI 2013

	Honorarzone				
	I	II	III	IV	V
Besondere Berechnungsmethoden					
– schwierige Tragwerke, die Schnittgrößenbestimmungen nach der Theorie II. Ordnung erfordern				X	
– ungewöhnlich schwierige Tragwerke, die Schnittgrößenbestimmungen nach der Theorie II. Ordnung erfordern					X
– schwierige Tragwerke in neuen Bauarten					X
– Tragwerke mit Standsicherheitsnachweisen, die nur unter Zuhilfenahme modellstatischer Untersuchungen oder durch Berechnungen mit finiten Elementen beurteilt werden können					X
– Tragwerke, bei denen die Nachgiebigkeit der Verbindungsmittel bei der Schnittkraftermittlung zu berücksichtigen ist					X
Spannbeton					
– einfache, äußerlich und innerlich statisch bestimmte und zwängungsfrei gelagerte vorgespannte Konstruktionen			X		
– vorgespannte Konstruktionen mit durchschnittlichem Schwierigkeitsgrad				X	
– vorgespannte Konstruktionen mit hohem bis sehr hohem Schwierigkeitsgrad					X
Traggerüste					
– einfache Traggerüste und andere einfache Gerüste für Ingenieurbauwerke		X			
– schwierige Traggerüste und andere schwierige Gerüste für Ingenieurbauwerke				X	
– sehr schwierige Traggerüste und andere sehr schwierige Gerüste für Ingenieurbauwerke, zum Beispiel weit gespannte oder hohe Traggerüste					X

Anlage 15
(zu § 55 Absatz 3, § 56 Absatz 3)

Grundleistungen im Leistungsbild Technische Ausrüstung, Besondere Leistungen, Objektliste

15.1 Grundleistungen und Besondere Leistungen im Leistungsbild Technische Ausrüstung

Grundleistungen	Besondere Leistungen
LPH 1 Grundlagenermittlung	
a) Klären der Aufgabenstellung auf Grund der Vorgaben oder der Bedarfsplanung des Auftraggebers im Benehmen mit dem Objektplaner b) Ermitteln der Planungsrandbedingungen und Beraten zum Leistungsbedarf und gegebenenfalls zur technischen Erschließung c) Zusammenfassen, Erläutern und Dokumentieren der Ergebnisse	– Mitwirken bei der Bedarfsplanung für komplexe Nutzungen zur Analyse der Bedürfnisse, Ziele und einschränkenden Gegebenheiten (Kosten-, Termine und andere Rahmenbedingungen) des Bauherrn und wichtiger Beteiligter – Bestandsaufnahme, zeichnerische Darstellung und Nachrechnen vorhandener Anlagen und Anlagenteile – Datenerfassung, Analysen und Optimierungsprozesse im Bestand – Durchführen von Verbrauchsmessungen – Endoskopische Untersuchungen – Mitwirken bei der Ausarbeitung von Auslobungen und bei Vorprüfungen für Planungswettbewerbe
LPH 2 Vorplanung (Projekt- und Planungsvorbereitung)	
a) Analysieren der Grundlagen Mitwirken beim Abstimmen der Leistungen mit den Planungsbeteiligten b) Erarbeiten eines Planungskonzepts, dazu gehören zum Beispiel: Vordimensionieren der Systeme und maßbestimmenden Anlagenteile, Untersuchen von alternativen Lösungsmöglichkeiten bei gleichen Nutzungsanforderungen einschließlich Wirtschaftlichkeitsvorbetrachtung, zeichnerische Darstellung zur Integration in die Objektplanung unter Berücksichtigung exemplarischer Details, Angaben zum Raumbedarf c) Aufstellen eines Funktionsschemas bzw. Prinzipschaltbildes für jede Anlage d) Klären und Erläutern der wesentlichen fachübergreifenden Prozesse, Randbedingungen und Schnittstellen, Mitwirken bei der Integration der technischen Anlagen e) Vorverhandlungen mit Behörden über die Genehmigungsfähigkeit und mit den zu beteiligenden Stellen zur Infrastruktur	– Erstellen des technischen Teils eines Raumbuches – Durchführen von Versuchen und Modellversuchen

Grundleistungen	Besondere Leistungen
f) Kostenschätzung nach DIN 276 (2. Ebene) und Terminplanung g) Zusammenfassen, Erläutern und Dokumentieren der Ergebnisse	

LPH 3 Entwurfsplanung (System- und Integrationsplanung)

Grundleistungen	Besondere Leistungen
a) Durcharbeiten des Planungskonzepts (stufenweise Erarbeitung einer Lösung) unter Berücksichtigung aller fachspezifischen Anforderungen sowie unter Beachtung der durch die Objektplanung integrierten Fachplanungen, bis zum vollständigen Entwurf b) Festlegen aller Systeme und Anlagenteile c) Berechnen und Bemessen der technischen Anlagen und Anlagenteile, Abschätzen von jährlichen Bedarfswerten (z.B. Nutz-, End- und Primärenergiebedarf) und Betriebskosten; Abstimmen des Platzbedarfs für technische Anlagen und Anlagenteile; Zeichnerische Darstellung des Entwurfs in einem mit dem Objektplaner abgestimmten Ausgabemaßstab mit Angabe maßbestimmender Dimensionen Fortschreiben und Detaillieren der Funktions- und Strangschemata der Anlagen Auflisten aller Anlagen mit technischen Daten und Angaben zum Beispiel für Energiebilanzierungen Anlagenbeschreibungen mit Angabe der Nutzungsbedingungen d) Übergeben der Berechnungsergebnisse an andere Planungsbeteiligte zum Aufstellen vorgeschriebener Nachweise; Angabe und Abstimmung der für die Tragwerksplanung notwendigen Angaben über Durchführungen und Lastangaben (ohne Anfertigen von Schlitz- und Durchführungsplänen) e) Verhandlungen mit Behörden und mit anderen zu beteiligenden Stellen über die Genehmigungsfähigkeit f) Kostenberechnung nach DIN 276 (3. Ebene) und Terminplanung g) Kostenkontrolle durch Vergleich der Kostenberechnung mit der Kostenschätzung h) Zusammenfassen, Erläutern und Dokumentieren der Ergebnisse	– Erarbeiten von besonderen Daten für die Planung Dritter, zum Beispiel für Stoffbilanzen, etc. – Detaillierte Betriebskostenberechnung für die ausgewählte Anlage – Detaillierter Wirtschaftlichkeitsnachweis – Berechnung von Lebenszykluskosten – Detaillierte Schadstoffemissionsberechnung für die ausgewählte Anlage – Detaillierter Nachweis von Schadstoffemissionen – Aufstellen einer gewerkeübergreifenden Brandschutzmatrix – Fortschreiben des technischen Teils des Raumbuches – Auslegung der technischen Systeme bei Ingenieurbauwerken nach Maschinenrichtlinie – Anfertigen von Ausschreibungszeichnungen bei Leistungsbeschreibung mit Leistungsprogramm – Mitwirken bei einer vertieften Kostenberechnung – Simulationen zur Prognose des Verhaltens von Gebäuden, Bauteilen, Räumen und Freiräumen

Grundleistungen	Besondere Leistungen
LPH 4 Genehmigungsplanung	
a) Erarbeiten und Zusammenstellen der Vorlagen und Nachweise für öffentlich-rechtliche Genehmigungen oder Zustimmungen, einschließlich der Anträge auf Ausnahmen oder Befreiungen sowie Mitwirken bei Verhandlungen mit Behörden b) Vervollständigen und Anpassen der Planungsunterlagen, Beschreibungen und Berechnungen	
LPH 5 Ausführungsplanung	
a) Erarbeiten der Ausführungsplanung auf Grundlage der Ergebnisse der Leistungsphasen 3 und 4 (stufenweise Erarbeitung und Darstellung der Lösung) unter Beachtung der durch die Objektplanung integrierten Fachplanungen bis zur ausführungsreifen Lösung b) Fortschreiben der Berechnungen und Bemessungen zur Auslegung der technischen Anlagen und Anlagenteile Zeichnerische Darstellung der Anlagen in einem mit dem Objektplaner abgestimmten Ausgabemaßstab und Detaillierungsgrad einschließlich Dimensionen (keine Montage- oder Werkstattpläne) Anpassen und Detaillieren der Funktions- und Strangschemata der Anlagen bzw. der GA-Funktionslisten Abstimmen der Ausführungszeichnungen mit dem Objektplaner und den übrigen Fachplanern c) Anfertigen von Schlitz- und Durchbruchsplänen d) Fortschreibung des Terminplans e) Fortschreiben der Ausführungsplanung auf den Stand der Ausschreibungsergebnisse und der dann vorliegenden Ausführungsplanung des Objektplaners, Übergeben der fortgeschriebenen Ausführungsplanung an die ausführenden Unternehmen f) Prüfen und Anerkennen der Montage- und Werkstattpläne der ausführenden Unternehmen auf Übereinstimmung mit der Ausführungsplanung	– Prüfen und Anerkennen von Schalplänen des Tragwerksplaners auf Übereinstimmung mit der Schlitz- und Durchbruchsplanung – Anfertigen von Plänen für Anschlüsse von beigestellten Betriebsmitteln und Maschinen (Maschinenanschlussplanung) mit besonderem Aufwand (zum Beispiel bei Produktionseinrichtungen) – Leerrohrplanung mit besonderem Aufwand (zum Beispiel bei Sichtbeton oder Fertigteilen) – Mitwirkung bei Detailplanungen mit besonderem Aufwand, zum Beispiel Darstellung von Wandabwicklungen in hochinstallierten Bereichen – Anfertigen von allpoligen Stromlaufplänen

1 HOAI 2013

Grundleistungen	Besondere Leistungen
LPH 6 Vorbereitung der Vergabe	
a) Ermitteln von Mengen als Grundlage für das Aufstellen von Leistungsverzeichnissen in Abstimmung mit Beiträgen anderer an der Planung fachlich Beteiligter b) Aufstellen der Vergabeunterlagen, insbesondere mit Leistungsverzeichnissen nach Leistungsbereichen, einschließlich der Wartungsleistungen auf Grundlage bestehender Regelwerke c) Mitwirken beim Abstimmen der Schnittstellen zu den Leistungsbeschreibungen der anderen an der Planung fachlich Beteiligten d) Ermitteln der Kosten auf Grundlage der vom Planer bepreisten Leistungsverzeichnisse e) Kostenkontrolle durch Vergleich der vom Planer bepreisten Leistungsverzeichnisse mit der Kostenberechnung f) Zusammenstellen der Vergabeunterlagen	– Erarbeiten der Wartungsplanung und -organisation – Ausschreibung von Wartungsleistungen, soweit von bestehenden Regelwerken abweichend
LPH 7 Mitwirkung bei der Vergabe	
a) Einholen von Angeboten b) Prüfen und Werten der Angebote, Aufstellen der Preisspiegel nach Einzelpositionen, Prüfen und Werten der Angebote für zusätzliche oder geänderte Leistungen der ausführenden Unternehmen und der Angemessenheit der Preise c) Führen von Bietergesprächen d) Vergleichen der Ausschreibungsergebnisse mit den vom Planer bepreisten Leistungsverzeichnissen und der Kostenberechnung e) Erstellen der Vergabevorschläge, Mitwirken bei der Dokumentation der Vergabeverfahren f) Zusammenstellen der Vertragsunterlagen und bei der Auftragserteilung	– Prüfen und Werten von Nebenangeboten – Mitwirken bei der Prüfung von bauwirtschaftlich begründeten Angeboten (Claimabwehr)
LPH 8 Objektüberwachung (Bauüberwachung) und Dokumentation	
a) Überwachen der Ausführung des Objekts auf Übereinstimmung mit der öffentlich-rechtlichen Genehmigung oder Zustimmung, den Verträgen mit den ausführenden Unternehmen, den Ausführungsunterlagen, den Montage- und Werkstattplänen, den einschlägigen Vorschriften und den allgemein anerkannten Regeln der Technik	– Durchführen von Leistungsmessungen und Funktionsprüfungen – Werksabnahmen – Fortschreiben der Ausführungspläne (zum Beispiel Grundrisse, Schnitte, Ansichten) bis zum Bestand – Erstellen von Rechnungsbelegen anstelle der ausführenden Firmen, zum Beispiel Aufmaß

Grundleistungen	Besondere Leistungen
b) Mitwirken bei der Koordination der am Projekt Beteiligten c) Aufstellen, Fortschreiben und Überwachen des Terminplans (Balkendiagramm) d) Dokumentation des Bauablaufs (Bautagebuch) e) Prüfen und Bewerten der Notwendigkeit geänderter oder zusätzlicher Leistungen der Unternehmer und der Angemessenheit der Preise f) Gemeinsames Aufmaß mit den ausführenden Unternehmen g) Rechnungsprüfung in rechnerischer und fachlicher Hinsicht mit Prüfen und Bescheinigen des Leistungsstandes anhand nachvollziehbarer Leistungsnachweise h) Kostenkontrolle durch Überprüfen der Leistungsabrechnungen der ausführenden Unternehmen im Vergleich zu den Vertragspreisen und dem Kostenanschlag i) Kostenfeststellung j) Mitwirken bei Leistungs- und Funktionsprüfungen k) fachtechnische Abnahme der Leistungen auf Grundlage der vorgelegten Dokumentation, Erstellung eines Abnahmeprotokolls, Feststellen von Mängeln und Erteilen einer Abnahmeempfehlung l) Antrag auf behördliche Abnahmen und Teilnahme daran m) Prüfung der übergebenen Revisionsunterlagen auf Vollzähligkeit, Vollständigkeit und stichprobenartige Prüfung auf Übereinstimmung mit dem Stand der Ausführung n) Auflisten der Verjährungsfristen der Ansprüche auf Mängelbeseitigung o) Überwachen der Beseitigung der bei der Abnahme festgestellten Mängel p) Systematische Zusammenstellung der Dokumentation, der zeichnerischen Darstellungen und rechnerischen Ergebnisse des Objekts	– Schlussrechnung (Ersatzvornahme) – Erstellen fachübergreifender Betriebsanleitungen (zum Beispiel Betriebshandbuch, Reparaturhandbuch) oder computer-aided Facility Management-Konzepte – Planung der Hilfsmittel für Reparaturzwecke
LPH 9 Objektbetreuung	
a) Fachliche Bewertung der innerhalb der Verjährungsfristen für Gewährleistungsansprüche festgestellten Mängel, längstens jedoch bis zum Ablauf von fünf Jahren seit Abnahme der Leistung, einschließlich notwendiger Begehungen	– Überwachen der Mängelbeseitigung innerhalb der Verjährungsfrist – Energiemonitoring innerhalb der Gewährleistungsphase, Mitwirkung bei den jährlichen Verbrauchsmessungen aller Medien

1 HOAI 2013

Honorarordnung für Architekten und Ingenieure

Grundleistungen	Besondere Leistungen
b) Objektbegehung zur Mängelfeststellung vor Ablauf der Verjährungsfristen für Mängelansprüche gegenüber den ausführenden Unternehmen c) Mitwirken bei der Freigabe von Sicherheitsleistungen	– Vergleich mit den Bedarfswerten aus der Planung, Vorschläge für die Betriebsoptimierung und zur Senkung des Medien- und Energieverbrauches

15.2 Objektliste

	Honorarzone		
	I	II	III
Anlagengruppe 1 Abwasser-, Wasser- oder Gasanlagen			
– Anlagen mit kurzen einfachen Netzen	X		
– Abwasser-, Wasser-, Gas- oder sanitärtechnische Anlagen mit verzweigten Netzen, Trinkwasserzirkulationsanlagen, Hebeanlagen, Druckerhöhungsanlagen		X	
– Anlagen zur Reinigung, Entgiftung oder Neutralisation von Abwasser, Anlagen zur biologischen, chemischen oder physikalischen Behandlung von Wasser, Anlagen mit besonderen hygienischen Anforderungen oder neuen Techniken (zum Beispiel Kliniken, Alten- oder Pflegeeinrichtungen) – Gasdruckreglerstationen, mehrstufige Leichtflüssigkeitsabscheider			X
Anlagengruppe 2 Wärmeversorgungsanlagen			
– Einzelheizgeräte, Etagenheizung	X		
– Gebäudeheizungsanlagen, mono- oder bivalente Systeme (zum Beispiel Solaranlage zur Brauchwassererwärmung, Wärmepumpenanlagen) – Flächenheizungen – Hausstationen – verzweigte Netze		X	
– Multivalente Systeme – Systeme mit Kraft-Wärme-Kopplung, Dampfanlagen, Heißwasseranlagen, Deckenstrahlheizungen (zum Beispiel Sport- oder Industriehallen)			
Anlagengruppe 3 Lufttechnische Anlagen			
– Einzelabluftanlagen	X		
– Lüftungsanlagen mit einer thermodynamischen Luftbehandlungsfunktion (zum Beispiel Heizen), Druckbelüftung		X	
– Lüftungsanlagen mit mindestens 2 thermodynamischen Luftbehandlungsfunktionen (zum Beispiel Heizen oder Kühlen), Teilklimaanlagen, Klimaanlagen – Anlagen mit besonderen Anforderungen an die Luftqualität (zum Beispiel Operationsräume) – Kühlanlagen, Kälteerzeugungsanlagen ohne Prozesskälteanlagen – Hausstationen für Fernkälte, Rückkühlanlagen			X

Honorarordnung für Architekten und Ingenieure HOAI 2013 **1**

	Honorarzone		
	I	II	III
Anlagengruppe 4 Starkstromanlagen			
– Niederspannungsanlagen mit bis zu zwei Verteilungsebenen ab Übergabe EVU, einschließlich Beleuchtung oder Sicherheitsbeleuchtung mit Einzelbatterien – Erdungsanlagen	X		
– Kompakt-Transformatorenstationen, Eigenstromerzeugungsanlagen (zum Beispiel zentrale Batterie- oder unterbrechungsfreie Stromversorgungsanlagen, Photovoltaik-Anlagen) – Niederspannungsanlagen mit bis zu drei Verteilebenen ab Übergabe EVU einschließlich Beleuchtungsanlagen – zentrale Sicherheitsbeleuchtungsanlagen – Niederspannungsinstallationen einschließlich Bussystemen – Blitzschutz- oder Erdungsanlagen, soweit nicht in HZ I oder HZ III erwähnt – Außenbeleuchtungsanlagen		X	
– Hoch- oder Mittelspannungsanlagen, Transformatorenstationen, Eigenstromversorgungsanlagen mit besonderen Anforderungen (zum Beispiel Notstromaggregate, Blockheizkraftwerke, dynamische unterbrechungsfreie Stromversorgung) – Niederspannungsanlagen mit mindestens vier Verteilebenen oder mehr als 1 000 A Nennstrom – Beleuchtungsanlagen mit besonderen Planungsanforderungen (zum Beispiel Lichtsimulationen in aufwendigen Verfahren für Museen oder Sonderräume)			X
– Blitzschutzanlagen mit besonderen Anforderungen (zum Beispiel für Kliniken, Hochhäuser, Rechenzentren)			X
Anlagengruppe 5 Fernmelde- oder informationstechnische Anlagen			
– Einfache Fernmeldeinstallationen mit einzelnen Endgeräten	X		
– Fernmelde- oder informationstechnische Anlagen, soweit nicht in HZ I oder HZ III erwähnt		X	
– Fernmelde- oder informationstechnische Anlagen mit besonderen Anforderungen (zum Beispiel Konferenz- oder Dolmetscheranlagen, Beschallungsanlagen von Sonderräumen, Objektüberwachungsanlagen, aktive Netzwerkkomponenten, Fernübertragungsnetze, Fernwirkanlagen, Parkleitsysteme)			X
Anlagengruppe 6 Förderanlagen			
– Einzelne Standardaufzüge, Kleingüteraufzüge, Hebebühnen	X		
– Aufzugsanlagen, soweit nicht in Honorarzone I oder III erwähnt, Fahrtreppen oder Fahrsteige, Krananlagen, Ladebrücken, Stetigförderanlagen		X	
– Aufzugsanlagen mit besonderen Anforderungen, Fassadenaufzüge, Transportanlagen mit mehr als zwei Sende- oder Empfangsstellen			X

1 HOAI 2013

Honorarordnung für Architekten und Ingenieure

	Honorarzone		
	I	II	III
Anlagengruppe 7 Nutzungsspezifische oder verfahrenstechnische Anlagen			
7.1. Nutzungsspezifische Anlagen			
– Küchentechnische Geräte, zum Beispiel für Teeküchen	X		
– Küchentechnische Anlagen, zum Beispiel Küchen mittlerer Größe, Aufwärmküchen, Einrichtungen zur Speise- oder Getränkeaufbereitung, -ausgabe oder -lagerung (keine Produktionsküche) einschließlich zugehöriger Kälteanlagen		X	
– Küchentechnische Anlagen, zum Beispiel Großküchen, Einrichtungen für Produktionsküchen einschließlich der Ausgabe oder Lagerung sowie der zugehörigen Kälteanlagen, Gewerbekälte für Großküchen, große Kühlräume oder Kühlzellen			X
– Wäscherei- oder Reinigungsgeräte, zum Beispiel für Gemeinschaftswaschküchen	X		
– Wäscherei- oder Reinigungsanlagen, zum Beispiel Wäschereieinrichtungen für Waschsalons		X	
– Wäscherei- oder Reinigungsanlagen, zum Beispiel chemische oder physikalische Einrichtungen für Großbetriebe			X
– Medizin- oder labortechnische Anlagen, zum Beispiel für Einzelpraxen der Allgemeinmedizin	X		
– Medizin- oder labortechnische Anlagen, zum Beispiel für Gruppenpraxen der Allgemeinmedizin oder Einzelpraxen der Fachmedizin, Sanatorien, Pflegeeinrichtungen, Krankenhausabteilungen, Laboreinrichtungen für Schulen		X	
– Medizin- oder labortechnische Anlagen, zum Beispiel für Kliniken, Institute mit Lehr- oder Forschungsaufgaben, Laboratorien, Fertigungsbetriebe			X
– Feuerlöschgeräte, zum Beispiel Handfeuerlöscher	X		
– Feuerlöschanlagen, zum Beispiel manuell betätigte Feuerlöschanlagen		X	
– Feuerlöschanlagen, zum Beispiel selbsttätig auslösende Anlagen			X
– Entsorgungsanlagen, zum Beispiel Abwurfanlagen für Abfall oder Wäsche	X		
– Entsorgungsanlagen, zum Beispiel zentrale Entsorgungsanlagen für Wäsche oder Abfall, zentrale Staubsauganlagen			X
– Bühnentechnische Anlagen, zum Beispiel technische Anlagen für Klein- oder Mittelbühnen		X	
– Bühnentechnische Anlagen, zum Beispiel für Großbühnen			X
– Medienversorgungsanlagen, zum Beispiel zur Erzeugung, Lagerung, Aufbereitung oder Verteilung medizinischer oder technischer Gase, Flüssigkeiten oder Vakuum			X
– Badetechnische Anlagen, zum Beispiel Aufbereitungsanlagen, Wellenerzeugungsanlagen, höhenverstellbare Zwischenböden			X

Honorarordnung für Architekten und Ingenieure   HOAI 2013 **1**

	Honorarzone		
	I	II	III
– Prozesswärmeanlagen, Prozesskälteanlagen, Prozessluftanlagen, zum Beispiel Vakuumanlagen, Prüfstände, Windkanäle, industrielle Ansauganlagen			X
– Technische Anlagen für Tankstellen, Fahrzeugwaschanlagen			X
– Lagertechnische Anlagen, zum Beispiel Regalbediengeräte (mit zugehörigen Regalanlagen), automatische Warentransportanlagen			X
– Taumittelsprühanlagen oder Enteisungsanlagen		X	
– Stationäre Enteisungsanlagen für Großanlagen, zum Beispiel Flughäfen			X
7.2. Verfahrenstechnische Anlagen			
– Einfache Technische Anlagen der Wasseraufbereitung (zum Beispiel Belüftung, Enteisenung, Entmanganung, chemische Entsäuerung, physikalische Entsäuerung)		X	
– Technische Anlagen der Wasseraufbereitung (zum Beispiel Membranfiltration, Flockungsfiltration, Ozonierung, Entarsenierung, Entaluminierung, Denitrifikation)			X
– Einfache Technische Anlagen der Abwasserreinigung (zum Beispiel gemeinsame aerobe Stabilisierung)		X	
– Technische Anlagen der Abwasserreinigung (zum Beispiel für mehrstufige Abwasserbehandlungsanlagen)			X
– Einfache Schlammbehandlungsanlagen (zum Beispiel Schlammabsetzanlagen mit mechanischen Einrichtungen)		X	
– Anlagen für mehrstufige oder kombinierte Verfahren der Schlammbehandlung			X
– Einfache Technische Anlagen der Abwasserableitung		X	
– Technische Anlagen der Abwasserableitung			X
– Einfache Technische Anlagen der Wassergewinnung, -förderung, -speicherung		X	
– Technische Anlagen der Wassergewinnung, -förderung, -speicherung			X
– Einfache Regenwasserbehandlungsanlagen		X	
– Einfache Anlagen für Grundwasserdekontaminierungsanlagen		X	
– Komplexe Technische Anlagen für Grundwasserdekontaminierungsanlagen			X
– Einfache Technische Anlagen für die Ver- und Entsorgung mit Gasen (zum Beispiel Odorieranlage)		X	
– Einfache Technische Anlagen für die Ver- und Entsorgung mit Feststoffen		X	
– Technische Anlagen für die Ver- und Entsorgung mit Feststoffen			X

1 HOAI 2013

	Honorarzone		
	I	II	III
– Einfache Technische Anlagen der Abfallentsorgung (zum Beispiel für Kompostwerke, Anlagen zur Konditionierung von Sonderabfällen, Hausmülldeponien oder Monodeponien für Sonderabfälle, Anlagen für Untertagedeponien, Anlagen zur Behandlung kontaminierter Böden)		X	
– Technische Anlagen der Abfallentsorgung (zum Beispiel für Verbrennungsanlagen, Pyrolyseanlagen, mehrfunktionale Aufbereitungsanlagen für Wertstoffe)			X
Anlagengruppe 8 Gebäudeautomation			
– Herstellerneutrale Gebäudeautomationssysteme oder Automationssysteme mit anlagengruppenübergreifender Systemintegration			X

2. Synopse HOAI 2009 – HOAI 2013

a) Synoptische Darstellung HOAI 2009 – HOAI 2013 – Text

HOAI 2009	HOAI 2013
Teil 1. **Allgemeine Vorschriften** **§ 1** Anwendungsbereich Diese Verordnung regelt die Berechnung der Entgelte für die Leistungen der Architekten und Architektinnen und der Ingenieure und Ingenieurinnen (Auftragnehmer oder Auftragnehmerinnen) mit Sitz im Inland, soweit die Leistungen durch diese Verordnung erfasst und vom Inland aus erbracht werden.	**Teil 1.** **Allgemeine Vorschriften** **§ 1** Anwendungsbereich Diese Verordnung regelt die Berechnung der Entgelte für die Grundleistungen der Architekten und Architektinnen und der Ingenieure und Ingenieurinnen (Auftragnehmer oder Auftragnehmerinnen) mit Sitz im Inland, soweit die Grundleistungen durch diese Verordnung erfasst und vom Inland aus erbracht werden.
§ 2 Begriffsbestimmungen Für diese Verordnung gelten folgende Begriffsbestimmungen: 1. „Objekte" sind Gebäude, raumbildende Ausbauten, Freianlagen, Ingenieurbauwerke, Verkehrsanlagen, Tragwerke und Anlagen der Technischen Ausrüstung; 2. „Gebäude" sind selbstständig benutzbare, überdeckte bauliche Anlagen, die von Menschen betreten werden können und geeignet oder bestimmt sind, dem Schutz von Menschen, Tieren oder Sachen zu dienen; 3. „Neubauten und Neuanlagen" sind Objekte, die neu errichtet oder neu hergestellt werden; 4. „Wiederaufbauten" sind vormals zerstörte Objekte, die auf vorhandenen Bau- oder Anlageteilen wiederhergestellt werden; sie gelten als Neubauten, sofern eine neue Planung erforderlich ist; 5. „Erweiterungsbauten" sind Ergänzungen eines vorhandenen Objekts; 6. „Umbauten" sind Umgestaltungen eines vorhandenen Objekts mit Eingriffen in Konstruktion oder Bestand; 7. „Modernisierungen" sind bauliche Maßnahmen zur nachhaltigen Erhöhung des Gebrauchswertes eines Objekts, soweit sie nicht unter die Nummern 5, 6 oder Nummer 9 fallen;	**§ 2** Begriffsbestimmungen (1) Objekte sind Gebäude, Innenräume, Freianlagen, Ingenieurbauwerke, Verkehrsanlagen. Objekte sind auch Tragwerke und Anlagen der Technischen Ausrüstung. (2) Neubauten und Neuanlagen sind Objekte, die neu errichtet oder neu hergestellt werden. (3) Wiederaufbauten sind Objekte, bei denen die zerstörten Teile auf noch vorhandenen Bau- oder Anlagenteilen wiederhergestellt werden. Wiederaufbauten gelten als Neubauten, sofern eine neue Planung erforderlich ist. (4) Erweiterungsbauten sind Ergänzungen eines vorhandenen Objekts. (5) Umbauten sind Umgestaltungen eines vorhandenen Objekts mit wesentlichen Eingriffen in Konstruktion oder Bestand. (6) Modernisierungen sind bauliche Maßnahmen zur nachhaltigen Erhöhung des Gebrauchswertes eines Objekts, soweit diese Maßnahmen nicht unter Absatz 4, 5 oder 8 fallen.

HOAI 2009	HOAI 2013
	(7) Mitzuverarbeitende Bausubstanz ist der Teil des zu planenden Objekts, der bereits durch Bauleistungen hergestellt ist und durch Planungs- oder Überwachungsleistungen technisch oder gestalterisch mitverarbeitet wird.
8. „raumbildende Ausbauten" sind die innere Gestaltung oder Erstellung von Innenräumen ohne wesentliche Eingriffe in Bestand oder Konstruktion; sie können im Zusammenhang mit Leistungen nach den Nummern 3 bis 7 anfallen;	
9. „Instandsetzungen" sind Maßnahmen zur Wiederherstellung des zum bestimmungsgemäßen Gebrauch geeigneten Zustandes (Soll-Zustandes) eines Objekts, soweit sie nicht unter Nummer 4 fallen oder durch Maßnahmen nach Nummer 7 verursacht sind;	(8) Instandsetzungen sind Maßnahmen zur Wiederherstellung des zum bestimmungsgemäßen Gebrauch geeigneten Zustandes (Soll-Zustandes) eines Objekts, soweit diese Maßnahmen nicht unter Absatz 3 fallen.
10. „Instandhaltungen" sind Maßnahmen zur Erhaltung des Soll-Zustandes eines Objekts;	(9) Instandhaltungen sind Maßnahmen zur Erhaltung des Soll-Zustandes eines Objekts.
11. „Freianlagen" sind planerisch gestaltete Freiflächen und Freiräume sowie entsprechend gestaltete Anlagen in Verbindung mit Bauwerken oder in Bauwerken;	
12. „fachlich allgemein anerkannte Regeln der Technik" sind schriftlich fixierte technische Festlegungen für Verfahren, die nach herrschender Auffassung der beteiligten Fachleute, Verbraucher und der öffentlichen Hand geeignet sind, die Ermittlung der anrechenbaren Kosten nach dieser Verordnung zu ermöglichen und die sich in der Praxis allgemein bewährt haben oder deren Bewährung nach herrschender Auffassung in überschaubarer Zeit bevorsteht;	
13. „Kostenschätzung" ist eine überschlägige Ermittlung der Kosten auf der Grundlage der Vorplanung; sie ist die vorläufige Grundlage für Finanzierungsüberlegungen; ihr liegen Vorplanungsergebnisse, Mengenschätzungen, erläuternde Angaben zu den planerischen Zusammenhängen, Vorgängen und Bedingungen sowie Angaben zum Baugrundstück und zur Erschließung zugrunde; wird die Kostenschätzung nach § 4 Absatz 1 Satz 3 auf der Grundlage der DIN 276 in der Fassung vom Dezember 2008 (DIN 276-1: 2008-12) erstellt, müssen die Gesamtkosten nach Kostengruppen bis zur ersten Ebene der Kostengliederung ermittelt werden	(10) Kostenschätzung ist die überschlägige Ermittlung der Kosten auf der Grundlage der Vorplanung. Die Kostenschätzung ist die vorläufige Grundlage für Finanzierungsüberlegungen. Der Kostenschätzung liegen zugrunde: 1. Vorplanungsergebnisse, 2. Mengenschätzungen, 3. erläuternde Angaben zu den planerischen Zusammenhängen, Vorgängen sowie Bedingungen und 4. Angaben zum Baugrundstück und zu dessen Erschließung. Wird die Kostenschätzung nach § 4 Absatz 1 Satz 3 auf der Grundlage der DIN 276 in der

HOAI 2009	HOAI 2013
	Fassung vom Dezember 2008 (DIN 276-1: 2008-12) erstellt, müssen die Gesamtkosten nach Kostengruppen mindestens bis zur ersten Ebene der Kostengliederung ermittelt werden.
14. „Kostenberechnung" ist eine Ermittlung der Kosten auf der Grundlage der Entwurfsplanung; ihr liegen durchgearbeitete Entwurfszeichnungen oder auch Detailzeichnungen wiederkehrender Raumgruppen, Mengenberechnungen und für die Berechnung und Beurteilung der Kosten relevante Erläuterungen zugrunde; wird sie nach § 4 Absatz 1 Satz 3 auf der Grundlage der DIN 276 erstellt, müssen die Gesamtkosten nach Kostengruppen bis zur zweiten Ebene der Kostengliederung ermittelt werden;	(11) Kostenberechnung ist die Ermittlung der Kosten auf der Grundlage der Entwurfsplanung. Der Kostenberechnung liegen zugrunde: 1. durchgearbeitete Entwurfszeichnungen oder Detailzeichnungen wiederkehrender Raumgruppen, 2. Mengenberechnungen und 3. für die Berechnung und Beurteilung der Kosten relevante Erläuterungen. Wird die Kostenberechnung nach § 4 Absatz 1 Satz 3 auf der Grundlage der DIN 276 erstellt, müssen die Gesamtkosten nach Kostengruppen mindestens bis zur zweiten Ebene der Kostengliederung ermittelt werden.
15. „Honorarzonen" stellen den Schwierigkeitsgrad eines Objekts oder einer Flächenplanung dar.	
§ 3 Leistungen und Leistungsbilder (1) Die Honorare für Leistungen sind in den Teilen 2 bis 4 dieser Verordnung verbindlich geregelt. Die Honorare für Beratungsleistungen sind in der Anlage 1 zu dieser Verordnung enthalten und nicht verbindlich geregelt.	**§ 3 Leistungen und Leistungsbilder** (1) Die Honorare für Grundleistungen der Flächen-, Objekt- und Fachplanung sind in den Teilen 2 bis 4 dieser Verordnung verbindlich geregelt. Die Honorare für Beratungsleistungen der Anlage 1 sind nicht verbindlich geregelt.
(2) Leistungen, die zur ordnungsgemäßen Erfüllung eines Auftrags im Allgemeinen erforderlich sind, sind in Leistungsbildern erfasst. Andere Leistungen, die durch eine Änderung des Leistungsziels, des Leistungsumfangs, einer Änderung des Leistungsablaufs oder anderer Anordnungen des Auftraggebers erforderlich werden, sind von den Leistungsbildern nicht erfasst und gesondert frei zu vereinbaren und zu vergüten.	(2) Grundleistungen, die zur ordnungsgemäßen Erfüllung eines Auftrags im Allgemeinen erforderlich sind, sind in Leistungsbildern erfasst. Die Leistungsbilder gliedern sich in Leistungsphasen gemäß den Regelungen in den Teilen 2 bis 4.
(3) Besondere Leistungen sind in der Anlage 2 aufgeführt, die Aufzählung ist nicht abschließend. Die Honorare für Besondere Leistungen können frei vereinbart werden.	(3) Die Aufzählung der Besonderen Leistungen in dieser Verordnung und in den Leistungsbildern ihrer Anlagen ist nicht abschließend. Die Besonderen Leistungen können auch für Leistungsbilder und Leistungsphasen, denen sie nicht zugeordnet sind, vereinbart werden, soweit sie dort keine Grundleistungen darstellen. Die Honorare für Besondere Leistungen können frei vereinbart werden.
(4) Die Leistungsbilder nach dieser Verordnung gliedern sich in die folgenden Leistungsphasen 1 bis 9:	

HOAI 2009	HOAI 2013
1. Grundlagenermittlung, 2. Vorplanung, 3. Entwurfsplanung, 4. Genehmigungsplanung, 5. Ausführungsplanung, 6. Vorbereitung der Vergabe, 7. Mitwirkung bei der Vergabe, 8. Objektüberwachung (Bauüberwachung oder Bauoberleitung), 9. Objektbetreuung und Dokumentation. (5) Die Tragwerksplanung umfasst nur die Leistungsphasen 1 bis 6. (6) Abweichend von Absatz 4 Satz 1 sind die Leistungsbilder des Teils 2 in bis zu fünf dort angegebenen Leistungsphasen zusammengefasst. Die Wirtschaftlichkeit der Leistung ist stets zu beachten. (7) Die Leistungsphasen in den Teilen 2 bis 4 dieser Verordnung werden in Prozentsätzen der Honorare bewertet. (8) Das Ergebnis jeder Leistungsphase ist mit dem Auftraggeber zu erörtern.	(4) Die Wirtschaftlichkeit der Leistung ist stets zu beachten.
§ 4 Anrechenbare Kosten (1) Anrechenbare Kosten sind Teil der Kosten zur Herstellung, zum Umbau, zur Modernisierung, Instandhaltung oder Instandsetzung von Objekten sowie den damit zusammenhängenden Aufwendungen. Sie sind nach fachlich allgemein anerkannten Regeln der Technik oder nach Verwaltungsvorschriften (Kostenvorschriften) auf der Grundlage ortsüblicher Preise zu ermitteln. Wird in dieser Verordnung die DIN 276 in Bezug genommen, so ist diese in der Fassung vom Dezember 2008 (DIN 276-1: 2008-12) bei der Ermittlung der anrechenbaren Kosten zugrunde zu legen. Die auf die Kosten von Objekten entfallende Umsatzsteuer ist nicht Bestandteil der anrechenbaren Kosten. (2) Als anrechenbare Kosten gelten ortsübliche Preise, wenn der Auftraggeber 1. selbst Lieferungen oder Leistungen übernimmt, 2. von bauausführenden Unternehmen oder von Lieferanten sonst nicht übliche Vergünstigungen erhält, 3. Lieferungen oder Leistungen in Gegenrechnung ausführt oder 4. vorhandene oder vorbeschaffte Baustoffe oder Bauteile einbauen lässt.	**§ 4 Anrechenbare Kosten** (1) Anrechenbare Kosten sind Teil der Kosten für die Herstellung, den Umbau, die Modernisierung, Instandhaltung oder Instandsetzung von Objekten sowie für die damit zusammenhängenden Aufwendungen. Sie sind nach allgemein anerkannten Regeln der Technik oder nach Verwaltungsvorschriften (Kostenvorschriften) auf der Grundlage ortsüblicher Preise zu ermitteln. Wird in dieser Verordnung im Zusammenhang mit der Kostenermittlung die DIN 276 in Bezug genommen, so ist die Fassung vom Dezember 2008 (DIN 276-1:2008-12) bei der Ermittlung der anrechenbaren Kosten zugrunde zu legen. Umsatzsteuer, die auf die Kosten von Objekten entfällt, ist nicht Bestandteil der anrechenbaren Kosten. (2) Die anrechenbaren Kosten richten sich nach den ortsüblichen Preisen, wenn der Auftraggeber 1. selbst Lieferungen oder Leistungen übernimmt, 2. von bauausführenden Unternehmen oder von Lieferanten sonst nicht übliche Vergünstigungen erhält, 3. Lieferungen oder Leistungen in Gegenrechnung ausführt oder 4. vorhandene oder vorbeschaffte Baustoffe oder Bauteile einbauen lässt.

HOAI 2009	HOAI 2013
	(3) Der Umfang der mitzuverarbeitenden Bausubstanz im Sinne des § 2 Absatz 7 ist bei den anrechenbaren Kosten angemessen zu berücksichtigen. Umfang und Wert der mitzuverarbeitenden Bausubstanz sind zum Zeitpunkt der Kostenberechnung oder, sofern keine Kostenberechnung vorliegt, zum Zeitpunkt der Kostenschätzung objektbezogen zu ermitteln und schriftlich zu vereinbaren.
§ 5 Honorarzonen (1) Die Objekt-, Bauleit- und Tragwerksplanung wird den folgenden Honorarzonen zugeordnet: 1. Honorarzone I: ehr geringe Planungsanforderungen, 2. Honorarzone II: geringe Planungsanforderungen, 3. Honorarzone III: durchschnittliche Planungsanforderungen, 4. Honorarzone IV: überdurchschnittliche Planungsanforderungen, 5. Honorarzone V: sehr hohe Planungsanforderungen. (2) Abweichend von Absatz 1 werden Landschaftspläne und die Planung der technischen Ausrüstung den folgenden Honorarzonen zugeordnet: 1. Honorarzone I: geringe Planungsanforderungen, 2. Honorarzone II: durchschnittliche Planungsanforderungen, 3. Honorarzone III: hohe Planungsanforderungen. (3) Abweichend von den Absätzen 1 und 2 werden Grünordnungspläne und Landschaftsrahmenpläne den folgenden Honorarzonen zugeordnet: 1. Honorarzone I: durchschnittliche Planungsanforderungen, 2. Honorarzone II: hohe Planungsanforderungen. (4) Die Honorarzonen sind anhand der Bewertungsmerkmale in den Honorarregelungen der jeweiligen Leistungsbilder der Teile 2 bis 4 zu ermitteln. Die Zurechnung zu den einzelnen Honorarzonen ist nach Maßgabe der Bewertungsmerkmale, gegebenenfalls der Bewertungspunkte und anhand der Regelbeispiele in den Objektlisten der Anlage 3 vorzunehmen.	**§ 5** Honorarzonen 1) Die Objekt- und Tragwerksplanung wird den folgenden Honorarzonen zugeordnet: 1. Honorarzone I: sehr geringe Planungsanforderungen, 2. Honorarzone II: geringe Planungsanforderungen, 3. Honorarzone III: durchschnittliche Planungsanforderungen, 4. Honorarzone IV: hohe Planungsanforderungen, 5. Honorarzone V: sehr hohe Planungsanforderungen. (2) Flächenplanungen und die Planung der Technischen Ausrüstung werden den folgenden Honorarzonen zugeordnet: 1. Honorarzone I: geringe Planungsanforderungen, 2. Honorarzone II: durchschnittliche Planungsanforderungen, 3. Honorarzone III: hohe Planungsanforderungen. (3) Die Honorarzonen sind anhand der Bewertungsmerkmale in den Honorarregelungen der jeweiligen Leistungsbilder der Teile 2 bis 4 zu ermitteln. Die Zurechnung zu den einzelnen Honorarzonen ist nach Maßgabe der Bewertungsmerkmale und gegebenenfalls der Bewertungspunkte sowie unter Berücksichtigung der Regelbeispiele in den Objektlisten der Anlagen dieser Verordnung vorzunehmen.

HOAI 2009	HOAI 2013
§ 6 Grundlagen des Honorars (1) Das Honorar für Leistungen nach dieser Verordnung richtet sich 1. für die Leistungsbilder der Teile 3 und 4 nach den anrechenbaren Kosten des Objekts auf der Grundlage der Kostenberechnung oder, soweit diese nicht vorliegt, auf der Grundlage der Kostenschätzung und für die Leistungsbilder des Teils 2, nach Flächengrößen oder Verrechnungseinheiten, 2. nach dem Leistungsbild, 3. nach der Honorarzone, 4. nach der dazugehörigen Honorartafel, 5. bei Leistungen im Bestand zusätzlich nach den §§ 35 und 36.	**§ 6 Grundlagen des Honorars** (1) Das Honorar für Grundleistungen nach dieser Verordnung richtet sich 1. für die Leistungsbilder des Teils 2 nach der Größe der Fläche und für die Leistungsbilder der Teile 3 und 4 nach den anrechenbaren Kosten des Objekts auf der Grundlage der Kostenberechnung oder, sofern keine Kostenberechnung vorliegt, auf der Grundlage der Kostenschätzung, 2. nach dem Leistungsbild, 3. nach der Honorarzone, 4. nach der dazugehörigen Honorartafel.
	(2) Honorare für Leistungen bei Umbauten und Modernisierungen gemäß § 2 Absatz 5 und Absatz 6 sind zu ermitteln nach 1. den anrechenbaren Kosten, 2. der Honorarzone, welcher der Umbau oder die Modernisierung in sinngemäßer Anwendung der Bewertungsmerkmale zuzuordnen ist, 3. den Leistungsphasen, 4. der Honorartafel und 5. dem Umbau- oder Modernisierungszuschlag auf das Honorar zu ermitteln. Der Umbau- oder Modernisierungszuschlag ist unter Berücksichtigung des Schwierigkeitsgrads der Leistungen schriftlich zu vereinbaren. Die Höhe des Zuschlags auf das Honorar ist in den jeweiligen Honorarregelungen der Leistungsbilder der Teile 3 und 4 geregelt. Sofern keine schriftliche Vereinbarung getroffen wurde, wird unwiderleglich vermutet, dass ein Zuschlag von 20 Prozent ab einem durchschnittlichen Schwierigkeitsgrad vereinbart ist.
(2) Wenn zum Zeitpunkt der Beauftragung noch keine Planungen als Voraussetzung für eine Kostenschätzung oder Kostenberechnung vorliegen, können die Vertragsparteien abweichend von Absatz 1 schriftlich vereinbaren, dass das Honorar auf der Grundlage der anrechenbaren Kosten einer Baukostenvereinbarung nach den Vorschriften dieser Verordnung berechnet wird. Dabei werden nachprüfbare Baukosten einvernehmlich festgelegt.	(3) Wenn zum Zeitpunkt der Beauftragung noch keine Planungen als Voraussetzung für eine Kostenschätzung oder Kostenberechnung vorliegen, können die Vertragsparteien abweichend von Absatz 1 schriftlich vereinbaren, dass das Honorar auf der Grundlage der anrechenbaren Kosten einer Baukostenvereinbarung nach den Vorschriften dieser Verordnung berechnet wird. Dabei werden nachprüfbare Baukosten einvernehmlich festgelegt.
§ 7 Honorarvereinbarung (1) Das Honorar richtet sich nach der schriftlichen Vereinbarung, die die Vertragsparteien bei Auftragserteilung im Rahmen der durch diese Verordnung festgesetzten Mindest- und Höchstsätze treffen.	**§ 7 Honorarvereinbarung** (1) Das Honorar richtet sich nach der schriftlichen Vereinbarung, die die Vertragsparteien bei Auftragserteilung im Rahmen der durch diese Verordnung festgesetzten Mindest- und Höchstsätze treffen.

HOAI 2009	HOAI 2013
(2) Liegen die ermittelten anrechenbaren Kosten, Werte oder Verrechnungseinheiten außerhalb der Tafelwerte dieser Verordnung, sind die Honorare frei vereinbar.	(2) Liegen die ermittelten anrechenbaren Kosten oder Flächen außerhalb der in den Honorartafeln dieser Verordnung festgelegten Honorarsätze, sind die Honorare frei vereinbar.
(3) Die in dieser Verordnung festgesetzten Mindestsätze können durch schriftliche Vereinbarung in Ausnahmefällen unterschritten werden.	(3) Die in dieser Verordnung festgesetzten Mindestsätze können durch schriftliche Vereinbarung in Ausnahmefällen unterschritten werden.
(4) Die in dieser Verordnung festgesetzten Höchstsätze dürfen nur bei außergewöhnlichen oder ungewöhnlich lange dauernden Leistungen durch schriftliche Vereinbarung überschritten werden. Dabei bleiben Umstände, soweit sie bereits für die Einordnung in Honorarzonen oder für die Einordnung in den Rahmen der Mindest- und Höchstsätze mitbestimmend gewesen sind, außer Betracht.	(4) Die in dieser Verordnung festgesetzten Höchstsätze dürfen nur bei außergewöhnlichen oder ungewöhnlich lange dauernden Grundleistungen durch schriftliche Vereinbarung überschritten werden. Dabei bleiben Umstände, soweit sie bereits für die Einordnung in die Honorarzonen oder für die Einordnung in den Rahmen der Mindest- und Höchstsätze mitbestimmend gewesen sind, außer Betracht.
(5) Ändert sich der beauftragte Leistungsumfang auf Veranlassung des Auftraggebers während der Laufzeit des Vertrages mit der Folge von Änderungen der anrechenbaren Kosten, Werten oder Verrechnungseinheiten, ist die dem Honorar zugrunde liegende Vereinbarung durch schriftliche Vereinbarung anzupassen.	
(6) Sofern nicht bei Auftragserteilung etwas anderes schriftlich vereinbart worden ist, gelten die jeweiligen Mindestsätze gemäß Absatz 1 als vereinbart. Sofern keine Honorarvereinbarung nach Absatz 1 getroffen worden ist, sind die Leistungsphasen 1 und 2 bei der Flächenplanung mit den Mindestsätzen in Prozent des jeweiligen Honorars zu bewerten.	(5) Sofern nicht bei Auftragserteilung etwas anderes schriftlich vereinbart worden ist, wird unwiderleglich vermutet, dass die jeweiligen Mindestsätze gemäß Absatz 1 vereinbart sind.
(7) Für Kostenunterschreitungen, die unter Ausschöpfung technisch-wirtschaftlicher oder umweltverträglicher Lösungsmöglichkeiten zu einer wesentlichen Kostensenkung ohne Verminderung des vertraglich festgelegten Standards führen, kann ein Erfolgshonorar schriftlich vereinbart werden, das bis zu 20 Prozent des vereinbarten Honorars betragen kann. In Fällen des Überschreitens der einvernehmlich festgelegten anrechenbaren Kosten kann ein Malus-Honorar in Höhe von bis zu 5 Prozent des Honorars vereinbart werden.	(6) Für Planungsleistungen, die technisch-wirtschaftliche oder umweltverträgliche Lösungsmöglichkeiten nutzen und zu einer wesentlichen Kostensenkung ohne Verminderung des vertraglich festgelegten Standards führen, kann ein Erfolgshonorar schriftlich vereinbart werden. Das Erfolgshonorar kann bis zu 20 Prozent des vereinbarten Honorars betragen. Für den Fall, dass schriftlich festgelegte anrechenbare Kosten überschritten werden, kann ein Malus-Honorar in Höhe von bis zu 5 Prozent des Honorars schriftlich vereinbart werden.
§ 8 Berechnung des Honorars in besonderen Fällen	**§ 8 Berechnung des Honorars in besonderen Fällen**
(1) Werden nicht alle Leistungsphasen eines Leistungsbildes übertragen, so dürfen nur die für die übertragenen Phasen vorgesehenen Prozentsätze berechnet und vertraglich vereinbart werden.	(1) Werden dem Auftragnehmer nicht alle Leistungsphasen eines Leistungsbildes übertragen, so dürfen nur die für die übertragenen Phasen vorgesehenen Prozentsätze berechnet und vereinbart werden. Die Vereinbarung hat schriftlich zu erfolgen.

HOAI 2009	HOAI 2013
(2) Werden nicht alle Leistungen einer Leistungsphase übertragen, so darf für die übertragenen Leistungen nur ein Honorar berechnet und vereinbart werden, das dem Anteil der übertragenen Leistungen an der gesamten Leistungsphase entspricht. Das Gleiche gilt, wenn wesentliche Teile von Leistungen dem Auftragnehmer nicht übertragen werden. Ein zusätzlicher Koordinierungs- und Einarbeitungsaufwand ist zu berücksichtigen. **§ 9 Berechnung des Honorars bei Beauftragung von Einzelleistungen** (1) Wird bei Bauleitplänen, Gebäuden und raumbildenden Ausbauten, Freianlagen, Ingenieurbauwerken, Verkehrsanlagen und Technischer Ausrüstung die Vorplanung oder Entwurfsplanung als Einzelleistung in Auftrag gegeben, können die entsprechenden Leistungsbewertungen der jeweiligen Leistungsphase 1. für die Vorplanung den Prozentsatz der Vorplanung zuzüglich der Anteile bis zum Höchstsatz des Prozentsatzes der vorangegangenen Leistungsphase und 2. für die Entwurfsplanung den Prozentsatz der Entwurfsplanung zuzüglich der Anteile bis zum Höchstsatz des Prozentsatzes der vorangegangenen Leistungsphase betragen. (2) Wird bei Gebäuden oder der Technischen Ausrüstung die Objektüberwachung als Einzelleistung in Auftrag gegeben, können die entsprechenden Leistungsbewertungen der Objektüberwachung 1. für die Technische Ausrüstung den Prozentsatz der Objektüberwachung zuzüglich Anteile bis zum Höchstsatz des Prozentsatzes der vorangegangenen Leistungsphase betragen und 2. für Gebäude anstelle der Mindestsätze nach den §§ 33 und 34 folgende Prozentsätze der anrechenbaren Kosten nach § 32 berechnet werden:	(2) Werden dem Auftragnehmer nicht alle Grundleistungen einer Leistungsphase übertragen, so darf für die übertragenen Grundleistungen nur ein Honorar berechnet und vereinbart werden, das dem Anteil der übertragenen Grundleistungen an der gesamten Leistungsphase entspricht. Die Vereinbarung hat schriftlich zu erfolgen. Entsprechend ist zu verfahren, wenn dem Auftragnehmer wesentliche Teile von Grundleistungen nicht übertragen werden. (3) Die gesonderte Vergütung eines zusätzlichen Koordinierungs- oder Einarbeitungsaufwands ist schriftlich zu vereinbaren. **§ 9 Berechnung des Honorars bei Beauftragung von Einzelleistungen** (1) Wird die Vorplanung oder Entwurfsplanung bei Gebäuden und Innenräumen, Freianlagen, Ingenieurbauwerken, Verkehrsanlagen, der Tragwerksplanung und der Technischen Ausrüstung als Einzelleistung in Auftrag gegeben, können für die Leistungsbewertung der jeweiligen Leistungsphase 1. für die Vorplanung höchstens der Prozentsatz der Vorplanung und der Prozentsatz der Grundlagenermittlung und 2. für die Entwurfsplanung höchstens der Prozentsatz der Entwurfsplanung und der Prozentsatz der Vorplanung herangezogen werden. Die Vereinbarung hat schriftlich zu erfolgen. (2) Zur Bauleitplanung ist Absatz 1 Satz 1 Nummer 2 für den Entwurf der öffentlichen Auslegung entsprechend anzuwenden. Bei der Landschaftsplanung ist Absatz 1 Satz 1 Nummer 1 für die vorläufige Fassung sowie Absatz 1 Satz 1 Nummer 2 für die abgestimmte Fassung entsprechend anzuwenden. Die Vereinbarung hat schriftlich zu erfolgen. (3) Wird die Objektüberwachung bei der Technischen Ausrüstung oder bei Gebäuden als Einzelleistung in Auftrag gegeben, können für die Leistungsbewertung der Objektüberwachung höchstens der Prozentsatz der Objektüberwachung und die Prozentsätze der Grundlagenermittlung und Vorplanung herangezogen werden. Die Vereinbarung hat schriftlich zu erfolgen.

HOAI 2009	HOAI 2013
a) 2,3 Prozent bei Gebäuden der Honorarzone II, b) 2,5 Prozent bei Gebäuden der Honorarzone III, c) 2,7 Prozent bei Gebäuden der Honorarzone IV, d) 3,0 Prozent bei Gebäuden der Honorarzone V. (3) Wird die Vorläufige Planfassung bei Landschaftsplänen oder Grünordnungsplänen als Einzelleistung in Auftrag gegeben, können abweichend von den Leistungsbewertungen in Teil 2 Abschnitt 2 bis zu 60 Prozent für die Vorplanung vereinbart werden. *(§ 7 Abs. 5)* *(5) Ändert sich der beauftragte Leistungsumfang auf Veranlassung des Auftraggebers während der Laufzeit des Vertrages mit der Folge von Änderungen der anrechenbaren Kosten, Werten oder Verrechnungseinheiten, ist die dem Honorar zugrunde liegende Vereinbarung durch schriftliche Vereinbarung anzupassen.*	**§ 10** Berechnung des Honorars bei vertraglichen Änderungen des Leistungsumfangs (1) Einigen sich Auftraggeber und Auftragnehmer während der Laufzeit des Vertrags darauf, dass der Umfang der beauftragten Leistung geändert wird, und ändern sich dadurch die anrechenbaren Kosten oder Flächen, so ist die Honorarberechnungsgrundlage für die Grundleistungen, die infolge des veränderten Leistungsumfangs zu erbringen sind, durch schriftliche Vereinbarung anzupassen. (2) Einigen sich Auftraggeber und Auftragnehmer über die Wiederholung von Grundleistungen, ohne dass sich dadurch die anrechenbaren Kosten oder Flächen ändern, ist das Honorar für diese Grundleistungen entsprechend ihrem Anteil an der jeweiligen Leistungsphase schriftlich zu vereinbaren.
§ 10 Mehrere Vorentwurfs- oder Entwurfsplanungen Werden auf Veranlassung des Auftraggebers mehrere Vorentwurfs- oder Entwurfsplanungen für dasselbe Objekt nach grundsätzlich verschiedenen Anforderungen gefertigt, so sind für die vollständige Vorentwurfs- oder Entwurfsplanung die vollen Prozentsätze dieser Leistungsphasen nach § 3 Absatz 4 vertraglich zu vereinbaren. Bei der Berechnung des Honorars für jede weitere Vorentwurfs- oder Entwurfsplanung sind die anteiligen Prozentsätze der entsprechenden Leistungen vertraglich zu vereinbaren.	
§ 11 Auftrag für mehrere Objekte (1) Umfasst ein Auftrag mehrere Objekte, so sind die Honorare vorbehaltlich der fol-	**§ 11** Auftrag für mehrere Objekte (1) Umfasst ein Auftrag mehrere Objekte, so sind die Honorare vorbehaltlich der fol-

HOAI 2009	HOAI 2013
genden Absätze für jedes Objekt getrennt zu berechnen. Dies gilt nicht für Objekte mit weitgehend vergleichbaren Objektbedingungen derselben Honorarzone, die im zeitlichen und örtlichen Zusammenhang als Teil einer Gesamtmaßnahme geplant, betrieben und genutzt werden. Das Honorar ist dann nach der Summe der anrechenbaren Kosten zu berechnen.	genden Absätze für jedes Objekt getrennt zu berechnen. (2) Umfasst ein Auftrag mehrere vergleichbare Gebäude, Ingenieurbauwerke, Verkehrsanlagen, oder Tragwerke mit weitgehend gleichartigen Planungsbedingungen, die derselben Honorarzone zuzuordnen sind und die im zeitlichen und örtlichen Zusammenhang als Teil einer Gesamtmaßnahme geplant und errichtet werden sollen, ist das Honorar nach der Summe der anrechenbaren Kosten zu berechnen.
(2) Umfasst ein Auftrag mehrere im Wesentlichen gleichartige Objekte, die im zeitlichen oder örtlichen Zusammenhang unter gleichen baulichen Verhältnissen geplant und errichtet werden sollen, oder Objekte nach Typenplanung oder Serienbauten, so sind für die erste bis vierte Wiederholung die Prozentsätze der Leistungsphase 1 bis 7 um 50 Prozent, von der fünften bis siebten Wiederholung um 60 Prozent und ab der achten Wiederholung um 90 Prozent zu mindern.	(3) Umfasst ein Auftrag mehrere im Wesentlichen gleiche Gebäude, Ingenieurbauwerke, Verkehrsanlagen oder Tragwerke, die im zeitlichen oder örtlichen Zusammenhang unter gleichen baulichen Verhältnissen geplant und errichtet werden sollen, oder mehrere Objekte nach Typenplanung oder Serienbauten, so sind die Prozentsätze der Leistungsphasen 1 bis 6 für die erste bis vierte Wiederholung um 50 Prozent, für die fünfte bis siebte Wiederholung um 60 Prozent und ab der achten Wiederholung um 90 Prozent zu mindern.
(3) Umfasst ein Auftrag Leistungen, die bereits Gegenstand eines anderen Auftrags zwischen den Vertragsparteien waren, so findet Absatz 2 für die Prozentsätze der beauftragten Leistungsphasen in Bezug auf den neuen Auftrag auch dann Anwendung, wenn die Leistungen nicht im zeitlichen oder örtlichen Zusammenhang erbracht werden sollen.	(4) Umfasst ein Auftrag Grundleistungen, die bereits Gegenstand eines anderen Auftrags über ein gleiches Gebäude, Ingenieurbauwerk oder Tragwerk zwischen den Vertragsparteien waren, so ist Absatz 3 für die Prozentsätze der beauftragten Leistungsphasen in Bezug auf den neuen Auftrag auch dann anzuwenden, wenn die Grundleistungen nicht im zeitlichen oder örtlichen Zusammenhang erbracht werden sollen.
(4) Die Absätze 1 bis 3 gelten nicht bei der Flächenplanung. Soweit bei bauleitplanerischen Leistungen im Sinne der §§ 17 bis 21 die Festlegungen, Ergebnisse oder Erkenntnisse anderer Pläne, insbesondere die Bestandsaufnahme und Bewertungen von Landschaftsplänen und sonstigen Plänen herangezogen werden, ist das Honorar angemessen zu reduzieren; dies gilt auch, wenn mit der Aufstellung dieser Pläne andere Auftragnehmer betraut waren.	
§ 12 Planausschnitte Werden Teilflächen bereits aufgestellter Bauleitpläne (Planausschnitte) geändert oder überarbeitet, so sind bei der Berechnung des Honorars nur die Ansätze des zu bearbeitenden Planausschnitts anzusetzen.	*(§ 20 Abs. 6)*

HOAI 2009	HOAI 2013
§ 36 Instandhaltungen und Instandsetzungen (1) Für Leistungen bei Instandhaltungen und Instandsetzungen von Objekten kann vereinbart werden, den Prozentsatz für die Bauüberwachung um bis zu 50 Prozent zu erhöhen. (2) Honorare für Leistungen bei Instandhaltungen und Instandsetzungen von Objekten sind nach den anrechenbaren Kosten, der Honorarzone, den Leistungsphasen und der Honorartafel, der die Instandhaltungs- und Instandsetzungsmaßnahme zuzuordnen ist, zu ermitteln.	**§ 12** Instandsetzungen und Instandhaltungen (1) Honorare für Grundleistungen bei Instandsetzungen und Instandhaltungen von Objekten sind nach den anrechenbaren Kosten, der Honorarzone, den Leistungsphasen und der Honorartafel, der die Instandhaltungs- und Instandsetzungsmaßnahme zuzuordnen sind, zu ermitteln (2) Für Grundleistungen bei Instandsetzungen und Instandhaltungen von Objekten kann schriftlich vereinbart werden, dass der Prozentsatz für die Objektüberwachung oder Bauoberleitung um bis zu 50 Prozent der Bewertung dieser Leistungsphase erhöht wird.
§ 13 Interpolation Die Mindest- und Höchstsätze für Zwischenstufen der in den Honorartafeln angegebenen anrechenbaren Kosten, Werte und Verrechnungseinheiten sind durch lineare Interpolation zu ermitteln.	**§ 13** Interpolation Die Mindest- und Höchstsätze für Zwischenstufen der in den Honorartafeln angegebenen anrechenbaren Kosten und Flächen sind durch lineare Interpolation zu ermitteln.
§ 14 Nebenkosten (1) Die bei der Ausführung des Auftrags entstehenden Nebenkosten des Auftragnehmers können, soweit sie erforderlich sind, abzüglich der nach § 15 Absatz 1 des Umsatzsteuergesetzes abziehbaren Vorsteuern neben den Honoraren dieser Verordnung berechnet werden. Die Vertragsparteien können bei Auftragserteilung schriftlich vereinbaren, dass abweichend von Satz 1 eine Erstattung ganz oder teilweise ausgeschlossen ist. (2) Zu den Nebenkosten gehören insbesondere: 1. Versandkosten, Kosten für Datenübertragungen, 2. Kosten für Vervielfältigungen von Zeichnungen und schriftlichen Unterlagen sowie Anfertigung von Filmen und Fotos, 3. Kosten für ein Baustellenbüro einschließlich der Einrichtung, Beleuchtung und Beheizung, 4. Fahrtkosten für Reisen, die über einen Umkreis von 15 Kilometern um den Geschäftssitz des Auftragnehmers hinausgehen, in Höhe der steuerlich zulässigen Pauschalsätze, sofern nicht höhere Aufwendungen nachgewiesen werden,	**§ 14** Nebenkosten (1) Der Auftragnehmer kann neben den Honoraren dieser Verordnung auch die für die Ausführung des Auftrags erforderlichen Nebenkosten in Rechnung stellen; ausgenommen sind die abziehbaren Vorsteuern gemäß § 15 Absatz 1 des Umsatzsteuergesetzes in der Fassung der Bekanntmachung vom 21. Februar 2005 (BGBl. I S. 386), das zuletzt durch Artikel 2 des Gesetzes vom 8. Mai 2012 (BGBl. I S. 1030) geändert worden ist. Die Vertragsparteien können bei Auftragserteilung schriftlich vereinbaren, dass abweichend von Satz 1 eine Erstattung ganz oder teilweise ausgeschlossen ist. (2) Zu den Nebenkosten gehören insbesondere: 1. Versandkosten, Kosten für Datenübertragungen, 2. Kosten für Vervielfältigungen von Zeichnungen und schriftlichen Unterlagen sowie für die Anfertigung von Filmen und Fotos, 3. Kosten für ein Baustellenbüro einschließlich der Einrichtung, Beleuchtung und Beheizung, 4. Fahrtkosten für Reisen, die über einen Umkreis von 15 Kilometern um den Geschäftssitz des Auftragnehmers hinausgehen, in Höhe der steuerlich zulässigen Pauschalsätze, sofern nicht höhere Aufwendungen nachgewiesen werden,

HOAI 2009	HOAI 2013
5. Trennungsentschädigungen und Kosten für Familienheimfahrten nach den steuerlich zulässigen Pauschalsätzen, sofern nicht höhere Aufwendungen an Mitarbeiter oder Mitarbeiterinnen des Auftragnehmers auf Grund von tariflichen Vereinbarungen bezahlt werden,	5. Trennungsentschädigungen und Kosten für Familienheimfahrten in Höhe der steuerlich zulässigen Pauschalsätze, sofern nicht höhere Aufwendungen an Mitarbeiter oder Mitarbeiterinnen des Auftragnehmers auf Grund von tariflichen Vereinbarungen bezahlt werden,
6. Entschädigungen für den sonstigen Aufwand bei längeren Reisen nach Nummer 4, sofern die Entschädigungen vor der Geschäftsreise schriftlich vereinbart worden sind,	6. Entschädigungen für den sonstigen Aufwand bei längeren Reisen nach Nummer 4, sofern die Entschädigungen vor der Geschäftsreise schriftlich vereinbart worden sind,
7. Entgelte für nicht dem Auftragnehmer obliegende Leistungen, die von ihm im Einvernehmen mit dem Auftraggeber Dritten übertragen worden sind.	7. Entgelte für nicht dem Auftragnehmer obliegende Leistungen, die von ihm im Einvernehmen mit dem Auftraggeber Dritten übertragen worden sind.
(3) Nebenkosten können pauschal oder nach Einzelnachweis abgerechnet werden. Sie sind nach Einzelnachweis abzurechnen, sofern bei Auftragserteilung keine pauschale Abrechnung schriftlich vereinbart worden ist.	(3) Nebenkosten können pauschal oder nach Einzelnachweis abgerechnet werden. Sie sind nach Einzelnachweis abzurechnen, sofern bei Auftragserteilung keine pauschale Abrechnung schriftlich vereinbart worden ist.
§ 15 Zahlungen	**§ 15** Zahlungen
(1) Das Honorar wird fällig, soweit nichts anderes vertraglich vereinbart ist, wenn die Leistung vertragsgemäß erbracht und eine prüffähige Honorarschlussrechnung überreicht worden ist.	(1) Das Honorar wird fällig, wenn die Leistung abgenommen und eine prüffähige Honorarschlussrechnung überreicht worden ist, es sei denn, es wurde etwas anderes schriftlich vereinbart.
(2) Abschlagszahlungen können zu den vereinbarten Zeitpunkten oder in angemessenen zeitlichen Abständen für nachgewiesene Leistungen gefordert werden.	(2) Abschlagszahlungen können zu den schriftlich vereinbarten Zeitpunkten oder in angemessenen zeitlichen Abständen für nachgewiesene Grundleistungen gefordert werden.
(3) Die Nebenkosten sind auf Nachweis fällig, sofern bei Auftragserteilung nicht etwas anderes vereinbart worden ist.	(3) Die Nebenkosten sind auf Einzelnachweis oder bei pauschaler Abrechnung mit der Honorarrechnung fällig.
(4) Andere Zahlungsweisen können schriftlich vereinbart werden.	(4) Andere Zahlungsweisen können schriftlich vereinbart werden.
§ 16 Umsatzsteuer	**§ 16** Umsatzsteuer
(1) Der Auftragnehmer hat Anspruch auf Ersatz der gesetzlich geschuldeten Umsatzsteuer für nach dieser Verordnung abrechenbare Leistungen, sofern nicht die Kleinunternehmerregelung nach § 19 des Umsatzsteuergesetzes angewendet wird. Satz 1 gilt auch hinsichtlich der um die nach § 15 des Umsatzsteuergesetzes abziehbare Vorsteuer gekürzten Nebenkosten, die nach § 14 dieser Verordnung weiterberechenbar sind.	(1) Der Auftragnehmer hat Anspruch auf Ersatz der gesetzlich geschuldeten Umsatzsteuer für nach dieser Verordnung abrechenbare Leistungen, sofern nicht die Kleinunternehmerregelung nach § 19 des Umsatzsteuergesetzes angewendet wird. Satz 1 ist auch hinsichtlich der um die nach § 15 des Umsatzsteuergesetzes abziehbaren Vorsteuer gekürzten Nebenkosten anzuwenden, die nach § 14 dieser Verordnung weiterberechenbar sind.
(2) Auslagen gehören nicht zum Entgelt für die Leistung des Auftragnehmers. Sie sind als durchlaufende Posten im umsatzsteuerrechtlichen Sinn einschließlich einer gegebenenfalls enthaltenen Umsatzsteuer weiter zu berechnen.	(2) Auslagen gehören nicht zum Entgelt für die Leistung des Auftragnehmers. Sie sind als durchlaufende Posten im umsatzsteuerrechtlichen Sinn einschließlich einer gegebenenfalls enthaltenen Umsatzsteuer weiter zu berechnen.

a) Synopse HOAI 2009 – HOAI 2013 – Text

HOAI 2009	HOAI 2013
Teil 2. Flächenplanung **Abschnitt 1. Bauleitplanung** **§ 17 Anwendungsbereich** (1) Bauleitplanerische Leistungen umfassen die Vorbereitung und die Erstellung der für die Planarten nach Absatz 2 erforderlichen Ausarbeitungen und Planfassungen sowie die Mitwirkung beim Verfahren. (2) Die Bestimmungen dieses Abschnitts gelten für Bauleitpläne nach § 1 Absatz 2 des Baugesetzbuchs.	**Teil 2. Flächenplanung** **Abschnitt 1. Bauleitplanung** **§ 17 Anwendungsbereich** (1) Leistungen der Bauleitplanung umfassen die Vorbereitung der Aufstellung von Flächennutzungs- und Bebauungsplänen im Sinne des § 1 Absatz 2 des Baugesetzbuches in der Fassung der Bekanntmachung vom 23. September 2004 (BGBl. I S. 2414), das zuletzt durch Artikel 1 des Gesetzes vom 22. Juli 2011 (BGBl. I S. 1509) geändert worden ist, die erforderlichen Ausarbeitungen und Planfassungen sowie die Mitwirkung beim Verfahren. (2) Honorare für Leistungen beim Städtebaulichen Entwurf können als Besondere Leistungen frei vereinbart werden.
§ 18 Leistungsbild Flächennutzungsplan (1) Die Leistungen bei Flächennutzungsplänen sind in fünf Leistungsphasen zusammengefasst und werden wie folgt in Prozentsätzen der Honorare des § 20 bewertet: 1. für die Leistungsphase 1 (Klären der Aufgabenstellung und Ermitteln des Leistungsumfangs) mit 1 bis 3 Prozent, 2. für die Leistungsphase 2 (Ermitteln der Planungsvorgaben) mit 10 bis 20 Prozent, 3. für die Leistungsphase 3 (Vorentwurf) mit 40 Prozent, 4. für die Leistungsphase 4 (Entwurf) mit 30 Prozent und 5. für die Leistungsphase 5 (Genehmigungsfähige Planfassung) mit 7 Prozent. Die einzelnen Leistungen jeder Leistungsphase sind in Anlage 4 geregelt. (2) Die Teilnahme an bis zu fünf Sitzungen von politischen Gremien des Auftraggebers oder Sitzungen im Rahmen der Öffentlichkeitsbeteiligung, die bei Leistungen nach Absatz 1 anfallen, ist mit dem Honorar nach § 20 abgegolten. Bei Neuaufstellungen von Flächennutzungsplänen sind die Sitzungsteilnahmen abweichend von Satz 1 frei zu vereinbaren.	**§ 18 Leistungsbild Flächennutzungsplan** (1) Die Grundleistungen bei Flächennutzungsplänen sind in drei Leistungsphasen unterteilt und werden wie folgt in Prozentsätzen der Honorare des § 20 bewertet: 1. für die Leistungsphase 1 (Vorentwurf für die frühzeitigen Beteiligungen) Vorentwurf für die frühzeitigen Beteiligungen nach den Bestimmungen des Baugesetzbuches mit 60 Prozent, 2. für die Leistungsphase 2 (Entwurf zur öffentlichen Auslegung) Entwurf für die öffentliche Auslegung nach den Bestimmungen des Baugesetzbuchs mit 30 Prozent, 3. für die Leistungsphase 3 (Plan zur Beschlussfassung) Plan für den Beschluss durch die Gemeinde mit 10 Prozent. Der Vorentwurf, Entwurf oder Plan ist jeweils in der vorgeschriebenen Fassung mit Begründung anzufertigen. (2) Anlage 2 regelt, welche Grundleistungen jede Leistungsphase umfasst. Anlage 9 enthält Beispiele für Besondere Leistungen.

HOAI 2009	HOAI 2013
§ 19 Leistungsbild Bebauungsplan (1) Die Leistungen bei Bebauungsplänen sind in fünf Leistungsphasen zusammengefasst. Sie werden nach § 18 Absatz 1 in Prozentsätzen der Honorare des § 21 bewertet. Die einzelnen Leistungen jeder Leistungsphase sind in Anlage 5 geregelt.	**§ 19 Leistungsbild Bebauungsplan** (1) Die Grundleistungen bei Bebauungsplänen sind in drei Leistungsphasen unterteilt und werden wie folgt in Prozentsätzen der Honorare des § 21 bewertet: 1. für die Leistungsphase 1 (Vorentwurf für die frühzeitigen Beteiligungen) Vorentwurf für die frühzeitigen Beteiligungen nach den Bestimmungen des Baugesetzbuches mit 60 Prozent, 2. für die Leistungsphase 2 (Entwurf zur öffentlichen Auslegung) Entwurf für die öffentliche Auslegung nach den Bestimmungen des Baugesetzbuches mit 30 Prozent, 3. für die Leistungsphase 3 (Plan zur Beschlussfassung) Plan für den Beschluss durch die Gemeinde mit 10 Prozent, Der Vorentwurf, Entwurf oder Plan ist jeweils in der vorgeschriebenen Fassung mit Begründung anzufertigen. (2) Anlage 3 regelt, welche Grundleistungen jede Leistungsphase umfasst. Anlage 9 enthält Beispiele für Besondere Leistungen.
(2) Die Teilnahme an bis zu fünf Sitzungen von politischen Gremien des Auftraggebers oder Sitzungen im Rahmen der Öffentlichkeitsbeteiligung, die bei Leistungen nach Absatz 1 anfallen, ist mit dem Honorar nach § 21 abgegolten. Bei Neuaufstellungen von Bebauungsplänen sind die Sitzungsteilnahmen abweichend von Satz 1 frei zu vereinbaren.	
§ 20 Honorare für Leistungen bei Flächennutzungsplänen (1) Die Mindest- und Höchstsätze der Honorare für die in § 18 und Anlage 4 aufgeführten Leistungen bei Flächennutzungsplänen sind in der folgenden Honorartafel festgesetzt: **Honorartafel zu § 20 Absatz 1 – Flächennutzungsplan** (2) Die Honorare sind nach Maßgabe der Ansätze nach Absatz 3 zu berechnen. Sie sind für die Einzelansätze der Nummern 1 bis 4 gemäß der Honorartafel des Absatzes 1 getrennt zu berechnen und zur Ermittlung des Gesamthonorars zu addieren. Dabei sind die Ansätze nach den Nummern 1 bis 3 gemeinsam einer Honorarzone nach Absatz 7 zuzuordnen. Der Ansatz nach Nummer 4 ist gesondert einer Honorarzone zuzuordnen.	**§ 20 Honorare für Grundleistungen bei Flächennutzungsplänen** (1) Die Mindest- und Höchstsätze der Honorare für die in § 18 und Anlage 2 aufgeführten Grundleistungen bei Flächennutzungsplänen sind in der folgenden Honorartafel festgesetzt: **Honorartafel zu § 20 Absatz 1 – Flächennutzungsplan** (2) Das Honorar für die Aufstellung von Flächennutzungsplänen ist nach der Fläche des Plangebiets in Hektar und nach der Honorarzone zu berechnen.

HOAI 2009	HOAI 2013
(3) Für die Ermittlung des Honorars ist von folgenden Ansätzen auszugehen: 1. nach der für den Planungszeitraum anzusetzenden Zahl der Einwohner je Einwohner zehn Verrechnungseinheiten, 2. für die darzustellenden Bauflächen und Baugebiete je Hektar Fläche 1 800 Verrechnungseinheiten, 3. für die darzustellenden Flächen nach § 5 Absatz 2 Nummer 4, 5, 8 und 10 des Baugesetzbuchs, die nicht nach § 5 Absatz 4 Satz 1 des Baugesetzbuchs nur nachrichtlich übernommen werden sollen, je Hektar Fläche 1 400 Verrechnungseinheiten, 4. für darzustellende Flächen, die nicht unter die Nummer 2 oder Nummer 3 oder Absatz 4 fallen, je Hektar Fläche 35 Verrechnungseinheiten. (4) Gemeindebedarfsflächen und Sonderbauflächen ohne nähere Darstellung der Art der Nutzung sind mit dem Hektaransatz nach Absatz 3 Nummer 2 anzusetzen. (5) Liegt ein gültiger Landschaftsplan vor, der unverändert zu übernehmen ist, so ist ein Ansatz nach Absatz 3 Nummer 3 für Flächen mit Darstellungen nach § 5 Absatz 2 Nummer 10 des Baugesetzbuchs nicht zu berücksichtigen; diese Flächen sind den Flächen nach Absatz 3 Nummer 4 zuzuordnen. (6) Das Gesamthonorar für Grundleistungen nach den Leistungsphasen 1 bis 5 beträgt mindestens 2 300 Euro.	
(7) Die Zuordnung zu den Honorarzonen wird anhand folgender Bewertungsmerkmale für die planerischen Anforderungen ermittelt: 1. topographische Verhältnisse und geologische Gegebenheiten, 2. bauliche und landschaftliche Umgebung, Denkmalpflege, 3. Nutzungen und Dichte, 4. Gestaltung, 5. Erschließung, 6. Umweltvorsorge und ökologische Bedingungen.	(3) Welchen Honorarzonen die Grundleistungen zugeordnet werden, richtet sich nach folgenden Bewertungsmerkmalen: 1. Zentralörtliche Bedeutung und Gemeindestruktur, 2. Nutzungsvielfalt und Nutzungsdichte, 3. Einwohnerstruktur, Einwohnerentwicklung und Gemeindebedarfsstandorte, 4. Verkehr und Infrastruktur, 5. Topografie, Geologie und Kulturlandschaft, 6. Klima-, Natur- und Umweltschutz.
(8) Sind für einen Flächennutzungsplan Bewertungsmerkmale aus mehreren Honorarzonen anwendbar und bestehen deswegen Zweifel, welcher Honorarzone der Flächennutzungsplan zugeordnet werden kann, so ist die Anzahl der Bewertungspunkte nach Absatz 9 zu ermitteln; der Flächennutzungsplan ist nach der Summe der Bewertungspunkte folgenden Honorarzonen zuzuordnen:	(4) Sind auf einen Flächennutzungsplan Bewertungsmerkmale aus mehreren Honorarzonen anwendbar und bestehen deswegen Zweifel, welcher Honorarzone der Flächennutzungsplan zugeordnet werden kann, so ist zunächst die Anzahl der Bewertungspunkte zu ermitteln. Zur Ermittlung der Bewertungspunkte werden die Bewertungsmerkmale wie folgt gewichtet:

HOAI 2009	HOAI 2013
	1. geringe Anforderungen: 1 Punkt, 2. durchschnittliche Anforderungen: 2 Punkte, 3. hohe Anforderungen: 3 Punkte.
1. Honorarzone I: Ansätze mit bis zu 9 Punkten, 2. Honorarzone II: Ansätze mit 10 bis 14 Punkten, 3. Honorarzone III: Ansätze mit 15 bis 19 Punkten, 4. Honorarzone IV: Ansätze mit 20 bis 24 Punkten, 5. Honorarzone V: Ansätze mit 25 bis 30 Punkten.	(5) Der Flächennutzungsplan ist anhand der nach Absatz 4 ermittelten Bewertungspunkte einer der Honorarzonen zuzuordnen: 1. Honorarzone I: bis zu 9 Punkte, 2. Honorarzone II: 10 bis 14 Punkte, 3. Honorarzone III: 15 bis 18 Punkte.
(§ 12)	(6) Werden Teilflächen bereits aufgestellter Flächennutzungspläne (Planausschnitte) geändert oder überarbeitet, so ist das Honorar frei zu vereinbaren.
(9) Bei der Zurechnung eines Flächennutzungsplans in die Honorarzonen sind entsprechend dem Schwierigkeitsgrad der Planungsanforderungen die in Absatz 7 genannten Bewertungsmerkmale mit je bis zu 5 Punkten zu bewerten.	
§ 21 Honorare für Leistungen bei Bebauungsplänen (1) Die Mindest- und Höchstsätze der Honorare für die in § 19 aufgeführten Leistungen bei Bebauungsplänen sind nach der Fläche des Planbereichs in Hektar in der folgenden Honorartafel festgesetzt: **Honorartafel zu § 21 Absatz 1 – Bebauungsplan** (2) Das Honorar ist nach der Größe des Planbereichs zu berechnen, die dem Aufstellungsbeschluss zugrunde liegt. Wird die Größe des Planbereichs im förmlichen Verfahren geändert, so ist das Honorar für die Leistungsphasen, die bis zur Änderung der Größe des Planbereichs noch nicht erbracht sind, nach der geänderten Größe des Planbereichs zu berechnen.	**§ 21 Honorare für Grundleistungen bei Bebauungsplänen** (1) Die Mindest- und Höchstsätze der Honorare für die in § 19 und Anlage 3 aufgeführten Grundleistungen bei Bebauungsplänen sind in der folgenden Honorartafel festgesetzt: **Honorartafel zu § 21 Absatz 1 – Bebauungsplan** (2) Das Honorar für die Aufstellung von Bebauungsplänen ist nach der Fläche des Plangebiets in Hektar und nach der Honorarzone zu berechnen. (3) Welchen Honorarzonen die Grundleistungen zugeordnet werden, richtet sich nach folgenden Bewertungsmerkmalen: 1. Nutzungsvielfalt und Nutzungsdichte, 2. Baustruktur und Baudichte, 3. Gestaltung und Denkmalschutz, 4. Verkehr und Infrastruktur, 5. Topografie und Landschaft, 6. Klima-, Natur- und Umweltschutz.
(3) Für die Ermittlung der Honorarzone bei Bebauungsplänen gilt § 20 Absatz 7 bis 9 entsprechend mit der Maßgabe, dass der Bebauungsplan insgesamt einer Honorarzone zuzuordnen ist.	(4) Für die Ermittlung der Honorarzone bei Bebauungsplänen ist § 20 Absatz 4 und 5 entsprechend anzuwenden.

HOAI 2009	HOAI 2013
	(5) Wird die Größe des Plangebiets im förmlichen Verfahren während der Leistungserbringung geändert, so ist das Honorar für die Leistungsphasen, die bis zur Änderung noch nicht erbracht sind, nach der geänderten Größe des Plangebiets zu berechnen.
(4) Das Gesamthonorar für Grundleistungen nach den Leistungsphasen 1 bis 5 beträgt mindestens 2 300 Euro.	
Abschnitt 2. Landschaftsplanung	**Abschnitt 2. Landschaftsplanung**
§ 22 Anwendungsbereich	**§ 22 Anwendungsbereich**
(1) Landschaftsplanerische Leistungen umfassen das Vorbereiten, das Erstellen der für die Pläne nach Absatz 2 erforderlichen Ausarbeitungen und das Mitwirken beim Verfahren.	(1) Landschaftsplanerische Leistungen umfassen das Vorbereiten und das Erstellen der für die Pläne nach Absatz 2 erforderlichen Ausarbeitungen.
(2) Die Bestimmungen dieses Abschnitts gelten für folgende Pläne: 1. Landschafts- und Grünordnungspläne, 2. Landschaftsrahmenpläne, 3. Landschaftspflegerische Begleitpläne zu Vorhaben, die den Naturhaushalt, das Landschaftsbild oder den Zugang zur freien Natur beeinträchtigen können, Pflege- und Entwicklungspläne sowie sonstige landschaftsplanerische Leistungen.	(2) Die Bestimmungen dieses Abschnitts sind für folgende Pläne anzuwenden: 1. Landschaftspläne, 2. Grünordnungspläne und Landschaftsplanerische Fachbeiträge, 3. Landschaftsrahmenpläne, 4. Landschaftspflegerische Begleitpläne, 5. Pflege- und Entwicklungspläne.
§ 23 Leistungsbild Landschaftsplan	**§ 23 Leistungsbild Landschaftsplan**
(1) Die Leistungen bei Landschaftsplänen sind in vier Leistungsphasen zusammengefasst und werden wie folgt in Prozentsätzen der Honorare des § 28 bewertet: 1. für die Leistungsphase 1 (Klären der Aufgabenstellung und Ermitteln des Leistungsumfangs) mit 1 bis 3 Prozent, 2. für die Leistungsphase 2 (Ermittlung der Planungsgrundlagen) mit 20 bis 37 Prozent, 3. für die Leistungsphase 3 (Vorläufige Planfassung – Vorentwurf –) 50 Prozent und 4. für die Leistungsphase 4 (Entwurf) 10 Prozent. Die einzelnen Leistungen jeder Leistungsphase werden in Anlage 6 geregelt.	(1) Die Grundleistungen bei Landschaftsplänen sind in vier Leistungsphasen unterteilt und werden wie folgt in Prozentsätzen der Honorare des § 28 bewertet: 1. für die Leistungsphase 1 (Klären der Aufgabenstellung und Ermitteln des Leistungsumfangs) mit 3 Prozent, 2. für die Leistungsphase 2 (Ermitteln der Planungsgrundlagen) mit 37 Prozent, 3. für die Leistungsphase 3 (Vorläufige Fassung) mit 50 Prozent, 4. für die Leistungsphase 4 (Abgestimmte Fassung) mit 10 Prozent. (2) Anlage 4 regelt die Grundleistungen jeder Leistungsphase Anlage 9 enthält Beispiele für Besondere Leistungen.
(2) Die Teilnahme an bis zu sechs Sitzungen von politischen Gremien des Auftraggebers oder Sitzungen im Rahmen der Bürgerbeteiligungen, die bei Leistungen nach Anlage 6 anfallen, ist mit dem Honorar nach § 28 abgegolten.	

2 HOAI 2009/HOAI 2013

a) Synopse HOAI 2009 – HOAI 2013 – Text

HOAI 2009	HOAI 2013
§ 24 Leistungsbild Grünordnungsplan (1) Die Leistungen bei Grünordnungsplänen sind in vier Leistungsphasen zusammengefasst. Sie werden zu den in § 23 Absatz 1 Satz 1 genannten in Prozentsätzen der Honorare des § 29 bewertet. Die einzelnen Leistungen jeder Leistungsphase werden in Anlage 7 geregelt. (2) § 23 Absatz 2 gilt entsprechend.	**§ 24 Leistungsbild Grünordnungsplan** (1) Die Grundleistungen bei Grünordnungsplänen und Landschaftsplanerischen Fachbeiträgen sind in vier Leistungsphasen zusammengefasst und werden wie folgt in Prozentsätzen der Honorare des § 29 bewertet: 1. für die Leistungsphase 1 (Klären der Aufgabenstellung und Ermitteln des Leistungsumfangs) mit 3 Prozent, 2. für die Leistungsphase 2 (Ermitteln der Planungsgrundlagen) mit 37 Prozent, 3. für die Leistungsphase 3 (Vorläufige Fassung) mit 50 Prozent, 4. für die Leistungsphase 4 (Abgestimmte Fassung) mit 10 Prozent. (2) Anlage 5 regelt die Grundleistungen jeder Leistungsphase. Anlage 9 enthält Beispiele für Besondere Leistungen.
§ 25 Leistungsbild Landschaftsrahmenplan (1) Die Leistungen bei Landschaftsrahmenplänen sind in vier Leistungsphasen zusammengefasst und werden wie folgt in Prozentsätzen der Honorare des § 30 bewertet: 1. für die Leistungsphase 1 (Landschaftsanalyse) 20 Prozent, 2. für die Leistungsphase 2 (Landschaftsdiagnose) 20 Prozent, 3. für die Leistungsphase 3 (Entwurf) 50 Prozent und 4. für die Leistungsphase 4 (Endgültige Planfassung) 10 Prozent. Die einzelnen Leistungen jeder Leistungsphase sind in Anlage 8 geregelt. (2) Bei einer Fortschreibung des Landschaftsrahmenplans ermäßigt sich die Bewertung der Leistungsphase 1 auf 5 Prozent der Honorare nach § 30.	**§ 25 Leistungsbild Landschaftsrahmenplan** (1) Die Grundleistungen bei Landschaftsrahmenplänen sind in vier Leistungsphasen unterteilt und werden wie folgt in Prozentsätzen der Honorare des § 30 bewertet: 1. für die Leistungsphase 1 (Klären der Aufgabenstellung und Ermitteln des Leistungsumfangs) mit 3 Prozent, 2. für die Leistungsphase 2 (Ermitteln der Planungsgrundlagen) mit 37 Prozent, 3. für die Leistungsphase 3 (Vorläufige Fassung) mit 50 Prozent, 4. für die Leistungsphase 4 (Abgestimmte Fassung) mit 10 Prozent. (2) Anlage 6 regelt die Grundleistungen jeder Leistungsphase. Anlage 9 enthält Beispiele für Besondere Leistungen.
§ 26 Leistungsbild Landschaftspflegerischer Begleitplan (1) Die Leistungen bei Landschaftspflegerischen Begleitplänen sind in fünf Leistungsphasen zusammengefasst und werden wie folgt in Prozentsätzen der Honorare des Absatzes 2 bewertet: 1. für die Leistungsphase 1 (Klären der Aufgabenstellung und Ermitteln des Leistungsumfangs) mit 1 bis 3 Prozent,	**§ 26 Leistungsbild Landschaftspflegerischer Begleitplan** (1) Die Grundleistungen bei Landschaftspflegerischen Begleitplänen sind in vier Leistungsphasen unterteilt und werden wie folgt in Prozentsätzen der Honorare des § 31 bewertet: 1. für die Leistungsphase 1 (Klären der Aufgabenstellung und Ermitteln des Leistungsumfangs) mit 3 Prozent,

HOAI 2009	HOAI 2013
2. für die Leistungsphase 2 (Ermitteln und Bewerten der Planungsgrundlagen) mit 15 bis 22 Prozent, 3. für die Leistungsphase 3 (Ermitteln und Bewerten des Eingriffs) mit 25 Prozent, 4. für die Leistungsphase 4 (Vorläufige Planfassung) mit 40 Prozent und 5. für die Leistungsphase 5 (Endgültige Planfassung) mit 10 Prozent. kann das Honorar frei vereinbart werden. Die einzelnen Leistungen jeder Leistungsphase sind in Anlage 9 geregelt. (2) Die Honorare sind bei einer Planung im Maßstab des Flächennutzungsplans entsprechend § 28, bei einer Planung im Maßstab des Bebauungsplans entsprechend § 29 zu berechnen. Anstelle eines Honorars nach Satz 1. **§ 27** Leistungsbild **Pflege- und Entwicklungsplan** Die Leistungen bei Pflege- und Entwicklungsplänen sind in vier Leistungsphasen zusammengefasst und werden wie folgt in Prozentsätzen der Honorare des § 31 bewertet: 1. für die Leistungsphase 1 (Zusammenstellen der Ausgangsbedingungen) mit 1 bis 5 Prozent, 2. für die Leistungsphase 2 (Ermitteln der Planungsgrundlagen) mit 20 bis 50 Prozent, 3. für die Leistungsphase 3 (Konzept der Pflege und Entwicklungsmaßnahmen) mit 20 bis 40 Prozent und 4. für die Leistungsphase 4 (Endgültige Planfassung) mit 5 Prozent. Die einzelnen Leistungen jeder Leistungsphase sind in Anlage 10 geregelt. **§ 28** Honorare für Leistungen bei Landschaftsplänen (1) Die Mindest- und Höchstsätze der Honorare für die in § 23 aufgeführten Leistungen bei Landschaftsplänen sind in der folgenden Honorartafel festgesetzt: **Honorartafel zu § 28 Absatz 1 –** **Landschaftsplan** (2) Die Honorare sind nach der Gesamtfläche des Plangebiets in Hektar zu berechnen.	2. für die Leistungsphase 2 (Ermitteln und Bewerten der Planungsgrundlagen) mit 37 Prozent, 3. für die Leistungsphase 3 (Vorläufige Fassung) mit 50 Prozent, 4. für die Leistungsphase 4 (Abgestimmte Fassung) mit 10 Prozent. (2) Anlage 7 regelt die Grundleistungen jeder Leistungsphase. Anlage 9 enthält Beispiele für Besondere Leistungen. **§ 27** Leistungsbild **Pflege- und Entwicklungsplan** (1) Die Grundleistungen bei Pflege- und Entwicklungsplänen sind in vier Leistungsphasen zusammengefasst und werden wie folgt in Prozentsätzen der Honorare des § 32 bewertet: 1. für die Leistungsphase 1 (Zusammenstellen der Ausgangsbedingungen) mit 3 Prozent, 2. für die Leistungsphase 2 (Ermitteln der Planungsgrundlagen) mit 37 Prozent, 3. für die Leistungsphase 3 (Vorläufige Fassung) mit 50 Prozent und 4. für die Leistungsphase 4 (Abgestimmte Fassung) mit 10 Prozent. (2) Anlage 8 regelt die Grundleistungen jeder Leistungsphase. Anlage 9 enthält Beispiele für Besondere Leistungen. **§ 28** Honorare für Grundleistungen bei Landschaftsplänen (1) Die Mindest- und Höchstsätze der Honorare für die in § 23 und Anlage 4 aufgeführten Grundleistungen bei Landschaftsplänen sind in der folgenden Honorartafel festgesetzt: **Honorartafel zu § 28 Absatz 1 –** **Landschaftsplan** (2) Das Honorar für die Aufstellung von Landschaftsplänen ist nach der Fläche des Planungsgebiets in Hektar und nach der Honorarzone zu berechnen.

2 HOAI 2009/HOAI 2013   a) Synopse HOAI 2009 – HOAI 2013 – Text

HOAI 2009	HOAI 2013
(3) Die Zuordnung zu den Honorarzonen wird anhand folgender Bewertungsmerkmale ermittelt: 1. topographische Verhältnisse, 2. Flächennutzung, 3. Landschaftsbild, 4. Anforderungen an Umweltsicherung und Umweltschutz, 5. ökologische Verhältnisse, 6. Bevölkerungsdichte.	(3) Welchen Honorarzonen die Grundleistungen zugeordnet werden, richtet sich nach folgenden Bewertungsmerkmalen: 1. topographische Verhältnisse, 2. Flächennutzung, 3. Landschaftsbild, 4. Anforderungen an Umweltsicherung und Umweltschutz, 5. ökologische Verhältnisse, 6. Bevölkerungsdichte.
(4) Sind für einen Landschaftsplan Bewertungsmerkmale aus mehreren Honorarzonen anwendbar und bestehen deswegen Zweifel, welcher Honorarzone der Landschaftsplan zugeordnet werden kann, so ist die Anzahl der Bewertungspunkte nach Absatz 5 zu ermitteln; der Landschaftsplan ist nach der Summe der Bewertungspunkte folgenden Honorarzonen zuzuordnen: 1. Honorarzone I: Landschaftspläne mit bis zu 16 Punkten, 2. Honorarzone II: Landschaftspläne mit 17 bis 30 Punkten, 3. Honorarzone III: Landschaftspläne mit 31 bis 42 Punkten.	(4) Sind auf einen Landschaftsplan Bewertungsmerkmale aus mehreren Honorarzonen anwendbar und bestehen deswegen Zweifel, welcher Honorarzone der Landschaftsplan zugeordnet werden kann, so ist zunächst die Anzahl der Bewertungspunkte zu ermitteln Zur Ermittlung der Bewertungspunkte werden die Bewertungsmerkmale wie folgt gewichtet: 1. die Bewertungsmerkmale gemäß Absatz 3 Nummern 1, 2, 3 und 6 mit je bis zu 6 Punkten und 2. die Bewertungsmerkmale gemäß Absatz 3 Nummern 4 und 5 und mit je bis zu 9 Punkten.
(5) Bei der Zuordnung eines Landschaftsplans zu den Honorarzonen sind entsprechend dem Schwierigkeitsgrad der Planungsanforderungen die Bewertungsmerkmale gemäß Absatz 3 Nummer 1, 2, 3 und 6 mit je bis zu 6 Punkten, die Bewertungsmerkmale gemäß Absatz 3 Nummer 4 und 5 und mit je bis zu 9 Punkten zu bewerten.	(5) Der Landschaftsplan ist anhand der nach Absatz 4 ermittelten Bewertungspunkte einer der Honorarzonen zuzuordnen: 1. Honorarzone I: bis zu 16 Punkte, 2. Honorarzone II: 17 bis 30 Punkte, 3. Honorarzone III: 31 bis 42 Punkte.
	(6) Werden Teilflächen bereits aufgestellter Landschaftspläne (Planausschnitte) geändert oder überarbeitet, so ist das Honorar frei zu vereinbaren.
§ 29 Honorare für Leistungen bei Grünordnungsplänen (1) Die Mindest- und Höchstsätze der Honorare für die in § 24 aufgeführten Leistungen bei Grünordnungsplänen sind in der folgenden Honorartafel festgesetzt: **Honorartafel zu § 29 Absatz 1 – Grünordnungsplan** (2) Die Honorare sind für die Summe der Einzelansätze des Absatzes 3 gemäß der Honorartafel des Absatzes 1 zu berechnen.	**§ 29 Honorare für Grundleistungen bei Grünordnungsplänen** (1) Die Mindest- und Höchstsätze der Honorare für die in § 24 und Anlage 5 aufgeführten Grundleistungen bei Grünordnungsplänen sind in der folgenden Honorartafel festgesetzt: **Honorartafel zu § 29 Absatz 1 – Grünordnungsplan** (2) Das Honorar für Grundleistungen bei Grünordnungsplänen ist nach der Fläche des Planungsgebiets in Hektar und nach der Honorarzone zu berechnen.

a) Synopse HOAI 2009 – HOAI 2013 – Text

HOAI 2009	HOAI 2013
(3) Für die Ermittlung des Honorars ist von folgenden Ansätzen auszugehen: 1. für Flächen nach § 9 des Baugesetzbuchs mit Festsetzungen einer Geschossflächenzahl oder Baumassenzahl je Hektar Fläche 400 Verrechnungseinheiten, 2. für Flächen nach § 9 des Baugesetzbuchs mit Festsetzungen einer Geschossflächenzahl oder Baumassenzahl und Pflanzbindungen oder Pflanzpflichten je Hektar Fläche 1 150 Verrechnungseinheiten, 3. für Grünflächen nach § 9 Absatz 1 Nummer 15 des Baugesetzbuchs, soweit nicht Bestand, je Hektar Fläche 1 000 Verrechnungseinheiten, 4. für sonstige Grünflächen je Hektar Fläche 400 Verrechnungseinheiten, 5. für Flächen mit besonderen Maßnahmen des Naturschutzes und der Landschaftspflege, die nicht bereits unter Nummer 2 angesetzt sind, je Hektar Fläche 1 200 Verrechnungseinheiten, 6. für Flächen für Aufschüttungen, Abgrabungen oder für die Gewinnung von Steinen, Erden und anderen Bodenschätzen je Hektar Fläche 400 Verrechnungseinheiten, 7. für Flächen für Landwirtschaft und Wald mit mäßigem Anteil an Maßnahmen für Naturschutz und Landschaftspflege je Hektar Fläche 400 Verrechnungseinheiten, 8. für Flächen für Landwirtschaft und Wald ohne Maßnahmen für Naturschutz und Landschaftspflege oder flurbereinigte Flächen von Landwirtschaft und Wald je Hektar Fläche 100 Verrechnungseinheiten, 9. für Wasserflächen mit Maßnahmen für Naturschutz und Landschaftspflege je Hektar Fläche 400 Verrechnungseinheiten, 10. für Wasserflächen ohne Maßnahmen für Naturschutz und Landschaftspflege je Hektar Fläche 100 Verrechnungseinheiten, 11. sonstige Flächen je Hektar Fläche 100 Verrechnungseinheiten. (4) Grünordnungspläne können nach Anzahl und Gewicht der Bewertungsmerkmale der Honorarzone II zugeordnet werden, wenn es bei Auftragserteilung schriftlich vereinbart worden ist. Bewertungsmerkmale sind insbesondere: 1. schwierige ökologische oder topographische Verhältnisse, 2. sehr differenzierte Flächennutzungen,	(3) Welchen Honorarzonen die Grundleistungen zugeordnet werden, richtet sich nach folgenden Bewertungsmerkmalen: 1. Topographie, 2. ökologische Verhältnisse, 3. Flächennutzungen und Schutzgebiete, 4. Umwelt-, Klima-, Denkmal- und Naturschutz, 5. Erholungsvorsorge, 6. Anforderung an die Freiraumgestaltung. (4) Sind auf einen Grünordnungsplan Bewertungsmerkmale aus mehreren Honorarzonen anwendbar und bestehen deswegen Zweifel, welcher Honorarzone der Grünordnungsplan zugeordnet werden kann, so ist zunächst die Anzahl der Bewertungspunkte zu ermitteln. Zur Ermittlung der Bewertungspunkte werden die Bewertungsmerkmale wie folgt gewichtet:

2 HOAI 2009/HOAI 2013 — a) Synopse HOAI 2009 – HOAI 2013 – Text

HOAI 2009	HOAI 2013
3. erschwerte Planung durch besondere Maßnahmen auf den Gebieten Umweltschutz, Denkmalschutz, Naturschutz, Spielflächenleitplanung oder Sportstättenplanung, 4. Änderungen oder Überarbeitungen von Teilgebieten vorliegender Grünordnungspläne mit einem erhöhten Arbeitsaufwand sowie 5. Grünordnungspläne in einem Entwicklungsbereich oder in einem Sanierungsgebiet. (5) Die Honorare sind nach Darstellungen der endgültigen Planfassung nach Leistungsphase 4 von § 24 zu berechnen. Kommt es nicht zur endgültigen Planfassung, so sind die Honorare nach den Festsetzungen der mit dem Auftraggeber abgestimmten Planfassung zu berechnen.	1. die Bewertungsmerkmale gemäß Absatz 3 Nummer 1, 2, 3 und 5 mit je bis zu 6 Punkten und 2. die Bewertungsmerkmale gemäß Absatz 3 Nummer 4 und 6 mit je bis zu 9 Punkten. (5) Der Grünordnungsplan ist anhand der nach Absatz 4 ermittelten Bewertungspunkte einer der Honorarzonen zuzuordnen: 1. Honorarzone I: bis zu 16 Punkte, 2. Honorarzone II: 17 bis 30 Punkte, 3. Honorarzone III: 31 bis 42 Punkte. (6) Wird die Größe des Planungsgebiets während der Leistungserbringung geändert, so ist das Honorar für die Leistungsphasen, die bis zur Änderung noch nicht erbracht sind, nach der geänderten Größe des Planungsgebiets zu berechnen.
§ 30 Honorare für Leistungen bei Landschaftsrahmenplänen (1) Die Mindest- und Höchstsätze der Honorare für die in § 25 aufgeführten Leistungen bei Landschaftsrahmenplänen sind in der folgenden Honorartafel festgesetzt: **Honorartafel zu § 30 Absatz 1 – Landschaftsrahmenplan** (2) § 28 Absatz 2 gilt entsprechend. (3) Landschaftsrahmenpläne können nach Anzahl und Gewicht der Bewertungsmerkmale der Honorarzone II zugeordnet werden, wenn es bei Auftragserteilung schriftlich vereinbart worden ist. Bewertungsmerkmale sind insbesondere: 1. schwierige ökologische Verhältnisse, 2. Verdichtungsräume, 3. Erholungsgebiete, 4. tiefgreifende Nutzungsansprüche wie großflächiger Abbau von Bodenbestandteilen, 5. erschwerte Planung durch besondere Maßnahmen der Umweltsicherung und des Umweltschutzes.	**§ 30 Honorare für Grundleistungen bei Landschaftsrahmenplänen** (1) Die Mindest- und Höchstsätze der Honorare für die in § 25 und Anlage 6 aufgeführten Grundleistungen bei Landschaftsrahmenplänen sind in der folgenden Honorartafel festgesetzt: **Honorartafel zu § 30 Absatz 1 – Landschaftsrahmenplan** (2) Das Honorar für Grundleistungen bei Landschaftsrahmenplänen ist nach der Fläche des Planungsgebiets in Hektar und nach der Honorarzone zu berechnen. (3) Welchen Honorarzonen die Grundleistungen zugeordnet werden, richtet sich nach folgenden Bewertungsmerkmalen: 1. topographische Verhältnisse, 2. Raumnutzung und Bevölkerungsdichte, 3. Landschaftsbild, 4. Anforderungen an Umweltsicherung, Klima- und Naturschutz, 5. ökologische Verhältnisse, 6. Freiraumsicherung und Erholung.

HOAI 2009	HOAI 2013
	(4) Sind auf einen Landschaftsrahmenplan Bewertungsmerkmale aus mehreren Honorarzonen anwendbar und bestehen deswegen Zweifel, welcher Honorarzone der Landschaftsrahmenplan zugeordnet werden kann, so ist zunächst die Anzahl der Bewertungspunkte zu ermitteln Zur Ermittlung der Bewertungspunkte werden die Bewertungsmerkmale wie folgt gewichtet: 1. die Bewertungsmerkmale gemäß Absatz 3 Nummer 1, 2, 3 und 6 mit je bis zu 6 Punkten und 2. die Bewertungsmerkmale gemäß Absatz 3 Nummer 4 und 5 und mit je bis zu 9 Punkten. (5) Der Landschaftsrahmenplan ist anhand der nach Absatz 4 ermittelten Bewertungspunkte einer der Honorarzonen zuzuordnen: 1. Honorarzone I: bis zu 16 Punkte, 2. Honorarzone II: 17 bis 30 Punkte, 3. Honorarzone III: 31 bis 42 Punkte. (6) Wird die Größe des Planungsgebiets während der Leistungserbringung geändert, so ist das Honorar für die Leistungsphasen, die bis zur Änderung noch nicht erbracht sind, nach der geänderten Größe des Planungsgebiets zu berechnen. **§ 31 Honorare für Grundleistungen bei Landschaftspflegerischen Begleitplänen** (1) Die Mindest- und Höchstsätze der Honorare für die in § 26 und Anlage 7 aufgeführten Grundleistungen bei Landschaftspflegerischen Begleitplänen sind in der folgenden Honorartafel festgesetzt: **Honorartafel zu § 31 Absatz 1 – Landschaftspflegerischen Begleitplänen** (2) Das Honorar für Grundleistungen bei Landschaftspflegerischen Begleitplänen ist nach der Fläche des Planungsgebiets in Hektar und nach der Honorarzone zu berechnen. (3) Welchen Honorarzonen die Grundleistungen zugeordnet werden, richtet sich nach folgenden Bewertungsmerkmalen: 1. ökologisch bedeutsame Strukturen und Schutzgebiete, 2. Landschaftsbild und Erholungsnutzung, 3. Nutzungsansprüche, 4. Anforderungen an die Gestaltung von Landschaft und Freiraum, 5. Empfindlichkeit gegenüber Umweltbelastungen und Beeinträchtigungen von Natur und Landschaft,

HOAI 2009	HOAI 2013
	6. potenzielle Beeinträchtigungsintensität der Maßnahme. (4) Sind für einen Landschaftspflegerischen Begleitplan Bewertungsmerkmale aus mehreren Honorarzonen anwendbar und bestehen deswegen Zweifel, welcher Honorarzone der Landschaftspflegerische Begleitplan zugeordnet werden kann, so ist zunächst die Anzahl der Bewertungspunkte zu ermitteln Zur Ermittlung der Bewertungspunkte werden die Bewertungsmerkmale wie folgt gewichtet: 1. die Bewertungsmerkmale gemäß Absatz 3 Nummer 1, 2, 3 und 4 mit je bis zu 6 Punkten und 2. die Bewertungsmerkmale gemäß Absatz 3 Nummer 5 und 6 und mit je bis zu 9 Punkten. (5) Der Landschaftspflegerische Begleitplan ist anhand der nach Absatz 4 ermittelten Bewertungspunkte einer der Honorarzonen zuzuordnen: 1. Honorarzone I: bis zu 16 Punkte, 2. Honorarzone II: 17 bis 30 Punkte, 3. Honorarzone III: 31 bis 42 Punkte. (6) Wird die Größe des Planungsgebiets während der Leistungserbringung geändert, so ist das Honorar für die Leistungsphasen, die bis zur Änderung noch nicht erbracht sind, nach der geänderten Größe des Planungsgebiets zu berechnen.
§ 31 Honorare für Leistungen bei Pflege- und Entwicklungsplänen (1) Die Mindest- und Höchstsätze der Honorare für die in § 27 aufgeführten Leistungen bei Pflege- und Entwicklungsplänen sind in der folgenden Honorartafel festgesetzt: **Honorartafel zu § 31 Absatz 1 – Pflege und Entwicklungsplan** (2) Die Honorare sind nach der Grundfläche des Planungsbereichs in Hektar zu berechnen. (3) Die Zuordnung zu den Honorarzonen wird anhand folgender Bewertungsmerkmale für die planerischen Anforderungen ermittelt: 1. fachliche Vorgaben, 2. Differenziertheit des floristischen Inventars oder der Pflanzengesellschaften,	**§ 32 Honorare für Grundleistungen bei Pflege- und Entwicklungsplänen** (1) Die Mindest- und Höchstsätze der Honorare für die in § 27 und Anlage 8 aufgeführten Grundleistungen bei Pflege- und Entwicklungsplänen sind in der folgenden Honorartafel festgesetzt: **Honorartafel zu § 32 Absatz 1 – Pflege und Entwicklungsplan** (2) Das Honorar für Grundleistungen bei Pflege- und Entwicklungsplänen ist nach der Fläche des Planungsgebiets in Hektar und nach der Honorarzone zu berechnen. (3) Welchen Honorarzonen die Grundleistungen zugeordnet werden, richtet sich nach folgenden Bewertungsmerkmalen: 1. fachliche Vorgaben, 2. Differenziertheit des floristischen Inventars oder der Pflanzengesellschaften,

HOAI 2009	HOAI 2013
3. Differenziertheit des faunistischen Inventars, 4. Beeinträchtigungen oder Schädigungen von Naturhaushalt und Landschaftsbild sowie 5. Aufwand für die Festlegung von Zielaussagen sowie Pflege- und Entwicklungsmaßnahmen. (4) Sind für einen Pflege- und Entwicklungsplan Bewertungsmerkmale aus mehreren Honorarzonen anwendbar und bestehen deswegen Zweifel, welcher Honorarzone der Pflege- und Entwicklungsplan zugeordnet werden kann, so ist die Anzahl der Bewertungspunkte nach Absatz 5 zu ermitteln; der Pflege- und Entwicklungsplan ist nach der Summe der Bewertungspunkte folgenden Honorarzonen zuzuordnen: 1. Honorarzone I: Pflege- und Entwicklungspläne bis zu 13 Punkten, 2. Honorarzone II: Pflege- und Entwicklungspläne mit 14 bis 24 Punkten, 3. Honorarzone III: Pflege- und Entwicklungspläne mit 25 bis 34 Punkten. (5) Bei der Zuordnung eines Pflege- und Entwicklungsplans zu den Honorarzonen ist entsprechend dem Schwierigkeitsgrad der Planungsanforderungen das Bewertungsmerkmal gemäß Absatz 3 Nummer 1 mit bis zu 4 Punkten, die Bewertungsmerkmale gemäß Absatz 3 Nummer 4 und 5 mit je bis zu 6 Punkten und die Bewertungsmerkmale gemäß Absatz 3 Nummer 2 und 3 mit je bis zu 9 Punkten zu bewerten.	3. Differenziertheit des faunistischen Inventars, 4. Beeinträchtigungen oder Schädigungen von Naturhaushalt und Landschaftsbild, 5. Aufwand für die Festlegung von Zielaussagen sowie für Pflege- und Entwicklungsmaßnahmen. (4) Sind für einen Pflege- und Entwicklungsplan Bewertungsmerkmale aus mehreren Honorarzonen anwendbar und bestehen deswegen Zweifel, welcher Honorarzone der Pflege- und Entwicklungsplan zugeordnet werden kann, so ist zunächst die Anzahl der Bewertungspunkte zu ermitteln Zur Ermittlung der Bewertungspunkte werden die Bewertungsmerkmale wie folgt gewichtet: 1. das Bewertungsmerkmal gemäß Absatz 3 Nummer 1 mit bis zu 4 Punkten, 2. die Bewertungsmerkmale gemäß Absatz 3 Nummer 4 und 5 mit je bis zu 6 Punkten und 3. die Bewertungsmerkmale gemäß Absatz 3 Nummer 2 und 3 mit je bis zu 9 Punkten. (5) Der Pflege- und Entwicklungsplan ist anhand der nach Absatz 4 ermittelten Bewertungspunkte einer der Honorarzonen zuzuordnen: 1. Honorarzone I: bis zu 13 Punkte, 2. Honorarzone II: 14 bis 24 Punkte, 3. Honorarzone III: 25 bis 34 Punkte. (6) Wird die Größe des Planungsgebiets während der Leistungserbringung geändert, so ist das Honorar für die Leistungsphasen, die bis zur Änderung noch nicht erbracht sind, nach der geänderten Größe des Planungsgebiets zu berechnen.

HOAI 2009	HOAI 2013
Teil 3. Objektplanung	**Teil 3. Objektplanung**
Abschnitt 1. Gebäude und raumbildende Ausbauten	Abschnitt 1. Gebäude und Innenräume
§ 32 Besondere Grundlagen des Honorars	**§ 33** Besondere Grundlagen des Honorars
(1) Anrechenbar sind für Leistungen bei Gebäuden und raumbildenden Ausbauten die Kosten der Baukonstruktion.	(1) Für Grundleistungen bei Gebäuden und Innenräumen sind die Kosten der Baukonstruktion anrechenbar.
(2) Anrechenbar für Leistungen bei Gebäuden und raumbildenden Ausbauten sind auch die Kosten für Technische Anlagen, die der Auftragnehmer nicht fachlich plant oder deren Ausführung er nicht fachlich überwacht,	(2) Für Grundleistungen bei Gebäuden und Innenräumen sind auch die Kosten für Technische Anlagen, die der Auftragnehmer nicht fachlich plant oder deren Ausführung er nicht fachlich überwacht,
1. vollständig bis zu 25 Prozent der sonstigen anrechenbaren Kosten und	1. vollständig anrechenbar bis zu einem Betrag von 25 Prozent der sonstigen anrechenbaren Kosten und
2. zur Hälfte mit dem 25 Prozent der sonstigen anrechenbaren Kosten übersteigenden Betrag.	2. zur Hälfte anrechenbar mit dem Betrag, der 25 Prozent der sonstigen anrechenbaren Kosten übersteigt.
(3) Nicht anrechenbar sind insbesondere die Kosten für das Herrichten, die nicht öffentliche Erschließung sowie Leistungen für Ausstattung und Kunstwerke, soweit der Auftragnehmer sie nicht plant, bei der Beschaffung mitwirkt oder ihre Ausführung oder ihren Einbau fachlich überwacht.	(3) Nicht anrechenbar sind insbesondere die Kosten für das Herrichten, für die nichtöffentliche Erschließung sowie für Leistungen zur Ausstattung und zu Kunstwerken, soweit der Auftragnehmer die Leistungen weder plant noch bei der Beschaffung mitwirkt oder ihre Ausführung oder ihren Einbau fachlich überwacht.
	(§ 37 Abs. 1)
(4) § 11 Absatz 1 gilt nicht, wenn die getrennte Berechnung weniger als 7 500 Euro anrechenbare Kosten der Freianlagen zum Gegenstand hätte. Absatz 3 ist insoweit nicht anzuwenden.	
§ 33 Leistungsbild Gebäude und raumbildende Ausbauten	**§ 34** Leistungsbild Gebäude und Innenräume
Das Leistungsbild Gebäude und raumbildende Ausbauten umfasst Leistungen für Neubauten, Neuanlagen, Wiederaufbauten, Erweiterungsbauten, Umbauten, Modernisierungen, raumbildende Ausbauten, Instandhaltungen und Instandsetzungen.	(1) Das Leistungsbild Gebäude und Innenräume umfasst Leistungen für Neubauten, Neuanlagen, Wiederaufbauten, Erweiterungsbauten, Umbauten, Modernisierungen, Instandsetzungen und Instandhaltungen.
(§ 2 Ziffer 8)	
8. *„raumbildende Ausbauten" sind die innere Gestaltung oder Erstellung von Innenräumen ohne wesentliche Eingriffe in Bestand oder Konstruktion; sie können im Zusammenhang mit Leistungen nach den Nummern 3 bis 7 anfallen;*	(2) Leistungen für Innenräume sind die Gestaltung oder Erstellung von Innenräumen ohne wesentliche Eingriffe in Bestand oder Konstruktion.
Die Leistungen sind in neun Leistungsphasen zusammengefasst und werden wie folgt in Prozentsätzen der Honorare des § 34 bewertet:	(3) Die Grundleistungen sind in neun Leistungsphasen unterteilt und werden wie folgt in Prozentsätzen der Honorare des § 35 bewertet:

a) Synopse HOAI 2009 – HOAI 2013 – Text

HOAI 2009	HOAI 2013
1. für die Leistungsphase 1 (Grundlagenermittlung) mit je 3 Prozent bei Gebäuden und raumbildenden Ausbauten, 2. für die Leistungsphase 2 (Vorplanung) mit je 7 Prozent bei Gebäuden und raumbildenden Ausbauten, 3. für die Leistungsphase 3 (Entwurfsplanung) mit 11 Prozent bei Gebäuden und 14 Prozent bei raumbildenden Ausbauten, 4. für die Leistungsphase 4 (Genehmigungsplanung) mit 6 Prozent bei Gebäuden und 2 Prozent bei raumbildenden Ausbauten, 5. für die Leistungsphase 5 (Ausführungsplanung) mit 25 Prozent bei Gebäuden und 30 Prozent bei raumbildenden Ausbauten, 6. für die Leistungsphase 6 (Vorbereitung der Vergabe) mit 10 Prozent bei Gebäuden und 7 Prozent bei raumbildenden Ausbauten, 7. für die Leistungsphase 7 (Mitwirkung bei der Vergabe) mit 4 Prozent bei Gebäuden und 3 Prozent bei raumbildende Ausbauten, 8. für die Leistungsphase 8 (Objektüberwachung – Bauüberwachung –) mit je 31 Prozent bei Gebäuden und raumbildenden Ausbauten, 9. für die Leistungsphase 9 (Objektbetreuung und Dokumentation) mit je 3 Prozent bei Gebäuden und raumbildenden Ausbauten. Die einzelnen Leistungen jeder Leistungsphase sind in Anlage 11 geregelt.	1. für die Leistungsphase 1 (Grundlagenermittlung) mit je 2 Prozent für Gebäude und Innenräume, 2. für die Leistungsphase 2 (Vorplanung) mit je 7 Prozent für Gebäude und Innenräume, 3. für die Leistungsphase 3 (Entwurfsplanung) mit 15 Prozent für Gebäude und Innenräume, 4. für die Leistungsphase 4 (Genehmigungsplanung) mit 3 Prozent für Gebäude und 2 Prozent für Innenräume, 5. für die Leistungsphase 5 (Ausführungsplanung) mit 25 Prozent für Gebäude und 30 Prozent für Innenräume, 6. für die Leistungsphase 6 (Vorbereitung der Vergabe) mit 10 Prozent für Gebäude und 7 Prozent für Innenräume, 7. für die Leistungsphase 7 (Mitwirkung bei der Vergabe) mit 4 Prozent für Gebäude und 3 Prozent für Innenräume, 8. für die Leistungsphase 8 (Objektüberwachung – Bauüberwachung und Dokumentation) mit 32 Prozent für Gebäude und Innenräume, 9. für die Leistungsphase 9 (Objektbetreuung) mit je 2 Prozent für Gebäuden und Innenräumen. (4) Anlage 10 Nummer 10.1 regelt die Grundleistungen jeder Leistungsphase und enthält Beispiele für Besondere Leistungen.
§ 34 Honorare für Leistungen bei Gebäuden und raumbildenden Ausbauten (1) Die Mindest- und Höchstsätze der Honorare für die in § 33 aufgeführten Leistungen bei Gebäuden und raumbildenden Ausbauten sind in der folgenden Honorartafel festgesetzt: **Honorartafel zu § 34 Absatz 1 – Gebäude und raumbildende Ausbauten** (2) Die Zuordnung zu den Honorarzonen für Leistungen bei Gebäuden wird anhand folgender Bewertungsmerkmale ermittelt: 1. Anforderungen an die Einbindung in die Umgebung, 2. Anzahl der Funktionsbereiche,	**§ 35 Honorare für Grundleistungen bei Gebäuden und Innenräumen** (1) Die Mindest- und Höchstsätze der Honorare für die in § 34 und der Anlage 10 Nummer 10.1 aufgeführten Grundleistungen für Gebäude und Innenräume sind in der folgenden Honorartafel festgesetzt: **Honorartafel zu § 35 Absatz 1 – Gebäude und Innenräume** (2) Welchen Honorarzonen die Grundleistungen für Gebäude zugeordnet werden, richtet sich nach folgenden Bewertungsmerkmalen: 1. Anforderungen an die Einbindung in die Umgebung,

2 HOAI 2009/HOAI 2013 — a) Synopse HOAI 2009 – HOAI 2013 – Text

HOAI 2009	HOAI 2013
3. gestalterische Anforderungen, 4. konstruktive Anforderungen, 5. technische Ausrüstung, 6. Ausbau.	2. Anzahl der Funktionsbereiche, 3. gestalterische Anforderungen, 4. konstruktive Anforderungen, 5. technische Ausrüstung, 6. Ausbau.
(3) Die Zuordnung zu den Honorarzonen für Leistungen bei raumbildenden Ausbauten wird anhand folgender Bewertungsmerkmale ermittelt: 1. Funktionsbereich, 2. Anforderungen an die Lichtgestaltung, 3. Anforderungen an die Raum-Zuordnung und Raum-Proportion, 4. technische Ausrüstung, 5. Farb- und Materialgestaltung, 6. konstruktive Detailgestaltung.	(3) Welchen Honorarzonen die Grundleistungen für Innenräume zugeordnet werden, richtet sich nach folgenden Bewertungsmerkmalen: 1. Anzahl der Funktionsbereiche, 2. Anforderungen an die Lichtgestaltung, 3. Anforderungen an die Raumzuordnung und Raumproportion, 4. technische Ausrüstung, 5. Farb- und Materialgestaltung, 6. konstruktive Detailgestaltung.
(4) Sind für ein Gebäude oder einen raumbildenden Ausbau Bewertungsmerkmale aus mehreren Honorarzonen anwendbar und bestehen deswegen Zweifel, welcher Honorarzone das Gebäude oder der raumbildende Ausbau zugeordnet werden kann, so ist die Anzahl der Bewertungspunkte nach Absatz 5 zu ermitteln; das Gebäude oder der raumbildende Ausbau ist nach der Summe der Bewertungspunkte folgenden Honorarzonen zuzuordnen:	(4) Sind für ein Gebäude Bewertungsmerkmale aus mehreren Honorarzonen anwendbar und bestehen deswegen Zweifel, welcher Honorarzone das Gebäude *oder der Innenraum* zugeordnet werden kann, so ist zunächst die Anzahl der Bewertungspunkte zu ermitteln. Zur Ermittlung der Bewertungspunkte werden die Bewertungsmerkmale wie folgt gewichtet: 1. die Bewertungsmerkmale gemäß Absatz 2 Nummer 1, 4 bis 6 mit je bis zu 6 Punkten und 2. die Bewertungsmerkmale gemäß Absatz 2 Nummer 2 und 3 mit je bis zu 9 Punkten.
	(5) Sind für Innenräume Bewertungsmerkmale aus mehreren Honorarzonen anwendbar und bestehen deswegen Zweifel, welcher Honorarzone *das Gebäude oder* der Innenraum zugeordnet werden kann, so ist zunächst die Anzahl der Bewertungspunkte zu ermitteln. Zur Ermittlung der Bewertungspunkte werden die Bewertungsmerkmale wie folgt gewichtet: 1. die Bewertungsmerkmale gemäß Absatz 3 Nummer 1 bis 4 mit je bis zu 6 Punkten und 2. die Bewertungsmerkmale gemäß Absatz 3 Nummer 5 und 6 mit je bis zu 9 Punkten.
	(6) Das Gebäude oder der Innenraum ist anhand der nach Absatz 5 ermittelten Bewertungspunkte einer der Honorarzonen zuzuordnen:
1. Honorarzone I: Gebäude bzw. der raumbildende Ausbau mit bis zu 10 Punkten,	1. Honorarzone I: bis zu 10 Punkte, 2. Honorarzone II: 11 bis 18 Punkte, 3. Honorarzone III: 19 bis 26 Punkte,

a) Synopse HOAI 2009 – HOAI 2013 – Text

HOAI 2009	HOAI 2013
2. Honorarzone II: Gebäude bzw. der raumbildende Ausbau mit 11 bis 18 Punkten, 3. Honorarzone III: Gebäude bzw. der raumbildende Ausbau mit 19 bis 26 Punkten, 4. Honorarzone IV: Gebäude bzw. der raumbildende Ausbau mit 27 bis 34 Punkten, 5. Honorarzone V: Gebäude bzw. der raumbildende Ausbau mit 35 bis 42 Punkten. *(5) Bei der Zuordnung zu den Honorarzonen sind entsprechend dem Schwierigkeitsgrad der Planungsanforderungen die Bewertungsmerkmale für Gebäude nach Absatz 2 Nummer 1, 4 bis 6 mit je bis zu 6 Punkten, die Bewertungsmerkmale nach Absatz 2 Nummer 2 und 3 mit je bis zu 9 Punkten, für raumbildende Ausbauten nach Absatz 3 Nummer 1 bis 4 mit je bis zu 6 Punkten, die Bewertungsmerkmale nach Absatz 3 Nummer 5 und 6 mit je bis zu 9 Punkten zu bewerten.*	4. Honorarzone IV: 27 bis 34 Punkte, 5. Honorarzone V: 35 bis 42 Punkte. (7) Für die Zuordnung zu den Honorarzonen ist die Objektliste der Anlage 10 Nummer 10.2 und Nummer 10.3 zu berücksichtigen.
§ 35 Leistungen im Bestand (1) Für Leistungen bei Umbauten und Modernisierungen kann für Objekte ein Zuschlag bis zu 80 Prozent vereinbart werden. Sofern kein Zuschlag schriftlich vereinbart ist, fällt für Leistungen ab der Honorarzone II ein Zuschlag von 20 Prozent an. (2) Honorare für Leistungen bei Umbauten und Modernisierungen von Objekten im Sinne des § 2 Nummer 6 und 7 sind nach den anrechenbaren Kosten, der Honorarzone, den Leistungsphasen und der Honorartafel, die dem Umbau oder der Modernisierung sinngemäß zuzuordnen ist, zu ermitteln.	**§ 36 Umbauten und Modernisierungen von Gebäuden und Innenräumen** (1) Für Umbauten und Modernisierungen von Gebäuden kann bei einem durchschnittlichen Schwierigkeitsgrad ein Zuschlag gemäß § 6 Absatz 2 Satz 3 bis 33 Prozent auf das ermittelte Honorar schriftlich vereinbart werden. (2) Für Umbauten und Modernisierungen von Innenräumen in Gebäuden kann bei einem durchschnittlichen Schwierigkeitsgrad ein Zuschlag gemäß § 6 Absatz 2 Satz 3 bis 50 Prozent auf das ermittelte Honorar schriftlich vereinbart werden.
§ 36 Instandhaltungen und Instandsetzungen (1) Für Leistungen bei Instandhaltungen und Instandsetzungen von Objekten kann vereinbart werden, den Prozentsatz für die Bauüberwachung um bis zu 50 Prozent zu erhöhen.	*(§ 12 Abs. 2)*
(2) Honorare für Leistungen bei Instandhaltungen und Instandsetzungen von Objekten sind nach den anrechenbaren Kosten, der Honorarzone, den Leistungsphasen und der Honorartafel, der die Instandhaltungs- und Instandsetzungsmaßnahme zuzuordnen ist, zu ermitteln.	*(§ 12 Abs. 1)*

HOAI 2009	HOAI 2013
§ 32 Besondere Grundlagen des Honorars	**§ 37** Aufträge für Gebäude und Freianlagen oder für Gebäude und Innenräume
(4) § 11 Absatz 1 gilt nicht, wenn die getrennte Berechnung weniger als 7500 Euro anrechenbare Kosten der Freianlagen zum Gegenstand hätte. Absatz 3 ist insoweit nicht anzuwenden.	(1) § 11 Absatz 1 ist nicht anzuwenden, wenn die getrennte Berechnung der Honorare für Freianlagen weniger als 7 500 Euro anrechenbare Kosten ergeben würde.
	(2) Werden Grundleistungen für Innenräume in Gebäuden, die neu gebaut, wiederaufgebaut, erweitert oder umgebaut werden, einem Auftragnehmer übertragen, dem auch Grundleistungen für dieses Gebäude nach § 34 übertragen werden, so sind die Grundleistungen für Innenräume im Rahmen der festgesetzten Mindest- und Höchstsätze bei der Vereinbarung des Honorars für die Grundleistungen am Gebäude zu berücksichtigen. Ein gesondertes Honorar nach § 11 Absatz 1 darf für die Grundleistungen für Innenräume nicht berechnet werden.
Abschnitt 2. Freianlagen	**Abschnitt 2. Freianlagen**
§ 37 Besondere Grundlagen des Honorars	**§ 38** Besondere Grundlagen des Honorars
(1) Zu den anrechenbaren Kosten für Leistungen bei Freianlagen rechnen neben den Kosten für Außenanlagen auch die Kosten für folgende Bauwerke und Anlagen, soweit sie der Auftragnehmer plant oder überwacht:	(1) Für Grundleistungen bei Freianlagen sind die Kosten für Außenanlagen anrechenbar, insbesondere für folgende Bauwerke und Anlagen, soweit diese durch den Auftragnehmer geplant oder überwacht werden:
1. Einzelgewässer mit überwiegend ökologischen und landschaftsgestalterischen Elementen,	1. Einzelgewässer mit überwiegend ökologischen und landschaftsgestalterischen Elementen,
2. Teiche ohne Dämme,	2. Teiche ohne Dämme,
3. flächenhafter Erdbau zur Geländegestaltung,	3. flächenhafter Erdbau zur Geländegestaltung,
4. einfache Durchlässe und Uferbefestigungen als Mittel zur Geländegestaltung, soweit keine Leistungen nach Teil 4 erforderlich sind,	4. einfache Durchlässe und Uferbefestigungen als Mittel zur Geländegestaltung, soweit keine Grundleistungen nach Teil 4 Abschnitt 1 erforderlich sind,
5. Lärmschutzwälle als Mittel zur Geländegestaltung,	5. Lärmschutzwälle als Mittel zur Geländegestaltung,
6. Stützbauwerke und Geländeabstützungen ohne Verkehrsbelastung als Mittel zur Geländegestaltung, soweit keine Leistungen nach Teil 4 erforderlich sind,	6. Stützbauwerke und Geländeabstützungen ohne Verkehrsbelastung als Mittel zur Geländegestaltung, soweit keine Tragwerke mit durchschnittlichem Schwierigkeitsgrad erforderlich sind,
7. Stege und Brücken, soweit keine Leistungen nach Teil 4 erforderlich sind,	7. Stege und Brücken, soweit keine Grundleistungen nach Teil 4 Abschnitt 1 erforderlich sind,
8. Wege ohne Eignung für den regelmäßigen Fahrverkehr mit einfachen Entwässerungsverhältnissen sowie andere Wege und befestigte Flächen, die als Gestaltungselement	8. Wege ohne Eignung für den regelmäßigen Fahrverkehr mit einfachen Entwässerungsverhältnissen sowie andere Wege und befestigte Flächen, die als Gestaltungselement

HOAI 2009	HOAI 2013
der Freianlagen geplant werden und für die Leistungen nach Teil 3 nicht erforderlich sind. (2) Nicht anrechenbar sind die Kosten für Leistungen bei Freianlagen für 1. das Gebäude sowie die in § 32 Absatz 3 genannten Kosten und 2. den Unter- und Oberbau von Fußgängerbereichen, ausgenommen die Kosten für die Oberflächenbefestigung. (3) § 11 Absatz 1 gilt nicht, wenn die getrennte Berechnung 7.500 Euro anrechenbare Kosten der Gebäude unterschreitet. Absatz 2 ist insoweit nicht anzuwenden. **§ 38** **Leistungsbild Freianlagen** *(§ 2 Ziff. 11)* 11. „Freianlagen" sind planerisch gestaltete Freiflächen und Freiräume sowie entsprechend gestaltete Anlagen in Verbindung mit Bauwerken oder in Bauwerken; (1) § 33 Absatz 1 Satz 1 gilt mit Ausnahme der Ausführungen zu den raumbildenden Ausbauten entsprechend. Die Leistungen bei Freianlagen sind in neun Leistungsphasen zusammengefasst und werden wie folgt in Prozentsätzen der Honorare des § 39 bewertet: 1. für die Leistungsphase 1 (Grundlagenermittlung) mit 3 Prozent, 2. für die Leistungsphase 2 (Vorplanung) mit 10 Prozent, 3. für die Leistungsphase 3 (Entwurfsplanung) mit 15 Prozent, 4. für die Leistungsphase 4 (Genehmigungsplanung) mit 6 Prozent, 5. für die Leistungsphase 5 (Ausführungsplanung) mit 24 Prozent, 6. für die Leistungsphase 6 (Vorbereitung der Vergabe) mit 7 Prozent, 7. für die Leistungsphase 7 (Mitwirkung bei der Vergabe) mit 3 Prozent, 8. für die Leistungsphase 8 (Objektüberwachung – Bauüberwachung) mit 29 Prozent und 9. für die Leistungsphase 9 (Objektbetreuung und Dokumentation) mit 3 Prozent. (2) Die einzelnen Leistungen jeder Leistungsphase sind in Anlage 11 geregelt.	der Freianlagen geplant werden und für die keine Grundleistungen nach Teil 3 Abschnitt 3 und 4 erforderlich sind. (2) Nicht anrechenbar sind für Grundleistungen bei Freianlagen die Kosten für 1. das Gebäude sowie die in § 33 Absatz 3 genannten Kosten und 2. den Unter- und Oberbau von Fußgängerbereichen ausgenommen die Kosten für die Oberflächenbefestigung. *(nicht geregelt)* **§ 39** **Leistungsbild Freianlagen** (1) Freianlagen sind planerisch gestaltete Freiflächen und Freiräume sowie entsprechend gestaltete Anlagen in Verbindung mit Bauwerken oder in Bauwerken und landschaftspflegerische Freianlagenplanungen in Verbindung mit Objekten. (2) § 34 Absatz 1 gilt entsprechend. (3) Die Grundleistungen bei Freianlagen sind in neun Leistungsphasen unterteilt und werden wie folgt in Prozentsätzen der Honorare des § 40 bewertet: 1. für die Leistungsphase 1 (Grundlagenermittlung) mit 3 Prozent, 2. für die Leistungsphase 2 (Vorplanung) mit 10 Prozent, 3. für die Leistungsphase 3 (Entwurfsplanung) mit 16 Prozent, 4. für die Leistungsphase 4 (Genehmigungsplanung) mit 4 Prozent, 5. für die Leistungsphase 5 (Ausführungsplanung) mit 25 Prozent, 6. für die Leistungsphase 6 (Vorbereitung der Vergabe) mit 7 Prozent, 7. für die Leistungsphase 7 (Mitwirkung bei der Vergabe) mit 3 Prozent, 8. für die Leistungsphase 8 (Objektüberwachung Bauüberwachung und Dokumentation) mit 30 Prozent und 9. für die Leistungsphase 9 (Objektbetreuung) mit 2 Prozent. (4) Anlage 11 Nummer 11.1 regelt die Grundleistungen jeder Leistungsphase und enthält Beispiele für Besondere Leistungen.

2 HOAI 2009/HOAI 2013

a) Synopse HOAI 2009 – HOAI 2013 – Text

HOAI 2009	HOAI 2013
§ 39 Honorare für Leistungen bei Freianlagen (1) Die Mindest- und Höchstsätze der Honorare für die in § 38 aufgeführten Leistungen bei Freianlagen sind in der folgenden Honorartafel festgesetzt: **Honorartafel zu § 39 Absatz 1 – Freianlagen** (2) Die Zuordnung zu den Honorarzonen wird anhand folgender Bewertungsmerkmale für die planerischen Anforderungen ermittelt: 1. Anforderungen an die Einbindung in die Umgebung, 2. Anforderungen an Schutz, Pflege und Entwicklung von Natur und Landschaft, 3. Anzahl der Funktionsbereiche, 4. gestalterische Anforderungen, 5. Ver- und Entsorgungseinrichtungen. (3) Sind für eine Freianlage Bewertungsmerkmale aus mehreren Honorarzonen anwendbar und bestehen deswegen Zweifel, welcher Honorarzone die Freianlage zugeordnet werden kann, so ist die Anzahl der Bewertungspunkte nach Absatz 4 zu ermitteln; die Freianlage ist nach der Summe der Bewertungsmerkmale folgenden Honorarzonen zuzuordnen: 1. Honorarzone I: Freianlagen mit bis zu 8 Punkten, 2. Honorarzone II: Freianlagen mit 9 bis 15 Punkten, 3. Honorarzone III: Freianlagen mit 16 bis 22 Punkten, 4. Honorarzone IV: Freianlagen mit 23 bis 29 Punkten, 5. Honorarzone V: Freianlagen mit 30 bis 36 Punkten. (4) Bei der Zuordnung einer Freianlage zu einer Honorarzone sind entsprechend dem Schwierigkeitsgrad der Planungsanforderungen die Bewertungsmerkmale nach Absatz 2 Nummer 1, 2 und 4 mit je bis zu 8 Punkten, die Bewertungsmerkmale nach Absatz 2 Nummer 3 und 5 mit je bis zu 6 Punkten zu bewerten.	**§ 40** Honorare für Grundleistungen bei Freianlagen (1) Die Mindest- und Höchstsätze der Honorare für die in § 39 und der Anlage 11 Nummer 11.1 aufgeführten Grundleistungen für Freianlagen sind in der folgenden Honorartafel festgesetzt: **Honorartafel zu § 40 Absatz 1 – Freianlagen** (2) Welchen Honorarzonen die Grundleistungen zugeordnet werden, richtet sich nach folgenden Bewertungsmerkmalen: 1. Anforderungen an die Einbindung in die Umgebung, 2. Anforderungen an Schutz, Pflege und Entwicklung von Natur und Landschaft, 3. Anzahl der Funktionsbereiche, 4. gestalterische Anforderungen, 5. Ver- und Entsorgungseinrichtungen. (3) Sind für eine Freianlage Bewertungsmerkmale aus mehreren Honorarzonen anwendbar und bestehen deswegen Zweifel, welcher Honorarzone die Freianlage zugeordnet werden kann, so ist zunächst die Anzahl der Bewertungspunkte zu ermitteln. Zur Ermittlung der Bewertungspunkte werden die Bewertungsmerkmale wie folgt gewichtet: 1. Bewertungsmerkmale gemäß Absatz 2 Nummer 1, 2 und 4 mit je bis zu 8 Punkten, 2. Bewertungsmerkmale gemäß Absatz 2 Nummer 3 und 5 mit je bis zu 6 Punkten. (4) Die Freianlage ist anhand der nach Absatz 3 ermittelten Bewertungspunkte einer der Honorarzonen zuzuordnen: 1. Honorarzone I: bis zu 8 Punkte, 2. Honorarzone II: 9 bis 15 Punkte, 3. Honorarzone III: 16 bis 22 Punkte, 4. Honorarzone IV: 23 bis 29 Punkte, 5. Honorarzone V: 30 bis 36 Punkte. (5) Für die Zuordnung zu den Honorarzonen ist die Objektliste der Anlage 11 Nummer 11.2 zu berücksichtigen. (6) § 36 Absatz 1 ist für Freianlagen entsprechend anzuwenden.

HOAI 2009	HOAI 2013
Abschnitt 3. Ingenieurbauwerke **§ 40 Anwendungsbereich** Ingenieurbauwerke umfassen: 1. Bauwerke und Anlagen der Wasserversorgung, 2. Bauwerke und Anlagen der Abwasserentsorgung, 3. Bauwerke und Anlagen des Wasserbaus, ausgenommen Freianlagen nach § 2 Nummer 11, 4. Bauwerke und Anlagen für Ver- und Entsorgung mit Gasen, Feststoffen einschließlich wassergefährdenden Flüssigkeiten, ausgenommen Anlagen nach § 51, 5. Bauwerke und Anlagen der Abfallentsorgung, 6. konstruktive Ingenieurbauwerke für Verkehrsanlagen, 7. sonstige Einzelbauwerke, ausgenommen Gebäude und Freileitungsmaste. **§ 41 Besondere Grundlagen des Honorars** (1) Anrechenbar sind für Leistungen bei Ingenieurbauwerken die Kosten der Baukonstruktion. (2) Anrechenbar für Leistungen bei Ingenieurbauwerken sind auch die Kosten für Technische Anlagen mit Ausnahme von Absatz 3 Nummer 7, die der Auftragnehmer nicht fachlich plant oder deren Ausführung er oder sie nicht fachlich überwacht, 1. vollständig bis zu 25 Prozent der sonstigen anrechenbaren Kosten und 2. zur Hälfte mit dem 25 Prozent der sonstigen anrechenbaren Kosten übersteigenden Betrag. (3) Nicht anrechenbar sind, soweit der Auftragnehmer die Anlagen weder plant noch ihre Ausführung überwacht, die Kosten für: 1. das Herrichten des Grundstücks, 2. die öffentliche Erschließung, 3. die nichtöffentliche Erschließung und die Außenanlagen, 4. verkehrsregelnde Maßnahmen während der Bauzeit, das Umlegen und Verlegen von	**Abschnitt 3. Ingenieurbauwerke** **§ 41 Anwendungsbereich** Ingenieurbauwerke umfassen: 1. Bauwerke und Anlagen der Wasserversorgung, 2. Bauwerke und Anlagen der Abwasserentsorgung, 3. Bauwerke und Anlagen des Wasserbaus ausgenommen Freianlagen nach § 39 Absatz 1, 4. Bauwerke und Anlagen für Ver- und Entsorgung mit Gasen, Feststoffen und wassergefährdenden Flüssigkeiten, ausgenommen Anlagen der Technischen Ausrüstung nach § 53 Absatz 2, 5. Bauwerke und Anlagen der Abfallentsorgung, 6. konstruktive Ingenieurbauwerke für Verkehrsanlagen, 7. sonstige Einzelbauwerke ausgenommen Gebäude und Freileitungsmaste. **§ 42 Besondere Grundlagen des Honorars** (1) Für Grundleistungen bei Ingenieurbauwerken sind die Kosten der Baukonstruktion anrechenbar. Die Kosten für die Anlagen der Maschinentechnik, die der Zweckbestimmung des Ingenieurbauwerks dienen, sind anrechenbar, soweit der Auftragnehmer diese plant oder deren Ausführung überwacht. (2) Für Grundleistungen bei Ingenieurbauwerken sind auch die Kosten für Technische Anlagen, die der Auftragnehmer nicht fachlich plant oder deren Ausführung der Auftragnehmer nicht fachlich überwacht, 1. vollständig anrechenbar bis zum Betrag von 25 Prozent der sonstigen anrechenbaren Kosten und 2. zur Hälfte anrechenbar mit dem Betrag, der 25 Prozent der sonstigen anrechenbaren Kosten übersteigt. (3) Nicht anrechenbar sind, soweit der Auftragnehmer die Anlagen weder plant noch ihre Ausführung überwacht, die Kosten für 1. das Herrichten des Grundstücks, 2. die öffentliche und die nichtöffentliche Erschließung, die Außenanlagen, das Umlegen und Verlegen von Leitungen, 3. verkehrsregelnde Maßnahmen während der Bauzeit,

2 HOAI 2009/HOAI 2013

a) Synopse HOAI 2009 – HOAI 2013 – Text

HOAI 2009	HOAI 2013
Leitungen, die Ausstattung und Nebenanlagen von Straßen sowie Ausrüstung und Nebenanlagen von Gleisanlagen und 5. Anlagen der Maschinentechnik, die der Zweckbestimmung des Ingenieurbauwerks dienen.	4. die Ausstattung und Nebenanlagen von Ingenieurbauwerken.
§ 42 Leistungsbild Ingenieurbauwerke (1) § 33 Absatz 1 Satz 1 gilt entsprechend. Die Leistungen für Ingenieurbauwerke sind in neun Leistungsphasen zusammengefasst und werden wie folgt in Prozentsätzen der Honorare des § 43 bewertet: 1. für die Leistungsphase 1 (Grundlagenermittlung) mit 2 Prozent, 2. für die Leistungsphase 2 (Vorplanung) mit 15 Prozent, 3. für die Leistungsphase 3 (Entwurfsplanung) mit 30 Prozent, 4. für die Leistungsphase 4 (Genehmigungsplanung) mit 5 Prozent, 5. für die Leistungsphase 5 (Ausführungsplanung) mit 15 Prozent, 6. für die Leistungsphase 6 (Vorbereitung der Vergabe) mit 10 Prozent, 7. für die Leistungsphase 7 (Mitwirkung bei der Vergabe) mit 5 Prozent, 8. für die Leistungsphase 8 (Bauoberleitung) mit 15 Prozent, 9. für die Leistungsphase 9 (Objektbetreuung und Dokumentation) mit 3 Prozent. Die einzelnen Leistungen jeder Leistungsphase sind in Anlage 12 geregelt. Abweichend von der Bewertung der Leistungsphase 2 (Vorplanung) mit 15 Prozent, wird die Leistungsphase 2 bei Objekten nach § 40 Nummer 6 und 7, die eine Tragwerksplanung erfordern, mit 8 Prozent bewertet. (2) Die §§ 35 und 36 Absatz 2 gelten entsprechend.	**§ 43 Leistungsbild Ingenieurbauwerke** (1) § 34 Absatz 1 gilt entsprechend. Die Grundleistungen für Ingenieurbauwerke sind in neun Leistungsphasen unterteilt und werden wie folgt in Prozentsätzen der Honorare des § 44 bewertet: 1. für die Leistungsphase 1 (Grundlagenermittlung) mit 2 Prozent, 2. für die Leistungsphase 2 (Vorplanung) mit 20 Prozent, 3. für die Leistungsphase 3 (Entwurfsplanung) mit 25 Prozent, 4. für die Leistungsphase 4 (Genehmigungsplanung) mit 5 Prozent, 5. für die Leistungsphase 5 (Ausführungsplanung) mit 15 Prozent, 6. für die Leistungsphase 6 (Vorbereitung der Vergabe) mit 13 Prozent, 7. für die Leistungsphase 7 (Mitwirkung bei der Vergabe) mit 4 Prozent, 8. für die Leistungsphase 8 (Bauoberleitung) mit 15 Prozent, 9. für die Leistungsphase 9 (Objektbetreuung) mit 1 Prozent. (2) Abweichend von Absatz 1 Nummer 2 wird die Leistungsphase 2 bei Objekten nach § 41 Nummer 6 und 7, die eine Tragwerksplanung erfordern, mit 10 Prozent bewertet. (3) Die Vertragsparteien können abweichend von Absatz 1 schriftlich vereinbaren, dass 1. die Leistungsphase 4 mit 5 bis 8 Prozent bewertet wird, wenn dafür ein eigenständiges Planfeststellungsverfahren erforderlich ist, 2. die Leistungsphase 5 mit 15 bis 35 Prozent bewertet wird, wenn ein überdurchschnittlicher Aufwand an Ausführungszeichnungen erforderlich wird.

a) Synopse HOAI 2009 – HOAI 2013 – Text

HOAI 2009	HOAI 2013
(3) Die Teilnahme an bis zu fünf Erläuterungs- oder Erörterungsterminen mit Bürgern und Bürgerinnen oder politischen Gremien, die bei Leistungen nach Anlage 12 anfallen, sind als Leistungen mit den Honoraren nach § 43 abgegolten.	
	(4) Anlage 12 Nummer 12.1 regelt die Grundleistungen jeder Leistungsphase und enthält Beispiele für Besondere Leistungen.
§ 43 Honorare für Leistungen bei Ingenieurbauwerken	**§ 44 Honorare für Grundleistungen bei Ingenieurbauwerken**
(1) Die Mindest- und Höchstsätze der Honorare für die in § 42 aufgeführten Leistungen bei Ingenieurbauwerken sind in der folgenden Honorartafel für den Anwendungsbereich des § 40 festgesetzt:	(1) Die Mindest- und Höchstsätze der Honorare für die in § 43 und der Anlage 12 Nummer 12.1 aufgeführten Grundleistungen bei Ingenieurbauwerken sind in der folgenden Honorartafel für den Anwendungsbereich des § 41 festgesetzt:
Honorartafel zu § 43 Absatz 1 – Ingenieurbauwerke (Anwendungsbereich des § 40)	**Honorartafel zu § 44 Absatz 1 – Ingenieurbauwerke**
(2) Die Zuordnung zu den Honorarzonen wird anhand folgender Bewertungsmerkmale für die planerischen Anforderungen ermittelt:	(2) Welchen Honorarzonen die Grundleistungen zugeordnet werden, richtet sich nach folgenden Bewertungsmerkmalen:
1. geologische und baugrundtechnische Gegebenheiten,	1. geologische und baugrundtechnische Gegebenheiten,
2. technische Ausrüstung und Ausstattung,	2. technische Ausrüstung und Ausstattung,
3. Einbindung in die Umgebung oder das Objektfeld,	3. Einbindung in die Umgebung oder in das Objektumfeld,
4. Umfang der Funktionsbereiche oder der konstruktiven oder technischen Anforderungen,	4. Umfang der Funktionsbereiche oder der konstruktiven oder technischen Anforderungen,
5. fachspezifische Bedingungen.	5. fachspezifische Bedingungen.
(3) Sind für Ingenieurbauwerke Bewertungsmerkmale aus mehreren Honorarzonen anwendbar und bestehen deswegen Zweifel, welcher Honorarzone das Objekt zugeordnet werden kann, so ist die Anzahl der Bewertungspunkte nach Absatz 4 zu ermitteln. Das Objekt ist nach der Summe der Bewertungsmerkmale folgenden Honorarzonen zuzuordnen:	(3) Sind für Ingenieurbauwerke Bewertungsmerkmale aus mehreren Honorarzonen anwendbar und bestehen deswegen Zweifel, welcher Honorarzone das Objekt zugeordnet werden kann, so ist zunächst die Anzahl der Bewertungspunkte zu ermitteln. Zur Ermittlung der Bewertungspunkte werden die Bewertungsmerkmale wie folgt gewichtet:
	1. die Bewertungsmerkmale gemäß Absatz 2 Nummer 1, 2 und 3 mit bis zu 5 Punkten,
	2. das Bewertungsmerkmal gemäß Absatz 2 Nummer 4 mit bis zu 10 Punkten,
	3. das Bewertungsmerkmal gemäß Absatz 2 Nummer 5 mit bis zu 15 Punkten.
	(4) Das Ingenieurbauwerk ist anhand der nach Absatz 3 ermittelten Bewertungspunkte einer der Honorarzonen zuzuordnen:
1. Honorarzone I: Objekte mit bis zu 10 Punkten,	1. Honorarzone I: bis zu 10 Punkte,
	2. Honorarzone II: 11 bis 17 Punkte,

2 HOAI 2009/HOAI 2013

a) Synopse HOAI 2009 – HOAI 2013 – Text

HOAI 2009	HOAI 2013
2. Honorarzone II: Objekte mit 11 bis 17 Punkten, 3. Honorarzone III: Objekte mit 18 bis 25 Punkten, 4. Honorarzone IV: Objekte mit 26 bis 33 Punkten, 5. Honorarzone V: Objekte mit 34 bis 40 Punkten. (4) Bei der Zuordnung eines Ingenieurbauwerks zu den Honorarzonen sind entsprechend dem Schwierigkeitsgrad der Planungsanforderungen die Bewertungsmerkmale wie folgt zu bewerten: 1. nach Absatz 2 Nummer 1, 2 und 3 mit bis zu 5 Punkten, 2. nach Absatz 2 Nummer 4 mit bis zu 10 Punkten, 3. nach Absatz 2 Nummer 5 mit bis zu 15 Punkten.	3. Honorarzone III: 18 bis 25 Punkte, 4. Honorarzone IV: 26 bis 33 Punkte, 5. Honorarzone V: 34 bis 40 Punkte. (5) Für die Zuordnung zu den Honorarzonen ist die Objektliste der Anlage 12 Nummer 12.2 zu berücksichtigen. (6) Für Umbauten und Modernisierungen von Ingenieurbauwerken kann bei einem durchschnittlichen Schwierigkeitsgrad ein Zuschlag gemäß § 6 Absatz 2 Satz 3 bis 33 Prozent schriftlich vereinbart werden. (7) Steht der Planungsaufwand für Ingenieurbauwerke mit großer Längenausdehnung, die unter gleichen baulichen Bedingungen errichtet werden, in einem Missverhältnis zum ermittelten Honorar, ist § 7 Absatz 3 anzuwenden.
Abschnitt 4. Verkehrsanlagen **§ 44 Anwendungsbereich** Verkehrsanlagen umfassen: 1. Anlagen des Straßenverkehrs, ausgenommen selbstständige Rad-, Geh- und Wirtschaftswege und Freianlagen nach § 2 Nummer 11, 2. Anlagen des Schienenverkehrs, 3. Anlagen des Flugverkehrs. **§ 45 Besondere Grundlagen des Honorars** (1) § 41 gilt entsprechend.	**Abschnitt 4. Verkehrsanlagen** **§ 45 Anwendungsbereich** Verkehrsanlagen sind 1. Anlagen des Straßenverkehrs ausgenommen selbstständige Rad-, Geh- und Wirtschaftswege und Freianlagen nach § 39 Absatz 1, 2. Anlagen des Schienenverkehrs, 3. Anlagen des Flugverkehrs. **§ 46 Besondere Grundlagen des Honorars** (1) Für Grundleistungen bei Verkehrsanlagen sind die Kosten der Baukonstruktion anrechenbar. Soweit der Auftragnehmer die Ausstattung von Anlagen des Straßen-, Schienen- und Flugverkehrs einschließlich der darin enthaltenen Entwässerungsanlagen, die der Zweckbestimmung der Verkehrsanlagen dienen, plant oder deren Ausführung überwacht, sind die dadurch entstehenden Kosten anrechenbar.

HOAI 2009	HOAI 2013
	(2) Für Grundleistungen bei Verkehrsanlagen sind auch die Kosten für Technische Anlagen, die der Auftragnehmer nicht fachlich plant oder deren Ausführung der Auftragnehmer nicht fachlich überwacht,
	1. vollständig anrechenbar bis zu einem Betrag von 25 Prozent der sonstigen anrechenbaren Kosten und
	2. zur Hälfte anrechenbar mit dem Betrag, der 25 Prozent der sonstigen anrechenbaren Kosten übersteigt.
	(3) Nicht anrechenbar sind, soweit der Auftragnehmer die Anlagen weder plant noch ihre Ausführung überwacht, die Kosten für
	1. das Herrichten des Grundstücks,
	2. die öffentliche und die nichtöffentliche Erschließung, die Außenanlagen, das Umlegen und Verlegen von Leitungen,
	3. die Nebenanlagen von Anlagen des Straßen-, Schienen- und Flugverkehrs,
	4. verkehrsregelnde Maßnahmen während der Bauzeit.
(2) Anrechenbar sind für Leistungen der Leistungsphasen 1 bis 7 und 9 der Anlage 12 bei Verkehrsanlagen:	(4) Für Grundleistungen der Leistungsphasen 1 bis 7 und 9 bei Verkehrsanlagen sind
1. die Kosten für Erdarbeiten einschließlich Felsarbeiten bis zu 40 Prozent der sonstigen anrechenbaren Kosten nach Absatz 1 und	1. die Kosten für Erdarbeiten einschließlich Felsarbeiten anrechenbar bis zu einem Betrag von 40 Prozent der sonstigen anrechenbaren Kosten nach Absatz 1 und
2. 10 Prozent der Kosten für Ingenieurbauwerke, wenn dem Auftragnehmer nicht gleichzeitig Leistungen nach § 46 für diese Ingenieurbauwerke übertragen werden.	2. 10 Prozent der Kosten für Ingenieurbauwerke anrechenbar, wenn dem Auftragnehmer für diese Ingenieurbauwerke nicht gleichzeitig Grundleistungen nach § 43 übertragen werden.
(3) Anrechenbar sind für Leistungen der Leistungsphasen 1 bis 7 und 9 des § 46 bei Straßen mit mehreren durchgehenden Fahrspuren, wenn diese eine gemeinsame Entwurfsachse und eine gemeinsame Entwurfsgradiente haben, sowie bei Gleis- und Bahnsteiganlagen mit zwei Gleisen, wenn diese ein gemeinsames Planum haben, nur folgende Prozentsätze der nach den Absätzen 1 und 2 ermittelten Kosten:	(5) Die nach den Absätzen 1 bis 4 ermittelten Kosten sind für Grundleistungen des § 47 Absatz 1 Satz 2 Nummer 1 bis 7 und 9
	1. bei Straßen, die mehrere durchgehende Fahrspuren mit einer gemeinsamen Entwurfsachse und einer gemeinsamen Entwurfsgradiente haben, wie folgt anteilig anrechenbar:
1. bei dreistreifigen Straßen 85 Prozent,	a) bei dreistreifigen Straßen zu 85 Prozent,
2. bei vierstreifigen Straßen 70 Prozent,	b) bei vierstreifigen Straßen zu 70 Prozent und
3. bei mehr als vierstreifigen Straßen 60 Prozent,	c) bei mehr als vierstreifigen Straßen zu 60 Prozent,
4. bei Gleis- und Bahnsteiganlagen mit zwei Gleisen 90 Prozent.	2. bei Gleis- und Bahnsteiganlagen, die zwei Gleise mit einem gemeinsamen Planum haben, zu 90 Prozent anrechenbar. Das Honorar für Gleis- und Bahnsteiganlagen mit

HOAI 2009	HOAI 2013
	mehr als zwei Gleisen oder Bahnsteigen kann frei vereinbart werden.
§ 46 Leistungsbild Verkehrsanlagen (1) Die Sätze 1 und 2 des § 33 Absatz 1 gelten entsprechend. Sie sind in der folgenden Tabelle für Verkehrsanlagen in Prozentsätzen der Honorare des § 47 bewertet: 1. für die Leistungsphase 1 (Grundlagenermittlung) mit 2 Prozent, 2. für die Leistungsphase 2 (Vorplanung) mit 15 Prozent, 3. für die Leistungsphase 3 (Entwurfsplanung) mit 30 Prozent, 4. für die Leistungsphase 4 (Genehmigungsplanung) mit 5 Prozent, 5. für die Leistungsphase 5 (Ausführungsplanung) mit 15 Prozent, 6. für die Leistungsphase 6 (Vorbereitung der Vergabe) mit 10 Prozent, 7. für die Leistungsphase 7 (Mitwirkung bei der Vergabe) mit 5 Prozent, 8. für die Leistungsphase 8 (Bauoberleitung) mit 15 Prozent, 9. für die Leistungsphase 9 (Objektbetreuung und Dokumentation) mit 3 Prozent. (2) Die einzelnen Leistungen jeder Leistungsphase sind in Anlage 12 geregelt. (3) Die §§ 35 und 36 Absatz 2 gelten entsprechend.	**§ 47 Leistungsbild Verkehrsanlagen** (1) § 34 Absatz 1 gilt entsprechend. Die Grundleistungen für Verkehrsanlagen sind in neun Leistungsphasen unterteilt und werden wie folgt in Prozentsätze der Honorare des § 48 bewertet: 1. für die Leistungsphase 1 (Grundlagenermittlung) mit 2 Prozent, 2. für die Leistungsphase 2 (Vorplanung) mit 20 Prozent, 3. für die Leistungsphase 3 (Entwurfsplanung) mit 25 Prozent, 4. für die Leistungsphase 4 (Genehmigungsplanung) mit 8 Prozent, 5. für die Leistungsphase 5 (Ausführungsplanung) mit 15 Prozent, 6. für die Leistungsphase 6 (Vorbereitung der Vergabe) mit 10 Prozent, 7. für die Leistungsphase 7 (Mitwirkung bei der Vergabe) mit 4 Prozent, 8. für die Leistungsphase 8 (Bauoberleitung) mit 15 Prozent, 9. für die Leistungsphase 9 (Objektbetreuung) mit 1 Prozent. (2) Anlage 13 Nummer 13.1 regelt die Grundleistungen jeder Leistungsphase und enthält Beispiele für Besondere Leistungen.
§ 47 Honorare für Leistungen bei Verkehrsanlagen (1) Die Mindest- und Höchstsätze der Honorare für die in § 46 aufgeführten Leistungen bei Verkehrsanlagen sind in der folgenden Honorartafel für den Anwendungsbereich des § 44 festgesetzt: **Honorartafel zu § 47 Absatz 1 – Verkehrsanlagen (Anwendungsbereich des § 44)** (2) § 43 Absatz 2 bis 4 gilt entsprechend.	**§ 48 Honorare für Grundleistungen bei Verkehrsanlagen** (1) Die Mindest- und Höchstsätze der Honorare für die in § 47 und der Anlage 13 Nummer 13.1 aufgeführten Grundleistungen bei Verkehrsanlagen sind in der folgenden Honorartafel für den Anwendungsbereich des § 45 festgesetzt: **Honorartafel zu § 48 Absatz 1 – Verkehrsanlagen (Anwendungsbereich des § 45)** (2) Welchen Honorarzonen die Grundleistungen zugeordnet werden, richtet sich nach folgenden Bewertungsmerkmalen: 1. geologische und baugrundtechnische Gegebenheiten, 2. technische Ausrüstung und Ausstattung,

HOAI 2009	HOAI 2013
	3. Einbindung in die Umgebung oder das Objektumfeld,
	4. Umfang der Funktionsbereiche oder der konstruktiven oder technischen Anforderungen,
	5. fachspezifische Bedingungen.
	(3) Sind für Verkehrsanlagen Bewertungsmerkmale aus mehreren Honorarzonen anwendbar und bestehen deswegen Zweifel, welcher Honorarzone das Objekt zugeordnet werden kann, so ist zunächst die Anzahl der Bewertungspunkte zu ermitteln. Zur Ermittlung der Bewertungspunkte werden die Bewertungsmerkmale wie folgt gewichtet:
	1. die Bewertungsmerkmale gemäß Absatz 2 Nummer 1, 2 mit bis zu 5 Punkten,
	2. das Bewertungsmerkmal gemäß Absatz 2 Nummer 3 mit bis zu 15 Punkten,
	3. das Bewertungsmerkmal gemäß Absatz 2 Nummer 4 mit bis zu 10 Punkten,
	4. das Bewertungsmerkmal gemäß Absatz 2 Nummer 5 mit bis zu 5 Punkten,
	(4) Die Verkehrsanlage ist anhand der nach Absatz 3 ermittelten Bewertungspunkte einer der Honorarzonen zuzuordnen:
	1. Honorarzone I: bis zu 10 Punkte,
	2. Honorarzone II: 11 bis 17 Punkte,
	3. Honorarzone III: 18 bis 25 Punkte,
	4. Honorarzone IV: 26 bis 33 Punkte,
	5. Honorarzone V: 34 bis 40 Punkte.
	(5) Für die Zuordnung zu den Honorarzonen ist die Objektliste der Anlage 13 Nummer 13.2 zu berücksichtigen.
	(6) Für Umbauten und Modernisierungen von Verkehrsanlagen kann bei einem durchschnittlichen Schwierigkeitsgrad ein Zuschlag gemäß § 6 Absatz 2 Satz 3 bis 33 Prozent schriftlich vereinbart werden.

HOAI 2009	HOAI 2013
Teil 4. Fachplanung **Abschnitt 1. Tragwerksplanung**	**Teil 4. Fachplanung** **Abschnitt 1. Tragwerksplanung** **§ 49 Anwendungsbereich** (1) Leistungen der Tragwerksplanung sind die statische Fachplanung für die Objektplanung Gebäude und Ingenieurbauwerke. (2) Das Tragwerk bezeichnet das statische Gesamtsystem der miteinander verbundenen, lastabtragenden Konstruktionen, die für die Standsicherheit von Gebäuden, Ingenieurbauwerken und Traggerüsten bei Ingenieurbauwerken maßgeblich sind.
§ 48 Besondere Grundlagen des Honorars (1) Anrechenbare Kosten sind bei Gebäuden und zugehörigen baulichen Anlagen 55 Prozent der Bauwerk-Baukonstruktionskosten und 10 Prozent der Kosten der Technischen Anlagen. (2) Die Vertragsparteien können bei Gebäuden mit einem hohen Anteil an Kosten der Gründung und der Tragkonstruktionen sowie bei Umbauten bei der Auftragserteilung schriftlich vereinbaren, dass die anrechenbaren Kosten abweichend von Absatz 1 nach Absatz 3 Nummer 1 bis 12 ermittelt werden. (3) Anrechenbare Kosten sind bei Ingenieurbauwerken die vollständigen Kosten für: 1. Erdarbeiten, 2. Mauerarbeiten, 3. Beton- und Stahlbetonarbeiten, 4. Naturwerksteinarbeiten, 5. Betonwerksteinarbeiten, 6. Zimmer- und Holzbauarbeiten, 7. Stahlbauarbeiten, 8. Tragwerke und Tragwerksteile aus Stoffen, die anstelle der in den vorgenannten Leistungen enthaltenen Stoffe verwendet werden, 9. Abdichtungsarbeiten, 10. Dachdeckungs- und Dachabdichtungsarbeiten, 11. Klempnerarbeiten, 12. Metallbau- und Schlosserarbeiten für tragende Konstruktionen, 13. Bohrarbeiten, außer Bohrungen zur Baugrunderkundung, 14. Verbauarbeiten für Baugruben, 15. Rammarbeiten,	**§ 50 Besondere Grundlagen des Honorars** (1) Bei Gebäuden und zugehörigen baulichen Anlagen sind 55 Prozent der Baukonstruktionskosten und 10 Prozent der Kosten der Technischen Anlagen anrechenbar. (2) Die Vertragsparteien können bei Gebäuden mit einem hohen Anteil an Kosten der Gründung und der Tragkonstruktionen schriftlich vereinbaren, dass die anrechenbaren Kosten abweichend von Absatz 1 nach Absatz 3 ermittelt werden. (3) Bei Ingenieurbauwerken sind 90 Prozent der Baukonstruktionskosten und 15 Prozent der Kosten der Technischen Anlagen anrechenbar.

a) Synopse HOAI 2009 – HOAI 2013 – Text

HOAI 2009	HOAI 2013
16. Wasserhaltungsarbeiten, einschließlich der Kosten für Baustelleneinrichtungen. Absatz 4 bleibt unberührt. (4) Nicht anrechenbar sind bei Anwendung von Absatz 2 oder Absatz 3 die Kosten für: 1. das Herrichten des Baugrundstücks, 2. Oberbodenauftrag, 3. Mehrkosten für außergewöhnliche Ausschachtungsarbeiten, 4. Rohrgräben ohne statischen Nachweis, 5. nichttragendes Mauerwerk, das kleiner als 11,5 Zentimeter ist, 6. Bodenplatten ohne statischen Nachweis, 7. Mehrkosten für Sonderausführungen, 8. Winterbauschutzvorkehrungen und sonstige zusätzliche Maßnahmen für den Winterbau, 9. Naturwerkstein-, Betonwerkstein-, Zimmer- und Holzbau-, Stahlbau- und Klempnerarbeiten, die in Verbindung mit dem Ausbau eines Gebäudes oder Ingenieurbauwerks ausgeführt werden, 10. die Baunebenkosten.	
(5) Anrechenbare Kosten für Traggerüste bei Ingenieurbauwerken sind die Herstellkosten einschließlich der zugehörigen Kosten für Baustelleneinrichtungen. Bei mehrfach verwendeten Bauteilen ist der Neuwert anrechenbar.	(4) Für Traggerüste bei Ingenieurbauwerken sind die Herstellkosten einschließlich der zugehörigen Kosten für Baustelleneinrichtungen anrechenbar. Bei mehrfach verwendeten Bauteilen ist der Neuwert anrechenbar.
(6) Die Vertragsparteien können bei Ermittlung der anrechenbaren Kosten vereinbaren, dass Kosten von Arbeiten, die nicht in den Absätzen 1 bis 3 erfasst sind, sowie die in Absatz 4 Nummer 7 und bei Gebäuden die in Absatz 3 Nummer 13 bis 16 genannten Kosten ganz oder teilweise zu den anrechenbaren Kosten gehören, wenn der Auftragnehmer wegen dieser Arbeiten Mehrleistungen für das Tragwerk nach § 49 erbringt.	(5) Die Vertragsparteien können vereinbaren, dass Kosten von Arbeiten, die nicht in den Absätzen 1 bis 3 erfasst sind, ganz oder teilweise anrechenbar sind, wenn der Auftragnehmer wegen dieser Arbeiten Mehrleistungen für das Tragwerk nach § 51 erbringt.
§ 49 Leistungsbild Tragwerksplanung (1) Die Leistungen bei der Tragwerksplanung sind für Gebäude und zugehörige bauliche Anlagen sowie für Ingenieurbauwerke nach § 40 Nummer 1 bis 5 in den in der Anlage 13 aufgeführten Leistungsphasen 1 bis 6, für Ingenieurbauwerke nach § 40 Nummer 6 und 7 in den in der Anlage 13 aufgeführten Leistungsphasen 2 bis 6 zusammengefasst und werden wie folgt in Prozentsätzen der Honorare des § 50 bewertet: 1. für die Leistungsphase 1 (Grundlagenermittlung) mit 3 Prozent,	**§ 51 Leistungsbild Tragwerksplanung** (1) Die Grundleistungen der Tragwerksplanung sind für Gebäude und zugehörige bauliche Anlagen sowie für Ingenieurbauwerke nach § 41 Nummer 1 bis 5 in den Leistungsphasen 1 bis 6 sowie für Ingenieurbauwerke nach § 41 Nummer 6 und 7 in den Leistungsphasen 2 bis 6 zusammengefasst und werden wie folgt in Prozentsätzen der Honorare des § 52 bewertet: 1. für die Leistungsphase 1 (Grundlagenermittlung) mit 3 Prozent,

2 HOAI 2009/HOAI 2013

a) Synopse HOAI 2009 – HOAI 2013 – Text

HOAI 2009	HOAI 2013
2. für die Leistungsphase 2 (Vorplanung) mit 10 Prozent, 3. für die Leistungsphase 3 (Entwurfsplanung) mit 12 Prozent, 4. für die Leistungsphase 4 (Genehmigungsplanung) mit 30 Prozent, 5. für die Leistungsphase 5 (Ausführungsplanung) mit 42 Prozent, 6. für die Leistungsphase 6 (Vorbereitung der Vergabe) mit 3 Prozent. Die einzelnen Leistungen jeder Leistungsphase sind in der Anlage 13 geregelt. Die Leistungen der Leistungsphase 1 für Ingenieurbauwerke nach § 40 Nummer 6 und 7 sind im Leistungsbild der Ingenieurbauwerke des § 42 enthalten. (2) Die Leistungsphase 5 ist abweichend von Absatz 1 mit 26 Prozent der Honorare des § 50 zu bewerten: 1. im Stahlbetonbau, sofern keine Schalpläne in Auftrag gegeben werden, 2. im Stahlbau, sofern der Auftragnehmer die Werkstattzeichnungen nicht auf Übereinstimmung mit der Genehmigungsplanung und den Ausführungszeichnungen nach Anlage 13, Leistungsphase 5, überprüft, 3. im Holzbau mit unterdurchschnittlichem Schwierigkeitsgrad. (3) Die §§ 35 und 36 Absatz 2 gelten entsprechend.	2. für die Leistungsphase 2 (Vorplanung) mit 10 Prozent, 3. für die Leistungsphase 3 (Entwurfsplanung) mit 15 Prozent, 4. für die Leistungsphase 4 (Genehmigungsplanung) mit 30 Prozent, 5. für die Leistungsphase 5 (Ausführungsplanung) mit 40 Prozent, 6. für die Leistungsphase 6 (Vorbereitung der Vergabe) mit 2 Prozent. (2) Die Leistungsphase 5 ist abweichend von Absatz 1 mit 30 Prozent der Honorare des § 52 zu bewerten 1. im Stahlbetonbau, sofern keine Schalpläne in Auftrag gegeben werden, 2. im Holzbau mit unterdurchschnittlichem Schwierigkeitsgrad. (3) Die Leistungsphase 5 ist abweichend von Absatz 1 mit 20 Prozent der Honorare des § 52 zu bewerten, sofern nur Schalpläne in Auftrag gegeben werden. (4) Bei sehr enger Bewehrung kann die Bewertung der Leistungsphase 5 um bis zu 4 Prozent erhöht werden. (5) Anlage 14 Nummer 14.1 regelt die Grundleistungen jeder Leistungsphase und enthält Beispiele für Besondere Leistungen. Für Ingenieurbauwerke nach § 41 Nummer 6 und 7 sind die Grundleistungen der Tragwerksplanung zur Leistungsphase 1 im Leistungsbild der Ingenieurbauwerke gemäß § 43 enthalten.
§ 50 Honorare für Leistungen bei Tragwerksplanungen (1) Die Mindest- und Höchstsätze der Honorare für die in § 49 aufgeführten Leistungen bei Tragwerksplanungen sind in der folgenden Honorartafel festgesetzt: **Honorartafel zu § 50 Absatz 1 – Tragwerkplanung**	**§ 52 Honorare für Grundleistungen bei Tragwerksplanungen** (1) Die Mindest- und Höchstsätze der Honorare für die in § 51 und der Anlage 14 Nummer 14.1 aufgeführten Grundleistungen der Tragwerksplanungen sind in der folgenden Honorartafel festgesetzt: **Honorartafel zu § 52 Absatz 1 – Tragwerkplanung**

a) Synopse HOAI 2009 – HOAI 2013 – Text   HOAI 2009/HOAI 2013

HOAI 2009	HOAI 2013
(2) Die Honorarzone wird bei der Tragwerksplanung nach dem statisch-konstruktiven Schwierigkeitsgrad auf Grund folgender Bewertungsmerkmale ermittelt: 1. Honorarzone I: ragwerke mit sehr geringem Schwierigkeitsgrad, insbesondere einfache statisch bestimmte ebene Tragwerke aus Holz, Stahl, Stein oder unbewehrtem Beton mit ruhenden Lasten, ohne Nachweis horizontaler Aussteifung, 2. Honorarzone II: ragwerke mit geringem Schwierigkeitsgrad, insbesondere a) statisch bestimmte ebene Tragwerke in gebräuchlichen Bauarten ohne Vorspann- und Verbundkonstruktionen, mit vorwiegend ruhenden Lasten, b) Deckenkonstruktionen mit vorwiegend ruhenden Flächenlasten, die sich mit gebräuchlichen Tabellen berechnen lassen, c) Mauerwerksbauten mit bis zur Gründung durchgehenden tragenden Wänden ohne Nachweis horizontaler Aussteifung, d) Flachgründungen und Stützwände einfacher Art, 3. Honorarzone III: Tragwerke mit durchschnittlichem Schwierigkeitsgrad, insbesondere schwierige a) statisch bestimmte und statisch unbestimmte ebene Tragwerke in gebräuchlichen Bauarten ohne Vorspannkonstruktionen und ohne Stabilitätsuntersuchungen, b) einfache Verbundkonstruktionen des Hochbaus ohne Berücksichtigung des Einflusses von Kriechen und Schwinden, c) Tragwerke für Gebäude mit Abfangung der tragenden beziehungsweise aussteifenden Wände, d) ausgesteifte Skelettbauten, e) ebene Pfahlrostgründungen, f) einfache Gewölbe, g) einfache Rahmentragwerke ohne Vorspannkonstruktionen und ohne Stabilitätsuntersuchungen, h) einfache Traggerüste und andere einfache Gerüste für Ingenieurbauwerke, i) einfache verankerte Stützwände, 4. Honorarzone IV: Tragwerke mit überdurchschnittlichen Schwierigkeitsgrad, insbesondere a) statisch und konstruktiv schwierige Tragwerke in gebräuchlichen Bauarten	(2) Die Honorarzone wird nach dem statisch-konstruktiven Schwierigkeitsgrad anhand der in Anlage 14 Nummer 14.2 dargestellten Bewertungsmerkmale ermittelt. **Anlage 14.2** **Objektliste Tragwerksplanung** (siehe folgende Tabelle)

Anlage 14.2 – Objektliste Tragwerksplanung

Bewertungsmerkmale zur Ermittlung der Honorarzone bei der Tragwerksplanung	Honorarzone I	II	III	IV	V
– Tragwerke mit sehr geringem Schwierigkeitsgrad, insbesondere					
– einfache statisch bestimmte ebene Tragwerke aus Holz, Stahl, Stein oder unbewehrtem Beton mit ruhenden Lasten, ohne Nachweis horizontaler Aussteifung	x				
– Tragwerke mit geringem Schwierigkeitsgrad, insbesondere					
– statisch bestimmte ebene Tragwerke in gebräuchlichen Bauarten ohne Vorspann- und Verbundkonstruktionen, mit vorwiegend ruhenden Lasten		x			
– Tragwerke mit durchschnittlichem Schwierigkeitsgrad, insbesondere					
– schwierige statisch bestimmte und statisch unbestimmte ebene Tragwerke in gebräuchlichen Bauarten und ohne Gesamtstabilitätsuntersuchungen			x		
– Tragwerke mit hohem Schwierigkeitsgrad, insbesondere					
– statisch und konstruktiv schwierige Tragwerke in gebräuchlichen Bauarten und Tragwerke, für deren Standsicherheit- und Festigkeitsnachweis schwierig zu ermittelnde Einflüsse zu berücksichtigen sind				x	
– Tragwerke mit sehr hohem Schwierigkeitsgrad, insbesondere statisch u. konstruktiv ungewöhnlich schwierige Tragwerke					x
Stützwände, Verbau					
– unverankerte Stützwände zur Abfangung von Geländesprüngen bis 2 m Höhe und konstruktive Böschungssicherungen bei einfachen Baugrund-, Belastungs- und Geländeverhältnissen		x			
– Sicherung von Geländesprüngen bis 4 m Höhe ohne Rückverankerungen bei einfachen Baugrund-, Belastungs- und Geländeverhältnissen wie z.B. Stützwände, Uferwände, Baugrubenverbauten			x		

155

2 HOAI 2009/HOAI 2013 — a) Synopse HOAI 2009 – HOAI 2013 – Text

HOAI 2009	HOAI 2013
und Tragwerke, für deren Standsicherheit- und Festigkeitsnachweis schwierig zu ermittelnde Einflüsse zu berücksichtigen sind, b) vielfach statisch unbestimmte Systeme, c) statisch bestimmte räumliche Fachwerke, d) einfache Faltwerke nach der Balkentheorie, e) statisch bestimmte Tragwerke, die Schnittgrößenbestimmungen nach der Theorie II. Ordnung erfordern, f) einfach berechnete, seilverspannte Konstruktionen, g) Tragwerke für schwierige Rahmen- und Skelettbauten sowie turmartige Bauten, bei denen der Nachweis der Stabilität und Aussteifung die Anwendung besonderer Berechnungsverfahren erfordert, h) Verbundkonstruktionen, soweit nicht in Honorarzone III oder V erwähnt, i) einfache Trägerroste und einfache orthotrope Platten, j) Tragwerke mit einfachen Schwingungsuntersuchungen, k) schwierige statisch unbestimmte Flachgründungen, schwierige ebene und räumliche Pfahlgründungen, besondere Gründungsverfahren, Unterfahrungen, l) schiefwinklige Einfeldplatten für Ingenieurbauwerke, m) schiefwinklig gelagerte oder gekrümmte Träger, n) schwierige Gewölbe und Gewölbereihen, o) Rahmentragwerke, soweit nicht in Honorarzone III oder V erwähnt, p) schwierige Traggerüste und andere schwierige Gerüste für Ingenieurbauwerke, q) schwierige, verankerte Stützwände, r) Konstruktionen mit Mauerwerk nach Eignungsprüfung (Ingenieurmauerwerk), 5. Honorarzone V: Tragwerke mit sehr hohem Schwierigkeitsgrad, insbesondere a) statisch und konstruktiv ungewöhnlich schwierige Tragwerke, b) schwierige Tragwerke in neuen Bauarten, c) räumliche Stabwerke und statisch unbestimmte räumliche Fachwerke,	(siehe nachstehende Tabelle)

	Honorarzone				
	I	II	III	IV	V
– Sicherung von Geländesprüngen ohne Rückverankerungen bei schwierigen Baugrund-, Belastungs- oder Geländeverhältnissen oder mit einfacher Rückverankerung bei einfachen Baugrund-, Belastungs- oder Geländeverhältnissen wie z.B. Stützwände, Uferwände, Baugrubenverbauten				x	
– schwierige, verankerte Stützwände, Baugrubenverbauten oder Uferwände					x
– Baugrubenverbauten mit ungewöhnlich schwierigen Randbedingungen					x
Gründung					
– Flachgründungen einfacher Art			x		
– Flachgründungen mit durchschnittlichem Schwierigkeitsgrad, ebene und räumliche Pfahlgründungen mit durchschnittlichem Schwierigkeitsgrad				x	
– schwierige Flachgründungen, schwierige ebene und räumliche Pfahlgründungen, besondere Gründungsverfahren, Unterfahrungen					x
Mauerwerk					
– Mauerwerksbauten mit bis zur Gründung durchgehenden tragenden Wänden ohne Nachweis horizontaler Aussteifung			x		
– Tragwerke mit Abfangung der tragenden beziehungsweise aussteifenden Wände				x	
– Konstruktionen mit Mauerwerk nach Eignungsprüfung (Ingenieurmauerwerk)				x	
Gewölbe					
– einfache Gewölbe			x		
– schwierige Gewölbe und Gewölbereihen				x	
Deckenkonstruktionen, Flächentragwerke					
– Deckenkonstruktionen mit einfachem Schwierigkeitsgrad, bei vorwiegend ruhenden Flächenlasten		x			
– Deckenkonstruktionen mit durchschnittlichem Schwierigkeitsgrad			x		
– schiefwinklige Einfeldplatten				x	
– schiefwinklige Mehrfeldplatten					x
– schiefwinklig gelagerte oder gekrümmte Träger				x	
– schiefwinklig gelagerte, gekrümmte Träger					x

a) Synopse HOAI 2009 – HOAI 2013 – Text

HOAI 2009	HOAI 2013					
		\multicolumn{5}{c}{Honorarzone}
		I	II	III	IV	V
d) schwierige Trägerroste und schwierige orthotrope Platten,	– Trägerroste und orthotrope Platten mit durchschnittlichem Schwierigkeitsgrad,			x		
e) Verbundträger mit Vorspannung durch Spannglieder oder andere Maßnahmen,	– schwierige Trägerroste und schwierige orthotrope Platten				x	
f) Flächentragwerke (Platten, Scheiben, Faltwerke, Schalen), die die Anwendung der Elastizitätstheorie erfordern,	– Flächentragwerke (Platten, Scheiben) mit durchschnittlichem Schwierigkeitsgrad			x		
g) statisch unbestimmte Tragwerke, die Schnittgrößenbestimmungen nach der Theorie II. Ordnung erfordern,	– schwierige Flächentragwerke (Platten, Scheiben, Faltwerke, Schalen)				x	
h) Tragwerke mit Standsicherheitsnachweisen, die nur unter Zuhilfenahme modellstatischer Untersuchungen oder durch Berechnungen mit finiten Elementen beurteilt werden können,	– einfache Faltwerke ohne Vorspannung			x		
	Verbund-Konstruktionen					
i) Tragwerke mit Schwingungsuntersuchungen, soweit nicht in Honorarzone IV erwähnt,	– einfache Verbundkonstruktionen ohne Berücksichtigung des Einflusses von Kriechen und Schwinden		x			
j) seilverspannte Konstruktionen, soweit nicht in Honorarzone IV erwähnt,	– Verbundkonstruktionen mittlerer Schwierigkeit				x	
k) schiefwinklige Mehrfeldplatten,	– Verbundkonstruktionen mit Vorspannung durch Spannglieder oder andere Maßnahmen					x
l) schiefwinklig gelagerte, gekrümmte Träger,	**Rahmen- und Skelettbauten**					
m) schwierige Rahmentragwerke mit Vorspannkonstruktionen und Stabilitätsuntersuchungen,	– ausgesteifte Skelettbauten			x		
n) sehr schwierige Traggerüste und andere sehr schwierige Gerüste für Ingenieurbauwerke, zum Beispiel weit gespannte oder hohe Traggerüste,	– Tragwerke für schwierige Rahmen- und Skelettbauten sowie turmartige Bauten, bei denen der Nachweis der Stabilität und Aussteifung die Anwendung besonderer Berechnungsverfahren erfordert				x	
o) Tragwerke, bei denen die Nachgiebigkeit der Verbindungsmittel bei der Schnittkraftermittlung zu berücksichtigen ist.	– einfache Rahmentragwerke ohne Vorspannkonstruktionen und ohne Gesamtstabilitätsuntersuchungen			x		
	– Rahmentragwerke mit durchschnittlichem Schwierigkeitsgrad				x	
(3) Sind für ein Tragwerk Bewertungsmerkmale aus mehreren Honorarzonen anwendbar und bestehen deswegen Zweifel, welcher Honorarzone das Tragwerk zugeordnet werden kann, so ist für die Zuordnung die Mehrzahl der in den jeweiligen Honorarzonen nach Absatz 2 aufgeführten Bewertungsmerkmale und ihre Bedeutung im Einzelfall maßgebend.	– schwierige Rahmentragwerke mit Vorspannkonstruktionen und Stabilitätsuntersuchungen					x
	Räumliche Stabwerke					
	– räumliche Stabwerke mit durchschnittlichem Schwierigkeitsgrad				x	
	– schwierige räumliche Stabwerke					x
	Seilverspannte Konstruktionen					
	– einfache seilverspannte Konstruktionen				x	
	– seilverspannte Konstruktionen mit durchschnittlichem bis sehr hohem Schwierigkeitsgrad					x
	Konstruktionen mit Schwingungsbeanspruchung					
	– Tragwerke mit einfachen Schwingungsuntersuchungen				x	

2 HOAI 2009/HOAI 2013 — a) Synopse HOAI 2009 – HOAI 2013 – Text

HOAI 2009	HOAI 2013					
		Honorarzone				
		I	II	III	IV	V
	– Tragwerke mit Schwingungsuntersuchungen mit durchschnittlichem bis sehr hohem Schwierigkeitsgrad					x
	Besondere Berechnungsmethoden					
	– schwierige Tragwerke, die Schnittgrößenbestimmungen nach der Theorie II. Ordnung erfordern				x	
	– ungewöhnlich schwierige Tragwerke, die Schnittgrößenbestimmungen nach der Theorie II. Ordnung erfordern					x
	– schwierige Tragwerke in neuen Bauarten					x
	– Tragwerke mit Standsicherheitsnachweisen, die nur unter Zuhilfenahme modellstatischer Untersuchungen oder durch Berechnungen mit finiten Elementen beurteilt werden können					x
	– Tragwerke, bei denen die Nachgiebigkeit der Verbindungsmittel bei der Schnittkraftermittlung zu berücksichtigen ist					x
	Spannbeton					
	– einfache, äußerlich und innerlich statisch bestimmte und zwängungsfrei gelagerte vorgespannte Konstruktionen			x		
	– vorgespannte Konstruktionen mit durchschnittlichem Schwierigkeitsgrad				x	
	– vorgespannte Konstruktionen mit hohem bis sehr hohem Schwierigkeitsgrad					x
	Trag-Gerüste					
	– einfache Traggerüste und andere einfache Gerüste für Ingenieurbauwerke		x			
	– schwierige Traggerüste und andere schwierige Gerüste für Ingenieurbauwerke				x	
	– sehr schwierige Traggerüste und andere sehr schwierige Gerüste für Ingenieurbauwerke, zum Beispiel weit gespannte oder hohe Traggerüste					x

(3) Sind für ein Tragwerk Bewertungsmerkmale aus mehreren Honorarzonen anwendbar und bestehen deswegen Zweifel, welcher Honorarzone das Tragwerk zugeordnet werden kann, so ist für die Zuordnung die Mehrzahl der in den jeweiligen Honorarzonen nach Absatz 2 aufgeführten Bewertungsmerkmale und ihre Bedeutung im Einzelfall maßgebend.

HOAI 2009	HOAI 2013
	(4) Für Umbauten und Modernisierungen kann bei einem durchschnittlichen Schwierigkeitsgrad ein Zuschlag gemäß § 6 Absatz 2 Satz 3 bis 50 Prozent schriftlich vereinbart werden.
	(5) Steht der Planungsaufwand für Tragwerke bei Ingenieurbauwerken mit großer Längenausdehnung, die unter gleichen baulichen Bedingungen errichtet werden, in einem Missverhältnis zum ermittelten Honorar, ist § 7 Absatz 3 anzuwenden.
Abschnitt 2. Technische Ausrüstung	**Abschnitt 2. Technische Ausrüstung**
§ 51 Anwendungsbereich (1) Die Leistungen der Technischen Ausrüstung umfassen die Fachplanungen für die Objektplanung. (2) Die Technische Ausrüstung umfasst folgende Anlagegruppen: 1. Abwasser-, Wasser- und Gasanlagen, 2. Wärmeversorgungsanlagen, 3. Lufttechnische Anlagen, 4. Starkstromanlagen, 5. Fernmelde- und informationstechnische Anlagen, 6. Förderanlagen, 7. nutzungsspezifische Anlagen, einschließlich maschinen- und elektrotechnischen Anlagen in Ingenieurbauwerken, 8. Gebäudeautomation.	**§ 53 Anwendungsbereich** (1) Die Leistungen der Technischen Ausrüstung umfassen die Fachplanungen für Objekte. (2) Zur Technischen Ausrüstung gehören folgende Anlagengruppen 1. Abwasser-, Wasser- und Gasanlagen, 2. Wärmeversorgungsanlagen, 3. Lufttechnische Anlagen, 4. Starkstromanlagen, 5. Fernmelde- und informationstechnische Anlagen, 6. Förderanlagen, 7. nutzungsspezifische Anlagen und verfahrenstechnische Anlagen, 8. Gebäudeautomation und Automation von Ingenieurbauwerken.
§ 52 Besondere Grundlagen des Honorars (1) Das Honorar für Leistungen bei der Technischen Ausrüstung richtet sich nach den anrechenbaren Kosten der Anlagen einer Anlagengruppe nach § 51 Absatz 2.	**§ 54 Besondere Grundlagen des Honorars** (1) Das Honorar für Grundleistungen bei der Technischen Ausrüstung richtet sich für das jeweilige Objekt im Sinne des § 2 Absatz 1 Satz 1 nach der Summe der anrechenbaren Kosten der Anlagen jeder Anlagengruppe. Dies gilt für nutzungsspezifische Anlagen nur, wenn die Anlagen funktional gleichartig sind.
Anrechenbar bei Anlagen in Gebäuden sind auch sonstige Maßnahmen für technische Anlagen.	Anrechenbar sind auch sonstige Maßnahmen für Technische Anlagen.
(2) § 11 Absatz 1 gilt nicht, soweit mehrere Anlagen in einer Anlagengruppe nach § 51 Absatz 2 zusammengefasst werden und in zeitlichem und örtlichem Zusammenhang als Teil einer Gesamtmaßnahme geplant, betrieben und genutzt werden.	(2) Umfasst ein Auftrag für unterschiedliche Objekte im Sinne des § 2 Absatz 1 Satz 1 mehrere Anlagen, die unter funktionalen und technischen Kriterien eine Einheit bilden, werden die anrechenbaren Kosten der Anlagen jeder Anlagengruppe zusammengefasst. Dies gilt für nutzungsspezifische Anlagen nur,

HOAI 2009	HOAI 2013
	wenn diese Anlagen funktional gleichartig sind. § 11 Absatz 1 ist nicht anzuwenden. (3) Umfasst ein Auftrag im Wesentlichen gleiche Anlagen, die unter weitgehend vergleichbaren Bedingungen für im Wesentlichen gleiche Objekte geplant werden, ist die Rechtsfolge des § 11 Absatz 3 anzuwenden. Umfasst ein Auftrag im Wesentlichen gleiche Anlagen, die bereits Gegenstand eines anderen Vertrags zwischen den Vertragsparteien waren, ist die Rechtsfolge des § 11 Absatz 4 anzuwenden.
(3) Nicht anrechenbar sind die Kosten für die nichtöffentliche Erschließung und die technischen Anlagen in Außenanlagen, soweit der Auftragnehmer diese nicht plant oder ihre Ausführung überwacht.	(4) Nicht anrechenbar sind die Kosten für die nichtöffentliche Erschließung und die Technischen Anlagen in Außenanlagen, soweit der Auftragnehmer diese nicht plant oder ihre Ausführung nicht überwacht.
(4) Werden Teile der Technischen Ausrüstung in Baukonstruktionen ausgeführt, so können die Vertragsparteien vereinbaren, dass die Kosten hierfür ganz oder teilweise zu den anrechenbaren Kosten gehören. Satz 1 gilt entsprechend für Bauteile der Kostengruppe Baukonstruktionen, deren Abmessung oder Konstruktion durch die Leistung der Technischen Ausrüstung wesentlich beeinflusst wird.	(5) Werden Teile der Technischen Ausrüstung in Baukonstruktionen ausgeführt, so können die Vertragsparteien schriftlich vereinbaren, dass die Kosten hierfür ganz oder teilweise zu den anrechenbaren Kosten gehören. Satz 1 ist entsprechend für Bauteile der Kostengruppe Baukonstruktionen anzuwenden, deren Abmessung oder Konstruktion durch die Leistung der Technischen Ausrüstung wesentlich beeinflusst wird.
§ 53 Leistungsbild Technische Ausrüstung (1) Das Leistungsbild „Technische Ausrüstung" umfasst Leistungen für Neuanlagen, Wiederaufbauten, Erweiterungsbauten, Umbauten, Modernisierungen, Instandhaltungen und Instandsetzungen. Die Leistungen bei der Technischen Ausrüstung sind in neun Leistungsphasen zusammengefasst und werden wie folgt in Prozentsätzen der Honorare des § 54 bewertet: 1. für die Leistungsphase 1 (Grundlagenermittlung) mit 3 Prozent, 2. für die Leistungsphase 2 (Vorplanung) mit 11 Prozent, 3. für die Leistungsphase 3 (Entwurfsplanung) mit 15 Prozent, 4. für die Leistungsphase 4 (Genehmigungsplanung) mit 6 Prozent, 5. für die Leistungsphase 5 (Ausführungsplanung) mit 18 Prozent, 6. für die Leistungsphase 6 (Vorbereitung der Vergabe) mit 6 Prozent, 7. für die Leistungsphase 7 (Mitwirkung bei der Vergabe) mit 5 Prozent,	**§ 55 Leistungsbild Technische Ausrüstung** (1) Das Leistungsbild Technische Ausrüstung umfasst Grundleistungen für Neuanlagen, Wiederaufbauten, Erweiterungsbauten, Umbauten, Modernisierungen, Instandhaltungen und Instandsetzungen. Die Grundleistungen bei der Technischen Ausrüstung sind in neun Leistungsphasen zusammengefasst und werden wie folgt in Prozentsätzen der Honorare des § 56 bewertet: 1. für die Leistungsphase 1 (Grundlagenermittlung) mit 2 Prozent, 2. für die Leistungsphase 2 (Vorplanung) mit 9 Prozent, 3. für die Leistungsphase 3 (Entwurfsplanung) mit 17 Prozent, 4. für die Leistungsphase 4 (Genehmigungsplanung) mit 2 Prozent, 5. für die Leistungsphase 5 (Ausführungsplanung) mit 22 Prozent, 6. für die Leistungsphase 6 (Vorbereitung der Vergabe) mit 7 Prozent, 7. für die Leistungsphase 7 (Mitwirkung bei der Vergabe) mit 5 Prozent,

a) Synopse HOAI 2009 – HOAI 2013 – Text

HOAI 2009	HOAI 2013
8. für die Leistungsphase 8 (Objektüberwachung – Bauüberwachung) mit 33 Prozent, 9. für die Leistungsphase 9 (Objektbetreuung und Dokumentation) mit 3 Prozent. Die einzelnen Leistungen jeder Leistungsphase sind in Anlage 14 geregelt. (2) Die Leistungsphase 5 ist abweichend von Absatz 1, sofern das Anfertigen von Schlitz- und Durchbruchsplänen nicht in Auftrag gegeben wird, mit 14 Prozent der Honorare des § 54 zu bewerten. (3) Die §§ 35 und 36 gelten entsprechend.	8. für die Leistungsphase 8 (Objektüberwachung – Bauüberwachung) mit 35 Prozent, 9. für die Leistungsphase 9 (Objektbetreuung) mit 1 Prozent. (2) Die Leistungsphase 5 ist abweichend von Absatz 1 Satz 2 mit einem Abschlag von jeweils 4 Prozent zu bewerten, sofern das Anfertigen von Schlitz- und Durchbruchsplänen oder das Prüfen der Montage- und Werkstattpläne der ausführenden Firmen nicht in Auftrag gegeben wird. (3) Anlage 15 Nummer 15.1 regelt die Grundleistungen jeder Leistungsphase und enthält Beispiele für Besondere Leistungen.
§ 54 Honorare für Leistungen bei der Technischen Ausrüstung (1) Die Mindest- und Höchstsätze der Honorare für die in § 53 aufgeführten Leistungen bei einzelnen Anlagen sind in der folgenden Honorartafel festgesetzt: **Honorartafel zu § 54 Absatz 1 – Technische Ausrüstung** (2) Die Zuordnung zu den Honorarzonen wird anhand folgender Bewertungsmerkmale ermittelt: 1. Anzahl der Funktionsbereiche, 2. Integrationsansprüche, 3. technische Ausgestaltung, 4. Anforderungen an die Technik, 5. konstruktive Anforderungen. (3) Werden Anlagen einer Anlagengruppe verschiedenen Honorarzonen zugeordnet, so ergibt sich das Honorar nach Absatz 1 aus der Summe der Einzelhonorare. Ein Einzelhonorar wird jeweils für die Anlagen ermittelt, die einer Honorarzone zugeordnet werden. Für die Ermittlung des Einzelhonorars ist zunächst für die Anlagen jeder Honorarzone das Honorar zu berechnen, das sich ergeben würde, wenn die gesamten anrechenbaren Kosten der Anlagengruppe nur der Honorarzone zugeordnet würden, für die das Einzelhonorar berechnet wird. Das Einzelhonorar ist dann	**§ 56 Honorare für Grundleistungen bei der Technischen Ausrüstung** (1) Die Mindest- und Höchstsätze der Honorare für die in § 55 und der Anlage 15.1 aufgeführten Grundleistungen bei einzelnen Anlagen sind in der folgenden Honorartafel festgesetzt: **Honorartafel zu § 56 Absatz 1 – Technische Ausrüstung** (2) Welchen Honorarzonen die Grundleistungen zugeordnet werden, richtet sich nach folgenden Bewertungsmerkmalen: 1. Anzahl der Funktionsbereiche, 2. Integrationsansprüche, 3. technische Ausgestaltung, 4. Anforderungen an die Technik, 5. konstruktive Anforderungen. (3) Für die Zuordnung zu den Honorarzonen ist die Objektliste der Anlage 15 Nummer 15.2 zu berücksichtigen. (4) Werden Anlagen einer Gruppe verschiedenen Honorarzonen zugeordnet, so ergibt sich das Honorar nach Absatz 1 aus der Summe der Einzelhonorare. Ein Einzelhonorar wird dabei für alle Anlagen ermittelt, die einer Honorarzone zugeordnet werden. Für die Ermittlung des Einzelhonorars ist zunächst das Honorar für die Anlagen jeder Honorarzone zu berechnen, das sich ergeben würde, wenn die gesamten anrechenbaren Kosten der Anlagengruppe nur der Honorarzone zugeordnet würden, für die das Einzelhonorar berechnet wird. Das Einzelhonorar ist dann

HOAI 2009	HOAI 2013
nach dem Verhältnis der Summe der anrechenbaren Kosten der Anlagen einer Honorarzone zu den gesamten anrechenbaren Kosten der Anlagengruppe zu ermitteln.	nach dem Verhältnis der Summe der anrechenbaren Kosten der Anlagen einer Honorarzone zu den gesamten anrechenbaren Kosten der Anlagengruppe zu ermitteln. (5) Für Umbauten und Modernisierungen kann bei einem durchschnittlichen Schwierigkeitsgrad ein Zuschlag gemäß § 6 Absatz 2 Satz 3 bis 50 Prozent schriftlich vereinbart werden. (6) Steht der Planungsaufwand für die Technische Ausrüstung von Ingenieurbauwerken mit großer Längenausdehnung, die unter gleichen baulichen Bedingungen errichtet werden, in einem Missverhältnis zum ermittelten Honorar, ist § 7 Absatz 3 anzuwenden.
Teil 5. Übergangs- und Schlussvorschriften	**Teil 5. Übergangs- und Schlussvorschriften**
§ 55 Übergangsvorschrift Die Verordnung gilt nicht für Leistungen, die vor ihrem Inkrafttreten vertraglich vereinbart wurden; insoweit bleiben die bisherigen Vorschriften anwendbar.	**§ 57 Übergangsvorschrift** Diese Verordnung ist nicht auf Grundleistungen anzuwenden, die vor ihrem Inkrafttreten vertraglich vereinbart wurden; insoweit bleiben die bisherigen Vorschriften anwendbar.
§ 56 Inkrafttreten, Außerkrafttreten Diese Verordnung tritt am Tag nach der Verkündung in Kraft. Gleichzeitig tritt die Honorarordnung für Architekten und Ingenieure in der Fassung der Bekanntmachung vom 4. März 1991 (BGBl. I S. 533), die zuletzt durch Artikel 5 des Gesetzes vom 10. November 2001 (BGBl. I S. 2992) geändert worden ist, außer Kraft.	**§ 58 Inkrafttreten, Außerkrafttreten** Diese Verordnung tritt am Tag nach der Verkündung in Kraft. Gleichzeitig tritt die Honorarordnung für Architekten und Ingenieure vom 11. August 2009 (BGBl. I S. 2732) außer Kraft.

b) Synoptische Darstellung Anlagen

HOAI 2009 Anlagen	HOAI 2013 Anlagen

Anlage 1 (zu § 3 Absatz 1)

Beratungsleistungen

Inhaltsübersicht

1.1 Leistung Umweltverträglichkeitsstudie
1.1.1 Leistungsbild Umweltverträglichkeitsstudie
1.1.2 Honorarzonen und Honorare für Grundleistungen bei Umweltverträglichkeitsstudien

1.2 Leistungen für Thermische Bauphysik
1.2.1 Anwendungsbereich
1.2.2 Wärmeschutz

1.3 Leistungen für Schallschutz und Raumakustik
1.3.1 Schallschutz
1.3.2 Bauakustik
1.3.3 Honorarzonen und Honorare für Leistungen bei der Bauakustik
1.3.4 Raumakustik
1.3.5 Raumakustische Planung und Überwachung
1.3.6 Honorarzonen und Honorare für Leistungen bei der raumakustischen Planung und Überwachung
1.3.7 Objektliste für raumakustische Planung und Überwachung

1.4 Leistungen für Bodenmechanik, Erd- und Grundbau
1.4.1 Anwendungsbereich
1.4.2 Baugrundbeurteilung und Gründungsberatung
1.4.3 Honorarzonen und Honorare für Grundleistungen bei der Baugrundbeurteilung und Gründungsberatung

1.5 Vermessungstechnische Leistungen
1.5.1 Anwendungsbereich
1.5.2 Grundlagen des Honorars bei der Entwurfsvermessung
1.5.3 Honorarzonen für Leistungen bei der Entwurfsvermessung
1.5.4 Leistungsbild Entwurfsvermessung
1.5.5 Grundlagen des Honorars bei der Bauvermessung
1.5.6 Honorarzonen für Leistungen bei der Bauvermessung
1.5.7 Leistungsbild Bauvermessung
1.5.8 Honorare für Grundleistungen bei der Vermessung

Anlage 1 (zu § 3 Absatz 1)

Beratungsleistungen

HOAI 2009 Anlagen	HOAI 2013 Anlagen
1.1 Leistung Umweltverträglichkeitsstudie	**1.1 Umweltverträglichkeitsstudie**
1.1.1 Leistungsbild Umweltverträglichkeitsstudie	**1.1.1 Leistungsbild Umweltverträglichkeitsstudie**
(1) Die **Grundleistungen** bei Umweltverträglichkeitsstudien zur Standortfindung als Beitrag zur Umweltverträglichkeitsprüfung können nach den in Absatz 2 aufgeführten Leistungsphasen 1 bis 5 zusammengefasst werden. Sie können nach der folgenden Tabelle in Prozentsätze der Honorare unter Punkt 1.1.2 bewertet werden:	(1) Die **Grundleistungen** bei Umweltverträglichkeitsstudien können in vier Leistungsphasen unterteilt und wie folgt in Prozentsätzen der Honorare in Nummer 1.1.2 bewertet werden. Die Bewertung der Leistungsphasen der Honorare erfolgt
Bewertung der Grundleistungen in Prozentsätzen der Honorar	
1. Klären der Aufgabenstellung und Ermitteln des Leistungsumfangs 3 2. Ermitteln und Bewerten der Planungsgrundlagen Bestandsaufnahme, Bestandsbewertung und zusammenfassende Darstellung 30 3. Konfliktanalyse und Alternativen 20 4. Vorläufige Fassung der Studie 40 5. Endgültige Fassung der Studie 7	1. für die Leistungsphase 1 (Klären der Aufgabenstellung und Ermitteln des Leistungsumfangs) mit 3 Prozent, 2. für die Leistungsphase 2 (Grundlagenermittlung) mit 37 Prozent, 3. für die Leistungsphase 3 (Vorläufige Fassung) mit 50 Prozent, 4. für die Leistungsphase 4 (Abgestimmte Fassung) mit 10 Prozent.
(2) Das Leistungsbild kann sich wie folgt zusammensetzen:	(2) Das Leistungsbild kann sich wie folgt zusammensetzen:
1. Klären der Aufgabenstellung und Ermitteln des Leistungsumfangs	**Leistungsphase 1:** **Klären der Aufgabenstellung und Ermitteln des Leistungsumfangs**
Grundleistungen Abgrenzen des Untersuchungsbereichs Zusammenstellen der verfügbaren planungsrelevanten Unterlagen, insbesondere – örtliche und überörtliche Planungen und Untersuchungen – thematische Karten, Luftbilder und sonstige Daten Ermitteln des Leistungsumfangs und ergänzender Fachleistungen Ortsbesichtigungen	**Grundleistungen** – Zusammenstellen und Prüfen der vom Auftraggeber zur Verfügung gestellten untersuchungsrelevanten Unterlagen, – Ortsbesichtigungen, – Abgrenzen der Untersuchungsräume, – Ermitteln der Untersuchungsinhalte, – Konkretisieren weiteren Bedarfs an Daten und Unterlagen, – Beraten zum Leistungsumfang für ergänzende Untersuchungen und Fachleistungen, – Aufstellen eines verbindlichen Arbeitsplans unter Berücksichtigung der sonstigen Fachbeiträge.
Besondere Leistungen –	**Besondere Leistungen** (3) Im Leistungsbild Umweltverträglichkeitsstudie können insbesondere die Besonderen Leistungen der Anlage 9 Anwendung finden.

b) Synopse HOAI 2009 – HOAI 2013 – Anlagen

HOAI 2009 Anlagen	HOAI 2013 Anlagen
2. Ermitteln und Bewerten der Planungsgrundlagen **Grundleistungen** a) Bestandsaufnahme Erfassen auf der Grundlage vorhandener Unterlagen und örtlicher Erhebungen – des Naturhaushalts in seinen Wirkungszusammenhängen, insbesondere durch Landschaftsfaktoren wie Relief, Geländegestalt, Gestein, Boden, oberirdische Gewässer, Grundwasser, Geländeklima sowie Tiere und Pflanzen und deren Lebensräume – der Schutzgebiete, geschützten Landschaftsbestandteile und schützenswerten Lebensräume – der vorhandenen Nutzungen, Beeinträchtigungen und Vorhaben – des Landschaftsbildes und der -struktur – der Sachgüter und des kulturellen Erbes b) Bestandsbewertung Bewerten der Leistungsfähigkeit und der Empfindlichkeit des Naturhaushalts und des Landschaftsbildes nach den Zielen und Grundsätzen des Naturschutzes und der Landschaftspflege Bewerten der vorhandenen und vorhersehbaren Umweltbelastungen der Bevölkerung sowie Beeinträchtigungen (Vorbelastung) von Natur und Landschaft c) Zusammenfassende Darstellung der Bestandsaufnahme und der -bewertung in Text und Karte	**Leistungsphase 2: Grundlagenermittlung** **Grundleistungen** – Ermitteln und Beschreiben der untersuchungsrelevanten Sachverhalte aufgrund vorhandener Unterlagen, – Beschreiben der Umwelt einschließlich des rechtlichen Schutzstatus, der fachplanerischen Vorgaben und Ziele sowie der für die Bewertung relevanten Funktionselemente für jedes Schutzgut einschließlich der Wechselwirkungen, – Beschreiben der vorhandenen Beeinträchtigungen der Umwelt, – Bewerten der Funktionselemente und der Leistungsfähigkeit der einzelnen Schutzgüter hinsichtlich ihrer Bedeutung und Empfindlichkeit, – Raumwiderstandsanalyse, soweit nach Art des Vorhabens erforderlich, einschließlich des Ermittelns konfliktarmer Bereiche, – Darstellen von Entwicklungstendenzen des Untersuchungsraums für den Prognose-Null-Fall, – Überprüfen der Abgrenzung des Untersuchungsraums und der Untersuchungsinhalte, – Zusammenfassendes Darstellen der Erfassung und Bewertung als Grundlage für die Erörterung mit dem Auftraggeber.
Besondere Leistungen Einzeluntersuchungen zu natürlichen Grundlagen, zur Vorbelastung und zu sozioökonomischen Fragestellungen Sonderkartierungen Prognosen Ausbreitungsberechnungen Beweissicherung Aktualisieren der Planungsgrundlagen Untersuchen von Sekundäreffekten außerhalb des Untersuchungsgebietes	**Besondere Leistungen** (3) Im Leistungsbild Umweltverträglichkeitsstudie können insbesondere die Besonderen Leistungen der Anlage 9 Anwendung finden.
3. Konfliktanalyse und Alternativen **Grundleistungen** Ermitteln der projektbedingten umwelterheblichen Wirkungen	**Leistungsphase 3: Vorläufige Fassung** **Grundleistungen** – Ermitteln und Beschreiben der Umweltauswirkungen und Erstellen der vorläufigen Fassung,

2 HOAI 2009/HOAI 2013

b) Synopse HOAI 2009 – HOAI 2013 – Anlagen

HOAI 2009 Anlagen	HOAI 2013 Anlagen
Verknüpfen der ökologischen und nutzungsbezogenen Empfindlichkeit des Untersuchungsgebiets mit den projektbedingten umwelterheblichen Wirkungen und Beschreiben der Wechselwirkungen zwischen den betroffenen Faktoren Ermitteln konfliktarmer Bereiche und Abgrenzen der vertieft zu untersuchenden Alternativen Überprüfen der Abgrenzung des Untersuchungsbereichs Abstimmen mit dem Auftraggeber Zusammenfassende Darstellung in Text und Karte **Besondere Leistungen** – **4. Vorläufige Fassung der Studie** **Grundleistungen** Erarbeiten der grundsätzlichen Lösung der wesentlichen Teile der Aufgabe in Text und Karte mit Alternativen a) Ermitteln, Bewerten und Darstellen für jede sich wesentlich unterscheidende Lösung unter Berücksichtigung des Vermeidungs- und/oder Ausgleichsgebots – des ökologischen Risikos für den Naturhaushalt – der Beeinträchtigungen des Landschaftsbildes – der Auswirkungen auf den Menschen, die Nutzungsstruktur, die Sachgüter und das kulturelle Erbe Aufzeigen von Entwicklungstendenzen des Untersuchungsbereichs ohne das geplante Vorhaben (Status-quo-Prognose) b) Ermitteln und Darstellen voraussichtlich nicht ausgleichbarer Beeinträchtigungen c) Vergleichende Bewertung der sich wesentlich unterscheiden den Alternativen Abstimmen der vorläufigen Fassung der Studie mit dem Auftraggeber **Besondere Leistungen** Erstellen zusätzlicher Hilfsmittel der Darstellung Vorstellen der Planung vor Dritten Detailausarbeitungen in besonderen Maßstäben	– Mitwirken bei der Entwicklung und der Auswahl vertieft zu untersuchender planerischer Lösungen, – Mitwirken bei der Optimierung von bis zu drei planerischen Lösungen (Hauptvarianten) zur Vermeidung von Beeinträchtigungen, – Ermitteln, Beschreiben und Bewerten der unmittelbaren und mittelbaren Auswirkungen von bis zu drei planerischen Lösungen (Hauptvarianten) auf die Schutzgüter im Sinne des Gesetzes über die Umweltverträglichkeitsprüfung vom 24. Februar 2010 (BGBl. I S. 94) einschließlich der Wechselwirkungen, – Einarbeiten der Ergebnisse vorhandener Untersuchungen zum Gebiets- und Artenschutz sowie zum Boden- und Wasserschutz, – Vergleichendes Darstellen und Bewerten der Auswirkungen von bis zu drei planerischen Lösungen, – Zusammenfassendes vergleichendes Bewerten des Projekts mit dem Prognose-Null-Fall, – Erstellen von Hinweisen auf Maßnahmen zur Vermeidung und Verminderung von Beeinträchtigungen sowie zur Ausgleichbarkeit der unvermeidbaren Beeinträchtigungen, – Erstellen von Hinweisen auf Schwierigkeiten bei der Zusammenstellung der Angaben, – Zusammenführen und Darstellen der Ergebnisse als vorläufige Fassung in Text und Karten einschließlich des Herausarbeitens der grundsätzlichen Lösung der wesentlichen Teile der Aufgabe, – Abstimmen der Vorläufigen Fassung mit dem Auftraggeber. **Besondere Leistungen** (3) Im Leistungsbild Umweltverträglichkeitsstudie können insbesondere die Besonderen Leistungen der Anlage 9 Anwendung finden.

b) Synopse HOAI 2009 – HOAI 2013 – Anlagen

HOAI 2009 Anlagen	HOAI 2013 Anlagen
5. Endgültige Fassung der Studie **Grundlagen** Darstellen der Umweltverträglichkeitsstudie in der vorgeschriebenen Fassung in Text und Karte in der Regel im Maßstab 1 : 5 000 einschließlich einer nichttechnischen Zusammenfassung **Besondere Leistungen** –	<u>Leistungsphase 4:</u> Abgestimmte Fassung **Grundleistungen** Darstellen der mit dem Auftraggeber abgestimmten Fassung der Umweltverträglichkeitsstudie in Text und Karte einschließlich einer Zusammenfassung. **Besondere Leistungen** (3) Im Leistungsbild Umweltverträglichkeitsstudie können insbesondere die Besonderen Leistungen der Anlage 9 Anwendung finden.
1.1.2 Honorarzonen und Honorare für Grundleistungen bei Umweltverträglichkeitsstudien (1) Die Honorarzone wird bei Umweltverträglichkeitsstudien auf Grund folgender Bewertungsmerkmale ermittelt: 1. Honorarzone I: Umweltverträglichkeitsstudien mit geringem Schwierigkeitsgrad, insbesondere bei einem Untersuchungsraum – mit geringer Ausstattung an ökologisch bedeutsamen Strukturen, – mit schwach gegliedertem Landschaftsbild, – mit schwach ausgeprägter Erholungsnutzung, – mit gering ausgeprägten und einheitlichen Nutzungsansprüchen, – mit geringer Empfindlichkeit gegenüber Umweltbelastungen und Beeinträchtigungen von Natur und Landschaft, und bei Vorhaben und Maßnahmen mit geringer potentieller Beeinträchtigungsintensität; 2. Honorarzone II: Umweltverträglichkeitsstudien mit durchschnittlichem Schwierigkeitsgrad, insbesondere bei einem Untersuchungsraum – mit durchschnittlicher Ausstattung an ökologisch bedeutsamen Strukturen, – mit mäßig gegliedertem Landschaftsbild, – mit durchschnittlich ausgeprägter Erholungsnutzung, – mit differenzierten Nutzungsansprüchen, – mit durchschnittlicher Empfindlichkeit gegenüber Umweltbelastungen und Be-	**1.1.2 Honorare für Grundleistungen bei Umweltverträglichkeitsstudien** (3) Umweltverträglichkeitsstudien können folgenden Honorarzonen zugeordnet werden: 1. Honorarzone I geringe Anforderungen), 2. Honorarzone II (durchschnittliche Anforderungen), 3. Honorarzone III (hohe Anforderungen). (4) Die Zuordnung zu den Honorarzonen kann anhand folgender Bewertungsmerkmale für zu erwartende nachteilige Auswirkungen auf die Umwelt ermittelt werden: 1. Bedeutung des Untersuchungsraums für die Schutzgüter im Sinne des Gesetzes über die Umweltverträglichkeitsprüfung (UVPG), 2. Ausstattung des Untersuchungsraums mit Schutzgebieten, 3. Landschaftsbild und -struktur, 4. Nutzungsansprüche, 5. Empfindlichkeit des Untersuchungsraums gegenüber Umweltbelastungen und -beeinträchtigungen, 6. Intensität und Komplexität potenzieller nachteiliger Wirkfaktoren auf die Umwelt.

HOAI 2009 Anlagen	HOAI 2013 Anlagen
einträchtigungen von Natur und Landschaft, und bei Vorhaben und Maßnahmen mit durchschnittlicher potentieller Beeinträchtigungsintensität; 3. Honorarzone III: Umweltverträglichkeitsstudien mit hohem Schwierigkeitsgrad, insbesondere bei einem Untersuchungsraum – mit umfangreicher und vielgestaltiger Ausstattung an ökologisch bedeutsamen Strukturen, – mit stark gegliedertem Landschaftsbild, – mit intensiv ausgeprägter Erholungsnutzung, – mit stark differenzierten oder kleinräumigen Nutzungsansprüchen, – mit hoher Empfindlichkeit gegenüber Umweltbelastungen und Beeinträchtigungen von Natur und Landschaft, und bei Vorhaben und Maßnahmen mit hoher potentieller Beeinträchtigungsintensität. (2) Sind für eine Umweltverträglichkeitsstudie Bewertungsmerkmale aus mehreren Honorarzonen anwendbar und bestehen deswegen Zweifel, welcher Honorarzone die Umweltverträglichkeitsstudie zugeordnet werden kann, so ist die Anzahl der Bewertungspunkte nach Absatz 3 zu ermitteln; die Umweltverträglichkeitsstudie ist nach der Summe der Bewertungspunkte folgenden Honorarzonen zuzuordnen: 1. Honorarzone I Umweltverträglichkeitsstudien mit bis zu 16 Punkten, 2. Honorarzone II Umweltverträglichkeitsstudien mit 17 bis zu 30 Punkten, 3. Honorarzone III Umweltverträglichkeitsstudien mit 31 bis zu 42 Punkten. (3) Bei der Zurechnung einer Umweltverträglichkeitsstudie in die Honorarzonen sind entsprechend dem Schwierigkeitsgrad der Aufgabenstellung die Bewertungsmerkmale Ausstattung an ökologisch bedeutsamen Strukturen, Landschaftsbild, Erholungsnutzung sowie Nutzungsansprüche mit je bis zu 6 Punkten zu bewerten, die Bewertungsmerkmale Empfindlichkeit gegenüber Umweltbelastungen und Beeinträchtigungen von Natur und Landschaft sowie Vorhaben und Maßnahmen mit potentieller Beeinträchtigungsintensität mit je bis zu 9 Punkten.	(5) Sind für eine Umweltverträglichkeitsstudie Bewertungsmerkmale aus mehreren Honorarzonen anwendbar und bestehen deswegen Zweifel, welcher Honorarzone die Umweltverträglichkeitsstudie zugeordnet werden kann, kann die Anzahl der Bewertungspunkte nach Absatz 4 ermittelt werden; die Umweltverträglichkeitsstudie kann nach der Summe der Bewertungspunkte folgenden Honorarzonen zugeordnet werden: 1. Honorarzone I: Umweltverträglichkeitsstudien mit bis zu 16 Punkten, 2. Honorarzone II: Umweltverträglichkeitsstudien mit 17 bis 30 Punkten, 3. Honorarzone III: Umweltverträglichkeitsstudien mit 31 bis 42 Punkten. (6) Bei der Zuordnung einer Umweltverträglichkeitsstudie zu den Honorarzonen können nach dem Schwierigkeitsgrad der Anforderungen die Bewertungsmerkmale wie folgt gewichtet werden: 1. die Bewertungsmerkmale gemäß Absatz 4 Nummer 1 bis 4 mit je bis zu 6 Punkten und 2. die Bewertungsmerkmale gemäß Absatz 4 Nummer 5 und 6 mit je bis zu 9 Punkten.

b) Synopse HOAI 2009 – HOAI 2013 – Anlagen

HOAI 2009 Anlagen	HOAI 2013 Anlagen
(4) Honorare für die unter Punkt 1.1.1 aufgeführten Grundleistungen bei Umweltverträglichkeitsstudien ab 50 Hektar können sich nach der folgenden Honorartafel, die Mindest- und Höchstsätze nach der Gesamtfläche des Untersuchungsraumes in Hektar enthält, richten:	(1) Die Mindest- und Höchstsätze der Honorare für die in Nummer 1.1.1 aufgeführten Grundleistungen bei Umweltverträglichkeitsstudien können anhand der folgenden Honorartafel bestimmt werden:
Honorartafel zu Leistungen bei Umweltverträglichkeitsstudien	**Honorartafel**
	(2) Das Honorar für die Erstellung von Umweltverträglichkeitsstudien kann nach der Gesamtfläche des Untersuchungsraums in Hektar und nach der Honorarzone berechnet werden.
	(7) Wird die Größe des Untersuchungsraums während der Leistungserbringung geändert, so kann das Honorar für die Leistungsphasen, die bis zur Änderung noch nicht erbracht sind, nach der geänderten Größe des Untersuchungsraums berechnet werden
1.2 Leistungen für Thermische Bauphysik	**1.2 Bauphysik**
	1.2.1 Anwendungsbereich
	(1) Zu den Grundleistungen für Bauphysik können gehören: – Wärmeschutz und Energiebilanzierung, – Bauakustik (Schallschutz), – Raumakustik (siehe HOAI 2009 bei 1.3)
1.2.1 Anwendungsbereich	
(1) Leistungen für Thermische Bauphysik (Wärme- und Kondensatfeuchteschutz) werden erbracht, um thermodynamische Einflüsse und deren Wirkungen auf Gebäude und Ingenieurbauwerke sowie auf Menschen, Tiere und Pflanzen und auf die Raumhygiene zu erfassen und zu begrenzen.	(2) Wärmeschutz und Energiebilanzierung kann den Wärmeschutz von Gebäuden und Ingenieurbauwerken und die fachübergreifende Energiebilanzierung umfassen.
(2) Zu den Leistungen für Thermische Bauphysik können insbesondere gehören: 1. Entwurf, Bemessung und Nachweis des Wärmeschutzes nach der Wärmeschutzverordnung und nach den bauordnungsrechtlichen Vorschriften, 2. Leistungen zum Begrenzen der Wärmeverluste und Kühllasten, 3. Leistungen zum Ermitteln der wirtschaftlich optimalen Wärmedämm-Maßnahmen, insbesondere durch Minimieren der Bau- und Nutzungskosten,	(3) Die Bauakustik kann den Schallschutz von Objekten zur Erreichung eines regelgerechten Luft- und Trittschallschutzes und zur Begrenzung der von außen einwirkenden Geräusche sowie der Geräusche von Anlagen der Technischen Ausrüstung umfassen. Dazu kann auch der Schutz der Umgebung vor schädlichen Umwelteinwirkungen durch Lärm (Schallimmissionsschutz) gehören. (4) Die Raumakustik kann die Beratung zu Räumen mit besonderen raumakustischen Anforderungen umfassen.

2 HOAI 2009/HOAI 2013

b) Synopse HOAI 2009 – HOAI 2013 – Anlagen

HOAI 2009 Anlagen	HOAI 2013 Anlagen
4. Leistungen zum Planen von Maßnahmen für den sommerlichen Wärmeschutz in besonderen Fällen, 5. Leistungen zum Begrenzen der dampfdiffusionsbedingten Wasserdampfkondensation auf und in den Konstruktionsquerschnitten, 6. Leistungen zum Begrenzen von thermisch bedingten Einwirkungen auf Bauteile durch Wärmeströme, 7. Leistungen zum Regulieren des Feuchte- und Wärmehaushaltes von belüfteten Fassaden- und Dachkonstruktionen. (3) Bei den Leistungen nach Absatz 2 Nummer 2 bis 7 können zusätzlich bauphysikalische Messungen an Bauteilen und Baustoffen, zum Beispiel Temperatur- und Feuchtemessungen, Messungen zur Bestimmung der Sorptionsfähigkeit, Bestimmungen des Wärmedurchgangskoeffizienten am Bau oder der Luftgeschwindigkeit in Luftschichten anfallen.	(5) Die Besonderen Grundlagen der Honorare werden gesondert in den Teilgebieten Wärmeschutz und Energiebilanzierung, Bauakustik, Raumakustik aufgeführt.
1.2.2 Wärmeschutz (1) Leistungen für den Wärmeschutz nach Punkt 1.2.1 Absatz 2 Nummer 1 können folgende Leistungen umfassen: **Bewertung der Grundleistungen in Prozent der Honorare** 1. Erarbeiten des Planungskonzepts für den Wärmeschutz 20 2. Erarbeiten des Entwurfs einschließlich der überschlägigen Bemessung für den Wärmeschutz und Durcharbeiten konstruktiver Details der Wärmeschutzmaßnahmen 40 3. Aufstellen des prüffähigen Nachweises des Wärmeschutzes 25 4. Abstimmen des geplanten Wärmeschutzes mit der Ausführungsplanung und der Vergabe 15 5. Mitwirken bei der Ausführungsüberwachung –	**1.2.2 Leistungsbild Bauphysik** (1) Die Grundleistungen für Bauphysik können in sieben Leistungsphasen unterteilt und wie folgt in Prozentsätzen der Honorare in Nummer 1.2.3 bewertet werden: 1. für die Leistungsphase 1 (Grundlagenermittlung) mit 3 Prozent, 2. für die Leistungsphase 2 (Mitwirken bei der Vorplanung) mit 20 Prozent, 3. für die Leistungsphase 3 (Mitwirken bei der Entwurfsplanung) mit 40 Prozent, 4. für die Leistungsphase 4 (Mitwirken bei der Genehmigungsplanung mit 6 Prozent, 5. für die Leistungsphase 5 (Mitwirken bei der Ausführungsplanung) mit 27 Prozent, 6. für die Leistungsphase 6 (Mitwirken bei der Vorbereitung der Vergabe) mit 2 Prozent, 7. für die Leistungsphase 7 (Mitwirken bei der Vergabe) mit 2 Prozent (2) Das Leistungsbild kann sich wie folgt zusammensetzen:

b) Synopse HOAI 2009 – HOAI 2013 – Anlagen HOAI 2009/HOAI 2013 2

HOAI 2009 Anlagen	HOAI 2013 Anlagen
	LPH 1 Grundlagenermittlung
	Grundleistungen
	a) Klären der Aufgabenstellung
	b) Festlegen der Grundlagen, Vorgaben und Ziele
	Besondere Leistungen
	– Mitwirken bei der Ausarbeitung von Auslobungen und bei Vorprüfungen für Wettbewerbe
	– Bestandsaufnahme bestehender Gebäude, Ermitteln und Bewerten von Kennwerte
	– Schadensanalyse bestehender Gebäude
	– Mitwirken bei Vorgaben für Zertifizierungen
	LPH 2 Mitwirkung bei der Vorplanung
	Grundleistungen
	a) Analyse der Grundlagen
	b) Klären der wesentlichen Zusammenhänge von Gebäude und technischen Anlagen einschließlich Betrachtung von Alternativen
	c) Vordimensionieren der relevanten Bauteile des Gebäudes
	d) Mitwirken beim Abstimmen der fachspezifischen Planungskonzepte der Objektplanung und der Fachplanungen
	e) Erstellen eines Gesamtkonzeptes in Abstimmung mit der Objektplanung und den Fachplanungen
	f) Erstellen von Rechenmodellen, Auflisten der wesentlichen Kennwerte als Arbeitsgrundlage für Objektplanung und Fachplanungen
	Besondere Leistungen
	– Mitwirken beim Klären von Vorgaben für Fördermaßnahmen und bei deren Umsetzung
	– Mitwirken an Projekt-, Käufer- oder Mieterbaubeschreibungen
	– Erstellen eines fachübergreifenden Bauteilkatalogs
	LPH 3 Mitwirkung bei der Entwurfsplanung
	Grundleistungen
	a) Fortschreiben der Rechenmodelle und der wesentlichen Kennwerte für das Gebäude
	b) Mitwirken beim Fortschreiben der Planungskonzepte der Objektplanung und Fachplanung bis zum vollständigen Entwurf
	c) Bemessen der Bauteile des Gebäudes
	d) Erarbeiten von Übersichtsplänen und des Erläuterungsberichtes mit Vorgaben, Grundlagen und Auslegungsdaten

HOAI 2009 Anlagen	HOAI 2013 Anlagen
	Besondere Leistungen – Simulationen zur Prognose des Verhaltens von Bauteilen, Räumen, Gebäuden und Freiräumen **LPH 4 Mitwirkung bei der Genehmigungsplanung** **Grundleistungen** a) Mitwirken beim Aufstellen der Genehmigungsplanung und bei Vorgesprächen mit Behörden b) Aufstellen der förmlichen Nachweise c) Vervollständigen und Anpassen der Unterlagen **Besondere Leistungen** – Mitwirken bei Vorkontrollen in Zertifizierungsprozessen – Mitwirken beim Einholen von Zustimmungen im Einzelfall **LPH 5 Mitwirkung bei der Ausführungsplanung** **Grundleistungen** a) Durcharbeiten der Ergebnisse der Leistungsphasen 3 und 4 unter Beachtung der durch die Objektplanung integrierten Fachplanungen b) Mitwirken bei der Ausführungsplanung durch ergänzende Angaben für die Objektplanung und Fachplanungen **Besondere Leistungen** – Mitwirken beim Prüfen und Anerkennen der Montage- und Werkstattplanung der ausführenden Unternehmen auf Übereinstimmung mit der Ausführungsplanung **LPH 6 Mitwirkung bei der Vorbereitung der Vergabe** **Grundleistungen** Beiträge zu Ausschreibungsunterlagen **Besondere Leistungen** – **LPH 7 Mitwirkung bei der Vergabe** **Grundleistungen** Mitwirken beim Prüfen und Bewerten der Angebote auf Erfüllung der Anforderungen **Besondere Leistungen** – Prüfen von Nebenangeboten **LPH 8 Objektüberwachung und Dokumentation** **Grundleistungen** –

b) Synopse HOAI 2009 – HOAI 2013 – Anlagen

HOAI 2009 Anlagen	HOAI 2013 Anlagen
	Besondere Leistungen – Mitwirken bei der Baustellenkontrolle – Messtechnisches Überprüfen der Qualität der Bauausführung und von Bauteil- oder Raumeigenschaften **LPH 9 Objektbetreuung** **Grundleistungen** – **Besondere Leistungen** – Mitwirken bei Audits in Zertifizierungsprozessen **1.2.3 Honorare für Grundleistungen für Wärmeschutz und Energiebilanzierung**
(2) Das Honorar für die Leistungen nach Absatz 1 kann sich nach den anrechenbaren Kosten des Gebäudes nach § 32, nach der Honorarzone nach § 34, der das Gebäude zuzuordnen ist, und nach der Honorartafel in Absatz 3 richten. (3) Honorare für die in Absatz 1 aufgeführten Leistungen für den Wärmeschutz ab 255 646 Euro können anhand der folgenden Honorartafel bestimmt werden:	(1) Das Honorar für die Grundleistungen nach Nummer 1.2.2 Absatz 2 kann sich nach den anrechenbaren Kosten des Gebäudes gemäß § 33 nach der Honorarzone nach § 35, der das Gebäude zuzuordnen ist, und nach der Honorartafel in Absatz 2 richten. (2) Die Mindest- und Höchstsätze der Honorare für die in Nummer 1.2.2 Absatz 2 aufgeführten Grundleistungen für Wärmeschutz und Energiebilanzierung können anhand der folgenden Honorartafel bestimmt werden. (3) Für Umbauten und Modernisierungen kann bei einem durchschnittlichen Schwierigkeitsgrad ein Zuschlag bis 33 Prozent auf das Honorar schriftlich vereinbart werden.
Honorartafel zu Leistungen für den Wärmeschutz	**Honorartafel**
1.3 Leistungen für Schallschutz und Raumakustik **1.3.1 Schallschutz**	**1.2 Bauphysik** **1.2.1 Anwendungsbereich** (1) Zu den Grundleistungen für Bauphysik können gehören: – Wärmeschutz und Energiebilanzierung, – Bauakustik (Schallschutz), – Raumakustik. (2) Wärmeschutz und Energiebilanzierung kann den Wärmeschutz von Gebäuden und Ingenieurbauwerken und die fachübergreifende Energiebilanzierung umfassen.

2 HOAI 2009/HOAI 2013

b) Synopse HOAI 2009 – HOAI 2013 – Anlagen

HOAI 2009 Anlagen	HOAI 2013 Anlagen
(1) Leistungen für Schallschutz werden erbracht, um 1. in Gebäuden und Innenräumen einen angemessenen Luft- und Trittschallschutz, Schutz gegen von außen eindringende Geräusche und gegen Geräusche von Anlagen der Technischen Ausrüstung und anderen technischen Anlagen und Einrichtungen zu erreichen (baulicher Schallschutz) und 2. die Umgebung geräuscherzeugender Anlagen gegen schädliche Umwelteinwirkungen durch Lärm zu schützen (Schallimmissionsschutz). (2) Zu den Leistungen für baulichen Schallschutz können insbesondere rechnen: 1. Leistungen zur Planung und zum Nachweis der Erfüllung von Schallschutzanforderungen, soweit objektbezogene schalltechnische Berechnungen oder Untersuchungen erforderlich werden (Bauakustik) und 2. schalltechnische Messungen, zum Beispiel zur Bestimmung von Luft- und Trittschalldämmung, der Geräusche von Anlagen der Technischen Ausrüstung und von Außengeräuschen. (3) Zu den Leistungen für den Schallimmissionsschutz können insbesondere rechnen: 1. schalltechnische Bestandsaufnahme, 2. Festlegen der schalltechnischen Anforderungen, 3. Entwerfen der Schallschutzmaßnahmen, 4. Mitwirken bei der Ausführungsplanung und 5. Abschlussmessungen.	(3) Die Bauakustik kann den Schallschutz von Objekten zur Erreichung eines regelgerechten Luft- und Trittschallschutzes und zur Begrenzung der von außen einwirkenden Geräusche sowie der Geräusche von Anlagen der Technischen Ausrüstung umfassen. Dazu kann auch der Schutz der Umgebung vor schädlichen Umwelteinwirkungen durch Lärm (Schallimmissionsschutz) gehören. (4) Die Raumakustik kann die Beratung zu Räumen mit besonderen raumakustischen Anforderungen umfassen.
1.3.2 Bauakustik (1) Leistungen für Bauakustik unter Punkt 1.3.1 Absatz 2 Nummer 1 können folgende Leistungen umfassen: **Bewertung der Grundleistungen in Prozent der Honorare** 1. Erarbeiten des Planungskonzepts, Festlegen der Schallschutzanforderungen 10 2. Erarbeiten des Entwurfs einschließlich Aufstellen der Nachweise des Schallschutzes 35 3. Mitwirken bei der Ausführungsplanung 30 4. Mitwirken bei der Vorbereitung der Vergabe und bei der Vergabe 5	**1.2.4 Honorare für Grundleistungen der Bauakustik** **(1.2.2)** (1) Die Grundleistungen für Bauphysik können in sieben Leistungsphasen unterteilt und wie folgt in Prozentsätzen der Honorare in Nummer 1.2.3 bewertet werden: 1. für die Leistungsphase 1 (Grundlagenermittlung) mit 3 Prozent, 2. für die Leistungsphase 2 (Mitwirken bei der Vorplanung) mit 20 Prozent, 3. für die Leistungsphase 3 (Mitwirken bei der Entwurfsplanung) mit 40 Prozent,

b) Synopse HOAI 2009 – HOAI 2013 – Anlagen   **HOAI 2009/HOAI 2013 2**

HOAI 2009 Anlagen	HOAI 2013 Anlagen
5. Mitwirken bei der Überwachung schalltechnisch wichtiger Ausführungsarbeiten 20	4. für die Leistungsphase 4 (Mitwirken bei der Genehmigungsplanung) mit 6 Prozent, 5. für die Leistungsphase 5 (Mitwirken bei der Ausführungsplanung) mit 27 Prozent, 6. für die Leistungsphase 6 (Mitwirkung bei der Vorbereitung der Vergabe) mit 2 Prozent, 7. für die Leistungsphase 7 (Mitwirkung bei der Vergabe) mit 2 Prozent
(2) Das Honorar für die Leistungen nach Absatz 1 kann sich nach den anrechenbaren Kosten nach den Absätzen 3 bis 5, nach der Honorarzone, der das Objekt nach Punkt 1.3.3 zuzuordnen ist, und nach der Honorartafel unter Punkt 1.3.3 richten. (3) Anrechenbare Kosten können die Kosten für Baukonstruktionen, Installationen, zentrale Betriebstechnik und betriebliche Einbauten sein. (4) Die §§ 4, 6, 35 und 36 gelten sinngemäß. (5) Die Vertragsparteien können vereinbaren, dass die Kosten für besondere Bauausführungen ganz oder teilweise zu den anrechenbaren Kosten gehören, wenn hierdurch dem Auftragnehmer ein erhöhter Arbeitsaufwand entsteht	
1.3.3 Honorarzonen und Honorare für Leistungen bei der Bauakustik (1) Die Honorarzone kann bei der Bauakustik auf Grund folgender Bewertungsmerkmale ermittelt werden:	(5) Die Leistungen der Bauakustik können den Honorarzonen anhand folgender Bewertungsmerkmale zugeordnet werden: 1. Art der Nutzung, 2. Anforderungen des Immissionsschutzes, 3. Anforderungen des Emissionsschutzes, 4. Art der Hüllkonstruktion, Anzahl der Konstruktionstypen, 5. Art und Intensität der Außenlärmbelastung, 6. Art und Umfang der Technischen Ausrüstung. (7) Objektliste für die Bauakustik Die nachstehend aufgeführten Innenräume können in der Regel den Honorarzonen wie folgt zugeordnet werden:

2 HOAI 2009/HOAI 2013   b) Synopse HOAI 2009 – HOAI 2013 – Anlagen

HOAI 2009 Anlagen	HOAI 2013 Anlagen

HOAI 2009 Anlagen:

1. Honorarzone I:
   Objekte mit geringen Planungsanforderungen an die Bauphysik, insbesondere
   - Wohnhäuser, Heime, Schulen, Verwaltungsgebäude und Banken mit jeweils durchschnittlicher Technischer Ausrüstung und entsprechendem Ausbau;

2. Honorarzone II:
   Objekte mit durchschnittlichen Planungsanforderungen an die Bauakustik, insbesondere
   - Heime, Schulen, Verwaltungsgebäude mit jeweils überdurchschnittlicher Technischer Ausrüstung und entsprechendem Ausbau,
   - Wohnhäuser mit versetzten Grundrissen,
   - Wohnhäuser mit Außenlärmbelastungen,
   - Hotels, soweit nicht in Honorarzone III erwähnt,
   - Universitäten und Hochschulen,
   - Krankenhäuser, soweit nicht in Honorarzone III erwähnt,
   - Gebäude für Erholung, Kur und Genesung,
   - Versammlungsstätten, soweit nicht in Honorarzone III erwähnt,
   - Werkstätten mit schutzbedürftigen Räumen;

3. Honorarzone III:
   Objekte mit überdurchschnittlichen Planungsanforderungen an die Bauakustik, insbesondere
   - Hotels mit umfangreichen gastronomischen Einrichtungen,
   - Gebäude mit gewerblicher und Wohnnutzung,
   - Krankenhäuser in bauakustisch besonders ungünstigen Lagen oder mit ungünstiger Anordnung der Versorgungseinrichtungen,
   - Theater-, Konzert- und Kongressgebäude,
   - Tonstudios und akustische Messräume.

(2) § 50 Absatz 3 gilt sinngemäß.

HOAI 2013 Anlagen:

Objektliste – Bauakustik	Honorarzone		
	I	II	III
Wohnhäuser, Heime, Schulen, Verwaltungsgebäude oder Banken mit jeweils durchschnittlicher Technischer Ausrüstung oder entsprechendem Ausbau	x		
Heime, Schulen, Verwaltungsgebäude mit jeweils überdurchschnittlicher Technischer Ausrüstung oder entsprechendem Ausbau		x	
Wohnhäuser mit versetzten Grundrissen		x	
Wohnhäuser mit Außenlärmbelastungen		x	
Hotels, soweit nicht in Honorarzone III erwähnt		x	
Universitäten oder Hochschulen		x	
Krankenhäuser, soweit nicht in Honorarzone III erwähnt		x	
Gebäude für Erholung, Kur oder Genesung		x	
Versammlungsstätten, soweit nicht in Honorarzone III erwähnt		x	
Werkstätten mit schutzbedürftigen Räumen		x	
Hotels mit umfangreichen gastronomischen Einrichtungen			x
Gebäude mit gewerblicher Nutzung oder Wohnnutzung			x
Krankenhäuser in bauakustisch besonders ungünstigen Lagen oder mit ungünstiger Anordnung der Versorgungseinrichtungen			x
Theater-, Konzert- oder Kongressgebäude			x
Tonstudios oder akustische Messräume			x

(6) § 52 Absatz 3 kann sinngemäß angewendet werden

(1) Die Kosten für Baukonstruktionen und Anlagen der Technischen Ausrüstung können zu den anrechenbaren Kosten gehören. Der Umfang der mitzuverarbeitenden Bausubstanz kann angemessen berücksichtigt werden.

(2) Die Vertragsparteien können vereinbaren, dass die Kosten für besondere Bauausführungen ganz oder teilweise zu den anrechenbaren Kosten gehören, wenn hierdurch dem

b) Synopse HOAI 2009 – HOAI 2013 – Anlagen HOAI 2009/HOAI 2013

HOAI 2009 Anlagen	HOAI 2013 Anlagen
	Auftragnehmer ein erhöhter Arbeitsaufwand entsteht.
(3) Honorare für die nach Absatz 1 aufgeführten Leistungen für Bauakustik ab 255 646 Euro können anhand der folgenden Honorartafel bestimmt werden:	(3) Die Mindest- und Höchstsätze der Honorare für die in Nummer 1.2.2 Absatz 2 aufgeführten Grundleistungen der Bauakustik können anhand der folgenden Honorartafel bestimmt werden.
	(4) Für Umbauten und Modernisierungen kann bei einem durchschnittlichen Schwierigkeitsgrad ein Zuschlag bis 33 Prozent auf das Honorar schriftlich vereinbart werden.
Honorartafel zu Leistungen für Bauakustik	**Honorartafel**
1.3.4 Raumakustik	**1.2 Bauphysik**
	1.2.1 Anwendungsbereich
	(1) Zu den Grundleistungen für Bauphysik können gehören:
	– Wärmeschutz und Energiebilanzierung,
	– Bauakustik (Schallschutz),
	– Raumakustik
(1) Leistungen für Raumakustik werden erbracht, um Räume mit besonderen Anforderungen an die Raumakustik durch Mitwirkung bei Formgebung, Materialauswahl und Ausstattung ihrem Verwendungszweck akustisch anzupassen.	
(2) Zu den Leistungen für Raumakustik können insbesondere gehören:	
1. raumakustische Planung und Überwachung,	
2. akustische Messungen,	
3. Modelluntersuchungen,	
4. Beraten bei der Planung elektroakustischer Anlagen.	
1.3.5 Raumakustische Planung und Überwachung	**1.2.5 Honorare für Grundleistungen der Raumakustik**
(1) Die raumakustische Planung und Überwachung nach Punkt 1.3.4 Absatz 2 Nummer 1 kann folgende Leistungen umfassen:	**(1.2.2)**
	(1) Die Grundleistungen für Bauphysik können in sieben Leistungsphasen unterteilt und wie folgt in Prozentsätzen der Honorare in Nummer 1.2.3 bewertet werden:
Bewertung der Grundleistungen in Prozent der Honorare	
1. Erarbeiten des raumakustischen Planungskonzepts, Festlegen der raumakustischen Anforderungen 20	1. für die Leistungsphase 1 (Grundlagenermittlung) mit 3 Prozent,
2. Erarbeiten des raumakustischen Entwurfs 35	2. für die Leistungsphase 2 (Mitwirken bei der Vorplanung) mit 20 Prozent,

2 HOAI 2009/HOAI 2013   b) Synopse HOAI 2009 – HOAI 2013 – Anlagen

HOAI 2009 Anlagen	HOAI 2013 Anlagen
3. Mitwirken bei der Ausführungsplanung 25 4. Mitwirken bei der Vorbereitung der und bei der Vergabe 5 5. Mitwirken bei der Überwachung raumakustisch wichtiger Ausführungsarbeiten 15	3. für die Leistungsphase 3 (Mitwirken bei der Entwurfsplanung) mit 40 Prozent, 4. für die Leistungsphase 4 (Mitwirken bei der Genehmigungsplanung mit 6 Prozent, 5. für die Leistungsphase 5 (Mitwirken bei der Ausführungsplanung) mit 27 Prozent, 6. für die Leistungsphase 6 (Mitwirkung bei der Vorbereitung der Vergabe) mit 2 Prozent, 7. für die Leistungsphase 7 (Mitwirkung bei der Vergabe) mit 2 Prozent
(2) Das Honorar für jeden Innenraum, für den Leistungen nach Absatz 1 erbracht werden, kann sich nach den anrechenbaren Kosten nach den Absätzen 3 bis 5, nach der Honorarzone, der der Innenraum nach Punkt 1.3.6 und 1.3.7 zuzuordnen ist, sowie nach der Honorartafel nach Punkt 1.3.6 richten.	(1) Das Honorar für jeden Innenraum, für den Grundleistungen zur Raumakustik erbracht werden, kann sich nach den anrechenbaren Kosten nach Absatz 2, nach der Honorarzone, der der Innenraum zuzuordnen ist, sowie nach der Honorartafel in Absatz 3 richten.
(3) Anrechenbare Kosten können die Kosten für Baukonstruktionen, geteilt durch den Bruttorauminhalt des Gebäudes und multipliziert mit dem Rauminhalt des betreffenden Innenraums sowie die Kosten für betriebliche Einbauten, Möbel und Textilien des betreffenden Innenraums sein.	(2) Die Kosten für Baukonstruktionen und Technische Ausrüstung sowie die Kosten für die Ausstattung (DIN 276 – 1: 2008-12, Kostengruppe 610) des Innenraums können zu den anrechenbaren Kosten gehören. Die Kosten für die Baukonstruktionen und Technische Ausrüstung werden für die Anrechnung durch den Bruttorauminhalt des Gebäudes geteilt und mit dem Rauminhalt des Innenraums multipliziert. Der Umfang der mitzuverarbeitenden Bausubstanz kann angemessen berücksichtigt werden.
(4) Die §§ 4, 6, 35 und 36 gelten sinngemäß.	
(5) Werden bei Innenräumen nicht sämtliche Leistungen nach Absatz 1 übertragen, so gilt § 8 sinngemäß.	
1.3.6 Honorarzonen und Honorare für Leistungen bei der raumakustischen Planung und Überwachung	
(1) Innenräume können bei der raumakustischen Planung und Überwachung nach den in Absatz 2 genannten Bewertungsmerkmalen folgenden Honorarzonen zugeordnet werden:	5) Innenräume können nach den im Absatz 6 genannten Bewertungsmerkmalen folgenden Honorarzonen zugeordnet werden:
1. Honorarzone I: Innenräume mit sehr geringen Planungsanforderungen;	1. Honorarzone I: Innenräume mit sehr geringen Anforderungen,

b) Synopse HOAI 2009 – HOAI 2013 – Anlagen

HOAI 2009 Anlagen	HOAI 2013 Anlagen
2. Honorarzone II: Innenräume mit geringen Planungsanforderungen; 3. Honorarzone III: Innenräume mit durchschnittlichen Planungsanforderungen; 4. Honorarzone IV: Innenräume mit überdurchschnittlichen Planungsanforderungen; 5. Honorarzone V: Innenräume mit sehr hohen Planungsanforderungen.	2. Honorarzone II: Innenräume mit geringen Anforderungen, 3. Honorarzone III: Innenräume mit durchschnittlichen Anforderungen, 4. Honorarzone IV: Innenräume mit hohen Anforderungen, 5. Honorarzone V: Innenräume mit sehr hohen Anforderungen.
(2) Bewertungsmerkmale können sein:	6) Für die Zuordnung zu den Honorarzonen können folgende Bewertungsmerkmale herangezogen werden:
1. Anforderungen an die Einhaltung der Nachhallzeit, 2. Einhalten eines bestimmten Frequenzganges der Nachhallzeit, 3. Anforderungen an die räumliche und zeitliche Schallverteilung, 4. akustische Nutzungsart des Innenraums, 5. Veränderbarkeit der akustischen Eigenschaften des Innenraums.	1. Anforderungen an die Einhaltung der Nachhallzeit, 2. Einhalten eines bestimmten Frequenzganges der Nachhallzeit, 3. Anforderungen an die räumliche und zeitliche Schallverteilung, 4. akustische Nutzungsart des Innenraums, 5. Veränderbarkeit der akustischen Eigenschaften des Innenraums.
(3) § 50 Absatz 3 gilt sinngemäß.	(8) § 52 Absatz 3 kann sinngemäß angewendet werden.
(4) Honorare für die in Punkt 1.3.5 Absatz 1 aufgeführten Leistungen für raumakustische Planung und Überwachung bei Innenräumen ab 51.129 Euro können sich an der folgenden Honorartafel ausrichten: **Honorartafel zu Leistungen für raumakustische Planung**	(3) Die Mindest- und Höchstsätze der Honorare für die in Nummer 1.2.2 Absatz 2 aufgeführten Grundleistungen der Raumakustik können anhand der folgenden Honorartafel bestimmt werden. **Honorartafel**
1.3.7 Objektliste für raumakustische Planung und Überwachung	(7) Objektliste für die Raumakustik
Nachstehende Innenräume werden bei der raumakustischen Planung und Überwachung nach Maßgabe der in Punkt 1.3.6 genannten Merkmale in der Regel folgenden Honorarzonen zugeordnet: (1) Honorarzone I: Pausenhallen, Spielhallen, Liege- und Wandelhallen; (2) Honorarzone II: Unterrichts-, Vortrags- und Sitzungsräume bis 500 m³, nicht teilbare Sporthallen, Filmtheater und Kirchen bis 1 000 m³, Großraumbüros; (3) Honorarzone III: Unterrichts-, Vortrags- und Sitzungsräume über 500 bis 1 500 m³, Filmtheater und	Die nachstehend aufgeführten Innenräume können in der Regel den Honorarzonen wie folgt zugeordnet werden:

Objektliste – Raumakustik	Honorarzone				
	I	II	III	IV	V
Pausenhallen, Spielhallen, Liege- und Wandelhallen	x				
Großraumbüros		x			
Unterrichts-, Vortrags- und Sitzungsräume					
– bis 500 m³		x			
– 500 bis 1 500 m³			x		
– über 1 500 m³				x	
Filmtheater					
– bis 1 000 m³		x			
– 1 000 bis 3 000 m³			x		
– über 3 000 m³				x	

2 HOAI 2009/HOAI 2013 b) Synopse HOAI 2009 – HOAI 2013 – Anlagen

HOAI 2009 Anlagen	HOAI 2013 Anlagen
Kirchen über 1 000 bis 3 000 m³, teilbare Turn- und Sporthallen bis 3 000 m³; (4) Honorarzone IV: Unterrichts-, Vortrags- und Sitzungsräume über 1 500 m³, Mehrzweckhallen bis 3 000 m³, Filmtheater und Kirchen über 3 000 m³; (5) Honorarzone V: Konzertsäle, Theater, Opernhäuser, Mehrzweckhallen über 3 000 m³, Tonaufnahmeräume, Innenräume mit veränderlichen akustischen Eigenschaften, akustische Messräume.	(siehe Tabelle unten)

Objektliste – Raumakustik	Honorarzone				
	I	II	III	IV	V
Kirchen					
– 1 000 bis 3 000 m³				x	
– über 3 000 m³					x
Sporthallen, Turnhallen					
– nicht teilbar, bis 1 000 m³		x			
– teilbar, bis 3 000 m³				x	
Mehrzweckhallen					
– bis 3 000 m³				x	
– über 3 000 m³					x
Konzertsäle, Theater, Opernhäuser					x
Tonaufnahmeräume, akustische Messräume					x
Innenräume mit veränderlichen akustischen Eigenschaften					x

(4) Für Umbauten und Modernisierungen kann bei einem durchschnittlichen Schwierigkeitsgrad ein Zuschlag bis 33 Prozent auf das Honorar vereinbart werden.

1.4 Leistungen für Bodenmechanik, Erd- und Grundbau

1.4.1 Anwendungsbereich

(1) Leistungen für Bodenmechanik, Erd- und Grundbau werden erbracht, um die Wechselwirkung zwischen Baugrund und Bauwerk sowie seiner Umgebung zu erfassen und die für die Berechnung erforderlichen Bodenkennwerte festzulegen.

(2) Zu den Leistungen für Bodenmechanik, Erd- und Grundbau können insbesondere rechnen:
1. Baugrundbeurteilung und Gründungsberatung für Flächen- und Pfahlgründungen als Grundlage für die Bemessung der Gründung durch den Tragwerksplaner, soweit diese Leistungen nicht durch Anwendung von Tabellen oder anderen Angaben, zum Beispiel in den bauordnungsrechtlichen Vorschriften, erbracht werden können,
2. Ausschreiben und Überwachen der Aufschlussarbeiten,
3. Durchführen von Labor- und Feldversuchen,
4. Beraten bei der Sicherung von Nachbarbauwerken,

1.3 Geotechnik

1.3.1 Anwendungsbereich

(1) Die Leistungen für Geotechnik können die Beschreibung und Beurteilung der Baugrund- und Grundwasserverhältnisse für Gebäude und Ingenieurbauwerke im Hinblick auf das Objekt und die Erarbeitung einer Gründungsempfehlung umfassen. Dazu gehört auch die Beschreibung der Wechselwirkung zwischen Baugrund und Bauwerk sowie die Wechselwirkung mit der Umgebung.

(2) Die Leistungen können insbesondere das Festlegen von Baugrundkennwerten und von Kennwerten für rechnerische Nachweise zur Standsicherheit und Gebrauchstauglichkeit des Objektes, die Abschätzung zum Schwankungsbereich des Grundwassers sowie die Einordnung des Baugrunds nach bautechnischen Klassifikationsmerkmalen umfassen.

b) Synopse HOAI 2009 – HOAI 2013 – Anlagen

HOAI 2009 Anlagen	HOAI 2013 Anlagen
5. Aufstellung von Setzungs-, Grundbruch- und anderen erdstatischen Berechnungen, soweit diese Leistungen nicht in den Leistungen nach Nummer 1 oder in den Leistungen nach § 42 oder § 49 erfasst sind, 6. Untersuchungen zur Berücksichtigung dynamischer Beanspruchung bei der Bemessung des Bauwerks oder seiner Gründung, 7. Beratung bei Baumaßnahmen im Fels, 8. Abnahme von Gründungssohlen und Aushubsohlen, 9. Allgemeine Beurteilung der Tragfähigkeit des Baugrundes und der Gründungsmöglichkeiten, die sich nicht auf ein bestimmtes Gebäude oder Ingenieurbauwerk bezieht.	
	1.3.2 Besondere Grundlagen des Honorars (1) Das Honorar der Grundleistungen kann sich nach den anrechenbaren Kosten der Tragwerksplanung nach § 50 Absatz 1 bis 3 für das gesamte Objekt aus Bauwerk und Baugrube richten. 2) Das Honorar für Ingenieurbauwerke mit großer Längenausdehnung (Linienbauwerke) kann ergänzend frei vereinbart werden
1.4.2 Baugrundbeurteilung und Gründungsberatung (1) Die Baugrundbeurteilung und Gründungsberatung nach Punkt 1.4.1 Absatz 2 Nummer 1 kann folgende Leistung für Gebäude und Ingenieurbauwerke umfassen	**1.3.3 Leistungsbild Geotechnik** (1) Grundleistungen können die Beschreibung und Beurteilung der Baugrund- und Grundwasserverhältnisse sowie die daraus abzuleitenden Empfehlungen für die Gründung einschließlich der Angabe der Bemessungsgrößen für eine Flächen- oder Pfahlgründung, Hinweise zur Herstellung und Trockenhaltung der Baugrube und des Bauwerks, Angaben zur Auswirkung des Bauwerks auf die Umgebung und auf Nachbarbauwerke sowie Hinweise zur Bauausführung umfassen. Die Darstellung der Inhalte kann im Geotechnischen Bericht erfolgen.
Bewertung der Grundleistungen Prozent der Honorare 1. Klären der Aufgabenstellung; Ermittlung der Baugrundverhältnisse auf Grund der vorhandenen Unterlagen; Festlegen und Darstellen der erforderlichen Baugrunderkundungen; 15 2. Auswerten und Darstellen der Baugrunderkundungen sowie der Labor- und Feldversuche; Abschätzen des Schwankungsberei-	(2) Die Grundleistungen können in folgenden Teilleistungen zusammengefasst und wie folgt in Prozentsätzen der Honorare der Nummer 1.3.4 bewertet werden: 1. für die Teilleistung a (Grundlagenermittlung und Erkundungskonzept) mit 15 Prozent, 2. für die Teilleistung b (Beschreiben der Baugrund- und Grundwasserverhältnisse) mit 35 Prozent,

2 HOAI 2009/HOAI 2013 b) Synopse HOAI 2009 – HOAI 2013 – Anlagen

HOAI 2009 Anlagen	HOAI 2013 Anlagen

ches von Wasserständen im Boden; Baugrundbeurteilung; Festlegen der Bodenkennwerte; 35
 	
3. Vorschlag für die Gründung mit Angabe der zulässigen Bodenpressungen in Abhängigkeit von den Fundamentabmessungen, gegebenenfalls mit Angaben zur Bemessung der Pfahlgründung; Angabe der zu erwartenden Setzungen für die vom Tragwerksplaner im Rahmen der Entwurfsplanung nach § 49 zu erbringenden Grundleistungen; Hinweise zur Herstellung und Trockenhaltung der Baugrube und des Bauwerks sowie zur Auswirkung der Baumaßnahme auf Nachbarbauwerke. 50
	3. für die Teilleistung c (Beurteilung der Baugrund- und Grundwasserverhältnisse, Empfehlungen, Hinweise, Angaben zur Bemessung der Gründung) mit 50 Prozent.
	
	(3) Das Leistungsbild kann sich wie folgt zusammensetzen:
	
	Geotechnischer Bericht
	Grundleistungen
	a) Grundlagenermittlung und Erkundungskonzept
	  – Klären der Aufgabenstellung, Ermitteln der Baugrund- und Grundwasserverhältnisse auf Basis vorhandener Unterlagen
	  – Festlegen und Darstellen der erforderlichen Baugrunderkundungen
	b) Beschreiben der Baugrund- und Grundwasserverhältnisse
	  – Auswerten und Darstellen der Baugrunderkundungen sowie der Labor- und Felduntersuchungen
	  – Abschätzen des Schwankungsbereichs von Wasserständen und/oder Druckhöhen im Boden
	  – Klassifizieren des Baugrunds und Festlegen der Baugrundkennwerte
	c) Beurteilung der Baugrund- und Grundwasserverhältnisse, Empfehlungen, Hinweise, Angaben zur Bemessung der Gründung
	  – Beurteilung des Baugrunds
	  – Empfehlung für die Gründung mit Angabe der geotechnischen Bemessungsparameter (zum Beispiel Angaben zur Bemessung einer Flächen- oder Pfahlgründung)
	  – Angabe der zu erwartenden Setzungen für die vom Tragwerksplaner im Rahmen der Entwurfsplanung nach § 49 zu erbringenden Grundleistungen
	  – Hinweise zur Herstellung und Trockenhaltung der Baugrube und des Bauwerks sowie Angaben zur Auswirkung der Baumaßnahme auf Nachbarbauwerke
	  – Allgemeine Angaben zum Erdbau
	  – Angaben zur geotechnischen Eignung von Aushubmaterial zur Wiederverwendung bei der betreffenden Baumaßnahme sowie Hinweise zur Bauausführung
	
	Besondere Leistungen
	  – Beschaffen von Bestandsunterlagen
	  – Vorbereiten und Mitwirken bei der Vergabe von Aufschlussarbeiten und deren Überwachung

b) Synopse HOAI 2009 – HOAI 2013 – Anlagen

HOAI 2009 Anlagen	HOAI 2013 Anlagen
	– Veranlassen von Labor- und Felduntersuchungen – Aufstellen von geotechnischen Berechnungen zur Standsicherheit oder Gebrauchstauglichkeit, wie zum Beispiel Setzungs-, Grundbruch- und Geländebruchberechnungen – Aufstellen von hydrogeologischen, geohydraulischen und besonderen numerischen Berechnungen – Beratung zu Dränanlagen, Anlagen zur Grundwasserabsenkung oder sonstigen ständigen oder bauzeitlichen Eingriffen in das Grundwasser – Beratung zu Probebelastungen sowie fachtechnisches Betreuen und Auswerten – geotechnische Beratung zu Gründungselementen, Baugruben- oder Hangsicherungen und Erdbauwerken, Mitwirkung bei der Beratung zur Sicherung von Nachbarbauwerken – Untersuchungen zur Berücksichtigung dynamischer Beanspruchungen bei der Bemessung des Objekts oder seiner Gründung sowie Beratungsleistungen zur Vermeidung oder Beherrschung von dynamischen Einflüssen – Mitwirken bei der Bewertung von Nebenangeboten aus geotechnischer Sicht – Mitwirken während der Planung oder Ausführung des Objekts sowie Besprechungs- und Ortstermine – geotechnische Freigaben
(2) Das Honorar für die Leistungen nach Absatz 1 kann sich nach den anrechenbaren Kosten, nach der Honorarzone, der die Gründung zuzuordnen ist, und nach der Honorartafel in Punkt 1.4.3 richten. (3) Die anrechenbaren Kosten können gemäß § 48 ermittelt werden. (4) Werden nicht sämtliche Leistungen nach Absatz 1 übertragen, so gilt § 8 sinngemäß. (5) Das Honorar für Ingenieurbauwerke mit großer Längenausdehnung (Linienbauwerke) kann frei vereinbart werden. (6) § 11 Absatz 1 bis 3 gilt sinngemäß.	

HOAI 2009 Anlagen	HOAI 2013 Anlagen
1.4.3 Honorarzonen und Honorare für Grundleistungen bei der Baugrundbeurteilung und Gründungsberatung	**1.3.4. Honorare Geotechnik**
(1) Die Honorarzone kann bei der Baugrundbeurteilung und Gründungsberatung auf Grund folgender Bewertungsmerkmale ermittelt werden:	(2) Die Honorarzone kann bei den geotechnischen Grundleistungen aufgrund folgender Bewertungsmerkmale ermittelt werden:
1. Honorarzone I: Gründungen mit sehr geringem Schwierigkeitsgrad, insbesondere – gering setzungsempfindliche Bauwerke mit einheitlicher Gründungsart bei annähernd regelmäßigem Schichtenaufbau des Untergrundes mit einheitlicher Tragfähigkeit (Scherfestigkeit) und Setzungsfähigkeit innerhalb der Baufläche;	1. Honorarzone I: Gründungen mit sehr geringem Schwierigkeitsgrad, insbesondere gering setzungsempfindliche Objekte mit einheitlicher Gründungsart bei annähernd regelmäßigem Schichtenaufbau des Untergrunds mit einheitlicher Tragfähigkeit und Setzungsfähigkeit innerhalb der Baufläche;
2. Honorarzone II: Gründungen mit geringem Schwierigkeitsgrad, insbesondere – setzungsempfindliche Bauwerke sowie gering setzungsempfindliche Bauwerke mit bereichsweise unterschiedlicher Gründungsart oder bereichsweise stark unterschiedlichen Lasten bei annähernd regelmäßigem Schichtenaufbau des Untergrundes mit einheitlicher Tragfähigkeit und Setzungsfähigkeit innerhalb der Baufläche, – gering setzungsempfindliche Bauwerke mit einheitlicher Gründungsart bei unregelmäßigem Schichtenaufbau des Untergrundes mit unterschiedlicher Tragfähigkeit und Setzungsfähigkeit innerhalb der Baufläche;	2. Honorarzone II: Gründungen mit geringem Schwierigkeitsgrad, insbesondere – setzungsempfindliche Objekte sowie gering setzungsempfindliche Objekte mit bereichsweise unterschiedlicher Gründungsart oder bereichsweise stark unterschiedlichen Lasten bei annähernd regelmäßigem Schichtenaufbau des Untergrunds mit einheitlicher Tragfähigkeit und Setzungsfähigkeit innerhalb der Baufläche, – gering setzungsempfindliche Objekte mit einheitlicher Gründungsart bei unregelmäßigem Schichtenaufbau des Untergrunds mit unterschiedlicher Tragfähigkeit und Setzungsfähigkeit innerhalb der Baufläche;
3. Honorarzone III: Gründungen mit durchschnittlichem Schwierigkeitsgrad, insbesondere – stark setzungsempfindliche Bauwerke bei annähernd regelmäßigem Schichtenaufbau des Untergrundes mit einheitlicher Tragfähigkeit und Setzungsfähigkeit innerhalb der Baufläche, – setzungsempfindliche Bauwerke sowie gering setzungsempfindliche Bauwerke mit bereichsweise unterschiedlicher Gründungsart oder bereichsweise stark unterschiedlichen Lasten bei unregelmäßigem Schichtenaufbau des Untergrundes mit unterschiedlicher Tragfähigkeit und Setzungsfähigkeit innerhalb der Baufläche, – gering setzungsempfindliche Bauwerke mit einheitlicher Gründungsart bei unre-	3. Honorarzone III: Gründungen mit durchschnittlichem Schwierigkeitsgrad, insbesondere – stark setzungsempfindliche Objekte bei annähernd regelmäßigem Schichtenaufbau des Untergrunds mit einheitlicher Tragfähigkeit und Setzungsfähigkeit innerhalb der Baufläche, – setzungsempfindliche Objekte sowie gering setzungsempfindliche Bauwerke mit bereichsweise unterschiedlicher Gründungsart oder bereichsweise stark unterschiedlichen Lasten bei unregelmäßigem Schichtenaufbau des Untergrunds mit unterschiedlicher Tragfähigkeit und Setzungsfähigkeit innerhalb der Baufläche, – gering setzungsempfindliche Objekte mit einheitlicher Gründungsart bei unregel-

HOAI 2009 Anlagen	HOAI 2013 Anlagen
gelmäßigem Schichtenaufbau des Untergrundes mit stark unterschiedlicher Tragfähigkeit und Setzungsfähigkeit innerhalb der Baufläche;	mäßigem Schichtenaufbau des Untergrunds mit stark unterschiedlicher Tragfähigkeit und Setzungsfähigkeit innerhalb der Baufläche;
4. Honorarzone IV: Gründungen mit überdurchschnittlichem Schwierigkeitsgrad, insbesondere – stark setzungsempfindliche Bauwerke bei unregelmäßigem Schichtenaufbau des Untergrundes mit unterschiedlicher Tragfähigkeit und Setzungsfähigkeit innerhalb der Baufläche, – setzungsempfindliche Bauwerke sowie gering setzungsempfindliche Bauwerke mit bereichsweise unterschiedlicher Gründungsart oder bereichsweise stark unterschiedlichen Lasten bei unregelmäßigem Schichtenaufbau des Untergrundes mit stark unterschiedlicher Tragfähigkeit und Setzungsfähigkeit innerhalb der Baufläche;	4. Honorarzone IV: Gründungen mit hohem Schwierigkeitsgrad, insbesondere – stark setzungsempfindliche Objekte bei unregelmäßigem Schichtenaufbau des Untergrunds mit unterschiedlicher Tragfähigkeit und Setzungsfähigkeit innerhalb der Baufläche, – setzungsempfindliche Objekte sowie gering setzungsempfindliche Objekte mit bereichsweise unterschiedlicher Gründungsart oder bereichsweise stark unterschiedlichen Lasten bei unregelmäßigem Schichtenaufbau des Untergrunds mit stark unterschiedlicher Tragfähigkeit und Setzungsfähigkeit innerhalb der Baufläche;
5. Honorarzone V: Gründungen mit sehr hohem Schwierigkeitsgrad, insbesondere – stark setzungsempfindliche Bauwerke bei unregelmäßigem Schichtenaufbau des Untergrundes mit stark unterschiedlicher Tragfähigkeit und Setzungsfähigkeit der Baufläche.	5. Honorarzone V: Gründungen mit sehr hohem Schwierigkeitsgrad, insbesondere stark setzungsempfindliche Objekte bei unregelmäßigem Schichtenaufbau des Untergrunds mit stark unterschiedlicher Tragfähigkeit und Setzungsfähigkeit innerhalb der Baufläche.
	4) Die Aspekte des Grundwassereinflusses auf das Objekt und die Nachbarbebauung können bei der Festlegung der Honorarzone zusätzlich berücksichtigen werden.
(2) § 50 Absatz 3 gilt sinngemäß.	(3) § 52 Absatz 3 kann sinngemäß angewendet werden.
	1.3.4 Honorare Geotechnik (1) Honorare für die in Nummer **1.3.3** Absatz 3 aufgeführten Grundleistungen können nach der folgenden Honorartafel bestimmt werden:
(3) Honorare für die in Punkt 1.4.1 aufgeführten Leistungen für die Baugrundbeurteilung und Gründungsberatung ab 51 129 Euro können an der folgenden Honorartafel orientiert werden.	
Honorartafel zu Leistungen für die Baugrundbeurteilung und Gründungsberatung	**Honorartafel**

2 HOAI 2009/HOAI 2013

b) Synopse HOAI 2009 – HOAI 2013 – Anlagen

HOAI 2009 Anlagen	HOAI 2013 Anlagen
1.5 Vermessungstechnische Leistungen **1.5.1 Anwendungsbereich** (1) Vermessungstechnische Leistungen sind das Erfassen ortsbezogener Daten über Bauwerke und Anlagen, Grundstücke und Topographie, das Erstellen von Plänen, das Übertragen von Planungen in die Örtlichkeit sowie das vermessungstechnische Überwachen der Bauausführung, soweit die Leistungen mit besonderen instrumentellen und vermessungstechnischen Verfahrensanforderungen erbracht werden müssen. Ausgenommen von Satz 1 sind Leistungen, die nach landesrechtlichen Vorschriften für Zwecke der Landesvermessung und des Liegenschaftskatasters durchgeführt werden. (2) Zu den vermessungstechnischen Leistungen rechnen: 1. Entwurfsvermessung für die Planung und den Entwurf von Gebäuden, Ingenieurbauwerken und Verkehrsanlagen, 2. Bauvermessungen für den Bau und die abschließende Bestandsdokumentation von Gebäuden, Ingenieurbauwerken und Verkehrsanlagen, 3. Vermessung an Objekten außerhalb der Entwurfs- und Bauphase, Leistungen für nicht objektgebundene Vermessungen, Fernerkundung und geographisch-geometrische Datenbasen sowie andere sonstige vermessungstechnische Leistungen. **1.5.2 Grundlagen des Honorars bei der Entwurfsvermessung** (1) Das Honorar für Grundleistungen bei der Entwurfsvermessung kann sich nach den anrechenbaren Kosten des Objekts, nach der	**1.4 Ingenieurvermessung** **1.4.1 Anwendungsbereich** (1) Leistungen der Ingenieurvermessung können das Erfassen raumbezogener Daten über Bauwerke und Anlagen, Grundstücke und Topographie, das Erstellen von Plänen, das Übertragen von Planungen in die Örtlichkeit sowie das vermessungstechnische Überwachen der Bauausführung einbeziehen, soweit die Leistungen mit besonderen instrumentellen und vermessungstechnischen Verfahrensanforderungen erbracht werden müssen. Ausgenommen von Satz 1 sind Leistungen, die nach landesrechtlichen Vorschriften für Zwecke der Landesvermessung und des Liegenschaftskatasters durchgeführt werden. (2) Zur Ingenieurvermessung können gehören: 1. Planungsbegleitende Vermessungen für die Planung und den Entwurf von Gebäuden, Ingenieurbauwerken, Verkehrsanlagen sowie für Flächenplanungen, 2. Bauvermessung vor und während der Bauausführung und die abschließende Bestandsdokumentation von Gebäuden, Ingenieurbauwerken und Verkehrsanlagen, 3. sonstige vermessungstechnische Leistungen: – Vermessung an Objekten außerhalb der Planungs- und Bauphase, – Vermessung bei Wasserstraßen, – Fernerkundungen, die das Aufnehmen, Auswerten und Interpretieren von Luftbildern und anderer raumbezogener Daten umfassen, die durch Aufzeichnung über eine große Distanz erfasst sind, als Grundlage insbesondere für Zwecke der Raumordnung und des Umweltschutzes, – vermessungstechnische Leistungen zum Aufbau von geographisch-geometrischen Datenbasen für raumbezogene Informationssysteme sowie – vermessungstechnische Leistungen, soweit sie nicht in Absatz 1 und Absatz 2 erfasst sind. **1.4.2 Grundlagen des Honorars bei der Planungsbegleitenden Vermessung** (1) Das Honorar für Grundleistungen der Planungsbegleitenden Vermessung kann sich nach der Summe der Verrechnungseinheiten,

HOAI 2009 Anlagen	HOAI 2013 Anlagen
Honorarzone, der die Entwurfsvermessung angehört, sowie nach der Honorartafel unter Punkt 1.5.8 richten.	der Honorarzone in Nummer 1.4.3 und der Honorartafel in Nummer 1.4.8 richten.
(2) Anrechenbare Kosten können unter Zugrundelegung der Kostenberechnung ermittelt werden, solange diese nicht vorliegt oder wenn die Vertragsparteien dies bei Auftragserteilung schriftlich vereinbaren, nach der Kostenschätzung	(2) Die Verrechnungseinheiten können sich aus der Größe der aufzunehmenden Flächen und deren Punktdichte berechnen. Die Punktdichte beschreibt die durchschnittliche Anzahl der für die Erfassung der planungsrelevanten Daten je Hektar zu messenden Punkte.
(3) Anrechenbare Kosten können die Herstellungskosten des Objekts sein. Sie sind zu ermitteln nach § 4 und 1. bei Gebäuden nach § 32, 2. bei Ingenieurbauwerken nach § 41, 3. bei Verkehrsanlagen nach § 45.	

(4) Anrechenbar sind bei Gebäuden und Ingenieurbauwerken nur folgende Prozentsätze der nach Absatz 3 ermittelten anrechenbaren Kosten, die wie folgt gestaffelt aufzusummieren sind:
1. bis zu 511 292 Euro 40 Prozent,
2. über 511 292
   bis zu 1 022 584 Euro 35 Prozent,
3. über 1 022 584
   bis zu 2 556 459 Euro 30 Prozent,
4. über 2 556 459 Euro 25 Prozent.
	(3) Abhängig von der Punktdichte können die Flächen den nachstehenden Verrechnungseinheiten (VE) je Hektar (ha) zugeordnet werden;
	sehr geringe Punktdichte
	(ca. 70 Punkte/ha) 50 VE
	geringe Punktdichte
	(ca. 150 Punkte/ha) 70 VE
	durchschnittliche Punktdichte
	(ca. 250 Punkte/ha) 100 VE
	hohe Punktdichte
	(ca. 350 Punkte/ha) 130 VE
	sehr hohe Punktdichte
	(ca. 500 Punkte/ha) 150 VE.

(5) Die Absätze 1 bis 4 sowie die Punkte 1.5.3 und 1.5.4 gelten nicht für vermessungstechnische Leistungen bei ober- und unterirdischen Leitungen, innerörtlichen Verkehrsanlagen mit überwiegend innerörtlichem Verkehr, ausgenommen Wasserstraßen-, Geh- und Radwegen sowie Gleis- und Bahnsteiganlagen. Das Honorar für die in Satz 1 genannten Objekte kann frei vereinbart werden.	
(6) Umfasst ein Auftrag Vermessungen für mehrere Objekte, so können die Honorare für die Vermessung jedes Objektes getrennt berechnet werden.	(4) Umfasst ein Auftrag Vermessungen für mehrere Objekte, so können die Honorare für die Vermessung jedes Objekts getrennt berechnet werden.
1.5.3 Honorarzonen für Leistungen bei der Entwurfsvermessung (1) Die Honorarzonen können bei der Entwurfsvermessung auf Grund folgender Bewertungsmerkmale ermittelt werden:	**1.4.3 Honorarzonen für Grundleistungen bei der Planungsbegleitenden Vermessung** (1) Die Honorarzone kann bei der Planungsbegleitenden Vermessung aufgrund folgender Bewertungsmerkmale ermittelt werden:

HOAI 2009 Anlagen	HOAI 2013 Anlagen
1. Honorarzone I: Vermessungen mit sehr geringen Anforderungen, das heißt mit – sehr hoher Qualität der vorhandenen Kartenunterlagen, – sehr geringen Anforderungen an die Genauigkeit, – sehr hoher Qualität des vorhandenen Lage- und Höhenfestpunktfeldes, – sehr geringen Beeinträchtigungen durch die Geländebeschaffenheit und bei der Begehbarkeit, – sehr geringer Behinderung durch Bebauung und Bewuchs, – sehr geringer Behinderung durch Verkehr, – sehr geringer Topographiedichte;	a) Qualität der vorhandenen Daten und Kartenunterlagen sehr hoch — 1 Punkt hoch — 2 Punkte befriedigend — 3 Punkte kaum ausreichend — 4 Punkte mangelhaft — 5 Punkte b) Qualität des vorhandenen geodätischen Raumbezugs sehr hoch — 1 Punkt hoch — 2 Punkte befriedigend — 3 Punkte kaum ausreichend — 4 Punkte mangelhaft — 5 Punkte c) Anforderungen an die Genauigkeit sehr gering — 1 Punkt gering — 2 Punkte durchschnittlich — 3 Punkte hoch — 4 Punkte sehr hoch — 5 Punkte
2. Honorarzone II: Vermessungen mit geringen Anforderungen, das heißt mit – guter Qualität der vorhandenen Kartenunterlagen, – geringen Anforderungen an die Genauigkeit, – guter Qualität des vorhandenen Lage- und Höhenfestpunktfeldes, – geringen Beeinträchtigungen durch die Geländebeschaffenheit und bei der Begehbarkeit, – geringer Behinderung durch Bebauung und Bewuchs, – geringer Behinderung durch Verkehr, – geringer Topographiedichte;	d) Beeinträchtigungen durch die Geländebeschaffenheit und bei der Begehbarkeit sehr gering — 1 bis 2 Punkte gering — 3 bis 4 Punkte durchschnittlich — 5 bis 6 Punkte hoch — 7 bis 8 Punkte sehr hoch — 9 bis 10 Punkte e) Behinderung durch Bebauung und Bewuchs sehr gering — 1 bis 3 Punkte gering — 4 bis 6 Punkte durchschnittlich — 7 bis 9 Punkte hoch — 10 bis 12 Punkte sehr hoch — 13 bis 15 Punkte
3. Honorarzone III: Vermessungen mit durchschnittlichen Anforderungen, das heißt mit – befriedigender Qualität der vorhandenen Kartenunterlagen, – durchschnittlichen Anforderungen an die Genauigkeit, – befriedigender Qualität des vorhandenen Lage- und Höhenfestpunktfeldes, – durchschnittlichen Beeinträchtigungen durch die Geländebeschaffenheit und bei der Begehbarkeit, – durchschnittlicher Behinderung durch Bebauung und Bewuchs, – durchschnittlicher Behinderung durch Verkehr, – durchschnittlicher Topographiedichte;	f) Behinderung durch Verkehr sehr gering — 1 bis 3 Punkte gering — 4 bis 6 Punkte durchschnittlich — 7 bis 9 Punkte hoch — 10 bis 12 Punkte sehr hoch — 13 bis 15 Punkte
4. Honorarzone IV: Vermessungen mit überdurchschnittlichen Anforderungen, das heißt mit	

HOAI 2009 Anlagen	HOAI 2013 Anlagen
– kaum ausreichender Qualität der vorhandenen Kartenunterlagen, – überdurchschnittlichen Anforderungen an die Genauigkeit, – kaum ausreichender Qualität des vorhandenen Lage- und Höhenfestpunktfeldes, – überdurchschnittlichen Beeinträchtigungen durch die Geländebeschaffenheit und bei der Begehbarkeit, – überdurchschnittlicher Behinderung durch Bebauung und Bewuchs, – überdurchschnittlicher Behinderung durch Verkehr, – überdurchschnittlicher Topographiedichte; 5. Honorarzone V: Vermessungen mit sehr hohen Anforderungen, das heißt mit – mangelhafter Qualität der vorhandenen Kartenunterlagen, – sehr hohen Anforderungen an die Genauigkeit, – mangelhafter Qualität des vorhandenen Lage- und Höhenfestpunktfeldes, – sehr hohen Beeinträchtigungen durch die Geländebeschaffenheit und bei der Begehbarkeit, – sehr hoher Behinderung durch Bebauung und Bewuchs, – sehr hoher Behinderung durch Verkehr, – sehr hoher Topographiedichte.	
(2) Sind für eine Entwurfsvermessung Bewertungsmerkmale aus mehreren Honorarzonen anwendbar und bestehen deswegen Zweifel, welcher Honorarzone die Vermessung zugeordnet werden kann, so kann die Anzahl der Bewertungspunkte nach Absatz 3 ermittelt werden. Die Vermessung kann nach der Summe der Bewertungspunkte folgenden Honorarzonen zugeordnet werden:	2) Die Honorarzone kann sich aus der Summe der Bewertungspunkte wie folgt ergeben:

1. Honorarzone I:
    Vermessungen mit bis zu   14 Punkten,
2. Honorarzone II:
    Vermessungen mit   15 bis 25 Punkten,
3. Honorarzone III:
    Vermessungen mit   26 bis 37 Punkten,
4. Honorarzone IV:
    Vermessungen mit   38 bis 48 Punkten,
5. Honorarzone V:
    Vermessungen mit   49 bis 60 Punkten.
	Honorarzone I bis 13 Punkte
	Honorarzone II 14 bis 23 Punkte
	Honorarzone III 24 bis 34 Punkte
	Honorarzone IV 35 bis 44 Punkte
	Honorarzone V 45 bis 55 Punkte.

(3) Bei der Zuordnung einer Entwurfsvermessung zu den Honorarzonen können entsprechend dem Schwierigkeitsgrad der An-	

2 HOAI 2009/HOAI 2013

b) Synopse HOAI 2009 – HOAI 2013 – Anlagen

HOAI 2009 Anlagen	HOAI 2013 Anlagen
forderungen an die Vermessung die Bewertungsmerkmale Qualität der vorhandenen Kartenunterlagen, Anforderungen an die Genauigkeit und Qualität des vorhandenen Lage- und Höhenfestpunktfeldes mit je bis zu 5 Punkten, die Bewertungsmerkmale Beeinträchtigungen durch die Geländebeschaffenheit und bei der Begehbarkeit Behinderung durch Bebauung und Bewuchs sowie Behinderung durch Verkehr mit je bis zu 10 Punkten und das Bewertungsmerkmal Topographiedichte mit bis zu 15 Punkten bewertet werden.	
1.5.4 Leistungsbild Entwurfsvermessung	**1.4.4 Leistungsbild Planungsbegleitende Vermessung**
1) Das Leistungsbild Entwurfsvermessung kann die terrestrischen und photogrammetrischen Vermessungsleistungen für die Planung und den Entwurf von Gebäuden, Ingenieurbauwerken und Verkehrslagen umfassen. Die Grundleistungen können in den in Absatz 2 aufgeführten Leistungsphasen 1 bis 6 zusammengefasst werden. Sie können in der folgenden Tabelle in Prozentsätzen der Honorare des Punkt 1.5.8 bewertet werden:	1) Das Leistungsbild Planungsbegleitende Vermessung kann die Aufnahme planungsrelevanter Daten und die Darstellung in analoger und digitaler Form für die Planung und den Entwurf von Gebäuden, Ingenieurbauwerken, Verkehrsanlagen sowie für Flächenplanungen umfassen.
Bewertung der Grundleistungen in Prozent der Honorare	(2) Die Grundleistungen können in vier Leistungsphasen zusammengefasst und wie folgt in Prozentsätzen der Honorare der Nummer 1.4.8 Absatz 1 bewertet werden:
1. Grundlagenermittlung 3 2. Geodätisches Festpunktfeld 15 3. Vermessungstechnische Lage- und Höhenpläne 52 4. Absteckungsunterlagen 15 5. Absteckung für Entwurf 5 6. Geländeschnitte 10	1. für die Leistungsphase 1 (Grundlagenermittlung) mit 5 Prozent, 2. für die Leistungsphase 2 (Geodätischer Raumbezug) mit 20 Prozent, 3. für die Leistungsphase 3 (Vermessungstechnische Grundlagen) mit 65 Prozent, 4. für die Leistungsphase 4 (Digitales Geländemodell) mit 10 Prozent.
(2) Das Leistungsbild kann sich wie folgt zusammensetzen:	(3) Das Leistungsbild kann sich wie folgt zusammensetzen:
1. Grundlagenermittlung **Grundleistungen** Einholen von Informationen und Beschaffen von Unterlagen über die Örtlichkeit und das geplante Objekt Beschaffen vermessungstechnischer Unterlagen Ortsbesichtigung Ermitteln des Leistungsumfangs in Abhängigkeit von den Genauigkeitsanforderungen und dem Schwierigkeitsgrad	**1. Grundlagenermittlung** **Grundleistungen** a) Einholen von Informationen und Beschaffen von Unterlagen über die Örtlichkeit und das geplante Objekt b) Beschaffen vermessungstechnischer Unterlagen und Daten c) Ortsbesichtigung d) Ermitteln des Leistungsumfangs in Abhängigkeit von den Genauigkeitsanforderungen und dem Schwierigkeitsgrad

b) Synopse HOAI 2009 – HOAI 2013 – Anlagen   **HOAI 2009/HOAI 2013 2**

HOAI 2009 Anlagen	HOAI 2013 Anlagen
Besondere Leistungen Schriftliches Einholen von Genehmigungen zum Betreten von Grundstücken, zum Befahren von Gewässern und für anordnungsbedürftige Verkehrssicherungsmaßnahmen	**Besondere Leistungen** – Schriftliches Einholen von Genehmigungen zum Betreten von Grundstücken, von Bauwerken, zum Befahren von Gewässern und für anordnungsbedürftige Verkehrssicherungsmaßnahmen
2. Geodätisches Festpunktfeld **Grundleistungen** Erkunden und Vermarken von Lage- und Höhenfestpunkten Erstellen von Punktbeschreibungen und Einmessungsskizzen Messungen zum Bestimmen der Fest- und Passpunkte Auswerten der Messungen und Erstellen des Koordinaten und Höhenverzeichnisses **Besondere Leistungen** Netzanalyse und Messprogramm für Grundnetze hoher Genauigkeit Vermarken bei besonderen Anforderungen Bau von Festpunkten und Signalen	**2. Geodätischer Raumbezug** **Grundleistungen** a) Erkunden und Vermarken von Lage- und Höhenfestpunkten b) Fertigen von Punktbeschreibungen und Einmessungsskizzen c) Messungen zum Bestimmen der Fest- und Passpunkte d) Auswerten der Messungen und Erstellen des Koordinaten- und Höhenverzeichnisses **Besondere Leistungen:** – Entwurf, Messung und Auswertung von Sondernetzen hoher Genauigkeit – Vermarken aufgrund besonderer Anforderungen – Aufstellung von Rahmenmessprogrammen
3. Vermessungstechnische Lage- und Höhenpläne **Grundleistungen** Topographische/Morphologische Geländeaufnahme (terrestrisch/photogrammetrisch) einschließlich Erfassen von Zwangspunkten Auswerten der Messungen/Luftbilder Erstellen von Plänen mit Darstellen der Situation im Planungsbereich einschließlich der Einarbeitung der Katasterinformation Darstellen der Höhen in Punkt-, Raster- oder Schichtlinienform Erstellen eines digitalen Geländemodells Graphisches Übernehmen von Kanälen, Leitungen, Kabeln und unterirdischen Bauwerken aus vorhandenen Unterlagen Eintragen der bestehenden öffentlich-rechtlichen Festsetzungen Liefern aller Messdaten in digitaler Form	**3. Vermessungstechnische Grundlagen** **Grundleistungen** a) Topographische/morphologische Geländeaufnahme einschließlich Erfassen von Zwangspunkten und planungsrelevanter Objekte b) Aufbereiten und Auswerten der erfassten Daten c) Erstellen eines digitalen Lagemodells mit ausgewählten planungsrelevanten Hohenpunkten d) Übernehmen von Kanälen, Leitungen, Kabeln und unterirdischen Bauwerken aus vorhandenen Unterlagen e) Übernehmen des Liegenschaftskatasters f) Übernehmen der bestehenden öffentlich-rechtlichen Festsetzungen g) Erstellen von Plänen mit Darstellen der Situation im Planungsbereich mit ausgewählten planungsrelevanten Höhenpunkten h) Liefern der Pläne und Daten in analoger und digitaler Form

2 HOAI 2009/HOAI 2013 b) Synopse HOAI 2009 – HOAI 2013 – Anlagen

HOAI 2009 Anlagen	HOAI 2013 Anlagen
Besondere Leistungen Orten und Aufmessen des unterirdischen Bestandes Vermessungsarbeiten Untertage, unter Wasser oder bei Nacht Maßnahmen für umfangreiche anordnungsbedürftige Verkehrssicherung Detailliertes Aufnehmen bestehender Objekte und Anlagen außerhalb normaler topographischer Aufnahmen wie z. B. Fassaden und Innenräume von Gebäuden Eintragen von Eigentümerangaben Darstellen in verschiedenen Maßstäben Aufnahmen über den Planungsbereich hinaus Ausarbeiten der Lagepläne entsprechend der rechtlichen Bedingungen für behördliche Genehmigungsverfahren Erfassen von Baumkronen	**Besondere Leistungen:** – Maßnahmen für anordnungsbedürftige Verkehrssicherung – Orten und Aufmessen des unterirdischen Bestandes – Vermessungsarbeiten unter Tage, unter Wasser oder bei Nacht – Detailliertes Aufnehmen bestehender Objekte und Anlagen neben der normalen topographischen Aufnahme wie zum Beispiel Fassaden und Innenräume von Gebäuden – Ermitteln von Gebäudeschnitten – Aufnahmen über den festgelegten Planungsbereich hinaus – Erfassen zusätzlicher Merkmale wie zum Beispiel Baumkronen – Eintragen von Eigentümerangaben – Darstellen in verschiedenen Maßstäben – Ausarbeiten der Lagepläne entsprechend der rechtlichen Bedingungen für behördliche Genehmigungsverfahren – Übernahme der Objektplanung in ein digitales Lagemodell
4. Absteckungsunterlagen **Grundleistungen** Berechnen der Detailgeometrie anhand des Entwurfs und Erstellen von Absteckungsunterlagen	**4. Digitales Geländemodell** **Grundleistungen** a) Selektion der die Geländeoberfläche beschreibenden Höhenpunkte und Bruchkanten aus der Geländeaufnahme b) Berechnung eines digitalen Geländemodells c) Ableitung von Geländeschnitten d) Darstellen der Höhen in Punkt-, Raster- oder Schichtlinienform e) Liefern der Pläne und Daten in analoger und digitaler Form
Besondere Leistungen Durchführen von Optimierungsberechnungen im Rahmen der Baugeometrie (Flächennutzung, Abstandsflächen, Fahrbahndecken) **5. Absteckung für den Entwurf** **Grundleistungen** Übertragen der Leitlinie linienhafter Objekte in die Örtlichkeit Übertragen der Projektgeometrie in die Örtlichkeit für Erörterungsverfahren **Besondere Leistungen** –	**Besondere Leistungen** –

b) Synopse HOAI 2009 – HOAI 2013 – Anlagen

HOAI 2009 Anlagen	HOAI 2013 Anlagen
6. Geländeschnitte **Grundleistungen** Ermitteln und Darstellen von Längs- und Querprofilen aus terrestrischen/photogrammetrischen Aufnahmen **Besondere Leistungen** –	
1.5.5 Grundlagen des Honorars bei der Bauvermessung (1) Das Honorar für Grundleistungen bei der Bauvermessung kann sich nach den anrechenbaren Kosten des Objekts, nach der Honorarzone, der die Bauvermessung angehört, sowie nach der Honorartafel unter Punkt 1.5.8 richten. (2) Anrechenbare Kosten können nach Punkt 1.5.2 Absatz 3 ermittelt werden. Anrechenbar können bei Ingenieurbauwerken 100 Prozent, bei Gebäuden und Verkehrsanlagen 80 Prozent der ermittelten Kosten sein. (3) Die Absätze 1 bis 2 sowie die Punkte 1.5.6 und 1.5.7 gelten nicht für vermessungstechnische Leistungen bei ober- und unterirdischen Leitungen, Tunnel-, Stollen- und Kavernenbauwerken, innerörtlichen Verkehrsanlagen mit überwiegend innerörtlichem Verkehr – ausgenommen Wasserstraßen –, bei Geh- und Radwegen sowie Gleis- und Bahnsteiganlagen. Das Honorar für die in Satz 1 genannten Objekte kann frei vereinbart werden.	**1.4.5 Grundlagen des Honorars bei der Bauvermessung** (1) Das Honorar für Grundleistungen bei der Bauvermessung kann sich nach den anrechenbaren Kosten des Objekts, der Honorarzone in Nummer 1.4.6 und der Honorartafel in Nummer 1.4.8 Absatz 2 richten (2) Anrechenbare Kosten können die Herstellungskosten des Objekts darstellen. Diese können entsprechend § 4 Absatz 1 und 1. bei Gebäuden entsprechend § 33, 2. bei Ingenieurbauwerken entsprechend § 42, 3. bei Verkehrsanlagen entsprechend § 46 ermittelt werden. Anrechenbar können bei Ingenieurbauwerken 100 Prozent, bei Gebäuden und Verkehrsanlagen 80 Prozent der ermittelten Kosten sein. (3) Die Absätze 1 und 2 sowie die Nummer 1.4.6 und Nummer 1.4.7 finden keine Anwendung für vermessungstechnische Grundleistungen bei ober- und unterirdischen Leitungen, Tunnel-, Stollen- und Kavernenbauwerken, innerörtlichen Verkehrsanlagen mit überwiegend innerörtlichem Verkehr, bei Geh- und Radwegen sowie Gleis- und Bahnsteiganlagen. Das Honorar für die in Satz 1 genannten Objekte kann ergänzend frei vereinbart werden.
1.5.6 Honorarzonen für Leistungen bei der Bauvermessung (1) Die Honorarzone kann bei der Bauvermessung auf Grund folgender Bewertungsmerkmale ermittelt werden: 1. Honorarzone I: Vermessungen mit sehr geringen Anforderungen, das heißt mit – sehr geringen Beeinträchtigungen durch die Geländebeschaffenheit und bei der Begehbarkeit, – sehr geringen Behinderungen durch Bebauung und Bewuchs,	**1.4.6 Honorarzonen für Grundleistungen bei der Bauvermessung** (1) Die Honorarzone kann bei der Bauvermessung aufgrund folgender Bewertungsmerkmale ermittelt werden: a) Beeinträchtigungen durch die Geländebeschaffenheit und bei der Begehbarkeit sehr gering 1 Punkt gering 2 Punkte durchschnittlich 3 Punkte hoch 4 Punkte sehr hoch 5 Punkte

2 HOAI 2009/HOAI 2013 — b) Synopse HOAI 2009 – HOAI 2013 – Anlagen

HOAI 2009 Anlagen	HOAI 2013 Anlagen

– sehr geringer Behinderung durch den Verkehr,
– sehr geringen Anforderungen an die Genauigkeit,
– sehr geringen Anforderungen durch die Geometrie des Objekts,
– sehr geringer Behinderung durch den Baubetrieb;
2. Honorarzone II:
Vermessungen mit geringen Anforderungen, das heißt mit
– geringen Beeinträchtigungen durch die Geländebeschaffenheit und bei der Begehbarkeit,
– geringen Behinderungen durch Bebauung und Bewuchs,
– geringer Behinderung durch den Verkehr,
– geringen Anforderungen an die Genauigkeit,
– geringen Anforderungen durch die Geometrie des Objekts,
– geringer Behinderung durch den Baubetrieb;
3. Honorarzone III:
Vermessungen mit durchschnittlichen Anforderungen, das heißt mit
– durchschnittlichen Beeinträchtigungen durch die Geländebeschaffenheit und bei der Begehbarkeit,
– durchschnittlichen Behinderungen durch Bebauung und Bewuchs,
– durchschnittlicher Behinderung durch den Verkehr,
– durchschnittliche Anforderungen an die Genauigkeit,
– durchschnittlichen Anforderungen durch die Geometrie des Objekts,
– durchschnittlicher Behinderung durch den Baubetrieb;
4. Honorarzone IV:
Vermessungen mit überdurchschnittlichen Anforderungen, das heißt mit
– überdurchschnittlichen Beeinträchtigungen durch die Geländebeschaffenheit und bei der Begehbarkeit,
– überdurchschnittlichen Behinderungen durch Bebauung und Bewuchs,
– überdurchschnittlicher Behinderung durch den Verkehr,
– überdurchschnittlichen Anforderungen an die Genauigkeit,
– überdurchschnittlichen Anforderungen durch die Geometrie des Objekts,
	b) Behinderungen durch Bebauung und Bewuchs
	   sehr gering 1 bis 2 Punkte
	   gering 3 bis 4 Punkte
	   durchschnittlich 5 bis 6 Punkte
	   hoch 7 bis 8 Punkte
	   sehr hoch 9 bis 10 Punkte
	c) Behinderung durch den Verkehr
	   sehr gering 1 bis 2 Punkte
	   gering 3 bis 4 Punkte
	   durchschnittlich 5 bis 6 Punkte
	   hoch 7 bis 8 Punkte
	   sehr hoch 9 bis 10 Punkte
	d) Anforderungen an die Genauigkeit
	   sehr gering 1 bis 2 Punkte
	   gering 3 bis 4 Punkte
	   durchschnittlich 5 bis 6 Punkte
	   hoch 7 bis 8 Punkte
	   sehr hoch 9 bis 10 Punkte
	e) Anforderungen durch die Geometrie des Objekts
	   sehr gering 1 bis 2 Punkte
	   gering 3 bis 4 Punkte
	   durchschnittlich 5 bis 6 Punkte
	   hoch 7 bis 8 Punkte
	   sehr hoch 9 bis 10 Punkte
	f) Behinderung durch den Baubetrieb
	   sehr gering 1 bis 3 Punkte
	   gering 4 bis 6 Punkte
	   durchschnittlich 7 bis 9 Punkte
	   hoch 10 bis 12 Punkte
	   sehr hoch 13 bis 15 Punkte

b) Synopse HOAI 2009 – HOAI 2013 – Anlagen   HOAI 2009/HOAI 2013 **2**

HOAI 2009 Anlagen	HOAI 2013 Anlagen
– überdurchschnittlicher Behinderung durch den Baubetrieb; 5. Honorarzone V: Vermessungen mit sehr hohen Anforderungen, das heißt mit – sehr hohen Beeinträchtigungen durch die Geländebeschaffenheit und bei der Begehbarkeit, – sehr hohen Behinderungen durch Bebauung und Bewuchs, – sehr hoher Behinderung durch den Verkehr, – sehr hohen Anforderungen an die Genauigkeit, – sehr hohen Anforderungen durch die Geometrie des Objekts, – sehr hoher Behinderung durch den Baubetrieb. (2) Punkt 1.5.3 Absatz 2 gilt sinngemäß.	(2) Die Honorarzone kann sich aus der Summe der Bewertungspunkte wie folgt ergeben: Honorarzone I bis 14 Punkte Honorarzone II 15 bis 25 Punkte Honorarzone III 26 bis 37 Punkte Honorarzone IV 38 bis 48 Punkte Honorarzone V 49 bis 60 Punkte.
1.5.7 Leistungsbild Bauvermessung 1) Das Leistungsbild Bauvermessung kann die terrestrischen und photogrammetrischen Vermessungsleistungen für den Bau und die abschließende Bestandsdokumentation von Gebäuden, Ingenieurbauwerken und Verkehrsanlagen umfassen. Die Grundleistungen sind in den in Absatz 2 aufgeführten Leistungsphasen 1 bis 4 zusammengefasst. Sie können in der folgenden Tabelle in Prozentsätzen der Honorare unter Punkt 1.5.8 bewertet werden: **Bewertung der Grundleistungen in Prozent der Honorare** 1. Baugeometrische Beratung 2 2. Absteckung für die Bauausführung 14 3. Bauausführungsvermessung 66 4. Vermessungstechnische Überwachung der Bauausführung 18	**1.4.7 Leistungsbild Bauvermessung** 1) Das Leistungsbild Bauvermessung kann die Vermessungsleistungen für den Bau und die abschließende Bestandsdokumentation von Gebäuden, Ingenieurbauwerken und Verkehrsanlagen umfassen. (2) Die Grundleistungen können in fünf Leistungsphasen zusammengefasst und wie folgt in Prozentsätzen der Honorare der Nummer 1.4.8 Absatz 2 bewertet werden: 1. für die Leistungsphase 1 (Baugeometrische Beratung) mit 2 Prozent, 2. für die Leistungsphase 2 (Absteckungsunterlagen) mit 5 Prozent, 3. für die Leistungsphase 3 (Bauvorbereitende Vermessung) mit 16 Prozent, 4. für die Leistungsphase 4 (Bauausführungsvermessung) mit 62 Prozent,

2 HOAI 2009/HOAI 2013

b) Synopse HOAI 2009 – HOAI 2013 – Anlagen

HOAI 2009 Anlagen	HOAI 2013 Anlagen
	5. für die Leistungsphase 5 (Vermessungstechnische Überwachung der Bauausführung) mit 15 Prozent.
(2) Das Leistungsbild kann sich wie folgt zusammensetzen:	(3) Das Leistungsbild kann sich wie folgt zusammensetzen:
1. Baugeometrische Beratung	**1. Baugeometrische Beratung**
Grundleistungen	**Grundleistungen**
Beraten bei der Planung, insbesondere im Hinblick auf die erforderlichen Genauigkeiten Erstellen eines konzeptionellen Messprogramms Festlegen eines für alle Beteiligten verbindlichen Maß-, Bezugs- und Benennungssystems Erstellen von Messprogrammen für Bewegungs- und Deformationsmessungen, einschließlich Vorgaben für die Baustelleneinrichtung	a) Ermitteln des Leistungsumfanges in Abhängigkeit vom Projekt b) Beraten, insbesondere im Hinblick auf die erforderlichen Genauigkeiten und zur Konzeption eines Messprogramms c) Festlegen eines für alle Beteiligten verbindlichen Maß-, Bezugs- und Benennungssystems
Besondere Leistungen	**Besondere Leistungen**
Erstellen von vermessungstechnischen Leistungsbeschreibungen Erarbeiten von Organisationsvorschlägen über Zuständigkeiten, Verantwortlichkeit und Schnittstellen der Objektvermessung	– Erstellen von vermessungstechnischen Leistungsbeschreibungen – Erarbeiten von Organisationsvorschlägen über Zuständigkeiten, Verantwortlichkeit und Schnittstellen der Objektvermessung – Erstellen von Messprogrammen für Bewegungs- und Deformationsmessungen einschließlich Vorgaben für die Baustelleneinrichtung
	2. Absteckungsunterlagen
	Grundleistungen
	Berechnen der Detailgeometrie anhand der Ausführungsplanung, Erstellen eines Absteckungsplanes und Berechnen von Absteckungsdaten einschließlich Aufzeigen von Widersprüchen (Absteckungsunterlagen)
Besondere Leistungen –	**Besondere Leistungen** – Durchführen von zusätzlichen Aufnahmen und ergänzende Berechnungen, falls keine qualifizierten Unterlagen aus der Leistungsphase vermessungstechnische Grundlagen vorliegen – Durchführen von Optimierungsberechnungen im Rahmen der Baugeometrie (zum Beispiel Flächennutzung, Abstandsflächen) – Erarbeitung von Vorschlägen zur Beseitigung von Widersprüchen bei der Verwendung von Zwangspunkten (zum Beispiel bauordnungsrechtliche Vorgaben)

b) Synopse HOAI 2009 – HOAI 2013 – Anlagen

HOAI 2009 Anlagen	HOAI 2013 Anlagen
2. Absteckung für Bauausführung **Grundleistungen** Übertragen der Projektgeometrie (Hauptpunkte) in die Örtlichkeit Übergabe der Lage- und Höhenfestpunkte, der Hauptpunkte und der Absteckungsunterlagen an das bauausführende Unternehmen	**3. Bauvorbereitende Vermessung** **Grundleistungen** a) Prüfen und Ergänzen des bestehenden Festpunktfelds b) Zusammenstellung und Aufbereitung der Absteckungsdaten c) Absteckung: Übertragen der Projektgeometrie (Hauptpunkte) und des Baufelds in die Örtlichkeit d) Übergabe der Lage- und Höhenfestpunkte, der Hauptpunkte und der Absteckungsunterlagen an das bauausführende Unternehmen
Besondere Leistungen –	**Besondere Leistungen** – Absteckung auf besondere Anforderungen (zum Beispiel Archäologie, Ausholzung, Grobabsteckung, Kampfmittelräumung)
3. Bauausführungsvermessung **Grundleistungen** Messungen zur Verdichtung des Lage- und Höhenfestpunktfeldes Messungen zur Überprüfung und Sicherung von Fest- und Achspunkten Baubegleitende Absteckungen der geometriebestimmenden Bauwerkspunkte nach Lage und Höhe Messungen zur Erfassung von Bewegungen und Deformationen des zu erstellenden Objekts an konstruktiv bedeutsamen Punkten (bei Wasserstraßen keine Grundleistung) Stichprobenartige Eigenüberwachungsmessungen Fortlaufende Bestandserfassung während der Bauausführung als Grundlage für den Bestandplan	**4. Bauausführungsvermessung** **Grundleistungen** a) Messungen zur Verdichtung des Lage- und Höhenfestpunktfeldes b) Messungen zur Überprüfung und Sicherung von Fest- und Achspunkten c) Baubegleitende Absteckungen der geometriebestimmenden Bauwerkspunkte nach Lage und Höhe d) Messungen zur Erfassung von Bewegungen und Deformationen des zu erstellenden Objekts an konstruktiv bedeutsamen Punkten e) Baubegleitende Eigenüberwachungsmessungen und deren Dokumentation f) Fortlaufende Bestandserfassung während der Bauausführung als Grundlage für den Bestandplan
Besondere Leistungen Absteckungen unter Berücksichtigung von belastungs- und fertigungstechnischen Verformungen Prüfen der Maßgenauigkeit von Fertigteilen Aufmaß von Bauleistungen, soweit besondere vermessungstechnische Leistungen gegeben sind Herstellen von Bestandsplänen Ausgabe von Baustellenbestandsplänen während der Bauausführung Fortführen der vermessungstechnischen Bestandspläne nach Abschluss der Grundleistungen	**Besondere Leistungen** – Erstellen und Konkretisieren des Messprogramms – Absteckungen unter Berücksichtigung von belastungs- und fertigungstechnischen Verformungen – Prüfen der Maßgenauigkeit von Fertigteilen – Aufmaß von Bauleistungen, soweit besondere vermessungstechnische Leistungen gegeben sind – Ausgabe von Baustellenbestandsplänen während der Bauausführung – Fortführen der vermessungstechnischen Bestandspläne nach Abschluss der Grundleistungen – Herstellen von Bestandsplänen

2 HOAI 2009/HOAI 2013
b) Synopse HOAI 2009 – HOAI 2013 – Anlagen

HOAI 2009 Anlagen	HOAI 2013 Anlagen
4. Vermessungstechnische Überwachung der Bauausführung	**5. Vermessungstechnische Überwachung der Bauausführung**
Grundleistungen	**Grundleistungen**
Kontrollieren der Bauausführung durch stichprobenartige Messungen an Schalungen und entstehenden Bauteilen Fertigen von Messprotokollen Stichprobenartige Bewegungs- und Deformationsmessungen an konstruktiv bedeutsamen Punkten des zu erstellenden Objekts	a) Kontrollieren der Bauausführung durch stichprobenartige Messungen an Schalungen und entstehenden Bauteilen (Kontrollmessungen) b) Fertigen von Messprotokollen c) Stichprobenartige Bewegungs- und Deformationsmessungen an konstruktiv bedeutsamen Punkten des zu erstellenden Objekts
Besondere Leistungen	**Besondere Leistungen**
Prüfen der Mengenermittlungen Einrichten eines geometrischen Objektinformationssystems Planen und Durchführen von langfristigen vermessungstechnischen Objektüberwachungen im Rahmen der Ausführungskontrolle baulicher Maßnahmen Vermessungen für die Abnahme von Bauleistungen, soweit besondere vermessungstechnische Anforderungen gegeben sind	– Prüfen der Mengenermittlungen – Beratung zu langfristigen vermessungstechnischen Objektüberwachungen im Rahmen der Ausführungskontrolle baulicher Maßnahmen und deren Durchführung – Vermessungen für die Abnahme von Bauleistungen, soweit besondere vermessungstechnische Anforderungen gegeben sind.
(3) Die Leistungsphase 3 kann abweichend von Absatz 1 bei Gebäuden mit 45 bis 66 Prozent bewertet werden.	(4) Die Leistungsphase 4 ist abweichend von Absatz 2 bei Gebäuden mit 45 bis 62 Prozent zu bewerten.
1.5.8 Honorare für Grundleistungen bei der Vermessung Honorare für die unter den Punkten 1.5.4 und 1.5.7 aufgeführten Grundleistungen ab 51 129 Euro können an der folgenden Honorartafel orientiert werden: **Honorartafel zu Leistungen bei der Vermessung**	**1.4.8 Honorare für Grundleistungen bei der Ingenieurvermessung** (1) Die Honorare für die in Nummer 1.4.4 Absatz 3 aufgeführten Grundleistungen der Planungsbegleitenden Vermessung können sich nach der folgenden Honorartafel richten: **Honorartafel** (2) Die Honorare für die in Nummer 1.4.7 Absatz 3 Grundleistungen der Bauvermessung können sich nach der folgenden Honorartafel richten: **Honorartafel** **1.4.9 Sonstige vermessungstechnische Leistungen** Für sonstige vermessungstechnische Leistungen nach Nummer 1.4.1 kann ein Honorar ergänzend frei vereinbart werden.

HOAI 2009 Anlagen	HOAI 2013 Anlagen
Anlage 2 (zu § 3 Absatz 3) **Besondere Leistungen** Inhaltsübersicht 2.1 Leistungsbild Flächennutzungsplan 2.2 Leistungsbild Bebauungsplan 2.3 Leistungsbild Landschaftsplan 2.4 Leistungsbild Landschaftsrahmenplan 2.5 Leistungsbild Pflege- und Entwicklungsplan 2.6 Leistungsbild Gebäude und raumbildende Ausbauten 2.7 Leistungsbild Freianlagen 2.8 Leistungsbild Ingenieurbauwerke 2.9 Leistungsbild Verkehrsanlagen 2.10 Leistungsbild Tragwerksplanung 2.11 Leistungsbild technische Ausrüstung	Die Besonderen Leistungen wurden aus Gründen der Vergleichbarkeit den jeweiligen Grundleistungen zugeordnet.

b) Synopse HOAI 2009 – HOAI 2013 – Anlagen

HOAI 2009 Anlagen	HOAI 2013 Anlagen
Anlage 3 zu § 5 Absatz 4 Satz 2	**Anlage 10.2**

HOAI 2009 Anlagen

Anlage 3 zu § 5 Absatz 4 Satz 2

Objektlisten
3.1 Gebäude

Nachstehende Gebäude werden in der Regel folgenden Honorarzonen zugeordnet:

3.1.1 Honorarzone I:

Schlaf- und Unterkunftsbaracken und andere Behelfsbauten für vorübergehende Nutzung, Pausenhallen, Spielhallen, Liege- und Wandelhallen, Einstellhallen, Verbindungsgänge, Feldscheunen und andere einfache landwirtschaftliche Gebäude,

Tribünenbauten, Wetterschutzhäuser;

3.1.2 Honorarzone II:

Einfache Wohnbauten mit gemeinschaftlichen Sanitär- und Kücheneinrichtungen,

Garagenbauten, Parkhäuser, Gewächshäuser, geschlossene, eingeschossige Hallen und Gebäude als selbständige Bauaufgabe, Kassengebäude, Bootshäuser,

einfache Werkstätten ohne Kranbahnen,

Verkaufslager, Unfall- und Sanitätswachen, Musikpavillons;

3.1.3 Honorarzone III:

Wohnhäuser, Wohnheime und Heime mit durchschnittlicher Ausstattung,

Kinderhorte, Kindergärten, Gemeinschaftsunterkünfte, Jugendherbergen, Grundschulen, Jugendfreizeitstätten, Jugendzentren, Bürgerhäuser, Studentenhäuser, Altentagesstätten und andere Betreuungseinrichtungen,

Fertigungsgebäude der metallverarbeitenden Industrie, Druckereien, Kühlhäuser,

Werkstätten, geschlossene Hallen und landwirtschaftliche Gebäude, soweit nicht in Honorarzone I, II oder IV erwähnt, Parkhäuser mit integrierten weiteren Nutzungsarten,

Bürobauten mit durchschnittlicher Ausstattung, Ladenbauten, Einkaufszentren, Märkte und Großmärkte, Messehallen, Gaststätten, Kantinen, Mensen, Wirtschaftsgebäude, Feuerwachen, Rettungsstationen, Ambulatorien, Pflegeheime ohne medizinisch-technische Ausrüstung, Hilfskrankenhäuser,

Ausstellungsgebäude, Lichtspielhäuser,

HOAI 2013 Anlagen

Anlage 10.2

10.2 Objektliste Gebäude

Nachstehende Gebäude werden in der Regel folgenden Honorarzonen zugerechnet.

Objektliste Gebäude	Honorarzone				
	I	II	III	IV	V
Wohnen					
– Einfache Behelfsbauten für vorübergehende Nutzung	x				
– Einfache Wohnbauten mit gemeinschaftlichen Sanitär- und Kücheneinrichtungen		x			
– Einfamilienhäuser, Wohnhäuser oder Hausgruppen in verdichteter Bauweise				x	x
– Wohnheime, Gemeinschaftsunterkünfte, Jugendherbergen, -freizeitzentren, -stätten				x	x
Ausbildung/Wissenschaft/Forschung					
– Offene Pausen-, Spielhallen	x				
– Studentenhäuser				x	x
– Schulen mit durchschnittlichen Planungsanforderungen, zum Beispiel Grundschulen, weiterführende Schulen und Berufsschulen				x	
– Schulen mit hohen Planungsanforderungen, Bildungszentren, Hochschulen, Universitäten, Akademien					x
– Hörsaal-, Kongresszentren					x
– Labor- oder Institutsgebäude				x	x
Büro/Verwaltung/Staat/Kommune					
– Büro-, Verwaltungsgebäude				x	x
– Wirtschaftsgebäude, Bauhöfe				x	x
– Parlaments-, Gerichtsgebäude					x
– Bauten für den Strafvollzug				x	x
– Feuerwachen, Rettungsstationen				x	x

b) Synopse HOAI 2009 – HOAI 2013 – Anlagen **HOAI 2009/HOAI 2013**

HOAI 2009 Anlagen
Turn- und Sportgebäude sowie -anlagen, soweit nicht in Honorarzone II oder IV erwähnt;
3.1.4 Honorarzone IV:
Wohnungshäuser mit überdurchschnittlicher Ausstattung, Terrassen- und Hügelhäuser, planungsaufwendige Einfamilienhäuser mit entsprechendem Ausbau und Hausgruppen in planungsaufwendiger verdichteter Bauweise auf kleineren Grundstücken, Heime mit zusätzlichen medizinisch-technischen Einrichtungen,
Zentralwerkstätten, Brauereien, Produktionsgebäude der Automobilindustrie, Kraftwerksgebäude,
Schulen, ausgenommen Grundschulen; Bildungszentren, Volkshochschulen, Fachhochschulen, Hochschulen, Universitäten, Akademien, Hörsaalgebäude, Laborgebäude, Bibliotheken und Archive, Institutsgebäude für Lehre und Forschung, soweit nicht in Honorarzone V erwähnt,
landwirtschaftliche Gebäude mit überdurchschnittlicher Ausstattung, Großküchen, Hotels, Banken, Kaufhäuser, Rathäuser, Parlaments- und Gerichtsgebäude sowie sonstige Gebäude für die Verwaltung mit überdurchschnittlicher Ausstattung,
Krankenhäuser der Versorgungsstufen I und II, Fachkrankenhäuser, Krankenhäuser besonderer Zweckbestimmung, Therapie- und Rehabilitationseinrichtungen, Gebäude für Erholung, Kur und Genesung,
Kirchen, Konzerthallen, Museen, Studiobühnen, Mehrzweckhallen für religiöse, kulturelle oder sportliche Zwecke,
Hallenschwimmbäder, Sportleistungszentren, Großsportstätten;
3.1.5 Honorarzone V:
Krankenhäuser der Versorgungsstufe III, Universitätskliniken,
Stahlwerksgebäude, Sintergebäude, Kokereien, Studios für Rundfunk, Fernsehen und Theater, Konzertgebäude, Theaterbauten, Kulissengebäude, Gebäude für die wissenschaftliche Forschung (experimentelle Fachrichtungen).

HOAI 2013 Anlagen

Objektliste Gebäude	Honorarzone				
	I	II	III	IV	V
– Sparkassen- oder Bankfilialen			x	x	
– Büchereien, Bibliotheken, Archive				x	x
Gesundheit/Betreuung					
– Liege- oder Wandelhallen	x				
– Kindergärten, Kinderhorte			x		
– Jugendzentren, Jugendfreizeitstätten			x		
– Betreuungseinrichtungen, Altentagesstätten			x		
– Pflegeheime oder Bettenhäuser, ohne oder mit medizinisch-technischer Einrichtungen,				x	x
– Unfall-, Sanitätswachen, Ambulatorien		x	x		
– Therapie- oder Rehabilitations Einrichtungen, Gebäude für Erholung, Kur oder Genesung				x	x
– Hilfskrankenhäuser			x		
– Krankenhäuser der Versorgungsstufe I oder II, Krankenhäuser besonderer Zweckbestimmung				x	
– Krankenhäuser der Versorgungsstufe III, Universitätskliniken					x
Handel und Verkauf/ Gastgewerbe					
– Einfache Verkaufslager, Verkaufsstände, Kioske		x			
– Ladenbauten, Discounter, Einkaufszentren, Märkte, Messehallen				x	x
– Gebäude für Gastronomie, Kantinen oder Mensen				x	x
– Großküchen, mit oder ohne Speiseräume				x	
– Pensionen, Hotels				x	x
Freizeit/Sport					
– Einfache Tribünenbauten		x			
– Bootshäuser		x			
– Turn- oder Sportgebäude				x	x

2 HOAI 2009/HOAI 2013 b) Synopse HOAI 2009 – HOAI 2013 – Anlagen

HOAI 2009 Anlagen	HOAI 2013 Anlagen					
	Objektliste Gebäude	Honorarzone				
		I	II	III	IV	V
	– Mehrzweckhallen, Hallenschwimmbäder, Großsportstätten				x	x
	Gewerbe/Industrie/ Landwirtschaft					
	– Einfache Landwirtschaftliche Gebäude, zum Beispiel Feldscheunen, Einstellhallen	x				
	– Landwirtschaftliche Betriebsgebäude, Stallanlagen		x	x	x	
	– Gewächshäuser für die Produktion		x			
	– Einfache geschlossene, eingeschossige Hallen, Werkstätten		x			
	– Spezielle Lagergebäude, zum Beispiel Kühlhäuser			x		
	– Werkstätten, Fertigungsgebäude des Handwerks oder der Industrie			x	x	x
	– Produktionsgebäude der Industrie			x	x	x
	Infrastruktur					
	– Offene Verbindungsgänge, Überdachungen, zum Beispiel Wetterschutzhäuser, Carports	x				
	– Einfache Garagenbauten	x				
	– Parkhäuser, -garagen, Tiefgaragen, jeweils mit integrierten weiteren Nutzungsarten			x	x	
	– Bahnhöfe oder Stationen verschiedener öffentlicher Verkehrsmittel				x	
	– Flughäfen				x	x
	– Energieversorgungszentralen, Kraftwerksgebäude, Großkraftwerke				x	x
	Kultur-/Sakralbauten					
	– Pavillons für kulturelle Zwecke		x	x		
	– Bürger-, Gemeindezentren, Kultur-/Sakralbauten, Kirchen				x	
	– Mehrzweckhallen für religiöse oder kulturelle Zwecke				x	

b) Synopse HOAI 2009 – HOAI 2013 – Anlagen

HOAI 2009 Anlagen	HOAI 2013 Anlagen

Objektliste Gebäude	Honorarzone				
	I	II	III	IV	V
– Ausstellungsgebäude, Lichtspielhäuser				x	x
– Museen				x	x
– Theater-, Opern-, Konzertgebäude				x	x
– Studiogebäude für Rundfunk oder Fernsehen				x	x

HOAI 2009	HOAI 2013
3.2 Freianlagen Nachstehende Freianlagen werden in der Regel folgenden Honorarzonen zugeordnet: **3.2.1 Honorarzone I:** Geländegestaltungen mit Einsaaten in der freien Landschaft, Windschutzpflanzungen, Spielwiesen, Ski- und Rodelhänge ohne technische Einrichtungen; **3.2.2 Honorarzone II:** Freiflächen mit einfachem Ausbau bei kleineren Siedlungen, bei Einzelbauwerken und bei landwirtschaftlichen Aussiedlungen, Begleitgrün an Verkehrsanlagen, soweit nicht in Honorarzone I oder III erwähnt, Grünverbindungen ohne besondere Ausstattung; Ballspielplätze (Bolzplätze), Ski- und Rodelhänge mit technischen Einrichtungen; Sportplätze ohne Laufbahnen oder ohne sonstige technische Einrichtungen, Geländegestaltungen und Pflanzungen für Deponien, Halden und Entnahmestellen, Pflanzungen in der freien Landschaft, soweit nicht in Honorarzone I erwähnt, Ortsrandeingrünungen; **3.2.3 Honorarzone III:** Freiflächen bei privaten und öffentlichen Bauwerken, soweit nicht in Honorarzone II, IV oder V erwähnt, Begleitgrün an Verkehrsanlagen mit erhöhten Anforderungen an Schutz, Pflege und Entwicklung von Natur und Landschaft, Flächen für den Arten- und Biotopschutz, soweit nicht in Honorarzone IV oder V erwähnt, Ehrenfriedhöfe, Ehrenmale; Kombinationsspielfelder, Sportanlagen Typ D und andere Sportanlagen, soweit nicht in Honorarzone II oder IV erwähnt,	**11.2 Objektliste Freianlagen** Nachstehende Freianlagen werden in der Regel folgenden Honorarzonen zugeordnet:

Objekte	Honorarzone				
	I	II	III	IV	V
In der freien Landschaft					
– einfache Geländegestaltung	x				
– Einsaaten in der freien Landschaft	x				
– Pflanzungen in der freien Landschaft oder Windschutzpflanzungen, mit sehr geringen oder geringen Anforderungen	x	x			
– Pflanzungen in der freien Landschaft mit natur- und artenschutzrechtlichen Anforderungen (Kompensationserfordernissen)				x	
– Flächen für den Arten- und Biotopschutz mit differenzierten Gestaltungsansprüchen oder mit Biotopverbundfunktion					x
– Naturnahe Gewässer- und Ufergestaltung				x	
– Geländegestaltungen und Pflanzungen für Deponien, Halden und Entnahmestellen mit geringen oder durchschnittlichen Anforderungen			x	x	
– Freiflächen mit einfachem Ausbau bei kleineren Siedlungen, bei Einzelbauwerken und bei landwirtschaftlichen Aussiedlungen			x		
– Begleitgrün zu Objekten, Bauwerken und Anlagen mit geringen oder durchschnittlichen Anforderungen			x	x	

b) Synopse HOAI 2009 – HOAI 2013 – Anlagen

HOAI 2009 Anlagen	HOAI 2013 Anlagen

HOAI 2009 Anlagen

Camping-, Zelt- und Badeplätze, Kleingartenanlagen;

3.2.4 Honorarzone IV:

Freiflächen mit besonderen topographischen oder räumlichen Verhältnissen bei privaten und öffentlichen Bauwerken,

innerörtliche Grünzüge, Oberflächengestaltungen und Pflanzungen für Fußgängerbereiche; extensive Dachbegrünungen,

Flächen für den Arten- und Biotopschutz mit differenzierten Gestaltungsansprüchen oder mit Biotopverbundfunktionen,

Sportanlagen Typ A bis C, Spielplätze, Sportstadien, Freibäder, Golfplätze,

Friedhöfe, Parkanlagen, Freilichtbühnen, Schulgärten, naturkundliche Lehrpfade und -gebiete;

3.2.5 Honorarzone V:

Hausgärten und Gartenfriedhöfe für hohe Repräsentationsansprüche, Terrassen- und Dachgärten, intensive Dachbegrünungen,

Freiflächen im Zusammenhang mit historischen Anlagen; historische Parkanlagen, Gärten und Plätze,

botanische und zoologische Gärten,

Freiflächen mit besonderer Ausstattung für hohe Benutzungsansprüche, Garten- und Hallenschauen.

HOAI 2013 Anlagen

Objekte	Honorarzone				
	I	II	III	IV	V
In Stadt- und Ortslagen					
– Grünverbindungen ohne besondere Ausstattung			x		
– innerörtliche Grünzüge, Grünverbindungen mit besonderer Ausstattung				x	
– Freizeitparks und Parkanlagen				x	
– Geländegestaltung ohne oder mit Abstützungen				x	x
– Begleitgrün zu Objekten, Bauwerken und Anlagen sowie an Ortsrändern		x	x		
– Schulgärten und naturkundliche Lehrpfade und -gebiete				x	
– Hausgärten und Gartenhöfe mit Repräsentationsansprüchen				x	x
Gebäudebegrünung					
– Terrassen- und Dachgärten					x
– Bauwerksbegrünung vertikal und horizontal mit hohen oder sehr hohen Anforderungen				x	x
– Innenbegrünung mit hohen oder sehr hohen Anforderungen				x	x
– Innenhöfe mit hohen oder sehr hohen Anforderungen				x	x
Spiel- und Sportanlagen					
– Ski- und Rodelhänge ohne oder mit technischer Ausstattung	x	x			
– Spielwiesen		x			
– Ballspielplätze, Bolzplätze, mit geringen oder durchschnittlichen Anforderungen			x	x	
– Sportanlagen in der Landschaft, Parcours, Wettkampfstrecken				x	
– Kombinationsspielfelder, Sport-, Tennisplätze und Sportanlagen mit Tennenbelag oder Kunststoff- oder Kunstrasenbelag				x	x
– Spielplätze				x	

b) Synopse HOAI 2009 – HOAI 2013 – Anlagen

HOAI 2009 Anlagen	HOAI 2013 Anlagen					
	Objekte	Honorarzone				
		I	II	III	IV	V
	– Sportanlagen Typ A bis C oder Sportstadien				x	x
	– Golfplätze mit besonderen natur- und artenschutzrechtlichen Anforderungen oder in stark reliefiertem Geländeumfeld				x	x
	– Freibäder mit besonderen Anforderungen, Schwimmteiche				x	x
	– Schul- und Pausenhöfe mit Spiel- und Bewegungsangebot				x	
	Sonderanlagen					
	– Freilichtbühnen				x	
	– Zelt- oder Camping- oder Badeplätze, mit durchschnittlicher oder hoher Ausstattung oder Kleingartenanlagen			x	x	
	Objekte					
	– Friedhöfe, Ehrenmale, Gedenkstätten, mit hoher oder sehr hoher Ausstattung				x	x
	– Zoologische und botanische Gärten					x
	– Lärmschutzeinrichtungen				x	
	– Garten- und Hallenschauen					x
	– Freiflächen im Zusammenhang mit historischen Anlagen, historische Park- und Gartenanlagen, Gartendenkmale					x
	Sonstige Freianlagen					
	– Freiflächen mit Bauwerksbezug, mit durchschnittlichen topographischen Verhältnissen oder durchschnittlicher Ausstattung			x		
	– Freiflächen mit Bauwerksbezug, mit schwierigen oder besonders schwierigen topographischen Verhältnissen oder hoher oder sehr hoher Ausstattung				x	x
	– Fußgängerbereiche und Stadtplätze mit hoher oder sehr hoher Ausstattungsintensität				x	x

HOAI 2009 Anlagen	HOAI 2013 Anlagen
3.3 Raumbildende Ausbauten Nachstehende raumbildende Ausbauten werden in der Regel folgenden Honorarzonen zugeordnet: **3.3.1 Honorarzone I:** Innere Verkehrsflächen, offene Pausen-, Spiel- und Liegehallen, einfachste Innenräume für vorübergehende Nutzung; **3.3.2 Honorarzone II:** Einfache Wohn-, Aufenthalts- und Büroräume, Werkstätten; Verkaufslager, Nebenräume in Sportanlagen, einfache Verkaufskioske, Innenräume, die unter Verwendung von serienmäßig hergestellten Möbeln und Ausstattungsgegenständen einfacher Qualität gestaltet werden; **3.3.3 Honorarzone III:** Aufenthalts-, Büro, Freizeit-, Gaststätten-, Gruppen-, Wohn-, Sozial-, Versammlungs- und Verkaufsräume, Kantinen sowie Hotel-, Kranken-, Klassenzimmer und Bäder mit durchschnittlichem Ausbau, durchschnittlicher Ausstattung oder durchschnittlicher technischer Einrichtung, Messestände bei Verwendung von System- oder Modulbauteilen, Innenräume mit durchschnittlicher Gestaltung, die zum überwiegenden Teil unter Verwendung von serienmäßig hergestellten Möbeln und Ausstattungsgegenständen gestaltet werden; **3.3.4 Honorarzone IV:** Wohn-, Aufenthalts-, Behandlungs-, Verkaufs-, Arbeits-, Bibliotheks-, Sitzungs-, Gesellschafts-, Gaststätten-, Vortragsräume, Hörsäle, Ausstellungen, Messestände, Fachgeschäfte, soweit nicht in Honorarzone II oder III erwähnt, Empfangs- und Schalterhallen mit überdurchschnittlichem Ausbau, gehobener Ausstattung oder über durchschnittlichen technischen Einrichtungen, z.B. in Krankenhäusern, Hotels, Banken, Kaufhäusern, Einkaufszentren oder Rathäusern, Parlaments- und Gerichtssäle, Mehrzweckhallen für religiöse, kulturelle oder sportliche Zwecke,	**10.3 Objektliste Innenräume** Nachstehende Innenräume werden in der Regel folgenden Honorarzonen zugerechnet: (siehe Tabelle unten)

Objektliste Innenräume	Honorarzone				
	I	II	III	IV	V
– Einfachste Innenräume für vorübergehende Nutzung ohne oder mit einfachsten seriellen Einrichtungsgegenständen	x				
– Innenräume mit geringer Planungsanforderung, unter Verwendung von serienmäßig hergestellten Möbeln und Ausstattungsgegenständen einfacher Qualität, ohne technische Ausstattung		x			
– Innenräume mit durchschnittlicher Planungsanforderung, zum überwiegenden Teil unter Verwendung von serienmäßig hergestellten Möbeln und Ausstattungsgegenständen oder mit durchschnittlicher technischer Ausstattung			x		
– Innenräume mit hohen Planungsanforderungen, unter Mitverwendung von serienmäßig hergestellten Möbeln und Ausstattungsgegenständen gehobener Qualität oder gehobener technischer Ausstattung				x	
– Innenräume mit sehr hohen Planungsanforderungen, unter Verwendung von aufwendiger Einrichtung oder Ausstattung oder umfangreicher technischer Ausstattung					x
Wohnen					
– Einfachste Räume ohne Einrichtung oder für vorübergehende Nutzung	x				
– Einfache Wohnräume mit geringen Anforderungen an Gestaltung oder Ausstattung		x			
– Wohnräume mit durchschnittlichen Anforderungen, serielle Einbauküchen			x		
– Wohnräume in Gemeinschaftsunterkünften oder Heimen			x		
– Wohnräume gehobener Anforderungen, individuell geplante Küchen und Bäder				x	

b) Synopse HOAI 2009 – HOAI 2013 – Anlagen

HOAI 2009 Anlagen	HOAI 2013 Anlagen					
Raumbildende Ausbauten von Schwimmbädern und Wirtschaftsküchen, Kirchen, Innenräume mit überdurchschnittlicher Gestaltung unter Mitverwendung von serienmäßig hergestellten Möbeln und Ausstattungsgegenständen gehobener Qualität; **3.3.5 Honorarzone V:** Konzert- und Theatersäle; Studioräume für Rundfunk, Fernsehen und Theater, Geschäfts- und Versammlungsräume mit anspruchsvollem Ausbau, aufwendiger Ausstattung oder sehr hohen technischen Ansprüchen, Innenräume der Repräsentationsbereiche mit anspruchsvollem Ausbau, aufwendiger Ausstattung oder mit besonderen Anforderungen an die technischen Einrichtungen.	**Objektliste Innenräume**	\multicolumn{5}{l}{Honorarzone}
		I	II	III	IV	V
	– Dachgeschoßausbauten, Wintergärten				x	
	– Individuelle Wohnräume in anspruchsvoller Gestaltung mit aufwendiger Einrichtung, Ausstattung und technischer Ausrüstung					x
	Ausbildung/Wissenschaft/ Forschung					
	– Einfache offene Hallen	x				
	– Lager oder Nebenräume mit einfacher Einrichtung oder Ausstattung		x			
	– Gruppenräume zum Beispiel in Kindergärten, Kinderhorten, Jugendzentren, Jugendherbergen, Jugendheimen				x	x
	– Klassenzimmer, Hörsäle, Seminarräume, Büchereien, Mensen				x	x
	– Aulen, Bildungszentren, Bibliotheken, Labore, Lehrküchen mit oder ohne Speise- oder Aufenthaltsräume, Fachunterrichtsräume mit technischer Ausstattung				x	
	– Kongress-, Konferenz-, Seminar-, Tagungsbereiche mit individuellem Ausbau und Einrichtung und umfangreicher technischer Ausstattung				x	
	– Räume wissenschaftlicher Forschung mit hohen Ansprüchen und technischer Ausrüstung					x
	Büro/Verwaltung/Staat/ Kommune					
	– Innere Verkehrsflächen	x				
	– Post-, Kopier-, Putz- oder sonstige Nebenräume ohne baukonstruktive Einbauten		x			
	– Büro-, Verwaltungs-, Aufenthaltsräume mit durchschnittlichen Anforderungen, Treppenhäuser, Wartehallen, Teeküchen				x	
	– Räume für sanitäre Anlagen, Werkräume, Wirtschaftsräume, Technikräume				x	
	– Eingangshallen, Sitzungs- oder Besprechungsräume, Kantinen, Sozialräume				x	x

2 HOAI 2009/HOAI 2013   b) Synopse HOAI 2009 – HOAI 2013 – Anlagen

HOAI 2009 Anlagen	HOAI 2013 Anlagen					
	Objektliste Innenräume	Honorarzone				
		I	I	III	IV	V
	– Kundenzentren, -ausstellungen, -präsentationen			x		
	– Versammlungs-, Konferenzbereiche, Gerichtssäle, Arbeitsbereiche von Führungskräften mit individueller Gestaltung oder Einrichtung oder gehobener technischer Ausstattung				x	
	– Geschäfts-, Versammlungs- oder Konferenzräume mit anspruchsvollem Ausbau oder anspruchsvoller Einrichtung, aufwendiger Ausstattung oder sehr hohen technischen Anforderungen					x
	Gesundheit/Betreuung					
	– Offene Spiel- oder Wandelhallen	x				
	– Einfache Ruhe- oder Nebenräume		x			
	– Sprech-, Betreuungs-, Patienten-, Heimzimmer oder Sozialräume mit durchschnittlichen Anforderungen ohne medizintechnische Ausrüstung			x		
	– Behandlungs- oder Betreuungsbereiche mit medizintechnischer Ausrüstung oder Einrichtung in Kranken-, Therapie-, Rehabilitations- oder Pflegeeinrichtungen, Arztpraxen				x	
	– Operations-, Kreißsäle, Röntgenräume				x	x
	Handel/Gastgewerbe					
	– Verkaufsstände für vorübergehende Nutzung	x				
	– Kioske, Verkaufslager, Nebenräume mit einfacher Einrichtung und Ausstattung		x			
	– Durchschnittliche Laden- oder Governmenträume, Einkaufsbereiche, Schnellgaststätten			x		
	– Fachgeschäfte, Boutiquen, Showrooms, Lichtspieltheater, Großküchen				x	
	– Messestände, bei Verwendung von System- oder Modulbauteilen				x	
	– Individuelle Messestände					x

b) Synopse HOAI 2009 – HOAI 2013 – Anlagen HOAI 2009/HOAI 2013 **2**

HOAI 2009 Anlagen	HOAI 2013 Anlagen					
	Objektliste Innenräume	Honorarzone				
		I	II	III	IV	V
	– GasträumeSanitärbereiche gehobener Gestaltung, zum Beispiel in Restaurants, Bars, Weinstuben, Cafés, Clubräumen				x	
	– Gast- und Sanitärbereiche zum Beispiel in Pensionen oder Hotels mit durchschnittlichen Anforderungen oder Einrichtungen oder Ausstattungen			x		
	– Gast-, Informations- oder Unterhaltungsbereiche in Hotels mit individueller Gestaltung oder Möblierung oder gehobener Einrichtung oder technischer Ausstattung				x	
	Freizeit/Sport					
	– Neben- oder Wirtschaftsräume in Sportanlagen oder Schwimmbädern		x			
	– Schwimmbäder, Fitness-, Wellness- oder Saunaanlagen, Großsportstätten			x	x	
	– Sport-, Mehrzweck- oder Stadthallen, Gymnastikräume, Tanzschulen				x	x
	Gewerbe/Industrie/ Landwirtschaft/Verkehr					
	– Einfache Hallen oder Werkstätten ohne fachspezifische Einrichtung, Pavillons		x			
	– Landwirtschaftliche Betriebsbereiche		x	x		
	– Gewerbebereiche, Werkstätten mit technischer oder maschineller Einrichtung				x	x
	– Umfassende Fabrikations- oder Produktionsanlagen				x	
	– Räume in Tiefgaragen, Unterführungen		x			
	– Gast- oder Betriebsbereiche in Flughäfen, Bahnhöfen				x	x
	Kultur-/Sakralbauten					
	Kultur- oder Sakralbereiche, Kirchenräume,				x	x
	– Individuell gestaltete Ausstellungs-, Museumsoder Theaterbereiche				x	x
	– Konzert- oder Theatersäle, Studioräume für Rundfunk, Fernsehen oder Theater					x

b) Synopse HOAI 2009 – HOAI 2013 – Anlagen

HOAI 2009 Anlagen	HOAI 2013 Anlagen
3.4 Ingenieurbauwerke Nachstehende Ingenieurbauwerke werden in der Regel folgenden Honorarzonen zugeordnet: **3.4.1 Honorarzone I:** – Zisternen, Leitungen über Wasser ohne Zwangspunkte, – Leitungen für Abwasser ohne Zwangspunkte, – Einzelgewässer mit gleichförmigem ungegliederten Querschnitt ohne Zwangspunkte, ausgenommen Einzelgewässer mit überwiegend ökologischen und landschaftsgestalterischen Elementen, Teiche bis 3m Dammhöhe über Sohle ohne Hochwasserentlastung, ausgenommen Teiche ohne Dämme; Bootsanlegestellen an stehenden Gewässern, einfache Deich- und Dammbauten; einfacher, insbesondere flächenhafter Erdbau, ausgenommen flächenhafter Erdbau zur Geländegestaltung, – Transportleitungen für wassergefährdende Flüssigkeiten und Gase ohne Zwangspunkte, handelsübliche Fertigbehälter für Tankanlagen, – Zwischenlager, Sammelstellen und Umladestationen offener Bauart für Abfälle oder Wertstoffe ohne Zusatzeinrichtungen, – Stege, soweit Leistungen nach Teil 4 Abschnitt 1 erforderlich sind, einfache Durchlässe und Uferbefestigungen, ausgenommen einfache Durchlässe und Uferbefestigungen als Mittel zur Geländegestaltung, soweit keine Leistungen nach Teil 4 Abschnitt 1 erforderlich sind, einfache Ufermauern; Lärmschutzwälle, ausgenommen Lärmschutzwälle als Mittel zur Geländegestaltung; Stützbauwerke und Geländeabstützungen ohne Verkehrsbelastung als Mittel zur Geländegestaltung, soweit Leistungen nach § 50 Absatz 2 Nummer 3 bis 5 erforderlich sind, – einfache gemauerte Schornsteine, einfache Maste und Türme ohne Aufbauten, Versorgungsbauwerke und Schutzrohre in sehr einfachen Fällen ohne Zwangspunkte; **3.4.2 Honorarzone II:** – einfache Anlagen zur Gewinnung und Förderung von Wasser, z.B. Quellfassungen, Schachtbrunnen, einfache Anlagen zur Speicherung von	**12.2 Objektliste Ingenieurbauwerke** Nachstehende Objekte werden in der Regel folgenden Honorarzonen zugerechnet: *(Tabelle folgt)*

Gruppe 1 – Bauwerke und Anlagen der Wasserversorgung	Honorarzone				
	I	II	III	IV	V
– Zisternen	x				
– einfache Anlagen zur Gewinnung und Förderung von Wasser, zum Beispiel Quellfassungen, Schachtbrunnen			x		
– Tiefbrunnen				x	
– Brunnengalerien und Horizontalbrunnen					x
– Leitungen für Wasser ohne Zwangspunkte		x			
– Leitungen für Wasser mit geringen Verknüpfungen und wenigen Zwangspunkten				x	
– Leitungen für Wasser mit zahlreichen Verknüpfungen und mehreren Zwangspunkten					x
– Einfache Leitungsnetze für Wasser		x			
– Leitungsnetze mit mehreren Verknüpfungen und zahlreichen Zwangspunkten und mit einer Druckzone				x	
– Leitungsnetze für Wasser mit zahlreichen Verknüpfungen und zahlreichen Zwangspunkten					x
– einfache Anlagen zur Speicherung von Wasser, zum Beispiel Behälter in Fertigbauweise, Feuerlöschbecken			x		
– Speicherbehälter				x	
– Speicherbehälter in Turmbauweise					x
– einfache Wasseraufbereitungsanlagen und Anlagen mit mechanischen Verfahren, Pumpwerke und Druckerhöhungsanlagen				x	
– Wasseraufbereitungsanlagen mit physikalischen und chemischen Verfahren, schwierige Pumpwerke und Druckerhöhungsanlagen					x
– Bauwerke und Anlagen mehrstufiger oder kombinierter Verfahren der Wasseraufbereitung					x

b) Synopse HOAI 2009 – HOAI 2013 – Anlagen

HOAI 2009 Anlagen	HOAI 2013 Anlagen
Wasser, z. B. Behälter in Fertigbauweise, Feuerlöschbecken, Leitungen für Wasser mit geringen Verknüpfungen und wenigen Zwangspunkten, einfache Leitungsnetze für Wasser, – industriell systematisierte Abwasserbehandlungsanlagen, Schlammabsetzanlagen, Schlammpolder, Erdbecken als Regenrückhaltebecken, Leitungen für Abwasser mit geringen Verknüpfungen und wenigen Zwangspunkten, einfache Leitungsnetze für Abwasser, – einfache Pumpanlagen, Pumpwerke und Schöpfwerke, einfache feste Wehre, Düker mit wenigen Zwangspunkten, Einzelgewässer mit gleichförmigem gegliedertem Querschnitt und einigen Zwangspunkten, Teiche mit mehr als 3m Dammhöhe über Sohle ohne Hochwasserentlastung, Teiche bis 3m Dammhöhe über Sohle mit Hochwasserentlastung, Ufer- und Sohlensicherung an Wasserstraßen, einfache Schiffsanlege-, -lösch- und -ladestellen, Bootsanlegestellen an fließenden Gewässern, Deich- und Dammbauten, soweit nicht in Honorarzone I, III oder IV erwähnt, Berieselung und rohrlose Dränung, flächenhafter Erdbau mit unterschiedlichen Schütthöhen oder Materialien, – Transportleitungen für wassergefährdende Flüssigkeiten und Gase mit geringen Verknüpfungen und wenigen Zwangspunkten, industriell vorgefertigte einstufige Leichtflüssigkeitsabscheider, – Zwischenlager, Sammelstellen und Umladestationen offener Bauart für Abfälle oder Wertstoffe mit einfachen Zusatzeinrichtungen, einfache, einstufige Aufbereitungsanlagen für Wertstoffe, einfache Bauschuttaufbereitungsanlagen, Pflanzenabfall-Kompostierungsanlagen und Bauschuttdeponien ohne besondere Einrichtungen, – gerade Einfeldbrücken einfacher Bauart, Durchlässe, soweit nicht in Honorarzone I erwähnt, Stützbauwerke mit Verkehrsbelastungen, einfache Kaimauern und Piers, Schmalwände, Uferspundwände und Ufermauern, soweit nicht in Honorarzone I oder III erwähnt, einfache Lärmschutzanlagen, soweit Leis-	(siehe Tabelle unten)

Gruppe 2 – Bauwerke und Anlagen der Abwasserentsorgung mit Ausnahme Entwässerungsanlagen, die der Zweckbestimmung der Verkehrsanlagen dienen, und Regenwasserversickerung (Abgrenzung zu Freianlagen)

	Honorarzone I	II	III	IV	V
– Leitungen für Abwasser ohne Zwangspunkte	x				
– Leitungen für Abwasser mit geringen Verknüpfungen und wenigen Zwangspunkten		x			
– Leitungen für Abwasser mit zahlreichen Verknüpfungen und zahlreichen Zwangspunkten				x	
– einfache Leitungsnetze für Abwasser		x			
– Leitungsnetze für Abwasser mit mehreren Verknüpfungen und mehreren Zwangspunkten				x	
– Leitungsnetze für Abwasser mit zahlreichen Zwangspunkten					x
– Erdbecken als Regenrückhaltebecken		x			
– Regenbecken und Kanalstauräume mit geringen Verknüpfungen und wenigen Zwangspunkten				x	
– Regenbecken und Kanalstauräume mit zahlreichen Verknüpfungen und zahlreichen Zwangspunkten, kombinierte Regenwasserbewirtschaftungsanlagen				x	
– Schlammabsetzanlagen, Schlammpolder		x			
– Schlammabsetzanlagen mit mechanischen Einrichtungen				x	
– Schlammbehandlungsanlagen				x	
– Bauwerke und Anlagen für mehrstufige oder kombinierte Verfahren der Schlammbehandlung					x
– Industriell systematisierte Abwasserbehandlungsanlagen, einfache Pumpwerke und Hebeanlagen		x			
– Abwasserbehandlungsanlagen mit gemeinsamer aerober Stabilisierung, Pumpwerke und Hebeanlagen				x	

b) Synopse HOAI 2009 – HOAI 2013 – Anlagen

HOAI 2009 Anlagen	HOAI 2013 Anlagen					
tungen nach Teil 4 Abschnitt 1 oder nach Punkt 1.4 erforderlich sind, – einfache Schornsteine, soweit nicht in Honorarzone I erwähnt, Maste und Türme ohne Aufbauten, soweit nicht in Honorarzone I erwähnt, Versorgungsbauwerke und Schutzrohre mit zugehörigen Schächten für Versorgungssysteme mit wenigen Zwangspunkten, flach gegründete, einzeln stehende Silos ohne Anbauten, einfache Werft-, Aufschlepp- und Helgenanlagen;	**Gruppe 2 – Bauwerke und Anlagen der Abwasserentsorgung** mit Ausnahme Entwässerungsanlagen, die der Zweckbestimmung der Verkehrsanlagen dienen, und Regenwasserversickerung (Abgrenzung zu Freianlagen)	Honorarzone				
		I	II	III	IV	V
	– Abwasserbehandlungsanlagen, schwierige Pumpwerke und Hebeanlagen				x	
	– Schwierige Abwasserbehandlungsanlagen					x
3.4.3 Honorarzone III: – Tiefbrunnen, Speicherbehälter, einfache Wasseraufbereitungsanlagen und Anlagen mit mechanischen Verfahren, Leitungen für Wasser mit zahlreichen Verknüpfungen und mehreren Zwangspunkten, Leitungsnetze mit mehreren Verknüpfungen und zahlreichen Zwangspunkten und mit einer Druckzone, – Abwasserbehandlungsanlagen mit gemeinsamer aerober Stabilisierung, Schlammabsetzanlagen mit mechanischen Einrichtungen, Leitungen für Abwasser mit zahlreichen Verknüpfungen und zahlreichen Zwangspunkten, Leitungsnetze für Abwasser mit mehreren Verknüpfungen und mehreren Zwangspunkten, –Pump- und Schöpfwerke, soweit nicht in Honorarzone II oder IV erwähnt, Kleinwasserkraftanlagen, feste Wehre, soweit nicht in Honorarzone II erwähnt, einfache bewegliche Wehre, Düker, soweit nicht in Honorarzone II oder IV erwähnt, Einzelgewässer mit ungleichförmigem ungegliedertem Querschnitt und einigen Zwangspunkten, Gewässersysteme mit einigen Zwangspunkten, Hochwasserrückhaltebecken und Talsperren bis 5m Dammhöhe über Sohle oder bis 100 000m³ Speicherraum, Schifffahrtskanäle, Schiffsanlege-, -lösch- und -ladestellen, Häfen, schwierige Deich- und Dammbauten, Siele, einfache Sperrwerke, Sperrtore, einfache Schiffsschleusen, Bootsschleusen, Regenbecken und Kanalstauräume mit geringen Verknüpfungen und wenigen	**Gruppe 3 – Bauwerke und Anlagen des Wasserbaus** ausgenommen Freianlagen nach § 39 Absatz 1					
	– Berieselung und rohrlose Dränung, flächenhafter Erdbau mit unterschiedlichen Schütthöhen oder Materialien			x		
	– Beregnung und Rohrdränung				x	
	– Beregnung und Rohrdränung bei ungleichmäßigen Boden- und schwierigen Geländever-hältnissen					x
	– Einzelgewässer mit gleichförmigem ungegliedertem Querschnitt ohne Zwangspunkte, ausgenommen Einzelgewässer mit überwiegend ökologischen und landschaftsgestalterischen Elementen			x		
	– Einzelgewässer mit gleichförmigem gegliedertem Querschnitt und einigen Zwangspunkten				x	
	– Einzelgewässer mit ungleichförmigem ungegliedertem Querschnitt und einigen Zwangspunkten, Gewässersysteme mit einigen Zwangspunkten				x	
	– Einzelgewässer mit ungleichförmigem gegliedertem Querschnitt und vielen Zwangspunkten, Gewässersysteme mit vielen Zwangspunkten, besonders schwieriger Gewässerausbau mit sehr hohen technischen Anforderungen und ökologischen Ausgleichsmaßnahmen					x

b) Synopse HOAI 2009 – HOAI 2013 – Anlagen

HOAI 2009 Anlagen	HOAI 2013 Anlagen					

HOAI 2009 Anlagen
Zwangspunkten, Beregnung und Rohrdränung,
– Transportleitungen für wassergefährdende Flüssigkeiten und Gase mit geringen Verknüpfungen und wenigen Zwangspunkten, Anlagen zur Lagerung wassergefährdender Flüssigkeiten in einfachen Fällen, Pumpzentralen für Tankanlagen in Ortbetonbauweise, einstufige Leichtflüssigkeitsabscheider, soweit nicht in Honorarzone II erwähnt, Leerrohrnetze mit wenigen Verknüpfungen,
– Zwischenlager, Sammelstellen und Umladestationen für Abfälle oder Wertstoffe, soweit nicht in Honorarzone I oder II erwähnt, Aufbereitungsanlagen für Wertstoffe, soweit nicht in Honorarzone II oder IV erwähnt, Bauschuttaufbereitungsanlagen, soweit nicht in Honorarzone II erwähnt, Biomüll-Kompostierungsanlagen, Pflanzenabfall-Kompostierungsanlagen, soweit nicht in Honorarzone II erwähnt, Bauschuttdeponien, soweit nicht in Honorarzone II erwähnt, Hausmüll- und Monodeponien, soweit nicht in Honorarzone IV erwähnt, Abdichtung von Altablagerungen und kontaminierten Standorten, soweit nicht in Honorarzone IV erwähnt,
– Einfeldbrücken, soweit nicht in Honorarzone II oder IV erwähnt, einfache Mehrfeld- und Bogenbrücken, Stützbauwerke mit Verankerungen, Kaimauern und Piers, soweit nicht in Honorarzone II oder IV erwähnt, Schlitz- und Bohrpfahlwände, Trägerbohlwände, schwirige Uferspundwände und Ufermauern, Lärmschutzanlagen, soweit nicht in Honorarzone II oder IV erwähnt und soweit Leistungen nach Teil 4 Abschnitt 1 oder Punkt 1.4 erforderlich sind, einfache Tunnel- und Trogbauwerke,
– Schornsteine mittlerer Schwierigkeit, Maste und Türme mit Aufbauten, einfache Kühltürme, Versorgungsbauwerke mit zugehörigen Schächten für Versorgungssysteme unter beengten Verhältnissen, einzeln stehende Silos mit einfachen Anbauten, Werft-, Aufschlepp- und Helgenanlagen, soweit nicht in Honorarzone II oder IV erwähnt,

HOAI 2013 Anlagen

Gruppe 3 – Bauwerke und Anlagen des Wasserbaus ausgenommen Freianlagen nach § 39 Absatz 1	Honorarzone				
	I	II	III	IV	V
– Teiche bis 3m Dammhöhe über Sohle ohne Hoch-wasserentlastung ausge-nommen Teiche ohne Dämme		x			
– Teiche mit mehr als 3m Dammhöhe über Sohle ohne Hochwasserentlastung, Teiche bis 3m Dammhöhe über Sohle mit Hochwasserentlastung			x		
– Hochwasserrückhaltebecken und Talsperren bis 5 m Dammhöhe über Sohle oder bis 100.000 m³ Speicherraum				x	
– Hochwasserrückhaltebecken und Talsperren mit mehr als 100.000 m³ und weniger als 5.000.000 m³ Speicherraum				x	
– Hochwasserrückhaltebecken und Talsperren mit mehr als 5.000.000 m³ Speicherraum					x
– Deich und Dammbauten			x		
– schwirige Deich- und Dammbauten				x	
– besonders schwirige Deich- und Dammbauten					x
– einfache Pumpanlagen, Pumpwerke und Schöpfwerke			x		
– Pump- und Schöpfwerke, Siele				x	
– schwirige Pump- und Schöpfwerke					x
– Einfache Durchlässe	x				
– Durchlässe und Düker			x		
– schwirige Durchlässe und Düker				x	
– Besonders schwirige Durchlässe und Düker					x
– einfache feste Wehre			x		
– feste Wehre				x	
– einfache bewegliche Wehre				x	
– bewegliche Wehre					x
– einfache Sperrwerke und Sperrtore				x	
– Sperrwerke					x

HOAI 2009 Anlagen	HOAI 2013 Anlagen					
einfache Docks, einfache, selbständige Tiefgaragen, einfache Schacht- und Kavernenbauwerke, einfache Stollenbauten, schwierige Bauwerke für Heizungsanlagen in Ortbetonbauweise, einfache Untergrundbahnhöfe; **3.4.4 Honorarzone IV:** – Brunnengalerien und Horizontalbrunnen, Speicherbehälter in Turmbauweise, Wasseraufbereitungsanlagen mit physikalischen und chemischen Verfahren, einfache Grundwasserdekontaminierungsanlagen, Leitungsnetze für Wasser mit zahlreichen Verknüpfungen und zahlreichen Zwangspunkten, – Abwasserbehandlungsanlagen, soweit nicht in Honorarzone II, III oder V erwähnt, Schlammbehandlungsanlagen; Leitungsnetze für Abwasser mit zahlreichen Zwangspunkten, – schwierige Pump- und Schöpfwerke, Druckerhöhungsanlagen, Wasserkraftanlagen, bewegliche Wehre, soweit nicht in Honorarzone III erwähnt, mehrfunktionale Düker, Einzelgewässer mit ungleichförmigem gegliedertem Querschnitt und vielen Zwangspunkten, Gewässersysteme mit vielen Zwangspunkten, besonders schwieriger Gewässerausbau mit sehr hohen technischen Anforderungen und ökologischen Ausgleichsmaßnahmen, Hochwasserrückhaltebecken und Talsperren mit mehr als 100 000 m³ und weniger als 5 000 000 m³ Speicherraum, Schiffsanlege-, -lösch- und -ladestellen bei Tide- oder Hochwasserbeeinflussung, Schiffsschleusen, Häfen bei Tide- und Hochwasserbeeinflussung, besonders schwierige Deich- und Dammbauten, Sperrwerke, soweit nicht in Honorarzone III erwähnt, Regenbecken und Kanalstauräume mit zahlreichen Verknüpfungen und zahlreichen Zwangspunkten, kombinierte Regenwasserbewirtschaftungsanlagen, Beregnung und Rohrdränung bei ungleichmäßigen Boden- und schwierigen Geländeverhältnissen, – Transportleitungen für wassergefährdende Flüssigkeiten und Gase mit zahlreichen Verknüpfungen und zahlreichen Zwangspunkten,	**Gruppe 3 – Bauwerke und Anlagen des Wasserbaus** ausgenommen Freianlagen nach § 39 Absatz 1	Honorarzone				
		I	II	III	IV	V
	– Kleinwasserkraftanlagen			x		
	– Wasserkraftanlagen				x	
	– Schwierige Wasserkraftanlagen, zum Beispiel Pumpspeicherwerke oder Kavernenkraftwerke					x
	– Fangedämme, Hochwasserwände			x		
	– Fangedämme, Hochwasserschutzwände in schwieriger Bauweise				x	
	– eingeschwommene Senkkästen, schwierige Fangedämme, Wellenbrecher					x
	– Bootsanlegestellen mit Dalben, Leitwänden, Festmacher- und Fenderanlagen an stehenden Gewässern	x				
	– Bootsanlegestellen mit Dalben, Leitwänden, Festmacher- und Fenderanlagen an fließenden Gewässern, einfache Schiffslösch- und -ladestellen, einfache Kaimauern und Piers			x		
	– Schiffslösch- und -ladestellen, Häfen, jeweils mit Dalben, Leitwänden, Festmacher- und Fenderanlagen mit hohen Belastungen, Kaimauern und Piers				x	
	– Schiffsanlege-, -lösch- und -ladestellen bei Tide oder Hochwasserbeeinflussung, Häfen bei Tide- und Hochwasserbeeinflussung, schwierige Kaimauern und Piers					x
	– Schwierige schwimmende Schiffsanleger, bewegliche Verladebrücken					x
	– Einfache Uferbefestigungen	x				
	– Uferwände und -mauern		x			
	– Schwierige Uferwände und -mauern, Ufer- und Sohlensicherung an Wasserstraßen				x	
	– Schifffahrtskanäle mit Dalben, Leitwänden, bei einfachen Bedingungen				x	
	– Schifffahrtskanäle mit Dalben, Leitwänden, bei schwierigen Bedingungen in Dammstrecken, mit Kreuzungsbauwerken					x

b) Synopse HOAI 2009 – HOAI 2013 – Anlagen **HOAI 2009/HOAI 2013**

HOAI 2009 Anlagen	HOAI 2013 Anlagen

HOAI 2009 Anlagen
mehrstufige Leichtflüssigkeitsabscheider; Leerrohrnetze mit zahlreichen Verknüpfungen,
– mehrstufige Aufbereitungsanlagen für Wertstoffe, Kompostwerke, Anlagen zur Konditionierung von Sonderabfällen, Hausmülldeponien und Monodeponien mit schwierigen technischen Anforderungen, Sonderabfalldeponien, Anlagen für Untertagedeponien, Behälterdeponien, Abdichtung von Altablagerungen und kontaminierten Standorten mit schwierigen technischen Anforderungen, Anlagen zur Behandlung kontaminierter Böden,
– schwierige Einfeld-, Mehrfeld- und Bogenbrücken, schwierige Kaimauern und Piers, Lärmschutzanlagen in schwieriger städtebaulicher Situation, soweit Leistungen nach Teil 4 Abschnitt 1 oder Punkt 1.4 erforderlich sind, schwierige Tunnel- und Trogbauwerke,
– schwierige Schornsteine, Maste und Türme mit Aufbauten und Betriebsgeschoss, Kühltürme, soweit nicht in Honorarzone III oder V erwähnt, Versorgungskanäle mit zugehörigen Schächten in schwierigen Fällen für mehrere Medien, Silos mit zusammengefügten Zellenblöcken und Anbauten, schwierige Werft-, Aufschlepp- und Helgenanlagen, schwierige Docks, selbständige Tiefgaragen, soweit nicht in Honorarzone III erwähnt, schwierige Schacht- und Kavernenbauwerke, schwierige Stollenbauten, schwierige Untergrundbahnhöfe, soweit nicht in Honorarzone V erwähnt;
3.4.5 Honorarzone V:
– Bauwerke und Anlagen mehrstufiger oder kombinierter Verfahren der Wasseraufbereitung; komplexe Grundwasserdekontaminierungsanlagen,
– schwierige Abwasserbehandlungsanlagen, Bauwerke und Anlagen für mehrstufige oder kombinierte Verfahren der Schlammbehandlung,
– schwierige Wasserkraftanlagen, z.B. Pumpspeicherwerke oder Kavernenkraftwerke, Schiffshebewerke, Hochwasserrückhaltebecken und Talsperren mit mehr als 5 000 000 m³ Speicherraum,
– Verbrennungsanlagen, Pyrolyseanlagen,

HOAI 2013 Anlagen

Gruppe 3 – Bauwerke und Anlagen des Wasserbaus ausgenommen Freianlagen nach § 39 Absatz 1	Honorarzone				
	I	II	III	IV	V
– Kanalbrücken					x
– einfache Schiffsschleusen, Bootsschleusen			x		
– Schiffsschleusen bei geringen Hubhöhen				x	
– Schiffsschleusen bei großen Hubhöhen und Sparschleusen					x
– Schiffshebewerke					x
– Werftanlagen, einfache Docks				x	
– schwierige Docks				x	
– Schwimmdocks					x

Gruppe 4 – Bauwerke und Anlagen für Ver- und Entsorgung mit Gasen, Energieträgern, Feststoffen einschließlich wassergefährdenden Flüssig-keiten, ausgenommen Anlagen nach § 53 Absatz 2	I	II	III	IV	V
– Transportleitungen für Fernwärme, wassergefährdende Flüssigkeiten und Gase ohne Zwangspunkte		x			
– Transportleitungen für Fernwärme, wassergefährdende Flüssigkeiten und Gase mit geringen Verknüpfungen und wenigen Zwangspunkten			x		
– Transportleitungen für Fernwärme, wassergefährdende Flüssigkeiten und Gase mit zahlreichen Verknüpfungen oder zahlreichen Zwangspunkten				x	
– Transportleitungen für Fernwärme, wassergefährdende Flüssigkeiten und Gase mit zahlreichen Verknüpfungen und zahlreichen Zwangspunkten					x
– Industriell vorgefertigte einstufige Leichtflüssigkeitsabscheider			x		
– Einstufige Leichtflüssigkeitsabscheider				x	
– mehrstufige Leichtflüssigkeitsabscheider				x	
– Leerrohrnetze mit wenigen Verknüpfungen			x		

b) Synopse HOAI 2009 – HOAI 2013 – Anlagen

HOAI 2009 Anlagen	HOAI 2013 Anlagen					
– besonders schwierige Brücken, besonders schwierige Tunnel- und Trogbauwerke, – besonders schwierige Schornsteine, Maste und Türme mit Aufbauten, Betriebsgeschoss und Publikumseinrichtungen, schwierige Kühltürme, besonders schwierige Schacht- und Kavernenbauwerke, Untergrund-Kreuzungsbahnhöfe, Offshore Anlagen.	**Gruppe 4 – Bauwerke und Anlagen für Ver- und Entsorgung** mit Gasen, Energieträgern, Feststoffen einschließlich wassergefährdenden Flüssigkeiten, ausgenommen Anlagen nach § 53 Absatz 2	\multicolumn{5}{c}{Honorarzone}
		I	II	III	IV	V
	– Transportleitungen für Fernwärme, wassergefährdende Flüssigkeiten und Gase ohne Zwangspunkte	x				
	– Transportleitungen für Fernwärme, wassergefährdende Flüssigkeiten und Gase mit geringen Verknüpfungen und wenigen Zwangspunkten		x			
	– Transportleitungen für Fernwärme, wassergefährdende Flüssigkeiten und Gase mit zahlreichen Verknüpfungen oder zahlreichen Zwangspunkten			x		
	– Transportleitungen für Fernwärme, wassergefährdende Flüssigkeiten und Gase mit zahlreichen Verknüpfungen und zahlreichen Zwangspunkten				x	
	– Industriell vorgefertigte einstufige Leichtflüssigkeitsabscheider		x			
	– Einstufige Leichtflüssigkeitsabscheider			x		
	– mehrstufige Leichtflüssigkeitsabscheider				x	
	– Leerrohrnetze mit wenigen Verknüpfungen			x		
	– Leerrohrnetze mit zahlreichen Verknüpfungen				x	
	– Handelsübliche Fertigbehälter für Tankanlagen	x				
	– Pumpzentralen für Tankanlagen in Ortbetonbauweise			x		
	– Anlagen zur Lagerung wassergefährdender Flüssigkeiten in einfachen Fällen				x	
	Gruppe 5 – Bauwerke und Anlagen der Abfallentsorgung					
	– Zwischenlager, Sammelstellen und Umladestationen offener Bauart für Abfälle oder Wertstoffe ohne Zusatzeinrichtungen		x			

b) Synopse HOAI 2009 – HOAI 2013 – Anlagen

HOAI 2009 Anlagen	HOAI 2013 Anlagen					
	Gruppe 5 – Bauwerke und Anlagen der Abfallentsorgung	Honorarzone				
		I	II	III	IV	V
	– Zwischenlager, Sammelstellen und Umladestationen offener Bauart für Abfälle oder Wertstoffe mit einfachen Zusatzeinrichtungen		x			
	– Zwischenlager, Sammelstellen und Umladestationen offener Bauart für Abfälle oder Wertstoffe, mit schwierigen Zusatzeinrichtungen			x		
	– Einfache, einstufige Aufbereitungsanlagen für Wertstoffe		x			
	– Aufbereitungsanlagen für Wertstoffe			x		
	– Mehrstufige Aufbereitungsanlagen für Wertstoffe				x	
	– Einfache Bauschuttaufbereitungsanlagen		x			
	– Bauschuttaufbereitungsanlagen			x		
	– Bauschuttdeponien ohne besondere Einrichtungen		x			
	– Bauschuttdeponien			x		
	– Pflanzenabfall-Kompostierungsanlagen ohne besondere Einrichtungen		x			
	– Biomüll-Kompostierungsanlagen, Pflanzenabfall-Kompostierungsanlagen			x		
	– Kompostwerke				x	
	– Hausmüll- und Monodeponien			x		
	– Hausmülldeponien und Monodeponien mit schwierigen technischen Anforderungen				x	
	– Anlagen zur Konditionierung von Sonderabfällen				x	
	– Verbrennungsanlagen, Pyrolyseanlagen					x
	– Sonderabfalldeponien				x	
	– Anlagen für Untertagedeponien				x	
	– Behälterdeponien				x	
	– Abdichtung von Altablagerungen und kontaminierten Standorten			x		

HOAI 2009 Anlagen	HOAI 2013 Anlagen					
	Gruppe 5 – Bauwerke und Anlagen der Abfallentsorgung	Honorarzone				
		I	II	III	IV	V
	– Abdichtung von Altablagerungen und kontaminierten Standorten mit schwierigen technischen Anforderungen				x	
	– Anlagen zur Behandlung kontaminierter Böden einschließlich Bodenluft				x	
	– einfache Grundwasserdekontaminierungsanlagen				x	
	– komplexe Grundwasserdekontaminierungsanlagen					x
	Gruppe 6 – konstruktive Ingenieurbauwerke für Verkehrsanlagen					
	– Lärmschutzwälle ausgenommen Lärmschutzwälle als Mittel der Geländegestaltung	x				
	– Einfache Lärmschutzanlagen		x			
	– Lärmschutzanlagen			x		
	– Lärmschutzanlagen in schwieriger städtebaulicher Situation				x	
	– Gerade Einfeldbrücken einfacher Bauart		x			
	– Einfeldbrücken			x		
	– Einfache Mehrfeld- und Bogenbrücken			x		
	– Schwierige Einfeld-, Mehrfeld- und Bogenbrücken				x	
	– Schwierige, längs vorgespannte Stahlverbundkonstruktionen					x
	– Besonders schwierige Brücken					x
	– Tunnel- und Trogbauwerke			x		
	– Schwierige Tunnel- und Trogbauwerke				x	
	– Besonders schwierige Tunnel- und Trogbauwerke					x
	– Untergrundbahnhöfe			x		
	– schwierige Untergrundbahnhöfe				x	
	– besonders schwierige Untergrundbahnhöfe und Kreuzungsbahnhöfe					x

b) Synopse HOAI 2009 – HOAI 2013 – Anlagen

HOAI 2009 Anlagen	HOAI 2013 Anlagen					
	Gruppe 7 – sonstige Einzelbauwerke sonstige Einzelbauwerke ausgenommen Gebäude und Freileitungs- und Oberleitungsmaste	Honorarzone				
		I	II	III	IV	V
	– Einfache Schornsteine		x			
	– Schornsteine			x		
	– Schwierige Schornsteine				x	
	– Besonders schwierige Schornsteine					x
	– Einfache Masten und Türme ohne Aufbauten	x				
	– Masten und Türme ohne Aufbauten		x			
	– Masten und Türme mit Aufbauten			x		
	– Masten und Türme mit Aufbauten und Betriebsgeschoss				x	
	– Masten und Türme mit Aufbauten, Betriebsgeschoss und Publikumseinrichtungen					x
	– Einfache Kühltürme		x			
	– Kühltürme				x	
	– Schwierige Kühltürme					x
	– Versorgungsbauwerke und Schutzrohre in sehr einfachen Fällen ohne Zwangspunkte	x				
	– Versorgungsbauwerke und Schutzrohre mit zugehörigen Schächten für Versorgungssysteme mit wenigen Zwangspunkten		x			
	– Versorgungsbauwerke mit zugehörigen Schächten für Versorgungssysteme unter beengten Verhältnissen				x	
	– Versorgungsbauwerke mit zugehörigen Schächten in schwierigen Fällen für mehrere Medien					x
	– Flach gegründete, einzeln stehende Silos ohne Anbauten		x			
	– Einzeln stehende Silos mit einfachen Anbauten, auch in Gruppenbauweise			x		
	– Silos mit zusammengefügten Zellenblöcken und Anbauten				x	
	– Schwierige Windkraftanlagen				x	

HOAI 2009 Anlagen	HOAI 2013 Anlagen					
	Gruppe 7 – sonstige Einzelbauwerke sonstige Einzelbauwerke ausgenommen Gebäude und Freileitungs- und Oberleitungsmaste		Honorarzone			
		I	II	III	IV	V
	– Unverankerte Stützbauwerke bei geringen Geländesprüngen ohne Verkehrsbelastung als Mittel zur Geländegestaltung und zur konstruktiven Böschungssicherung	x				
	– Unverankerte Stützbauwerke bei hohen Geländesprüngen mit Verkehrsbelastungen mit einfachen Baugrund-, Belastungs- und Geländeverhältnissen		x			
	– Stützbauwerke mit Verankerung oder unverankerte Stützbauwerke bei schwierigen Baugrund-, Belastungs- oder Geländeverhältnissen			x		
	– Stützbauwerke mit Verankerung und schwierigen Baugrund-, Belastungs- oder Geländeverhältnissen				x	
	– Stützbauwerke mit Verankerung und ungewöhnlich schwierigen Randbedingungen					x
	– Schlitz- und Bohrpfahlwände, Trägerbohlwände			x		
	– Einfache Traggerüste und andere einfache Gerüste			x		
	– Traggerüste und andere Gerüste				x	
	– Sehr schwierige Gerüste und sehr hohe oder weitgespannte Traggerüste, verschiebliche (Trag-)Gerüste					x
	– eigenständige Tiefgaragen, einfache Schacht- und Kavernenbauwerke, einfache Stollenbauten			x		
	– schwierige eigenständige Tiefgaragen, schwierige Schacht- und Kavernenbauwerke, schwierige Stollenbauwerke				x	
	– Besonders schwierige Schacht- und Kavernenbauwerke					x

HOAI 2009 Anlagen	HOAI 2013 Anlagen

3.5 Verkehrsanlagen

Nachstehende Verkehrsanlagen werden in der Regel folgenden Honorarzonen zugeordnet:

3.5.1 Honorarzone I:
– Wege im ebenen oder wenig bewegten Gelände mit einfachen Entwässerungsverhältnissen, ausgenommen Wege ohne Eignung für den regelmäßigen Fahrverkehr mit einfachen Entwässerungsverhältnissen sowie andere Wege und befestigte Flächen, die als Gestaltungselement der Freianlage geplant werden und für die Leistungen nach Teil 3 Abschnitt 3 nicht erforderlich sind,
einfache Verkehrsflächen, Parkplätze in Außenbereichen,
– Gleis- und Bahnsteiganlagen ohne Weichen und Kreuzungen, soweit nicht in den Honorarzonen II bis V erwähnt;

3.5.2 Honorarzone II:
– Wege im bewegten Gelände mit einfachen Baugrund- und Entwässerungsverhältnissen, ausgenommen Wege ohne Eignung für den regelmäßigen Fahrverkehr und mit einfachen Entwässerungsverhältnissen sowie andere Wege und befestigte Flächen, die als Gestaltungselement der Freianlage geplant werden und für die Leistungen nach Teil 3 Abschnitt 3 nicht erforderlich sind,
außerörtliche Straßen ohne besondere Zwangspunkte oder im wenig bewegten Gelände,
Tankstellen- und Rastanlagen einfacher Art,
Anlieger- und Sammelstraßen in Neubaugebieten, innerörtliche Parkplätze, einfache höhengleiche Knotenpunkte,
– Gleisanlagen der freien Strecke ohne besondere Zwangspunkte, Gleisanlagen der freien Strecke im wenig bewegten Gelände, Gleis- und Bahnsteiganlagen der Bahnhöfe mit einfachen Spurplänen,
– einfache Verkehrsflächen für Landeplätze, Segelfluggelände;

3.5.3 Honorarzone III:
– Wege im bewegten Gelände mit schwierigen Baugrund- und Entwässerungsverhältnissen,
außerörtliche Straßen mit besonderen Zwangspunkten oder im bewegten Gelände,

13.2 Objektliste Verkehrsanlagen

Nachstehende Verkehrsanlagen werden in der Regel folgenden Honorarzonen zugeordnet:

Objekte	Honorarzone				
	I	II	III	IV	V
a) Anlagen des Straßenverkehrs					
Außerörtliche Straßen					
– ohne besondere Zwangspunkte oder im wenig bewegten Gelände		x			
– mit besonderen Zwangspunkten oder in bewegtem Gelände			x		
– mit vielen besonderen Zwangspunkten oder in stark bewegtem Gelände				x	
– im Gebirge					x
Innerörtliche Straßen und Plätze					
– Anlieger- und Sammelstrassen		x			
– sonstige innerörtliche Straßen mit normalen verkehrstechnischen Anforderungen oder normaler städtebaulicher Situation (durchschnittliche Anzahl Verknüpfungen mit der Umgebung)			x		
– sonstige innerörtliche Straßen mit hohen verkehrstechnischen Anforderungen oder schwieriger städtebaulicher Situation (hohe Anzahl Verknüpfungen mit der Umgebung)				x	
– sonstige innerörtliche Straßen mit sehr hohen verkehrstechnischen Anforderungen oder sehr schwieriger städtebaulicher Situation (sehr hohe Anzahl Verknüpfungen mit der Umgebung)					x
Wege					
– im ebenen Gelände mit einfachen Entwässerungsverhältnissen	x				
– im bewegtem Gelände mit einfachen Baugrund- und Entwässerungsverhältnissen			x		
– im bewegtem Gelände mit schwierigen Baugrund- und Entwässerungsverhältnissen				x	

2 HOAI 2009/HOAI 2013 — b) Synopse HOAI 2009 – HOAI 2013 – Anlagen

HOAI 2009 Anlagen	HOAI 2013 Anlagen					
schwierige Tankstellen- und Rastanlagen, innerörtliche Straßen und Plätze, soweit nicht in Honorarzone II, IV oder V erwähnt, verkehrsberuhigte Bereiche, ausgenommen Oberflächengestaltungen und Pflanzungen für Fußgängerbereiche nach Punkt 3.2.4, schwierige höhengleiche Knotenpunkte, einfache höhenungleiche Knotenpunkte, Verkehrsflächen für Güterumschlag Straße/Straße, – innerörtliche Gleisanlagen, soweit nicht in Honorarzone IV erwähnt, Gleisanlagen der freien Strecke mit besonderen Zwangspunkten, Gleisanlagen der freien Strecke im bewegten Gelände, Gleis- und Bahnsteiganlagen der Bahnhöfe mit schwierigen Spurplänen, – schwierige Verkehrsflächen für Landeplätze, einfache Verkehrsflächen für Flughäfen; **3.5.4 Honorarzone IV:** – außerörtliche Straßen mit einer Vielzahl besonderer Zwangspunkte oder im stark bewegten Gelände, soweit nicht in Honorarzone V erwähnt, innerörtliche Straßen und Plätze mit hohen verkehrstechnischen Anforderungen oder in schwieriger städtebaulicher Situation, sowie vergleichbare verkehrsberuhigte Bereiche, ausgenommen Oberflächengestaltungen und Pflanzungen für Fußgängerbereiche nach Punkt 3.2.4, sehr schwierige höhengleiche Knotenpunkte, schwierige höhenungleiche Knotenpunkte, Verkehrsflächen für Güterumschlag im kombinierten Ladeverkehr, – schwierige innerörtliche Gleisanlagen, Gleisanlagen der freien Strecke mit einer Vielzahl besonderer Zwangspunkte, Gleisanlagen der freien Strecke im stark bewegten Gelände; Gleis- und Bahnsteiganlagen der Bahnhöfe mit sehr schwierigen Spurplänen, – schwierige Verkehrsflächen für Flughäfen; **3.5.5 Honorarzone V:** – schwierige Gebirgsstraßen, schwierige innerörtliche Straßen und Plätze mit sehr hohen verkehrstechnischen Anforderungen oder in sehr schwieriger städtebaulicher Situation,	**Objekte** / Honorarzone					
		I	II	III	IV	V
	Plätze, Verkehrsflächen					
	– einfache Verkehrsflächen, Plätze außerorts	x				
	– innerörtliche Parkplätze		x			
	– verkehrsberuhigte Bereiche mit normalen städtebaulichen Anforderungen			x		
	– verkehrsberuhigte Bereiche mit hohen städtebaulichen Anforderungen				x	
	– Flächen für Güterumschlag Straße zu Straße			x		
	– Flächen für Güterumschlag in kombinierten Ladeverkehr				x	
	Tankstellen, Rastanlagen					
	– mit normalen verkehrstechnischen Anforderungen		x			
	– mit hohen verkehrstechnischen Anforderungen				x	
	Knotenpunkte					
	– einfach höhengleich		x			
	– schwierig höhengleich			x		
	– sehr schwierig höhengleich				x	
	– einfach höhenungleich			x		
	– schwierig höhenungleich				x	
	– sehr schwierig höhenungleich					x
	b) Anlagen des Schienenverkehrs					
	Gleis und Bahnsteiganlagen der freien Strecke					
	– ohne Weichen und Kreuzungen		x			
	– ohne besondere Zwangspunkte oder in wenig bewegtem Gelände			x		
	– mit besonderen Zwangspunkten oder in bewegtem Gelände				x	
	– mit vielen Zwangspunkten oder in stark bewegtem Gelände					x
	Gleis- und Bahnsteiganlagen der Bahnhöfe					
	– mit einfachen Spurplänen			x		
	– mit schwierigen Spurplänen				x	
	– mit sehr schwierigen Spurplänen					x

b) Synopse HOAI 2009 – HOAI 2013 – Anlagen

HOAI 2009 Anlagen	HOAI 2013 Anlagen
sehr schwierige höhenungleiche Knotenpunkte, – sehr schwierige innerörtliche Gleisanlagen.	<table><tr><td rowspan="2">Objekte</td><td colspan="5">Honorarzone</td></tr><tr><td>I</td><td>II</td><td>III</td><td>IV</td><td>V</td></tr><tr><td colspan="6">c) Anlagen des Flugverkehrs</td></tr><tr><td>– einfache Verkehrsflächen für Landeplätze, Segelfluggelände</td><td></td><td></td><td>x</td><td></td><td></td></tr><tr><td>– schwierige Verkehrsflächen für Landeplätze, einfache Verkehrsflächen für Flughäfen</td><td></td><td></td><td></td><td>x</td><td></td></tr><tr><td>– schwierige Verkehrsflächen für Flughäfen</td><td></td><td></td><td></td><td></td><td>x</td></tr></table>
3.6 Anlagen der Technischen Ausrüstung Nachstehende Anlagen werden in der Regel folgenden Honorarzonen zugeordnet: **3.6.1 Honorarzone I:** – Gas-, Wasser-, Abwasser- und sanitärtechnische Anlagen mit kurzen einfachen Rohrnetzen, – Heizungsanlagen mit direktbefeuerten Einzelgeräten und einfache Gebäudeheizungsanlagen ohne besondere Anforderungen an die Regelung, Lüftungsanlagen einfacher Art, – einfache Niederspannungs- und Fernmeldeinstallationen, – Abwurfanlagen für Abfall oder Wäsche, einfache Einzelaufzüge, Regalanlagen, soweit nicht in Honorarzone II oder III erwähnt, – chemische Reinigungsanlagen, – medizinische und labortechnische Anlagen der Elektromedizin, Dentalmedizin, Medizinmechanik und Feinmechanik/Optik jeweils für Arztpraxen der Allgemeinmedizin; **3.6.2 Honorarzone II:** – Gas-, Wasser-, Abwasser- und sanitärtechnische Anlagen mit umfangreichen verzweigten Rohrnetzen, Hebeanlagen und Druckerhöhungsanlagen, manuelle Feuerlösch- und Brandschutzanlagen, – Gebäudeheizungsanlagen mit besonderen Anforderungen an die Regelung, Fernheiz- und Kältenetze mit Übergabestationen, Lüftungsanlagen mit Anforderungen an Geräuschstärke, Zugfreiheit oder mit zusätzlicher Luftaufbereitung (außer geregelter Luftkühlung),	**15.2 Objektliste** <table><tr><td rowspan="2">Anlagengruppe 1 – Abwasser-, Wasser- oder Gasanlagen</td><td colspan="3">Honorarzone</td></tr><tr><td>I</td><td>II</td><td>III</td></tr><tr><td>– Anlagen mit kurzen einfachen Netzen</td><td>x</td><td></td><td></td></tr><tr><td>– Abwasser-, Wasser-, Gas- oder sanitärtechnische Anlagen mit verzweigten Netzen, Trinkwasserzirkulationsanlagen, Hebeanlagen, Druckerhöhungsanlagen</td><td></td><td>x</td><td></td></tr><tr><td>– Anlagen zur Reinigung, Entgiftung oder Neutralisation von Abwasser, Anlagen zur biologischen, chemischen oder physikalischen Behandlung von Wasser, Anlagen mit besonderen hygienischen Anforderungen oder neuen Techniken (zum Beispiel Kliniken, Alten- oder Pflegeeinrichtungen)</td><td></td><td></td><td></td></tr><tr><td>– Gasdruckreglerstationen, mehrstufige Leichtflüssigkeitsabscheider</td><td></td><td></td><td>x</td></tr><tr><td colspan="4">**Anlagengruppe 2 – Wärmeversorgungsanlagen**</td></tr><tr><td>– Einzelheizgeräte, Etagenheizung</td><td>x</td><td></td><td></td></tr><tr><td>– Gebäudeheizungsanlagen, mono- oder bivalente Systeme (zum Beispiel Solaranlage zur Brauchwassererwärmung, Wärmepumpenanlagen)</td><td></td><td></td><td></td></tr><tr><td>– Flächenheizungen</td><td></td><td></td><td></td></tr><tr><td>– Hausstationen</td><td></td><td></td><td></td></tr><tr><td>– verzweigte Netze</td><td></td><td>x</td><td></td></tr><tr><td>– Multivalente Systeme</td><td></td><td></td><td>x</td></tr></table>

2 HOAI 2009/HOAI 2013 b) Synopse HOAI 2009 – HOAI 2013 – Anlagen

HOAI 2009 Anlagen	HOAI 2013 Anlagen			
– Kompaktstationen, Niederspannungsleitungs- und Verteilungsanlagen, soweit nicht in Honorarzone I oder III erwähnt, kleine Fernmeldeanlagen und -netze, zum Beispiel kleine Wählanlagen nach Telekommunikationsordnung, Beleuchtungsanlagen nach der Wirkungsgrad-Berechnungsmethode, Blitzschutzanlagen, – Hebebühnen, flurgesteuerte Krananlagen, Verfahr-, Einschub- und Umlaufregelanlagen, Fahrtreppen und Fahrsteige, Förderanlagen mit bis zu zwei Sende- und Empfangsstellen, schwierige Einzelaufzüge, einfache Aufzugsgruppen ohne besondere Anforderungen, technische Anlagen für Mittelbühnen, – Küchen und Wäschereien mittlerer Größe, – medizinische und labortechnische Anlagen der Elektromedizin, Dentalmedizin, Medizinmechanik und Feinmechanik/Optik sowie Röntgen- und Nuklearanlagen mit kleinen Strahlendosen jeweils für Facharzt- oder Gruppenpraxen, Sanatorien, Altersheime und einfache Krankenhausfachabteilungen, Laboreinrichtungen, zum Beispiel für Schulen und Fotolabors; **3.6.3 Honorarzone III:** – Gaserzeugungsanlagen und Gasdruckreglerstationen einschließlich zugehöriger Rohrnetze, Anlagen zur Reinigung, Entgiftung und Neutralisation von Abwasser, Anlagen zur biologischen, chemischen und physikalischen Behandlung von Wasser; Wasser-, Abwasser- und sanitärtechnische Anlagen mit überdurchschnittlichen hygienischen Anforderungen; automatische Feuerlösch- und Brandschutzanlagen, – Dampfanlagen, Heißwasseranlagen, schwierige Heizungssysteme neuer Technologien, Wärmepumpanlagen, Zentralen für Fernwärme und Fernkälte, Kühlanlagen, Lüftungsanlagen mit geregelter Luftkühlung und Klimaanlagen einschließlich der zugehörigen Kälteerzeugungsanlagen, – Hoch- und Mittelspannungsanlagen, Niederspannungsschaltanlagen, Eigenstromerzeugungs- und Umformeranlagen, Niederspannungsleitungs- und Verteilungsanlagen mit Kurzschlussberechnungen, Beleuchtungsanlagen nach der Punkt-für-Punkt-Berechnungsmethode, große Fernmeldeanlagen und -netze,	**Anlagengruppe 2 – Wärmeversorgungsanlagen**	Honorarzone		
		I	II	III
	Systeme mit Kraft-Wärme-Kopplung, Dampfanlagen, Heißwasseranlagen, Deckenstrahlheizungen (zum Beispiel Sport- oder Industriehallen)			
	Anlagengruppe 3 – Lufttechnische Anlagen			
	– Einzelabluftanlagen		x	
	– Lüftungsanlagen mit einer thermodynamischen Luftbehandlungsfunktion (zum Beispiel Heizen), Druckbelüftung			x
	– Lüftungsanlagen mit mindestens 2 thermodynamischen Luftbehandlungsfunktionen (zum, Beispiel Heizen oder Kühlen), Teilklimaanlagen, Klimaanlagen			
	– Anlagen mit besonderen Anforderungen an die Luftqualität (zum Beispiel Operationsräume)			
	– Kühlanlagen, Kälteerzeugungsanlagen ohne Prozesskälteanlagen			
	– Hausstationen für Fernkälte, Rückkühlanlagen			x
	Anlagengruppe 4 – Starkstromanlagen			
	– Niederspannungsanlagen mit bis zu 2 Verteilungsebenen ab Übergabe EVU einschließlich Beleuchtung oder Sicherheitsbeleuchtung mit Einzelbatterien			
	– Erdungsanlagen		x	
	– Kompakt-Transformatorenstationen, Eigenstromerzeugungsanlagen (zum Beispiel zentrale Batterie- oder unterbrechungsfreie Stromversorgungsanlagen, Photovoltaik-Anlagen)			
	– Niederspannungsanlagen mit bis zu 3 Verteilebenen ab Übergabe EVU einschließlich Beleuchtungsanlagen			
	– zentrale Sicherheitsbeleuchtungsanlagen			
	– Niederspannungsinstallationen einschließlich Bussystemen			
	– Blitzschutz- oder Erdungsanlagen, soweit nicht in HZ I oder HZ III erwähnt			
	– Außenbeleuchtungsanlagen		x	

b) Synopse HOAI 2009 – HOAI 2013 – Anlagen

HOAI 2009 Anlagen	HOAI 2013 Anlagen			
– Aufzugsgruppen mit besonderen Anforderungen, gesteuerte Förderanlagen mit mehr als zwei Sende- und Empfangsstellen, Regalbediengeräte mit zugehörigen Regalanlagen, zentrale Entsorgungsanlagen für Wäsche, Abfall oder Staub, technische Anlagen für Großbühnen, höhenverstellbare Zwischenböden und Wellenerzeugungsanlagen in Schwimmbecken, automatisch betriebene Sonnenschutzanlagen, – Großküchen und Großwäschereien, – medizinische und labortechnische Anlagen für große Krankenhäuser mit ausgeprägten Untersuchungs- und Behandlungsräumen sowie für Kliniken und Institute mit Lehr- und Forschungsaufgaben, Klimakammern und Anlagen für Klimakammern, Sondertemperaturräume und Reinräume, Vakuumanlagen, Medienver- und -entsorgungsanlagen, chemische und physikalische Einrichtungen für Großbetriebe, Forschung und Entwicklung, Fertigung, Klinik und Lehre.	**Anlagengruppe 4 – Starkstromanlagen**	Honorarzone		
		I	II	III
	– Hoch- oder Mittelspannungsanlagen, Transformatorenstationen, Eigenstromversorgungsanlagen mit besonderen Anforderungen (zum Beispiel Notstromaggregate, Blockheizkraftwerke, dynamische unterbrechungsfreie Stromversorgung)			
	– Niederspannungsanlagen mit mindestens 4 Verteilebenen oder mehr als 1 000 A Nennstrom			
	– Beleuchtungsanlagen mit besonderen Planungsanforderungen (zum Beispiel Lichtsimulationen in aufwendigen Verfahren für Museen oder Sonderräume)			x
	– Blitzschutzanlagen mit besonderen Anforderungen (zum Beispiel für Kliniken, Hochhäuser, Rechenzentren)			x
	Anlagengruppe 5 – Fernmelde- oder informationstechnische Anlagen			
	– Einfache Fernmeldeinstallationen mit einzelnen Endgeräten	x		
	– Fernmelde- oder informationstechnische Anlagen, soweit nicht in HZ I oder HZ III erwähnt		x	
	– Fernmelde- oder informationstechnische Anlagen mit besonderen Anforderungen (zum Beispiel Konferenz- oder Dolmetscheranlagen, Beschallungsanlagen von Sonderräumen, Objektüberwachungsanlagen, aktive Netzwerkkomponenten, Fernübertragungsnetze, Fernwirkanlagen, Parkleitsysteme)			x
	Anlagengruppe 6 – Förderanlagen			
	– Einzelne Standardaufzüge, Kleingüteraufzüge, Hebebühnen	x		
	– Aufzugsanlagen, soweit nicht in Honorarzone I oder III erwähnt, Fahrtreppen oder Fahrsteige, Krananlagen, Ladebrücken, Stetigförderanlagen		x	
	– Aufzugsanlagen mit besonderen Anforderungen, Fassadenaufzüge, Transportanlagen mit mehr als zwei Sende- oder Empfangsstellen			x

HOAI 2009 Anlagen	HOAI 2013 Anlagen			
	Anlagengruppe 7 – **Nutzungsspezifische oder verfahrenstechnische Anlagen**	Honorarzone		
		I	II	III
	7.1. Nutzungsspezifische Anlagen			
	– Küchentechnische Geräte, zum Beispiel für Teeküchen	x		
	– Küchentechnische Anlagen, zum Beispiel Küchen mittlerer Größe, Aufwärmküchen, Einrichtungen zur Speise- oder Getränkeaufbereitung, -ausgabe oder -lagerung (keine Produktionsküche) einschließlich zugehöriger Kälteanlagen		x	
	– Küchentechnische Anlagen, zum Beispiel Großküchen, Einrichtungen für Produktionsküchen einschließlich der Ausgabe oder Lagerung sowie der zugehörigen Kälteanlagen, Gewerbekälte für Großküchen, große Kühlräume oder Kühlzellen			x
	– Wäscherei- oder Reinigungsgeräte, zum Beispiel für Gemeinschaftswaschküchen	x		
	– Wäscherei- oder Reinigungsanlagen, zum Beispiel Wäschereieinrichtungen für Waschsalons		x	
	– Wäscherei- oder Reinigungsanlagen, zum Beispiel chemische oder physikalische Einrichtungen für Großbetriebe			x
	– Medizin- oder labortechnische Anlagen, zum Beispiel für Einzelpraxen der Allgemeinmedizin	x		
	– Medizin- oder labortechnische Anlagen, zum Beispiel für Gruppenpraxen der Allgemeinmedizin oder Einzelpraxen der Fachmedizin, Sanatorien, Pflegeeinrichtungen, Krankenhausabteilungen, Laboreinrichtungen für Schulen		x	
	– Medizin- oder labortechnische Anlagen, zum Beispiel für Kliniken, Institute mit Lehr- oder Forschungsaufgaben, Laboratorien, Fertigungsbetriebe			x
	– Feuerlöschgeräte, zum Beispiel Handfeuerlöscher	x		
	– Feuerlöschanlagen, zum Beispiel manuell betätigte Feuerlöschanlagen		x	

b) Synopse HOAI 2009 – HOAI 2013 – Anlagen   HOAI 2009/HOAI 2013

HOAI 2009 Anlagen	HOAI 2013 Anlagen			
	Anlagengruppe 7 – Nutzungsspezifische oder verfahrenstechnische Anlagen	Honorarzone		
		I	II	III
	– Feuerlöschanlagen, zum Beispiel selbsttätig auslösende Anlagen			x
	– Entsorgungsanlagen, zum Beispiel Abwurfanlagen für Abfall oder Wäsche,	x		
	– Entsorgungsanlagen, zum Beispiel zentrale Entsorgungsanlagen für Wäsche oder Abfall, zentrale Staubsauganlagen			x
	– Bühnentechnische Anlagen, zum Beispiel technische Anlagen für Klein- oder Mittelbühnen		x	
	– Bühnentechnische Anlagen, zum Beispiel für Großbühnen			x
	– Medienversorgungsanlagen, zum Beispiel zur Erzeugung, Lagerung, Aufbereitung oder Verteilung medizinischer oder technischer Gase, Flüssigkeiten oder Vakuum			x
	– Badetechnische Anlagen, zum Beispiel Aufbereitungsanlagen, Wellenerzeugungsanlagen, höhenverstellbare Zwischenböden			x
	– Prozesswärmeanlagen, Prozesskälteanlagen, Prozessluftanlagen, zum Beispiel Vakuumanlagen, Prüfstände, Windkanäle, industrielle Ansauganlagen			x
	– Technische Anlagen für Tankstellen, Fahrzeugwaschanlagen			x
	– Lagertechnische Anlagen, zum Beispiel Regalbediengeräte (mit zugehörigen Regalanlagen), automatische Warentransportanlagen			x
	– Taumittelsprühanlagen oder Enteisungsanlagen		x	
	– Stationäre Enteisungsanlagen für Großanlagen zum Beispiel Flughäfen			x
	7.2. Verfahrenstechnische Anlagen			
	– Einfache Technische Anlagen der Wasseraufbereitung (zum Beispiel Belüftung, Enteisenung, Entmanganung, chemische Entsäuerung, physikalische Entsäuerung)	x		

2 HOAI 2009/HOAI 2013 — b) Synopse HOAI 2009 – HOAI 2013 – Anlagen

HOAI 2009 Anlagen	HOAI 2013 Anlagen			
	Anlagengruppe 7 – Nutzungsspezifische oder verfahrenstechnische Anlagen	Honorarzone		
		I	II	III
	– Technische Anlagen der Wasseraufbereitung (zum Beispiel Membranfiltration, Flockungsfiltration, Ozonierung, Entarsenierung, Entaluminierung, Denitrifikation)			x
	– Einfache Technische Anlagen der Abwasserreinigung (zum Beispiel gemeinsame aerobe Stabilisierung)		x	
	– Technische Anlagen der Abwasserreinigung (zum Beispiel für mehrstufige Abwasserbehandlungsanlagen)			x
	– Einfache Schlammbehandlungsanlagen (zum Beispiel Schlammabsetzanlagen mit mechanischen Einrichtungen)		x	
	– Anlagen für mehrstufige oder kombinierte Verfahren der Schlammbehandlung			x
	– Einfache Technische Anlagen der Abwasserableitung	x		
	– Technische Anlagen der Abwasserableitung			x
	– Einfache Technische Anlagen der Wassergewinnung, -förderung, -speicherung		x	
	– Technische Anlagen der Wassergewinnung, -förderung, -speicherung			x
	– Einfache Regenwasserbehandlungsanlagen		x	
	– Einfache Anlagen für Grundwasserdekontaminierungsanlagen		x	
	– Komplexe Technische Anlagen für Grundwasserdekontaminierungsanlagen			x
	– Einfache Technische Anlagen für die Ver- und Entsorgung mit Gasen (zum Beispiel Odorieranlage)		x	
	– Einfache Technische Anlagen für die Ver- und Entsorgung mit Feststoffen		x	
	– Technische Anlagen für die Ver- und Entsorgung mit Feststoffen			x

HOAI 2009 Anlagen	HOAI 2013 Anlagen			
	Anlagengruppe 7 – Nutzungsspezifische oder verfahrenstechnische Anlagen	Honorarzone		
		I	II	III
	– Einfache Technische Anlagen der Abfallentsorgung (zum Beispiel für Kompostwerke, Anlagen zur Konditionierung von Sonderabfällen, Hausmülldeponien oder Monodeponien für Sonderabfälle, Anlagen für Untertagedeponien, Anlagen zur Behandlung kontaminierter Böden)		x	
	– Technische Anlagen der Abfallentsorgung (zum Beispiel für Verbrennungsanlagen, Pyrolyseanlagen, mehrfunktionale Aufbereitungsanlagen für Wertstoffe)			x
	Anlagengruppe 8 – Gebäudeautomation			
	– Herstellerneutrale Gebäudeautomationssysteme oder Automationssysteme mit anlagengruppenübergreifender Systemintegration			x

HOAI 2009 Anlagen	HOAI 2013 Anlagen
Anlage 4 (zu § 18 Abs. 1) und Besondere Leistungen der Anlage 2.1 Leistungsbild Flächennutzungsplan	**Anlage 2** (zu § 18 Absatz 2) Besondere Leistungen siehe Anlage 9 zu §§ 18 Absatz 2, 19 Absatz 2, 23 Absatz 2, 24 Absatz 2, 25 Absatz 2, 26 Absatz 2, 27 Absatz 2
Leistungen im Leistungsbild Flächennutzungsplan	Grundleistungen im Leistungsbild Flächennutzungsplan Das Leistungsbild Flächennutzungsplan setzt sich aus folgenden Grundleistungen je Leistungsphase zusammen:
Leistungsphase 1: **Klären der Aufgabenstellung und Ermitteln des Leistungsumfangs** Grundleistungen a) Zusammenstellen einer Übersicht der vorgegebenen bestehenden und laufenden örtlichen und überörtlichen Planungen und Untersuchungen einschließlich solcher benachbarter Gemeinden, b) Zusammenstellen der verfügbaren Kartenunterlagen und Daten nach Umfang und Qualität, c) Festlegen ergänzender Fachleistungen und Formulieren von Entscheidungshilfen für die Auswahl anderer fachlich Beteiligter, soweit notwendig, d) Werten des vorhandenen Grundlagenmaterials und der materiellen Ausstattung, e) Ermitteln des Leistungsumfangs, f) Ortsbesichtigungen;	**1. Leistungsphase 1:** **Vorentwurf für die frühzeitigen Beteiligungen** Grundleistungen a) Zusammenstellen und Werten des vorhandenen Grundlagenmaterials b) Erfassen der abwägungsrelevanten Sachverhalte c) Ortsbesichtigungen d) Festlegen ergänzender Fachleistungen und Formulieren von Entscheidungshilfen für die Auswahl anderer fachlich Beteiligter, soweit notwendig e) Analysieren und Darstellen des Zustandes des Plangebiets, soweit für die Planung von Bedeutung und abwägungsrelevant, unter Verwendung hierzu vorliegender Fachbeiträge f) Mitwirken beim Festlegen von Zielen und Zwecken der Planung g) Erarbeiten des Vorentwurfes in der vorgeschriebenen Fassung mit Begründung für die frühzeitigen Beteiligungen nach den Bestimmungen des Baugesetzbuchs h) Darlegen der wesentlichen Auswirkungen der Planung i) Berücksichtigen von Fachplanungen j) Mitwirken an der frühzeitigen Öffentlichkeitsbeteiligung einschließlich Erörterung der Planung k) Mitwirken an der frühzeitigen Beteiligung der Behörden und Stellen, die Träger öffentlicher Belange sind l) Mitwirken an der frühzeitigen Abstimmung mit den Nachbargemeinden m) Abstimmen des Vorentwurfes für die frühzeitigen Beteiligungen in der vorgeschriebenen Fassung mit der Gemeinde
Besondere Leistungen (Anlage 2.1.1) Ausarbeiten eines Leistungskatalogs;	Siehe **Anlage 9**

b) Synopse HOAI 2009 – HOAI 2013 – Anlagen

HOAI 2009 Anlagen	HOAI 2013 Anlagen
Leistungsphase 2: **Ermitteln der Planungsvorgaben** **Grundleistungen** a) Bestandsaufnahme – Erfassen und Darlegen der Ziele der Raumordnung und Landesplanung, der beabsichtigten Planungen und Maßnahmen der Gemeinde und der Träger öffentlicher Belange, – Darstellen des Zustands unter Verwendung hierzu vorliegender Fachbeiträge, insbesondere im Hinblick auf Topographie, vorhandene Bebauung und ihre Nutzung, Verkehrs-, Ver- und Entsorgungsanlagen, Umweltverhältnisse, wasserwirtschaftliche Verhältnisse, Lagerstätten, Bevölkerung, gewerbliche Wirtschaft, land- und forstwirtschaftliche Struktur, – Darstellen von Flächen, deren Böden erheblich mit umweltgefährdenden Stoffen belastet sind, soweit Angaben hierzu vorliegen, – kleinere Ergänzungen vorhandener Karten nach örtlichen Feststellungen unter Berücksichtigung aller Gegebenheiten, die auf die Planung von Einfluss sind, – Beschreiben des Zustands mit statistischen Angaben im Text, in Zahlen sowie in zeichnerischen oder grafischen Darstellungen, die den letzten Stand der Entwicklung zeigen, – Örtlichen Erhebungen, – Erfassen von vorliegenden Äußerungen der Einwohner, b) Analyse des in der Bestandsaufnahme ermittelten und beschriebenen Zustands, c) Zusammenstellen und Gewichten der vorliegenden Fachprognosen über die voraussichtliche Entwicklung der Bevölkerung, der sozialen und kulturellen Einrichtungen, der gewerblichen Wirtschaft, der Land- und Forstwirtschaft, des Verkehrs, der Ver- und Entsorgung und des Umweltschutzes in Abstimmung mit dem Auftraggeber sowie unter Berücksichtigung von Auswirkungen übergeordneter Planungen, d) Mitwirken beim Aufstellen von Zielen und Zwecken der Planung; **Besondere Leistungen** (Anlage 2.1.2) Geländemodelle, Geodätische Feldarbeit, Kartentechnische Ergänzungen,	**2. Leistungsphase 2:** **Entwurf zur öffentlichen Auslegung** **Grundleistungen** a) Erarbeiten des Entwurfes in der vorgeschriebenen Fassung mit Begründung für die Öffentlichkeits- und Behördenbeteiligung nach den Bestimmungen des Baugesetzbuchs b) Mitwirken an der Öffentlichkeitsbeteiligung c) Mitwirken an der Beteiligung der Behörden und Stellen, die Träger öffentlicher Belange sind d) Mitwirken an der Abstimmung mit den Nachbargemeinden e) Mitwirken bei der Abwägung der Gemeinde zu Stellungnahmen aus frühzeitigen Beteiligungen f) Abstimmen des Entwurfs mit der Gemeinde

HOAI 2009 Anlagen	HOAI 2013 Anlagen
Erstellen von pausfähigen Bestandskarten,	
Erarbeiten einer Planungsgrundlage aus unterschiedlichem Kartenmaterial,	
Auswerten von Luftaufnahmen,	
Befragungsaktion für Primärstatistik unter Auswerten von sekundärstatistischem Material,	
Strukturanalysen,	
Statistische und örtliche Erhebungen sowie Bedarfsermittlungen, zum Beispiel Versorgung, Wirtschafts-, Sozial- und Baustruktur sowie soziokulturelle Struktur, soweit nicht in den Grundleistungen erfasst,	
Differenzierte Erhebung des Nutzungsbestands;	
Leistungsphase 3: Vorentwurf	
Grundleistungen	
– grundsätzliche Lösung der wesentlichen Teile der Aufgabe in zeichnerischer Darstellung mit textlichen Erläuterungen zur Begründung der städtebaulichen Konzeption unter Darstellung von sich wesentlich unterscheidenden Lösungen nach gleichen Anforderungen,	
– Darlegen der Auswirkungen der Planung,	
– Berücksichtigen von Fachplanungen,	
– Mitwirken an der Beteiligung der Behörden und Stellen, die Träger öffentlicher Belange sind und von der Planung berührt werden können,	
– Mitwirken an der Abstimmung mit den Nachbargemeinden,	
– Mitwirken an der frühzeitigen Beteiligung der Bürgerinnen und Bürger einschließlich Erörterung der Planung,	
– Mitwirken bei der Auswahl einer sich wesentlich unterscheidenden Lösung zur weiteren Bearbeitung als Entwurfsgrundlage,	
– Abstimmen des Vorentwurfs mit dem Auftraggeber;	
Besondere Leistungen (Anlage 2.1.3)	
Mitwirken an der Öffentlichkeitsarbeit des Auftraggebers einschließlich Mitwirken an Informationsschriften und öffentlichen Diskussionen sowie Erstellen der dazu notwendigen Planungsunterlagen und Schriftsätze,	
Vorbereiten, Durchführen und Auswerten der Verfahren im Sinne des § 3 Absatz 1 des Baugesetzbuchs,	
Vorbereiten, Durchführen und Auswerten der Verfahren im Sinne des § 3 Absatz 2 des Baugesetzbuchs,	

HOAI 2009 Anlagen	HOAI 2013 Anlagen

Erstellen von Sitzungsvorlagen, Arbeitsheften und anderen Unterlagen, Durchführen der Beteiligung von Behörden und Stellen, die Träger öffentlicher Belange sind und von der Planung berührt werden können;
 	
Leistungsphase 4: Entwurf
Grundleistungen
– Entwurf des Flächennutzungsplans für die öffentliche Auslegung in der vorgeschriebenen Fassung mit Erläuterungsbericht,
– Mitwirken bei der Abfassung der Stellungnahme der Gemeinde zu Bedenken und Anregungen,
– Abstimmen des Entwurfs mit dem Auftraggeber;
 	
Besondere Leistungen (Anlage 2.1.4)
Anfertigen von Beiplänen, zum Beispiel für Verkehr, Infrastruktureinrichtungen, Flurbereinigung sowie von Wege- und Gewässerplänen, Grundbesitzkarten und Gütekarten unter Berücksichtigung der Pläne anderer an der Planung fachlich Beteiligter,
Wesentliche Änderungen oder Neubearbeitung des Entwurfs, insbesondere nach Bedenken und Anregungen,
Ausarbeiten der Beratungsunterlagen der Gemeinde zu Bedenken und Anregungen,
Differenzierte Darstellung der Nutzung;
 	
Leistungsphase 5:
Genehmigungsfähige Planfassung
Grundleistungen
Erstellen des Flächennutzungsplans in der durch Beschluss der Gemeinde aufgestellten Fassung für die Vorlage zur Genehmigung durch die höhere Verwaltungsbehörde in einer farbigen oder vervielfältigungsfähigen Schwarz-Weiß-Ausfertigung nach den Landesregelungen.
 	
Besondere Leistungen (Anlage 2.1.5)
Leistungen für die Drucklegung,
Herstellen von zusätzlichen farbigen Ausfertigungen des Flächennutzungsplans,
Überarbeiten von Planzeichnungen und von dem Erläuterungsbericht nach der Genehmigung.
	3. Leistungsphase 3:
	Plan zur Beschlussfassung
	Grundleistungen
	a) Erarbeiten des Planes in der vorgeschriebenen Fassung mit Begründung für den Beschluss durch die Gemeinde
	b) Mitwirken bei der Abwägung der Gemeinde zu Stellungnahmen
	c) Erstellen des Planes in der durch Beschluss der Gemeinde aufgestellten Fassung.
	
	Anlage 9 (zu § 18 Absatz 2, § 19 Absatz 2, § 23 Absatz 2, § 24 Absatz. 2, § 25 Absatz 2, § 26 Absatz 2, § 27 Absatz 2)
	
	Besondere Leistungen zur Flächenplanung
	Für die Leistungsbilder der Flächenplanung können insbesondere folgende Besondere Leistungen vereinbart werden:
	1. Rahmensetzende Pläne und Konzepte:
	  a) Leitbilder
	  b) Entwicklungskonzepte
	  c) Masterpläne
	  d) Rahmenpläne

HOAI 2009 Anlagen	HOAI 2013 Anlagen
	2. **Städtebaulicher Entwurf:** a) Grundlagenermittlung b) Vorentwurf c) Entwurf Der Städtebauliche Entwurf kann als Grundlage für Leistungen nach § 19 der HOAI dienen und Ergebnis eines städtebaulichen Wettbewerbes sein. 3. **Leistungen zur Verfahrens- und Projektsteuerung sowie zur Qualitätssicherung:** a) Durchführen von Planungsaudits b) Vorabstimmungen mit Planungsbeteiligten und Fachbehörden c) Aufstellen und Überwachen von integrierten Terminplänen d) Vor- und Nachbereiten von planungsbezogenen Sitzungen e) Koordinieren von Planungsbeteiligten f) Moderation von Planungsverfahren g) Ausarbeiten von Leistungskatalogen für Leistungen Dritter h) Mitwirken bei Vergabeverfahren für Leistungen Dritter (Einholung von Angeboten, Vergabevorschläge) i) Prüfen und Bewerten von Leistungen Dritter j) Mitwirken beim Ermitteln von Fördermöglichkeiten k) Stellungnahmen zu Einzelvorhaben während der Planaufstellung 4. **Leistungen zur Vorbereitung und inhaltlichen Ergänzung:** a) Erstellen digitaler Geländemodelle b) Digitalisieren von Unterlagen c) Anpassen von Datenformaten d) Erarbeiten einer einheitlichen Planungsgrundlage aus unterschiedlichen Unterlagen e) Strukturanalysen f) Stadtbildanalysen, Landschaftsbildanalysen g) Statistische und örtliche Erhebungen sowie Bedarfsermittlungen, zum Beispiel zur Versorgung, zur Wirtschafts-, Sozial- und Baustruktur sowie zur soziokulturellen Struktur h) Befragungen und Interviews i) Differenziertes Erheben, Kartieren, Analysieren und Darstellen von spezifischen Merkmalen und Nutzungen j) Erstellen von Beiplänen, zum Beispiel für Verkehr, Infrastruktureinrichtungen, Flurbereinigungen, Grundbesitzkarten und

HOAI 2009 Anlagen	HOAI 2013 Anlagen
	Gütekarten unter Berücksichtigung der Pläne anderer an der Planung fachlich Beteiligter
	k) Modelle
	l) Erstellen zusätzlicher Hilfsmittel der Darstellung zum Beispiel Fotomontagen, 3D-Darstellungen, Videopräsentationen
	5. Verfahrensbegleitende Leistungen:
	a) Vorbereiten und Durchführen des Scopings
	b) Vorbereiten, Durchführen, Auswerten und Dokumentieren der formellen Beteiligungsverfahren
	c) Ermitteln der voraussichtlich erheblichen Umweltauswirkungen für die Umweltprüfung
	d) Erarbeiten des Umweltberichtes
	e) Berechnen und Darstellen der Umweltschutzmaßnahmen
	f) Bearbeiten der Anforderungen aus der naturschutzrechtlichen Eingriffsregelung in Bauleitplanungsverfahren
	g) Erstellen von Sitzungsvorlagen, Arbeitsheften und anderen Unterlagen
	h) Wesentliche Änderungen oder Neubearbeitung des Entwurfs nach Offenlage oder Beteiligungen, insbesondere nach Stellungnahmen
	i) Ausarbeiten der Beratungsunterlagen der Gemeinde zu Stellungnahmen im Rahmen der formellen Beteiligungsverfahren
	j) Leistungen für die Drucklegung, Erstellen von Mehrausfertigungen
	k) Überarbeiten von Planzeichnungen und von Begründungen nach der Beschlussfassung (zum Beispiel Satzungsbeschluss)
	l) Verfassen von Bekanntmachungstexten und Organisation der öffentlichen Bekanntmachungen
	m) Mitteilen des Ergebnisses der Prüfung der Stellungnahmen an die Beteiligten
	n) Benachrichtigen von Bürgern und Behörden, die Stellungnahmen abgegeben haben, über das Abwägungsergebnis
	o) Erstellen der Verfahrensdokumentation
	p) Erstellen und Fortschreiben eines digitalen Planungsordners
	q) Mitwirken an der Öffentlichkeitsarbeit des Auftraggebers einschließlich Mitwirken an Informationsschriften und öffentlichen Diskussionen sowie Erstellen der dazu notwendigen Planungsunterlagen und Schriftsätze

HOAI 2009 Anlagen	HOAI 2013 Anlagen
	r) Teilnehmen an Sitzungen von politischen Gremien des Auftraggebers oder an Sitzungen im Rahmen der Öffentlichkeitsbeteiligung s) Mitwirken an Anhörungs- oder Erörterungsterminen t) Leiten bzw. Begleiten von Arbeitsgruppen u) Erstellen der zusammenfassenden Erklärung nach dem Baugesetzbuch v) Anwenden komplexer Bilanzierungsverfahren im Rahmen der naturschutzrechtlichen Eingriffsregelung w) Erstellen von Bilanzen nach fachrechtlichen Vorgaben x) Entwickeln von Monitoringkonzepten und -maßnahmen y) Ermitteln von Eigentumsverhältnissen, insbesondere Klären der Verfügbarkeit von geeigneten Flächen für Maßnahmen **6. Weitere Besondere Leistungen bei landschaftsplanerischen Leistungen:** a) Erarbeiten einer Planungsraumanalyse im Rahmen einer Umweltverträglichkeitsstudie b) Mitwirken an der Prüfung der Verpflichtung, zu einem Vorhaben oder eine Planung eine Umweltverträglichkeitsprüfung durchzuführen (Screening) c) Erstellen einer allgemein verständlichen nichttechnischen Zusammenfassung nach dem Gesetz über die Umweltverträglichkeitsprüfung d) Daten aus vorhandenen Unterlagen im Einzelnen ermitteln und aufbereiten e) Örtliche Erhebungen, die nicht überwiegend der Kontrolle der aus Unterlagen erhobenen Daten dienen f) Erstellen eines eigenständigen allgemein verständlichen Erläuterungsberichtes für Genehmigungsverfahren oder qualifizierende Zuarbeiten hierzu g) Erstellen von Unterlagen im Rahmen von artenschutzrechtlichen Prüfungen oder Prüfungen zur Vereinbarkeit mit der Fauna-Flora-Habitat-Richtlinie h) Kartieren von Biotoptypen, floristischen oder faunistischen Arten oder Artengruppen i) Vertiefendes Untersuchen des Naturhaushalts, wie z.B. der Geologie, Hydrogeologie, Gewässergüte und -morphologie, Bodenanalysen

HOAI 2009 Anlagen	HOAI 2013 Anlagen
	j) Mitwirken an Beteiligungsverfahren in der Bauleitplanung
	k) Mitwirken an Genehmigungsverfahren nach fachrechtlichen Vorschriften
	l) Fortführen der mit dem Auftraggeber abgestimmten Fassung im Rahmen eines Genehmigungsverfahrens, Erstellen einer genehmigungsfähigen Fassung auf der Grundlage von Anregungen Dritter.

2 HOAI 2009/HOAI 2013

b) Synopse HOAI 2009 – HOAI 2013 – Anlagen

HOAI 2009 Anlagen	HOAI 2013 Anlagen
Anlage 5 (zu § 19 Absatz 1) und Anlage 2 **2.2 Besondere Leistungen im Leistungsbild Bebauungsplan** Leistungen im Leistungsbild Bebauungsplan	**Anlage 3** (zu § 19 Absatz 2) Grundleistungen im Leistungsbild Bebauungsplan Das Leistungsbild Bebauungsplan setzt sich aus folgenden Grundleistungen je Leistungsphase zusammen:
Leistungsphase 1: Klären der Aufgabenstellung und Ermitteln des Leistungsumfangs Grundleistungen a) Festlegen des räumlichen Geltungsbereichs und Zusammenstellen einer Übersicht der vorgegebenen bestehenden und laufenden örtlichen und überörtlichen Planungen und Untersuchungen, b) Ermitteln des nach dem Baugesetzbuch erforderlichen Leistungsumfangs, c) Festlegen ergänzender Fachleistungen und Formulieren von Entscheidungshilfen für die Auswahl anderer an der Planung fachlich Beteiligter, soweit notwendig, d) Überprüfen, inwieweit der Bebauungsplan aus einem Flächennutzungsplan entwickelt werden kann, e) Ortsbesichtigungen;	1. Leistungsphase 1: Vorentwurf für die frühzeitigen Beteiligungen Grundleistungen a) Zusammenstellen und Werten des vorhandenen Grundlagenmaterials b) Erfassen der abwägungsrelevanten Sachverhalte c) Ortsbesichtigungen d) Festlegen ergänzender Fachleistungen und Formulieren von Entscheidungshilfen für die Auswahl anderer fachlich Beteiligter, soweit notwendig e) Analysieren und Darstellen des Zustandes des Plangebiets, soweit für die Planung von Bedeutung und abwägungsrelevant, unter Verwendung hierzu vorliegender Fachbeiträge f) Mitwirken beim Festlegen von Zielen und Zwecken der Planung g) Erarbeiten des Vorentwurfes in der vorgeschriebenen Fassung mit Begründung für die frühzeitigen Beteiligungen nach den Bestimmungen des Baugesetzbuchs h) Darlegen der wesentlichen Auswirkungen der Planung i) Berücksichtigen von Fachplanungen j) Mitwirken an der frühzeitigen Öffentlichkeitsbeteiligung einschließlich Erörterung der Planung k) Mitwirken an der frühzeitigen Beteiligung der Behörden und Stellen, die Träger öffentlicher Belange sind l) Mitwirken an der frühzeitigen Abstimmung mit den Nachbargemeinden m) Abstimmen des Vorentwurfs für die frühzeitigen Beteiligungen in der vorgeschriebenen Fassung mit der Gemeinde
Besondere Leistungen (Anlage 2; 2.2.1) Feststellen der Art und des Umfangs weiterer notwendiger Voruntersuchungen, besonders bei Gebieten, die bereits überwiegend bebaut sind,	Siehe **Anlage 9**

HOAI 2009 Anlagen	HOAI 2013 Anlagen

Stellungnahme zu Einzelvorhaben während der Planaufstellung;
 	
Leistungsphase 2:
Ermitteln der Planungsvorgaben
 	
Grundleistungen
a) Bestandsaufnahme
  – Ermitteln des Planungsbestands, wie die bestehenden Planungen und Maßnahmen der Gemeinde und der Stellen, die Träger öffentlicher Belange sind,
  – Ermitteln des Zustands des Planbereichs, wie Topographie, vorhandene Bebauung und Nutzung, Freiflächen und Nutzung einschließlich Bepflanzungen, Verkehrs-, Ver- und Entsorgungsanlagen, Umweltverhältnisse, Baugrund, wasserwirtschaftliche Verhältnisse, Denkmalschutz und Milieuwerte, Naturschutz, Baustrukturen, Gewässerflächen, Eigentümer, durch: Begehungen, zeichnerische Darstellungen, Beschreibungen unter Verwendung von Beiträgen anderer an der Planung fachlich Beteiligter; die Ermittlungen sollen sich auf die Bestandsaufnahme gemäß Flächennutzungsplan und deren Fortschreibung und Ergänzung stützen beziehungsweise darauf aufbauen,
  – Darstellen von Flächen, deren Böden erheblich mit umweltgefährdenden Stoffen belastet sind, soweit Angaben hierzu vorliegen,
  – Örtlicher Erhebungen,
  – Erfassen von vorliegenden Äußerungen der Einwohner,
b) Analyse des in der Bestandsaufnahme ermittelten und beschriebenen Zustands,
c) Prognose der voraussichtlichen Entwicklung, insbesondere unter Berücksichtigung von Auswirkungen übergeordneter Planungen unter Verwendung von Beiträgen anderer an der Planung fachlich Beteiligter,
d) Mitwirken beim Aufstellen von Zielen und Zwecken der Planung;
 	
Besondere Leistungen (Anlage 2.2.2)
Geodätische Einmessung,
Primärerhebungen (Befragungen, Objektaufnahme),
Ergänzende Untersuchungen bei nicht vorhandenem Flächennutzungsplan,
Mitwirken bei der Ermittlung der Förderungsmöglichkeiten durch öffentliche Mittel,
Stadtbildanalyse;
	Siehe **Anlage 9**

2 HOAI 2009/HOAI 2013

b) Synopse HOAI 2009 – HOAI 2013 – Anlagen

HOAI 2009 Anlagen	HOAI 2013 Anlagen
Leistungsphase 3: Vorentwurf **Grundleistungen** – Grundsätzliche Lösung der wesentlichen Teile der Aufgabe in zeichnerischer Darstellung mit textlichen Erläuterungen zur Begründung der städtebaulichen Konzeption unter Darstellung von sich wesentlich unterscheidenden Lösungen nach gleichen Anforderungen, – Darlegen der wesentlichen Auswirkungen der Planung, – Berücksichtigen von Fachplanungen, – Mitwirken an der Beteiligung der Behörden und Stellen, die Träger öffentlicher Belange sind und von der Planung berührt werden können, – Mitwirken an der Abstimmung mit den Nachbargemeinden, – Mitwirken an der frühzeitigen Beteiligung der Bürgerinnen und Bürger einschließlich Erörterung der Planung, – Überschlägige Kostenschätzung, – Abstimmen des Vorentwurfs mit dem Auftraggeber und den Gremien der Gemeinde;	
Besondere Leistungen (Anlage 2.2.3) Modelle;	Siehe **Anlage 9**
Leistungsphase 4: **Entwurf** **Grundleistungen** – Entwurf des Bebauungsplans für die öffentliche Auslegung in der vorgeschriebenen Fassung mit Begründung, – Mitwirken bei der überschlägigen Ermittlung der Kosten und, soweit erforderlich, Hinweise auf bodenordnende und sonstige Maßnahmen, für die der Bebauungsplan die Grundlage bilden soll, – Mitwirken bei der Abfassung der Stellungnahme der Gemeinde zu Bedenken und Anregungen, – Abstimmen des Entwurfs mit dem Auftraggeber;	**2. Leistungsphase 2:** **Entwurf zur öffentlichen Auslegung** **Grundleistungen** a) Erarbeiten des Entwurfes in der vorgeschriebenen Fassung mit Begründung für die Öffentlichkeits- und Behördenbeteiligung nach den Bestimmungen des Baugesetzbuchs b) Mitwirken an der Öffentlichkeitsbeteiligung c) Mitwirken an der Beteiligung der Behörden und Stellen, die Träger öffentlicher Belange sind d) Mitwirken an der Abstimmung mit den Nachbargemeinden e) Mitwirken bei der Abwägung der Gemeinde zu Stellungnahmen aus frühzeitigen Beteiligungen f) Abstimmen des Entwurfs mit der Gemeinde
Besondere Leistungen (Anlage 2.2.4) Berechnen und Darstellen der Umweltschutzmaßnahmen;	

b) Synopse HOAI 2009 – HOAI 2013 – Anlagen

HOAI 2009 Anlagen	HOAI 2013 Anlagen
Leistungsphase 5: Planfassung für die Anzeige oder Genehmigung **Grundleistungen** Erstellen des Bebauungsplans in der durch Beschluss der Gemeinde aufgestellten Fassung und seiner Begründung für die Anzeige oder Genehmigung in einer farbigen oder vervielfältigungsfähigen Schwarz-Weiß-Ausfertigung nach den Landesregelungen. **Besondere Leistungen** (Anlage 2.2.5) Herstellen von zusätzlichen farbigen Ausfertigungen des Bebauungsplans.	**3. Leistungsphase 3:** **Plan zur Beschlussfassung** **Grundleistungen** a) Erarbeiten des Planes in der vorgeschriebenen Fassung mit Begründung für den Beschluss durch die Gemeinde b) Mitwirken bei der Abwägung der Gemeinde zu Stellungnahmen c) Erstellen des Planes in der durch Beschluss der Gemeinde aufgestellten Fassung.

2 HOAI 2009/HOAI 2013 b) Synopse HOAI 2009 – HOAI 2013 – Anlagen

HOAI 2009 Anlagen	HOAI 2013 Anlagen
Anlage 6 (zu § 23 Absatz 1) Leistungen im Leistungsbild Landschaftsplan und Anlage 2, 2.3 Besondere Leistungen **Leistungsbild Landschaftsplan**	**Anlage 4** (zu § 23 Absatz 2) **Grundleistungen im Leistungsbild Landschaftsplan** Das Leistungsbild Landschaftsplan setzt sich aus folgenden Grundleistungen je Leistungsphase zusammen:
Leistungsphase 1: **Klären der Aufgabenstellung und Ermitteln des Leistungsumfangs** Grundleistungen a) Zusammenstellen einer Übersicht der vorgegebenen bestehenden und laufenden örtlichen und überörtlichen Planungen und Untersuchungen, b) Abgrenzung des Planungsgebiets, c) Zusammenstellen der verfügbaren Kartenunterlagen und Daten nach Umfang und Qualität, d) Werten des vorhandenen Grundlagenmaterials, e) Ermitteln des Leistungsumfangs und der Schwierigkeitsmerkmale, f) Festlegen ergänzender Fachleistungen, soweit notwendig, g) Ortsbesichtigungen;	**1. Leistungsphase 1:** **Klären der Aufgabenstellung und Ermitteln des Leistungsumfangs** Grundleistungen a) Zusammenstellen und Prüfen der vom Auftraggeber zur Verfügung gestellten planungsrelevanten Unterlagen b) Ortsbesichtigungen c) Abgrenzen des Planungsgebiets d) Konkretisieren weiteren Bedarfs an Daten und Unterlagen e) Beraten zum Leistungsumfang für ergänzende Untersuchungen und Fachleistungen f) Aufstellen eines verbindlichen Arbeitsplans unter Berücksichtigung der sonstigen Fachbeiträge
Besondere Leistungen (Anlage 2.3.1) Antragsverfahren für Planungszuschüsse	Besondere Leistungen Siehe **Anlage 9**
Leistungsphase 2: **Ermitteln der Planungsgrundlagen** Grundleistungen a) Bestandsaufnahme einschließlich voraussehbarer Veränderungen von Natur und Landschaft Erfassen auf Grund vorhandener Unterlagen und örtlicher Erhebungen, insbesondere – der größeren naturräumlichen Zusammenhänge und siedlungsgeschichtlichen Entwicklungen, – des Naturhaushalts, – der landschaftsökologischen Einheiten, – des Landschaftsbildes, – der Schutzgebiete und geschützten Landschaftsbestandteile, – der Erholungsgebiete und -flächen, ihrer Erschließung sowie Bedarfssituation, – von Kultur-, Bau und Bodendenkmälern, – der Flächennutzung,	**2. Leistungsphase 2:** **Ermitteln der Planungsgrundlagen** Grundleistungen a) Ermitteln und Beschreiben der planungsrelevanten Sachverhalte auf Grundlage vorhandener Unterlagen und Daten b) Landschaftsbewertung nach den Zielen und Grundsätzen des Naturschutzes und der Landschaftspflege c) Bewerten von Flächen und Funktionen des Naturhaushalts und des Landschaftsbildes hinsichtlich ihrer Eignung, Leistungsfähigkeit, Empfindlichkeit und Vorbelastung d) Bewerten geplanter Eingriffe in Natur und Landschaft e) Feststellen von Nutzungs- und Zielkonflikten f) Zusammenfassendes Darstellen der Erfassung und Bewertung

b) Synopse HOAI 2009 – HOAI 2013 – Anlagen HOAI 2009/HOAI 2013 **2**

HOAI 2009 Anlagen	HOAI 2013 Anlagen
– voraussichtlicher Änderungen auf Grund städtebaulicher Planungen, Fachplanungen und anderer Eingriffe in Natur und Landschaft, Erfassen von vorliegenden Äußerungen der Einwohner; b) Landschaftsbewertung nach den Zielen und Grundsätzen des Naturschutzes und der Landschaftspflege einschließlich der Erholungsvorsorge, Bewerten des Landschaftsbildes sowie der Leistungsfähigkeit des Zustands, der Faktoren und der Funktionen des Naturhaushalts, insbesondere hinsichtlich – der Empfindlichkeit, – besonderer Flächen- und Nutzungsfunktionen, – nachteiliger Nutzungsauswirkungen, – geplanter Eingriffe in Natur und Landschaft, Feststellung von Nutzungs- und Zielkonflikten nach den Zielen und Grundsätzen von Naturschutz und Landschaftspflege, c) Zusammenfassende Darstellung der Bestandsaufnahme und der Landschaftsbewertung in Erläuterungstext und Karten;	
Besondere Leistungen (Anlage 2.3.2) Ermitteln der Planungsvorgaben Einzeluntersuchungen natürlicher Grundlagen, Einzeluntersuchungen zu spezifischen Nutzungen, Daten aus vorhandenen Unterlagen im Einzelnen ermitteln und aufbereiten, Örtliche Erhebungen, die nicht überwiegend der Kontrolle der aus Unterlagen erhobenen Daten dienen.	Siehe **Anlage 9**
Leistungsphase 3: **Vorläufige Planfassung (Vorentwurf)** **Grundleistungen** Grundsätzliche Lösung der Aufgabe mit sich wesentlich unterscheidenden Lösungen nach gleichen Anforderungen und Erläuterungen in Text und Karte a) Darlegen der Entwicklungsziele des Naturschutzes und der Landschaftspflege, insbesondere in Bezug auf die Leistungsfähigkeit des Naturhaushalts, die Pflege natürlicher Ressourcen, das Landschaftsbild, die Erholungsvorsorge, den Biotop- und Artenschutz, den Boden-, Wasser- und Klimaschutz sowie Minimierung von Eingriffen	**3. Leistungsphase 3:** **Vorläufige Fassung** **Grundleistungen** a) Formulieren von örtlichen Zielen und Grundsätzen zum Schutz, zur Pflege und Entwicklung von Natur und Landschaft einschließlich Erholungsvorsorge b) Darlegen der angestrebten Flächenfunktionen und Flächennutzungen sowie der örtlichen Erfordernisse und Maßnahmen zur Umsetzung der konkretisierten Ziele des Naturschutzes und der Landschaftspflege c) Erarbeiten von Vorschlägen zur Übernahme in andere Planungen, insbesondere in die Bauleitpläne

HOAI 2009 Anlagen	HOAI 2013 Anlagen
(und deren Folgen) in Natur und Landschaft, b) Darlegen der im einzelnen angestrebten Flächenfunktionen einschließlich notwendiger Nutzungsänderungen, insbesondere für – landschaftspflegerische Sanierungsgebiete, – Flächen für landschaftspflegerische Entwicklungsmaßnahmen, – Freiräume einschließlich Sport-, Spiel- und Erholungsflächen, – Vorrangflächen und -objekte des Naturschutzes und der Landschaftspflege, Flächen für Kultur-, Bau- und Bodendenkmäler für besonders schutzwürdige Biotope und Ökosysteme sowie für Erholungsvorsorge, – Flächen für landschaftspflegerische Maßnahmen in Verbindung mit sonstigen Nutzungen, Flächen für Ausgleichs- und Ersatzmaßnahmen in Bezug auf die oben genannten Eingriffe, c) Vorschläge für Inhalte, die für die Übernahme in andere Planungen, insbesondere in die Bauleitplanung, geeignet sind, d) Hinweise auf landschaftliche Folgeplanungen und -maßnahmen sowie kommunale Förderungsprogramme, Beteiligung an der Mitwirkung von Verbänden nach § 60 des Bundesnaturschutzgesetzes, Berücksichtigen von Fachplanungen, Mitwirken bei der Abstimmung des Vorentwurfs mit der für Naturschutz und Landschaftspflege zuständigen Behörde, Abstimmen des Vorentwurfs mit dem Auftraggeber;	d) Hinweise auf Folgeplanungen und -maßnahmen e) Mitwirken bei der Beteiligung der nach den Bestimmungen des Bundesnaturschutzgesetzes anerkannten Verbände f) Mitwirken bei der Abstimmung der Vorläufigen Fassung mit der für Naturschutz und Landschaftspflege zuständigen Behörde g) Abstimmen der Vorläufigen Fassung mit dem Auftraggeber
Leistungsphase 4: **Entwurf** **Grundleistungen** Darstellen des Landschaftsplans in der vorgeschriebenen Fassung in Text und Karte mit Erläuterungsbericht.	**4. Leistungsphase 4:** **Abgestimmte Fassung** **Grundleistungen** Darstellen des Landschaftsplans in der mit dem Auftraggeber abgestimmten Fassung in Text und Karte.

HOAI 2009 Anlagen	HOAI 2013 Anlagen
Anlage 7 (zu § 24 Absatz 1) Leistungen im Leistungsbild Grünordnungsplan	**Anlage 5** (zu § 24 Absatz 2) Grundleistungen im Leistungsbild Grünordnungsplan Das Leistungsbild Grünordnungsplan setzt sich aus folgenden Grundleistungen je Leistungsphase zusammen:
Leistungsphase 1: **Klären der Aufgabenstellung und Ermitteln des Leistungsumfangs** Grundleistungen a) Zusammenstellen einer Übersicht der vorgegebenen bestehenden und laufenden örtlichen und überörtlichen Planungen und Untersuchungen, b) Abgrenzen des Planungsbereichs, c) Zusammenstellen der verfügbaren Kartenunterlagen und Daten nach Umfang und Qualität, d) Werten des vorhandenen Grundlagenmaterials, e) Ermitteln des Leistungsumfangs und der Schwierigkeitsmerkmale, f) Festlegen ergänzender Fachleistungen, soweit notwendig, g) Ortsbesichtigungen;	**1. Leistungsphase 1:** **Klären der Aufgabenstellung und Ermitteln des Leistungsumfangs** Grundleistungen a) Zusammenstellen und Prüfen der vom Auftraggeber zur Verfügung gestellten planungsrelevanten Unterlagen b) Ortsbesichtigungen c) Abgrenzen des Planungsgebiets d) Konkretisieren weiteren Bedarfs an Daten und Unterlagen e) Beraten zum Leistungsumfang für ergänzende Untersuchungen und Fachleistungen f) Aufstellen eines verbindlichen Arbeitsplans unter Berücksichtigung der sonstigen Fachbeiträge
Leistungsphase 2: **Ermitteln der Planungsgrundlagen** Grundleistungen a) Bestandsaufnahme einschließlich voraussichtlicher Änderungen Erfassen auf Grund vorhandener Unterlagen eines Landschaftsplans und örtlicher Erhebungen, insbesondere – des Naturhaushalts als Wirkungsgefüge der Naturfaktoren, – der Vorgaben des Artenschutzes, des Bodenschutzes und des Orts- oder Landschaftsbildes, – der siedlungsgeschichtlichen Entwicklung, – der Schutzgebiete und geschützten Landschaftsbestandteile einschließlich der unter Denkmalschutz stehenden Objekte, – der Flächennutzung unter besonderer Berücksichtigung der Flächenversiegelung, Größe, Nutzungsarten oder Ausstattung, Verteilung, Vernetzung von Frei- und Grünflächen sowie der Erschließungsflächen für Freizeit- und Erholungsanlagen, – des Bedarfs an Erholungs- und Freizeiteinrichtungen sowie an sonstigen Grünflächen,	**2. Leistungsphase 2:** **Ermitteln der Planungsgrundlagen** Grundleistungen a) Ermitteln und Beschreiben der planungsrelevanten Sachverhalte auf Grundlage vorhandener Unterlagen und Daten b) Bewerten der Landschaft nach den Zielen des Naturschutzes und der Landschaftspflege einschließlich der Erholungsvorsorge c) Zusammenfassendes Darstellen der Bestandsaufnahme und Bewertung in Text und Karte

HOAI 2009 Anlagen	HOAI 2013 Anlagen
– der voraussichtlichen Änderungen auf Grund städtebaulicher Planungen, Fachplanungen und anderer Eingriffe in Natur und Landschaft, – der Immissionen, Boden- und Gewässerbelastungen, – der Eigentümer, Erfassen von vorliegenden Äußerungen der Einwohner, b) Bewerten der Landschaft nach den Zielen und Grundsätzen des Naturschutzes und der Landschaftspflege einschließlich der Erholungsvorsorge, Bewerten des Landschaftsbildes sowie der Leistungsfähigkeit, des Zustands, der Faktoren und Funktionen des Naturhaushalts, insbesondere hinsichtlich, – der Empfindlichkeit des jeweiligen Ökosystems für bestimmte Nutzungen, seiner Größe, der räumlichen Lage und der Einbindung in Grünflächensysteme, der Beziehungen zum Außenraum sowie der Ausstattung und Beeinträchtigungen der Grün- und Freiflächen, – nachteiliger Nutzungsauswirkungen, c) Zusammenfassende Darstellung der Bestandsaufnahme und der Bewertung des Planungsbereichs in Erläuterungstext und Karten;	

Leistungsphase 3:
Vorläufige Planfassung (Vorentwurf)
Grundleistungen
Grundsätzliche Lösung der wesentlichen Teile der Aufgabe mit sich wesentlich unterscheidenden Lösungen nach gleichen Anforderungen in Text und Karten mit Begründung
a) Darlegen der Flächenfunktionen und räumlichen Strukturen nach ökologischen und gestalterischen Gesichtspunkten, insbesondere
– Flächen mit Nutzungsbeschränkungen einschließlich notwendiger Nutzungsänderungen zur Erhaltung oder Verbesserung des Naturhaushalts oder des Landschafts- oder Ortsbildes,
– landschaftspflegerische Sanierungsbereiche,
– Flächen für landschaftspflegerische Entwicklungs- und Gestaltungsmaßnahmen,
– Flächen für Ausgleichs- und Ersatzmaßnahmen,
– Schutzgebiete und -objekte,
– Freiräume,
– Flächen für landschaftspflegerische Maßnahmen in Verbindung mit sonstigen Nutzungen,
	3. Leistungsphase 3:
	Vorläufige Fassung
	Grundleistungen
	a) Lösen der Planungsaufgabe und Erläutern der Ziele, Erfordernisse und Maßnahmen in Text und Karte
	b) Darlegen der angestrebten Flächenfunktionen und Flächennutzungen
	c) Darlegen von Gestaltungs-, Schutz-, Pflege- und Entwicklungsmaßnahmen
	d) Vorschläge zur Übernahme in andere Planungen, insbesondere in die Bauleitplanung
	e) Mitwirken bei der Abstimmung der vorläufigen Fassung mit der für den Naturschutz zuständigen Behörde
	f) Bearbeiten der naturschutzrechtlichen Eingriffsregelung
	  aa) Ermitteln und Bewerten der durch die Planung zu erwartenden Beeinträchtigungen des Naturhaushalts und des Landschaftsbildes nach Art, Umfang, Ort und zeitlichem Ablauf
	  bb) Erarbeiten von Lösungen zur Vermeidung oder Verminderung erheblicher Beeinträchtigungen des Naturhaushalts und des Landschaftsbildes in Abstimmung mit den an der Planung fachlich Beteiligten

HOAI 2009 Anlagen	HOAI 2013 Anlagen
b) Darlegen von Entwicklungs-, Schutz-, Gestaltungs- und Pflegemaßnahmen, insbesondere für – Grünflächen, – Anpflanzungen und Erhaltung von Grünbeständen, – Sport-, Spiel- und Erholungsflächen, – Fußwegesystem, – Gehölzanpflanzungen zur Einbindung baulicher Anlagen in die Umgebung, – Ortseingänge und Siedlungsränder, – pflanzliche Einbindung von öffentlichen Straßen und Plätzen, – klimatisch wichtige Freiflächen, – Immissionsschutzmaßnahmen, – Festlegen von Pflegemaßnahmen aus Gründen des Naturschutzes und der Landschaftspflege, – Erhaltung und Verbesserung der natürlichen Selbstreinigungskraft von Gewässern, – Erhaltung und Pflege von naturnahen Vegetationsbeständen, – bodenschützende Maßnahmen – Schutz vor Schadstoffeintrag, – Vorschläge für Gehölzarten der potentiell natürlichen Vegetation, für Leitarten bei Bepflanzungen, für Befestigungsarten bei Wohnstraßen, Gehwegen, Plätzen, Parkplätzen, für Versickerungsfreiflächen, – Festlegen der zeitlichen Folge von Maßnahmen, – Kostenschätzung für durchzuführende Maßnahmen, c) Hinweise auf weitere Aufgaben von Naturschutz und Landschaftspflege Vorschläge für Inhalte, die für die Übernahme in andere Planungen, insbesondere in die Bauleitplanung, geeignet sind, Beteiligung an der Mitwirkung von Verbänden nach § 60 des Bundesnaturschutzgesetzes, Berücksichtigen von Fachplanungen, Mitwirken an der Abstimmung des Vorentwurfs mit der für Naturschutz und Landschaftspflege zuständigen Behörde, Abstimmen des Vorentwurfs mit dem Auftraggeber;	cc) Ermitteln der unvermeidbaren Beeinträchtigungen dd) Vergleichendes Gegenüberstellen von unvermeidbaren Beeinträchtigungen und Ausgleich und Ersatz einschließlich Darstellen verbleibender, nicht ausgleichbarer oder ersetzbarer Beeinträchtigungen ee) Darstellen und Begründen von Maßnahmen des Naturschutzes und der Landschaftspflege, insbesondere Ausgleichs-, Ersatz-, Gestaltungs- und Schutzmaßnahmen sowie Maßnahmen zur Unterhaltung und rechtlichen Sicherung von Ausgleichs- und Ersatzmaßnahmen ff) Integrieren ergänzender, zulassungsrelevanter Regelungen und Maßnahmen aufgrund des Natura 2000-Gebietsschutzes und der Vorschriften zum besonderen Artenschutz auf Grundlage vorhandener Unterlagen
Leistungsphase 4: **Endgültige Planfassung (Entwurf)** **Grundleistungen** Darstellen des Grünordnungsplans in der vorgeschriebenen Fassung in Text und Karte mit Begründung.	**4. Leistungsphase 4:** **Abgestimmte Fassung** **Grundleistungen** Darstellen des Grünordnungsplans oder Landschaftsplanerischen Fachbeitrags in der mit dem Auftraggeber abgestimmten Fassung in Text und Karte.

HOAI 2009 Anlagen	HOAI 2013 Anlagen
Anlage 8 (zu § 25 Absatz 1) und **Anlage 2.4** Besondere Leistungen Leistungsbild Landschaftsrahmenplan	**Anlage 6** (zu § 25 Absatz 2)
Leistungen im Leistungsbild Landschaftsrahmenplan	Grundleistungen im Leistungsbild Landschaftsrahmenplan
	Das Leistungsbild Landschaftsrahmenplan setzt sich aus folgenden Grundleistungen je Leistungsphase zusammen:
Leistungsphase 1: Landschaftsanalyse	**1. Leistungsphase 1:** Klären der Aufgabenstellung und Ermitteln des Leistungsumfangs
Grundleistungen	Grundleistungen
Erfassen und Darstellen in Text und Karten der a) natürlichen Grundlagen, b) Landschaftsgliederung – Naturräume – ökologische Raumeinheiten, c) Flächennutzung, d) geschützten Flächen und Einzelbestandteile der Natur;	a) Zusammenstellen und Prüfen der vom Auftraggeber zur Verfügung gestellten planungsrelevanten Unterlagen b) Ortsbesichtigungen c) Abgrenzen des Planungsgebiets d) Konkretisieren weiteren Bedarfs an Daten und Unterlagen e) Beraten zum Leistungsumfang für ergänzende Untersuchungen und Fachleistungen f) Aufstellen eines verbindlichen Arbeitsplans unter Berücksichtigung der sonstigen Fachbeiträge
Besondere Leistungen (Anlage 2.4.1) Daten aus vorhandenen Unterlagen im Einzelnen ermitteln und aufbereiten, Örtliche Erhebungen, die nicht überwiegend der Kontrolle der aus Unterlagen erhobenen Daten dienen;	Siehe **Anlage 9**
Leistungsphase 2: Landschaftsdiagnose Grundleistungen	**2. Leistungsphase 2:** Ermitteln der Planungsgrundlagen Grundleistungen
Bewerten der ökologischen Raumeinheiten und Darstellen in Text und Karten hinsichtlich a) Naturhaushalt, b) Landschaftsbild – naturbedingt – anthropogen, c) Nutzungsauswirkungen, insbesondere Schäden an Naturhaushalt und Landschaftsbild, d) Empfindlichkeit der Ökosysteme oder einzelner Landschaftsfaktoren, e) Zielkonflikten zwischen Belangen des Naturschutzes und der Landschaftspflege einerseits und raumbeanspruchenden Vorhaben andererseits;	a) Ermitteln und Beschreiben der planungsrelevanten Sachverhalte auf Grundlage vorhandener Unterlagen und Daten b) Landschaftsbewertung nach den Zielen und Grundsätzen des Naturschutzes und der Landschaftspflege c) Bewerten von Flächen und Funktionen des Naturhaushalts und des Landschaftsbildes hinsichtlich ihrer Eignung, Leistungsfähigkeit, Empfindlichkeit und Vorbelastung d) Bewerten geplanter Eingriffe in Natur und Landschaft e) Feststellen von Nutzungs- und Zielkonflikten f) Zusammenfassendes Darstellen der Erfassung und Bewertung

b) Synopse HOAI 2009 – HOAI 2013 – Anlagen

HOAI 2009 Anlagen	HOAI 2013 Anlagen
Leistungsphase 3: Entwurf **Grundleistungen** Darstellung der Erfordernisse und Maßnahmen zur Verwirklichung der Ziele des Naturschutzes und der Landschaftspflege in Text und Karten mit Begründung a) Ziele der Landschaftsentwicklung nach Maßgabe der Empfindlichkeit des Naturhaushalts – Bereiche ohne Nutzung oder mit naturnaher Nutzung, – Bereiche mit extensiver Nutzung, – Bereiche mit intensiver landwirtschaftlicher Nutzung, – Bereiche städtisch industrieller Nutzung, b) Ziele des Arten- und Biotopschutzes, c) Ziele zum Schutz und zur Pflege abiotischer Landschaftsgebiete, d) Sicherung und Pflege von Schutzgebieten und Einzelbestandteilen von Natur und Landschaft, e) Pflege-, Gestaltungs- und Entwicklungsmaßnahmen zur – Sicherung überörtlicher Grünzüge, – Grünordnung im Siedlungsbereich, – Landschaftspflege einschließlich des Arten- und Biotopschutzes sowie des Wasser-, Boden- und Klimaschutzes, – Sanierung von Landschaftsschäden, f) Grundsätze einer landschaftsschonenden Landnutzung, g) Leitlinien für die Erholung in der freien Natur, h) Gebiete, für die detaillierte landschaftliche Planungen erforderlich sind: – Landschaftspläne, – Grünordnungspläne, – Landschaftspflegerische Begleitpläne, Abstimmung des Entwurfs mit dem Auftraggeber;	3. **Leistungsphase 3: Vorläufige Fassung** **Grundleistungen** a) Lösen der Planungsaufgabe und b) Erläutern der Ziele, Erfordernisse und Maßnahmen in Text und Karte Zu Buchstabe a) und b) gehören: aa) Erstellen des Zielkonzepts bb) Umsetzen des Zielkonzepts durch Schutz, Pflege und Entwicklung bestimmter Teile von Natur und Landschaft und durch Artenhilfsmaßnahmen für ausgewählte Tier- und Pflanzenarten cc) Vorschläge zur Übernahme in andere Planungen, insbesondere in Regionalplanung, Raumordnung und Bauleitplanung dd) Mitwirken bei der Abstimmung der vorläufigen Fassung mit der für den Naturschutz zuständigen Behörde ee) Abstimmen der Vorläufigen Fassung mit dem Auftraggeber
Leistungsphase 4: **Endgültige Planfassung** **Grundleistungen** Darstellen des Landschaftsrahmenplans in der vorgeschriebenen Fassung in Text und Karte mit Erläuterungsbericht nach erfolgter Abstimmung des Entwurfs mit dem Auftraggeber gemäß Leistungsphase 3. **Besondere Leistungen** (Anlage 2.4.2) Mitwirkung bei der Einarbeitung von Zielen der Landschaftsentwicklung in Programme und Pläne im Sinne des Raumordnungsgesetzes.	4. **Leistungsphase 4:** **Abgestimmte Fassung** **Grundleistungen** Darstellen des Landschaftsrahmenplans in der mit dem Auftraggeber abgestimmten Fassung in Text und Karte. Siehe **Anlage 9**

2 HOAI 2009/HOAI 2013

b) Synopse HOAI 2009 – HOAI 2013 – Anlagen

HOAI 2009 Anlagen	HOAI 2013 Anlagen
Anlage 9 (zu § 26 Absatz 1) Leistungen im Leistungsbild Landschaftspflegerischer Begleitplan	**Anlage 7** (zu § 26 Absatz 2) Grundleistungen im Leistungsbild Landschaftspflegerischer Begleitplan Das Leistungsbild Landschaftspflegerischer Begleitplan setzt sich aus folgenden Grundleistungen je Leistungsphase zusammen:
Leistungsphase 1: **Klären der Aufgabenstellung und Ermitteln des Leistungsumfangs** Grundleistungen a) Abgrenzen des Planungsbereichs, b) Zusammenstellen der verfügbaren planungsrelevanten Unterlagen, insbesondere – örtliche und überörtliche Planungen und Untersuchungen, – thematische Karten, Luftbilder und sonstige Daten, c) Ermitteln des Leistungsumfangs und ergänzender Fachleistungen, d) Aufstellen eines verbindlichen Arbeitspapiers, e) Ortsbesichtigungen;	1. **Leistungsphase 1:** **Klären der Aufgabenstellung und Ermitteln des Leistungsumfangs** Grundleistungen a) Zusammenstellen und Prüfen der vom Auftraggeber zur Verfügung gestellten planungsrelevanten Unterlagen b) Ortsbesichtigungen c) Abgrenzen des Planungsgebiets anhand der planungsrelevanten Funktionen d) Konkretisieren weiteren Bedarfs an Daten und Unterlagen e) Beraten zum Leistungsumfang für ergänzende Untersuchungen und Fachleistungen f) Aufstellen eines verbindlichen Arbeitsplans unter Berücksichtigung der sonstigen Fachbeiträge
Leistungsphase 2: Ermitteln und Bewerten der Planungsgrundlagen a) Bestandsaufnahme Erfassen auf Grund vorhandener Unterlagen und örtlicher Erhebungen – des Naturhaushalts in seinen Wirkungszusammenhängen, insbesondere durch Landschaftsfaktoren wie Relief, Geländegestalt, Gestein, Boden, oberirdische Gewässer, Grundwasser, Geländeklima sowie Tiere und Pflanzen und deren Lebensräume, – der Schutzgebiete, geschützten Landschaftsbestandteile und schützenswerten Lebensräume, – der vorhandenen Nutzungen und Vorhaben, – des Landschaftsbildes und der -struktur, – der kulturgeschichtlich bedeutsamen Objekte, Erfassen der Eigentumsverhältnisse auf Grund vorhandener Unterlagen, b) Bestandsbewertung Bewerten der Leistungsfähigkeit und Empfindlichkeit des Naturhaushalts und des Landschaftsbildes nach den Zielen und Grundsätzen des Naturschutzes und der Landschaftspflege,	2. **Leistungsphase 2: Ermitteln und Bewerten der Planungsgrundlagen** a) Bestandsaufnahme: Erfassen von Natur und Landschaft jeweils einschließlich des rechtlichen Schutzstatus und fachplanerischer Festsetzungen und Ziele für die Naturgüter auf Grundlage vorhandener Unterlagen und örtlicher Erhebungen b) Bestandsbewertung: aa) Bewerten der Leistungsfähigkeit und Empfindlichkeit des Naturhaushalts und des Landschaftsbildes nach den Zielen und Grundsätzen des Naturschutzes und der Landschaftspflege

HOAI 2009 Anlagen	HOAI 2013 Anlagen

Bewerten der vorhandenen Beeinträchtigungen von Natur und Landschaft (Vorbelastung),
c) zusammenfassende Darstellung der Bestandsaufnahme und der -bewertung in Text und Karte;
 	
Leistungsphase 3:
Ermitteln und Bewerten des Eingriffs
Grundleistungen
a) Konfliktanalyse
  Ermitteln und Bewerten der durch das Vorhaben zu erwartenden Beeinträchtigungen des Naturhaushalts und des Landschaftsbildes nach Art, Umfang, Ort und zeitlichem Ablauf,
b) Konfliktminderung
  Erarbeiten von Lösungen zur Vermeidung oder Verminderung von Beeinträchtigungen des Naturhaushalts und des Landschaftsbildes in Abstimmung mit den an der Planung fachlich Beteiligten,
c) Ermitteln der unvermeidbaren Beeinträchtigungen,
d) Überprüfen der Abgrenzung des Untersuchungsbereichs,
e) Abstimmen mit dem Auftraggeber,
f) zusammenfassende Darstellung der Ergebnisse von Konfliktanalyse und Konfliktminderung sowie der unvermeidbaren Beeinträchtigungen in Text und Karte;
 	
Leistungsphase 4: Vorläufige Planfassung
Erarbeiten der grundsätzlichen Lösung der wesentlichen Teile der Aufgabe in Text und Karte mit Alternativen
a) Darstellen und Begründen von Maßnahmen des Naturschutzes und der Landschaftspflege nach Art, Umfang, Lage und zeitlicher Abfolge einschließlich Biotopentwicklungs- und Pflegemaßnahmen, insbesondere Ausgleichs-, Ersatz-, Gestaltungs- und Schutzmaßnahmen sowie Maßnahmen nach § 3 Absatz 2 des Bundesnaturschutzgesetzes,
b) vergleichendes Gegenüberstellen von Beeinträchtigungen und Ausgleich einschließlich Darstellen verbleibender, nicht ausgleichbarer Beeinträchtigungen,
c) Kostenschätzung
  Abstimmen der vorläufigen Planfassung mit dem Auftraggeber und der für Naturschutz und Landschaftspflege zuständigen Behörde;
	bb) Bewerten der vorhandenen Beeinträchtigungen von Natur und Landschaft (Vorbelastung)
	cc) Zusammenfassendes Darstellen der Ergebnisse als Grundlage für die Erörterung mit dem Auftraggeber
	
	3. Leistungsphase 3:
	Vorläufige Fassung
	Grundleistungen
	a) Konfliktanalyse
	b) Ermitteln und Bewerten der durch das Vorhaben zu erwartenden Beeinträchtigungen des Naturhaushalts und des Landschaftsbildes nach Art, Umfang, Ort und zeitlichem Ablauf
	c) Konfliktminderung
	d) Erarbeiten von Lösungen zur Vermeidung oder Verminderung erheblicher Beeinträchtigungen des Naturhaushalts und des Landschaftsbildes in Abstimmung mit den an der Planung fachlich Beteiligten
	e) Ermitteln der unvermeidbaren Beeinträchtigungen
	f) Erarbeiten und Begründen von Maßnahmen des Naturschutzes und der Landschaftspflege, insbesondere Ausgleichs-, Ersatz- und Gestaltungsmaßnahmen sowie von Angaben zur Unterhaltung dem Grunde nach und Vorschläge zur rechtlichen Sicherung von Ausgleichs- und Ersatzmaßnahmen
	g) Integrieren von Maßnahmen aufgrund des Natura 2000-Gebietsschutzes sowie aufgrund der Vorschriften im besonderen Artenschutz und anderer Umweltfachgesetze auf Grundlage vorhandener Unterlagen und Erarbeiten eines Gesamtkonzepts
	h) Vergleichendes Gegenüberstellen von unvermeidbaren Beeinträchtigungen und Ausgleich und Ersatz einschließlich Darstellen verbleibender, nicht ausgleichbarer oder ersetzbarer Beeinträchtigungen
	i) Kostenermittlung nach Vorgaben des Auftraggebers
	j) Zusammenfassendes Darstellen der Ergebnisse in Text und Karte
	k) Mitwirken bei der Abstimmung mit der für Naturschutz und Landschaftspflege zuständigen Behörde
	l) Abstimmen der Vorläufigen Fassung mit dem Auftraggeber

HOAI 2009 Anlagen	HOAI 2013 Anlagen
Leistungsphase 5: **Endgültige Planfassung**	4. **Leistungsphase 4:** **Abgestimmte Fassung**
Darstellen des landschaftspflegerischen Begleitplans in der vorgeschriebenen Fassung in Text und Karte.	Darstellen des Landschaftspflegerischen Begleitplans in der mit dem Auftraggeber abgestimmten Fassung in Text und Karte

HOAI 2009 Anlagen	HOAI 2013 Anlagen
Anlage 10 (zu § 27) Leistungen im Leistungsbild Pflege- und Entwicklungsplan und **Anlage 2.5** Besondere Leistungen im Leistungsbild Pflege- und Entwicklungsplan	**Anlage 8** (zu § 27 Absatz 2) Grundleistungen im Leistungsbild Pflege- und Entwicklungsplan Das Leistungsbild Pflege- und Entwicklungsplan setzt sich aus folgenden Grundleistungen je Leistungsphase zusammen:

Leistungsphase 1:
Zusammenstellen der Ausgangsbedingungen
Grundleistungen
a) Abgrenzen des Planungsbereiches,
b) Zusammenstellen der verfügbaren planungsrelevanten Unterlagen, insbesondere
  – ökologische und wissenschaftliche Bedeutung des Planungsbereichs,
  – Schutzzweck,
  – Schutzverordnungen,
  – Eigentümer;
	1. **Leistungsphase 1:**
	Klären der Aufgabenstellung und Ermitteln des Leistungsumfangs
	Grundleistungen
	a) Zusammenstellen und Prüfen der vom Auftraggeber zur Verfügung gestellten planungsrelevanten Unterlagen
	b) Ortsbesichtigungen
	c) Abgrenzen des Planungsgebiets anhand der planungsrelevanten Funktionen
	d) Konkretisieren weiteren Bedarfs an Daten und Unterlagen
	e) Beraten zum Leistungsumfang für ergänzende Untersuchungen und Fachleistungen
	f) Aufstellen eines verbindlichen Arbeitsplans unter Berücksichtigung der sonstigen Fachbeiträge

Besondere Leistungen –	Siehe **Anlage 9** –
Leistungsphase 2: **Ermitteln der Planungsgrundlagen** Grundleistungen a) Erfassen und Beschreiben der natürlichen Grundlagen, b) Ermitteln von Beeinträchtigungen des Planungsbereichs;	2. **Leistungsphase 2:** **Ermitteln der Planungsgrundlagen** Grundleistungen a) Ermitteln und Beschreiben der planungsrelevanten Sachverhalte aufgrund vorhandener Unterlagen b) Auswerten und Einarbeiten von Fachbeiträgen c) Bewerten der Bestandsaufnahmen einschließlich vorhandener Beeinträchtigungen sowie der abiotischen Faktoren hinsichtlich ihrer Standort- und Lebensraumbedeutung nach den Zielen und Grundsätzen des Naturschutzes d) Beschreiben der Zielkonflikte mit bestehenden Nutzungen e) Beschreiben des zu erwartenden Zustands von Arten und ihren Lebensräumen (Zielkonflikte mit geplanten Nutzungen) f) Überprüfen der festgelegten Untersuchungsinhalte

HOAI 2009 Anlagen	HOAI 2013 Anlagen
	g) Zusammenfassendes Darstellen von Erfassung und Bewertung in Text und Karte
Besondere Leistungen (Anlage 2.5) **Flächendeckende detaillierte Vegetationskartierung,** Eingehende zoologische Erhebungen einzelner Arten oder Artengruppen.	Siehe **Anlage 9**
Leistungsphase 3: Konzept der Pflege- und Entwicklungsmaßnahmen **Grundleistungen** a) Erfassen und Darstellen von – Flächen, auf denen eine Nutzung weiterbetrieben werden soll, – Flächen, auf denen regelmäßig Pflegemaßnahmen durchzuführen sind, – Maßnahmen zur Verbesserung der ökologischen Standortverhältnisse, – Maßnahmen zur Änderung der Biotopstruktur, b) Vorschläge für – gezielte Maßnahmen zur Förderung bestimmter Tier- und Pflanzenarten, – Maßnahmen zur Lenkung des Besucherverkehrs, – Maßnahmen zur Änderung der rechtlichen Vorschriften, – die Durchführung der Pflege- und Entwicklungsmaßnahmen, c) Hinweise für weitere wissenschaftliche Untersuchungen, d) Kostenschätzung der Pflege- und Entwicklungsmaßnahmen, e) Abstimmen der Konzepte mit dem Auftraggeber;	3. **Leistungsphase 3:** **Vorläufige Fassung** **Grundleistungen** a) Lösen der Planungsaufgabe und Erläutern der Ziele, Erfordernisse und Maßnahmen in Text und Karte b) Formulieren von Zielen zum Schutz, zur Pflege, zur Erhaltung und Entwicklung von Arten, Biotoptypen und naturnahen Lebensräumen bzw. Standortbedingungen c) Erfassen und Darstellen von Flächen, auf denen eine Nutzung weiter betrieben werden soll und von Flächen, auf denen regelmäßig Pflegemaßnahmen durchzuführen sind sowie von Maßnahmen zur Verbesserung der ökologischen Standortverhältnisse und zur Änderung der Biotopstruktur d) Erarbeiten von Vorschlägen für Maßnahmen zur Förderung bestimmter Tier- und Pflanzenarten, zur Lenkung des Besucherverkehrs, für die Durchführung der Pflege- und Entwicklungsmaßnahmen und für Änderungen von Schutzzweck und -zielen sowie Grenzen von Schutzgebieten e) Erarbeiten von Hinweisen für weitere wissenschaftliche Untersuchungen (Monitoring), Folgeplanungen und Maßnahmen f) Kostenermittlung g) Abstimmen der Vorläufigen Fassung mit dem Auftraggeber
Leistungsphase 4: **Endgültige Planfassung** **Grundleistungen** Darstellen des Pflege- und Entwicklungsplans in der vorgeschriebenen Fassung in Text und Karte.	4. **Leistungsphase 4:** **Abgestimmte Fassung** **Grundleistungen** Darstellen des Pflege- und Entwicklungsplans in der mit dem Auftraggeber abgestimmten Fassung in Text und Karte.

b) Synopse HOAI 2009 – HOAI 2013 – Anlagen   HOAI 2009/HOAI 2013 **2**

HOAI 2009 Anlagen	HOAI 2013 Anlagen
Anlage 11 (zu den §§ 33 und 38 Absatz 2) **Leistungen im Leistungsbild Gebäude und raumbildende Ausbauten sowie im Leistungsbild Freianlagen**	**Anlage 10** (zu § 34 Absatz 4, § 35 Absatz 7) **Grundleistungen im Leistungsbild Gebäude und Innenräume, Besondere Leistungen, Objektlisten**
	10.1 Leistungsbild Gebäude und Innenräume
Leistungsphase 1: Grundlagenermittlung	**LPH 1 Grundlagenermittlung**
Grundleistungen	Grundleistungen
a) Klären der Aufgabenstellung, b) Beraten zum gesamten Leistungsbedarf, c) Formulieren von Entscheidungshilfen für die Auswahl anderer an der Planung fachlich Beteiligter, d) Zusammenfassen der Ergebnisse;	a) Klären der Aufgabenstellung auf Grundlage der Vorgaben oder der Bedarfsplanung des Auftraggebers b) Ortsbesichtigung c) Beraten zum gesamten Leistungs- und Untersuchungsbedarf d) Formulieren der Entscheidungshilfen für die Auswahl anderer an der Planung fachlich Beteiligter e) Zusammenfassen, Erläutern und Dokumentieren der Ergebnisse
Besondere Leistungen (Anlage 2; 2.6.1)	Besondere Leistungen
Bestandsaufnahme, Standortanalyse, Betriebsplanung, Aufstellung eines Raumprogramms, Aufstellen eines Funktionsprogramms, Prüfen der Umwelterheblichkeit, Prüfen der Umweltverträglichkeit;	– Bedarfsplanung – Bedarfsermittlung – Aufstellen eines Funktionsprogramms – Aufstellen eines Raumprogramms – Standortanalyse – Mitwirken bei Grundstücks- und Objektauswahl, -beschaffung und -übertragung – Beschaffen von Unterlagen, die für das Vorhaben erheblich sind – Bestandsaufnahme – technische Substanzerkundung – Betriebsplanung – Prüfen der Umwelterheblichkeit – Prüfen der Umweltverträglichkeit – Machbarkeitsstudie – Wirtschaftlichkeitsuntersuchung – Projektstrukturplanung – Zusammenstellen der Anforderungen aus Zertifizierungssystemen – Verfahrensbetreuung, Mitwirken bei der Vergabe von Planungs- und Gutachterleistungen
Leistungsphase 2: Vorplanung (Projekt-und Planungsvorbereitung)	**LPH 2 Vorplanung** (Projekt- und Planungsvorbereitung)
Grundleistungen	Grundleistungen
a) Analyse der Grundlagen, b) Abstimmen der Zielvorstellungen (Randbedingungen, Zielkonflikte), c) Aufstellen eines planungsbezogenen Zielkatalogs (Programmziele),	a) Analysieren der Grundlagen, Abstimmen der Leistungen mit den fachlich an der Planung Beteiligten b) Abstimmen der Zielvorstellungen, Hinweisen auf Zielkonflikte

2 HOAI 2009/HOAI 2013   b) Synopse HOAI 2009 – HOAI 2013 – Anlagen

HOAI 2009 Anlagen	HOAI 2013 Anlagen
d) Erarbeiten eines Planungskonzepts einschließlich Untersuchung der alternativen Lösungsmöglichkeiten nach gleichen Anforderungen mit zeichnerischer Darstellung und Bewertung, zum Beispiel versuchsweise zeichnerische Darstellungen, Strichskizzen, gegebenenfalls mit erläuternden Angaben, e) Integrieren der Leistungen anderer an der Planung fachlich Beteiligter, f) Klären und Erläutern der wesentlichen städtebaulichen, gestalterischen, funktionalen, technischen, bauphysikalischen, wirtschaftlichen, energiewirtschaftlichen (zum Beispiel hinsichtlich rationeller Energieverwendung und der Verwendung erneuerbarer Energien) und landschaftsökologischen Zusammenhänge, Vorgänge und Bedingungen sowie der Belastung und Empfindlichkeit der betroffenen Ökosysteme, g) Vorverhandlungen mit Behörden und anderen an der Planung fachlich Beteiligten über die Genehmigungsfähigkeit, h) bei Freianlagen: Erfassen, Bewerten und Erläutern der ökosystemaren Strukturen und Zusammenhänge, zum Beispiel Boden, Wasser, Klima, Luft, Pflanzen- und Tierwelt, sowie Darstellen der räumlichen und gestalterischen Konzeption mit erläuternden Angaben, insbesondere zur Geländegestaltung, Biotopverbesserung und -vernetzung, vorhandenen Vegetation, Neupflanzung, Flächenverteilung der Grün-, Verkehrs-, Wasser-, Spiel- und Sportflächen; ferner Klären der Randgestaltung und der Anbindung an die Umgebung, i) Kostenschätzung nach DIN 276 oder nach dem wohnungsrechtlichen Berechnungsrecht, j) Zusammenstellen aller Vorplanungsergebnisse;	c) Erarbeiten der Vorplanung, Untersuchen, Darstellen und Bewerten von Varianten nach gleichen Anforderungen, Zeichnungen im Maßstab nach Art und Größe des Objekts d) Klären und Erläutern der wesentlichen Zusammenhänge, Vorgaben und Bedingungen (zum Beispiel städtebauliche, gestalterische, funktionale, technische, wirtschaftliche, ökologische, bauphysikalische, energiewirtschaftliche, soziale, öffentlich-rechtliche) e) Bereitstellen der Arbeitsergebnisse als Grundlage für die anderen an der Planung fachlich Beteiligten sowie Koordination und Integration von deren Leistungen f) Vorverhandlungen über die Genehmigungsfähigkeit g) Kostenschätzung nach DIN 276, Vergleich mit den finanziellen Rahmenbedingungen h) Erstellen eines Terminplans mit den wesentlichen Vorgängen des Planungs- und Bauablaufs i) Zusammenfassen, Erläutern und Dokumentieren der Ergebnisse
Besondere Leistungen (Anlage 2.6.2) Untersuchen von Lösungsmöglichkeiten nach grundsätzlich verschiedenen Anforderungen, Ergänzen der Vorplanungsunterlagen auf Grund besonderer Anforderungen, Aufstellen eines Finanzierungsplanes, Aufstellen einer Bauwerks- und Betriebs-Kosten-Nutzen-Analyse, Mitwirken bei der Kreditbeschaffung, Durchführen der Voranfrage (Bauanfrage),	**Besondere Leistungen** – Aufstellen eines Katalogs für die Planung und Abwicklung der Programmziele – Untersuchen alternativer Lösungsansätze nach verschiedenen Anforderungen, einschließlich Kostenbewertung – Beachten der Anforderungen des vereinbarten Zertifizierungssystems – Durchführen des Zertifizierungssystems – Ergänzen der Vorplanungsunterlagen auf Grund besonderer Anforderungen – Aufstellen eines Finanzierungsplanes

b) Synopse HOAI 2009 – HOAI 2013 – Anlagen   **HOAI 2009/HOAI 2013 2**

HOAI 2009 Anlagen	HOAI 2013 Anlagen
Anfertigen von Darstellungen durch besondere Techniken, wie zum Beispiel Perspektiven, Muster, Modelle, Aufstellen eines Zeit- und Organisationsplanes, Ergänzen der Vorplanungsunterlagen hinsichtlich besonderer Maßnahmen zur Gebäude- und Bauteiloptimierung, die über das übliche Maß der Planungsleistungen hinausgehen, zur Verringerung des Energieverbrauchs sowie der Schadstoff- und CO_2-Emissionen und zur Nutzung erneuerbarer Energien in Abstimmung mit anderen an der Planung fachlich Beteiligten. Das übliche Maß ist für Maßnahmen zur Energieeinsparung durch die Erfüllung der Anforderungen gegeben, die sich aus Rechtsvorschriften und den allgemein anerkannten Regeln der Technik ergeben;	– Mitwirken bei der Kredit- und Fördermittelbeschaffung – Durchführen von Wirtschaftlichkeitsuntersuchungen – Durchführen der Voranfrage (Bauanfrage) – Anfertigen von besonderen Präsentationshilfen, die für die Klärung im Vorentwurfsprozess nicht notwendig sind, zum Beispiel – Präsentationsmodelle – Perspektivische Darstellungen – Bewegte Darstellung/Animation – Farb- und Materialcollagen – digitales Geländemodell – 3-D oder 4-D Gebäudemodellbearbeitung (Building Information Modelling BIM) – Aufstellen einer vertieften Kostenschätzung nach Positionen einzelner Gewerke – Fortschreiben des Projektstrukturplanes – Aufstellen von Raumbüchern – Erarbeiten und Erstellen von besonderen bauordnungsrechtlichen Nachweisen für den vorbeugenden und organisatorischen Brandschutz bei baulichen Anlagen besonderer Art und Nutzung, Bestandsbauten oder im Falle von Abweichungen von der Bauordnung
Leistungsphase 3: Entwurfsplanung (System- und Integrationsplanung **Grundleistungen** a) Durcharbeiten des Planungskonzepts (stufenweise Erarbeitung einer zeichnerischen Lösung) unter Berücksichtigung städtebaulicher, gestalterischer, funktionaler, technischer, bauphysikalischer, wirtschaftlicher, energiewirtschaftlicher (zum Beispiel hinsichtlich rationeller Energieverwendung und der Verwendung erneuerbarer Energie) und landschaftsökologischer Anforderungen unter Verwendung der Beiträge anderer an der Planung fachlich Beteiligter bis zum vollständigen Entwurf, b) Integrieren der Leistungen anderer an der Planung fachlich Beteiligter, c) Objektbeschreibung mit Erläuterung von Ausgleichs- und Ersatzmaßnahmen nach Maßgabe der naturschutzrechtlichen Eingriffsregelung, d) Zeichnerische Darstellung des Gesamtentwurfs, zum Beispiel durchgearbeitete, vollständige Vorentwurfs- und/ oder Entwurfszeichnungen (Maßstab nach Art und Größe des Bauvorhabens; bei Freianlagen: im Maßstab 1:500 bis 1:100, insbesondere mit	**LPH 3 – Entwurfsplanung (System- und Integrationsplanung)** **Grundleistungen** a) Erarbeiten der Entwurfsplanung, unter weiterer Berücksichtigung der wesentlichen Zusammenhänge, Vorgaben und Bedingungen (zum Beispiel städtebauliche, gestalterische, funktionale, technische, wirtschaftliche, ökologische, soziale, öffentlich-rechtliche) auf der Grundlage der Vorplanung und als Grundlage für die weiteren Leistungsphasen und die erforderlichen öffentlich-rechtlichen Genehmigungen unter Verwendung der Beiträge anderer an der Planung fachlich Beteiligter. Zeichnungen nach Art und Größe des Objekts im erforderlichen Umfang und Detaillierungsgrad unter Berücksichtigung aller fachspezifischen Anforderungen, zum Beispiel bei Gebäuden im Maßstab 1:100, zum Beispiel bei Innenräumen im Maßstab 1:50 bis 1:20 b) Bereitstellen der Arbeitsergebnisse als Grundlage für die anderen an der Planung fachlich Beteiligten sowie Koordination und Integration von deren Leistungen

257

2 HOAI 2009/HOAI 2013

b) Synopse HOAI 2009 – HOAI 2013 – Anlagen

HOAI 2009 Anlagen	HOAI 2013 Anlagen
Angaben zur Verbesserung der Biotopfunktion, zu Vermeidungs-, Schutz-, Pflege- und Entwicklungsmaßnahmen sowie zur differenzierten Bepflanzung; bei raumbildenden Ausbauten: im Maßstab 1:50 bis 1:20, insbesondere mit Einzelheiten der Wandabwicklungen, Farb-, Licht- und Materialgestaltung), gegebenenfalls auch Detailpläne mehrfach wiederkehrender Raumgruppen, e) Verhandlungen mit Behörden und anderen an der Planung fachlich Beteiligten über die Genehmigungsfähigkeit, f) Kostenberechnung nach DIN 276 oder nach dem wohnungsrechtlichen Berechnungsrecht, g) Kostenkontrolle durch Vergleich der Kostenberechnung mit der Kostenschätzung, h) Zusammenfassen aller Entwurfsunterlagen;	c) Objektbeschreibung d) Verhandlungen über die Genehmigungsfähigkeit e) Kostenberechnung nach DIN 276 und Vergleich mit der Kostenschätzung f) Fortschreiben des Terminplans g) Zusammenfassen, Erläutern und Dokumentieren der Ergebnisse
Besondere Leistungen (Anlage 2.6.3) Analyse der Alternativen/Varianten und deren Wertung mit Kostenuntersuchung (Optimierung), Wirtschaftlichkeitsberechnung, Kostenberechnung durch Aufstellen von Mengengerüsten oder Bauelementkatalog, Ausarbeitung besonderer Maßnahmen zur Gebäude- und Bauteiloptimierung, die über das übliche Maß der Planungsleistungen hinausgehen, zur Verringerung des Energieverbrauchs sowie der Schadstoff- und CO_2-Emissionen und zur Nutzung erneuerbarer Energien in Abstimmung mit anderen an der Planung fachlich Beteiligter. Das übliche Maß ist für Maßnahmen zur Energieeinsparung durch die Erfüllung der Anforderungen gegeben, die sich aus Rechtsvorschriften und den allgemein anerkannten Regeln der Technik ergeben;	**Besondere Leistungen** – Analyse der Alternativen/Varianten und deren Wertung mit Kostenuntersuchung (Optimierung) – Wirtschaftlichkeitsberechnung – Aufstellen und Fortschreiben einer vertieften Kostenberechnung – Fortschreiben von Raumbüchern
Leistungsphase 4: Genehmigungsplanung **Grundleistungen** a) Erarbeiten der Vorlagen für die nach den öffentlich-rechtlichen Vorschriften erforderlichen Genehmigungen oder Zustimmungen einschließlich der Anträge auf Ausnahmen und Befreiungen unter Verwendung der Beiträge anderer an der Planung fachlich Beteiligter sowie noch notwendiger Verhandlungen mit Behörden, b) Einreichen dieser Unterlagen, c) Vervollständigen und Anpassen der Planungsunterlagen, Beschreibungen und Berechnungen unter Verwendung der Beiträ-	**LPH 4 Genehmigungsplanung** **Grundleistungen** a) Erarbeiten und Zusammenstellen der Vorlagen und Nachweise für öffentlich-rechtliche Genehmigungen oder Zustimmungen einschließlich der Anträge auf Ausnahmen und Befreiungen, sowie notwendiger Verhandlungen mit Behörden unter Verwendung der Beiträge anderer an der Planung fachlich Beteiligter b) Einreichen der Vorlagen c) Ergänzen und Anpassen der Planungsunterlagen, Beschreibungen und Berechnungen

b) Synopse HOAI 2009 – HOAI 2013 – Anlagen

HOAI 2009 Anlagen	HOAI 2013 Anlagen
ge anderer an der Planung fachlich Beteiligter, d) bei Freianlagen und raumbildenden Ausbauten: Prüfen auf notwendige Genehmigungen, Einholen von Zustimmungen und Genehmigungen; **Besondere Leistungen (Anlage 2.6.4** Mitwirken bei der Beschaffung der nachbarlichen Zustimmung, Erarbeiten von Unterlagen für besondere Prüfverfahren, Fachliche und organisatorische Unterstützung des Bauherrn im Widerspruchsverfahren, Klageverfahren oder Ähnliches, Ändern der Genehmigungsunterlagen infolge von Umständen, die der Auftragnehmer nicht zu vertreten hat;	**Besondere Leistungen** – Mitwirken bei der Beschaffung der nachbarlichen Zustimmung – Nachweise, insbesondere technischer, konstruktiver und bauphysikalischer Art, für die Erlangung behördlicher Zustimmungen im Einzelfall – Fachliche und organisatorische Unterstützung des Bauherrn im Widerspruchsverfahren, Klageverfahren oder ähnlichen Verfahren
Leistungsphase 5: Ausführungsplanung **Grundleistungen** a) Durcharbeiten der Ergebnisse der Leistungsphase 3 und 4 (stufenweise Erarbeitung und Darstellung der Lösung) unter Berücksichtigung städtebaulicher, gestalterischer, funktionaler, technischer, bauphysikalischer, wirtschaftlicher, energiewirtschaftlicher (zum Beispiel hinsichtlich rationeller Energieverwendung und der Verwendung erneuerbarer Energien) und landschaftsökologischer Anforderungen unter Verwendung der Beiträge anderer an der Planung fachlich Beteiligter bis zur ausführungsreifen Lösung, b) zeichnerische Darstellung des Objekts mit allen für die Ausführung notwendigen Einzelangaben, zum Beispiel endgültige, vollständige Ausführungs-, Detail- und Konstruktionszeichnungen im Maßstab 1:50 bis 1:1, bei Freianlagen je nach Art des Bauvorhabens im Maßstab 1:200 bis 1:50, insbesondere Bepflanzungspläne, mit den erforderlichen textlichen Ausführungen, c) bei raumbildenden Ausbauten: detaillierte Darstellung der Räume und Raumfolgen im Maßstab 1:25 bis 1:1 mit den erforderlichen textlichen Ausführungen; Materialbestimmung, d) Erarbeiten der Grundlagen für die anderen an der Planung fachlich Beteiligten und Integrierung ihrer Beiträge bis zur ausführungsreifen Lösung, e) Fortschreiben der Ausführungsplanung während der Objektausführung;	**LPH 5 Ausführungsplanung** **Grundleistungen** a) Erarbeiten der Ausführungsplanung mit allen für die Ausführung notwendigen Einzelangaben (zeichnerisch und textlich) auf der Grundlage der Entwurfs- und Genehmigungsplanung bis zur ausführungsreifen Lösung, als Grundlage für die weiteren Leistungsphasen b) Ausführungs-, Detail- und Konstruktionszeichnungen nach Art und Größe des Objekts im erforderlichen Umfang und Detaillierungsgrad unter Berücksichtigung aller fachspezifischen Anforderungen, zum Beispiel bei Gebäuden im Maßstab 1:50 bis 1:1, zum Beispiel bei Innenräumen im Maßstab 1:20 bis 1:1 c) Bereitstellen der Arbeitsergebnisse als Grundlage für die anderen an der Planung fachlich Beteiligten, sowie Koordination und Integration von deren Leistungen d) Fortschreiben des Terminplans e) Fortschreiben der Ausführungsplanung aufgrund der gewerkeorientierten Bearbeitung während der Objektausführung f) Überprüfen erforderlicher Montagepläne der vom Objektplaner geplanten Baukonstruktionen und baukonstruktiven Einbauten auf Übereinstimmung mit der Ausführungsplanung

HOAI 2009 Anlagen	HOAI 2013 Anlagen
Besondere Leistungen (Anlage 2.6.5) Aufstellen einer detaillierten Objektbeschreibung als Baubuch zur Grundlage der Leistungsbeschreibung mit Leistungsprogramm*), Aufstellen einer detaillierten Objektbeschreibung als Raumbuch zur Grundlage der Leistungsbeschreibung mit Leistungsprogramm*), Prüfen der vom bauausführenden Unternehmen auf Grund der Leistungsbeschreibung mit Leistungsprogramm ausgearbeiteten Ausführungspläne auf Übereinstimmung mit der Entwurfsplanung*), Erarbeiten von Detailmodellen, Prüfen und Anerkennen von Plänen Dritter, nicht an der Planung fachlich Beteiligter auf Übereinstimmung mit den Ausführungsplänen (zum Beispiel Werkstattzeichnungen von Unternehmen, Aufstellungs- und Fundamentpläne von Maschinenlieferanten), soweit die Leistungen Anlagen betreffen, die in den anrechenbaren Kosten nicht erfasst sind.	**Besondere Leistungen** – Aufstellen einer detaillierten Objektbeschreibung als Grundlage der Leistungsbeschreibung mit Leistungsprogramm**) – Prüfen der vom bauausführenden Unternehmen auf Grund der Leistungsbeschreibung mit Leistungsprogramm ausgearbeiteten Ausführungspläne auf Übereinstimmung mit der Entwurfsplanung**) – Fortschreiben von Raumbüchern in detaillierter Form – Mitwirken beim Anlagenkennzeichnungssystem (AKS) – Prüfen und Anerkennen von Plänen Dritter, nicht an der Planung fachlich Beteiligter auf Übereinstimmung mit den Ausführungsplänen (zum Beispiel Werkstattzeichnungen von Unternehmen, Aufstellungs- und Fundamentpläne nutzungsspezifischer oder betriebstechnischer Anlagen), soweit die Leistungen Anlagen betreffen, die in den anrechenbaren Kosten nicht erfasst sind.
Leistungsphase 6: **Vorbereitung der Vergabe** **Grundleistungen** a) Ermitteln und Zusammenstellen von Mengen als Grundlage für das Aufstellen von Leistungsbeschreibungen unter Verwendung der Beiträge anderer an der Planung fachlich Beteiligter, b) Aufstellen von Leistungsbeschreibungen mit Leistungsverzeichnissen nach Leistungsbereichen, c) Abstimmen und Koordinieren der Leistungsbeschreibungen der an der Planung fachlich Beteiligten;	**LPH 6 – Vorbereitung der Vergabe** **Grundleistungen** a) Aufstellen eines Vergabeterminplans b) Aufstellen von Leistungsbeschreibungen mit Leistungsverzeichnissen nach Leistungsbereichen, Ermitteln und Zusammenstellen von Mengen auf der Grundlage der Ausführungsplanung unter Verwendung der Beiträge anderer an der Planung fachlich Beteiligter c) Abstimmen und Koordinieren der Schnittstellen zu den Leistungsbeschreibungen der an der Planung fachlich Beteiligten d) Ermitteln der Kosten auf der Grundlage vom Planer bepreister Leistungsverzeichnisse e) Kostenkontrolle durch Vergleich der vom Planer bepreisten Leistungsverzeichnisse mit der Kostenberechnung f) Zusammenstellen der Vergabeunterlagen für alle Leistungsbereiche

*) Diese Besondere Leistung wird bei Leistungsbeschreibung mit Leistungsprogramm ganz oder teilweise Grundleistung. In diesem Fall entfallen die entsprechenden Grundleistungen dieser Leistungsphase, soweit die Leistungsbeschreibung mit Leistungsprogramm angewandt wird.

**) Diese Besondere Leistung wird bei Leistungsbeschreibung mit Leistungsprogramm ganz oder teilweise Grundleistung. In diesem Fall entfallen die entsprechenden Grundleistungen dieser Leistungsphase.

b) Synopse HOAI 2009 – HOAI 2013 – Anlagen

HOAI 2009 Anlagen	HOAI 2013 Anlagen
Besondere Leistungen (Anlage 2.6.6) Aufstellen der Leistungsbeschreibungen mit Leistungsprogramm unter Bezug auf Baubuch/Raumbuch*⁾, Aufstellen von alternativen Leistungsbeschreibungen für geschlossene Leistungsbereiche, Aufstellen von vergleichenden Kostenübersichten unter Auswertung der Beiträge anderer an der Planung fachlich Beteiligter;	**Besondere Leistungen** – Aufstellen der Leistungsbeschreibungen mit Leistungsprogramm auf der Grundlage der detaillierten Objektbeschreibung**⁾ – Aufstellen von alternativen Leistungsbeschreibungen für geschlossene Leistungsbereiche – Aufstellen von vergleichenden Kostenübersichten unter Auswertung der Beiträge anderer an der Planung fachlich Beteiligter
2.6.10 Besondere Leistungen bei Umbauten und Modernisierungen Aufstellen der Leistungsbeschreibungen mit Leistungsprogramm unter Bezug auf Baubuch/Raumbuch*⁾, Maßliches, technisches und verformungsgerechtes Aufmaß, Schadenskartierung, Ermitteln von Schadensursachen, Planen und Überwachen von Maßnahmen zum Schutz von vorhandener Substanz, Organisation von und Mitwirkung an Betreuungsmaßnahmen für Nutzer und andere Planungsbetroffene, Wirkungskontrollen von Planungsansatz und Maßnahmen im Hinblick auf die Nutzer, beispielsweise durch Befragen	
Leistungsphase 7: **Mitwirkung bei der Vergabe**	**LPH 7 Mitwirkung bei der Vergabe**
Grundleistungen a) Zusammenstellen der Vergabe- und Vertragsunterlagen für alle Leistungsbereiche, b) Einholen von Angeboten, c) Prüfen und Werten der Angebote einschließlich Aufstellen eines Preisspiegels nach Teilleistungen unter Mitwirkung aller während der Leistungsphasen 6 und 7 fachlich Beteiligten, d) Abstimmen und Zusammenstellen der Leistungen der fachlich Beteiligten, die an der Vergabe mitwirken, e) Verhandlung mit Bietern, f) Kostenanschlag nach DIN 276 aus Einheits- oder Pauschalpreisen der Angebote,	**Grundleistungen** a) Koordinieren der Vergaben der Fachplaner b) Einholen von Angeboten c) Prüfen und Werten der Angebote einschließlich Aufstellen eines Preisspiegels nach Einzelpositionen oder Teilleistungen, Prüfen und Werten der Angebote zusätzlicher und geänderter Leistungen der ausführenden Unternehmen und der Angemessenheit der Preise d) Führen von Bietergesprächen e) Erstellen der Vergabevorschläge, Dokumentation des Vergabeverfahrens f) Zusammenstellen der Vertragsunterlagen für alle Leistungsbereiche

*⁾ Diese Besondere Leistung wird bei Leistungsbeschreibung mit Leistungsprogramm ganz oder teilweise Grundleistung. In diesem Fall entfallen die entsprechenden Grundleistungen dieser Leistungsphase, soweit die Leistungsbeschreibung mit Leistungsprogramm angewandt wird.

**⁾ Diese Besondere Leistung wird bei Leistungsbeschreibung mit Leistungsprogramm ganz oder teilweise Grundleistung. In diesem Fall entfallen die entsprechenden Grundleistungen dieser Leistungsphase.

HOAI 2009 Anlagen	HOAI 2013 Anlagen
g) Kostenkontrolle durch Vergleich des Kostenanschlags mit der Kostenrechnung, h) Mitwirken bei der Auftragserteilung;	g) Vergleichen der Ausschreibungsergebnisse mit den vom Planer bepreisten Leistungsverzeichnissen oder der Kostenberechnung h) Mitwirken bei der Auftragserteilung
Besondere Leistungen (Anlage 2.6.7) Prüfen und Werten der Angebote aus Leistungsbeschreibung mit Leistungsprogramm einschließlich Preisspiegel*), Aufstellen, Prüfen und Werten von Preisspiegeln nach besonderen Anforderungen;	**Besondere Leistungen** – Prüfen und Werten von Nebenangeboten mit Auswirkungen auf die abgestimmte Planung – Mitwirken bei der Mittelabflussplanung – Fachliche Vorbereitung und Mitwirken bei Nachprüfungsverfahren – Mitwirken bei der Prüfung von bauwirtschaftlich begründeten Nachtragsangeboten – Prüfen und Werten der Angebote aus Leistungsbeschreibung mit Leistungsprogramm einschließlich Preisspiegel**) – Aufstellen, Prüfen und Werten von Preisspiegeln nach besonderen Anforderungen
Leistungsphase 8: Objektüberwachung (Bauüberwachung) **Grundleistungen**	**LPH 8 – Objektüberwachung (Bauüberwachung) und Dokumentation** **Grundleistungen**
a) Überwachen der Ausführung des Objekts auf Übereinstimmung mit der Baugenehmigung oder Zustimmung, den Ausführungsplänen und der Leistungsbeschreibungen sowie mit den allgemein anerkannten Regeln der Technik und den einschlägigen Vorschriften, b) Überwachen der Ausführung von Tragwerken nach § 50 Absatz 2 Nummer 1 und 2 auf Übereinstimmung mit dem Standsicherheitsnachweis, c) Koordinieren der an der Objektüberwachung fachlich Beteiligten, d) Überwachung und Detailkorrektur von Fertigteilen, e) Aufstellen und Überwachen eines Zeitplanes (Balkendiagramm), f) Führen eines Bautagebuches, g) gemeinsames Aufmaß mit den bauausführenden Unternehmen, h) Abnahme der Bauleistungen unter Mitwirkung anderer an der Planung und Objektüberwachung fachlich Beteiligter unter Feststellung von Mängeln, i) Rechnungsprüfung,	a) Überwachen der Ausführung des Objektes auf Übereinstimmung mit der öffentlich-rechtlichen Genehmigung oder Zustimmung, den Verträgen mit ausführenden Unternehmen, den Ausführungsunterlagen, den einschlägigen Vorschriften sowie mit den allgemein anerkannten Regeln der Technik b) Überwachen der Ausführung von Tragwerken mit sehr geringen und geringen Planungsanforderungen auf Übereinstimmung mit dem Standsicherheitsnachweis c) Koordinieren der an der Objektüberwachung fachlich Beteiligten d) Aufstellen, Fortschreiben und Überwachen eines Terminplans (Balkendiagramm) e) Dokumentation des Bauablaufs (zum Beispiel Bautagebuch) f) Gemeinsames Aufmaß mit den ausführenden Unternehmen g) Rechnungsprüfung einschließlich Prüfen der Aufmaße der bauausführenden Unternehmen h) Vergleich der Ergebnisse der Rechnungsprüfungen mit den Auftragssummen einschließlich Nachträgen

*) Diese Besondere Leistung wird bei Leistungsbeschreibung mit Leistungsprogramm ganz oder teilweise Grundleistung. In diesem Fall entfallen die entsprechenden Grundleistungen dieser Leistungsphase, soweit die Leistungsbeschreibung mit Leistungsprogramm angewandt wird.

**) Diese Besondere Leistung wird bei Leistungsbeschreibung mit Leistungsprogramm ganz oder teilweise Grundleistung. In diesem Fall entfallen die entsprechenden Grundleistungen dieser Leistungsphase.

b) Synopse HOAI 2009 – HOAI 2013 – Anlagen **HOAI 2009/HOAI 2013 2**

HOAI 2009 Anlagen	HOAI 2013 Anlagen
j) Kostenfeststellung nach DIN 276 oder nach dem wohnungsrechtlichen Berechnungsrecht, k) Antrag auf behördliche Abnahmen und Teilnahme daran, l) Übergabe des Objekts einschließlich Zusammenstellung und Übergabe der erforderlichen Unterlagen, zum Beispiel Bedienungsanleitungen, Prüfprotokolle, m) Auflisten der Verjährungsfristen für Mängelansprüche, n) Überwachen der Beseitigung der bei der Abnahme der Bauleistungen festgestellten Mängel, o) Kostenkontrolle durch Überprüfen der Leistungsabrechnung der bauausführenden Unternehmen im Vergleich zu den Vertragspreisen und dem Kostenanschlag;	i) Kostenkontrolle durch Überprüfen der Leistungsabrechnung der bauausführenden Unternehmen im Vergleich zu den Vertragspreisen j) Kostenfeststellung, zum Beispiel nach DIN 276 k) Organisation der Abnahme der Bauleistungen unter Mitwirkung anderer an der Planung und Objektüberwachung fachlich Beteiligter, Feststellung von Mängeln, Abnahmeempfehlung für den Auftraggeber l) Antrag auf öffentlich-rechtliche Abnahmen und Teilnahme daran m) Systematische Zusammenstellung der Dokumentation, zeichnerischen Darstellungen und rechnerischen Ergebnisse des Objekts n) Übergabe des Objekts o) Auflisten der Verjährungsfristen für Mängelansprüche p) Überwachen der Beseitigung der bei der Annahme festgestellten Mängel
Besondere Leistungen (Anlage 2.6.8) Aufstellen, Überwachen und Fortschreiben eines Zahlungsplanes, Aufstellen, Überwachen und Fortschreiben von differenzierten Zeit-, Kosten- oder Kapazitätsplänen, Tätigkeit als verantwortlicher Bauleiter, soweit diese Tätigkeit nach jeweiligem Landesrecht über die Grundleistungen der Leistungsphase 8 hinausgeht;	**Besondere Leistungen** – Aufstellen, Überwachen und Fortschreiben eines Zahlungsplanes – Aufstellen, Überwachen und Fortschreiben von differenzierten Zeit-, Kosten- oder Kapazitätsplänen – Tätigkeit als verantwortlicher Bauleiter, soweit diese Tätigkeit nach jeweiligem Landesrecht über die Grundleistungen der LPH 8 hinausgeht
Leistungsphase 9: **Objektbetreuung und Dokumentation** **Grundleistungen** a) Objektbegehung zur Mängelfeststellung vor Ablauf der Verjährungsfristen für Mängelansprüche gegenüber den bauausführenden Unternehmen, b) Überwachen der Beseitigung von Mängeln, die innerhalb der Verjährungsfristen für Mängelansprüche, längstens jedoch bis zum Ablauf von vier Jahren seit Abnahme der Bauleistungen auftreten, c) Mitwirken bei der Freigabe von Sicherheitsleistungen, d) systematische Zusammenstellung der zeichnerischen Darstellungen und rechnerischen Ergebnisse des Objekts.	**LPH 9 – Objektbetreuung** **Grundleistungen** a) Fachliche Bewertung der innerhalb der Verjährungsfristen für Gewährleistungsansprüche festgestellten Mängel, längstens jedoch bis zum Ablauf von fünf Jahren seit Abnahme der Leistung, einschließlich notwendiger Begehungen b) Objektbegehung zur Mängelfeststellung vor Ablauf der Verjährungsfristen für Mängelansprüche gegenüber den ausführenden Unternehmen c) Mitwirken bei der Freigabe von Sicherheitsleistungen
Besondere Leistungen bei der Objektbetreuung und Dokumentation (2.6.9) Erstellen von Bestandsplänen,	**Besondere Leistungen** – Überwachen der Mängelbeseitigung innerhalb der Verjährungsfrist

2 HOAI 2009/HOAI 2013 b) Synopse HOAI 2009 – HOAI 2013 – Anlagen

HOAI 2009 Anlagen	HOAI 2013 Anlagen
Aufstellen von Ausrüstungs- und Inventarverzeichnissen, Erstellen von Wartungs- und Pflegeanweisungen, Objektbeobachtung, Objektverwaltung, Baubegehungen nach Übergabe, Überwachen der Wartungs- und Pflegeleistungen, Aufbereiten des Zahlungsmaterials für eine Objektdatei, Ermittlung und Kostenfeststellung zu Kostenrichtwerten, Überprüfen der Bauwerks- und Betriebs-Kosten-Nutzen-Analyse; **Besondere Leistungen bei Umbauten und Modernisierungen (2.6.10)** Maßliches, technisches und verformungsgerechtes Aufmaß, Schadenskartierung, Ermitteln von Schadensursachen, Planen und Überwachen von Maßnahmen zum Schutz von vorhandener Substanz, Organisation von und Mitwirkung an Betreuungsmaßnahmen für Nutzer und andere Planungsbetroffene, Wirkungskontrollen von Planungsansatz und Maßnahmen im Hinblick auf die Nutzer, beispielsweise durch Befragen.	– Erstellen einer Gebäudebestandsdokumentation, – Aufstellen von Ausrüstungs- und Inventarverzeichnissen – Erstellen von Wartungs- und Pflegeanweisungen – Erstellen eines Instandhaltungskonzepts – Objektbeobachtung – Objektverwaltung – Baubegehungen nach Übergabe – Aufbereiten der Planungs- und Kostendaten für eine Objektdatei oder Kostenrichtwerte – Evaluieren von Wirtschaftlichkeitsberechnungen

b) Synopse HOAI 2009 – HOAI 2013 – Anlagen

HOAI 2009 Anlagen	HOAI 2013 Anlagen
Anlage 11 (zu den §§ 33 und 38 Abs. 2) **Leistungen im Leistungsbild Gebäude und raumbildende Ausbauten sowie im Leistungsbild Freianlagen** **2.7 Leistungsbild Freianlagen und Besondere Leistungen für Gebäude und Raumbildenden Ausbauten nach Anlage 2.6**	**Anlage 11** (zu §§ 39 Absatz 4, 40 Absatz 5) **Grundleistungen im Leistungsbild Freianlagen, Besondere Leistungen, Objektliste** **11.1 Leistungsbild Freianlagen**
Leistungsphase 1: Grundlagenermittlung **Grundleistungen** a) Klären der Aufgabenstellung, b) Beraten zum gesamten Leistungsbedarf, c) Formulieren von Entscheidungshilfen für die Auswahl anderer an der Planung fachlich Beteiligter, d) Zusammenfassen der Ergebnisse;	**LPH 1 Grundlagenermittlung** **Grundleistungen** a) Klären der Aufgabenstellung aufgrund der Vorgaben oder der Bedarfsplanung des Auftraggebers oder vorliegender Planungs- und Genehmigungsunterlagen b) Ortsbesichtigung c) Beraten zum gesamten Leistungs- und Untersuchungsbedarf d) Formulieren von Entscheidungshilfen für die Auswahl anderer an der Planung fachlich Beteiligter e) Zusammenfassen, Erläutern und Dokumentieren der Ergebnisse
Besondere Leistungen (Anlage 2.6.1) Bestandsaufnahme, Standortanalyse, Betriebsplanung, Aufstellung eines Raumprogramms, Aufstellen eines Funktionsprogramms, Prüfen der Umwelterheblichkeit, Prüfen der Umweltverträglichkeit;	**Besondere Leistungen** – Mitwirken bei der öffentlichen Erschließung – Kartieren und Untersuchen des Bestandes, Floristische oder faunistische Kartierungen – Begutachtung des Standortes mit besonderen Methoden zum Beispiel Bodenanalysen – Beschaffen bzw. Aktualisieren bestehender Planunterlagen, Erstellen von Bestandskarten
Leistungsphase 2: Vorplanung (Projekt-und Planungsvorbereitung) **Grundleistungen** a) Analyse der Grundlagen, b) Abstimmen der Zielvorstellungen (Randbedingungen, Zielkonflikte), c) Aufstellen eines planungsbezogenen Zielkatalogs (Programmziele), d) Erarbeiten eines Planungskonzepts einschließlich Untersuchung der alternativen Lösungsmöglichkeiten nach gleichen Anforderungen mit zeichnerischer Darstellung und Bewertung, zum Beispiel versuchsweise zeichnerische Darstellungen, Strichskizzen, gegebenenfalls mit erläuternden Angaben,	**LPH 2 Vorplanung (Projekt- und Planungsvorbereitung)** **Grundleistungen** a) Analysieren der Grundlagen, Abstimmen der Leistungen mit den fachlich an der Planung Beteiligten b) Abstimmen der Zielvorstellungen c) Erfassen, Bewerten und Erläutern der Wechselwirkungen im Ökosystem d) Erarbeiten eines Planungskonzepts einschließlich Untersuchen und Bewerten von Varianten nach gleichen Anforderungen unter Berücksichtigung zum Beispiel – der Topographie und der weiteren standörtlichen und ökologischen Rahmenbedingungen,

2 HOAI 2009/HOAI 2013 b) Synopse HOAI 2009 – HOAI 2013 – Anlagen

HOAI 2009 Anlagen	HOAI 2013 Anlagen
e) Integrieren der Leistungen anderer an der Planung fachlich Beteiligter, f) Klären und Erläutern der wesentlichen städtebaulichen, gestalterischen, funktionalen, technischen, bauphysikalischen, wirtschaftlichen, energiewirtschaftlichen (zum Beispiel hinsichtlich rationeller Energieverwendung und der Verwendung erneuerbarer Energien) und landschaftsökologischen Zusammenhänge, Vorgänge und Bedingungen sowie der Belastung und Empfindlichkeit der betroffenen Ökosysteme, g) Vorverhandlungen mit Behörden und anderen an der Planung fachlich Beteiligten über die Genehmigungsfähigkeit, h) bei Freianlagen: Erfassen, Bewerten und Erläutern der ökosystemaren Strukturen und Zusammenhänge, zum Beispiel Boden, Wasser, Klima, Luft, Pflanzen- und Tierwelt, sowie Darstellen der räumlichen und gestalterischen Konzeption mit erläuternden Angaben, insbesondere zur Geländegestaltung, Biotopverbesserung und -vernetzung, vorhandenen Vegetation, Neupflanzung, Flächenverteilung der Grün-, Verkehrs-, Wasser-, Spiel- und Sportflächen; ferner Klären der Randgestaltung und der Anbindung an die Umgebung, i) Kostenschätzung nach DIN 276 oder nach dem wohnungsrechtlichen Berechnungsrecht, j) Zusammenstellen aller Vorplanungsergebnisse;	– der Umweltbelange einschließlich der natur- und artenschutzrechtlichen Anforderungen und der vegetationstechnischen Bedingungen, – der gestalterischen und funktionalen Anforderungen, – Klären der wesentlichen Zusammenhänge, Vorgänge und Bedingungen, – Abstimmen oder Koordinieren unter Integration der Beiträge anderer an der Planung fachlich Beteiligter e) Darstellen des Vorentwurfs mit Erläuterungen und Angaben zum terminlichen Ablauf f) Kostenschätzung, zum Beispiel nach DIN 276, Vergleich mit den finanziellen Rahmenbedingungen g) Zusammenfassen, Erläutern und Dokumentieren der Vorplanungsergebnisse
Besondere Leistungen (Anlage 2.6.2) Untersuchen von Lösungsmöglichkeiten nach grundsätzlich verschiedenen Anforderungen, Ergänzen der Vorplanungsunterlagen auf Grund besonderer Anforderungen, Aufstellen eines Finanzierungsplanes, Aufstellen einer Bauwerks- und Betriebs-Kosten-Nutzen-Analyse, Mitwirken bei der Kreditbeschaffung, Durchführen der Voranfrage (Bauanfrage), Anfertigen von Darstellungen durch besondere Techniken, wie zum Beispiel Perspektiven, Muster, Modelle, Aufstellen eines Zeit- und Organisationsplanes, Ergänzen der Vorplanungsunterlagen hinsichtlich besonderer Maßnahmen zur Gebäude- und Bauteiloptimierung, die über das übliche	**Besondere Leistungen** – Umweltfolgenabschätzung – Bestandsaufnahme, Vermessung – Fotodokumentationen – Mitwirken bei der Beantragung von Fördermitteln und Beschäftigungsmaßnahmen – Erarbeiten von Unterlagen für besondere technische Prüfverfahren – Beurteilen und Bewerten der vorhanden Bausubstanz, Bauteile, Materialien, Einbauten oder der zu schützenden oder zu erhaltenden Gehölze oder Vegetationsbestände

b) Synopse HOAI 2009 – HOAI 2013 – Anlagen

HOAI 2009 Anlagen	HOAI 2013 Anlagen
Maß der Planungsleistungen hinausgehen, zur Verringerung des Energieverbrauchs sowie der Schadstoff- und CO_2-Emissionen und zur Nutzung erneuerbarer Energien in Abstimmung mit anderen an der Planung fachlich Beteiligten. Das übliche Maß ist für Maßnahmen zur Energieeinsparung durch die Erfüllung der Anforderungen gegeben, die sich aus Rechtsvorschriften und den allgemein anerkannten Regeln der Technik ergeben;	
Leistungsphase 3: Entwurfsplanung System- und Integrationsplanung **Grundleistungen** a) Durcharbeiten des Planungskonzepts (stufenweise Erarbeitung einer zeichnerischen Lösung) unter Berücksichtigung städtebaulicher, gestalterischer, funktionaler, technischer, bauphysikalischer, wirtschaftlicher, energiewirtschaftlicher (zum Beispiel hinsichtlich rationeller Energieverwendung und der Verwendung erneuerbarer Energie) und landschaftsökologischer Anforderungen unter Verwendung der Beiträge anderer an der Planung fachlich Beteiligter bis zum vollständigen Entwurf, b) Integrieren der Leistungen anderer an der Planung fachlich Beteiligter, c) Objektbeschreibung mit Erläuterung von Ausgleichs- und Ersatzmaßnahmen nach Maßgabe der naturschutzrechtlichen Eingriffsregelung, d) zeichnerische Darstellung des Gesamtentwurfs, zum Beispiel durchgearbeitete, vollständige Vorentwurfs- und/ oder Entwurfszeichnungen (Maßstab nach Art und Größe des Bauvorhabens; bei Freianlagen: im Maßstab 1:500 bis 1:100, insbesondere mit Angaben zur Verbesserung der Biotopfunktion, zu Vermeidungs-, Schutz-, Pflege- und Entwicklungsmaßnahmen sowie zur differenzierten Bepflanzung; bei raumbildenden Ausbauten: im Maßstab 1:50 bis 1:20, insbesondere mit Einzelheiten der Wandabwicklungen, Farb-, Licht- und Materialgestaltung), gegebenenfalls auch Detailpläne mehrfach wiederkehrender Raumgruppen, e) Verhandlungen mit Behörden und anderen an der Planung fachlich Beteiligten über die Genehmigungsfähigkeit, f) Kostenberechnung nach DIN 276 oder nach dem wohnungsrechtlichen Berechnungsrecht,	**LPH 3 Entwurfsplanung (System- und Integrationsplanung)** **Grundleistungen** a) Erarbeiten der Entwurfsplanung auf Grundlage der Vorplanung unter Vertiefung zum Beispiel der gestalterischen, funktionalen, wirtschaftlichen, standörtlichen, ökologischen, natur- und artenschutzrechtlichen Anforderungen Abstimmen oder Koordinieren unter Integration der Beiträge anderer an der Planung fachlich Beteiligter b) Abstimmen der Planung mit zu beteiligenden Stellen und Behörden c) Darstellen des Entwurfs zum Beispiel im Maßstab 1:500 bis 1:100, mit erforderlichen Angaben insbesondere – zur Bepflanzung, – zu Materialien und Ausstattungen, – zu Maßnahmen aufgrund rechtlicher Vorgaben, – zum terminlichen Ablauf d) Objektbeschreibung mit Erläuterung von Ausgleichs- und Ersatzmaßnahmen nach Maßgabe der naturschutzrechtlichen Eingriffsregelung e) Kostenberechnung, zum Beispiel nach DIN 276 einschließlich zugehöriger Mengenermittlung

HOAI 2009 Anlagen	HOAI 2013 Anlagen
g) Kostenkontrolle durch Vergleich der Kostenberechnung mit der Kostenschätzung, h) Zusammenfassen aller Entwurfsunterlagen;	f) Vergleich der Kostenberechnung mit der Kostenschätzung g) Zusammenfassen, Erläutern und Dokumentieren der Entwurfsplanungsergebnisse
Besondere Leistungen (Anlage 2.6.3) Analyse der Alternativen/Varianten und deren Wertung mit Kostenuntersuchung (Optimierung), Wirtschaftlichkeitsberechnung, Kostenberechnung durch Aufstellen von Mengengerüsten oder Bauelementkatalog, Ausarbeitung besonderer Maßnahmen zur Gebäude- und Bauteiloptimierung, die über das übliche Maß der Planungsleistungen hinausgehen, zur Verringerung des Energieverbrauchs sowie der Schadstoff- und CO2-Emissionen und zur Nutzung erneuerbarer Energien in Abstimmung mit anderen an der Planung fachlich Beteiligter. Das übliche Maß ist für Maßnahmen zur Energieeinsparung durch die Erfüllung der Anforderungen gegeben, die sich aus Rechtsvorschriften und den allgemein anerkannten Regeln der Technik ergeben;	**Besondere Leistungen** – Mitwirken beim Beschaffen nachbarlicher Zustimmungen – Erarbeiten besonderer Darstellungen, zum Beispiel Modelle, Perspektiven, Animationen – Beteiligung von externen Initiativ- und Betroffenengruppen bei Planung und Ausführung – Mitwirken bei Beteiligungsverfahren oder Workshops – Mieter- oder Nutzerbefragungen – Erarbeiten von Ausarbeitungen nach den Anforderungen der naturschutzrechtlichen Eingriffsregelung sowie des besonderen Arten- und Biotopschutzrechtes, Eingriffsgutachten, Eingriffs- oder Ausgleichsbilanz nach landesrechtlichen Regelungen – Mitwirken beim Erstellen von Kostenaufstellungen und Planunterlagen für Vermarktung und Vertrieb – Erstellen und Zusammenstellen von Unterlagen für die Beauftragung von Dritten (Sachverständigenbeauftragung) – Mitwirken bei der Beantragung und Abrechnung von Fördermitteln und Beschäftigungsmaßnahmen – Abrufen von Fördermitteln nach Vergleich mit den Ist-Kosten (Baufinanzierungsleistung) – Mitwirken bei der Finanzierungsplanung – Erstellen einer Kosten-Nutzen-Analyse – Aufstellen und Berechnen von Lebenszykluskosten
Leistungsphase 4: Genehmigungsplanung **Grundleistungen** a) Erarbeiten der Vorlagen für die nach den öffentlich-rechtlichen Vorschriften erforderlichen Genehmigungen oder Zustimmungen einschließlich der Anträge auf Ausnahmen und Befreiungen unter Verwendung der Beiträge anderer an der Planung fachlich Beteiligter sowie noch notwendiger Verhandlungen mit Behörden, b) Einreichen dieser Unterlagen, c) Vervollständigen und Anpassen der Planungsunterlagen, Beschreibungen und Berechnungen unter Verwendung der Beiträge anderer an der Planung fachlich Beteiligter,	**LPH 4 Genehmigungsplanung** **Grundleistungen** a) Erarbeiten und Zusammenstellen der Vorlagen und Nachweise für öffentlich-rechtliche Genehmigungen oder Zustimmungen einschließlich der Anträge auf Ausnahmen und Befreiungen, sowie notwendiger Verhandlungen mit Behörden unter Verwendung der Beiträge anderer an der Planung fachlich Beteiligter b) Einreichen der Vorlagen c) Ergänzen und Anpassen der Planungsunterlagen, Beschreibungen und Berechnungen

b) Synopse HOAI 2009 – HOAI 2013 – Anlagen

HOAI 2009 Anlagen	HOAI 2013 Anlagen
d) bei Freianlagen und raumbildenden Ausbauten: Prüfen auf notwendige Genehmigungen, Einholen von Zustimmungen und Genehmigungen;	
Besondere Leistungen (Anlage 2.6.4)	**Besondere Leistungen**
Mitwirken bei der Beschaffung der nachbarlichen Zustimmung, Erarbeiten von Unterlagen für besondere Prüfverfahren, Fachliche und organisatorische Unterstützung des Bauherrn im Widerspruchsverfahren, Klageverfahren oder Ähnliches, Ändern der Genehmigungsunterlagen infolge von Umständen, die der Auftragnehmer nicht zu vertreten hat;	– Teilnahme an Sitzungen in politischen Gremien oder im Rahmen der Öffentlichkeitsbeteiligung – Erstellen von landschaftspflegerischen Fachbeiträgen oder natur- und artenschutzrechtlichen Beiträgen – Mitwirken beim Einholen von Genehmigungen und Erlaubnissen nach Naturschutz-, Fach- und Satzungsrecht – Erfassen, Bewerten und Darstellen des Bestandes gemäß Ortssatzung – Erstellen von Rodungs- und Baumfällanträgen – Erstellen von Genehmigungsunterlagen und Anträgen nach besonderen Anforderungen – Erstellen eines Überflutungsnachweises für Grundstücke – Prüfen von Unterlagen der Planfeststellung auf Übereinstimmung mit der Planung
Leistungsphase 5: Ausführungsplanung	**LPH 5 Ausführungsplanung**
Grundleistungen	**Grundleistungen**
a) Durcharbeiten der Ergebnisse der Leistungsphase 3 und 4 (stufenweise Erarbeitung und Darstellung der Lösung) unter Berücksichtigung städtebaulicher, gestalterischer, funktionaler, technischer, bauphysikalischer, wirtschaftlicher, energiewirtschaftlicher (zum Beispiel hinsichtlich rationeller Energieverwendung und der Verwendung erneuerbarer Energien) und landschaftsökologischer Anforderungen unter Verwendung der Beiträge anderer an der Planung fachlich Beteiligter bis zur ausführungsreifen Lösung,	a) Erarbeiten der Ausführungsplanung auf Grundlage der Entwurfs- und Genehmigungsplanung bis zur ausführungsreifen Lösung als Grundlage für die weiteren Leistungsphasen
b) zeichnerische Darstellung des Objekts mit allen für die Ausführung notwendigen Einzelangaben, zum Beispiel endgültige, vollständige Ausführungs-, Detail- und Konstruktionszeichnungen im Maßstab 1:50 bis 1:1, bei Freianlagen je nach Art des Bauvorhabens im Maßstab 1:200 bis 1:50, insbesondere Bepflanzungspläne, mit den erforderlichen textlichen Ausführungen,	b) Erstellen von Plänen oder Beschreibungen, je nach Art des Bauvorhabens zum Beispiel im Maßstab 1:200 bis 1:50 c) Abstimmen oder Koordinieren unter Integration der Beiträge anderer an der Planung fachlich Beteiligter d) Darstellen der Freianlagen mit den für die Ausführung notwendigen Angaben, Detail- oder Konstruktionszeichnungen, insbesondere – zu Oberflächenmaterial, -befestigungen und -relief,
c) bei raumbildenden Ausbauten: detaillierte Darstellung der Räume und Raumfolgen im Maßstab 1:25 bis 1:1 mit den erforder-	

HOAI 2009 Anlagen	HOAI 2013 Anlagen
lichen textlichen Ausführungen; Materialbestimmung, d) Erarbeiten der Grundlagen für die anderen an der Planung fachlich Beteiligten und Integrierung ihrer Beiträge bis zur ausführungsreifen Lösung, e) Fortschreiben der Ausführungsplanung während der Objektausführung;	– zu ober- und unterirdischen Einbauten und Ausstattungen, – zur Vegetation mit Angaben zu Arten, Sorten und Qualitäten, – zu landschaftspflegerischen, naturschutzfachlichen oder artenschutzrechtlichen Maßnahmen e) Fortschreiben der Angaben zum terminlichen Ablauf f) Fortschreiben der Ausführungsplanung während der Objektausführung
Besondere Leistungen (Anlage 2.6.5) Aufstellen einer detaillierten Objektbeschreibung als Baubuch zur Grundlage der Leistungsbeschreibung mit Leistungsprogramm*), Aufstellen einer detaillierten Objektbeschreibung als Raumbuch zur Grundlage der Leistungsbeschreibung mit Leistungsprogramm*), Prüfen der vom bauausführenden Unternehmen auf Grund der Leistungsbeschreibung mit Leistungsprogramm ausgearbeiteten Ausführungspläne auf Übereinstimmung mit der Entwurfsplanung*), Erarbeiten von Detailmodellen, Prüfen und Anerkennen von Plänen Dritter, nicht an der Planung fachlich Beteiligter auf Übereinstimmung mit den Ausführungsplänen (zum Beispiel Werkstattzeichnungen von Unternehmen, Aufstellungs- und Fundamentpläne von Maschinenlieferanten), soweit die Leistungen Anlagen betreffen, die in den anrechenbaren Kosten nicht erfasst sind;	**Besondere Leistungen** – Erarbeitung von Unterlagen für besondere technische Prüfverfahren (zum Beispiel Lastplattendruckversuche) – Auswahl von Pflanzen beim Lieferanten (Erzeuger)
Leistungsphase 6: **Vorbereitung der Vergabe**	**LPH 6 Vorbereitung der Vergabe** **Grundleistungen** a) Aufstellen von Leistungsbeschreibungen mit Leistungsverzeichnissen b) Ermitteln und Zusammenstellen von Mengen auf Grundlage der Ausführungsplanung c) Abstimmen oder Koordinieren der Leistungsbeschreibungen mit den an der Planung fachlich Beteiligten d) Aufstellen eines Terminplans unter Berücksichtigung jahreszeitlicher, bauablaufbedingter und witterungsbedingter Erfordernisse

---

*) Diese Besondere Leistung wird bei Leistungsbeschreibung mit Leistungsprogramm ganz oder teilweise Grundleistung. In diesem Fall entfallen die entsprechenden Grundleistungen dieser Leistungsphase, soweit die Leistungsbeschreibung mit Leistungsprogramm angewandt wird.

b) Synopse HOAI 2009 – HOAI 2013 – Anlagen

HOAI 2009 Anlagen	HOAI 2013 Anlagen
	e) Ermitteln der Kosten auf Grundlage der vom Planer bepreisten Leistungsverzeichnisse f) Kostenkontrolle durch Vergleich der vom Planer bepreisten Leistungsverzeichnisse mit der Kostenberechnung g) Zusammenstellen der Vergabeunterlagen
Besondere Leistungen (Anlage 2.6.6) Aufstellen der Leistungsbeschreibungen mit Leistungsprogramm unter Bezug auf Baubuch/Raumbuch*), Aufstellen von alternativen Leistungsbeschreibungen für geschlossene Leistungsbereiche, Aufstellen von vergleichenden Kostenübersichten unter Auswertung der Beiträge anderer an der Planung fachlich Beteiligter; **2.6.10 Besondere Leistungen bei Umbauten und Modernisierungen** Maßliches, technisches und verformungsgerechtes Aufmaß, Schadenskartierung, Ermitteln von Schadensursachen, Planen und Überwachen von Maßnahmen zum Schutz von vorhandener Substanz, Organisation von und Mitwirkung an Betreuungsmaßnahmen für Nutzer und andere Planungsbetroffene, Wirkungskontrollen von Planungsansatz und Maßnahmen im Hinblick auf die Nutzer, beispielsweise durch Befragen	**Besondere Leistungen** – Alternative Leistungsbeschreibung für geschlossene Leistungsbereiche – Besondere Ausarbeitungen zum Beispiel für Selbsthilfearbeiten
Leistungsphase 7: **Mitwirkung bei der Vergabe** **Grundleistungen** a) Zusammenstellen der Vergabe- und Vertragsunterlagen für alle Leistungsbereiche, b) Einholen von Angeboten, c) Prüfen und Werten der Angebote einschließlich Aufstellen eines Preisspiegels nach Teilleistungen unter Mitwirkung aller während der Leistungsphasen 6 und 7 fachlich Beteiligten, d) Abstimmen und Zusammenstellen der Leistungen der fachlich Beteiligten, die an der Vergabe mitwirken, e) Verhandlung mit Bietern,	**LPH 7 Mitwirkung bei der Vergabe** **Grundleistungen** a) Einholen von Angeboten b) Prüfen und Werten der Angebote einschließlich Aufstellen eines Preisspiegels nach Einzelpositionen oder Teilleistungen, Prüfen und Werten der Angebote zusätzlicher und geänderter Leistungen der ausführenden Unternehmen und der Angemessenheit der Preise c) Führen von Bietergesprächen d) Erstellen der Vergabevorschläge, Dokumentation des Vergabeverfahrens e) Zusammenstellen der Vertragsunterlagen

*) Diese Besondere Leistung wird bei Leistungsbeschreibung mit Leistungsprogramm ganz oder teilweise Grundleistung. In diesem Fall entfallen die entsprechenden Grundleistungen dieser Leistungsphase, soweit die Leistungsbeschreibung mit Leistungsprogramm angewandt wird.

HOAI 2009 Anlagen	HOAI 2013 Anlagen
f) Kostenanschlag nach DIN 276 aus Einheits- oder Pauschalpreisen der Angebote, g) Kostenkontrolle durch Vergleich des Kostenanschlags mit der Kostenrechnung, h) Mitwirken bei der Auftragserteilung;	f) Kostenkontrolle durch Vergleichen der Ausschreibungsergebnisse mit den vom Planer bepreisten Leistungsverzeichnissen und der Kostenberechnung g) Mitwirken bei der Auftragserteilung
Besondere Leistungen bei der Mitwirkung bei der Vergabe (2.6.7) Prüfen und Werten der Angebote aus Leistungsbeschreibung mit Leistungsprogramm einschließlich Preisspiegel*), Aufstellen, Prüfen und Werten von Preisspiegeln nach besonderen Anforderungen;	**Besondere Leistungen** –
Leistungsphase 8: **Objektüberwachung (Bauüberwachung)** **Grundleistungen** a) Überwachen der Ausführung des Objekts auf Übereinstimmung mit der Baugenehmigung oder Zustimmung, den Ausführungsplänen und den Leistungsbeschreibungen sowie mit den allgemein anerkannten Regeln der Technik und den einschlägigen Vorschriften, b) Überwachen der Ausführung von Tragwerken nach § 50 Absatz 2 Nummer 1 und 2 auf Übereinstimmung mit dem Standsicherheitsnachweis, c) Koordinieren der an der Objektüberwachung fachlich Beteiligten, d) Überwachung und Detailkorrektur von Fertigteilen, e) Aufstellen und Überwachen eines Zeitplanes (Balkendiagramm), f) Führen eines Bautagebuches, g) gemeinsames Aufmaß mit den bauausführenden Unternehmen, h) Abnahme der Bauleistungen unter Mitwirkung anderer an der Planung und Objektüberwachung fachlich Beteiligter unter Feststellung von Mängeln, i) Rechnungsprüfung, j) Kostenfeststellung nach DIN 276 oder nach dem wohnungsrechtlichen Berechnungsrecht, k) Antrag auf behördliche Abnahmen und Teilnahme daran, l) Übergabe des Objekts einschließlich Zusammenstellung und Übergabe der erforderlichen Unterlagen, zum Beispiel Bedienungsanleitungen, Prüfprotokolle,	**LPH 8 Objektüberwachung** **(Bauüberwachung) und Dokumentation** **Grundleistungen** a) Überwachen der Ausführung des Objekts auf Übereinstimmung mit der Genehmigung oder Zustimmung, den Verträgen mit ausführenden Unternehmen, den Ausführungsunterlagen, den einschlägigen Vorschriften sowie mit den allgemein anerkannten Regeln der Technik b) Überprüfen von Pflanzen- und Materiallieferungen c) Abstimmen mit den oder Koordinieren der an der Objektüberwachung fachlich Beteiligten d) Fortschreiben und Überwachen des Terminplans unter Berücksichtigung jahreszeitlicher, bauablaufbedingter und witterungsbedingter Erfordernisse e) Dokumentation des Bauablaufes (zum Beispiel Bautagebuch), Feststellen des Anwuchsergebnisses f) Mitwirken beim Aufmaß mit den bauausführenden Unternehmen g) Rechnungsprüfung einschließlich Prüfen der Aufmaße der ausführenden Unternehmen h) Vergleich der Ergebnisse der Rechnungsprüfungen mit den Auftragssummen einschließlich Nachträgen i) Organisation der Abnahme der Bauleistungen unter Mitwirkung anderer an der Planung und Objektüberwachung fachlich Beteiligter, Feststellung von Mängeln, Abnahmeempfehlung für den Auftraggeber j) Antrag auf öffentlich-rechtliche Abnahmen und Teilnahme daran

---

*) Diese Besondere Leistung wird bei Leistungsbeschreibung mit Leistungsprogramm ganz oder teilweise Grundleistung. In diesem Fall entfallen die entsprechenden Grundleistungen dieser Leistungsphase, soweit die Leistungsbeschreibung mit Leistungsprogramm angewandt wird.

b) Synopse HOAI 2009 – HOAI 2013 – Anlagen **HOAI 2009/HOAI 2013 2**

HOAI 2009 Anlagen	HOAI 2013 Anlagen
m) Auflisten der Verjährungsfristen für Mängelansprüche, n) Überwachen der Beseitigung der bei der Abnahme der Bauleistungen festgestellten Mängel, o) Kostenkontrolle durch Überprüfen der Leistungsabrechnung der bauausführenden Unternehmen im Vergleich zu den Vertragspreisen und dem Kostenanschlag;	k) Übergabe des Objekts l) Überwachen der Beseitigung der bei der Abnahme festgestellten Mängel m) Auflisten der Verjährungsfristen für Mängelansprüche n) Überwachen der Fertigstellungspflege bei vegetationstechnischen Maßnahmen o) Kostenkontrolle durch Überprüfen der Leistungsabrechnung der bauausführenden Unternehmen im Vergleich zu den Vertragspreisen p) Kostenfeststellung, zum Beispiel nach DIN 276 q) Systematische Zusammenstellung der Dokumentation, zeichnerischen Darstellungen und rechnerischen Ergebnisse des Objekts
Besondere Leistungen (Anlage 2.6.8) Aufstellen, Überwachen und Fortschreiben eines Zahlungsplanes, Aufstellen, Überwachen und Fortschreiben von differenzierten Zeit-, Kosten- oder Kapazitätsplänen, Tätigkeit als verantwortlicher Bauleiter, soweit diese Tätigkeit nach jeweiligem Landesrecht über die Grundleistungen der Leistungsphase 8 hinausgeht;	**Besondere Leistungen** – Dokumentation des Bauablaufs nach besonderen Anforderungen des Auftraggebers – fachliches Mitwirken bei Gerichtsverfahren – Bauoberleitung, künstlerische Oberleitung – Erstellen einer Freianlagenbestandsdokumentation
Leistungsphase 9: **Objektbetreuung und Dokumentation** **Grundleistungen** a) Objektbegehung zur Mängelfeststellung vor Ablauf der Verjährungsfristen für Mängelansprüche gegenüber den bauausführenden Unternehmen, b) Überwachen der Beseitigung von Mängeln, die innerhalb der Verjährungsfristen für Mängelansprüche, längstens jedoch bis zum Ablauf von vier Jahren seit Abnahme der Bauleistungen auftreten, c) Mitwirken bei der Freigabe von Sicherheitsleistungen, d) systematische Zusammenstellung der zeichnerischen Darstellungen und rechnerischen Ergebnisse des Objekts.	**LPH 9 Objektbetreuung** **Grundleistungen** a) Fachliche Bewertung der innerhalb der Verjährungsfristen für Gewährleistungsansprüche festgestellten Mängel, längstens jedoch bis zum Ablauf von 5 Jahren seit Abnahme der Leistung, einschließlich notwendiger Begehungen b) Objektbegehung zur Mängelfeststellung vor Ablauf der Verjährungsfristen für Mängelansprüche gegenüber den ausführenden Unternehmen c) Mitwirken bei der Freigabe von Sicherheitsleistungen
Besondere Leistungen (Anlage 2.6.9) Erstellen von Bestandsplänen, Aufstellen von Ausrüstungs- und Inventarverzeichnissen, Erstellen von Wartungs- und Pflegeanweisungen, Objektbeobachtung,	**Besondere Leistungen** – Überwachung der Entwicklungs- und Unterhaltungspflege – Überwachen von Wartungsleistungen – Überwachen der Mängelbeseitigung innerhalb der Verjährungsfrist

HOAI 2009 Anlagen	HOAI 2013 Anlagen
Objektverwaltung, Baubegehungen nach Übergabe, Überwachen der Wartungs- und Pflegeleistungen, Aufbereiten des Zahlungsmaterials für eine Objektdatei, Ermittlung und Kostenfeststellung zu Kostenrichtwerten, Überprüfen der Bauwerks- und Betriebs-Kosten-Nutzen-Analyse; **Besondere Leistungen bei Umbauten und Modernisierungen (2.6.10)** Maßliches, technisches und verformungsgerechtes Aufmaß, Schadenskartierung, Ermitteln von Schadensursachen, Planen und Überwachen von Maßnahmen zum Schutz von vorhandener Substanz, Organisation von und Mitwirkung an Betreuungsmaßnahmen für Nutzer und andere Planungsbetroffene, Wirkungskontrollen von Planungsansatz und Maßnahmen im Hinblick auf die Nutzer, beispielsweise durch Befragen.	

b) Synopse HOAI 2009 – HOAI 2013 – Anlagen

HOAI 2009 Anlagen	HOAI 2013 Anlagen
Anlage 12 (zu § 42 Absatz 1 und § 46 Absatz 2) Leistungen im Leistungsbild Ingenieurbauwerke und im Leistungsbild Verkehrsanlagen und Besondere Leistungen Anlage 2, 2.8 **Leistungsbild Ingenieurbauwerke** **Leistungsphase 1: Grundlagenermittlung** Grundleistungen a) Klären der Aufgabenstellung, b) Ermitteln der vorgegebenen Randbedingungen, c) bei Objekten nach § 40 Nummer 6 und 7, die eine Tragwerksplanung erfordern: Klären der Aufgabenstellung auch auf dem Gebiet der Tragwerksplanung, d) Ortsbesichtigung, e) Zusammenstellen der die Aufgabe beeinflussenden Planungsabsichten, f) Zusammenstellen und Werten von Unterlagen, g) Erläutern von Planungsdaten, h) Ermitteln des Leistungsumfangs und der erforderlichen Vorarbeiten, zum Beispiel Baugrunduntersuchungen, Vermessungsleistungen, Immissionsschutz, i) Formulieren von Entscheidungshilfen für die Auswahl anderer an der Planung fachlich Beteiligter, j) Zusammenfassen der Ergebnisse; Besondere Leistungen Anlage 2.8.1 Auswahl und Besichtigen ähnlicher Objekte, Ermitteln besonderer, in den Normen nicht festgelegter Belastungen; **Leistungsphase 2: Vorplanung** **(Projekt- und Planungsvorbereitung)** Grundleistungen a) Analyse der Grundlagen, b) Abstimmen der Zielvorstellungen auf die Randbedingungen, die insbesondere durch Raumordnung, Landesplanung, Bauleitplanung, Rahmenplanung sowie örtliche und überörtliche Fachplanungen vorgegeben sind, c) Untersuchungen von Lösungsmöglichkeiten mit ihren Einflüssen auf bauliche und konstruktive Gestaltung, Zweckmäßigkeit, Wirtschaftlichkeit unter Beachtung der Umweltverträglichkeit,	**Anlage 12** (zu § 43 Absatz 4, *§ 48 Absatz 5*)* Grundleistungen im Leistungsbild Ingenieurbauwerke, Besondere Leistungen, Objektliste **12.1 Leistungsbild Ingenieurbauwerke** **LPH 1 Grundlagenermittlung** Grundleistungen a) Klären der Aufgabenstellung aufgrund der Vorgaben oder der Bedarfsplanung des Auftraggebers b) Ermitteln der Planungsrandbedingungen sowie Beraten zum gesamten Leistungsbedarf c) Formulieren von Entscheidungshilfen für die Auswahl anderer an der Planung fachlich Beteiligter d) bei Objekten nach § 41 Nummer 6 und 7, die eine Tragwerksplanung erfordern: Klären der Aufgabenstellung auch auf dem Gebiet der Tragwerksplanung e) Ortsbesichtigung f) Zusammenfassen, Erläutern und Dokumentieren der Ergebnisse Besondere Leistungen – Auswahl und Besichtigung ähnlicher Objekte **LPH 2 Vorplanung** Grundleistungen a) Analysieren der Grundlagen b) Abstimmen der Zielvorstellungen auf die öffentlich-rechtlichen Randbedingungen sowie Planungen Dritter c) Untersuchen von Lösungsmöglichkeiten mit ihren Einflüssen auf bauliche und konstruktive Gestaltung, Zweckmäßigkeit, Wirtschaftlichkeit unter Beachtung der Umweltverträglichkeit d) Beschaffen und Auswerten amtlicher Karten

*) Text im BGBl. unrichtig, gemeint ist **§ 44 Abs. 5**.

2 HOAI 2009/HOAI 2013   b) Synopse HOAI 2009 – HOAI 2013 – Anlagen

HOAI 2009 Anlagen	HOAI 2013 Anlagen
d) Beschaffen und Auswerten amtlicher Karten,	
e) Erarbeiten eines Planungskonzepts einschließlich Untersuchung der alternativen Lösungsmöglichkeiten nach gleichen Anforderungen mit zeichnerischer Darstellung und Bewertung unter Einarbeitung der Beiträge anderer an der Planung fachlich Beteiligter, bei Verkehrsanlagen: überschlägige verkehrstechnische Bemessung der Verkehrsanlage; Ermitteln der Schallimmissionen von der Verkehrsanlage an kritischen Stellen nach Tabellenwerten; Untersuchen der möglichen Schallschutzmaßnahmen, ausgenommen detaillierte schalltechnische Untersuchungen, insbesondere in komplexen Fällen,	e) Erarbeiten eines Planungskonzepts einschließlich Untersuchung der alternativen Lösungsmöglichkeiten nach gleichen Anforderungen mit zeichnerischer Darstellung und Bewertung unter Einarbeitung der Beiträge anderer an der Planung fachlich Beteiligter
f) Klären und Erläutern der wesentlichen fachspezifischen Zusammenhänge, Vorgänge und Bedingungen,	f) Klären und Erläutern der wesentlichen fachspezifischen Zusammenhänge, Vorgänge und Bedingungen
g) Vorverhandlungen mit Behörden und anderen an der Planung fachlich Beteiligten über die Genehmigungsfähigkeit, gegebenenfalls über die Bezuschussung und Kostenbeteiligung,	g) Vorabstimmen mit Behörden und anderen an der Planung fachlich Beteiligten über die Genehmigungsfähigkeit, gegebenenfalls Mitwirken bei Verhandlungen über die Bezuschussung und Kostenbeteiligung
h) Mitwirken beim Erläutern des Planungskonzepts gegenüber Bürgerinnen und Bürgern und politischen Gremien,	h) Mitwirken beim Erläutern des Planungskonzepts gegenüber Dritten an bis zu 2 Terminen
i) Überarbeiten des Planungskonzepts nach Bedenken und Anregungen,	i) Überarbeiten des Planungskonzepts nach Bedenken und Anregungen
j) Bereitstellen von Unterlagen als Auszüge aus dem Vorentwurf zur Verwendung für ein Raumordnungsverfahren,	j) Kostenschätzung, Vergleich mit den finanziellen Rahmenbedingungen
k) Kostenschätzung,	k) Zusammenfassen, Erläutern und Dokumentieren der Ergebnisse
l) Zusammenstellen aller Vorplanungsergebnisse	
Besondere Leistungen (Anlage 2.8.2) Anfertigen von Nutzen-Kosten-Untersuchungen, Anfertigen von topographischen und hydrologischen Unterlagen, Genaue Berechnung besonderer Bauteile, Koordinieren und Darstellen der Ausrüstung und Leitungen bei Gleisanlagen;	**Besondere Leistungen** – Erstellen von Leitungsbestandsplänen – vertiefte Untersuchungen zum Nachweis von Nachhaltigkeitsaspekten – Anfertigen von Nutzen-Kosten-Untersuchungen – Wirtschaftlichkeitsprüfung – Beschaffen von Auszügen aus Grundbuch, Kataster und anderen amtlichen Unterlagen
Leistungsphase 3: Entwurfsplanung (System- und Integrationsplanung) **Grundleistungen** a) Durcharbeiten des Planungskonzepts (stufenweise Erarbeitung einer zeichnerischen Lösung) unter Berücksichtigung aller fach-	**LPH 3 Entwurfsplanung** **Grundleistungen** a) Erarbeiten des Entwurfs auf Grundlage der Vorplanung durch zeichnerische Darstellung im erforderlichen Umfang und Detail-

HOAI 2009 Anlagen	HOAI 2013 Anlagen
spezifischen Anforderungen und unter Verwendung der Beiträge anderer an der Planung fachlich Beteiligter bis zum vollständigen Entwurf, b) Erläuterungsbericht, c) fachspezifische Berechnungen, ausgenommen Berechnungen des Tragwerks, d) zeichnerische Darstellung des Gesamtentwurfs, e) Finanzierungsplan, Bauzeiten- und Kostenplan, Ermitteln und Begründen der zuwendungsfähigen Kosten sowie Vorbereiten der Anträge auf Finanzierung, Mitwirken beim Erläutern des vorläufigen Entwurfs gegenüber Bürgerinnen und Bürgern und politischen Gremien, Überarbeiten des vorläufigen Entwurfs auf Grund von Bedenken und Anregungen, f) Verhandlungen mit Behörden und anderen an der Planung fachlich Beteiligten über die Genehmigungsfähigkeit, g) Kostenberechnung, h) Kostenkontrolle durch Vergleich der Kostenberechnung mit Kostenschätzung, i) bei Verkehrsanlagen: überschlägige Festlegung der Abmessungen von Ingenieurbauwerken; Zusammenfassen aller vorläufigen Entwurfsunterlagen; Weiterentwickeln des vorläufigen Entwurfs zum endgültigen Entwurf; Ermitteln der Schallimmissionen von der Verkehrsanlage nach Tabellenwerten; Festlegen der erforderlichen Schallschutzmaßnahmen an der Verkehrsanlage, gegebenenfalls unter Einarbeitung der Ergebnisse detaillierter schalltechnischer Untersuchungen und Feststellen der Notwendigkeit von Schallschutzmaßnahmen an betroffenen Gebäuden; rechnerische Festlegung der Anlage in den Haupt- und Kleinpunkten; Darlegen der Auswirkungen auf Zwangspunkte, Nachweis der Lichtraumprofile; überschlägiges Ermitteln der wesentlichen Bauphasen unter Berücksichtigung der Verkehrslenkung während der Bauzeit, j) Zusammenfassen aller Entwurfsunterlagen;	lierungsgrad unter Berücksichtigung aller fachspezifischen Anforderungen, Bereitstellen der Arbeitsergebnisse als Grundlage für die anderen an der Planung fachlich Beteiligten sowie Integration und Koordination der Fachplanungen b) Erläuterungsbericht unter Verwendung der Beiträge anderer an der Planung fachlich Beteiligter c) fachspezifische Berechnungen ausgenommen Berechnungen aus anderen Leistungsbildern d) Ermitteln und Begründen der zuwendungsfähigen Kosten, Mitwirken beim Aufstellen des Finanzierungsplans sowie Vorbereiten der Anträge auf Finanzierung e) Mitwirken beim Erläutern des vorläufigen Entwurfs gegenüber Dritten an bis zu 3 Terminen, Überarbeiten des vorläufigen Entwurfs auf Grund von Bedenken und Anregungen f) Vorabstimmen der Genehmigungsfähigkeit mit Behörden und anderen an der Planung fachlich Beteiligten g) Kostenberechnung einschließlich zugehöriger Mengenermittlung, Vergleich der Kostenberechnung mit der Kostenschätzung h) Ermitteln der wesentlichen Bauphasen unter Berücksichtigung der Verkehrslenkung und der Aufrechterhaltung des Betriebes während der Bauzeit i) Bauzeiten- und Kostenplan j) Zusammenfassen, Erläutern und Dokumentieren der Ergebnisse
Besondere Leistungen (Anlage 2.8.3) Beschaffen von Auszügen aus Grundbuch, Kataster und anderen amtlichen Unterlagen, Fortschreiben von Nutzen-Kosten-Untersuchungen, Signaltechnische Berechnung, Mitwirken bei Verwaltungsvereinbarungen;	**Besondere Leistungen** – Fortschreiben von Nutzen-Kosten-Untersuchungen – Mitwirken bei Verwaltungsvereinbarungen – Nachweis der zwingenden Gründe des überwiegenden öffentlichen Interesses der Notwendigkeit der Maßnahme (zum Beispiel Gebiets- und Artenschutz gemäß der

HOAI 2009 Anlagen	HOAI 2013 Anlagen
	Richtlinie 92/43/EWG des Rates vom 21. Mai 1992 zur Erhaltung der natürlichen Lebensräume sowie der wildlebenden Tiere und Pflanzen (ABl. L 206 vom 22.7.1992, S. 7) – Fiktivkostenberechnungen (Kostenteilung)
Leistungsphase 4: Genehmigungsplanung **Grundleistungen** a) Erarbeiten der Unterlagen für die erforderlichen öffentlich-rechtlichen Verfahren einschließlich der Anträge auf Ausnahmen und Befreiungen, Aufstellen des Bauwerksverzeichnisses unter Verwendung der Beiträge anderer an der Planung fachlich Beteiligter, b) Einreichen dieser Unterlagen, c) Grunderwerbsplan und Grunderwerbsverzeichnis, d) bei Verkehrsanlagen: Einarbeiten der Ergebnisse der schalltechnischen Untersuchungen, e) Verhandlungen mit Behörden, f) Vervollständigen und Anpassen der Planungsunterlagen, Beschreibungen und Berechnungen unter Verwendung der Beiträge anderer an der Planung fachlich Beteiligter, g) Mitwirken beim Erläutern gegenüber Bürgerinnen und Bürgern, h) Mitwirken im Planfeststellungsverfahren einschließlich der Teilnahme an Erörterungsterminen sowie Mitwirken bei der Abfassung der Stellungnahmen zu Bedenken und Anregungen;	**LPH 4 Genehmigungsplanung** **Grundleistungen** a) Erarbeiten und Zusammenstellen der Unterlagen für die erforderlichen öffentlich-rechtlichen Verfahren oder Genehmigungsverfahren einschließlich der Anträge auf Ausnahmen und Befreiungen, Aufstellen des Bauwerksverzeichnisses unter Verwendung der Beiträge anderer an der Planung fachlich Beteiligter b) Erstellen des Grunderwerbsplanes und des Grunderwerbsverzeichnisses unter Verwendung der Beiträge anderer an der Planung fachlich Beteiligter c) Vervollständigen und Anpassen der Planungsunterlagen, Beschreibungen und Berechnungen unter Verwendung der Beiträge anderer an der Planung fachlich Beteiligter d) Abstimmen mit Behörden e) Mitwirken in Genehmigungsverfahren einschließlich der Teilnahme an bis zu vier Erläuterungs-, Erörterungsterminen f) Mitwirken beim Abfassen von Stellungnahmen zu Bedenken und Anregungen in bis zu zehn Kategorien
Besondere Leistungen (Anlage 2.8.4) Mitwirken beim Beschaffen der Zustimmung von Betroffenen, Herstellen der Unterlagen für Verbandsgründungen;	**Besondere Leistungen** – Mitwirken bei der Beschaffung der Zustimmung von Betroffenen
Leistungsphase 5: Ausführungsplanung **Grundleistungen** a) Durcharbeiten der Ergebnisse der Leistungsphasen 3 und 4 (stufenweise Erarbeitung und Darstellung der Lösung) unter Berücksichtigung aller fachspezifischen Anforderungen und Verwendung der Beiträge anderer an der Planung fachlich Beteiligter bis zur ausführungsreifen Lösung, b) zeichnerische und rechnerische Darstellung des Objekts mit allen für die Ausführung	**LPH 5 Ausführungsplanung** **Grundleistungen** a) Erarbeiten der Ausführungsplanung auf Grundlage der Ergebnisse der Leistungsphasen 3 und 4 unter Berücksichtigung aller fachspezifischen Anforderungen und Verwendung der Beiträge anderer an der Planung fachlich Beteiligter bis zur ausführungsreifen Lösung b) Zeichnerische Darstellung, Erläuterungen und zur Objektplanung gehörige Berech-

b) Synopse HOAI 2009 – HOAI 2013 – Anlagen **HOAI 2009/HOAI 2013 2**

HOAI 2009 Anlagen	HOAI 2013 Anlagen
notwendigen Einzelangaben einschließlich Detailzeichnungen in den erforderlichen Maßstäben, c) Erarbeiten der Grundlagen für die anderen an der Planung fachlich Beteiligten und Integrieren ihrer Beiträge bis zur ausführungsreifen Lösung, d) Fortschreiben der Ausführungsplanung während der Objektausführung; **Besondere Leistungen (Anlage 2.8.5)** Aufstellen von Ablauf- und Netzplänen, Planen von Anlagen der Verfahrens- und Prozesstechnik für Ingenieurbauwerke gemäß § 40 Nummer 1 bis 3 und 5, die dem Auftragnehmer übertragen werden, der auch die Grundleistungen für die jeweiligen Ingenieurbauwerke erbringt, Erstellen von Ausführungszeichnungen für Ingenieurbauwerke nach § 40 Nummer 1 bis 3 und 5, die einen überdurchschnittlichen Aufwand erfordern und die bei Auftragserteilung abweichend von § 42 Absatz 1 Nummer 5 mit mehr als 15 bis zu 35 % schriftlich vereinbart werden können; **Leistungsphase 6:** **Vorbereitung der Vergabe** **Grundleistungen** a) Mengenermittlung und Aufgliederung nach Einzelpositionen unter Verwendung der Beiträge anderer an der Planung fachlich Beteiligter, b) Aufstellen der Verdingungsunterlagen, insbesondere Anfertigen der Leistungsbeschreibungen mit Leistungsverzeichnissen sowie der Besonderen Vertragsbedingungen, c) Abstimmen und Koordinieren der Verdingungsunterlagen der an der Planung fachlich Beteiligten, d) Festlegen der wesentlichen Ausführungsphasen; **Besondere Leistungen** –	nungen mit allen für die Ausführung notwendigen Einzelangaben einschließlich Detailzeichnungen in den erforderlichen Maßstäben c) Bereitstellen der Arbeitsergebnisse als Grundlage für die anderen an der Planung fachlich Beteiligten und Integrieren ihrer Beiträge bis zur ausführungsreifen Lösung d) Vervollständigen der Ausführungsplanung während der Objektausführung **Besondere Leistungen** – Objektübergreifende, integrierte Bauablaufplanung – Koordination des Gesamtprojekts – Aufstellen von Ablauf- und Netzplänen – Planen von Anlagen der Verfahrens- und Prozesstechnik für Ingenieurbauwerke gemäß § 41 Nummer 1 bis 3 und 5, die dem Auftragnehmer übertragen werden, der auch die Grundleistungen für die jeweiligen Ingenieurbauwerke erbringt **LPH 6 Vorbereiten der Vergabe** **Grundleistungen** a) Ermitteln von Mengen nach Einzelpositionen unter Verwendung der Beiträge anderer an der Planung fachlich Beteiligter b) Aufstellen der Vergabeunterlagen, insbesondere Anfertigen der Leistungsbeschreibungen mit Leistungsverzeichnissen sowie der Besonderen Vertragsbedingungen c) Abstimmen und Koordinieren der Schnittstellen zu den Leistungsbeschreibungen der anderen an der Planung fachlich Beteiligten d) Festlegen der wesentlichen Ausführungsphasen e) Ermitteln der Kosten auf Grundlage der vom Planer (Entwurfsverfasser) bepreisten Leistungsverzeichnisse f) Kostenkontrolle durch Vergleich der vom Planer (Entwurfsverfasser) bepreisten Leistungsverzeichnisse mit der Kostenberechnung g) Zusammenstellen der Vergabeunterlagen **Besondere Leistungen** – detaillierte Planung von Bauphasen bei besonderen Anforderungen

HOAI 2009 Anlagen	HOAI 2013 Anlagen
Leistungsphase 7: Mitwirkung bei der Vergabe Grundleistungen a) Zusammenstellen der Vergabe- und Vertragsunterlagen für alle Leistungsbereiche, b) Einholen von Angeboten, c) Prüfen und Werten der Angebote einschließlich Aufstellen eines Preisspiegels, d) Abstimmen und Zusammenstellen der Leistungen der fachlich Beteiligten, die an der Vergabe mitwirken, e) Mitwirken bei Verhandlungen mit Bietern, f) Fortschreiben der Kostenberechnung, g) Kostenkontrolle durch Vergleich der fortgeschriebenen Kostenberechnung mit der Kostenberechnung, h) Mitwirken bei der Auftragserteilung; **Besondere Leistungen (Anlage 2.8.6)** Prüfen und Werten von Nebenangeboten und Änderungsvorschlägen mit grundlegend anderen Konstruktionen im Hinblick auf die technische und funktionelle Durchführbarkeit;	**LPH 7 Mitwirken bei der Vergabe** Grundleistungen a) Einholen von Angeboten b) Prüfen und Werten der Angebote, Aufstellen des Preisspiegels c) Abstimmen und Zusammenstellen der Leistungen der fachlich Beteiligten, die an der Vergabe mitwirken d) Führen von Bietergesprächen e) Erstellen der Vergabevorschläge, Dokumentation des Vergabeverfahrens f) Zusammenstellen der Vertragsunterlagen g) Vergleichen der Ausschreibungsergebnisse mit den vom Planer bepreisten Leistungsverzeichnissen und der Kostenberechnung h) Mitwirken bei der Auftragserteilung **Besondere Leistungen** – Prüfen und Werten von Nebenangeboten
Leistungsphase 8: Bauoberleitung Grundleistungen a) Aufsicht über die örtliche Bauüberwachung, soweit die Bauoberleitung und die örtliche Bauüberwachung getrennt vergeben werden, Koordinierung der an der Objektüberwachung fachlich Beteiligten, insbesondere Prüfen auf Übereinstimmung und Freigeben von Plänen Dritter, b) Aufstellen und Überwachen eines Zeitplans (Balkendiagramm), c) Inverzugsetzen der ausführenden Unternehmen, d) Abnahme von Leistungen und Lieferungen unter Mitwirkung der örtlichen Bauüberwachung und anderer an der Planung und Objektüberwachung fachlich Beteiligter unter Fertigung einer Niederschrift über das Ergebnis der Abnahme, e) Antrag auf behördliche Abnahmen und Teilnahme daran, f) Übergabe des Objekts einschließlich Zusammenstellung und Übergabe der erforderlichen Unterlagen, zum Beispiel Abnahmeniederschriften und Prüfungsprotokolle, g) Zusammenstellen von Wartungsvorschriften für das Objekt, h) Überwachen der Prüfungen der Funktionsfähigkeit der Anlagenteile und der Gesamtanlage,	**LPH 8 Bauoberleitung** Grundleistungen a) Aufsicht über die örtliche Bauüberwachung, Koordinierung der an der Objektüberwachung fachlich Beteiligten, einmaliges Prüfen von Plänen auf Übereinstimmung mit dem auszuführenden Objekt und Mitwirken bei deren Freigabe b) Aufstellen, Fortschreiben und Überwachen eines Terminplans (Balkendiagramm) c) Veranlassen und Mitwirken beim Inverzugsetzen der ausführenden Unternehmen d) Kostenfeststellung, Vergleich der Kostenfeststellung mit der Auftragssumme e) Abnahme von Bauleistungen, Leistungen und Lieferungen unter Mitwirkung der örtlichen Bauüberwachung und anderer an der Planung und Objektüberwachung fachlich Beteiligter, Feststellen von Mängeln, Fertigung einer Niederschrift über das Ergebnis der Abnahme f) Überwachen der Prüfungen der Funktionsfähigkeit der Anlagenteile und der Gesamtanlage g) Antrag auf behördliche Abnahmen und Teilnahme daran h) Übergabe des Objekts i) Auflisten der Verjährungsfristen der Mängelansprüche

b) Synopse HOAI 2009 – HOAI 2013 – Anlagen

HOAI 2009 Anlagen	HOAI 2013 Anlagen
i) Auflisten der Verjährungsfristen für Mängelansprüche, j) Kostenfeststellung, k) Kostenkontrolle durch Überprüfen der Leistungsabrechnung der bauausführenden Unternehmen im Vergleich zu den Vertragspreisen und der fortgeschriebenen Kostenberechnung;	j) Zusammenstellen und Übergeben der Dokumentation des Bauablaufs, der Bestandsunterlagen und der Wartungsvorschriften

Besondere Leistungen (Anlage 2.8.8)
Überwachen der Ausführung des Objekts auf Übereinstimmung mit den zur Ausführung genehmigten Unterlagen, dem Bauvertrag sowie den allgemein anerkannten Regeln der Technik und den einschlägigen Vorschriften,
Hauptachsen für das Objekt von objektnahen Festpunkten abstecken sowie Höhenfestpunkte im Objektbereich herstellen, soweit die Leistungen nicht mit besonderen instrumentellen und vermessungstechnischen Verfahrensanforderungen erbracht werden müssen,
Baugelände örtlich kennzeichnen,
Führen eines Bautagebuchs,
Gemeinsames Aufmaß mit den ausführenden Unternehmen,
Mitwirken bei der Abnahme von Leistungen und Lieferungen,
Rechnungsprüfung,
Mitwirken bei behördlichen Abnahmen,
Mitwirken beim Überwachen der Prüfung der Funktionsfähigkeit der Anlagenteile der Gesamtanlage,
Überwachen der Beseitigung der bei der Leistung festgestellten Mängel,
bei Objekten nach § 40: Überwachen der Ausführung von Tragwerken nach § 50 Absatz 2 Nummer 1 und 2 auf Übereinstimmung mit dem Standsicherheitsnachweis;
	Besondere Leistungen
	– Kostenkontrolle
	– Prüfen von Nachträgen
	– Erstellen eines Bauwerksbuchs
	– Erstellen von Bestandsplänen
	– Örtliche Bauüberwachung:
	  – Plausibilitätsprüfung der Absteckung
	  – Überwachen der Ausführung der Bauleistungen
	  – Mitwirken beim Einweisen des Auftragnehmers in die Baumaßnahme (Bauanlaufbesprechung)
	  – Überwachen der Ausführung des Objektes auf Übereinstimmung mit den zur Ausführung freigegebenen Unterlagen, dem Bauvertrag und den Vorgaben des Auftraggebers
	  – Prüfen und Bewerten der Berechtigung von Nachträgen
	  – Durchführen oder Veranlassen von Kontrollprüfungen
	  – Überwachen der Beseitigung der bei der Abnahme der Leistungen festgestellten Mängel
	  – Dokumentation des Bauablaufs
	– Mitwirken beim Aufmaß mit den ausführenden Unternehmen und Prüfen der Aufmaße
	– Mitwirken bei behördlichen Abnahmen
	– Mitwirken bei der Abnahme von Leistungen und Lieferungen
	– Rechnungsprüfung, Vergleich der Ergebnisse der Rechnungsprüfungen mit der Auftragssumme
	– Mitwirken beim Überwachen der Prüfung der Funktionsfähigkeit der Anlagenteile und der Gesamtanlage
	– Überwachen der Ausführung von Tragwerken nach Anlage 14.2 Honorarzone I und II mit sehr geringen und geringen Planungsanforderungen auf Übereinstimmung mit dem Standsicherheitsnachweis

Anlage 2.8.9 Besondere Leistungen bei Umbauten und Modernisierungen von Ingenieurbauwerken und bei Verkehrsanlagen mit geringen Kosten für Erdarbeiten einschließlich Felsarbeiten sowie mit gebundener Gradiente oder bei schwieriger Anpassung an vorhandene Randbebauung – Ermitteln substanzbezogener Daten und Vorschriften, – Untersuchen und Abwickeln der notwendigen Sicherungsmaßnahmen von Bau- und Betriebszuständen,	

HOAI 2009 Anlagen	HOAI 2013 Anlagen
– Örtliches Überprüfen von Planungsdetails an der vorgefundenen Substanz und Überarbeiten der Planung bei Abweichen von den ursprünglichen Feststellungen, – Erarbeiten eines Vorschlags zur Behebung von Schäden oder Mängeln.	
Leistungsphase 9: **Objektbetreuung und Dokumentation** **Grundleistungen** a) Objektbegehung zur Mängelfeststellung vor Ablauf der Verjährungsfristen für Gewährleistungsansprüche gegenüber den ausführenden Unternehmen, b) Überwachen der Beseitigung von Mängeln, die innerhalb der Verjährungsfristen der Mängelansprüche, längstens jedoch bis zum Ablauf von vier Jahren seit Abnahme der Leistungen auftreten, c) Mitwirken bei der Freigabe von Sicherheitsleistungen, d) systematische Zusammenstellung der zeichnerischen Darstellungen und rechnerischen Ergebnisse des Objekts.	**LPH 9 Objektbetreuung** **Grundleistungen** a) Fachliche Bewertung der innerhalb der Verjährungsfristen für Gewährleistungsansprüche festgestellten Mängel, längstens jedoch bis zum Ablauf von fünf Jahren seit Abnahme der Leistung, einschließlich notwendiger Begehungen b) Objektbegehung zur Mängelfeststellung vor Ablauf der Verjährungsfristen für Mängelansprüche gegenüber den ausführenden Unternehmen c) Mitwirken bei der Freigabe von Sicherheitsleistungen
Besondere Leistungen (Anlage 2.8.7) Erstellen eines Bauwerksbuchs;	**Besondere Leistungen** – Überwachen der Mängelbeseitigung innerhalb der Verjährungsfrist

b) Synopse HOAI 2009 – HOAI 2013 – Anlagen

HOAI 2009 Anlagen	HOAI 2013 Anlagen
Anlage 12 (zu § 42 Absatz 1 und § 46 Absatz 2) und Anlage 2, 2.9 mit Verweis auf 2.8 **Leistungen im Leistungsbild Ingenieurbauwerke und im Leistungsbild Verkehrsanlagen**	**Anlage 13** (zu § 47 Absatz 2, § 48 Absatz 5) **Grundleistungen im Leistungsbild Verkehrsanlagen, Besondere Leistungen, Objektliste** **13.1 Leistungsbild Verkehrsanlagen**
Leistungsphase 1: Grundlagenermittlung Grundleistungen a) Klären der Aufgabenstellung, b) Ermitteln der vorgegebenen Randbedingungen, c) bei Objekten nach § 40 Nummer 6 und 7, die eine Tragwerksplanung erfordern: Klären der Aufgabenstellung auch auf dem Gebiet der Tragwerksplanung, d) Ortsbesichtigung, e) Zusammenstellen der die Aufgabe beeinflussenden Planungsabsichten, f) Zusammenstellen und Werten von Unterlagen, g) Erläutern von Planungsdaten, h) Ermitteln des Leistungsumfangs und der erforderlichen Vorarbeiten, zum Beispiel Baugrunduntersuchungen, Vermessungsleistungen, Immissionsschutz, i) Formulieren von Entscheidungshilfen für die Auswahl anderer an der Planung fachlich Beteiligter, j) Zusammenfassen der Ergebnisse;	**LPH 1 Grundlagenermittlung** Grundleistungen a) Klären der Aufgabenstellung aufgrund der Vorgaben oder der Bedarfsplanung des Auftraggebers b) Ermitteln der Planungsrandbedingungen sowie Beraten zum gesamten Leistungsbedarf c) Formulieren von Entscheidungshilfen für die Auswahl anderer an der Planung fachlich Beteiligter d) Ortsbesichtigung e) Zusammenfassen, Erläutern und Dokumentieren der Ergebnisse
Besondere Leistungen (Anlage 2.8.1) Auswahl und Besichtigen ähnlicher Objekte, Ermitteln besonderer, in den Normen nicht festgelegter Belastungen;	**Besondere Leistungen** – Ermitteln besonderer, in den Normen nicht festgelegter Einwirkungen – Auswahl und Besichtigen ähnlicher Objekte
Leistungsphase 2: Vorplanung **(Projekt- und Planungsvorbereitung)** Grundleistungen a) Analyse der Grundlagen, b) Abstimmen der Zielvorstellungen auf die Randbedingungen, die insbesondere durch Raumordnung, Landesplanung, Bauleitplanung, Rahmenplanung sowie örtliche und überörtliche Fachplanungen vorgegeben sind, c) Untersuchungen von Lösungsmöglichkeiten mit ihren Einflüssen auf bauliche und konstruktive Gestaltung, Zweckmäßigkeit, Wirtschaftlichkeit unter Beachtung der Umweltverträglichkeit,	**LPH 2 Vorplanung** Grundleistungen a) Beschaffen und Auswerten amtlicher Karten b) Analysieren der Grundlagen c) Abstimmen der Zielvorstellungen auf die öffentlich-rechtlichen Randbedingungen sowie Planungen Dritter d) Untersuchen von Lösungsmöglichkeiten mit ihren Einflüssen auf bauliche und konstruktive Gestaltung, Zweckmäßigkeit, Wirtschaftlichkeit unter Beachtung der Umweltverträglichkeit

HOAI 2009 Anlagen	HOAI 2013 Anlagen
d) Beschaffen und Auswerten amtlicher Karten, e) Erarbeiten eines Planungskonzepts einschließlich Untersuchung der alternativen Lösungsmöglichkeiten nach gleichen Anforderungen mit zeichnerischer Darstellung und Bewertung unter Einarbeitung der Beiträge anderer an der Planung fachlich Beteiligter, bei Verkehrsanlagen: überschlägige verkehrstechnische Bemessung der Verkehrsanlage; Ermitteln der Schallimmissionen von der Verkehrsanlage an kritischen Stellen nach Tabellenwerten; Untersuchen der möglichen Schallschutzmaßnahmen, ausgenommen detaillierte schalltechnische Untersuchungen, insbesondere in komplexen Fällen, f) Klären und Erläutern der wesentlichen fachspezifischen Zusammenhänge, Vorgänge und Bedingungen, g) Vorverhandlungen mit Behörden und anderen an der Planung fachlich Beteiligten über die Genehmigungsfähigkeit, gegebenenfalls über die Bezuschussung und Kostenbeteiligung, h) Mitwirken beim Erläutern des Planungskonzepts gegenüber Bürgerinnen und Bürgern und politischen Gremien, i) Überarbeiten des Planungskonzepts nach Bedenken und Anregungen, j) Bereitstellen von Unterlagen als Auszüge aus dem Vorentwurf zur Verwendung für ein Raumordnungsverfahren, k) Kostenschätzung, l) Zusammenstellen aller Vorplanungsergebnisse;	e) Erarbeiten eines Planungskonzepts einschließlich Untersuchung von bis zu 3 Varianten nach gleichen Anforderungen mit zeichnerischer Darstellung und Bewertung unter Einarbeitung der Beiträge anderer an der Planung fachlich Beteiligter Überschlägige verkehrstechnische Bemessung der Verkehrsanlage, Ermitteln der Schallimmissionen von der Verkehrsanlage an kritischen Stellen nach Tabellenwerten Untersuchen der möglichen Schallschutzmaßnahmen, ausgenommen detaillierte schalltechnische Untersuchungen f) Klären und Erläutern der wesentlichen fachspezifischen Zusammenhänge, Vorgänge und Bedingungen g) Vorabstimmen mit Behörden und anderen an der Planung fachlich Beteiligten über die Genehmigungsfähigkeit, gegebenenfalls Mitwirken bei Verhandlungen über die Bezuschussung und Kostenbeteiligung h) Mitwirken bei Erläutern des Planungskonzepts gegenüber Dritten an bis zu 2 Terminen i) Überarbeiten des Planungskonzepts nach Bedenken und Anregungen j) Bereitstellen von Unterlagen als Auszüge aus der Voruntersuchung zur Verwendung für ein Raumordnungsverfahren k) Kostenschätzung, Vergleich mit den finanziellen Rahmenbedingungen l) Zusammenfassen, Erläutern und Dokumentieren
Besondere Leistungen (Anlage 2.8.2) Anfertigen von Nutzen-Kosten-Untersuchungen, Anfertigen von topographischen und hydrologischen Unterlagen, Genaue Berechnung besonderer Bauteile, Koordinieren und Darstellen der Ausrüstung und Leitungen bei Gleisanlagen;	**Besondere Leistungen** – Erstellen von Leitungsbestandsplänen – Untersuchungen zur Nachhaltigkeit – Anfertigen von Nutzen-Kosten-Untersuchungen – Wirtschaftlichkeitsprüfung – Beschaffen von Auszügen aus Grundbuch, Kataster und anderen amtlichen Unterlagen
Leistungsphase 3: Entwurfsplanung (System- und Integrationsplanung) **Grundleistungen** a) Durcharbeiten des Planungskonzept (stufenweise Erarbeitung einer zeichnerischen Lösung) unter Berücksichtigung aller fach-	**LPH 3 Entwurfsplanung** **Grundleistungen** a) Erarbeiten des Entwurfs auf Grundlage der Vorplanung durch zeichnerische Darstellung im erforderlichen Umfang und De-

b) Synopse HOAI 2009 – HOAI 2013 – Anlagen   HOAI 2009/HOAI 2013 **2**

HOAI 2009 Anlagen	HOAI 2013 Anlagen
spezifischen Anforderungen und unter Verwendung der Beiträge anderer an der Planung fachlich Beteiligter bis zum vollständigen Entwurf, b) Erläuterungsbericht, c) fachspezifische Berechnungen, ausgenommen Berechnungen des Tragwerks, d) zeichnerische Darstellung des Gesamtentwurfs, e) Finanzierungsplan, Bauzeiten- und Kostenplan, Ermitteln und Begründen der zuwendungsfähigen Kosten sowie Vorbereiten der Anträge auf Finanzierung, Mitwirken beim Erläutern des vorläufigen Entwurfs gegenüber Bürgerinnen und Bürgern und politischen Gremien, Überarbeiten des vorläufigen Entwurfs auf Grund von Bedenken und Anregungen, f) Verhandlungen mit Behörden und anderen an der Planung fachlich Beteiligten über die Genehmigungsfähigkeit, g) Kostenberechnung, h) Kostenkontrolle durch Vergleich der Kostenberechnung mit Kostenschätzung, i) bei Verkehrsanlagen: überschlägige Festlegung der Abmessungen von Ingenieurbauwerken; Zusammenfassen aller vorläufigen Entwurfsunterlagen; Weiterentwickeln des vorläufigen Entwurfs zum endgültigen Entwurf; Ermitteln der Schallimmissionen von der Verkehrsanlage nach Tabellenwerten; Festlegen der erforderlichen Schallschutzmaßnahmen an der Verkehrsanlage, gegebenenfalls unter Einarbeitung der Ergebnisse detaillierter schalltechnischer Untersuchungen und Feststellen der Notwendigkeit von Schallschutzmaßnahmen an betroffenen Gebäuden; rechnerische Festlegung der Anlage in den Haupt- und Kleinpunkten; Darlegen der Auswirkungen auf Zwangspunkte, Nachweis der Lichtraumprofile; überschlägiges Ermitteln der wesentlichen Bauphasen unter Berücksichtigung der Verkehrslenkung während der Bauzeit, j) Zusammenfassen aller Entwurfsunterlagen;	taillierungsgrad unter Berücksichtigung aller fachspezifischen Anforderungen Bereitstellen der Arbeitsergebnisse als Grundlage für die anderen an der Planung fachlich Beteiligten, sowie Integration und Koordination der Fachplanungen b) Erläuterungsbericht unter Verwendung der Beiträge anderer an der Planung fachlich Beteiligter c) Fachspezifische Berechnungen ausgenommen Berechnungen aus anderen Leistungsbildern d) Ermitteln der zuwendungsfähigen Kosten, Mitwirken beim Aufstellen des Finanzierungsplans sowie Vorbereiten der Anträge auf Finanzierung e) Mitwirken beim Erläutern des vorläufigen Entwurfs gegenüber Dritten an bis zu drei Terminen, Überarbeiten des vorläufigen Entwurfs auf Grund von Bedenken und Anregungen f) Vorabstimmen der Genehmigungsfähigkeit mit Behörden und anderen an der Planung fachlich Beteiligten g) Kostenberechnung einschließlich zugehöriger Mengenermittlung, Vergleich der Kostenberechnung mit der Kostenschätzung h) Überschlägige Festlegung der Abmessungen von Ingenieurbauwerken i) Ermitteln der Schallimmissionen von der Verkehrsanlage nach Tabellenwerten; Festlegen der erforderlichen Schallschutzmaßnahmen an der Verkehrsanlage, gegebenenfalls unter Einarbeitung der Ergebnisse detaillierter schalltechnischer Untersuchungen und Feststellen der Notwendigkeit von Schallschutzmaßnahmen an betroffenen Gebäuden j) Rechnerische Festlegung des Objekts k) Darlegen der Auswirkungen auf Zwangspunkte l) Nachweis der Lichtraumprofile m) Ermitteln der wesentlichen Bauphasen unter Berücksichtigung der Verkehrslenkung und der Aufrechterhaltung des Betriebes während der Bauzeit n) Bauzeiten- und Kostenplan o) Zusammenfassen, Erläutern und Dokumentieren der Ergebnisse
Besondere Leistungen (Anlage 2.8.3) Beschaffen von Auszügen aus Grundbuch, Kataster und anderen amtlichen Unterlagen,	**Besondere Leistungen** – Fortschreiben von Nutzen-Kosten-Untersuchungen

285

HOAI 2009 Anlagen	HOAI 2013 Anlagen
Fortschreiben von Nutzen-Kosten-Untersuchungen, Signaltechnische Berechnung, Mitwirken bei Verwaltungsvereinbarungen;	– Detaillierte signaltechnische Berechnung – Mitwirken bei Verwaltungsvereinbarungen – Nachweis der zwingenden Gründe des überwiegenden öffentlichen Interesses der Notwendigkeit der Maßnahme (zum Beispiel Gebiets- und Artenschutz gemäß der Richtlinie 92/43/EWG des Rates vom 21. Mai 1992 zur Erhaltung der natürlichen Lebensräume sowie der wildlebenden Tiere und Pflanzen (ABl. L 206 vom 22.7.1992, S. 7) – Fiktivkostenberechnungen (Kostenteilung)
Leistungsphase 4: Genehmigungsplanung **Grundleistungen** a) Erarbeiten der Unterlagen für die erforderlichen öffentlich-rechtlichen Verfahren einschließlich der Anträge auf Ausnahmen und Befreiungen, Aufstellen des Bauwerksverzeichnisses unter Verwendung der Beiträge anderer an der Planung fachlich Beteiligter, b) Einreichen dieser Unterlagen, c) Grunderwerbsplan und Grunderwerbsverzeichnis, d) bei Verkehrsanlagen: Einarbeiten der Ergebnisse der schalltechnischen Untersuchungen, e) Verhandlungen mit Behörden, f) Vervollständigen und Anpassen der Planungsunterlagen, Beschreibungen und Berechnungen unter Verwendung der Beiträge anderer an der Planung fachlich Beteiligter, g) Mitwirken beim Erläutern gegenüber Bürgerinnen und Bürgern, h) Mitwirken im Planfeststellungsverfahren einschließlich der Teilnahme an Erörterungsterminen sowie Mitwirken bei der Abfassung der Stellungnahmen zu Bedenken und Anregungen;	**LPH 4 Genehmigungsplanung** **Grundleistungen** a) Erarbeiten und Zusammenstellen der Unterlagen für die erforderlichen öffentlich-rechtlichen Verfahren oder Genehmigungsverfahren einschließlich der Anträge auf Ausnahmen und Befreiungen, Aufstellen des Bauwerksverzeichnisses unter Verwendung der Beiträge anderer an der Planung fachlich Beteiligter b) Erstellen des Grunderwerbsplanes und des Grunderwerbsverzeichnisses unter Verwendung der Beiträge anderer an der Planung fachlich Beteiligter c) Vervollständigen und Anpassen der Planungsunterlagen, Beschreibungen und Berechnungen unter Verwendung der Beiträge anderer an der Planung fachlich Beteiligter d) Abstimmen mit Behörden e) Mitwirken in Genehmigungsverfahren einschließlich der Teilnahme an bis zu vier Erläuterungs-, Erörterungsterminen f) Mitwirken beim Abfassen von Stellungnahmen zu Bedenken und Anregungen in bis zu 10 Kategorien
Besondere Leistungen (Anlage 2.8.4) Mitwirken beim Beschaffen der Zustimmung von Betroffenen, Herstellen der Unterlagen für Verbandsgründungen;	**Besondere Leistungen** – Mitwirken bei der Beschaffung der Zustimmung von Betroffenen
Leistungsphase 5: Ausführungsplanung **Grundleistungen** a) Durcharbeiten der Ergebnisse der Leistungsphasen 3 und 4 (stufenweise Erarbeitung und Darstellung der Lösung) unter Berücksichtigung aller fachspezifischen Anforderungen und Verwendung der Beiträge	**LPH 5 Ausführungsplanung** **Grundleistungen** a) Erarbeiten der Ausführungsplanung auf Grundlage der Ergebnisse der Leistungsphasen 3 und 4 unter Berücksichtigung aller fachspezifischen Anforderungen und Verwendung der Beiträge anderer an der

b) Synopse HOAI 2009 – HOAI 2013 – Anlagen **HOAI 2009/HOAI 2013**

HOAI 2009 Anlagen	HOAI 2013 Anlagen
anderer an der Planung fachlich Beteiligter bis zur ausführungsreifen Lösung, b) zeichnerische und rechnerische Darstellung des Objekts mit allen für die Ausführung notwendigen Einzelangaben einschließlich Detailzeichnungen in den erforderlichen Maßstäben, c) Erarbeiten der Grundlagen für die anderen an der Planung fachlich Beteiligten und Integrieren ihrer Beiträge bis zur ausführungsreifen Lösung, d) Fortschreiben der Ausführungsplanung während der Objektausführung; **Besondere Leistungen (Anlage 2.8.5)** Aufstellen von Ablauf- und Netzplänen, Planen von Anlagen der Verfahrens- und Prozesstechnik für Ingenieurbauwerke gemäß § 40 Nummer 1 bis 3 und 5, die dem Auftragnehmer übertragen werden, der auch die Grundleistungen für die jeweiligen Ingenieurbauwerke erbringt, Erstellen von Ausführungszeichnungen für Ingenieurbauwerke nach § 40 Nummer 1 bis 3 und 5, die einen überdurchschnittlichen Aufwand erfordern und die bei Auftragserteilung abweichend von § 42 Absatz 1 Nummer 5 mit mehr als 15 bis zu 35 % schriftlich vereinbart werden können;	Planung fachlich Beteiligter bis zur ausführungsreifen Lösung b) Zeichnerische Darstellung, Erläuterungen und zur Objektplanung gehörige Berechnungen mit allen für die Ausführung notwendigen Einzelangaben einschließlich Detailzeichnungen in den erforderlichen Maßstäben c) Bereitstellen der Arbeitsergebnisse als Grundlage für die anderen an der Planung fachlich Beteiligten und Integrieren ihrer Beiträge bis zur ausführungsreifen Lösung d) Vervollständigen der Ausführungsplanung während der Objektausführung **Besondere Leistungen** – Objektübergreifende, integrierte Bauablaufplanung – Koordination des Gesamtprojekts – Aufstellen von Ablauf- und Netzplänen
Leistungsphase 6: Vorbereitung der Vergabe **Grundleistungen** a) Mengenermittlung und Aufgliederung nach Einzelpositionen unter Verwendung der Beiträge anderer an der Planung fachlich Beteiligter, b) Aufstellen der Verdingungsunterlagen, insbesondere Anfertigen der Leistungsbeschreibungen mit Leistungsverzeichnissen sowie der Besonderen Vertragsbedingungen, c) Abstimmen und Koordinieren der Verdingungsunterlagen der an der Planung fachlich Beteiligten, d) Festlegen der wesentlichen Ausführungsphasen;	**LPH 6 Vorbereiten der Vergabe** **Grundleistungen** a) Ermitteln von Mengen nach Einzelpositionen unter Verwendung der Beiträge anderer an der Planung fachlich Beteiligter b) Aufstellen der Vergabeunterlagen, insbesondere Anfertigen der Leistungsbeschreibungen mit Leistungsverzeichnissen sowie der Besonderen Vertragsbedingungen c) Abstimmen und Koordinieren der Schnittstellen zu den Leistungsbeschreibungen der anderen an der Planung fachlich Beteiligten d) Festlegen der wesentlichen Ausführungsphasen e) Ermitteln der Kosten auf Grundlage der vom Planer (Entwurfsverfasser) bepreisten Leistungsverzeichnisse. f) Kostenkontrolle durch Vergleich der vom Planer (Entwurfsverfasser) bepreisten Leistungsverzeichnisse mit der Kostenberechnung g) Zusammenstellen der Vergabeunterlagen

2 HOAI 2009/HOAI 2013

b) Synopse HOAI 2009 – HOAI 2013 – Anlagen

HOAI 2009 Anlagen	HOAI 2013 Anlagen
Besondere Leistungen –	**Besondere Leistungen** – detaillierte Planung von Bauphasen bei besonderen Anforderungen
Leistungsphase 7: **Mitwirkung bei der Vergabe** **Grundleistungen** a) Zusammenstellen der Vergabe- und Vertragsunterlagen für alle Leistungsbereiche, b) Einholen von Angeboten, c) Prüfen und Werten der Angebote einschließlich Aufstellen eines Preisspiegels, d) Abstimmen und Zusammenstellen der Leistungen der fachlich Beteiligten, die an der Vergabe mitwirken, e) Mitwirken bei Verhandlungen mit Bietern, f) Fortschreiben der Kostenberechnung, g) Kostenkontrolle durch Vergleich der fortgeschriebenen Kostenberechnung mit der Kostenberechnung, h) Mitwirken bei der Auftragserteilung; **Besondere Leistungen (Anlage 2.8.6)** Prüfen und Werten von Nebenangeboten und Änderungsvorschlägen mit grundlegend anderen Konstruktionen im Hinblick auf die technische und funktionelle Durchführbarkeit;	**LPH 7 Mitwirken bei der Vergabe** **Grundleistungen** a) Einholen von Angeboten b) Prüfen und Werten der Angebote, Aufstellen der Preisspiegel c) Abstimmen und Zusammenstellen der Leistungen der fachlich Beteiligten, die an der Vergabe mitwirken d) Führen von Bietergesprächen e) Erstellen der Vergabevorschläge, Dokumentation des Vergabeverfahrens f) Zusammenstellen der Vertragsunterlagen g) Vergleichen der Ausschreibungsergebnisse mit den vom Planer bepreisten Leistungsverzeichnissen und der Kostenberechnung h) Mitwirken bei der Auftragserteilung **Besondere Leistungen** – Prüfen und Werten von Nebenangeboten
Leistungsphase 8: Bauoberleitung **Grundleistungen** a) Aufsicht über die örtliche Bauüberwachung, soweit die Bauoberleitung und die örtliche Bauüberwachung getrennt vergeben werden, Koordinierung der an der Objektüberwachung fachlich Beteiligten, insbesondere Prüfen auf Übereinstimmung und Freigeben von Plänen Dritter, b) Aufstellen und Überwachen eines Zeitplans (Balkendiagramm), c) Inverzugsetzen der ausführenden Unternehmen, d) Abnahme von Leistungen und Lieferungen unter Mitwirkung der örtlichen Bauüberwachung und anderer an der Planung und Objektüberwachung fachlich Beteiligter unter Fertigung einer Niederschrift über das Ergebnis der Abnahme, e) Antrag auf behördliche Abnahmen und Teilnahme daran, f) Übergabe des Objekts einschließlich Zusammenstellung und Übergabe der erforderlichen Unterlagen, zum Beispiel Abnahmeniederschriften und Prüfungsprotokolle, g) Zusammenstellen von Wartungsvorschriften für das Objekt,	**LPH 8 Bauoberleitung** **Grundleistungen** a) Aufsicht über die örtliche Bauüberwachung, Koordinierung der an der Objektüberwachung fachlich Beteiligten, einmaliges Prüfen von Plänen auf Übereinstimmung mit dem auszuführenden Objekt und Mitwirken bei deren Freigabe b) Aufstellen, Fortschreiben und Überwachen eines Terminplans (Balkendiagramm) c) Veranlassen und Mitwirken daran, die ausführenden Unternehmen in Verzug zu setzen d) Kostenfeststellung, Vergleich der Kostenfeststellung mit der Auftragssumme e) Abnahme von Bauleistungen, Leistungen und Lieferungen unter Mitwirkung der örtlichen Bauüberwachung und anderer an der Planung und Objektüberwachung fachlich Beteiligter, Feststellen von Mängeln, Fertigen einer Niederschrift über das Ergebnis der Abnahme f) Antrag auf behördliche Abnahmen und Teilnahme daran g) Überwachen der Prüfungen der Funktionsfähigkeit der Anlagenteile und der Gesamtanlage h) Übergabe des Objekts

HOAI 2009 Anlagen	HOAI 2013 Anlagen

h) Überwachen der Prüfungen der Funktionsfähigkeit der Anlagenteile und der Gesamtanlage,
i) Auflisten der Verjährungsfristen für Mängelansprüche,
j) Kostenfeststellung,
k) Kostenkontrolle durch Überprüfen der Leistungsabrechnung der bauausführenden Unternehmen im Vergleich zu den Vertragspreisen und der fortgeschriebenen Kostenberechnung;
 	
Besondere Leistungen (Anlage 2.8.8)
Überwachen der Ausführung des Objekts auf Übereinstimmung mit den zur Ausführung genehmigten Unterlagen, dem Bauvertrag sowie den allgemein anerkannten Regeln der Technik und den einschlägigen Vorschriften,
Hauptachsen für das Objekt von objektnahen Festpunkten abstecken sowie Höhenfestpunkte im Objektbereich herstellen, soweit die Leistungen nicht mit besonderen instrumentellen und vermessungstechnischen Verfahrensanforderungen erbracht werden müssen,
Baugelände örtlich kennzeichnen,
Führen eines Bautagebuchs,
Gemeinsames Aufmaß mit den ausführenden Unternehmen,
Mitwirken bei der Abnahme von Leistungen und Lieferungen,
Rechnungsprüfung,
Mitwirken bei behördlichen Abnahmen,
Mitwirken beim Überwachen der Prüfung der Funktionsfähigkeit der Anlagenteile der Gesamtanlage,
Überwachen der Beseitigung der bei der Leistung festgestellten Mängel,
bei Objekten nach § 40: Überwachen der Ausführung von Tragwerken nach § 50 Absatz 2 Nummer 1 und 2 auf Übereinstimmung mit dem Standsicherheitsnachweis;
 	
Anlage 2.8.9 Besondere Leistungen bei Umbauten und Modernisierungen von Ingenieurbauwerken und bei Verkehrsanlagen mit geringen Kosten für Erdarbeiten einschließlich Felsarbeiten sowie mit gebundener Gradiente oder bei schwieriger Anpassung an vorhandene Randbebauung
– Ermitteln substanzbezogener Daten und Vorschriften,
	i) Auflisten der Verjährungsfristen der Mängelansprüche
	j) Zusammenstellen und Übergeben der Dokumentation des Bauablaufs, der Bestandsunterlagen und der Wartungsvorschriften
	
	Besondere Leistungen
	– Kostenkontrolle
	– Prüfen von Nachträgen
	– Erstellen eines Bauwerksbuchs
	– Erstellen von Bestandsplänen
	– Örtliche Bauüberwachung:
	  – Plausibilitätsprüfung der Absteckung
	  – Überwachen der Ausführung der Bauleistungen
	    – Mitwirken beim Einweisen des Auftragnehmers in die Baumaßnahme (Bauanlaufbesprechung)
	    – Überwachen der Ausführung des Objektes auf Übereinstimmung mit den zur Ausführung freigegebenen Unterlagen, dem Bauvertrag und den Vorgaben des Auftraggebers
	    – Prüfen und Bewerten der Berechtigung von Nachträgen
	    – Durchführen oder Veranlassen von Kontrollprüfungen
	    – Überwachen der Beseitigung der bei der Abnahme der Leistungen festgestellten Mängel
	    – Dokumentation des Bauablaufs
	– Mitwirken beim Aufmaß mit den ausführenden Unternehmen und Prüfen der Aufmaße
	– Mitwirken bei behördlichen Abnahmen
	– Mitwirken bei der Abnahme von Leistungen und Lieferungen
	– Rechnungsprüfung, Vergleich der Ergebnisse der Rechnungsprüfungen mit der Auftragssumme
	– Mitwirken beim Überwachen der Prüfung der Funktionsfähigkeit der Anlagenteile und der Gesamtanlage
	– Überwachen der Ausführung von Tragwerken nach Anlage 14.2 Honorarzone I und II mit sehr geringen und geringen Planungsanforderungen auf Übereinstimmung mit dem Standsicherheitsnachweis

HOAI 2009 Anlagen	HOAI 2013 Anlagen
– Untersuchen und Abwickeln der notwendigen Sicherungsmaßnahmen von Bau- und Betriebszuständen, – Örtliches Überprüfen von Planungsdetails an der vorgefundenen Substanz und Überarbeiten der Planung bei Abweichen von den ursprünglichen Feststellungen, – Erarbeiten eines Vorschlags zur Behebung von Schäden oder Mängeln	
Leistungsphase 9: **Objektbetreuung und Dokumentation**	**LPH 9 Objektbetreuung**
Grundleistungen	**Grundleistungen**
a) Objektbegehung zur Mängelfeststellung vor Ablauf der Verjährungsfristen für Gewährleistungsansprüche gegenüber den ausführenden Unternehmen, b) Überwachen der Beseitigung von Mängeln, die innerhalb der Verjährungsfristen der Mängelansprüche, längstens jedoch bis zum Ablauf von vier Jahren seit Abnahme der Leistungen auftreten, c) Mitwirken bei der Freigabe von Sicherheitsleistungen, d) systematische Zusammenstellung der zeichnerischen Darstellungen und rechnerischen Ergebnisse des Objekts.	a) Fachliche Bewertung der innerhalb der Verjährungsfristen für Gewährleistungsansprüche festgestellten Mängel, längstens jedoch bis zum Ablauf von fünf Jahren seit Abnahme der Leistung, einschließlich notwendiger Begehungen b) Objektbegehung zur Mängelfeststellung vor Ablauf der Verjährungsfristen für Mängelansprüche gegenüber den ausführenden Unternehmen c) Mitwirken bei der Freigabe von Sicherheitsleistungen
Besondere Leistungen (Anlage 2.8.7) Erstellen eines Bauwerksbuchs;	**Besondere Leistungen** – Überwachen der Mängelbeseitigung innerhalb der Verjährungsfrist

HOAI 2009 Anlagen	HOAI 2013 Anlagen
Anlage 13 (zu § 49 Absatz 1) Leistungen und Besondere Leistungen im Leistungsbild Tragwerksplanung	**Anlage 14** (zu § 51 Absatz 5, § 52 Absatz 2) Grundleistungen im Leistungsbild Tragwerksplanung, Besondere Leistungen, Objektliste **14.1 Leistungsbild Tragwerksplanung**
Leistungsphase 1: Grundlagenermittlung Grundleistungen Klären der Aufgabenstellung auf dem Fachgebiet Tragwerksplanung im Benehmen mit dem Objektplaner;	**LPH 1 Grundlagenermittlung** Grundleistungen a) Klären der Aufgabenstellung aufgrund der Vorgaben oder der Bedarfsplanung des Auftraggebers im Benehmen mit dem Objektplaner b) Zusammenstellen der die Aufgabe beeinflussenden Planungsabsichten c) Zusammenfassen, Erläutern und Dokumentieren der Ergebnisse
Besondere Leistungen –	Besondere Leistungen –
Leistungsphase 2: Vorplanung (Projekt- und Planungsvorbereitung) Grundleistungen a) Bei Ingenieurbauwerken nach § 40 Nummer 6 und 7: Übernahme der Ergebnisse aus Leistungsphase 1 der Anlage 12, b) Beraten in statisch-konstruktiver Hinsicht unter Berücksichtigung der Belange der Standsicherheit, der Gebrauchsfähigkeit und der Wirtschaftlichkeit, c) Mitwirken bei dem Erarbeiten eines Planungskonzepts einschließlich Untersuchung der Lösungsmöglichkeiten des Tragwerks unter gleichen Objektbedingungen mit skizzenhafter Darstellung, Klärung und Angabe der für das Tragwerk wesentlichen konstruktiven Festlegungen für zum Beispiel Baustoffe, Bauarten und Herstellungsverfahren, Konstruktionsraster und Gründungsart, d) Mitwirken bei Vorverhandlungen mit Behörden und anderen an der Planung fachlich Beteiligten über die Genehmigungsfähigkeit, e) Mitwirken bei der Kostenschätzung; bei Gebäuden und zugehörigen baulichen Anlagen nach DIN 276;	**LPH 2 Vorplanung** (Projekt- und Planungsvorbereitung) Grundleistungen a) Analysieren der Grundlagen b) Beraten in statisch-konstruktiver Hinsicht unter Berücksichtigung der Belange der Standsicherheit, der Gebrauchsfähigkeit und der Wirtschaftlichkeit c) Mitwirken bei dem Erarbeiten eines Planungskonzepts einschließlich Untersuchung der Lösungsmöglichkeiten des Tragwerks unter gleichen Objektbedingungen mit skizzenhafter Darstellung, Klärung und Angabe der für das Tragwerk wesentlichen konstruktiven Festlegungen für zum Beispiel Baustoffe, Bauarten und Herstellungsverfahren, Konstruktionsraster und Gründungsart d) Mitwirken bei Vorverhandlungen mit Behörden und anderen an der Planung fachlich Beteiligten über die Genehmigungsfähigkeit e) Mitwirken bei der Kostenschätzung und bei der Terminplanung f) Zusammenfassen, Erläutern und Dokumentieren der Ergebnisse

b) Synopse HOAI 2009 – HOAI 2013 – Anlagen

HOAI 2009 Anlagen	HOAI 2013 Anlagen
Besondere Leistungen (Anlage 2.10.1) Aufstellen von Vergleichsberechnungen für mehrere Lösungsmöglichkeiten unter verschiedenen Objektbedingungen, Aufstellen eines Lastenplanes, zum Beispiel als Grundlage für die Baugrundbeurteilung und Gründungsberatung, Vorläufige nachprüfbare Berechnung wesentlicher tragender Teile, Vorläufig nachprüfbare Berechnung der Gründung;	**Besondere Leistungen** – Aufstellen von Vergleichsberechnungen für mehrere Lösungsmöglichkeiten unter verschiedenen Objektbedingungen – Aufstellen eines Lastenplanes, zum Beispiel als Grundlage für die Baugrundbeurteilung und Gründungsberatung – Vorläufige nachprüfbare Berechnung wesentlicher tragender Teile – Vorläufige nachprüfbare Berechnung der Gründung
Leistungsphase 3: Entwurfsplanung (System- und Integrationsplanung) **Grundleistungen** a) Erarbeiten der Tragwerkslösung unter Beachtung der durch die Objektplanung integrierten Fachplanungen bis zum konstruktiven Entwurf mit zeichnerischer Darstellung, b) Überschlägige statische Berechnung und Bemessung, c) Grundlegende Festlegungen der konstruktiven Details und Hauptabmessungen des Tragwerks für zum Beispiel Gestaltung der tragenden Querschnitte, Aussparungen und Fugen; Ausbildung der Auflager-und Knotenpunkte sowie der Verbindungsmittel, d) Mitwirken bei der Objektbeschreibung, e) Mitwirken bei Verhandlungen mit Behörden und anderen an der Planung fachlich Beteiligten über die Genehmigungsfähigkeit, f) Mitwirken bei der Kostenberechnung, bei Gebäuden und zugehörigen baulichen Anlagen: nach DIN 276, g) Mitwirken bei der Kostenkontrolle durch Vergleich der Kostenberechnung mit der Kostenschätzung;	**LPH 3 Entwurfsplanung (System- und Integrationsplanung)** **Grundleistungen** a) Erarbeiten der Tragwerkslösung, unter Beachtung der durch die Objektplanung integrierten Fachplanungen, bis zum konstruktiven Entwurf mit zeichnerischer Darstellung b) Überschlägige statische Berechnung und Bemessung c) Grundlegende Festlegungen der konstruktiven Details und Hauptabmessungen des Tragwerks für zum Beispiel Gestaltung der tragenden Querschnitte, Aussparungen und Fugen; Ausbildung der Auflager- und Knotenpunkte sowie der Verbindungsmittel d) Überschlägiges Ermitteln der Betonstahlmengen im Stahlbetonbau, der Stahlmengen im Stahlbau und der Holzmengen im Ingenieurholzbau e) Mitwirken bei der Objektbeschreibung bzw. beim Erläuterungsbericht f) Mitwirken bei Verhandlungen mit Behörden und anderen an der Planung fachlich Beteiligten über die Genehmigungsfähigkeit g) Mitwirken bei der Kostenberechnung und bei der Terminplanung h) Mitwirken beim Vergleich der Kostenberechnung mit der Kostenschätzung i) Zusammenfassen, Erläutern und Dokumentieren der Ergebnisse
Besondere Leistungen (Anlage 2.10.2) Vorgezogene, prüfbare und für die Ausführung geeignete Berechnung wesentlich tragender Teile, Vorgezogene, prüfbare und für die Ausführung geeignete Berechnung der Gründung, Mehraufwand bei Sonderbauweisen oder Sonderkonstruktionen, zum Beispiel Klären von Konstruktionsdetails,	**Besondere Leistungen** – Vorgezogene, prüfbare und für die Ausführung geeignete Berechnung wesentlich tragender Teile – Vorgezogene, prüfbare und für die Ausführung geeignete Berechnung der Gründung – Mehraufwand bei Sonderbauweisen oder Sonderkonstruktionen, zum Beispiel Klären von Konstruktionsdetails

b) Synopse HOAI 2009 – HOAI 2013 – Anlagen

HOAI 2009 Anlagen	HOAI 2013 Anlagen
Vorgezogene Stahl- oder Holzmengenermittlung des Tragwerks und der kraftübertragenden Verbindungsteile für eine Ausschreibung, die ohne Vorliegen von Ausführungsunterlagen durchgeführt wird, Nachweise der Erdbebensicherung; **Leistungsphase 4: Genehmigungsplanung** **Grundleistungen** a) Aufstellen der prüffähigen statischen Berechnungen für das Tragwerk unter Berücksichtigung der vorgegebenen bauphysikalischen Anforderungen, b) Bei Ingenieurbauwerken: Erfassen von normalen Bauzuständen, c) Anfertigen der Positionspläne für das Tragwerk oder Eintragen der statischen Positionen, der Tragwerksabmessungen, der Verkehrslasten, der Art und Güte der Baustoffe und der Besonderheiten der Konstruktionen in die Entwurfszeichnungen des Objektplaners (zum Beispiel in Transparentpausen), d) Zusammenstellen der Unterlagen der Tragwerksplanung zur bauaufsichtlichen Genehmigung, e) Verhandlungen mit Prüfämtern und Prüfingenieuren, f) Vervollständigen und Berichtigen der Berechnungen und Pläne; **Besondere Leistungen (Anlage 2.10.3)** Bauphysikalische Nachweise zum Brandschutz, Statische Berechnung und zeichnerische Darstellung für Bergschadenssicherungen und Bauzustände, soweit diese Leistungen über das Erfassen von normalen Bauzuständen hinausgehen, Zeichnungen mit statischen Positionen und den Tragwerksabmessungen, den Bewehrungs-Querschnitten, den Verkehrslasten und der Art und Güte der Baustoffe sowie Besonderheiten der Konstruktionen zur Vorlage bei der bauaufsichtlichen Prüfung anstelle von Positionsplänen, Aufstellen der Berechnungen nach militärischen Lastenklassen (MLC), Erfassen von Bauzuständen bei Ingenieurbauwerken, in denen das statische System von dem des Endzustands abweicht;	– Vorgezogene Stahl- oder Holzmengenermittlung des Tragwerks und der kraftübertragenden Verbindungsteile für eine Ausschreibung, die ohne Vorliegen von Ausführungsunterlagen durchgeführt wird – Nachweise der Erdbebensicherung **LPH 4 Genehmigungsplanung** **Grundleistungen** a) Aufstellen der prüffähigen statischen Berechnungen für das Tragwerk unter Berücksichtigung der vorgegebenen bauphysikalischen Anforderungen b) Bei Ingenieurbauwerken: Erfassen von normalen Bauzuständen c) Anfertigen der Positionspläne für das Tragwerk oder Eintragen der statischen Positionen, der Tragwerksabmessungen, der Verkehrslasten, der Art und Güte der Baustoffe und der Besonderheiten der Konstruktionen in die Entwurfszeichnungen des Objektplaners d) Zusammenstellen der Unterlagen der Tragwerksplanung zur Genehmigung e) Abstimmen mit Prüfämtern und Prüfingenieuren oder Eigenkontrolle f) Vervollständigen und Berichtigen der Berechnungen und Pläne **Besondere Leistungen** – Nachweise zum konstruktiven Brandschutz, soweit erforderlich unter Berücksichtigung der Temperatur (Heißbemessung) – Statische Berechnung und zeichnerische Darstellung für Bergschadenssicherungen und Bauzustände bei Ingenieurbauwerken, soweit diese Leistungen über das Erfassen von normalen Bauzuständen hinausgehen – Zeichnungen mit statischen Positionen und den Tragwerksabmessungen, den Bewehrungsquerschnitten, den Verkehrslasten und der Art und Güte der Baustoffe sowie Besonderheiten der Konstruktionen zur Vorlage bei der bauaufsichtlichen Prüfung anstelle von Positionsplänen – Aufstellen der Berechnungen nach militärischen Lastenklassen (MLC) – Erfassen von Bauzuständen bei Ingenieurbauwerken, in denen das statische System von dem des Endzustands abweicht – Statische Nachweise an nicht zum Tragwerk gehörende Konstruktionen (zum Beispiel Fassaden)

HOAI 2009 Anlagen	HOAI 2013 Anlagen
Leistungsphase 5: Ausführungsplanung a) Durcharbeiten der Ergebnisse der Leistungsphasen 3 und 4 unter Beachtung der durch die Objektplanung integrierten Fachplanungen, b) Anfertigen der Schalpläne in Ergänzung der fertig gestellten Ausführungspläne des Objektplaners, c) Zeichnerische Darstellung der Konstruktionen mit Einbau- und Verlegeanweisungen, zum Beispiel Bewehrungspläne, Stahlbaupläne, Holzkonstruktionspläne (keine Werkstattzeichnungen), d) Aufstellen detaillierter Stahl- oder Stücklisten als Ergänzung zur zeichnerischen Darstellung der Konstruktionen mit Stahlmengenermittlung;	**LPH 5 Ausführungsplanung** **Grundleistungen** a) Durcharbeiten der Ergebnisse der Leistungsphasen 3 und 4 unter Beachtung der durch die Objektplanung integrierten Fachplanungen b) Anfertigen der Schalpläne in Ergänzung der fertig gestellten Ausführungspläne des Objektplaners c) Zeichnerische Darstellung der Konstruktionen mit Einbau- und Verlegeanweisungen, zum Beispiel Bewehrungspläne, Stahlbau- oder Holzkonstruktionspläne mit Leitdetails (keine Werkstattzeichnungen) d) Aufstellen von Stahl- oder Stücklisten als Ergänzung zur zeichnerischen Darstellung der Konstruktionen mit Stahlmengenermittlung e) Fortführen der Abstimmung mit Prüfämtern und Prüfingenieuren oder Eigenkontrolle
Besondere Leistungen (Anlage 2.10.4) Werkstattzeichnungen im Stahl- und Holzbau einschließlich Stücklisten, Elementpläne für Stahlbetonfertigteile einschließlich Stahl- und Stücklisten, Berechnen der Dehnwege, Festlegen des Spannvorganges und Erstellen der Spannprotokolle im Spannbetonbau, Wesentliche Leistungen, die infolge Änderungen der Planung, die vom Auftragnehmer nicht zu vertreten sind, erforderlich werden, Rohbauzeichnungen im Stahlbetonbau, die auf der Baustelle nicht der Ergänzung durch die Pläne des Objektplaners bedürfen;	**Besondere Leistungen** – Konstruktion und Nachweise der Anschlüsse im Stahl- und Holzbau – Werkstattzeichnungen im Stahl- und Holzbau einschließlich Stücklisten, Elementpläne für Stahlbetonfertigteile einschließlich Stahl- und Stücklisten – Berechnen der Dehnwege, Festlegen des Spannvorganges und Erstellen der Spannprotokolle im Spannbetonbau – Rohbauzeichnungen im Stahlbetonbau, die auf der Baustelle nicht der Ergänzung durch die Pläne des Objektplaners bedürfen
Leistungsphase 6: **Vorbereitung der Vergabe** **Grundleistungen** a) Ermitteln der Betonstahlmengen im Stahlbetonbau, der Stahlmengen in Stahlbau und der Holzmengen im Ingenieurholzbau als Beitrag zur Mengenermittlung des Objektplaners, b) Überschlägiges Ermitteln der Mengen der konstruktiven Stahlteile und statisch erforderlichen Verbindungs- und Befestigungsmittel im Ingenieurholzbau, c) Aufstellen von Leistungsbeschreibungen als Ergänzung zu den Mengenermittlungen als Grundlage für das Leistungsverzeichnis des Tragwerks;	**LPH 6 Vorbereitung der Vergabe** **Grundleistungen** a) Ermitteln der Betonstahlmengen im Stahlbetonbau, der Stahlmengen in Stahlbau und der Holzmengen im Ingenieurholzbau als Ergebnis der Ausführungsplanung und als Beitrag zur Mengenermittlung des Objektplaners b) Überschlägiges Ermitteln der Mengen der konstruktiven Stahlteile und statisch erforderlichen Verbindungs- und Befestigungsmittel im Ingenieurholzbau c) Mitwirken beim Erstellen der Leistungsbeschreibung als Ergänzung zu den Mengenermittlungen als Grundlage für das Leistungsverzeichnis des Tragwerks

HOAI 2009 Anlagen	HOAI 2013 Anlagen
Besondere Leistungen (Anlage 2.10.5) Beitrag zur Leistungsbeschreibung mit Leistungsprogramm des Objektplaners*), Beitrag zum Aufstellen von vergleichenden Kostenübersichten des Objektplaners, Aufstellen des Leistungsverzeichnisses des Tragwerks; *) Diese Besondere Leistung wird bei Leistungsbeschreibung mit Leistungsprogramm Grundleistung. In diesem Fall entfallen die Grundleistungen dieser Leistungsphase	**Besondere Leistungen** – Beitrag zur Leistungsbeschreibung mit Leistungsprogramm des Objektplaners [x] – Beitrag zum Aufstellen von vergleichenden Kostenübersichten des Objektplaners – Beitrag zum Aufstellen des Leistungsverzeichnisses des Tragwerks [x] diese Besondere Leistung wird bei Leistungsbeschreibung mit Leistungsprogramm Grundleistung. In diesem Fall entfallen die Grundleistungen dieser Leistungsphase
Mitwirkung bei der Vergabe **Grundleistungen** –	**LPH 7 Mitwirkung bei der Vergabe** **Grundleistungen** –
Besondere Leistungen (Anlage 2.10.6) Mitwirken bei der Prüfung und Wertung der Angebote Leistungsbeschreibung mit Leistungsprogramm, Mitwirken bei der Prüfung und Wertung von Nebenangeboten, Beitrag zum Kostenanschlag nach DIN 276 aus Einheitspreisen oder Pauschalangeboten;	**Besondere Leistungen** – Mitwirken bei der Prüfung und Wertung der Angebote Leistungsbeschreibung mit Leistungsprogramm des Objektplaners – Mitwirken bei der Prüfung und Wertung von Nebenangeboten – Mitwirken beim Kostenanschlag nach DIN 276 oder anderer Vorgaben des Auftraggebers aus Einheitspreisen oder Pauschalangeboten
Grundleistungen –	**LPH 8 Objektüberwachung** **Grundleistungen** –
Besondere Leistungen (Anlage 2.10.7) Ingenieurtechnische Kontrolle der Ausführung des Tragwerks auf Übereinstimmung mit den geprüften statischen Unterlagen, Ingenieurtechnische Kontrolle der Baubehelfe, zum Beispiel Arbeits- und Lehrgerüste, Kranbahnen, Baugrubensicherungen, Kontrolle der Betonherstellung und -verarbeitung auf der Baustelle in besonderen Fällen sowie statische Auswertung der Güteprüfungen, Betontechnologische Beratung;	**Besondere Leistungen** – Ingenieurtechnische Kontrolle der Ausführung des Tragwerks auf Übereinstimmung mit den geprüften statischen Unterlagen – Ingenieurtechnische Kontrolle der Baubehelfe, zum Beispiel Arbeits- und Lehrgerüste, Kranbahnen, Baugrubensicherungen – Kontrolle der Betonherstellung und -verarbeitung auf der Baustelle in besonderen Fällen sowie Auswertung der Güteprüfungen – Betontechnologische Beratung – Mitwirken bei der Überwachung der Ausführung der Tragwerkseingriffe bei Umbauten und Modernisierungen

HOAI 2009 Anlagen	HOAI 2013 Anlagen
Objektbetreuung und Dokumentation	LPH 9 Dokumentation und Objektbetreuung
Grundleistungen –	Grundleistungen –
Besonderer Leistungen (Anlage 2.10.8) Baubegehung zur Feststellung und Überwachung von die Standsicherheit betreffenden Einflüssen; Anlage 2.10.9 Besondere Leistungen bei Umbauten und Modernisierungen Mitwirken bei der Überwachung der Ausführung der Tragwerkseingriffe.	Besondere Leistungen – Baubegehung zur Feststellung und Überwachung von die Standsicherheit betreffenden Einflüssen_
Objektliste Tragwerksplanung § 50 Abs. 2	14.2 Objektliste Tragwerksplanung

(2) Die Honorarzone wird bei der Tragwerksplanung nach dem statisch-konstruktiven Schwierigkeitsgrad auf Grund folgender Bewertungsmerkmale ermittelt:

1. **Honorarzone I:**
Tragwerke mit sehr geringem Schwierigkeitsgrad, insbesondere einfache statisch bestimmte ebene Tragwerke aus Holz, Stahl, Stein oder unbewehrtem Beton mit ruhenden Lasten, ohne Nachweis horizontaler Aussteifung,

2. **Honorarzone II:**
Tragwerke mit geringem Schwierigkeitsgrad, insbesondere
a) statisch bestimmte ebene Tragwerke in gebräuchlichen Bauarten ohne Vorspann- und Verbundkonstruktionen, mit vorwiegend ruhenden Lasten,
b) Deckenkonstruktionen mit vorwiegend ruhenden Flächenlasten, die sich mit gebräuchlichen Tabellen berechnen lassen,
c) Mauerwerksbauten mit bis zur Gründung durchgehenden tragenden Wänden ohne Nachweis horizontaler Aussteifung,
d) Flachgründungen und Stützwände einfacher Art,

3. **Honorarzone III:**
Tragwerke mit durchschnittlichem Schwierigkeitsgrad, insbesondere schwierige
a) statisch bestimmte und statisch unbestimmte ebene Tragwerke in gebräuchlichen Bauarten ohne Vorspannkonstruktionen und ohne Stabilitätsuntersuchungen,
b) einfache Verbundkonstruktionen des Hochbaus ohne Berücksichtigung des Einflusses von Kriechen und Schwinden,
c) Tragwerke für Gebäude mit Abfangung der tragenden beziehungsweise aussteifenden Wände,

Nachstehende Tragwerke können in der Regel folgenden Honorarzonen zugeordnet werden

	Honorarzone				
	I	II	III	IV	V
Bewertungsmerkmale zur Ermittlung der Honorarzone bei der Tragwerksplanung					
– Tragwerke mit sehr geringem Schwierigkeitsgrad, insbesondere einfache statisch bestimmte ebene Tragwerke aus Holz, Stahl, Stein oder unbewehrtem Beton mit ruhenden Lasten, ohne Nachweis horizontaler Aussteifung	x				
– Tragwerke mit geringem Schwierigkeitsgrad, insbesondere statisch bestimmte ebene Tragwerke in gebräuchlichen Bauarten ohne Vorspann- und Verbundkonstruktionen, mit vorwiegend ruhenden Lasten		x			
– Tragwerke mit durchschnittlichem Schwierigkeitsgrad, insbesondere schwierige statisch bestimmte und statisch unbestimmte ebene Tragwerke in gebräuchlichen Bauarten und ohne Gesamtstabilitätsuntersuchungen			x		
– Tragwerke mit hohem Schwierigkeitsgrad, insbesondere statisch und konstruktiv schwierige Tragwerke in gebräuchlichen Bauarten und Tragwerke, für deren Standsicherheit- und Festigkeitsnachweis schwierig zu ermittelnde Einflüsse zu berücksichtigen sind					x

b) Synopse HOAI 2009 – HOAI 2013 – Anlagen

HOAI 2009 Anlagen	HOAI 2013 Anlagen					
		\multicolumn{5}{c}{Honorarzone}
		I	II	III	IV	V
d) ausgesteifte Skelettbauten, e) ebene Pfahlrostgründungen, f) einfache Gewölbe, g) einfache Rahmentragwerke ohne Vorspannkonstruktionen und ohne Stabilitätsuntersuchungen, h) einfache Traggerüste und andere einfache Gerüste für Ingenieurbauwerke, i) einfache verankerte Stützwände,	– Tragwerke mit sehr hohem Schwierigkeitsgrad, insbesondere statisch und konstruktiv ungewöhnlich schwierige Tragwerke					x
	Stützwände, Verbau					
4. Honorarzone IV: Tragwerke mit überdurchschnittlichen Schwierigkeitsgrad, insbesondere a) statisch und konstruktiv schwierige Tragwerke in gebräuchlichen Bauarten und Tragwerke, für deren Standsicherheit- und Festigkeitsnachweis schwierig zu ermittelnde Einflüsse zu berücksichtigen sind, b) vielfach statisch unbestimmte Systeme, c) statisch bestimmte räumliche Fachwerke, d) einfache Faltwerke nach der Balkentheorie, e) statisch bestimmte Tragwerke, die Schnittgrößenbestimmungen nach der Theorie II. Ordnung erfordern, f) einfach berechnete, seilverspannte Konstruktionen, g) Tragwerke für schwierige Rahmen- und Skelettbauten sowie turmartige Bauten, bei denen der Nachweis der Stabilität und Aussteifung die Anwendung besonderer Berechnungsverfahren erfordert, h) Verbundkonstruktionen, soweit nicht in Honorarzone III oder V erwähnt, i) einfache Trägerroste und einfache orthotrope Platten, j) Tragwerke mit einfachen Schwingungsuntersuchungen, k) schwierige statisch unbestimmte Flachgründungen, schwierige ebene und räumliche Pfahlgründungen, besondere Gründungsverfahren, Unterfahrungen, l) schiefwinklige Einfeldplatten für Ingenieurbauwerke, m) schiefwinklig gelagerte oder gekrümmte Träger, n) schwierige Gewölbe und Gewölbereihen, o) Rahmentragwerke, soweit nicht in Honorarzone III oder V erwähnt, p) schwierige Traggerüste und andere schwierige Gerüste für Ingenieurbauwerke, q) schwierige, verankerte Stützwände,	– unverankerte Stützwände zur Abfangung von Geländesprüngen bis 2m Höhe und konstruktive Böschungssicherungen bei einfachen Baugrund-, Belastungs- und Geländeverhältnissen		x			
	– Sicherung von Geländesprüngen bis 4m Höhe ohne Rückverankerungen bei einfachen Baugrund-, Belastungs- und Geländeverhältnissen wie z. B. Stützwände, Uferwände, Baugrubenverbauten			x		
	– Sicherung von Geländesprüngen ohne Rückverankerungen bei schwierigen Baugrund-, Belastungs- oder Geländeverhältnissen oder mit einfacher Rückverankerung bei einfachen Baugrund-, Belastungs- oder Geländeverhältnissen wie z. B. Stützwände, Uferwände, Baugrubenverbauten				x	
	– schwierige, verankerte Stützwände, Baugrubenverbauten oder Uferwände				x	
	– Baugrubenverbauten mit ungewöhnlich schwierigen Randbedingungen					x
	Gründung					
	– Flachgründungen einfacher Art		x			
	– Flachgründungen mit durchschnittlichem Schwierigkeitsgrad, ebene und räumliche Pfahlgründungen mit durchschnittlichem Schwierigkeitsgrad				x	
	– schwierige Flachgründungen, schwierige ebene und räumliche Pfahlgründungen, besondere Gründungsverfahren, Unterfahrungen				x	

2 HOAI 2009/HOAI 2013 b) Synopse HOAI 2009 – HOAI 2013 – Anlagen

HOAI 2009 Anlagen	HOAI 2013 Anlagen

HOAI 2009 Anlagen:

r) Konstruktionen mit Mauerwerk nach Eignungsprüfung (Ingenieurmauerwerk),

5. **Honorarzone V:**

Tragwerke mit sehr hohem Schwierigkeitsgrad, insbesondere
a) statisch und konstruktiv ungewöhnlich schwierige Tragwerke,
b) schwierige Tragwerke in neuen Bauarten,
c) räumliche Stabwerke und statisch unbestimmte räumliche Fachwerke,
d) schwierige Trägerroste und schwierige orthotrope Platten,
e) Verbundträger mit Vorspannung durch Spannglieder oder andere Maßnahmen,
f) Flächentragwerke (Platten, Scheiben, Faltwerke, Schalen), die die Anwendung der Elastizitätstheorie erfordern,
g) statisch unbestimmte Tragwerke, die Schnittgrößenbestimmungen nach der Theorie II. Ordnung erfordern,
h) Tragwerke mit Standsicherheitsnachweisen, die nur unter Zuhilfenahme modellstatischer Untersuchungen oder durch Berechnungen mit finiten Elementen beurteilt werden können,
i) Tragwerke mit Schwingungsuntersuchungen, soweit nicht in Honorarzone IV erwähnt,
j) seilverspannte Konstruktionen, soweit nicht in Honorarzone IV erwähnt,
k) schiefwinklige Mehrfeldplatten,
l) schiefwinklig gelagerte, gekrümmte Träger,
m) schwierige Rahmentragwerke mit Vorspannkonstruktionen und Stabilitätsuntersuchungen,
n) sehr schwierige Traggerüste und andere sehr schwierige Gerüste für Ingenieurbauwerke, zum Beispiel weit gespannte oder hohe Traggerüste,
o) Tragwerke, bei denen die Nachgiebigkeit der Verbindungsmittel bei der Schnittkraftermittlung zu berücksichtigen ist.

(3) Sind für ein Tragwerk Bewertungsmerkmale aus mehreren Honorarzonen anwendbar und bestehen deswegen Zweifel, welcher Honorarzone das Tragwerk zugeordnet werden kann, so ist für die Zuordnung die Mehrzahl der in den jeweiligen Honorarzonen nach Absatz 2 aufgeführten Bewertungsmerkmale und ihre Bedeutung im Einzelfall maßgebend.

HOAI 2013 Anlagen:

	Honorarzone				
	I	II	III	IV	V
Mauerwerk					
– Mauerwerksbauten mit bis zur Gründung durchgehenden tragenden Wänden ohne Nachweis horizontaler Aussteifung			x		
– Tragwerke mit Abfangung der tragenden beziehungsweise aussteifenden Wände			x		
– Konstruktionen mit Mauerwerk nach Eignungsprüfung (Ingenieurmauerwerk)				x	
Gewölbe					
– einfache Gewölbe			x		
– schwierige Gewölbe und Gewölbereihen				x	
Deckenkonstruktionen, Flächentragwerke					
– Deckenkonstruktionen mit einfachem Schwierigkeitsgrad, bei vorwiegend ruhenden Flächenlasten			x		
– Deckenkonstruktionen mit durchschnittlichem Schwierigkeitsgrad			x		
– schiefwinklige Einfeldplatten			x		
– schiefwinklige Mehrfeldplatten					x
– schiefwinklig gelagerte oder gekrümmte Träger				x	
– schiefwinklig gelagerte, gekrümmte Träger					x
– Trägerroste und orthotrope Platten mit durchschnittlichem Schwierigkeitsgrad,				x	
– schwierige Trägerroste und schwierige orthotrope Platten					x
– Flächentragwerke (Platten, Scheiben) mit durchschnittlichem Schwierigkeitsgrad				x	
– schwierige Flächentragwerke (Platten, Scheiben, Faltwerke, Schalen)					x
– einfache Faltwerke ohne Vorspannung				x	
Verbund-Konstruktionen					
– einfache Verbundkonstruktionen ohne Berücksichtigung des Einflusses von Kriechen und Schwinden				x	

b) Synopse HOAI 2009 – HOAI 2013 – Anlagen

HOAI 2009 Anlagen	HOAI 2013 Anlagen					
		\multicolumn{5}{c}{Honorarzone}
		I	II	III	IV	V
	– Verbundkonstruktionen mittlerer Schwierigkeit				x	
	– Verbundkonstruktionen mit Vorspannung durch Spannglieder oder andere Maßnahmen					x
	Rahmen- und Skelettbauten					
	– ausgesteifte Skelettbauten			x		
	– Tragwerke für schwierige Rahmen- und Skelettbauten sowie turmartige Bauten, bei denen der Nachweis der Stabilität und Aussteifung die Anwendung besonderer Berechnungsverfahren erfordert				x	
	– einfache Rahmentragwerke ohne Vorspann-, konstruktionen und ohne Gesamtstabilitätsuntersuchungen			x		
	– Rahmentragwerke mit durchschnittlichem Schwierigkeitsgrad				x	
	– schwierige Rahmentragwerke mit Vorspannkonstruktionen und Stabilitätsuntersuchungen					x
	Räumliche Stabwerke					
	– räumliche Stabwerke mit durchschnittlichem Schwierigkeitsgrad				x	
	– schwierige räumliche Stabwerke					x
	Seilverspannte Konstruktionen					
	– einfache seilverspannte Konstruktionen				x	
	– seilverspannte Konstruktionen mit durchschnittlichem bis sehr hohem Schwierigkeitsgrad					x
	Konstruktionen mit Schwingungsbeanspruchung					
	– Tragwerke mit einfachen Schwingungsuntersuchungen				x	
	– Tragwerke mit Schwingungsuntersuchungen mit durchschnittlichem bis sehr hohem Schwierigkeitsgrad					x

2 HOAI 2009/HOAI 2013   b) Synopse HOAI 2009 – HOAI 2013 – Anlagen

HOAI 2009 Anlagen	HOAI 2013 Anlagen					
		Honorarzone				
		I	II	III	IV	V
	Besondere Berechnungsmethoden					
	– schwierige Tragwerke, die Schnittgrößenbestimmungen nach der Theorie II. Ordnung erfordern				x	
	– ungewöhnlich schwierige Tragwerke, die Schnittgrößenbestimmungen nach der Theorie II. Ordnung erfordern					x
	– schwierige Tragwerke in neuen Bauarten					x
	– Tragwerke mit Standsicherheitsnachweisen, die nur unter Zuhilfenahme modellstatischer Untersuchungen oder durch Berechnungen mit finiten Elementen beurteilt werden können					x
	– Tragwerke, bei denen die Nachgiebigkeit der Verbindungsmittel bei der Schnittkraftermittlung zu berücksichtigen ist					x
	Spannbeton					
	– einfache, äußerlich und innerlich statisch bestimmte und zwängungsfrei gelagerte vorgespannte Konstruktionen			x		
	– vorgespannte Konstruktionen mit durchschnittlichem Schwierigkeitsgrad				x	
	– vorgespannte Konstruktionen mit hohem bis sehr hohem Schwierigkeitsgrad					x
	Trag-Gerüste					
	– einfache Traggerüste und andere einfache Gerüste für Ingenieurbauwerke		x			
	– schwierige Traggerüste und andere schwierige Gerüste für Ingenieurbauwerke				x	
	– sehr schwierige Traggerüste und andere sehr schwierige Gerüste für Ingenieurbauwerke, zum Beispiel weit gespannte oder hohe Traggerüste					x
	:					

b) Synopse HOAI 2009 – HOAI 2013 – Anlagen HOAI 2009/HOAI 2013

HOAI 2009 Anlagen	HOAI 2013 Anlagen
Anlage 14 (zu § 53 Absatz 1) und Anlage 2 Leistungen im Leistungsbild Technische Ausrüstung	**Anlage 15** (zu § 55 Absatz 3, § 56 Absatz 3)
2.11 Leistungsbild technische Ausrüstung	Grundleistungen im Leistungsbild Technische Ausrüstung, Besondere Leistungen, Objektliste 15.1 Grundleistungen und Besondere Leistungen im Leistungsbild Technische Ausrüstung
Leistungsphase 1: Grundlagenermittlung	**LPH 1 Grundlagenermittlung**
Grundleistungen	Grundleistungen
a) Klären der Aufgabenstellung der Technischen Ausrüstung im Benehmen mit dem Auftraggeber und dem Objektplaner oder der Objektplanerin, insbesondere in technischen und wirtschaftlichen Grundsatzfragen, b) Zusammenfassen der Ergebnisse;	a) Klären der Aufgabenstellung auf Grund der Vorgaben oder der Bedarfsplanung des Auftraggebers im Benehmen mit dem Objektplaner b) Ermitteln der Planungsrandbedingungen und Beraten zum Leistungsbedarf und ge gebenenfalls zur technischen Erschließung c) Zusammenfassen, Erläutern und Dokumentieren der Ergebnisse
Besondere Leistungen (Anlage 2.11.1)	Besondere Leistungen
Das Leistungsbild kann folgende Besonderen Leistungen umfassen: Systemanalyse (Klären der möglichen Systeme nach Nutzen, Aufwand, Wirtschaftlichkeit und Durchführbarkeit und Umweltverträglichkeit), Datenerfassung, Analysen und Optimierungsprozesse für energiesparendes und umweltverträgliches Bauen;	– Mitwirken bei der Bedarfsplanung für komplexe Nutzungen zur Analyse der Bedürfnisse, Ziele und einschränkenden Gegebenheiten (Kosten-, Termine und andere Rahmenbedingungen) des Bauherrn und wichtiger Beteiligter – Bestandsaufnahme, zeichnerische Darstellung und Nachrechnen vorhandener Anlagen und Anlagenteile – Datenerfassung, Analysen und Optimierungsprozesse im Bestand – Durchführen von Verbrauchsmessungen – Endoskopische Untersuchungen – Mitwirken bei der Ausarbeitung von Auslobungen und bei Vorprüfungen für Planungswettbewerbe
Leistungsphase 2: Vorplanung (Projekt- und Planungsvorbereitung)	**LPH 2 Vorplanung (Projekt- und Planungsvorbereitung)**
Grundleistungen	Grundleistungen
a) Analyse der Grundlagen, b) Erarbeiten eines Planungskonzepts mit überschlägiger Auslegung der wichtigen Systeme und Anlagenteile einschließlich Untersuchung der alternativen Lösungsmöglichkeiten nach gleichen Anforderun-	a) Analysieren der Grundlagen Mitwirken beim Abstimmen der Leistungen mit den Planungsbeteiligten b) Erarbeiten eines Planungskonzepts, dazu gehören zum Beispiel: Vordimensionieren der Systeme und maßbestimmenden Anla-

2 HOAI 2009/HOAI 2013

b) Synopse HOAI 2009 – HOAI 2013 – Anlagen

HOAI 2009 Anlagen	HOAI 2013 Anlagen
gen mit skizzenhafter Darstellung zur Integrierung in die Objektplanung einschließlich Wirtschaftlichkeitsvorbetrachtung, c) Aufstellen eines Funktionsschemas beziehungsweise Prinzipschaltbildes für jede Anlage, d) Klären und Erläutern der wesentlichen fachspezifischen Zusammenhänge, Vorgänge und Bedingungen, e) Mitwirken bei Vorverhandlungen mit Behörden und anderen an der Planung fachlich Beteiligten über die Genehmigungsfähigkeit, f) Mitwirken bei der Kostenschätzung, bei Anlagen in Gebäuden: nach DIN 276, g) Zusammenstellen der Vorplanungsergebnisse;	genteile, Untersuchen von alternativen Lösungsmöglichkeiten bei gleichen Nutzungsanforderungen einschließlich Wirtschaftlichkeitsvorbetrachtung, zeichnerische Darstellung zur Integration in die Objektplanung unter Berücksichtigung exemplarischer Details, Angaben zum Raumbedarf c) Aufstellen eines Funktionsschemas bzw. Prinzipschaltbildes für jede Anlage d) Klären und Erläutern der wesentlichen fachübergreifenden Prozesse, Randbedingungen und Schnittstellen, Mitwirken bei der Integration der technischen Anlagen e) Vorverhandlungen mit Behörden über die Genehmigungsfähigkeit und mit den zu beteiligenden Stellen zur Infrastruktur f) Kostenschätzung nach DIN 276 (2. Ebene) und Terminplanung g) Zusammenfassen, Erläutern und Dokumentieren der Ergebnisse
Besondere Leistungen (Anlage 2.11.2) Durchführen von Versuchen und Modellversuchen, Untersuchung zur Gebäude- und Anlagenoptimierung hinsichtlich Energieverbrauch und Schadstoffemission (z.B. SO2,NOx), Erarbeiten optimierter Energiekonzepte;	**Besondere Leistungen** – Erstellen des technischen Teils eines Raumbuches – Durchführen von Versuchen und Modellversuchen
Leistungsphase 3: Entwurfsplanung (System- und Integrationsplanung) **Grundleistungen** a) Durcharbeiten des Planungskonzepts (stufenweise Erarbeitung einer zeichnerischen Lösung) unter Berücksichtigung aller fachspezifischen Anforderungen sowie unter Beachtung der durch die Objektplanung integrierten Fachplanungen bis zum vollständigen Entwurf, b) Festlegen aller Systeme und Anlagenteile, c) Berechnung und Bemessung sowie zeichnerische Darstellung und Anlagenbeschreibung, d) Angabe und Abstimmung der für die Tragwerksplanung notwendigen Durchführungen und Lastangaben (ohne Anfertigen von Schlitz- und Durchbruchsplänen), e) Mitwirken bei Verhandlungen mit Behörden und anderen an der Planung fachlich Beteiligten über die Genehmigungsfähigkeit,	**LPH 3 Entwurfsplanung (System- und Integrationsplanung)** **Grundleistungen** a) Durcharbeiten des Planungskonzepts (stufenweise Erarbeitung einer Lösung) unter Berücksichtigung aller fachspezifischen Anforderungen sowie unter Beachtung der durch die Objektplanung integrierten Fachplanungen, bis zum vollständigen Entwurf b) Festlegen aller Systeme und Anlagenteile c) Berechnen und Bemessen der technischen Anlagen und Anlagenteile, Abschätzen von jährlichen Bedarfswerten (z.B. Nutz-, End- und Primärenergiebedarf) und Betriebskosten; Abstimmen des Platzbedarfs für technische Anlagen und Anlagenteile; Zeichnerische Darstellung des Entwurfs in einem mit dem Objektplaner abgestimmten Ausgabemaßstab mit Angabe maßbestimmender Dimensionen Fortschreiben und Detaillieren der Funktions- und Strangschemata der Anlagen

HOAI 2009 Anlagen	HOAI 2013 Anlagen
f) Mitwirken bei der Kostenrechnung, bei Anlagen in Gebäuden: nach DIN 276, g) Mitwirken bei der Kostenkontrolle durch Vergleich der Kostenberechnung mit der Kostenschätzung;	Auflisten aller Anlagen mit technischen Daten und Angaben zum Beispiel für Energiebilanzierungen Anlagenbeschreibungen mit Angabe der Nutzungsbedingungen d) Übergeben der Berechnungsergebnisse an andere Planungsbeteiligte zum Aufstellen vorgeschriebener Nachweise; Angabe und Abstimmung der für die Tragwerksplanung notwendigen Angaben über Durchführungen und Lastangaben (ohne Anfertigen von Schlitz- und Durchführungsplänen) e) Verhandlungen mit Behörden und mit anderen zu beteiligenden Stellen über die Genehmigungsfähigkeit f) Kostenberechnung nach DIN 276 (3. Ebene) und Terminplanung g) Kostenkontrolle durch Vergleich der Kostenberechnung mit der Kostenschätzung h) Zusammenfassen, Erläutern und Dokumentieren der Ergebnisse
Besondere Leistungen (Anlage 2.11.3) Erarbeiten von Daten für die Planung Dritter, zum Beispiel für die Zentrale Leittechnik, Detaillierter Wirtschaftlichkeitsnachweis, Detaillierter Vergleich von Schadstoffemissionen, Betriebskostenberechnungen, Schadstoffemissionsberechnungen, Erstellen des technischen Teils eines Raumbuchs als Beitrag zur Leistungsbeschreibung mit Leistungsprogramm des Objektplaners;	**Besondere Leistungen** – Erarbeiten von besonderen Daten für die Planung Dritter, zum Beispiel für Stoffbilanzen, etc. – Detaillierte Betriebskostenberechnung für die ausgewählte Anlage – Detaillierter Wirtschaftlichkeitsnachweis – Berechnung von Lebenszykluskosten – Detaillierte Schadstoffemissionsberechnung für die ausgewählte Anlage – Detaillierter Nachweis von Schadstoffemissionen – Aufstellen einer gewerkeübergreifenden Brandschutzmatrix – Fortschreiben des technischen Teils des Raumbuches – Auslegung der technischen Systeme bei Ingenieurbauwerken nach Maschinenrichtlinie – Anfertigen von Ausschreibungszeichnungen bei Leistungsbeschreibung mit Leistungsprogramm – Mitwirken bei einer vertieften Kostenberechnung – Simulationen zur Prognose des Verhaltens von Gebäuden, Bauteilen, Räumen und Freiräumen
Leistungsphase 4: Genehmigungsplanung **Grundleistungen** a) Erarbeiten der Vorlagen für die nach den öffentlich-rechtlichen Vorschriften erforderlichen Genehmigungen oder Zustim-	**LPH 4 Genehmigungsplanung** **Grundleistungen** a) Erarbeiten und Zusammenstellen der Vorlagen und Nachweise für öffentlich-rechtliche Genehmigungen oder Zustim-

HOAI 2009 Anlagen	HOAI 2013 Anlagen
mungen einschließlich der Anträge auf Ausnahmen und Befreiungen sowie noch notwendiger Verhandlungen mit Behörden, b) Zusammenstellen dieser Unterlagen, c) Vervollstandigen und Anpassen der Planungsunterlagen, Beschreibungen und Berechnungen; **Besondere Leistungen** – **Leistungsphase 5: Ausführungsplanung** **Grundleistungen** a) Durcharbeiten der Ergebnisse der Leistungsphasen 3 und 4 (stufenweise Erarbeitung und Darstellung der Lösung) unter Berücksichtigung aller fachspezifischen Anforderungen sowie unter Beachtung der durch die Objektplanung integrierten Fachleistungen bis zur ausführungsreifen Lösung, b) Zeichnerische Darstellung der Anlagen mit Dimensionen (keine Montage- und Werkstattzeichnungen), c) Anfertigen von Schlitz- und Durchbruchsplänen, d) Fortschreibung der Ausführungsplanung auf den Stand der Ausschreibensergebnisse; **Besondere Leistungen (Anlage 2.11.4)** Prüfen und Anerkennen von Schalplänen des Tragwerksplaners und von Montage- und Werkstattzeichnungen auf Übereinstimmung mit der Planung,	mungen, einschließlich der Anträge auf Ausnahmen oder Befreiungen sowie Mitwirken bei Verhandlungen mit Behörden b) Vervollständigen und Anpassen der Planungsunterlagen, Beschreibungen und Berechnungen **Besondere Leistungen** – **LPH 5 Ausführungsplanung** **Grundleistungen** a) Erarbeiten der Ausführungsplanung auf Grundlage der Ergebnisse der Leistungsphasen 3 und 4 (stufenweise Erarbeitung und Darstellung der Lösung) unter Beachtung der durch die Objektplanung integrierten Fachplanungen bis zur ausführungsreifen Lösung b) Fortschreiben der Berechnungen und Bemessungen zur Auslegung der technischen Anlagen und Anlagenteile Zeichnerische Darstellung der Anlagen in einem mit dem Objektplaner abgestimmten Ausgabemaßstab und Detaillierungsgrad einschließlich Dimensionen (keine Montage- oder Werkstattpläne) Anpassen und Detaillieren der Funktions- und Strangschemata der Anlagen bzw. der GA-Funktionslisten Abstimmen der Ausführungszeichnungen mit dem Objektplaner und den übrigen Fachplanern c) Anfertigen von Schlitz- und Durchbruchsplänen d) Fortschreibung des Terminplans e) Fortschreiben der Ausführungsplanung auf den Stand der Ausschreibungsergebnisse und der dann vorliegenden Ausführungsplanung des Objektplaners, Übergeben der fortgeschriebenen Ausführungsplanung an die ausführenden Unternehmen f) Prüfen und Anerkennen der Montage- und Werkstattpläne der ausführenden Unternehmen auf Übereinstimmung mit der Ausführungsplanung **Besondere Leistungen** – Prüfen und Anerkennen von Schalplänen des Tragwerksplaners auf Übereinstimmung mit der Schlitz- und Durchbruchsplanung – Anfertigen von Plänen für Anschlüsse von beigestellten Betriebsmitteln und Maschinen (Maschinenanschlussplanung) mit be-

b) Synopse HOAI 2009 – HOAI 2013 – Anlagen HOAI 2009/HOAI 2013 **2**

HOAI 2009 Anlagen	HOAI 2013 Anlagen
Anfertigen von Plänen für Anschlüsse von beigestellten Betriebsmitteln und Maschinen, Anfertigen von Stromlaufplänen;	sonderem Aufwand (zum Beispiel bei Produktionseinrichtungen) – Leerrohrplanung mit besonderem Aufwand (zum Beispiel bei Sichtbeton oder Fertigteilen) – Mitwirkung bei Detailplanungen mit besonderem Aufwand, zum Beispiel Darstellung von Wandabwicklungen in hochinstallierten Bereichen – Anfertigen von allpoligen Stromlaufplänen
Leistungsphase 6: **Vorbereitung der Vergabe** **Grundleistungen** a) Ermitteln von Mengen als Grundlage für das Aufstellen von Leistungsverzeichnissen in Abstimmung mit Beiträgen anderer an der Planung fachlich Beteiligter, b) Aufstellen von Leistungsbeschreibungen mit Leistungsverzeichnissen nach Leistungsbereichen;	**LPH 6 Vorbereitung der Vergabe** **Grundleistungen** a) Ermitteln von Mengen als Grundlage für das Aufstellen von Leistungsverzeichnissen in Abstimmung mit Beiträgen anderer an der Planung fachlich Beteiligter b) Aufstellen der Vergabeunterlagen, insbesondere mit Leistungsverzeichnissen nach Leistungsbereichen, einschließlich der Wartungsleistungen auf Grundlage bestehender Regelwerke c) Mitwirken beim Abstimmen der Schnittstellen zu den Leistungsbeschreibungen der anderen an der Planung fachlich Beteiligten d) Ermitteln der Kosten auf Grundlage der vom Planer bepreisten Leistungsverzeichnisse e) Kostenkontrolle durch Vergleich der vom Planer bepreisten Leistungsverzeichnisse mit der Kostenberechnung f) Zusammenstellen der Vergabeunterlagen
Besondere Leistungen (Anlage 2.11.5) Anfertigen von Ausschreibungszeichnungen bei Leistungsbeschreibung mit Leistungsprogramm	**Besondere Leistungen** – Erarbeiten der Wartungsplanung und -organisation – Ausschreibung von Wartungsleistungen, soweit von bestehenden Regelwerken abweichend
Leistungsphase 7: **Mitwirkung bei der Vergabe** **Grundleistungen** a) Prüfen und Werten der Angebote einschließlich Aufstellen eines Preisspiegels nach Teilleistungen, b) Mitwirken bei der Verhandlung mit Bietern und Erstellen eines Vergabevorschlages, c) Mitwirken beim Kostenanschlag aus Einheits- oder Pauschalpreisen der Angebote, bei Anlagen in Gebäuden: nach DIN 276, d) Mitwirken bei der Kostenkontrolle durch Vergleich des Kostenanschlags mit der Kostenberechnung,	**LPH 7 Mitwirkung bei der Vergabe** **Grundleistungen** a) Einholen von Angeboten b) Prüfen und Werten der Angebote, Aufstellen der Preisspiegel nach Einzelpositionen, Prüfen und Werten der Angebote für zusätzliche oder geänderte Leistungen der ausführenden Unternehmen und der Angemessenheit der Preise c) Führen von Bietergesprächen d) Vergleichen der Ausschreibungsergebnisse mit den vom Planer bepreisten Leistungsverzeichnissen und der Kostenberechnung

HOAI 2009 Anlagen	HOAI 2013 Anlagen
e) Mitwirken bei der Auftragserteilung;	e) Erstellen der Vergabevorschläge, Mitwirken bei der Dokumentation der Vergabeverfahren f) Zusammenstellen der Vertragsunterlagen und bei der Auftragserteilung
Besondere Leistungen –	**Besondere Leistungen** – Prüfen und Werten von Nebenangeboten – Mitwirken bei der Prüfung von bauwirtschaftlich begründeten Angeboten (Claimabwehr)
Leistungsphase 8: **Objektüberwachung (Bauüberwachung)** **Grundleistungen** a) Überwachen der Ausführung des Objektes auf Übereinstimmung mit der Baugenehmigung oder Zustimmung, den Ausführungsplänen, den Leistungsbeschreibungen oder Leistungsverzeichnissen sowie mit den allgemein anerkannten Regeln der Technik und den einschlägigen Vorschriften, b) Mitwirken bei dem Aufstellen und Überwachen eines Zeitplanes (Balkendiagramm), c) Mitwirken bei dem Führen eines Bautagebuches, d) Mitwirken beim Aufmass mit den ausführenden Unternehmen, e) Fachtechnische Abnahme der Leistungen und Feststellen der Mängel, f) Rechnungsprüfung, g) Mitwirken bei der Kostenfeststellung, bei Anlagen in Gebäuden: nach DIN 276, h) Antrag auf behördliche Abnahmen und Teilnahme daran, i) Zusammenstellen und Übergeben der Revisionsunterlagen, Bedienungsanleitungen und Prüfprotokolle, j) Mitwirken beim Auflisten der Verjährungsfristen für Mängelansprüche, k) Überwachen der Beseitigung der bei der Abnahme der Leistungen festgestellten Mängel, l) Mitwirken bei der Kostenkontrolle durch Überprüfen der Leistungsabrechnung der bauausführenden Unternehmen im Vergleich zu den Vertragspreisen und dem Kostenanschlag;	**LPH 8 Objektüberwachung** **(Bauüberwachung) und Dokumentation** **Grundleistungen** a) Überwachen der Ausführung des Objekts auf Übereinstimmung mit der öffentlich-rechtlichen Genehmigung oder Zustimmung, den Verträgen mit den ausführenden Unternehmen, den Ausführungsunterlagen, den Montage- und Werkstattplänen, den einschlägigen Vorschriften und den allgemein anerkannten Regeln der Technik b) Mitwirken bei der Koordination der am Projekt Beteiligten c) Aufstellen, Fortschreiben und Überwachen des Terminplans (Balkendiagramm) d) Dokumentation des Bauablaufs (Bautagebuch) e) Prüfen und Bewerten der Notwendigkeit geänderter oder zusätzlicher Leistungen der Unternehmer und der Angemessenheit der Preise f) Gemeinsames Aufmaß mit den ausführenden Unternehmen g) Rechnungsprüfung in rechnerischer und fachlicher Hinsicht mit Prüfen und Bescheinigen des Leistungsstandes anhand nachvollziehbarer Leistungsnachweise h) Kostenkontrolle durch Überprüfen der Leistungsabrechnungen der ausführenden Unternehmen im Vergleich zu den Vertragspreisen und dem Kostenanschlag i) Kostenfeststellung j) Mitwirken bei Leistungs- u. Funktionsprüfungen k) fachtechnische Abnahme der Leistungen auf Grundlage der vorgelegten Dokumentation, Erstellung eines Abnahmeprotokolls, Feststellen von Mängeln und Erteilen einer Abnahmeempfehlung l) Antrag auf behördliche Abnahmen und Teilnahme daran

HOAI 2009 Anlagen	HOAI 2013 Anlagen
	m) Prüfung der übergebenen Revisionsunterlagen auf Vollzähligkeit, Vollständigkeit und stichprobenartige Prüfung auf Übereinstimmung mit dem Stand der Ausführung n) Auflisten der Verjährungsfristen der Ansprüche auf Mängelbeseitigung o) Überwachen der Beseitigung der bei der Abnahme festgestellten Mängel p) Systematische Zusammenstellung der Dokumentation, der zeichnerischen Darstellungen und rechnerischen Ergebnisse des Objekts
Besondere Leistungen (Anlage 2.11.6) Durchführen von Leistungs- und Funktionsmessungen, Ausbilden und Einweisen von Bedienungspersonal, Überwachen und Detailkorrektur beim Hersteller, Aufstellen, Fortschreiben und Überwachen von Ablaufplänen (Netzplantechnik für EDV);	**Besondere Leistungen** – Durchführen von Leistungsmessungen und Funktionsprüfungen – Werksabnahmen – Fortschreiben der Ausführungspläne (zum Beispiel Grundrisse, Schnitte, Ansichten) bis zum Bestand – Erstellen von Rechnungsbelegen anstelle der ausführenden Firmen, zum Beispiel Aufmaß – Schlussrechnung (Ersatzvornahme) – Erstellen fachübergreifender Betriebsanleitungen (zum Beispiel Betriebshandbuch, Reparaturhandbuch) oder computer-aided Facility Management-Konzepte – Planung der Hilfsmittel für Reparaturzwecke
Leistungsphase 9: **Objektbetreuung und Dokumentation** **Grundleistungen** a) Objektbegehung zur Mängelfeststellung vor Ablauf der Verjährungsfristen für Mängelansprüche gegenüber den ausführenden Unternehmen, b) Überwachen der Beseitigung von Mängeln, die innerhalb der Verjährungsfristen für Mängelansprüche, längstens jedoch bis zum Ablauf von vier Jahren seit Abnahme der Leistungen auftreten, c) Mitwirken bei der Freigabe von Sicherheitsleistungen, d) Mitwirken bei der systematischen Zusammenstellung der zeichnerischen Darstellungen und rechnerischen Ergebnisse des Objekts.	**LPH 9 Objektbetreuung** **Grundleistungen** a) Fachliche Bewertung der innerhalb der Verjährungsfristen für Gewährleistungsansprüche festgestellten Mängel, längstens jedoch bis zum Ablauf von fünf Jahren seit Abnahme der Leistung, einschließlich notwendiger Begehungen b) Objektbegehung zur Mängelfeststellung vor Ablauf der Verjährungsfristen für Mängelansprüche gegenüber den ausführenden Unternehmen c) Mitwirken bei der Freigabe von Sicherheitsleistungen

2 HOAI 2009/HOAI 2013

b) Synopse HOAI 2009 – HOAI 2013 – Anlagen

HOAI 2009 Anlagen	HOAI 2013 Anlagen
Besondere Leistungen (Anlage 2.11.7) Erarbeiten der Wartungsplanung und -organisation, Ingenieurtechnische Kontrolle des Energieverbrauchs und der Schadstoffemission; **Besondere Leistungen (Anlage 2.11.8)** Durchführen von Verbrauchsmessungen, Endoskopische Untersuchungen	**Besondere Leistungen** – Überwachen der Mängelbeseitigung innerhalb der Verjährungsfrist – Energiemonitoring innerhalb der Gewährleistungsphase, Mitwirkung bei den jährlichen Verbrauchsmessungen aller Medien – Vergleich mit den Bedarfswerten aus der Planung, Vorschläge für die Betriebsoptimierung und zur Senkung des Medien- und Energieverbrauches

3. Synopse HOAI 2009 – HOAI 2013
Honorartafeln

Übersicht

HOAI 2009	HOAI 2013
§ 20	§ 20
§ 21	§ 21
§ 28	§ 28
§ 29	§ 29
§ 30	§ 30
Keine Entsprechung	§ 31
§ 31	§ 32
§ 34	§ 35
§ 39	§ 40
§ 43	§ 44
§ 47	§ 48
§ 50	§ 52
§ 54	§ 56
Anlage 1.1.2	Anlage 1.1.2
Anlage 1.2.2	Anlage 1.2.3
Anlage 1.2.4	Anlage 1.2.4
Anlage 1.3.6	Anlage 1.2.5
Anlage 1.4.3	Anlage 1.3.4
Anlage 1.5.8	Anlagen 1.4.8

3 HOAI 2009/HOAI 2013

3. Synopse HOAI 2009 – HOAI 2013 – Honorartafeln

HOAI 2009

Honorartafel zu § 20 Absatz 1 – Flächennutzungsplan

Ansätze Verrechnungseinheiten	Honorarzone I von bis Euro		Honorarzone II von bis Euro		Honorarzone III von bis Euro		Honorarzone IV von bis Euro		Honorarzone V von bis Euro	
5 000	1 041	1 169	1 169	1 305	1 305	1 434	1 434	1 570	1 570	1 698
10 000	2 087	2 345	2 345	2 604	2 604	2 869	2 869	3 127	3 127	3 386
20 000	3 335	3 751	3 751	4 168	4 168	4 589	4 589	5 005	5 005	5 422
40 000	5 838	6 569	6 569	7 301	7 301	8 026	8 026	8 757	8 757	9 488
60 000	7 924	8 914	8 914	9 904	9 904	10 889	10 889	11 878	11 878	12 868
80 000	9 786	11 012	11 012	12 233	12 233	13 459	13 459	14 680	14 680	15 905
100 000	11 389	12 812	12 812	14 241	14 241	15 663	15 663	17 092	17 092	18 515
150 000	15 005	16 884	16 884	18 757	18 757	20 635	20 635	22 508	22 508	24 387
200 000	18 065	20 326	20 326	22 581	22 581	24 842	24 842	27 097	27 097	29 358
250 000	20 843	23 448	23 448	26 057	26 057	28 661	28 661	31 271	31 271	33 875
300 000	23 762	26 732	26 732	29 701	29 701	32 671	32 671	35 641	35 641	38 610
350 000	26 749	30 095	30 095	33 436	33 436	36 782	36 782	40 124	40 124	43 470
400 000	28 903	32 514	32 514	36 124	36 124	39 741	39 741	43 351	43 351	46 962
450 000	30 635	34 465	34 465	38 295	38 295	42 131	42 131	45 961	45 961	49 792
500 000	32 648	36 731	36 731	40 814	40 814	44 892	44 892	48 975	48 975	53 059
600 000	35 849	40 332	40 332	44 814	44 814	49 291	49 291	53 774	53 774	58 256
700 000	37 936	42 677	42 677	47 418	47 418	52 164	52 164	56 906	56 906	61 647
800 000	40 022	45 022	45 022	50 021	50 021	55 028	55 028	60 027	60 027	65 028
900 000	41 264	46 422	46 422	51 586	51 586	56 742	56 742	61 906	61 906	67 063
1 000 000	43 076	48 458	48 458	53 846	53 846	59 228	59 228	64 616	64 616	69 999
1 500 000	47 935	53 925	53 925	59 920	59 920	65 910	65 910	71 906	71 906	77 895
2 000 000	50 021	56 276	56 276	62 530	62 530	68 779	68 779	75 032	75 032	81 287
3 000 000	54 189	60 961	60 961	67 738	67 738	74 510	74 510	81 287	81 287	88 058

HOAI 2013

Honorartafel zu § 20 Absatz 1 – Flächennutzungsplan

Fläche in Hektar	Honorarzone I geringe Anforderungen		Honorarzone II durchschnittliche Anforderungen		Honorarzone III hohe Anforderungen	
	von Euro	bis	von Euro	bis	von Euro	bis
1 000	70 439	85 269	85 269	100 098	100 098	114 927
1 250	78 957	95 579	95 579	112 202	112 202	128 824
1 500	86 492	104 700	104 700	122 909	122 909	141 118
1 750	93 260	112 894	112 894	132 527	132 527	152 161
2 000	99 407	120 334	120 334	141 262	141 262	162 190
2 500	111 311	134 745	134 745	158 178	158 178	181 612
3 000	121 868	147 525	147 525	173 181	173 181	198 838
3 500	131 387	159 047	159 047	186 707	186 707	214 367
4 000	140 069	169 557	169 557	199 045	199 045	228 533
5 000	155 461	188 190	188 190	220 918	220 918	253 647
6 000	168 813	204 352	204 352	239 892	239 892	275 431
7 000	180 589	218 607	218 607	256 626	256 626	294 645
8 000	191 097	231 328	231 328	271 559	271 559	311 790
9 000	200 556	242 779	242 779	285 001	285 001	327 224
10 000	209 126	253 153	253 153	297 179	297 179	341 206
11 000	216 893	262 555	262 555	308 217	308 217	353 878
12 000	223 912	271 052	271 052	318 191	318 191	365 331
13 000	230 331	278 822	278 822	327 313	327 313	375 804
14 000	236 214	285 944	285 944	335 673	335 673	385 402
15 000	241 614	292 480	292 480	343 346	343 346	394 213

HOAI 2009

Honorartafel zu § 21 Absatz 1 – Bebauungsplan

Fläche in Hektar	Honorarzone I von bis Euro		Honorarzone II von bis Euro		Honorarzone III von bis Euro		Honorarzone IV von bis Euro		Honorarzone V von bis Euro	
0,5	472	1 592	1 592	3 516	3 516	5 438	5 438	7 362	7 362	8 481
1	954	2 907	2 907	6 266	6 266	9 628	9 628	12 987	12 987	14 944
2	1 895	5 068	5 068	10 512	10 512	15 950	15 950	21 395	21 395	24 566
3	2 840	7 036	7 036	14 230	14 230	21 428	21 428	28 622	28 622	32 817
4	3 791	8 813	8 813	17 419	17 419	26 023	26 023	34 628	34 628	39 651
5	4 736	10 579	10 579	20 602	20 602	30 624	30 624	40 646	40 646	46 489
6	5 686	12 120	12 120	23 155	23 155	34 189	34 189	45 224	45 224	51 658
7	6 524	13 464	13 464	25 359	25 359	37 260	37 260	49 156	49 156	56 096
8	7 149	14 645	14 645	27 502	27 502	40 359	40 359	53 216	53 216	60 713
9	7 778	15 787	15 787	29 516	29 516	43 239	43 239	56 968	56 968	64 977
10	8 403	16 918	16 918	31 518	31 518	46 124	46 124	60 724	60 724	69 240
11	9 021	18 009	18 009	33 414	33 414	48 818	48 818	64 222	64 222	73 211
12	9 651	19 021	19 021	35 083	35 083	51 152	51 152	67 214	67 214	76 585
13	10 281	20 033	20 033	36 754	36 754	53 481	53 481	70 201	70 201	79 954
14	10 832	21 108	21 108	38 722	38 722	56 338	56 338	73 953	73 953	84 228
15	11 350	22 210	22 210	40 832	40 832	59 459	59 459	78 081	78 081	88 942
16	11 872	23 323	23 323	42 952	42 952	62 575	62 575	82 203	82 203	93 654
17	12 396	24 432	24 432	45 062	45 062	65 685	65 685	86 315	86 315	98 351
18	12 918	25 540	25 540	47 176	47 176	68 813	68 813	90 449	90 449	103 069
19	13 442	26 648	26 648	49 286	49 286	71 928	71 928	94 566	94 566	107 771
20	13 959	27 755	27 755	51 400	51 400	75 044	75 044	98 688	98 688	112 484
21	14 483	28 807	28 807	53 368	53 368	77 935	77 935	102 496	102 496	116 820
22	15 005	29 871	29 871	55 353	55 353	80 831	80 831	106 315	106 315	121 179
23	15 511	30 917	30 917	57 322	57 322	83 733	83 733	110 139	110 139	125 544
24	16 035	31 974	31 974	59 302	59 302	86 624	86 624	113 952	113 952	129 891
25	16 569	33 042	33 042	61 287	61 287	89 526	89 526	117 772	117 772	134 244
30	18 796	38 133	38 133	71 287	71 287	104 436	104 436	137 590	137 590	156 927
35	20 821	43 031	43 031	81 106	81 106	119 188	119 188	157 264	157 264	179 474
40	22 862	47 777	47 777	90 494	90 494	133 216	133 216	175 931	175 931	200 846
45	24 899	52 271	52 271	99 195	99 195	146 112	146 112	193 035	193 035	220 407
50	26 940	56 602	56 602	107 450	107 450	158 293	158 293	209 142	209 142	238 805
60	30 124	64 099	64 099	122 343	122 343	180 583	180 583	238 827	238 827	272 802
70	32 896	70 634	70 634	135 324	135 324	200 014	200 014	264 704	264 704	302 442
80	35 618	77 131	77 131	148 288	148 288	219 446	219 446	290 604	290 604	332 115
90	38 200	83 648	83 648	161 561	161 561	239 468	239 468	317 380	317 380	362 830
100	40 736	90 454	90 454	175 689	175 689	260 924	260 924	346 159	346 159	395 877

HOAI 2013

Honorartafel zu § 21 Absatz 1 – Bebauungsplan

Fläche in Hektar	Honorarzone I geringe Anforderungen		Honorarzone II durchschnittliche Anforderungen		Honorarzone III hohe Anforderungen	
	von	bis	von	bis	von	bis
	Euro		Euro		Euro	
0,5	5 000	5 335	5 335	7 838	7 838	10 341
1	5 000	8 799	8 799	12 926	12 926	17 054
2	7 699	14 502	14 502	21 305	21 305	28 109
3	10 306	19 413	19 413	28 521	28 521	37 628
4	12 669	23 866	23 866	35 062	35 062	46 258
5	14 864	28 000	28 000	41 135	41 135	54 271
6	16 931	31 893	31 893	46 856	46 856	61 818
7	18 896	35 595	35 595	52 294	52 294	68 992
8	20 776	39 137	39 137	57 497	57 497	75 857
9	22 584	42 542	42 542	62 501	62 501	82 459
10	24 330	45 830	45 830	67 331	67 331	88 831
15	32 325	60 892	60 892	89 458	89 458	118 025
20	39 427	74 270	74 270	109 113	109 113	143 956
25	46 385	87 376	87 376	128 366	128 366	169 357
30	52 975	99 791	99 791	146 606	146 606	193 422
40	65 342	123 086	123 086	180 830	180 830	238 574
50	76 901	144 860	144 860	212 819	212 819	280 778
60	87 599	165 012	165 012	242 425	242 425	319 838
80	107 471	202 445	202 445	297 419	297 419	392 393
100	125 791	236 955	236 955	348 119	348 119	459 282

HOAI 2009

Honorartafel zu § 28 Absatz 1 – Landschaftsplan

Fläche in Hektar	Honorarzone I von	Honorarzone I bis	Honorarzone II von	Honorarzone II bis	Honorarzone III von	Honorarzone III bis
	Euro		Euro		Euro	
1 000	12 632	15 157	15 157	17 688	17 688	20 214
1 300	15 321	18 385	18 385	21 451	21 451	24 516
1 600	18 257	21 907	21 907	25 551	25 551	29 201
1 900	20 765	24 921	24 921	29 072	29 072	33 228
2 200	23 104	27 728	27 728	32 344	32 344	36 968
2 500	25 264	30 315	30 315	35 371	35 371	40 422
3 000	28 593	34 313	34 313	40 028	40 028	45 747
3 500	31 782	38 138	38 138	44 493	44 493	50 849
4 000	34 836	41 804	41 804	48 773	48 773	55 741
4 500	37 761	45 315	45 315	52 862	52 862	60 415
5 000	40 550	48 661	48 661	56 766	56 766	64 876
5 500	43 194	51 833	51 833	60 471	60 471	69 111
6 000	45 714	54 858	54 858	63 998	63 998	73 143
6 500	48 099	57 721	57 721	67 339	67 339	76 962
7 000	50 354	60 421	60 421	70 488	70 488	80 555
7 500	52 507	63 008	63 008	73 509	73 509	84 009
8 000	54 572	65 489	65 489	76 399	76 399	87 316
8 500	56 551	67 861	67 861	79 173	79 173	90 483
9 000	58 441	70 128	70 128	81 810	81 810	93 497
9 500	60 235	72 282	72 282	84 329	84 329	96 377
10 000	61 945	74 335	74 335	86 720	86 720	99 110
11 000	65 179	78 216	78 216	91 253	91 253	104 290
12 000	68 334	81 995	81 995	95 663	95 663	109 324
13 000	71 382	85 663	85 663	99 936	99 936	114 216
14 000	74 352	89 222	89 222	104 093	104 093	118 963
15 000	77 226	92 671	92 671	108 120	108 120	123 564

HOAI 2013

Honorartafel zu § 28 Absatz 1 – Landschaftsplan

Fläche in Hektar	Honorarzone I geringe Anforderungen		Honorarzone II durchschnittliche Anforderungen		Honorarzone III hohe Anforderungen	
	von	bis	von	bis	von	bis
	Euro		Euro		Euro	
1 000	23 403	27 963	27 963	32 826	32 826	37 385
1 250	26 560	31 735	31 735	37 254	37 254	42 428
1 500	29 445	35 182	35 182	41 300	41 300	47 036
1 750	32 119	38 375	38 375	45 049	45 049	51 306
2 000	34 620	41 364	41 364	48 558	48 558	55 302
2 500	39 212	46 851	46 851	54 999	54 999	62 638
3 000	43 374	51 824	51 824	60 837	60 837	69 286
3 500	47 199	56 393	56 393	66 201	66 201	75 396
4 000	50 747	60 633	60 633	71 178	71 178	81 064
5 000	57 180	68 319	68 319	80 200	80 200	91 339
6 000	63 562	75 944	75 944	89 151	89 151	101 533
7 000	69 505	83 045	83 045	97 487	97 487	111 027
8 000	75 095	89 724	89 724	105 329	105 329	119 958
9 000	80 394	96 055	96 055	112 761	112 761	128 422
10 000	85 445	102 090	102 090	119 845	119 845	136 490
11 000	89 986	107 516	107 516	126 214	126 214	143 744
12 000	94 309	112 681	112 681	132 278	132 278	150 650
13 000	98 438	117 615	117 615	138 069	138 069	157 246
14 000	102 392	122 339	122 339	143 615	143 615	163 562
15 000	106 187	126 873	126 873	148 938	148 938	169 623

HOAI 2009

Honorartafel zu § 29 Absatz 1 – Grünordnungsplan

Ansätze Verrechnungs-einheiten	Honorarzone I von Euro	bis	Honorarzone II von Euro	bis
1 500	1 895	2 68	2 368	2 840
5 000	6 316	7 897	7 897	9 477
10 000	10 483	13 110	13 110	15 731
20 000	17 435	21 794	21 794	26 147
40 000	28 295	35 371	35 371	42 440
60 000	35 618	44 527	44 527	53 430
80 000	42 440	53 053	53 053	63 666
100 000	48 003	60 005	60 005	72 002
150 000	66 321	82 900	82 900	99 475
200 000	83 368	104 211	104 211	125 055
250 000	101 056	126 320	126 320	151 578
300 000	117 473	146 848	146 848	176 218
350 000	132 630	165 791	165 791	198 950
400 000	146 528	183 163	183 163	219 794
450 000	159 159	198 950	198 950	238 736
500 000	170 526	213 164	213 164	255 795
600 000	193 265	241 582	241 582	289 900
700 000	216 640	270 795	270 795	324 950
800 000	242 527	303 162	303 162	363 791
900 000	267 161	333 955	333 955	400 742
1 000 000	290 530	363 161	363 161	435 793

HOAI 2013

Honorartafel zu § 29 Absatz 1 – Grünordnungsplan

Fläche in Hektar	Honorarzone I geringe Anforderungen		Honorarzone II durchschnittliche Anforderungen		Honorarzone III hohe Anforderungen	
	von	bis	von	bis	von	bis
	Euro		Euro		Euro	
1,5	5 219	6 067	6 067	6 980	6 980	7 828
2	6 008	6 985	6 985	8 036	8 036	9 013
3	7 450	8 661	8 661	9 965	9 965	11 175
4	8 770	10 195	10 195	11 730	11 730	13 155
5	10 006	11 632	11 632	13 383	13 383	15 009
10	15 445	17 955	17 955	20 658	20 658	23 167
15	20 183	23 462	23 462	26 994	26 994	30 274
20	24 513	28 496	28 496	32 785	32 785	36 769
25	28 560	33 201	33 201	38 199	38 199	42 840
30	32 394	37 658	37 658	43 326	43 326	48 590
40	39 580	46 011	46 011	52 938	52 938	59 370
50	46 282	53 803	53 803	61 902	61 902	69 423
75	61 579	71 586	71 586	82 362	82 362	92 369
100	75 430	87 687	87 687	100 887	100 887	113 145
125	88 255	102 597	102 597	118 042	118 042	132 383
150	100 288	116 585	116 58	134 136	134 136	150 433
175	111 675	129 822	129 822	149 366	149 366	167 513
200	122 516	142 425	142 425	163 866	163 866	183 774
225	133 555	155 258	155 258	178 630	178 630	200 333
250	144 284	167 730	167 730	192 980	192 980	216 426

HOAI 2009

Honorartafel zu § 30 Absatz 1 – Landschaftsrahmenplan

Fläche in Hektar	Honorarzone I von	Honorarzone I bis	Honorarzone II von	Honorarzone II bis
	Euro		Euro	
5 000	32 402	40 500	40 500	48 599
6 000	37 249	46 563	46 563	55 877
7 000	41 822	52 278	52 278	62 732
8 000	46 130	57 665	57 665	69 194
9 000	50 021	62 530	62 530	75 032
10 000	53 526	66 911	66 911	80 297
12 000	60 005	75 005	75 005	89 999
14 000	65 696	82 125	82 125	98 548
16 000	71 140	88 930	88 930	106 714
18 000	76 168	95 213	95 213	114 256
20 000	81 534	101 922	101 922	122 305
25 000	94 897	118 626	118 626	142 349
30 000	106 106	132 636	132 636	159 159
35 000	115 611	144 520	144 520	173 423
40 000	123 789	154 739	154 739	185 683
45 000	130 419	163 029	163 029	195 633
50 000	138 002	172 505	172 505	207 005
60 000	151 894	189 868	189 868	227 842
70 000	164 463	205 582	205 582	246 695
80 000	174 317	217 899	217 899	261 476
90 000	184 171	230 216	230 216	276 255
100 000	194 531	243 163	243 163	291 789

HOAI 2013

Honorartafel zu § 30 Absatz 1 – Landschaftsrahmenplan

Fläche in Hektar	Honorarzone I geringe Anforderungen		Honorarzone II durchschnittliche Anforderungen		Honorarzone III hohe Anforderungen	
	von	bis	von	bis	von	bis
	Euro		Euro		Euro	
5 000	61 880	71 935	71 935	82 764	82 764	92 820
6 000	67 933	78 973	78 973	90 861	90 861	101 900
7 000	73 473	85 413	85 413	98 270	98 270	110 210
8 000	78 600	91 373	91 373	105 128	105 128	117 901
9 000	83 385	96 936	96 936	111 528	111 528	125 078
10 000	87 880	102 161	102 161	117 540	117 540	131 820
12 000	96 149	111 773	111 773	128 599	128 599	144 223
14 000	103 631	120 471	120 471	138 607	138 607	155 447
16 000	110 477	128 430	128 430	147 763	147 763	165 716
18 000	116 791	135 769	135 769	156 208	156 208	175 186
20 000	122 649	142 580	142 580	164 043	164 043	183 974
25 000	138 047	160 480	160 480	184 638	184 638	207 070
30 000	152 052	176 761	176 761	203 370	203 370	228 078
40 000	177 097	205 875	205 875	236 867	236 867	265 645
50 000	199 330	231 721	231 721	266 604	266 604	298 995
60 000	219 553	255 230	255 230	293 652	293 652	329 329
70 000	238 243	276 958	276 958	318 650	318 650	357 365
80 000	253 946	295 212	295 212	339 652	339 652	380 918
90 000	268 420	312 038	312 038	359 011	359 011	402 630
100 000	281 843	327 643	327 643	376 965	376 965	422 765

3 HOAI 2009/HOAI 2013

HOAI 2009

Keine Entsprechung

HOAI 2013

Honorartafel zu § 31 Absatz 1 – Landschaftspflegerischer Begleitplan

Fläche in Hektar	Honorarzone I geringe Anforderungen		Honorarzone II durchschnittliche Anforderungen		Honorarzone III hohe Anforderungen	
	von	bis	von	bis	von	bis
	Euro		Euro		Euro	
5	3 852	7 704	7 704	11 556	11 556	15 408
10	4 802	9 603	9 603	14 405	14 405	19 207
15	5 481	10 963	10 963	16 444	16 444	21 925
20	6 029	12 058	12 058	18 087	18 087	24 116
30	6 906	13 813	13 813	20 719	20 719	27 626
40	7 612	15 225	15 225	22 837	22 837	30 450
50	8 213	16 425	16 425	24 638	24 638	32 851
75	9 433	18 866	18 866	28 298	28 298	37 731
100	10 408	20 816	20 816	31 224	31 224	41 633
150	11 949	23 899	23 899	35 848	35 848	47 798
200	13 165	26 330	26 330	39 495	39 495	52 660
300	15 318	30 636	30 636	45 954	45 954	61 272
400	17 087	34 174	34 174	51 262	51 262	68 349
500	18 621	37 242	37 242	55 863	55 863	74 484
750	21 833	43 666	43 666	65 500	65 500	87 333
1 000	24 507	49 014	49 014	73 522	73 522	98 029
1 500	28 966	57 932	57 932	86 898	86 898	115 864
2 500	36 065	72 131	72 131	108 196	108 196	144 261
5 000	49 288	98 575	98 575	147 863	147 863	197 150
10 000	69 015	138 029	138 029	207 044	207 044	276 058

3 HOAI 2009/HOAI 2013 3. Synopse HOAI 2009 – HOAI 2013 – Honorartafeln

HOAI 2009

Honorartafel zu § 31 Absatz 1 – Pflege und Entwicklungsplan

Fläche in Hektar	Honorarzone I von Euro	Honorarzone I bis Euro	Honorarzone II von Euro	Honorarzone II bis Euro	Honorarzone III von Euro	Honorarzone III bis Euro
5	2 576	5 146	5 146	7 722	7 722	10 293
10	3 240	6 474	6 474	9 702	9 702	12 936
15	3 713	7 424	7 424	11 136	11 136	14 848
20	4 083	8 161	8 161	12 239	12 239	16 316
30	4 736	9 477	9 477	14 224	14 224	18 965
40	5 326	10 658	10 658	15 984	15 984	21 316
50	5 843	11 688	11 688	17 525	17 525	23 368
75	6 940	13 886	13 886	20 837	20 837	27 784
100	7 868	15 731	15 731	23 599	23 599	31 462
150	9 342	18 673	18 673	28 008	28 008	37 340
200	10 432	20 871	20 871	31 310	31 310	41 748
300	11 906	23 813	23 813	35 719	35 719	47 626
400	13 009	26 017	26 017	39 032	39 032	52 041
500	13 897	27 789	27 789	41 676	41 676	55 568
1 000	17 570	35 134	35 134	52 704	52 704	70 269
2 500	26 389	52 773	52 773	79 160	79 160	105 544
5 000	37 412	74 824	74 824	112 231	112 231	149 643
10 000	52 114	104 222	104 222	156 336	156 336	208 445

HOAI 2013

Honorartafel zu § 32 Absatz 1 – Pflege und Entwicklungsplan

Fläche in Hektar	Honorarzone I geringe Anforderungen		Honorarzone II durchschnittliche Anforderungen		Honorarzone III hohe Anforderungen	
	von	bis	von	bis	von	bis
	Euro		Euro		Euro	
5	3 852	7 704	7 704	11 556	11 556	15 408
10	4 802	9 603	9 603	14 405	14 405	19 207
15	5 481	10 963	10 963	16 444	16 444	21 925
20	6 029	12 058	12 058	18 087	18 087	24 116
30	6 906	13 813	13 813	20 719	20 719	27 626
40	7 612	15 225	15 225	22 837	22 837	30 450
50	8 213	16 425	16 425	24 638	24 638	32 851
75	9 433	18 866	18 866	28 298	28 298	37 731
100	10 408	20 816	20 816	31 224	31 224	41 633
150	11 949	23 899	23 899	35 848	35 848	47 798
200	13 165	26 330	26 330	39 495	39 495	52 660
300	15 318	30 636	30 636	45 954	45 954	61 272
400	17 087	34 174	34 174	51 262	51 262	68 349
500	18 621	37 242	37 242	55 863	55 863	74 484
750	21 833	43 666	43 666	65 500	65 500	87 333
1 000	24 507	49 014	49 014	73 522	73 522	98 029
1 500	28 966	57 932	57 932	86 898	86 898	115 864
2 500	36 065	72 131	72 131	108 196	108 196	144 261
5 000	49 288	98 575	98 575	147 863	147 863	197 150
10 000	69 015	138 029	138 029	207 044	207 044	276 058

HOAI 2009

Honorartafel zu § 34 Absatz 1 – Gebäude und raumbildende Ausbauten

Anrechenbare Kosten in Euro	Honorarzone I von Euro	bis Euro	Honorarzone II von Euro	bis Euro	Honorarzone III von Euro	bis Euro	Honorarzone IV von Euro	bis Euro	Honorarzone V von Euro	bis Euro
25 565	2 182	2 654	2 654	3 290	3 290	4 241	4 241	4 876	4 876	5 348
30 000	2 558	3 109	3 109	3 847	3 847	4 948	4 948	5 686	5 686	6 237
35 000	2 991	3 629	3 629	4 483	4 483	5 760	5 760	6 613	6 613	7 252
40 000	3 411	4 138	4 138	5 112	5 112	6 565	6 565	7 538	7 538	8 264
45 000	3 843	4 657	4 657	5 743	5 743	7 372	7 372	8 458	8 458	9 272
50 000	4 269	5 167	5 167	6 358	6 358	8 154	8 154	9 346	9 346	10 243
100 000	8 531	10 206	10 206	12 442	12 442	15 796	15 796	18 032	18 032	19 708
150 000	12 799	15 128	15 128	18 236	18 236	22 900	22 900	26 008	26 008	28 337
200 000	17 061	19 927	19 927	23 745	23 745	29 471	29 471	33 289	33 289	36 155
250 000	21 324	24 622	24 622	29 018	29 018	35 610	35 610	40 006	40 006	43 305
300 000	24 732	28 581	28 581	33 715	33 715	41 407	41 407	46 540	46 540	50 389
350 000	27 566	32 044	32 044	38 017	38 017	46 970	46 970	52 944	52 944	57 421
400 000	29 999	35 114	35 114	41 940	41 940	52 175	52 175	59 001	59 001	64 116
450 000	32 058	37 820	37 820	45 498	45 498	57 024	57 024	64 702	64 702	70 465
500 000	33 738	40 137	40 137	48 667	48 667	61 464	61 464	69 994	69 994	76 392
1 000 000	60 822	72 089	72 089	87 112	87 112	109 650	109 650	124 674	124 674	135 940
1 500 000	88 184	104 284	104 284	125 749	125 749	157 951	157 951	179 416	179 416	195 516
2 000 000	115 506	136 436	136 436	164 341	164 341	206 201	206 201	234 105	234 105	255 036
2 500 000	142 830	168 598	168 598	202 953	202 953	254 487	254 487	288 842	288 842	314 607
3 000 000	171 226	200 401	200 401	239 295	239 295	297 639	297 639	336 534	336 534	365 708
3 500 000	199 766	232 158	232 158	275 353	275 353	340 143	340 143	383 337	383 337	415 731
4 000 000	228 305	263 920	263 920	311 411	311 411	382 642	382 642	430 133	430 133	465 748
4 500 000	256 840	295 678	295 678	347 465	347 465	425 145	425 145	476 931	476 931	515 769
5 000 000	285 379	327 439	327 439	383 522	383 522	467 649	467 649	523 731	523 731	565 792
10 000 000	570 757	648 805	648 805	752 869	752 869	908 967	908 967	1 013 031	1 013 031	1 091 079
15 000 000	856 136	964 745	964 745	1 109 559	1 109 559	1 326 782	1 326 782	1 471 595	1 471 595	1 580 205
20 000 000	1 141 514	1 275 044	1 275 044	1 453 088	1 453 088	1 720 148	1 720 148	1 898 192	1 898 192	2 031 722
25 000 000	1 426 893	1 586 268	1 586 268	1 798 766	1 798 766	2 117 513	2 117 513	2 330 011	2 330 011	2 489 383
25 564 594	1 459 117	1 621 426	1 621 426	1 837 835	1 837 835	2 162 447	2 162 447	2 378 856	2 378 856	2 541 160

HOAI 2013

Honorartafel zu § 35 Absatz 1 – Gebäude und Innenräume

Anrechenbare Kosten in Euro	Honorarzone I sehr geringe Anforderungen		Honorarzone II geringe Anforderungen		Honorarzone III durchschnittliche Anforderungen		Honorarzone IV hohe Anforderungen		Honorarzone V sehr hohe Anforderungen	
	von	bis	von	bis	von	bis	von	bis	von	bis
	Euro		Euro		Euro		Euro		Euro	
25 000	3 120	3 657	3 657	4 339	4 339	5 412	5 412	6 094	6 094	6 631
35 000	4 217	4 942	4 942	5 865	5 865	7 315	7 315	8 237	8 237	8 962
50 000	5 804	6 801	6 801	8 071	8 071	10 066	10 066	11 336	11 336	12 333
75 000	8 342	9 776	9 776	11 601	11 601	14 469	14 469	16 293	16 293	17 727
100 000	10 790	12 644	12 644	15 005	15 005	18 713	18 713	21 074	21 074	22 928
150 000	15 500	18 164	18 164	21 555	21 555	26 883	26 883	30 274	30 274	32 938
200 000	20 037	23 480	23 480	27 863	27 863	34 751	34 751	39 134	39 134	42 578
300 000	28 750	33 692	33 692	39 981	39 981	49 864	49 864	56 153	56 153	61 095
500 000	45 232	53 006	53 006	62 900	62 900	78 449	78 449	88 343	88 343	96 118
750 000	64 666	75 781	75 781	89 927	89 927	112 156	112 156	126 301	126 301	137 416
1 000 000	83 182	97 479	97 479	115 675	115 675	144 268	144 268	162 464	162 464	176 761
1 500 000	119 307	139 813	139 813	165 911	165 911	206 923	206 923	233 022	233 022	253 527
2 000 000	153 965	180 428	180 428	214 108	214 108	267 034	267 034	300 714	300 714	327 177
3 000 000	220 161	258 002	258 002	306 162	306 162	381 843	381 843	430 003	430 003	467 843
5 000 000	343 879	402 984	402 984	478 207	478 207	596 416	596 416	671 640	671 640	730 744
7 500 000	493 923	578 816	578 816	686 862	686 862	856 648	856 648	964 694	964 694	1 049 587
10 000 000	638 277	747 981	747 981	887 604	887 604	1 107 012	1 107 012	1 246 635	1 246 635	1 356 339
15 000 000	915 129	1 072 416	1 072 416	1 272 601	1 272 601	1 587 176	1 587 176	1 787 360	1 787 360	1 944 648
20 000 000	1 180 414	1 383 298	1 383 298	1 641 513	1 641 513	2 047 281	2 047 281	2 305 496	2 305 496	2 508 380
25 000 000	1 436 874	1 683 837	1 683 837	1 998 153	1 998 153	2 492 079	2 492 079	2 806 395	2 806 395	3 053 358

HOAI 2009

Honorartafel zu § 39 Absatz 1 – Freianlagen

Anrechen-bare Kosten in Euro	Honorarzone I von bis Euro		Honorarzone II von bis Euro		Honorarzone III von bis Euro		Honorarzone IV von bis Euro		Honorarzone V von bis Euro	
20 452	2 616	3 205	3 205	3 988	3 988	5 163	5 163	5 944	5 944	6 535
25 000	3 186	3 902	3 902	4 853	4 853	6 279	6 279	7 230	7 230	7 946
30 000	3 798	4 651	4 651	5 785	5 785	7 486	7 486	8 620	8 620	9 468
35 000	4 409	5 394	5 394	6 710	6 710	8 676	8 676	9 991	9 991	10 977
40 000	5 015	6 133	6 133	7 624	7 624	9 855	9 855	11 348	11 348	12 465
45 000	5 610	6 861	6 861	8 524	8 524	11 019	11 019	12 682	12 682	13 932
50 000	6 200	7 578	7 578	9 412	9 412	12 162	12 162	13 995	13 995	15 373
100 000	11 730	14 276	14 276	17 665	17 665	22 756	22 756	26 145	26 145	28 690
150 000	16 590	20 103	20 103	24 785	24 785	31 810	31 810	36 491	36 491	40 004
200 000	20 814	25 089	25 089	30 781	30 781	39 329	39 329	45 022	45 022	49 297
250 000	24 364	29 196	29 196	35 638	35 638	45 308	45 308	51 750	51 750	56 582
300 000	29 051	34 471	34 471	41 693	41 693	52 534	52 534	59 755	59 755	65 175
350 000	33 897	39 806	39 806	47 685	47 685	59 505	59 505	67 384	67 384	73 293
400 000	38 737	45 026	45 026	53 411	53 411	65 990	65 990	74 373	74 373	80 663
450 000	43 581	50 122	50 122	58 839	58 839	71 915	71 915	80 633	80 633	87 173
500 000	48 418	55 091	55 091	63 989	63 989	77 340	77 340	86 238	86 238	92 912
1 000 000	96 839	107 026	107 026	120 607	120 607	140 982	140 982	154 563	154 563	164 750
1 500 000	145 255	159 689	159 689	178 937	178 937	207 811	207 811	227 058	227 058	241 492
1 533 876	148 535	163 260	163 260	182 894	182 894	212 347	212 347	231 982	231 982	246 706

HOAI 2013

Honorartafel zu § 40 Absatz 1 – Freianlagen

Anrechen-bare Kosten in Euro	Honorarzone I sehr geringe Anforderungen		Honorarzone II geringe Anforderungen		Honorarzone III durchschnittliche Anforderungen		Honorarzone IV hohe Anforderungen		Honorarzone V sehr hohe Anforderungen	
	von	bis	von	bis	von	bis	von	bis	von	bis
	Euro		Euro		Euro		Euro		Euro	
20 000	3 643	4 348	4 348	5 229	5 229	6 521	6 521	7 403	7 403	8 108
25 000	4 406	5 259	5 259	6 325	6 325	7 888	7 888	8 954	8 954	9 807
30 000	5 147	6 143	6 143	7 388	7 388	9 215	9 215	10 460	10 460	11 456
35 000	5 870	7 006	7 006	8 426	8 426	10 508	10 508	11 928	11 928	13 064
40 000	6 577	7 850	7 850	9 441	9 441	11 774	11 774	13 365	13 365	14 638
50 000	7 953	9 492	9 492	11 416	11 416	14 238	14 238	16 162	16 162	17 701
60 000	9 287	11 085	11 085	13 332	13 332	16 627	16 627	18 874	18 874	20 672
75 000	11 227	13 400	13 400	16 116	16 116	20 100	20 100	22 816	22 816	24 989
100 000	14 332	17 106	17 106	20 574	20 574	25 659	25 659	29 127	29 127	31 901
125 000	17 315	20 666	20 666	24 855	24 855	30 999	30 999	35 188	35 188	38 539
150 000	20 201	24 111	24 111	28 998	28 998	36 166	36 166	41 053	41 053	44 963
200 000	25 746	30 729	30 729	36 958	36 958	46 094	46 094	52 323	52 323	57 306
250 000	31 053	37 063	37 063	44 576	44 576	55 594	55 594	63 107	63 107	69 117
350 000	41 147	49 111	49 111	59 066	59 066	73 667	73 667	83 622	83 622	91 586
500 000	55 300	66 004	66 004	79 383	79 383	99 006	99 006	112 385	112 385	123 088
650 000	69 114	82 491	82 491	99 212	99 212	123 736	123 736	140 457	140 457	153 834
800 000	82 430	98 384	98 384	118 326	118 326	147 576	147 576	167 518	167 518	183 472
1 000 000	99 578	118 851	118 851	142 942	142 942	178 276	178 276	202 368	202 368	221 641
1 250 000	120 238	143 510	143 510	172 600	172 600	215 265	215 265	244 355	244 355	267 627
1 500 000	140 204	167 340	167 340	201 261	201 261	251 011	251 011	284 931	284 931	312 067

HOAI 2009

Honorartabelle zu § 43 Absatz 1 – Ingenieurbauwerke
(Anwendungsbereich des § 40)

Anrechenbare Kosten, in Euro	Honorarzone I		Honorarzone II		Honorarzone III		Honorarzone IV		Honorarzone V	
	von	bis	von	bis	von	bis	von	bis	von	bis
	Euro		Euro		Euro		Euro		Euro	
25 565	2 616	3 290	3 290	3 959	3 959	4 634	4 634	5 303	5 303	5 979
30 000	2 981	3 735	3 735	4 487	4 487	5 244	5 244	5 996	5 996	6 750
35 000	3 375	4 215	4 215	5 061	5 061	5 904	5 904	6 749	6 749	7 590
40 000	3 751	4 681	4 681	5 610	5 610	6 534	6 534	7 465	7 465	8 393
45 000	4 125	5 134	5 134	6 146	6 146	7 152	7 152	8 165	8 165	9 173
50 000	4 495	5 585	5 585	6 675	6 675	7 759	7 759	8 851	8 851	9 940
75 000	6 233	7 687	7 687	9 141	9 141	10 591	10 591	12 045	12 045	13 499
100 000	7 863	9 649	9 649	11 436	11 436	13 218	13 218	15 004	15 004	16 790
150 000	10 902	13 286	13 286	15 671	15 671	18 053	18 053	20 437	20 437	22 821
200 000	13 753	16 680	16 680	19 606	19 606	22 528	22 528	25 454	25 454	28 381
250 000	16 467	19 892	19 892	23 322	23 322	26 748	26 748	30 177	30 177	33 603
300 000	19 070	22 970	22 970	26 877	26 877	30 778	30 778	34 684	34 684	38 586
350 000	21 593	25 948	25 948	30 304	30 304	34 654	34 654	39 010	39 010	43 365
400 000	24 056	28 839	28 839	33 626	33 626	38 408	38 408	43 196	43 196	47 979
450 000	26 451	31 653	31 653	36 856	36 856	42 052	42 052	47 255	47 255	52 457
500 000	28 793	34 399	34 399	40 002	40 002	45 607	45 607	51 209	51 209	56 816
750 000	39 906	47 363	47 363	54 819	54 819	62 275	62 275	69 732	69 732	77 188
1 000 000	50 338	59 468	59 468	68 603	68 603	77 733	77 733	86 868	86 868	95 998
1 500 000	69 798	81 930	81 930	94 062	94 062	106 198	106 198	118 330	118 330	130 462
2 000 000	88 043	102 884	102 884	117 725	117 725	132 572	132 572	147 413	147 413	162 254
2 500 000	105 403	122 755	122 755	140 099	140 099	157 451	157 451	174 797	174 797	192 147
3 000 000	122 104	141 804	141 804	161 504	161 504	181 210	181 210	200 910	200 910	220 611
3 500 000	138 269	160 202	160 202	182 135	182 135	204 063	204 063	225 996	225 996	247 929
4 000 000	154 001	178 067	178 067	202 128	202 128	226 193	226 193	250 254	250 254	274 320
4 500 000	169 349	195 466	195 466	221 580	221 580	247 691	247 691	273 807	273 807	299 922
5 000 000	184 370	212 464	212 464	240 558	240 558	268 655	268 655	296 748	296 748	324 842
7 500 000	255 540	292 695	292 695	329 850	329 850	367 006	367 006	404 161	404 161	441 316
10 000 000	322 325	367 629	367 629	412 932	412 932	458 236	458 236	503 540	503 540	548 844
15 000 000	446 895	506 699	506 699	566 498	566 498	626 302	626 302	686 100	686 100	745 903
20 000 000	563 691	636 474	636 474	709 258	709 258	782 047	782 047	854 831	854 831	927 615
25 000 000	674 891	759 620	759 620	844 344	844 344	929 073	929 073	1 013 797	1 013 797	1 098 526
25 564 594	687 391	773 458	773 458	859 520	859 520	945 588	945 588	1 031 649	1 031 649	1 117 717

HOAI 2013

Honorartabelle zu § 44 Absatz 1 – Ingenieurbauwerke

Anrechenbare Kosten in Euro	Honorarzone I sehr geringe Anforderungen		Honorarzone II geringe Anforderungen		Honorarzone III durchschnittliche Anforderungen		Honorarzone IV hohe Anforderungen		Honorarzone V sehr hohe Anforderungen	
	von Euro	bis Euro	von Euro	bis Euro	von Euro	bis Euro	von Euro	bis Euro	von Euro	bis Euro
25 000	3 449	4 109	4 109	4 768	4 768	5 428	5 428	6 036	603	6 696
35 000	4 475	5 331	5 331	6 186	6 186	7 042	7 042	7 831	7 831	8 687
50 000	5 897	7 024	7 024	8 152	8 152	9 279	9 279	10 320	10 320	11 447
75 000	8 069	9 611	9 611	11 154	11 154	12 697	12 697	14 121	14 121	15 663
100 000	10 079	12 005	12 005	13 932	13 932	15 859	15 859	17 637	17 637	19 564
150 000	13 786	16 422	16 422	19 058	19 058	21 693	21 693	24 126	24 126	26 762
200 000	17 215	20 506	20 506	23 797	23 797	27 088	27 088	30 126	30 126	33 417
300 000	23 534	28 033	28 033	32 532	32 532	37 031	37 031	41 185	41 185	45 684
500 000	34 865	41 530	41 530	48 195	48 195	54 861	54 861	61 013	61 013	67 679
750 000	47 576	56 672	56 672	65 767	65 767	74 863	74 863	83 258	83 258	92 354
1 000 000	59 264	70 594	70 594	81 924	81 924	93 254	93 254	103 712	103 712	115 042
1 500 000	80 998	96 482	96 482	111 967	111 967	127 452	127 452	141 746	141 746	157 230
2 000 000	101 054	120 373	120 373	139 692	139 692	159 011	159 011	176 844	176 844	196 163
3 000 000	137 907	164 272	164 272	190 636	190 636	217 001	217 001	241 338	241 338	267 702
5 000 000	203 584	242 504	242 504	281 425	281 425	320 345	320 345	356 272	356 272	395 192
7 500 000	278 415	331 642	331 642	384 868	384 868	438 095	438 095	487 227	487 227	540 453
10 000 000	347 568	414 014	414 014	480 461	480 461	546 908	546 908	608 244	608 244	674 690
15 000 000	474 901	565 691	565 691	656 480	656 480	747 270	747 270	831 076	831 076	921 866
20 000 000	592 324	705 563	705 563	818 801	818 801	932 040	932 040	1 036 568	1 036 568	1 149 806
25 000 000	702 770	837 123	837 123	971 476	971 476	1 105 829	1 105 829	1 229 848	1 229 848	1 364 201

3 HOAI 2009/HOAI 2013

HOAI 2009

Honorartafel zu § 47 Absatz 1 – Verkehrsanlagen (Anwendungsbereich des § 44)

Anrechenbare Kosten in Euro	Honorarzone I von Euro	bis	Honorarzone II von Euro	bis	Honorarzone III von Euro	bis	Honorarzone IV von Euro	bis	Honorarzone V von Euro	bis
25 565	2 874	3 610	3 610	4 347	4 347	5 090	5 090	5 827	5 827	6 564
30 000	3 269	4 094	4 094	4 918	4 918	5 744	5 744	6 568	6 568	7 393
35 000	3 700	4 624	4 624	5 543	5 543	6 467	6 467	7 385	7 385	8 309
40 000	4 111	5 124	5 124	6 141	6 141	7 154	7 154	8 172	8 172	9 185
45 000	4 518	5 619	5 619	6 727	6 727	7 828	7 828	8 934	8 934	10 035
50 000	4 912	6 101	6 101	7 292	7 292	8 481	8 481	9 671	9 671	10 861
75 000	6 775	8 357	8 357	9 940	9 940	11 527	11 527	13 109	13 109	14 691
100 000	8 516	10 452	10 452	12 389	12 389	14 321	14 321	16 258	16 258	18 195
150 000	11 718	14 280	14 280	16 837	16 837	19 399	19 399	21 955	21 955	24 517
200 000	14 642	17 758	17 758	20 875	20 875	23 997	23 997	27 113	27 113	30 230
250 000	17 381	21 002	21 002	24 625	24 625	28 241	28 241	31 864	31 864	35 485
300 000	19 962	24 045	24 045	28 133	28 133	32 216	32 216	36 303	36 303	40 387
350 000	22 410	26 927	26 927	31 444	31 444	35 955	35 955	40 471	40 471	44 987
400 000	24 735	29 657	29 657	34 579	34 579	39 494	39 494	44 417	44 417	49 338
450 000	26 954	32 254	32 254	37 555	37 555	42 855	42 855	48 156	48 156	53 457
500 000	29 084	34 746	34 746	40 407	40 407	46 065	46 065	51 725	51 725	57 387
750 000	38 446	45 634	45 634	52 814	52 814	60 001	60 001	67 181	67 181	74 368
1 000 000	46 193	54 575	54 575	62 955	62 955	71 332	71 332	79 713	79 713	88 094
1 500 000	63 820	74 911	74 911	86 004	86 004	97 100	97 100	108 192	108 192	119 283
2 000 000	80 496	94 064	94 064	107 633	107 633	121 207	121 207	134 775	134 775	148 344
2 500 000	96 370	112 231	112 231	128 093	128 093	143 956	143 956	159 818	159 818	175 680
3 000 000	111 639	129 652	129 652	147 663	147 663	165 675	165 675	183 687	183 687	201 699
3 500 000	126 423	146 474	146 474	166 525	166 525	186 575	186 575	206 626	206 626	226 677
4 000 000	140 808	162 808	162 808	184 809	184 809	206 806	206 806	228 806	228 806	250 807
4 500 000	154 832	178 710	178 710	202 588	202 588	226 461	226 461	250 339	250 339	274 218
5 000 000	168 563	194 249	194 249	219 935	219 935	245 623	245 623	271 310	271 310	296 996
7 500 000	233 640	267 609	267 609	301 577	301 577	335 551	335 551	369 519	369 519	403 487
10 000 000	294 697	336 115	336 115	377 533	377 533	418 957	418 957	460 375	460 375	501 794
15 000 000	408 590	463 264	463 264	517 937	517 937	572 617	572 617	627 292	627 292	681 965
20 000 000	515 368	581 913	581 913	648 458	648 458	715 009	715 009	781 553	781 553	848 098
25 000 000	617 043	694 507	694 507	771 967	771 967	849 433	849 433	926 893	926 893	1 004 357
25 564 594	628 472	707 160	707 160	785 843	785 843	864 531	864 531	943 214	943 214	1 021 902

HOAI 2013

Honorartafel zu § 48 Absatz 1 – Verkehrsanlagen
(Anwendungsbereich des § 44)

Anrechen-bare Kosten in Euro	Honorarzone I sehr geringe Anforderungen		Honorarzone II geringe Anforderungen		Honorarzone III durchschnittliche Anforderungen		Honorarzone IV hohe Anforderungen		Honorarzone V sehr hohe Anforderungen	
	von Euro	bis	von Euro	bis	von Euro	bis	von Euro	bis	von Euro	bis
25 000	3 882	4 624	4 624	5 366	5 366	6 108	6 108	6 793	6 793	7 535
35 000	4 981	5 933	5 933	6 885	6 885	7 837	7 837	8 716	8 716	9 668
50 000	6 487	7 727	7 727	8 967	8 967	10 207	10 207	11 352	11 352	12 592
75 000	8 759	10 434	10 434	12 108	12 108	13 783	13 783	15 328	15 328	17 003
100 000	10 839	12 911	12 911	14 983	14 983	17 056	17 056	18 968	18 968	21 041
150 000	14 634	17 432	17 432	20 229	20 229	23 027	23 027	25 610	25 610	28 407
200 000	18 106	21 567	21 567	25 029	25 029	28 490	28 490	31 685	31 685	35 147
300 000	24 435	29 106	29 106	33 778	33 778	38 449	38 449	42 761	42 761	47 433
500 000	35 622	42 433	42 433	49 243	49 243	56 053	56 053	62 339	62 339	69 149
750 000	48 001	57 178	57 178	66 355	66 355	75 532	75 532	84 002	84 002	93 179
1 000 000	59 267	70 597	70 597	81 928	81 928	93 258	93 258	103 717	103 717	115 047
1 500 000	80 009	95 305	95 305	110 600	110 600	125 896	125 896	140 015	140 015	155 311
2 000 000	98 962	117 881	117 881	136 800	136 800	155 719	155 719	173 183	173 183	192 102
3 000 000	133 441	158 951	158 951	184 462	184 462	209 973	209 973	233 521	233 521	259 032
5 000 000	194 094	231 200	231 200	268 306	268 306	305 412	305 412	339 664	339 664	376 770
7 500 000	262 407	312 573	312 573	362 739	362 739	412 905	412 905	459 212	459 212	509 378
10 000 000	324 978	387 107	387 107	449 235	449 235	511 363	511 363	568 712	568 712	630 840
15 000 000	439 179	523 140	523 140	607 101	607 101	691 062	691 062	768 564	768 564	852 525
20 000 000	543 619	647 546	647 546	751 473	751 473	855 401	855 401	951 333	951 333	1 055 260
25 000 000	641 265	763 860	763 860	886 454	886 454	1 009 049	1 009 049	1 122 213	1 122 213	1 244 808

HOAI 2009

Honorartafel zu § 50 Absatz 1 – Tragwerksplanung

Anrechenbare Kosten in Euro	Honorarzone I von bis Euro		Honorarzone II von bis Euro		Honorarzone III von bis Euro		Honorarzone IV von bis Euro		Honorarzone V von bis Euro	
10 226	1 119	1 305	1 305	1 760	1 760	2 306	2 306	2 768	2 768	2 947
15 000	1 539	1 783	1 783	2 385	2 385	3 110	3 110	3 713	3 713	3 956
20 000	1 948	2 247	2 247	2 999	2 999	3 894	3 894	4 646	4 646	4 945
25 000	2 335	2 690	2 690	3 574	3 574	4 635	4 635	5 521	5 521	5 874
30 000	2 716	3 120	3 120	4 132	4 132	5 348	5 348	6 360	6 360	6 764
35 000	3 086	3 539	3 539	4 673	4 673	6 029	6 029	7 163	7 163	7 616
40 000	3 435	3 938	3 938	5 189	5 189	6 697	6 697	7 946	7 946	8 449
45 000	3 792	4 340	4 340	5 705	5 705	7 344	7 344	8 710	8 710	9 258
50 000	4 132	4 723	4 723	6 200	6 200	7 970	7 970	9 447	9 447	10 039
75 000	5 762	6 557	6 557	8 547	8 547	10 935	10 935	12 925	12 925	13 721
100 000	7 292	8 276	8 276	10 737	10 737	13 695	13 695	16 155	16 155	17 139
150 000	10 166	11 493	11 493	14 809	14 809	18 795	18 795	22 111	22 111	23 439
200 000	12 872	14 515	14 515	18 612	18 612	23 533	23 533	27 631	27 631	29 273
250 000	15 452	17 388	17 388	22 221	22 221	28 017	28 017	32 849	32 849	34 785
300 000	17 952	20 165	20 165	25 691	25 691	32 316	32 316	37 841	37 841	40 054
350 000	20 368	22 846	22 846	29 030	29 030	36 457	36 457	42 647	42 647	45 120
400 000	22 729	25 457	25 457	32 283	32 283	40 470	40 470	47 297	47 297	50 024
450 000	25 038	28 014	28 014	35 450	35 450	44 377	44 377	51 813	51 813	54 789
500 000	27 298	30 512	30 512	38 548	38 548	48 192	48 192	56 224	56 224	59 439
750 000	38 041	42 364	42 364	53 167	53 167	66 138	66 138	76 940	76 940	81 264
1 000 000	48 166	53 503	53 503	66 836	66 836	82 834	82 834	96 173	96 173	101 504
1 500 000	67 164	74 329	74 329	92 237	92 237	113 733	113 733	131 643	131 643	138 807
2 000 000	85 039	93 876	93 876	115 959	115 959	142 467	142 467	164 555	164 555	173 386
2 500 000	102 126	112 520	112 520	138 494	138 494	169 668	169 668	195 644	195 644	206 037
3 000 000	118 606	130 468	130 468	160 118	160 118	195 700	195 700	225 352	225 352	237 212
3 500 000	134 591	147 857	147 857	181 013	181 013	220 805	220 805	253 966	253 966	267 227
4 000 000	150 174	164 787	164 787	201 308	201 308	245 143	245 143	281 665	281 665	296 276
4 500 000	165 403	181 315	181 315	221 086	221 086	268 819	268 819	308 594	308 594	324 502
5 000 000	180 330	197 500	197 500	240 424	240 424	291 932	291 932	334 859	334 859	352 028
7 500 000	251 338	274 330	274 330	331 806	331 806	400 777	400 777	458 253	458 253	481 246
10 000 000	318 266	346 554	346 554	417 271	417 271	502 132	502 132	572 849	572 849	601 137
15 000 000	443 713	481 549	481 549	576 137	576 137	689 642	689 642	784 230	784 230	822 066
15 338 756	452 187	490 667	490 667	586 864	586 864	702 301	702 301	798 498	798 498	836 978

HOAI 2013

Honorartafel zu § 52 Absatz 1 – Tragwerksplanung

Anrechen-bare Kosten in Euro	Honorarzone I sehr geringe Anforderungen		Honorarzone II geringe Anforderungen		Honorarzone III durchschnittliche Anforderungen		Honorarzone IV hohe Anforderungen		Honorarzone V sehr hohe Anforderungen	
	von Euro	bis Euro	von Euro	bis Euro	von Euro	bis Euro	von Euro	bis Euro	von Euro	bis Euro
10 000	1 461	1 624	1 624	2 064	2 064	2 575	2 575	3 015	3 015	3 178
15 000	2 011	2 234	2 234	2 841	2 841	3 543	3 543	4 149	4 149	4 373
25 000	3 006	3 340	3 340	4 247	4 247	5 296	5 296	6 203	6 203	6 537
50 000	5 187	5 763	5 763	7 327	7 327	9 139	9 139	10 703	10 703	11 279
75 000	7 135	7 928	7 928	10 080	10 080	12 572	12 572	14 724	14 724	15 517
100 000	8 946	9 940	9 940	12 639	12 639	15 763	15 763	18 461	18 461	19 455
150 000	12 303	13 670	13 670	17 380	17 380	21 677	21 677	25 387	25 387	26 754
250 000	18 370	20 411	20 411	25 951	25 951	32 365	32 365	37 906	37 906	39 947
350 000	23 909	26 565	26 565	33 776	33 776	42 125	42 125	49 335	49 335	51 992
500 000	31 594	35 105	35 105	44 633	44 633	55 666	55 666	65 194	65 194	68 705
750 000	43 463	48 293	48 293	61 401	61 401	76 578	76 578	89 686	89 686	94 515
1 000 000	54 495	60 550	60 550	76 984	76 984	96 014	96 014	112 449	112 449	118 504
1 250 000	64 940	72 155	72 155	91 740	91 740	114 418	114 418	134 003	134 003	141 218
1 500 000	74 938	83 265	83 265	105 865	105 865	132 034	132 034	154 635	154 635	162 961
2 000 000	93 923	104 358	104 358	132 684	132 684	165 483	165 483	193 808	193 808	204 244
3 000 000	129 059	143 398	143 398	182 321	182 321	227 389	227 389	266 311	266 311	280 651
5 000 000	192 384	213 760	213 760	271 781	271 781	338 962	338 962	396 983	396 983	418 359
7 500 000	264 487	293 874	293 874	373 640	373 640	466 001	466 001	545 767	545 767	575 154
10 000 000	331 398	368 220	368 220	468 166	468 166	583 892	583 892	683 838	683 838	720 660
15 000 000	455 117	505 686	505 686	642 943	642 943	801 873	801 873	939 131	939 131	989 699

HOAI 2009

Honorartafel zu § 54 Absatz 1 – Technische Ausrüstung

Anrechenba-re Kosten in Euro	Honorarzone I von bis Euro		Honorarzone II von bis Euro		Honorarzone III von bis Euro	
5 113	1 626	2 109	2 109	2 593	2 593	3 077
7 500	2 234	2 886	2 886	3 538	3 538	4 190
10 000	2 812	3 618	3 618	4 421	4 421	5 227
15 000	3 903	4 981	4 981	6 053	6 053	7 132
20 000	4 920	6 262	6 262	7 605	7 605	8 947
25 000	5 882	7 489	7 489	9 100	9 100	10 707
30 000	6 795	8 670	8 670	10 552	10 552	12 428
35 000	7 674	9 804	9 804	11 932	11 932	14 062
40 000	8 506	10 891	10 891	13 269	13 269	15 653
45 000	9 336	11 942	11 942	14 541	14 541	17 147
50 000	10 157	12 991	12 991	15 818	15 818	18 652
75 000	13 825	17 645	17 645	21 470	21 470	25 290
100 000	17 184	21 839	21 839	26 490	26 490	31 145
150 000	23 216	29 252	29 252	35 290	35 290	41 328
200 000	29 057	36 110	36 110	43 159	43 159	50 212
250 000	35 152	43 175	43 175	51 203	51 203	59 226
300 000	41 263	50 245	50 245	59 227	59 227	68 209
350 000	47 493	57 474	57 474	67 455	67 455	77 437
400 000	53 700	64 757	64 757	75 819	75 819	86 876
450 000	59 961	72 030	72 030	84 097	84 097	96 166
500 000	66 254	79 301	79 301	92 353	92 353	105 400
750 000	96 686	113 598	113 598	130 516	130 516	147 428
1 000 000	125 694	144 936	144 936	164 174	164 174	183 415
1 500 000	180 748	200 873	200 873	220 993	220 993	241 119
2 000 000	233 881	254 373	254 373	274 869	274 869	295 361
2 500 000	285 744	308 367	308 367	330 998	330 998	353 621
3 000 000	335 147	359 125	359 125	383 098	383 098	407 076
3 500 000	380 361	405 518	405 518	430 680	430 680	455 838
3 750 000	401 625	427 295	427 295	452 971	452 971	478 641
3 834 689	408 667	434 499	434 499	460 336	460 336	486 168

HOAI 2013

Honorartafel zu § 56 Absatz 1 – Technische Ausrüstung

Anrechenbare Kosten in Euro	Honorarzone I geringe Anforderungen		Honorarzone II durchschnittliche Anforderungen		Honorarzone III hohe Anforderungen	
	von	bis	von	bis	von	bis
	Euro		Euro		Euro	
5 000	2 132	2 547	2 547	2 990	2 990	3 405
10 000	3 689	4 408	4 408	5 174	5 174	5 893
15 000	5 084	6 075	6 075	7 131	7 131	8 122
25 000	7 615	9 098	9 098	10 681	10 681	12 164
35 000	9 934	11 869	11 869	13 934	13 934	15 869
50 000	13 165	15 729	15 729	18 465	18 465	21 029
75 000	18 122	21 652	21 652	25 418	25 418	28 948
100 000	22 723	27 150	27 150	31 872	31 872	36 299
150 000	31 228	37 311	37 311	43 800	43 800	49 883
250 000	46 640	55 726	55 726	65 418	65 418	74 504
500 000	80 684	96 402	96 402	113 168	113 168	128 886
750 000	111 105	132 749	132 749	155 836	155 836	177 480
1 000 000	139 347	166 493	166 493	195 448	195 448	222 594
1 250 000	166 043	198 389	198 389	232 891	232 891	265 237
1 500 000	191 545	228 859	228 859	268 660	268 660	305 974
2 000 000	239 792	286 504	286 504	336 331	336 331	383 044
2 500 000	285 649	341 295	341 295	400 650	400 650	456 296
3 000 000	329 420	393 593	393 593	462 044	462 044	526 217
3 500 000	371 491	443 859	443 859	521 052	521 052	593 420
4 000 000	412 126	492 410	492 410	578 046	578 046	658 331

3 HOAI 2009/HOAI 2013 3. Synopse HOAI 2009 – HOAI 2013 – Honorartafeln

HOAI 2009

Anlage 1.1.2:
Honorartafel zu Leistungen bei Umweltverträglichkeitsstudien

Fläche in ha	Honorarzone I		Honorarzone II		Honorarzone III	
	von	bis	von	bis	von	bis
	Euro		Euro		Euro	
50	7 581	9 258	9 258	10 927	10 927	12 604
100	10 107	12 340	12 340	14 566	14 566	16 799
250	16 423	20 298	20 298	24 167	24 167	28 042
500	25 421	31 811	31 811	38 200	38 200	44 589
750	33 239	41 956	41 956	50 680	50 680	59 398
1 000	40 422	51 411	51 411	62 401	62 401	73 390
1 250	46 973	60 000	60 000	73 025	73 025	86 051
1 500	53 053	68 210	68 210	83 368	83 368	98 525
1 750	59 684	76 636	76 636	93 581	93 581	110 532
2 000	65 685	84 212	84 212	102 738	102 738	121 264
2 500	76 580	98 160	98 160	119 739	119 739	141 319
3 000	87 159	110 842	110 842	134 526	134 526	158 209
3 500	96 158	121 944	121 944	147 737	147 737	173 524
4 000	104 841	132 208	132 208	159 581	159 581	186 948
4 500	112 265	141 635	141 635	171 004	171 004	200 374
5 000	120 003	151 055	151 055	182 112	182 112	213 164
5 500	128 531	160 369	160 369	192 213	192 213	224 051
6 000	136 421	169 266	169 266	202 106	202 106	234 951
6 500	143 688	177 900	177 900	212 106	212 106	246 318
7 000	150 318	186 319	186 319	222 320	222 320	258 320
7 500	158 687	196 583	196 583	234 479	234 479	272 375
8 000	166 741	206 318	206 318	245 896	245 896	285 474
8 500	174 474	216 526	216 526	258 585	258 585	300 637
9 000	181 898	226 425	226 425	270 952	270 952	315 479
9 500	189 002	236 503	236 503	284 000	284 000	331 503
10 000	195 790	246 318	246 318	296 846	296 846	347 373

HOAI 2013

Anlage 1.1.2:
Honorartafel zu Grundleistungen bei Umweltverträglichkeitsstudien

Fläche in Hektar	Honorarzone I geringe Anforderungen		Honorarzone II durchschnittliche Anforderungen		Honorarzone III hohe Anforderungen	
	von	bis	von	bis	von	bis
	Euro		Euro		Euro	
50	10 176	12 862	12 862	15 406	15 406	18 091
100	14 972	18 923	18 923	22 666	22 666	26 617
150	18 942	23 940	23 940	28 676	28 676	33 674
200	22 454	28 380	28 380	33 994	33 994	39 919
300	28 644	36 203	36 203	43 364	43 364	50 923
400	34 117	43 120	43 120	51 649	51 649	60 653
500	39 110	49 431	49 431	59 209	59 209	69 530
750	50 211	63 461	63 461	76 014	76 014	89 264
1 000	60 004	75 838	75 838	90 839	90 839	106 674
1 500	77 182	97 550	97 550	116 846	116 846	137 213
2 000	92 278	116 629	116 629	139 698	139 698	164 049
2 500	105 963	133 925	133 925	160 416	160 416	188 378
3 000	118 598	149 895	149 895	179 544	179 544	210 841
4 000	141 533	178 883	178 883	214 266	214 266	251 615
5 000	162 148	204 937	204 937	245 474	245 474	288 263
6 000	182 186	230 263	230 263	275 810	275 810	323 887
7 000	201 072	254 133	254 133	304 401	304 401	357 461
8 000	218 466	276 117	276 117	330 734	330 734	388 384
9 000	234 394	296 247	296 247	354 846	354 846	416 700
10 000	249 492	315 330	315 330	377 704	377 704	443 542

3 HOAI 2009/HOAI 2013

HOAI 2009

Anlage 1.2.2:
Honorartafel zu Leistungen für den Wärmeschutz

Anrechen-bare Kosten in Euro	Honorarzone I von bis Euro		Honorarzone II von bis Euro		Honorarzone III von bis Euro		Honorarzone IV von bis Euro		Honorarzone V von bis Euro	
255 646	596	686	686	810	810	990	990	1 113	1 113	1 203
500 000	768	912	912	1 111	1 111	1 398	1 398	1 597	1 597	1 741
2 500 000	2 083	2 416	2 416	2 853	2 853	3 512	3 512	3 949	3 949	4 281
5 000 000	3 136	3 636	3 636	4 300	4 300	5 297	5 297	5 962	5 962	6 460
25 000 000	12 989	14 436	14 436	16 369	16 369	19 268	19 268	21 200	21 200	22 648
25 564 594	13 267	14 741	14 741	16 709	16 709	19 663	19 663	21 630	21 630	23 104

HOAI 2013

Anlage 1.2.3:
Honorartafel zu Grundleistungen für den Wärmeschutz und Energiebilanzierung

Anrechenbare Kosten in Euro	Honorarzone I sehr geringe Anforderungen		Honorarzone II geringe Anforderungen		Honorarzone III durchschnittliche Anforderungen		Honorarzone IV hohe Anforderungen		Honorarzone V sehr hohe Anforderungen	
	von Euro	bis	von Euro	bis	von Euro	bis	von Euro	bis	von Euro	bis
250 000	1 757	2 023	2 023	2 395	2 395	2 928	2 928	3 300	3 300	3 566
275 000	1 789	2 061	2 061	2 440	2 440	2 982	2 982	3 362	3 362	3 633
300 000	1 821	2 097	2 097	2 484	2 484	3 036	3 036	3 422	3 422	3 698
350 000	1 883	2 168	2 168	2 567	2 567	3 138	3 138	3 537	3 537	3 822
400 000	1 941	2 235	2 235	2 647	2 647	3 235	3 235	3 646	3 646	3 941
500 000	2 049	2 359	2 359	2 793	2 793	3 414	3 414	3 849	3 849	4 159
600 000	2 146	2 471	2 471	2 926	2 926	3 576	3 576	4 031	4 031	4 356
750 000	2 273	2 617	2 617	3 099	3 099	3 788	3 788	4 270	4 270	4 614
1 000 000	2 440	2 809	2 809	3 327	3 327	4 066	4 066	4 583	4 583	4 953
1 250 000	2 748	3 164	3 164	3 747	3 747	4 579	4 579	5 162	5 162	5 579
1 500 000	3 050	3 512	3 512	4 159	4 159	5 083	5 083	5 730	5 730	6 192
2 000 000	3 639	4 190	4 190	4 962	4 962	6 065	6 065	6 837	6 837	7 388
2 500 000	4 213	4 851	4 851	5 745	5 745	7 022	7 022	7 916	7 916	8 554
3 500 000	5 329	6 136	6 136	7 266	7 266	8 881	8 881	10 012	10 012	10 819
5 000 000	6 944	7 996	7 996	9 469	9 469	11 573	11 573	13 046	13 046	14 098
7 500 000	9 532	10 977	10 977	12 999	12 999	15 887	15 887	17 909	17 909	19 354
10 000 000	12 033	13 856	13 856	16 408	16 408	20 055	20 055	22 607	22 607	24 430
15 000 000	16 856	19 410	19 410	22 986	22 986	28 094	28 094	31 670	31 670	34 224
20 000 000	21 516	24 776	24 776	29 339	29 339	35 859	35 859	40 423	40 423	43 683
25 000 000	26 056	30 004	30 004	35 531	35 531	43 427	43 427	48 954	48 954	52 902

HOAI 2009

Anlage 1.3.3:
Honorartafel zu Leistungen für Bauakustik

Anrechen-bare Kosten in Euro	Honorarzone I von Euro	bis	Honorarzone II von Euro	bis	Honorarzone III von Euro	bis
255 646	1 766	2 025	2 025	2 329	2 329	2 683
300 000	1 942	2 230	2 230	2 567	2 567	2 961
350 000	2 135	2 451	2 451	2 823	2 823	3 255
400 000	2 323	2 662	2 662	3 071	3 071	3 538
450 000	2 506	2 871	2 871	3 310	3 310	3 809
500 000	2 670	3 062	3 062	3 533	3 533	4 074
750 000	3 462	3 971	3 971	4 580	4 580	5 279
1 000 000	4 171	4 782	4 782	5 512	5 512	6 355
1 500 000	5 433	6 229	6 229	7 187	7 187	8 284
2 000 000	6 564	7 527	7 527	8 685	8 685	10 009
2 500 000	7 605	8 724	8 724	10 065	10 065	11 604
3 000 000	8 581	9 844	9 844	11 351	11 351	13 086
3 500 000	9 501	10 898	10 898	12 570	12 570	14 487
4 000 000	10 382	11 905	11 905	13 734	13 734	15 828
4 500 000	11 224	12 876	12 876	14 848	14 848	17 114
5 000 000	12 034	13 803	13 803	15 923	15 923	18 355
7 500 000	15 740	18 053	18 053	20 822	20 822	24 000
10 000 000	19 061	21 864	21 864	25 213	25 213	29 068
15 000 000	24 957	28 628	28 628	33 017	33 017	38 060
20 000 000	30 230	34 676	34 676	39 993	39 993	46 107
25 000 000	35 080	40 237	40 237	46 407	46 407	53 496
25 564 594	35 624	40 860	40 860	47 125	47 125	54 325

HOAI 2013

Anlage 1.2.4:
Honorartafel zu Grundleistungen für Bauakustik

Anrechen-bare Kosten in Euro	Honorarzone I geringe Anforderungen		Honorarzone II durchschnittliche Anforderungen		Honorarzone III hohe Anforderungen	
	von	bis	von	bis	von	bis
	Euro		Euro		Euro	
250 000	1 729	1 985	1 985	2 284	2 284	2 625
275 000	1 840	2 113	2 113	2 431	2 431	2 794
300 000	1 948	2 237	2 237	2 574	2 574	2 959
350 000	2 156	2 475	2 475	2 847	2 847	3 273
400 000	2 353	2 701	2 701	3 108	3 108	3 573
500 000	2 724	3 127	3 127	3 598	3 598	4 136
600 000	3 069	3 524	3 524	4 055	4 055	4 661
750 000	3 553	4 080	4 080	4 694	4 694	5 396
1 000 000	4 291	4 927	4 927	5 669	5 669	6 516
1 250 000	4 968	5 704	5 704	6 563	6 563	7 544
1 500 000	5 599	6 429	6 429	7 397	7 397	8 503
2 000 000	6 763	7 765	7 765	8 934	8 934	10 270
2 500 000	7 830	8 990	8 990	10 343	10 343	11 890
3 500 000	9 766	11 213	11 213	12 901	12 901	14 830
5 000 000	12 345	14 174	14 174	16 307	16 307	18 746
7 500 000	16 114	18 502	18 502	21 287	21 287	24 470
10 000 000	19 470	22 354	22 354	25 719	25 719	29 565
15 000 000	25 422	29 188	29 188	33 582	33 582	38 604
20 000 000	30 722	35 273	35 273	40 583	40 583	46 652
25 000 000	35 585	40 857	40 857	47 008	47 008	54 037

HOAI 2009

Anlage 1.3.6:
Honorartafel zu Leistungen für raumakustische Planung

Anrechen-bare Kosten in Euro	Honorarzone I von bis Euro		Honorarzone II von bis Euro		Honorarzone III von bis Euro		Honorarzone IV von bis Euro		Honorarzone V von bis Euro	
51 129	1 192	1 552	1 552	1 912	1 912	2 267	2 267	2 627	2 627	2 987
100 000	1 370	1 783	1 783	2 192	2 192	2 605	2 605	3 014	3 014	3 428
150 000	1 546	2 010	2 010	2 473	2 473	2 930	2 930	3 394	3 394	3 858
200 000	1 712	2 224	2 224	2 742	2 742	3 255	3 255	3 773	3 773	4 287
250 000	1 877	2 439	2 439	3 007	3 007	3 570	3 570	4 138	4 138	4 700
300 000	2 047	2 659	2 659	3 271	3 271	3 883	3 883	4 496	4 496	5 108
350 000	2 198	2 860	2 860	3 521	3 521	4 182	4 182	4 844	4 844	5 506
400 000	2 356	3 062	3 062	3 769	3 769	4 479	4 479	5 185	5 185	5 892
450 000	2 516	3 266	3 266	4 021	4 021	4 772	4 772	5 526	5 526	6 277
500 000	2 662	3 461	3 461	4 260	4 260	5 063	5 063	5 863	5 863	6 662
750 000	3 403	4 423	4 423	5 437	5 437	6 458	6 458	7 472	7 472	8 493
1 000 000	4 104	5 334	5 334	6 564	6 564	7 798	7 798	9 028	9 028	10 258
1 500 000	5 454	7 086	7 086	8 719	8 719	10 355	10 355	11 988	11 988	13 619
2 000 000	6 745	8 768	8 768	10 787	10 787	12 811	12 811	14 828	14 828	16 851
2 500 000	7 997	10 396	10 396	12 794	12 794	15 193	15 193	17 591	17 591	19 989
3 000 000	9 226	11 994	11 994	14 762	14 762	17 525	17 525	20 293	20 293	23 060
3 500 000	10 434	13 561	13 561	16 693	16 693	19 818	19 818	22 949	22 949	26 077
4 000 000	11 625	15 109	15 109	18 594	18 594	22 083	22 083	25 568	25 568	29 052
4 500 000	12 799	16 636	16 636	20 473	20 473	24 317	24 317	28 153	28 153	31 991
5 000 000	13 961	18 151	18 151	22 336	22 336	26 527	26 527	30 711	30 711	34 901
7 500 000	19 644	25 534	25 534	31 426	31 426	37 318	37 318	43 209	43 209	49 100
7 669 378	20 028	26 035	26 035	32 041	32 041	38 048	38 048	44 054	44 054	50 061

HOAI 2013

Anlage 1.2.5:
Honorartafel zu Grundleistungen für Raumakustik

Anrechen-bare Kosten in Euro	Honorarzone I sehr geringe Anforderungen		Honorarzone II geringe Anforderungen		Honorarzone III durchschnittliche Anforderungen		Honorarzone IV hohe Anforderungen		Honorarzone V sehr hohe Anforderungen	
	von	bis	von	bis	von	bis	von	bis	von	bis
	Euro		Euro		Euro		Euro		Euro	
50 000	1 714	2 226	2 226	2 737	2 737	3 279	3 279	3 790	3 790	4 301
75 000	1 805	2 343	2 343	2 882	2 882	3 452	3 452	3 990	3 990	4 528
100 000	1 892	2 457	2 457	3 021	3 021	3 619	3 619	4 183	4 183	4 748
150 000	2 061	2 676	2 676	3 291	3 291	3 942	3 942	4 557	4 557	5 171
200 000	2 225	2 888	2 888	3 551	3 551	4 254	4 254	4 917	4 917	5 581
250 000	2 384	3 095	3 095	3 806	3 806	4 558	4 558	5 269	5 269	5 980
300 000	2 540	3 297	3 297	4 055	4 055	4 857	4 857	5 614	5 614	6 371
400 000	2 844	3 693	3 693	4 541	4 541	5 439	5 439	6 287	6 287	7 136
500 000	3 141	4 078	4 078	5 015	5 015	6 007	6 007	6 944	6 944	7 881
750 000	3 860	5 011	5 011	6 163	6 163	7 382	7 382	8 533	8 533	9 684
1 000 000	4 555	5 913	5 913	7 272	7 272	8 710	8 710	10 069	10 069	11 427
1 500 000	5 896	7 655	7 655	9 413	9 413	11 275	11 275	13 034	13 034	14 792
2 000 000	7 193	9 338	9 338	11 483	11 483	13 755	13 755	15 900	15 900	18 045
2 500 000	8 457	10 979	10 979	13 501	13 501	16 172	16 172	18 694	18 694	21 217
3 000 000	9 696	12 588	12 588	15 479	15 479	18 541	18 541	21 433	21 433	24 325
4 000 000	12 115	15 729	15 729	19 342	19 342	23 168	23 168	26 781	26 781	30 395
5 000 000	14 474	18 791	18 791	23 108	23 108	27 679	27 679	31 996	31 996	36 313
6 000 000	16 786	21 793	21 793	26 799	26 799	32 100	32 100	37 107	37 107	42 113
7 000 000	19 060	24 744	24 744	30 429	30 429	36 448	36 448	42 133	42 133	47 817
7 500 000	20 184	26 204	26 204	32 224	32 224	38 598	38 598	44 618	44 618	50 638

HOAI 2009

Anlage 1.4.3:
Honorartafel zu Leistungen
für die Baugrundbeurteilung und Gründungsberatung

Anrechen-bare Kosten in Euro	Honorarzone I von bis Euro		Honorarzone II von bis Euro		Honorarzone III von bis Euro		Honorarzone IV von bis Euro		Honorarzone V von bis Euro	
51 129	524	945	945	1 361	1 361	1 783	1 783	2 199	2 199	2 621
75 000	644	1 140	1 140	1 629	1 629	2 124	2 124	2 614	2 614	3 110
100 000	750	1 307	1 307	1 863	1 863	2 416	2 416	2 971	2 971	3 529
150 000	922	1 584	1 584	2 241	2 241	2 903	2 903	3 560	3 560	4 222
200 000	1 077	1 824	1 824	2 570	2 570	3 310	3 310	4 056	4 056	4 802
250 000	1 207	2 025	2 025	2 844	2 844	3 666	3 666	4 486	4 486	5 304
300 000	1 333	2 218	2 218	3 103	3 103	3 984	3 984	4 870	4 870	5 755
350 000	1 445	2 387	2 387	3 329	3 329	4 275	4 275	5 216	5 216	6 158
400 000	1 550	2 548	2 548	3 544	3 544	4 538	4 538	5 534	5 534	6 531
450 000	1 646	2 693	2 693	3 740	3 740	4 786	4 786	5 833	5 833	6 882
500 000	1 739	2 831	2 831	3 928	3 928	5 020	5 020	6 118	6 118	7 211
750 000	2 149	3 445	3 445	4 743	4 743	6 035	6 035	7 332	7 332	8 627
1 000 000	2 510	3 969	3 969	5 429	5 429	6 887	6 887	8 346	8 346	9 805
1 500 000	3 099	4 825	4 825	6 551	6 551	8 281	8 281	10 007	10 007	11 733
2 000 000	3 610	5 554	5 554	7 502	7 502	9 446	9 446	11 395	11 395	13 339
2 500 000	4 056	6 189	6 189	8 323	8 323	10 461	10 461	12 594	12 594	14 727
3 000 000	4 462	6 763	6 763	9 063	9 063	11 364	11 364	13 664	13 664	15 964
3 500 000	4 840	7 291	7 291	9 742	9 742	12 194	12 194	14 644	14 644	17 095
4 000 000	5 191	7 780	7 780	10 366	10 366	12 957	12 957	15 543	15 543	18 134
4 500 000	5 519	8 238	8 238	10 956	10 956	13 670	13 670	16 388	16 388	19 107
5 000 000	5 834	8 676	8 676	11 513	11 513	14 352	14 352	17 189	17 189	20 030
7 500 000	7 224	10 570	10 570	13 916	13 916	17 262	17 262	20 607	20 607	23 954
10 000 000	8 404	12 169	12 169	15 934	15 934	19 698	19 698	23 463	23 463	27 227
15 000 000	10 395	14 832	14 832	19 270	19 270	23 707	23 707	28 145	28 145	32 582
20 000 000	12 098	17 083	17 083	22 067	22 067	27 058	27 058	32 043	32 043	37 027
25 000 000	13 606	19 060	19 060	24 518	24 518	29 973	29 973	35 432	35 432	40 886
25 564 594	13 774	19 280	19 280	24 792	24 792	30 297	30 297	35 809	35 809	41 316

HOAI 2013

Anlage 1.3.4:
Honorartafel zu Grundleistungen für Geotechnik

Anrechen-bare Kosten in Euro	Honorarzone I sehr geringe Anforderungen		Honorarzone II geringe Anforderungen		Honorarzone III durchschnittliche Anforderungen		Honorarzone IV hohe Anforderungen		Honorarzone V sehr hohe Anforderungen	
	von	bis	von	bis	von	bis	von	bis	von	bis
	Euro		Euro		Euro		Euro		Euro	
50 000	789	1 222	1 222	1 654	1 654	2 105	2 105	2 537	2 537	2 970
75 000	951	1 472	1 472	1 993	1 993	2 537	2 537	3 058	3 058	3 579
100 000	1 086	1 681	1 681	2 276	2 276	2 896	2 896	3 491	3 491	4 086
125 000	1 204	1 863	1 863	2 522	2 522	3 210	3 210	3 869	3 869	4 528
150 000	1 309	2 026	2 026	2 742	2 742	3 490	3 490	4 207	4 207	4 924
200 000	1 494	2 312	2 312	3 130	3 130	3 984	3 984	4 802	4 802	5 621
300 000	1 800	2 786	2 786	3 772	3 772	4 800	4 800	5 786	5 786	6 772
400 000	2 054	3 179	3 179	4 304	4 304	5 478	5 478	6 603	6 603	7 728
500 000	2 276	3 522	3 522	4 768	4 768	6 069	6 069	7 315	7 315	8 561
750 000	2 740	4 241	4 241	5 741	5 741	7 307	7 307	8 808	8 808	10 308
1 000 000	3 125	4 836	4 836	6 548	6 548	8 334	8 334	10 045	10 045	11 756
1 500 000	3 765	5 827	5 827	7 889	7 889	10 041	10 041	12 103	12 103	14 165
2 000 000	4 297	6 650	6 650	9 003	9 003	11 459	11 459	13 812	13 812	16 165
3 000 000	5 175	8 009	8 009	10 842	10 842	13 799	13 799	16 633	16 633	19 467
5 000 000	6 535	10 114	10 114	13 693	13 693	17 428	17 428	21 007	21 007	24 586
7 500 000	7 878	12 192	12 192	16 506	16 506	21 007	21 007	25 321	25 321	29 635
10 000 000	8 994	13 919	13 919	18 844	18 844	23 983	23 983	28 909	28 909	33 834
15 000 000	10 839	16 775	16 775	22 711	22 711	28 905	28 905	34 840	34 840	40 776
20 000 000	12 373	19 148	19 148	25 923	25 923	32 993	32 993	39 769	39 769	46 544
25 000 000	13 708	21 215	21 215	28 722	28 722	36 556	36 556	44 063	44 063	51 570

HOAI 2009

Anlage 1.5.8:
Honorartafel zu Leistungen bei der Vermessung

Anrechen-bare Kosten in Euro	Honorarzone I von bis Euro		Honorarzone II von bis Euro		Honorarzone III von bis Euro		Honorarzone IV von bis Euro		Honorarzone V von bis Euro	
51 129	2 250	2 643	2 643	3 037	3 037	3 431	3 431	3 825	3 825	4 219
100 000	3 325	3 826	3 826	4 327	4 327	4 829	4 829	5 330	5 330	5 831
150 000	4 320	4 931	4 931	5 542	5 542	6 153	6 153	6 765	6 765	7 376
200 000	5 156	5 826	5 826	6 547	6 547	7 217	7 217	7 939	7 939	8 609
250 000	5 881	6 656	6 656	7 437	7 437	8 212	8 212	8 994	8 994	9 768
300 000	6 547	7 383	7 383	8 219	8 219	9 055	9 055	9 892	9 892	10 728
350 000	7 207	8 098	8 098	9 037	9 037	9 929	9 929	10 867	10 867	11 758
400 000	7 867	8 859	8 859	9 815	9 815	10 809	10 809	11 765	11 765	12 757
450 000	8 527	9 584	9 584	10 630	10 630	11 644	11 644	12 690	12 690	13 747
500 000	9 187	10 299	10 299	11 413	11 413	12 513	12 513	13 625	13 625	14 737
750 000	11 332	12 667	12 667	14 002	14 002	15 336	15 336	16 672	16 672	18 006
1 000 000	13 525	14 977	14 977	16 532	16 532	18 086	18 086	19 642	19 642	21 196
1 500 000	17 714	19 597	19 597	21 592	21 592	23 586	23 586	25 582	25 582	27 576
2 000 000	21 894	24 217	24 217	26 652	26 652	29 086	29 086	31 522	31 522	33 956
2 500 000	26 074	28 837	28 837	31 712	31 712	34 586	34 586	37 462	37 462	40 336
3 000 000	30 254	33 457	33 457	36 772	36 772	40 086	40 086	43 402	43 402	46 716
3 500 000	34 434	38 077	38 077	41 832	41 832	45 586	45 586	49 342	49 342	53 096
4 000 000	38 614	42 697	42 697	46 892	46 892	51 086	51 086	55 282	55 282	59 476
4 500 000	42 794	47 317	47 317	51 952	51 952	56 586	56 586	61 222	61 222	65 856
5 000 000	46 974	51 937	51 937	57 012	57 012	62 086	62 086	67 162	67 162	72 236
7 500 000	67 874	75 037	75 037	82 312	82 312	89 586	89 586	96 862	96 862	104 136
10 000 000	88 672	98 137	98 137	107 612	107 612	117 086	117 086	126 562	126 562	136 036
10 225 838	90 550	100 223	100 223	109 897	109 897	119 571	119 571	129 245	129 245	138 918

HOAI 2013

Anlage 1.4.8:
Honorartafel zu Grundleistungen der planungsbegleitenden Vermessung

Verrech-nungsein-heiten	Honorarzone I sehr geringe Anforderungen von bis Euro		Honorarzone II geringe Anforderungen von bis Euro		Honorarzone III durchschnittliche Anforderungen von bis Euro		Honorarzone IV hohe Anforderungen von bis Euro		Honorarzone V sehr hohe Anforderungen von bis Euro	
6	658	777	777	914	914	1051	1051	1170	1170	1289
20	953	1123	1123	1306	1306	1489	1489	1659	1659	1828
50	1480	1740	1740	2000	2000	2260	2260	2520	2520	2780
103	2225	2616	2616	3007	3007	3399	3399	3790	3790	4182
188	3325	3826	3826	4327	4327	4829	4829	5330	5330	5831
278	4320	4931	4931	5542	5542	6153	6153	6765	6765	7376
359	5156	5826	5826	6547	6547	7217	7217	7939	7939	8609
435	5881	6656	6656	7437	7437	8212	8212	8994	8994	9768
506	6547	7383	7383	8219	8219	9055	9055	9892	9892	10728
659	7867	8859	8859	9815	9815	10809	10809	11765	11765	12757
822	9187	10299	10299	11413	11413	12513	12513	13625	13625	14737
1105	11332	12667	12667	14002	14002	15336	15336	16672	16672	18006
1400	13525	14977	14977	16532	16532	18086	18086	19642	19642	21196
2033	17714	19597	19597	21592	21592	23586	23586	25582	25582	27576
2713	21894	24217	24217	26652	26652	29086	29086	31522	31522	33956
3430	26074	28837	28837	31712	31712	34586	34586	37462	37462	40336
4949	34434	38077	38077	41832	41832	45586	45586	49342	49342	53096
7385	46974	51937	51937	57012	57012	62086	62086	67162	67162	72236
11726	67874	75037	75037	82312	82312	89586	89586	96862	96862	104136

Honorartafel zu Grundleistungen der Bauvermessung

Anrechen-bare Kosten in Euro	Honorarzone I sehr geringe Anforderungen von bis Euro		Honorarzone II geringe Anforderungen von bis Euro		Honorarzone III durchschnittliche Anforderungen von bis Euro		Honorarzone IV hohe Anforderungen von bis Euro		Honorarzone V sehr hohe Anforderungen von bis Euro	
50000	4282	4782	4782	5283	5283	5839	5839	6339	6339	6840
75000	4648	5191	5191	5734	5734	6338	6338	6881	6881	7424
100000	5002	5586	5586	6171	6171	6820	6820	7405	7405	7989
150000	5684	6349	6349	7013	7013	7751	7751	8416	8416	9080
200000	6344	7086	7086	7827	7827	8651	8651	9393	9393	10134
250000	6987	7804	7804	8621	8621	9528	9528	10345	10345	11162
300000	7618	8508	8508	9399	9399	10388	10388	11278	11278	12169
400000	8848	9883	9883	10917	10917	12066	12066	13100	13100	14134
500000	10048	11222	11222	12397	12397	13702	13702	14876	14876	16051
600000	11223	12535	12535	13847	13847	15304	15304	16616	16616	17928
750000	12950	14464	14464	15978	15978	17659	17659	19173	19173	20687
1000000	15754	17596	17596	19437	19437	21483	21483	23325	23325	25166
1500000	21165	23639	23639	26113	26113	28862	28862	31336	31336	33810
2000000	26393	29478	29478	32563	32563	35990	35990	39075	39075	42160
2500000	31488	35168	35168	38849	38849	42938	42938	46619	46619	50299
3000000	36480	40744	40744	45008	45008	49745	49745	54009	54009	58273
4000000	46224	51626	51626	57029	57029	63032	63032	68435	68435	73838
5000000	55720	62232	62232	68745	68745	75981	75981	82494	82494	89007
7500000	78690	87888	87888	97085	97085	107305	107305	116502	116502	125700
10000000	100876	112667	112667	124458	124458	137559	137559	149350	149350	161140

Stichwortverzeichnis

Die Ziffern bezeichnen die Paragraphen der HOAI

Abfallentsorgung 41
– Bauwerke und Anlagen Anl. 12.2
Abgestimmte Fassung 23, 24, 26, 27, Anl. 1.1.1, 4, 5, 6, 7, 8
Abrechnung Nebenkosten 14
Abschlag 55
Abschlagszahlungen 15
Absteckungsunterlagen Anl. 1.4.7
Abwasser-, Wasser- oder Gasanlagen Anl. 15.2
Abwasseranlagen 53
Abwasserentsorgung 41
– Bauwerke und Anlagen Anl. 12.2
akustische Eigenschaften Anl. 1.2.5
akustische Nutzungsart Anl. 1.2.5
Anforderung an die Einbindung in die Umgebung 35, 40
Anforderungen an die Technik 56
Anrechenbare Kosten 4
Anwendungsbereich HOAI 1
– Bauleitplanung 17,
– Ingenieurbauwerke 41,
– Technische Ausrüstung 53
– Tragwerksanlagen 49
– Verkehrsanlagen 45
Art der Nutzung Anl. 1.2.4
Aufräge, Gebäude und Innenräume 37
Aufstellung
– von Bebauungsplänen 21,
– von Flächennutzungsplänen 20
– von Landschaftsplänen 28
Auftrag für mehrere Objekte 11
Aufträge, Gebäude und Freianlagen 37
Aufwand
– für die Festlegung von Zielaussagen 32
– für Pflege- und Entwicklungsmaßnahmen HOAI 32
Ausbau HOAI 35
Ausbildung HOAI Anlage 10.2, 10.3
Ausführungsplanung HOAI 34, 39, 43, 47, 51, 55, Anl. 10.1, 11.1, 12.1, 13.1, 14.1, 15.1
Auslagen HOAI 16
Außenanlagen, Kosten HOAI 38
Außenlärmbelastung HOAI Anl. 1.2.4
Außerkrafttreten HOAI 58
Automation von Ingenieurbauwerken HOAI 53
Bauakustik HOAI An. 1.2.1
Bauausführungsvermessung HOAI Anl. 1.4.7
Baudichte HOAI 21

Baugeometrische Beratung HOAI Anl. 1.4.7
Baugrund- und Grundwasserverhältnisse HOAI Anl. 1.3.3
baugrundtechnische Gegebenheiten HOAI 44, 48
Baukonstruktion, Kosten HOAI 33, 42, 46, 50
Bauleitplanung HOAI 9, 17
Bauoberleitung HOAI 43, 47, Anl. 12.1, 13.1
Bauphysik HOAI Anl. 1.2
Baustelleneinrichtungen HOAI 50
Baustruktur HOAI 21
Bauüberwachung HOAI 55
Bauüberwachung und Dokumentation HOAI 34, 39
Bauvermessung HOAI Anl. 1.4.5
Bauvorbereitende Vermessung Anl. 1.4.7
Bebauungsplan 19, Anl. 3
Beeinträchtigungen von Natur und Landschaft 31
befestigte Flächen 38
Begriffsbestimmungen 2
Beratungsleistungen 3, Anl. 1
Berechnung des Honorars
– bei Beauftragung von Einzelleistungen 9,
– bei vertraglichen Änderungen des Leistungsumfangs 10,
– in besonderen Fällen 8
besondere Berechnungsmethoden Anl. 14.2
Besondere Grundlagen des Honorars
– Gebäude und Innenräume 33,
– Freianlagen 38,
– Ingenieurbauwerke 42,
– Verkehrsanlagen 46,
– Tragwerksplanung 50,
– Technische Ausrüstung 54,
– Geotechnik Anlage 1.3.2
Besondere Leistungen 3, 18, 19, 23, 24, 25, 26, 27, 34, 39, 43, 47, 51, 55, Anl. 1.1.1, 1.2.2, 1.4.7, 9, 10, 11, 11.1, 12.1, 13.1, 14.1, 15.1
Betreuung Anl. 10.2, 10.3
Bevölkerungsdichte 28, 30
Bewertungsmerkmale 20, 21, Anl. 1.3.4
– Bauakustik Anl. 1.2.4,
– Bauvermessung Anl. 1.4.6,
– Freianlagen 40,
– Gebäude und Innenräume 35,
– Grünordnungspläne 29,
– Ingenieurbauwerke 44,
– Landschaftspflegerische Begleitpläne 31,

349

Stichwortverzeichnis Die Ziffern bezeichnen die Paragraphen der HOAI

- Landschaftspläne 28,
- Landschaftsrahmenpläne 30,
- Pflege- und Entwicklungspläne 32,
- planungsbegleitende Vermessung Anl. 1.4.3,
- Raumakustik Anl. 1.2.5,
- Technische Ausrüstung 56,
- Tragwerksplanung 52,
- Umweltverträglichkeitsstudie Anl. 1.1.2,
- Verkehrsanlagen 48

Bewertungspunkte 40, 44
- Bauvermessung Anl. 1.4.6,
- Grünordnungspläne 29,
- Landschaftspläne 28,
- Pflege- und Entwicklungspläne 32,
- planungsbegleitende Vermessung Anl. 1.4.3,
- Umweltverträglichkeitsstudie Anl. 1.1.2,
- Verkehrsanlagen 48

Brücken 38
Büro Anl. 10.2, 10.3

Deckenkonstruktionen Anl. 14.2
Denkmalschutz 21, 29
Differenziertheit
- des faunistischen Inventars 32,
- des floristischen Inventars oder der Pflanzengesellschaften 32

Digitales Geländemodell Anl. 1.4.4
Dokumentation 43, 47, 55, Anl. 10.1, 11.1, 14.1, 15.1
Durchlässe 38

Einarbeitungsaufwand 8
Einbindung
- in das Objektumfeld 44, 48,
- in die Umgebung 35, 40, 44, 48

Einwohnerentwicklung 20
Einwohnerstruktur 20
Einzelbauwerke, sonstige 41, Anl. 12.2
Einzelgewässer 38
Einzelhonorar 56
Einzelleistungen 9
Emissionsschutz Anl. 1.2.4
Empfindlichkeit gegenüber Umweltbelastungen 31
Endgültige Planfassung 25
Energiebilanzierung Anl. 1.2.1
Entgelte 14
Entschädigungen für sonstigen Aufwand 14
Entsorgungseinrichtungen 40
Entwurf 25
Entwurf zur öffentlichen Auslegung 18, 19, Anl. 2, 3
Entwurfsplanung 9, 34, 39, 43, 47, 51, 55, Anl. 10.1, 11.1, 12.1, 13.1, 14.1, 15.1
Erfolgshonorar 7

Erholung 30
Erholungsnutzung 31
Erholungsvorsorge 29
Erkundungskonzept Anlage 1.3.3
Ermitteln der Planungsgrundlagen 27, Anl. 4, 6, 8
Ermitteln des Leistungsumfangs 23, 24, 26, Anl. 1.1.1, 4, 5, 6, 7, 8
Ermitteln und Bewerten der Planungsgrundlagen 26, Anl. 7
Ermitteln der Planungsgrundlagen **1** HOAI 23, 24, Anl. 5
Erstellung von Innenräumen 34
Erweiterungsbauten 2, 34

fachliche Vorgaben 32
Fachplanung 49
fachspezifische Bedingungen 44, 48
Fahrtkosten 14
Fälligkeit 15
Fälligkeit Nebenkosten 15
Farb- und Materialgestaltung 35
Fernmeldeanlagen 53, Anl. 15.2
flächenhafter Erdbau 38
Flächennutzung 28, 29
Flächennutzungsplan 18, Anl. 2
Flächenplanungen 5, 17
Flächentragwerke Anl. 14.2
Flugverkehr 45, Anl. 13.2
Förderanlagen 53, Anl. 15.2
Forschung Anl. 10.2, 10.3
Freianlagen 38, 39, Anl. 11.1
freie Landschaft Anl. 11.2
Freiraum 31
Freiraumgestaltung 29
Freiraumsicherung 30
Freizeit Anlage 10.2, 10.3
Funktionsbereiche 35, 40, 44, 48, 56

Gasanlagen 53
Gastgewerbe Anl. 10.2, 10.3
Gebäude und Innenräume 34, Anl. 10.1
Gebäude und zugehörige bauliche Anlagen 50
Gebäudeautomation 53, Anl. 15.2
Gebäudebegrünung Anl. 11.2
Geländeabstützungen 38
Geländegestaltung 38
Gemeinbedarfsstandorte 20
Gemeindestruktur 20
Genehmigungsplanung 34, 39, 43, 47, 51, Anl. 10.1, 11.1, 12.1, 13.1, 14.1, 15.1
Geodätischer Raumbezug Anlage 1.4.4
Geologie 20
geologische Gegebenheiten 44, 48
Geotechnik Anl. 1.3

Die Ziffern bezeichnen die Paragraphen der HOAI **Stichwortverzeichnis**

Geotechnischer Bericht Anl. 1.3.3
gestalterische Anforderungen 35, 40
Gestaltung 21
– von Innenräumen 34,
– von Landschaft 31
Gesundheit Anl. 10.2, 10.3
Gewerbe Anlage 10.2, 10.3
Gewölbe Anlage 14.2
Gleis- und Bahnsteiganlagen 46
Grundlagen des Honorars 6
– bei der Bauvermessung Anl. 1.4.5,
– bei planungsbegleitender Vermessung Anl. 1.4.2
Grundlagenermittlung 34, 39, 43, 47, 51, 55, Anl. 1.1.1, 1.2.2, 1.3.3, 1.4.4, 10.1, 11.1, 12.1, 13.1, 14.1, 15.1
Grundleistungen 3, 18, 19
– Bauakustik Anl. 1.2.4
– Bauphysik Anl. 1.2.2
– Bauvermessung Anl. 1.4.5, 1.4.7, 1.4.8
– Flächennutzungsplänen 20
– Freianlagen 38, 39, 40, Anl. 11.1
– Gebäude und Innenräume 33, 34, 35
– Geotechnik Anl. 1.3.3, 1.3.4
– Grünordnungspläne und landschaftsplanerische Fachbeiträge 24
– im Leistungsbild Bebauungsplan Anl. 3
– im Leistungsbild Flächennutzungsplan Anl. 2
– im Leistungsbild Freianlagen Anl. 11
– im Leistungsbild Gebäude und Innenräume Anl. 10
– im Leistungsbild Grünordnungsplan Anl. 5
– im Leistungsbild Ingenieurbauwerke Anl. 12.1
– im Leistungsbild Landschaftspflegerischer Begleitplan Anl. 7
– im Leistungsbild Landschaftsplan Anl. 4
– im Leistungsbild Landschaftsrahmenplan Anl. 6
– im Leistungsbild Pflege- und Entwicklungsplan Anl. 8
– im Leistungsbild Technische Ausrüstung Anl. 15.1
– im Leistungsbild Tragwerksplanung Anl. 14.1
– im Leistungsbild Verkehrsanlagen Anl. 13.1
– Ingenieurbauwerke 42, 43, 44, Anl. 12.1
– Landschaftplanung 23
– Landschaftspflegerische Begleitpläne 26, 31
– Landschaftspläne 23
– Landschaftsrahmenpläne 25, 30
– Pflege- und Entwicklungspläne 27, 32
– planungsbegleitende Vermessung Anl. 1.4.2, 1.4.4, 1.4.8
– Raumakustik Anl. 1.2.5

– Technische Ausrüstung 54, 55, 56
– Tragwerksplanung 51, 52
– Umweltverträglichkeitsstudie Anl. 1.1.2
– Verkehrsanlagen 46, 47, 48
Gründung Anlage 14.2
Grünordnungspläne 22, Anl. 5

Handel und Verkauf Anl. 10.2, 10.3
Höchstsätze 7
– Bauakustik Anl. 1.2.4
– Bebauungspläne 21
– Flächennutzungspläne 20
– Freianlagen 40
– Gebäude und Innenräume 35
– Grünordnungspläne 29
– Ingenieurbauwerke 44
– Landschaftpflegerische Begleitpläne 31
– Landschaftspläne 28
– Landschaftsrahmenpläne 30
– Pflege- und Entwicklungspläne 32
– Raumakustik Anlage 1.2.5
– Technische Ausrüstung 56
– Tragwerksplanung 52
– Umweltverträglichkeitsstudie Anl. 1.1.2
– Verkehrsanlagen 48
– Wärmeschutz und Energiebilanzierung Anl. 1.2.3
Holzbau 51
Honorar Leistungsbild 8
Honorar Leistungsphasen 8
Honorarberechnungsgrundlage 10
Honorare
– für Grundleistungen bei Bebauungsplänen 21
– für Grundleistungen bei Flächennutzungsplänen 20
– für Grundleistungen bei Freianlagen 40
– für Grundleistungen bei Gebäuden und Innenräumen 35
– für Grundleistungen bei Grünordnungsplänen 29
– für Grundleistungen bei Ingenieurbauwerken 44
– für Grundleistungen bei landschaftspflegerischen Begleitplänen 31
– für Grundleistungen bei Landschaftsplänen 28
– für Grundleistungen bei Landschaftsrahmenplänen 30
– für Grundleistungen bei Pflege- und Entwicklungsplänen 32
– für Grundleistungen bei Tragwerksplanungen 52
– für Grundleistungen bei Umweltverträglichkeitsstudien Anlage 1.1.2
– für Grundleistungen bei Verkehrsanlagen 48

351

Stichwortverzeichnis

Die Ziffern bezeichnen die Paragraphen der HOAI

- für Grundleistungen der Technischen Ausrüstung 56
- für Grundleistungen für Wärmeschutz und Energiebilanzierung Anl. 1.2.3
- für Grundleistungen der Bauakustik Anl. 1.2.4
- für Grundleistungen der Raumakustik Anl. 1.2.5
- für Grundleistungen bei der Ingenieurvermessung Anl. 1.4.8

Honorargrundlagen 6
Honorartafel
- Bauakustik Anl. 1.2.4
- Bauvermessung Anl. 1.4.8
- Bebauungspläne 21
- Flächennutzungspläne 20
- Freianlagen 40
- Gebäude und Innenräume 35
- Geotechnik Anlage 1.3.4
- Grünordnungspläne 29
- Ingenieurbauwerke 44
- Ingenieurvermessung Anl. 1.4.8
- Landschaftspflegerische Begleitpläne 31
- Landschaftspläne 28
- Landschaftsrahmenpläne 30
- Pflege- und Entwicklungspläne 32
- Raumakustik Anl. 1.2.5
- Technische Ausrüstung 56
- Tragwerksplanung 52
- Umweltverträglichkeitsstudie Anl. 1.1.2
- Verkehrsanlagen 48
- Wärmeschutz und Energiebilanzierung Anl. 1.2.3

Honorarvereinbarung 7
Honorarzonen 5
- Bauakustik Anl. 1.2.4
- Bauvermessung Anl. 1.4.6, 1.4.8
- Bebauungspläne 21
- Flächennutzungspläne 20
- Freianlagen 40, Anl. 11.2
- Gebäude und Innenräume 35
- Geotechnik Anl. 1.3.4
- Grünordnungspläne 29
- Ingenieurbauwerke 44, Anl. 12.2
- Landschaftspflegerische Begleitpläne 31
- Landschaftspläne 28
- Landschaftsrahmenpläne 30
- Pflege- und Entwicklungspläne 32
- planungsbegleitende Vermessung Anl. 1.4.3
- Raumakustik Anlage 1.2.5
- Technische Ausrüstung 56
- Tragwerksplanung 52, Anl. 14.2
- Umweltverträglichkeitsstudie Anl. 1.1.2
- Verkehrsanlagen 48
- Wärmeschutz und Energiebilanzierung Anl. 1.2.3
- Zuordnung 35, 40, 44, 48, 56, Anl. 1.1.2

Hüllkonstruktion Anl. 1.2.4

Immissionsschutz Anl. 1.2.4
Industrie Anl. 10.2, 10.3
informationstechnische Anlagen 53, Anl. 15.2
Infrastruktur 20, 21, Anl. 10.2
Ingenieurbauwerk, Technische Ausrüstung 56
Ingenieurbauwerke 41, 43, 50, Anl. 12.1
Ingenieurvermessung Anl. 1.4, 1.4.1
Inkrafttreten 58
Instandhaltungen 2, 12, 34
Instandsetzungen 2, 12, 34
Integrationsansprüche 56
Interpolation 13

Klären der Aufgabenstellung 23, 24, 26, Anl. 1.1.1, 4, 5, 6, 7, 8
Klimaschutz 20, 21, 29, 30
Kommune Anl. 10.2, 10.3
Konstruktionen mit Schwingungsbeanspruchung Anl. 14.2
Konstruktionstypen Anl. 1.2.4
konstruktive Anforderungen 35, 44, 48, 56
konstruktive Detailgestaltung 35
Koordinierungsaufwand 8
Kosten
- für Anfertigung von Filmen und Fotos 14,
- für Baustellenbüro 14
- für Datenübertragungen 14
- für Familienheimfahrten 14
- für Vervielfältigungen 14
Kostenberechnung 2
Kostenschätzung 2
Kultur-/Sakralbauten 1 HOAI Anl. 10.2, 10.3
Kulturlandschaft 20

Landschaft 21
Landschaftsanalyse 25
Landschaftsbild 28, 30, 31, Anl. 1.1.2
Landschaftsbild und -struktur Anl. 1.1.2
Landschaftsbild, Beeinträchtigungen oder Schädigungen 32
Landschaftsdiagnose 25
Landschaftspflegerische Begleitpläne 22, 26, Anl. 7
Landschaftspläne 22, Anl. 4
Landschaftsplanerische Fachbeiträge 22
Landschaftsplanerische Leistungen 22
Landschaftsplanung 9, 22
Landschaftsrahmenpläne 22,25, Anl. 6
Landwirtschaft Anl. 10.2, 10.3
Lärmschutzwälle 38
Leistungen 3
- Bauleitplanung 17
- Geotechnik Anl. 1.3.1
- Ingenieurvermessung Anl. 1.4.1
- Städtebaulichen Entwurf 17

Die Ziffern bezeichnen die Paragraphen der HOAI   **Stichwortverzeichnis**

Leistungsbilder 3
− Bauphysik Anl. 1.2.2
− Bebauungsplan 19, Anl. 3
− Flächennutzungsplan 18, Anl. 2
− Grünordnungsplan 24, Anl. 5
− Landschaftspflegerischer Begleitplan 26, Anl. 7
− Landschaftsplan 23, Anl. 4
− Landschaftsrahmenplan 25, Anl. 6
− Pflege- und Entwicklungsplan 27, Anl. 8
− Umweltverträglichkeitsstudie Anl. 1.1.1
− Geotechnik Anlage 1.3.3
− Planungsbegleitende Vermessung Anl. 1.4.4
− Bauvermessung Anlage 1.4.7
− Gebäude und Innenräume 34, Anl. 10.1
− Freianlagen 39, Anl. 11.1
− Ingenieurbauwerke 43, Anl. 12.1
− Verkehrsanlagen 47, Anl. 13.1
− Tragwerksplanung 51, Anl. 14.1
− Technische Ausrüstung 55, Anl. 15.1
Leistungsphasen 39, 43, 46, 47
− Bebauungsplan Anl. 3
− Flächennutzungsplan Anl. 2
− Grünordnungsplan Anl. 5
− Landschaftspflegerischer Begleitplan Anl. 7
− Landschaftsplan Anl. 4
− Landschaftsrahmenplan Anl. 6
− Pflege- und Entwicklungsplan Anl. 8
− Technische Ausrüstung 55
− Tragwerksplanung 51
− Umweltverträglichkeitsstudie Anl. 1.1.1
− Bauphysik Anl. 1.2.2
− planungsbegleitende Vermessung Anl. 1.4.4
− Bauvermessung Anl. 1.4.7
− Gebäude und Innenräume 34, Anl. 10.1
Lichtgestaltung 35
Lufttechnische Anlagen 53, Anl. 15.2

Malus-Honorar 7
Mauerwerk Anl. 14.2
mehrere Objekte 11
− Bauakustik Anl. 1.2.4
− Bebauungspläne 21
− Flächennutzungspläne 20
− Freianlagen 40
− Gebäude und Innenräume 35
− Grünordnungspläne 29
− Ingenieurbauwerke 44
− Landschaftspflegerische Begleitpläne 31
− Landschaftspläne 28
− Landschaftsrahmenpläne 30
Mindestsätze 7
− Pflege- und Entwicklungspläne 32
− Raumakustik Anl. 1.2.5
− Technische Ausrüstung 56
− Tragwerksplanung 52
− Umweltverträglichkeitsstudie Anl. 1.1.2

− Verkehrsanlagen 48
− Wärmeschutz und Energiebilanzierung Anl. 1.2.3
Missverhältnis 44, 52, 56
Mitwirken bei der
− Ausführungsplanung Anl. 1.2.2
− Entwurfsplanung Anl. 1.2.2
− Genehmigungsplanung Anl. 1.2.2
− Vorplanung Anl. 1.2.2
− Vorbereitung der Vergabe Anl. 1.2.2
− Vergabe 34, 39, 43, 47, 55, Anl. 1.2.2, 10.1, 11.1, 14.1, 15.1
− Vergabe Anl. 12.1, 13.1
mitzuverarbeitende Bausubstanz 2
Modernisierungen 2, 34, 56, Anl. 1.2.3
− von Gebäuden und Innenräumen 36
Montage- und Werkstattpläne 55

Nachhallzeit Anl. 1.2.5
Natur- und Umweltschutz 20, 21
Naturhaushalt, Beeinträchtigungen oder Schädigungen 32
Naturschutz 29, 30
Nebenkosten 14
Nebenkosten, Fälligkeit 15
Neuanlagen 2, 34
Neubauten 2, 34
nicht anrechenbare Kosten 33, 38, 42, 46
Nutzungsansprüche 31, Anl. 1.1.2
Nutzungsdichte 20, 21
nutzungsspezifische Anlagen 53, Anl. 15.2
Nutzungsvielfalt 20, 21

Objekt- und Tragwerksplanung 5
Objektbetreuung 34, 39, 43, 47, 55, Anl. 10.1, 11.1, 12.1, 13.1, 14.1, 15.1
Objekte 2, Anl. 11.2
Objektlisten Anl.10, 11, 12
− Bauakustik Anl. 1.2.4
− Raumakustik Anl. 1.2.5
− Gebäude Anl. 10.2
− Freianlagen Anl. 11.2
− Ingenieurbauwerke Anl. 12.2
− Verkehrsanlagen Anl. 13.2
− Tragwerksplanung Anl. 14.2
− Technische Ausrüstung Anl. 15.2
− Innenräume Anl. 10.3
Objektplanung 33
Objektüberwachung 9, 34, 39, 55, Anl. 10.1, 11.1, 14.1, 15.1
Objektumfeld 44, 48
ökologisch bedeutsame Strukturen 31
ökologische Verhältnisse 28, 29, 30
Ortslage Anl. 11.2

Pflege- und Entwicklungspläne 22, 27, Anl. 8

353

Stichwortverzeichnis

Die Ziffern bezeichnen die Paragraphen der HOAI

Plan zur Beschlussfassung 18, 19, Anl. 2, 3
Planausschnitte 28
Planfeststellungsverfahren 43
Planung der Technischen Ausrüstung 5
Planungsbegleitende Vermessung
 Anl. 1.4.4
potenzielle Beeinträchtigungsintensität 31

Qualitätssicherung Anl. 9

Rahmen- und Skelettbauten Anl. 14.2
Rahmensetzende Pläne und Konzepte Anl. 9
Raumakustik Anl. 1.2.1
räumliche Stabwerke Anl. 14.2
Raum-Proportion 35
Raumnutzung 30
Raum-Zuordnung 35

Schallimmissionsschutz Anl. 1.2.1
Schallschutz Anl. 1.2.1
Schallverteilung Anl. 1.2.5
Schalpläne 51
Schienenverkehr 45, Anl. 13.2
Schlitz- und Durchbruchspläne 55
Schutz, Pflege und Entwicklung von Natur und Landschaft 40
Schutzgebiete 29, 31, Anl. 1.1.2
seilverspannte Konstruktionen Anl. 14.2
Sonderanlagen Anl. 11.2 HOAI
sonstige Freianlagen Anl. 11.2
sonstige vermessungstechnische Leistungen Anl. 1.4.9
Spannbeton Anl. 14.2
Spiel- und Sportanlagen Anl. 11.2
Sport Anl. 10.2, 10.3
Staat Anl. 10.2, 10.3
Städtebaulicher Entwurf Anl. 9
Stadtlage Anl. 11.2
Stahlbetonbau 51
Starkstromanlagen 53, Anl. 15.2
Straßenverkehr Anl. 13.2
Stege 38
Straßen 46
Straßenverkehr 45
Stützbauwerke 38
Stützwände Anl. 14.2
technische Anforderungen 44, 48
Technische Anlagen, Kosten 33, 42, 46, 50
technische Ausgestaltung 56
technische Ausrüstung 35, 44, 48, 53, 55, Anl. 1.2.4, 15.1
technische Ausstattung 44, 48
Teiche 38
Teilflächen 20, 28
Topographie 20, 21, 29
topographische Verhältnisse 28, 30
Traggerüste 50, Anl. 14.2

Tragwerke 49, 50, Anl. 14.2
Tragwerksplanung 43, 49, 51, Anl. 14.1
Trennungsentschädigungen 14

Übergangsvorschrift 57
Uferbefestigungen 38
Umbauten 2, 34, 56, Anl. 1.2.3
– von Gebäuden und Innenräumen 36
Umfang der beauftragten Leistung 10
Umsatzsteuer 4, 16
Umweltbelastungen und -beeinträchtigungen Anl. 1.1.2
Umweltschutz 28, 29
Umweltsicherung 28, 30
Umweltverträglichkeitsstudie Anl. 1.1
UVPG Anl. 1.1.2

Ver- und Entsorgung 41
– Bauwerke und Anlagen Anl. 12.2
Verbau Anl. 14.2
Verbund-Konstruktionen Anl. 14.2
Verfahrens- und Projektsteuerung Anl. 9
Verfahrensbegleitende Leistungen Anl. 9
verfahrenstechnische Anlagen 53, Anl. 15.2
Verkehr 20, 21, Anl. 10.3
Verkehrsanlagen 45, Anl. 13.1
Verkehrsanlagen, konstruktive Ingenieurbauwerke 41, Anl. 12.2
Vermessungstechnische Grundlagen Anl. 1.4.4
vermessungstechnische Leistungen Anl. 1.4.1
Vermessungstechnische Überwachung der Bauausführung Anl. 1.4.7
Verrechnungseinheiten Anl. 1.4.2
Versandkosten 14
Versorgungseinrichtungen 40
Verwaltung Anl. 10.2, 10.3
Vorbereitung der Vergabe 34, 39, 43, 47, 51, 55, Anl. 10.1, 11.1, 12.1, 13.1, 14.1, 15.1
Vorbereitung und inhaltliche Ergänzung Anl. 9
Vorentwurf für die frühzeitigen Beteiligungen 18, 19, Anl. 2, 3
Vorläufige Fassung 23, 24, 26, 27, Anl. 1.1.1, 4, 5, 6, 7, 8
Vorplanung 9, 34, 39, 43, 47, 51, 55, Anl. 10.1, 11.1, 12.1, 13.1, 14.1, 15.1
Vorsteuern 14
Wärmeschutz Anl. 1.2.1
Wärmeversorgungsanlagen 53, Anl. 15.2
Wasseranlagen 53
Wasserbau 41
– Bauwerke und Anlagen Anl. 12.2
Wasserversorgung 41
– Bauwerke und Anlagen Anl. 12.2
Wege 38
weitere besondere Leistungen Anl. 9

Die Ziffern bezeichnen die Paragraphen der HOAI   **Stichwortverzeichnis**

Wiederaufbauten 2, 34
Wiederholung von Grundleistungen 10
Wirkfaktoren, nachteilige Anl. 1.1.2
Wissenschaft Anl. 10.2, 10.3
Wohnen Anl. 10.2, 10.3

Zahlungen 15
Zahlungsweisen 15

zentralörtliche Bedeutung 20
Zuordnung zu den Honorarzonen **5** HOAI 35, 40, 44, 48, 56, Anl. 1.1.2
Zusammenstellen der Ausgangsbedingungen 27
Zuschlag 36, 44, 48, 52
Zweckbestimmung der Verkehrsanlagen 46
Zwischenstufen 13